“十三五”国家重点出版物出版规划项目

南水北调中线一期工程文物保护项目
河北省考古发掘报告
第10号

邯郸薛庄遗址考古发掘报告

南水北调中线干线工程建设管理局
河北省南水北调工程建设领导小组办公室
河北省文物局

编著

科学出版社
北京

内 容 简 介

本书是河北省南水北调建设工程的系列考古报告之一，全面介绍了2006年8～12月吉林大学边疆考古研究中心对河北省邯郸县薛庄遗址的考古发掘资料。薛庄遗址地处太行山东麓南端，遗址面积大、延续时间长，以先商和晚商遗存为主体，兼有少量的龙山、汉魏、隋唐—宋代遗存。本次发掘为进一步了解冀南地区相关考古学文化的分期与年代、文化属性及其相互关系等问题提供了重要资料。

本书可供从事文物考古、历史学及相关学科的研究者和大专院校相关专业师生阅读、参考。

图书在版编目（CIP）数据

邯郸薛庄遗址考古发掘报告 / 南水北调中线干线工程建设管理局，河北省南水北调工程建设领导小组办公室，河北省文物局编著. —北京：科学出版社，2019.6

（南水北调中线一期工程文物保护项目. 河北省考古发掘报告；第10号）

"十三五"国家重点出版物出版规划项目

ISBN 978-7-03-061215-1

Ⅰ. ①邯… Ⅱ. ①南…②河…③河… Ⅲ. ①文化遗址-发掘报告-邯郸-古代 Ⅳ. ①K878.05

中国版本图书馆CIP数据核字（2019）第091192号

责任编辑：王琳玮 / 责任校对：邹慧卿

责任印制：肖 兴 / 封面设计：陈 敬

科学出版社 出版

北京东黄城根北街16号

邮政编码：100717

http://www.sciencep.com

中国科学院印刷厂 印刷

科学出版社发行 各地新华书店经销

*

2019年6月第 一 版 开本：889×1194 1/16

2019年6月第一次印刷 印张：23 3/4 插页：41

字数：685 000

定价：298.00元

（如有印装质量问题，我社负责调换）

"13th Five-Year Plan" National Key Publications Publishing and Planning Project

Reports on the Cultural Relics Conservation
in the South-to-North Water Diversion Project
Hebei Vol.10

An Excavation Report on Xuezhuang Site in Handan County

The South-to-North Water Diversion Project Construction Administration
The South-to-North Water Transfer Project in Hebei Province Construction Committee Office
Hebei Bureau of Cultural Relics

Science Press
Beijing

南水北调中线一期工程文物保护项目

河北省考古发掘报告第10号

邯郸薛庄遗址考古发掘报告

项目承担单位

吉林大学边疆考古研究中心

主　编

井中伟

目　录

插图目录

插表目录

图版目录

第一章 概　　述

第一节 地理位置与自然环境

一、地 理 位 置

邯郸市位于河北省的南部，北距省会石家庄市176千米，地理坐标介于东经113°28′～115°48′、北纬36°03′～37°01′，地处太行山东麓的晋、冀、鲁、豫四省交通要冲，东与山东聊城、西与山西长治、南与河南安阳、北与河北邢台接壤。现辖1市4区14县，即武安市，邯山区、丛台区、复兴区、峰峰矿区，邯郸县、永年县、磁县、成安县、临漳县、魏县、大名县、馆陶县、肥乡县、曲周县、广平县、涉县、邱县、鸡泽县。其中邯郸县东西长32千米，南北宽26千米，总面积533平方千米。东与肥乡县毗邻，南与成安、磁县相连，西与武安市交界，北与永年县接壤，中间环抱邯郸市区，属于典型的城郊县。

薛庄遗址所在的薛庄村，行政区划上隶属邯郸县黄粱梦镇。东南距邯郸市区约6千米，东北距黄粱梦镇约7千米（图一）。这里西依蜿蜒起伏的太行山麓，东临一望无垠的华北平原，地势西高东低，呈阶梯状下降，是太行山隆起与华北平原沉降区之间的过渡地带。

二、自 然 环 境

邯郸县地处太行山东麓、滏阳河畔，环绕邯郸市外围。地势西高东低，呈阶梯状下降，地貌复杂多样。以京广铁路为界，西部多为低山丘陵区，海拔250米左右（最高山峰为紫山，海拔498米），山脉、丘陵、盆地相间，河谷辗转穿越，侵蚀剥蚀地形差异大，占全县面积的31%。东部为山麓洪积冲积平原区，地势平坦开阔，东北部较低洼，平均海拔52.8米，占全县面积的69%。

邯郸县境内主要河流有滏阳河、输元河、沁河、渚河、支漳河等，另有黄粱梦滞洪区工程。其中滏阳河属海河流域子牙河系，发源于峰峰矿区滏山南麓，在邯郸县境流长34千米。输

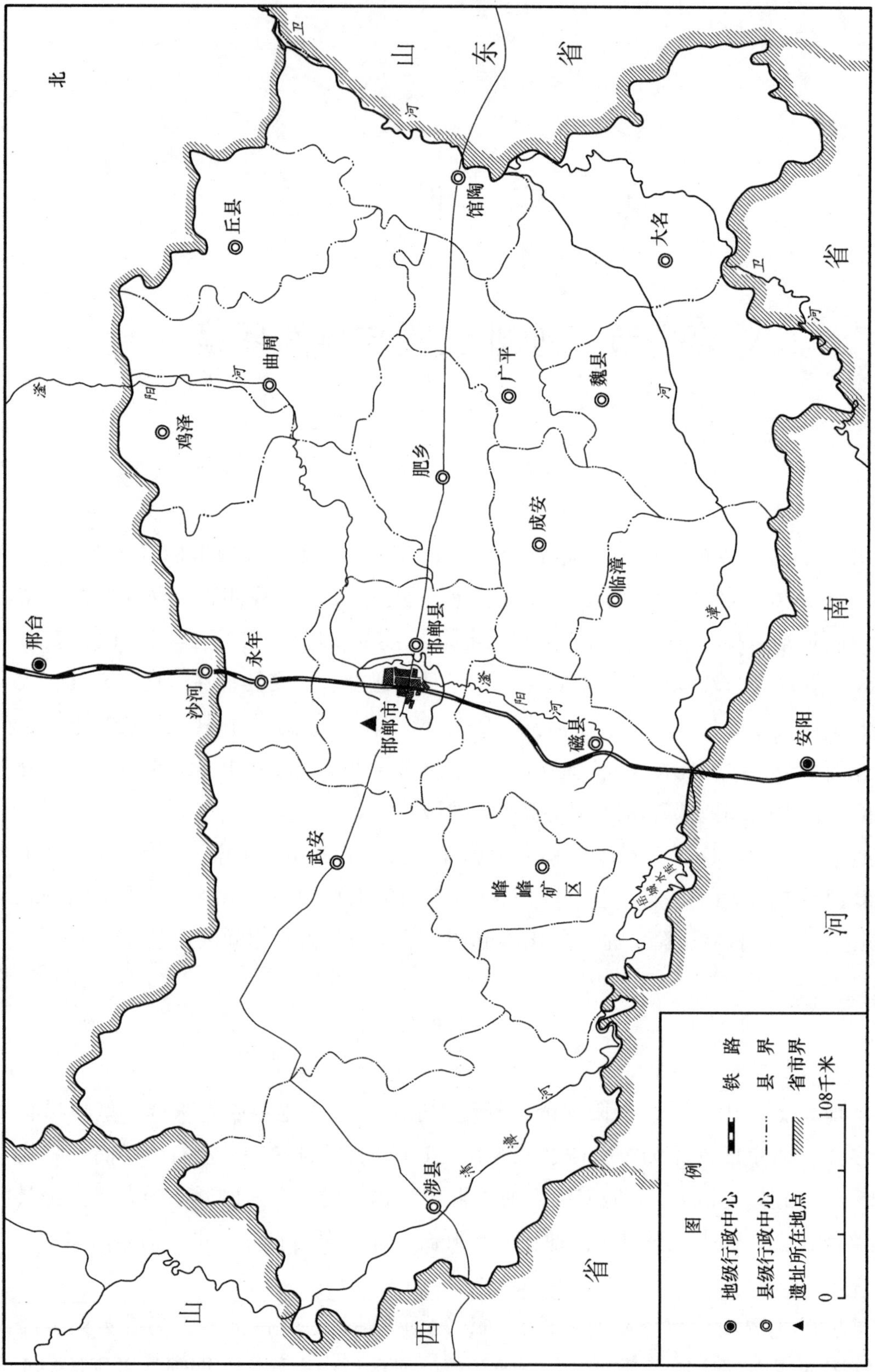

图一　薛庄遗址地理位置示意图

元河、沁河、渚河均系滏阳河支流之一，输元河发源于紫山东麓的三陵乡高窑村[①]，流经黄粱梦镇南部，自齐村大坝溢洪道末端即沁河改道入输元河口，东入滏阳河，全长19.2千米，流域面积82平方千米，是排除城区西北部洪水的重要河道。沁河上游的两个支流牛叫河和岩嵛河皆源于紫山，至牛照村合为沁河，向东流经户村、齐村、苏槽村南，入滏阳河。渚河上游的南北两条支流蔺家河和阎家河分别发源于邯郸县西望庄、会星头，向东至西大屯村汇合，再向东于张庄桥南入滏阳河，全长48千米，流域面积66.3平方千米。

邯郸县属于温带大陆性气候，由于受西北大陆性气候和东南沿海气候的影响，温度变化较大，四季分明，冷暖有序，雨热同期，光照充足。具有春季冷暖多变，干旱多风；夏季炎热潮湿，雨量集中；秋季风和日丽，温和凉爽；冬季寒冷干燥，雨雪稀少的特点。年平均气温14.8℃，极端最低和最高气温分别为-19℃和42.5℃。年平均降水量579毫米，雨量多集中在7、8月份。年均日照2608小时，全年无霜期180～220天。

邯郸县属于暖湿带潮土地带，全境早已耕垦，土壤熟化为耕作土壤。西部丘陵多砾石褐土性土、红黄性壤质褐土、次生黄土性壤质褐土、壤质褐土，占总面积的39.5%。东部平原为壤质褐土化潮土，占总面积的56.9%。东北、东南部分地区为沙质褐土性土、沙质潮土，占总面积的3.6%。大部分地区土层深厚，自然肥力较高，适宜农作物生长。

第二节 历史沿革

“邯郸”之名，最早见于《国语·鲁语下》记载，鲁襄公二十二年（公元前551年），“与邯郸胜击齐之左”。韦昭注：“邯郸胜，晋大夫，赵旃之子须子胜也，食采邯郸。”《春秋·谷梁传》也记载，鲁襄公二十七年（公元前546年），“卫杀其大夫宁喜……卫侯之弟专出奔晋，织絇邯郸”。关于邯郸地名的来历，传统的解释依据《汉书·地理志》唐颜师古注引三国张晏曰：“邯郸山在东城下。单，尽也。城郭从邑，故加邑云。”《后汉书·光武帝纪》注引《前书音义》云：“邯，山名；郸，尽也。邯山至此而尽。城郭字皆从邑，因以名焉。”《元和郡县图志》亦记载，“邯”本应作“甘”，系山名，在城东南五里。“郸”本作“单”，与殚同，训尽意，取甘山至此而尽之意，故名“甘单”。考古资料显示，“邯郸”最初并非写作“甘单”，而是写作不加邑旁的“甘丹”，如春秋时期晋国的耸肩尖足空首布和战国时期赵国的平首尖足布币上均铸有“甘丹”铭文[②]；1957年邯郸百家村战国墓M3出土的1件铜距（简报称“戈”）上有“甘丹上”三字[③]。由于“城郭从邑”，故可加邑旁，如1965年

---

① 输元河，又名“输鼋河”。中华民国二十二年《邯郸县志》引《方舆纪要》云：“元至正间，有龙与鼋斗于泽中，龙胜而鼋输，故名。其源为兴龙泉，出邯郸县西北二十里，东流迳周家窑、黄家窑、姜家窑，至南高峒、聂家庄，又折而东北十六里，迳王化堡、吕仙祠（俗名黄粱梦，其南为刘庄）又东四里，至冯村桥，入滏阳河。”又按“此水上流昔与洺河支流相通，夏秋涨发，散注田畴，或抵城下与沁河合”。

② 国家文物局《中国古钱谱》编撰组：《中国古钱谱》，文物出版社，1989年，第31、33页。

③ 河北省文化局文化工作队：《河北邯郸百家村战国墓》，《考古》1962年第12期。

山西侯马盟誓遗址出土的盟书中即有“邯那”的写法①。据综合考证，“甘丹”是“甘”地与“丹”地之间的地域名称，至迟出现于春秋后期，亦可写作“邯那”，大约战国晚期嬗变为“邯郸”，这可能与避讳赵孝成王名丹有关②。

邯郸历史源远流长，文化底蕴丰厚。早在距今约20万年前的旧石器时代早期偏晚阶段，涉县清漳河流域的新桥一带就有了人类活动③。到了距今8000年前的新石器时代，磁山先民便在武安市洺河流域辛勤耕耘、繁衍生息，成为世界上种植粟、采摘胡（核）桃、驯养家鸡的最早实践者，创造了灿烂的磁山文化，开辟了邯郸历史的新纪元④。此后的后冈一期文化、大司空文化以及龙山时期文化遗存，构成了邯郸地区较为完整的新石器文化编年序列。

夏代的邯郸，是漳河型先商文化的核心地区，境内的漳河、洺河、滏阳河流域是商人发祥兴起之地，并长期作为商族的活动中心和向外拓展的根据地⑤。

商代的邯郸，北与祖乙邢都（邢台）接壤，南与盘庚殷都（安阳）为邻。《史记·殷本纪》记载：“帝纣……益广沙丘苑台。”唐张守节《史记正义》引《括地志》云：“沙丘台在邢州平乡东北二十里。《竹书纪年》自盘庚徙殷至纣之灭二百七十三年，更不徙都。纣时稍大其邑，南距朝歌，北据邯郸及沙丘，皆为离宫别馆。”由此表明，邯郸作为城邑距今至少已有三千余年的历史了。

西周初期，邯郸一度属纣子武庚受封的邶国。东汉郑玄《诗谱·邶·卫谱》云：“周武王伐纣，以其京师封纣子武庚为殷后。庶民顽民被纣化日久，未可以建诸侯，乃三分其地，置三监，使管叔、蔡叔、霍叔尹而教之。自纣城而北谓之邶，南谓之鄘，东谓之卫。”《汉书·地理志》：“河内本殷之旧都。周既灭殷，分其畿内为三国，《诗·风》邶、鄘、卫国是也。邶，以封纣子武庚；鄘，管叔尹之；卫，蔡叔尹之；以监殷民，谓之三监。”又《帝王世纪》：“自殷都以东为卫，管叔监之；殷都以西为鄘，蔡叔监之；殷都以北为邶，霍叔监之。是为三监。”不久“三监”之乱被镇压后，卫康叔封于卫，兼有鄘、邶国之地，邯郸被划归卫国管辖。

周惠王十七年（公元前660年），狄人攻占邯郸。周定王十九年（公元前588年），春秋“五霸”之一的晋国击败狄人，邯郸被并入晋国版图。周安王十六年（公元前386年），赵敬侯自晋阳徙都于邯郸，经敬侯、成侯、肃侯、武灵王、惠文王、孝成王、悼襄王、赵王迁共8代国君，历时158年。

秦王政十九年（公元前228年），赵为秦所灭，邯郸由战国七雄之一的赵国都城降为秦置三十六郡之一的邯郸郡治所。秦二世元年（公元前209年），随着陈胜、吴广“揭竿而起”，地方割据势力武臣与赵国后裔赵歇相继在邯郸自立为赵王。次年，秦将章邯引兵再破邯郸，

---

① 山西省文物管理文员会：《侯马盟书》，文物出版社，1976年。

② 乐庆森、尹建兵：《浅释“邯郸”》，《邯郸职业技术学院学报》2004年第4期。

③ 梅惠杰、程新民、陈全家、郭禄堂：《涉县新桥旧石器遗址发掘报告》，《人类学报》2001年第1期。

④ 乔登云、刘勇：《磁山文化》，花山文艺出版社，2006年。

⑤ 乔登云、张沅：《邯郸境内的先商文化及其相关问题》，《三代文明研究（一）》，科学出版社，1999年。

“皆徙其民河内，夷其城廓”。

汉高祖四年（公元前203年），立张耳为赵王。九年（公元前198年），刘邦又封其第四子如意为赵王。之后又经过11代国君，共历时212年。其间除被两次短暂地改置邯郸郡（景帝三年至五年，即公元前154～公元前152年）和桓亭郡（14年，王莽时属冀州）外，邯郸一直为西汉赵国的都城。至西汉后期，邯郸已发展成为除京都长安以外的“五都”之一，与当时的洛阳、临淄、宛、成都齐名。东汉初，邯郸改属赵郡。建武五年（29年），改属赵国。建安十七年（212年），邯郸为县，属魏郡。

三国魏黄初三年（222年），分魏郡西部为广平郡，邯郸为属县。西晋因之。东晋又改属魏郡。北魏太平真君六年（445年），还属广平郡。东魏天平初（534年），省入临漳县，属相州。

隋开皇六年（586年），改易阳为邯郸。开皇十年（590年），改邯郸为临洺。开皇十六年（596年），复置邯郸县，属慈州。大业二年（606年），改属洺州，三年罢洺州，改隶武安郡。

唐武德元年（618年），邯郸县改隶紫州；四年改属磁州。贞观元年（627年），废慈州改属洺州。天宝元年（742年），罢州改属广平郡。至德二年（757年）废郡复置洺州，仍辖邯郸县。永泰元年（765年），改属礠州。天祐三年（906年），礠州改名惠州，邯郸县仍属之。

五代时，邯郸县徙治于今邯郸市。后唐时复属礠州。

宋政和三年（1113年），礠州改为磁州，邯郸县仍属之。

金初（1127年），磁州隶属滏阳郡。

元世祖至元二年（1265年），武安县省入邯郸县为镇，后复析置，邯郸县仍属磁州。

明洪武元年（1368年），邯郸隶属广平府。清因之，邯郸为府属县。

中华民国二年（1913年），废府，邯郸改属冀南道，三年改属大名道；十七年（1928年）始直属河北省；二十六年（1937年）属河北省第十五督察区。抗日战争胜利后，1945年10月5日，在邯郸县城始建邯郸市，周围地区仍为邯郸县地。1949年3月，撤销邯郸市，降为邯郸镇，属华北行政区冀南区三专区。同年8月1日，河北省人民政府成立后，邯郸镇划归河北省邯郸专区。

中华人民共和国成立后，邯郸镇仍直属河北省邯郸专区，专署驻邯郸镇。1952年12月，邯郸镇复升为邯郸市。1958年12月，撤销邯郸县并入永年县和邯郸市。1960年5月，邯郸市改为省辖市，撤销邯郸专区。1962年8月，复置邯郸县。1983年11月，邯郸县改属同时升为省辖市的邯郸市。1994年1月，邯郸市被国务院批准为第三批国家历史文化名城①。

---

① 河北省地名办公室：《河北政区沿革志》，河北科学技术出版社，1985年，第47～51页；邯郸市地方志编纂委员会：《邯郸市志》，新华出版社，1992年。

第三节　工作概况

一、选　址

薛庄遗址具体位于河北省邯郸县黄粱梦镇薛庄村西北约500米处，并向东延伸至村北，西距著名的圣井岗龙神庙仅1.5千米。所在地势略呈西高东低的平缓台地，高程85～95米，被输元河故道分为南、北两部分（图版一）。该遗址是1985年春季邯郸市、县文物普查时发现的，当时初步认为是一处春秋战国时期的遗址，估计遗址面积约1万平方米[①]。国家南水北调中线干线工程启动后，文物考古工作者又对薛庄遗址进行了复查和试掘，测算遗址总面积13万平方米，其中输元河故道南部遗址东西长约300米，南北宽约100米，时代为战国至汉代；北部遗址南北长约500米，东西宽110～290米，时代为先商至汉代。根据工程部门施工方案，南水北调中线工程主渠道与绿化带在邯郸县西部将由南至北穿越郑家岗、霍北、林村、薛庄、赵王陵等16千米地段的古文化遗址，其中所占薛庄遗址面积达1.4万平方米（图二）。

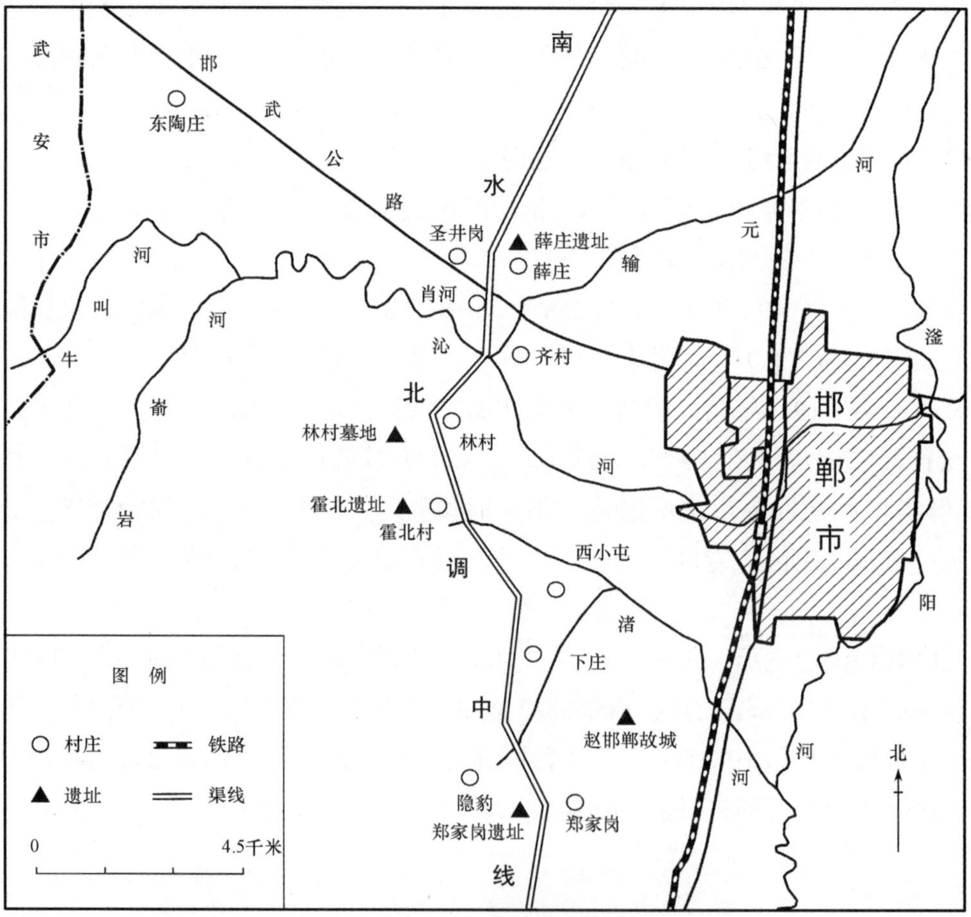

图二　南水北调中线工程穿越邯郸县部分文物遗迹分布图

① 邯郸市文物管理处：《邯郸县商周遗址的调查》，《文物春秋》1992年第2期。

2006年8～12月，为配合南水北调中线干线工程河北邯郸段施工建设，吉林大学边疆考古研究中心在河北省文物局南水北调工程文物保护办公室的安排与指导下，经报请国家文物局批准，对薛庄遗址进行了考古勘探与正式发掘。

首先，我们对薛庄遗址进行地面踏查，发现输元河故道以北地表残留古代陶片很少，而南部地表却可随处拣到，特别是河道冲刷的断崖上可见暴露出的灰坑遗迹。其次，我们对所在工程线路内的遗址部分进行了重点钻探。钻探结果也显示，输元河故道以北的遗址地层堆积较薄，一般在0.5米以下即为坚硬的料姜石层，所见遗迹遗物很少。而输元河故道以南的遗址地层堆积则相对较厚，且无料姜石层，所见遗迹遗物亦较多，文化内涵丰富。基于上述两方面信息，我们将发掘地点选在输元河故道以南地势较高的平缓台地上，南水北调中线工程主渠道与绿化带途经的地段（图三）。这种选择主要基于两方面考虑：一是要对工程渠线所占薛庄遗址中遗迹最为丰富的区域进行抢救性考古发掘；二是要对不受施工影响的薛庄遗址其他区域进行有效的文物保护。

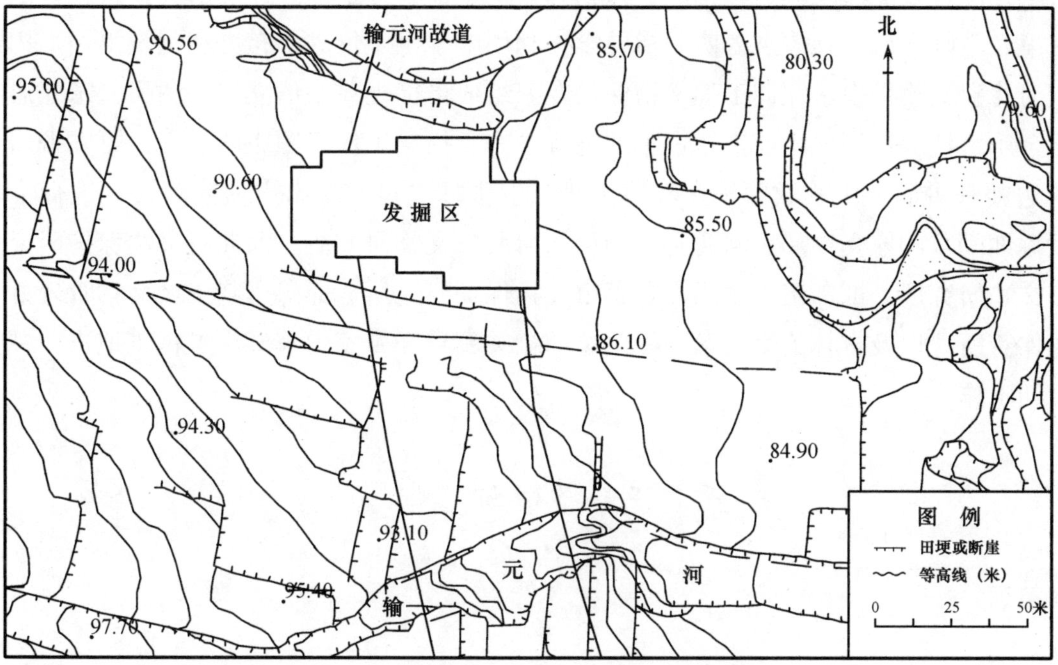

图三　薛庄遗址地形与发掘区位置图

二、发　掘

首先，我们将基点设定于薛庄遗址发掘区的西南角，地理坐标为东经114° 24′ 21.6″，北纬36° 39′ 6.1″。然后，利用电子全站仪总共布置5米×5米的探方121个。发掘区的北侧为输元河故道断崖，南侧为较高的农田田埂，受此地势条件的限制，我们以西南点为起始，采用“S”形序列法对探方进行编号，即先由南向北编为2006HXⅠT1～2006HXⅠT5，再由北向南编为2006HXⅠT6～2006HXⅠT10，如此顺序由西向东依次编号至2006HXⅠT111。

发掘工作也是由西向东逐渐展开的，其中发掘区东、北外围探方的北隔梁和东隔梁未发掘（图版二）。最后，为了保证完成既定的发掘面积又不影响发掘区探方分布的整体性，我们又在发掘区的北部增开了两排10个探方：南排探方西接2006HXⅠT60，并由西向东编号为2006HXⅠT112～2006HXⅠT115；北排探方南邻2006HXⅠT115，并由东向西编号为2006HXⅠT116～2006HXⅠT121。另外，为了全面揭露2006HXⅠM29，我们曾在2006HXⅠT68南侧扩方5米×5米（图四）。考古发掘工作历时三个半月，总揭露面积3025平方米，共清理各类灰坑310个、墓葬46座、灰沟10条、灶址2处、水井2眼、道路1段（图五；图版三）。出土了大量陶片和陶、石、骨、蚌、铜器等遗物近千件。

本次考古领队王立新，调查与田野发掘工作由井中伟、霍东峰负责，共同指导吉林大学文学院考古学系2004级考古专业本科生高霄旭、李坤、刘辉、刘伟、魏国胜、熊伟、战国辉、张涛、张萌、张峰、曾儆、周勇、侯菲菲、皮洪萍、仪明洁、王晓妮16人进行田野考古基础实习。参加发掘的人员还有美国芝加哥大学博士研究生林鹄，吉林大学硕士研究生张盟、王博琼和李治国，以及技工郭改应、郭朝杰、郭朝鹏、刘宇飞和孙京利。开工前夕，吉林大学边疆考古研究中心教师方启、赵俊杰曾协助指导学生利用电子全站仪进行布方和测量工作。田野发掘中期，河北省文物局南水北调工程文物保护专家组成员徐光冀、信立祥、谢飞、宋建忠、焦南峰、海金乐、任亚珊等先生前来考古工地进行检查和指导工作（图版四）。田野发掘后期，吉林大学边疆考古研究中心教师魏东和博士研究生张林虎对发掘出土的墓葬人骨进行了现场鉴定。发掘期间，国家文物局、河北省文物局、河北省文物研究所、河北省文物保护研究中心、北京市文物研究所、邯郸市文物局、邯郸市文物保护研究所、邯郸市赵王城文物管理处、邯郸县文物保管所，以及吉林大学文学院等单位的相关领导和专家曾来薛庄考古工地进行视察、指导和慰问工作。

三、资料整理与报告编写

1. 资料整理

薛庄遗址的田野考古资料整理工作是分三个阶段进行的。

第一阶段，边发掘边整理。发掘过程中每个探方负责人均分上下午现场撰写工作日记，对遗迹的清理过程进行文字、绘图、照相及摄像记录，清理完成后及时撰写探方发掘记录、遗迹发掘记录，并整理图表和各种影像记录。大家利用工休时间，及时对出土小件和典型单位出土的陶片进行清洗、拼对和修复。首先清洗，然后在遗物上写字，编号小件及时登记入库，经拼对可复原器物随即编号、加固和修复。工地负责人承担考古工地总体进程日记、遗迹编号、照相和录像记录，随时检查各探方负责人的各项发掘记录，发现有问题的内容及时回到考古工地现场核对、确认。2006年12月上旬，田野发掘工作结束，撤离考古工地。所有记录资料和经过初步整理的出土遗物，全部转移到距离薛庄遗址不远的邯郸市赵王城文物管理处库房。

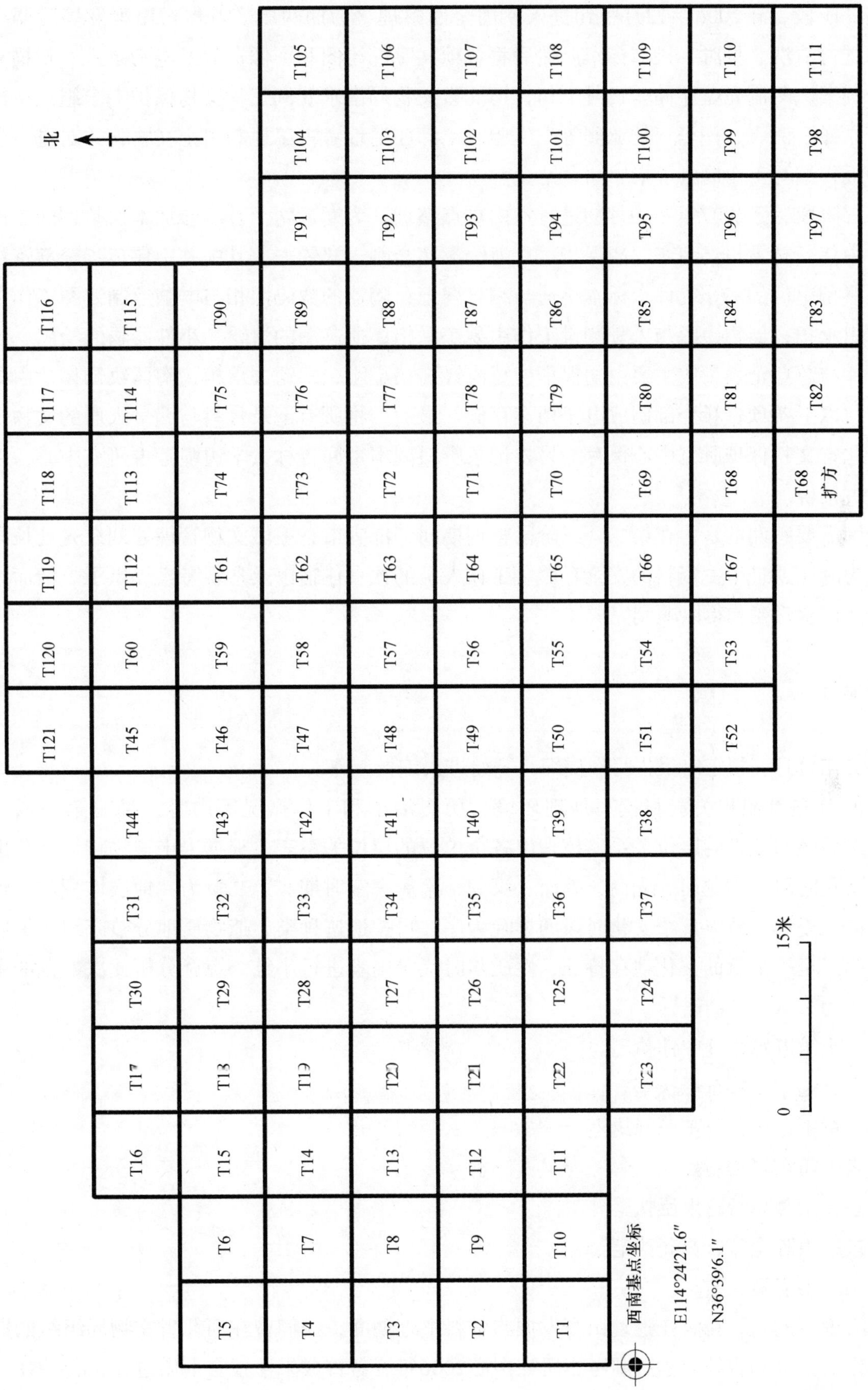

图四　薛庄遗址探方分布图

第二阶段，于2006年12月中旬进入室内全面整理，为期两周。首先对田野发掘后期出土的遗物进行清洗、拼对、挑选标本。然后将各项文字、绘图和影像资料经电脑录入、扫描和转成电子档案，刻制光盘存储。12月下旬，河北省文物局南水北调工程文物保护专家组成员徐光冀、信立祥、谢飞、孙华、任亚珊等先生验收了薛庄遗址考古工地与出土文物，并对进一步的整理和报告编写工作提出了指导性意见。

第三阶段，于2007年7～9月初进行室内重点整理，为期近两个月。参加本次整理的工作人员有井中伟、林雪川、魏东、胡保华、豆海锋、褚金刚、郑钧夫。其中井中伟负责全部资料的审阅、典型单位的陶片统计、标本挑选与编号登记；陶器的数码照相与电脑绘制线图工作主要由林雪川承担；器物摄影与人骨测量工作由魏东承担；遗迹图的清绘、小件器物的绘图、各类器物卡片与总登记表工作主要由胡保华、豆海锋、褚金刚、郑钧夫承担；陶器纹饰拓片由郑钧夫制作。以上各项资料全部制成电子档案存储。最后，将所有记录资料与编号入册的文物全部移交河北省文物保护研究中心保存。另将记录资料副本带回吉林大学边疆考古研究中心，以供编写考古报告。

特别需要感谢的是，在第二、三阶段整理期间，邯郸市赵王城文物管理处刘东光处长与贵处同人为薛庄遗址考古资料的安全存放、工作人员的饮食住宿以及参观考察提供了热情而周到的帮助，使整理工作得以顺利完成。

2. 报告编写

2007年11月，拟定出报告写作提纲，开始进入编撰工作。

我们首先参照相关资料撰写地理环境、历史沿革和工作概况等内容，撰写第一章“概述”。然后核对全部的层位关系，梳理出各个单位的层位关系表，根据出土遗物特征划分出五个大的文化时段，即龙山、先商、晚商、汉魏、隋唐—宋时期。第二章为“地层堆积与文化分期”，第三至第七章以五个文化时段的早晚为序，再按遗迹种类、遗物质地分节介绍。最后，分别对第三至第七章的文化遗存特征、性质与时代等内容进行小结，综合分析此次发掘的主要收获，作为第八章“结语”。

第一至第五章由井中伟执笔。

第六、七章由霍东峰执笔。

第八章由井中伟、霍东峰执笔。

附表由霍东峰编制。

附录一由聂忠智、朱泓执笔。

附录二由陈全家、贾尧执笔。

附录三由袁媛执笔。

另需说明的是，在薛庄遗址田野发掘与资料整理期间，我们曾在河北省文物局组织的邯郸考古工作汇报会和吉林大学边疆考古研究中心2006年度考古成果汇报会上做过介绍，并在《中

第二章　地层堆积与文化分期

第一节　地 层 堆 积

由于常年的水土流失和农田平整，薛庄遗址遭受破坏较严重。地层堆积较简单，整个发掘区可统一划分为四层。东部地层堆积较厚，遗迹相对稀疏，一般较深；西部堆积较薄，大部分探方缺失第2层，各类遗迹分布比较密集。

现以2006HXⅠT17～2006HXⅠT23、2006HXⅠT38～2006HXⅠT44西壁剖面和2006HXⅠT98～2006HXⅠT104东壁剖面为例（为方便起见，以下述及探方及遗迹遗物编号，“2006 HXⅠ”皆省略），分别加以介绍。

1. T17～T23西壁剖面

第1层：灰褐色耕土。厚0.15～0.2米。土质松软，内含少量近现代的砖块、瓦、陶、瓷片等。该层下开口的遗迹有H2、H11。

第3层：黄褐色土。厚0.15～0.3米。土质细腻，较疏松，内含较多的夹砂厚胎粗绳纹灰陶片、泥质素面或弦纹灰陶片等。该层下开口的遗迹有H28、H33、H45、M8、M16、M38、M42、M43，其中M8打破H28，H45打破H33。

第4层：红褐色土。厚0.35～0.45米。土质较硬，夹杂有红烧土碎块、草木灰及炭屑等，出土遗物较少，可见夹砂薄胎细绳纹与素面磨光陶片等。该层下开口的遗迹有H44、G2。

第4层以下为生土（图六）。

2. T38～T44西壁剖面

第1层：灰褐色耕土。厚0.15～0.2米。土质松软，内含少量近现代的砖块、瓦、陶、瓷片等。

第2层：黄色土。厚0.1～0.3米。土质细腻、纯净，出土遗物较少，可见泥质灰陶片、铜钱、铜镞、铁刀等。该层由西南向东北逐渐增厚，很可能是基于地势并受雨水冲刷淤积而成国文物报》《考古学报》《北方文物》上发表过主要收获的报道[①]。凡涉及的遗迹、遗物资料若与本报告不一致者，皆以本报告为准。

① 井中伟、霍东峰：《河北邯郸薛庄遗址考古发掘取得重要收获》，《中国文物报》2008年5月2日第2版；吉林大学边疆考古研究中心、河北省文物局：《河北邯郸薛庄遗址发掘报告》，《考古学报》2014年第3期；吉林大学边疆考古研究中心、河北省文物局等：《河北邯郸薛庄遗址汉至宋代遗存发掘简报》，《北方文物》2015年第3期。

的。该层下开口的遗迹有H41、H80。

第3层：黄褐色土。厚0.3～0.45米。土质细腻，较疏松，内含较多的夹砂灰陶粗绳纹鬲、罐以及泥质灰陶盆、豆等残片。该层下开口的遗迹有H66、H69、H83、M33、H129、H132，其中H66打破H69、H83，M33也打破H83。

第4层：红褐色土。厚0.15～0.5米。土质较硬，出土陶片夹砂薄胎细绳纹与泥质素面磨光陶较为常见，器形有罐、瓮、盆等。该层下开口的遗迹有H63。

第4层以下为生土（图七）。

3. T98～T104东壁剖面

第1层：灰褐色耕土。厚0.17～0.2米。土质松软，内含少量近现代的砖块、瓦、陶、瓷片等。该层下开口的遗迹有H229。

第2层：黄色土。厚0.3米。土质细腻、纯净，出土遗物极少。该层由西向东逐渐增厚，很可能是基于地势并受雨水冲刷淤积而成的。

第3层：黄褐色土。厚0.4～0.5米。土质细腻，较疏松，内含较多的夹砂粗绳纹灰陶片。该层下开口的遗迹有H233、H267、H277、H312、H320、H321、G5，其中H277打破H267，G5打破H312。

第4层：红褐色土。厚0.35～0.6米。土质较硬，内含少量的夹砂薄胎细绳纹陶片、泥质素面磨光陶片等。

第4层以下为生土（图八）。

第二节　文化分期

根据地层堆积中的包含物，可知第2层堆积约形成于汉代，第3层堆积约形成于商代晚期，第4层堆积的形成年代约为先商时期。由此表明，薛庄遗址延续时间长，时代跨度较大。

再根据遗迹分布及其层位关系（图五），可以梳理出以下28组比较典型的叠压打破关系：

1）H1→M12→H53（“→”表示打破关系，下同）；

2）H2→H22→M23→H79；

3）H5→J1→H64→H81；

4）H5→M22→H64→H81；

5）H11→M18；

6）H19→M39；

7）H31→H79；

8）H49→H74→H63→H40；

9）H70→H192→H150；

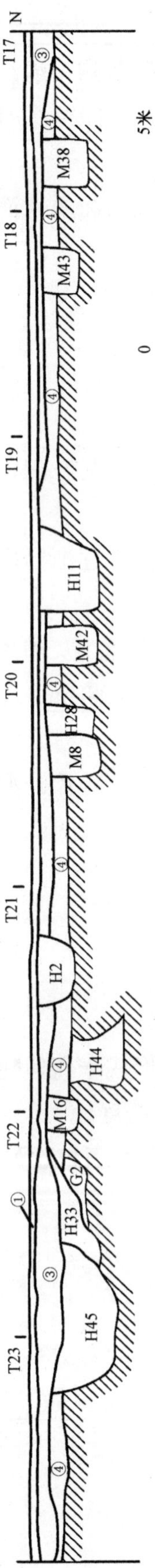

图六　T17～T23西壁剖面图

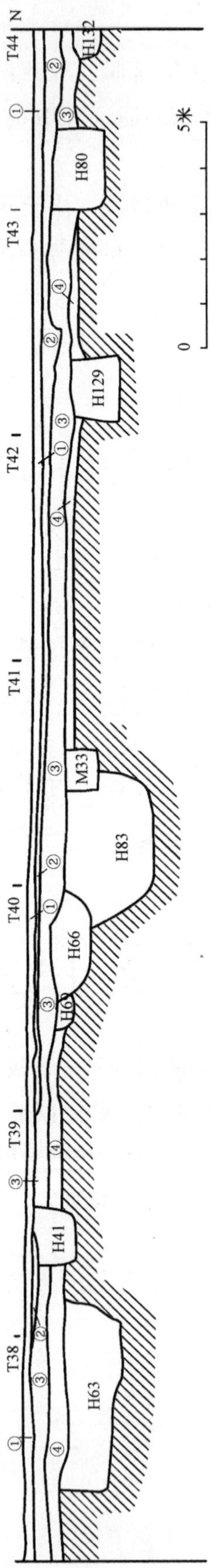

图七　T38～T44西壁剖面图

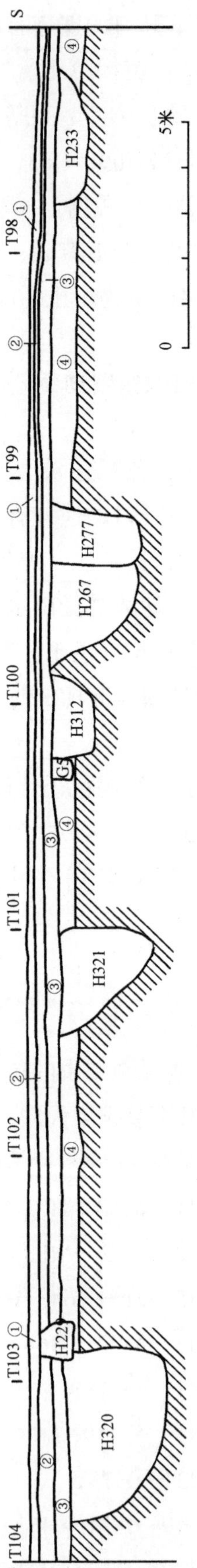

图八　T98～T104东壁剖面图

10）H84→H194；

11）H104→H179→G6→H145→H180；

12）H109→H63；

13）H113→H68；

14）H127→H184→H165；

15）H128→M31→H83→H68；

16）H136→H248→G10→H315；

17）H166→H194→H220；

18）H210→H260→H299；

19）H255→G9；

20）H245→H270→H298；

21）H289→H320→H290→H291→H292；

22）H303→H315；

23）H325→H296；

24）M6、M42→H55；

25）M21→G2→H21；

26）M24→H45→H33→G2；

27）M26→H96；

28）M28→H191→H68。

最后根据各主要单位出土的典型遗物，可将以上单位划分为五群。

第一群以H21、H40、H79、H165、H220、H291、H298和G2为代表，还包括H44、H57、H151和H318等单位。出土陶器以夹砂和泥质灰陶为主，灰褐陶亦占有一定比例。纹饰常见竖向宽疏的篮纹、花生皮状的绳纹，另有少量的弦纹、方格纹、压印纹、刻划纹和附加堆纹。器形有鼓腹罐、罐形鼎、素面深袋足鬲、甗、曲腹盆、圈足盘、贯耳壶、小口瓮、单耳杯、碗等。

第二群以H55、H63、H68、H83、H166、H194、H238、H248、H260、H296、H299、H315和G6、G10为代表，还包括H3、H15、H43、H102、H111、H173、H183、H186、H204、H213、H262、H275、H277、H309、M35等单位。出土陶器以夹砂灰陶为主，砂粒较细，胎体薄而脆，泥质陶器表多抹细泥或施黑色陶衣并磨光，部分胎质与器表成色不一。纹饰以细绳纹最为常见，其他还有粗绳纹、弦纹、楔形戳印纹、指甲纹、压印纹、附加堆纹等。器形有瘦高体分裆鬲、甗、深腹罐、盆形鼎、深腹盆、蛋形瓮、敛口瓮、浅盘豆、带流爵、方杯、器盖等。

第三群以H84、H104、H109、H113、H128、H136、H150、H192、H210、H303和M12、M22～M24、M28、M31为代表，还包括H242、H244、H256、H303、H321、H327、M4、M6～M11、M14～M19、M25、M30、M33、M38、M39、M41～M44等单位。出土陶器以夹

砂和泥质灰陶为主，胎体较厚。纹饰常见粗绳纹，纹痕深但较凌乱，另有少量的弦纹、云雷纹、三角划纹、附加堆纹等。器形有方体和宽扁体的分裆鬲、甑、罐、深腹盆、浅盘豆、敛口瓮等。

第四群以H1、H58、H70、H78、H96、H97、H280、H304、H317、W1为代表。出土陶器以泥质灰陶为主，少见夹砂陶。器表多素面，少数饰绳纹、瓦棱纹等。器类主要有釜、瓮、盆、罐、樽、碗、钵、器盖、瓦等，以及汉代“五铢”“货泉”“大泉五十”等铜钱。

第五群以H2、H5、H11、H31、H255、G9、M1、M29为代表。出土有泥质橙红陶盆、碗、青瓷和黑瓷的碗、钵、白釉绿彩罐以及隋“五铢”、北宋“天禧通宝”铜钱等。

由叠压打破关系和出土遗物判断，以上五群典型单位的相对年代早晚明确，出土器物形制与组合特征鲜明，它们分别属于龙山、先商、晚商、汉魏和隋唐—宋代五种不同时期的考古学文化遗存，其中以先商和晚商遗存为主体，龙山、汉魏和隋唐—宋代三个时期的遗存数量较少。

下面我们将以时代早晚为序，对薛庄遗址发现的五个时期各类遗迹、遗物分别予以介绍。

第三章　龙山时期文化遗存

第一节　遗　　迹

薛庄遗址发现的龙山时期文化遗迹很少，分为灰坑和灰沟两种。

一、灰　　坑

15个，仅约占本次发掘灰坑总数的4.84%（附表一）。它们的形制有大有小，就平面形状而言，有圆形、椭圆形和圆角长方形，以圆形最多，椭圆形次之。就坑壁结构而言，有直壁筒状、斜壁锅底状和袋状，坑底为平底。灰坑壁、底一般加工得比较光滑，很少发现工具开挖痕迹。

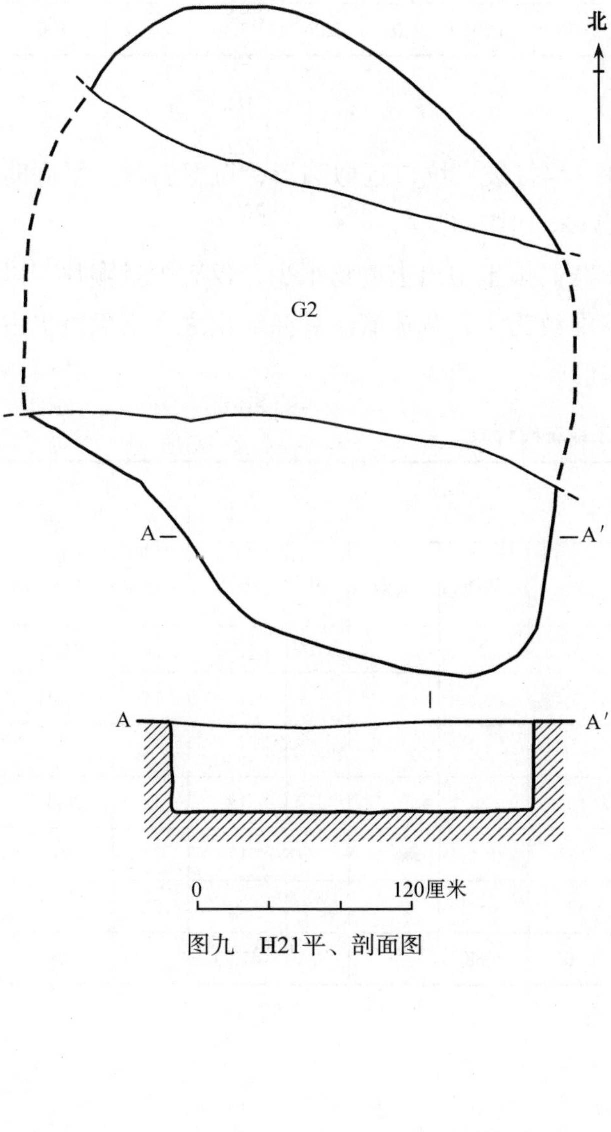

图九　H21平、剖面图

（一）H21

H21位于T2东部，开口于第4层下，中部被G2横贯打破。坑口平面近椭圆形，直壁，平底。坑口距地表0.7米，长径约3.4米、短径约2.6米，深0.5米（图九）。

坑内填灰黑色土，质地松软细腻且略带黏性，内含少量的红烧土及草木灰。填土中出土陶片较多，以夹砂灰陶为主，泥质灰陶次之。纹饰以宽疏篮纹为主，花生皮状绳纹次之，素面陶也占有一定比例（表一）。复原陶器有鬲、罐，可辨器形有陶罐、甗腰、盘等，此外还出土有石镰、石铲、石凿、蚌刀等遗物。

表一　H21陶系纹饰统计表

陶质 / 陶色 / 数量 / 纹饰	夹砂陶					泥质陶					合计	比例/%
	灰	灰褐	黑褐	黑	小计	灰	灰褐	红褐	黑	小计		
篮纹	156	85	31	17	289	79	28	13	19	139	428	44.12
绳纹	112	73	4	25	214	13	6			19	233	24.02
篮纹＋弦纹	10	6			16						16	1.65
弦纹	8	1	6	5	20	13	7	4	1	25	45	4.64
方格纹	2	7	3		12	4	1	7		12	24	2.48
附加堆纹	1		2		3	6		1		7	10	1.03
压印纹		2		4	6	5				5	11	1.13
刻划纹	1				1	3	2			5	6	0.62
素面	52	13			65	113	17	2		132	197	20.31
合计	342	187	46	51	626	236	61	27	20	344	970	
比例 / %	35.26	19.28	4.74	5.26	64.54	24.33	6.29	2.78	2.06	35.46		100

（二）H34

H34位于T21中部，开口于第4层下，西侧被H44打破。坑口近似圆形，坑壁斜收，平底略倾斜。坑口距地表0.82米，直径1.2米，最深约0.31米（图一〇）。

坑内填黑褐色土，土质疏松，夹杂少许草木灰。填土中出土遗物很少，仅有少量陶片，以夹砂灰陶为主，泥质灰陶次之。纹饰以花生皮状绳纹为主，宽疏篮纹和弦纹次之，素面陶也占有一定比例（表二）。由于破碎较重，无可辨器形。

表二　H34陶系纹饰统计表

陶质 / 陶色 / 数量 / 纹饰	夹砂陶					泥质陶					合计	比例/%
	灰	灰褐	黑褐	黑	小计	灰	灰褐	红褐	黑	小计		
篮纹	13				13	5	2			7	20	22.73
绳纹	21		4		25						25	28.41
篮纹＋弦纹												
弦纹						15	3			18	18	20.45
素面	8				8	17				17	25	28.41
合计	42		4		46	37	5			42	88	
比例/%	47.73		4.54		52.27	42.05	5.68			47.73		100

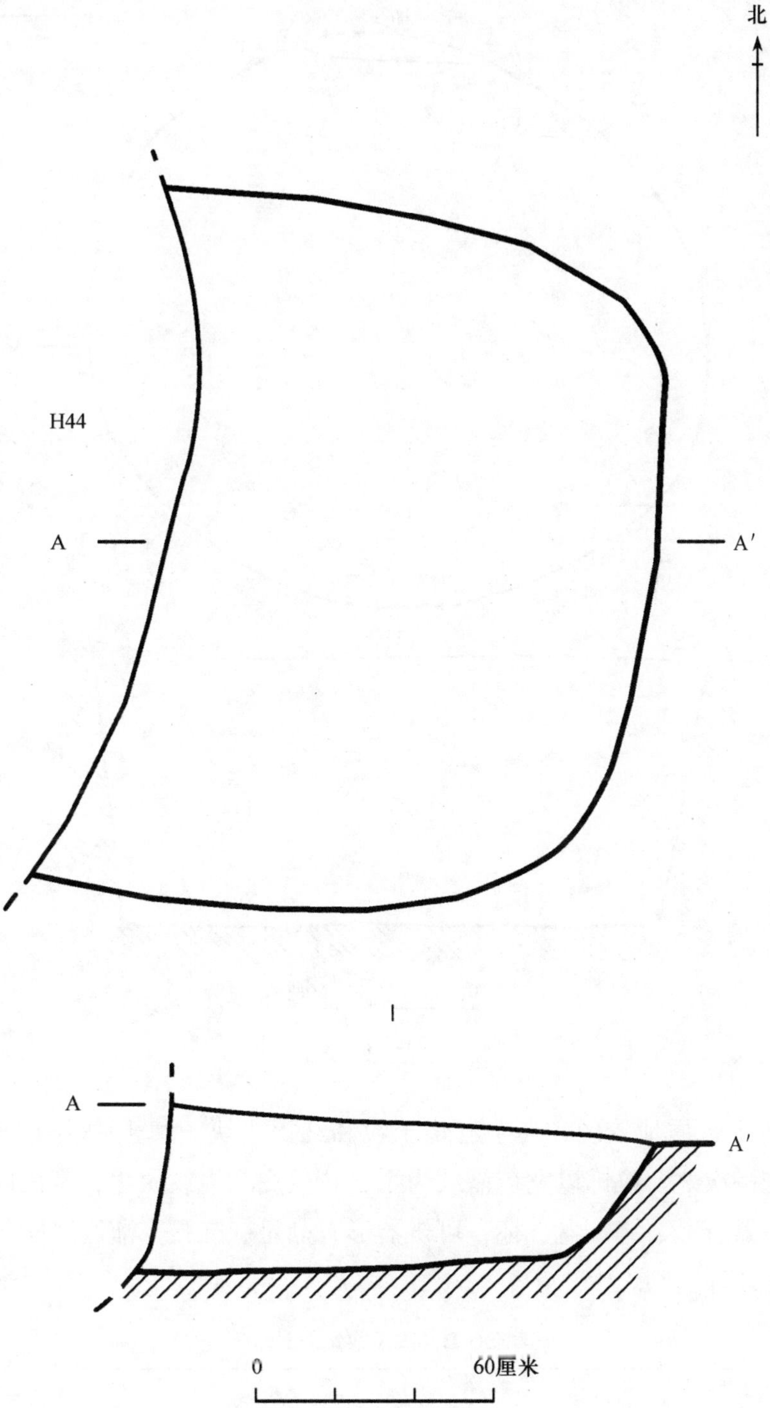

图一〇　H34平、剖面图

（三）H40

H40位于T37东北部，开口于第4层下，东侧被H63打破。坑口形状呈椭圆形，距地表0.7～0.87米，直径2.48～2.51米。坑壁斜直内收。平底，底径1.96～2.16米，距坑口深1.04～1.15米（图一一；图版五，1）。

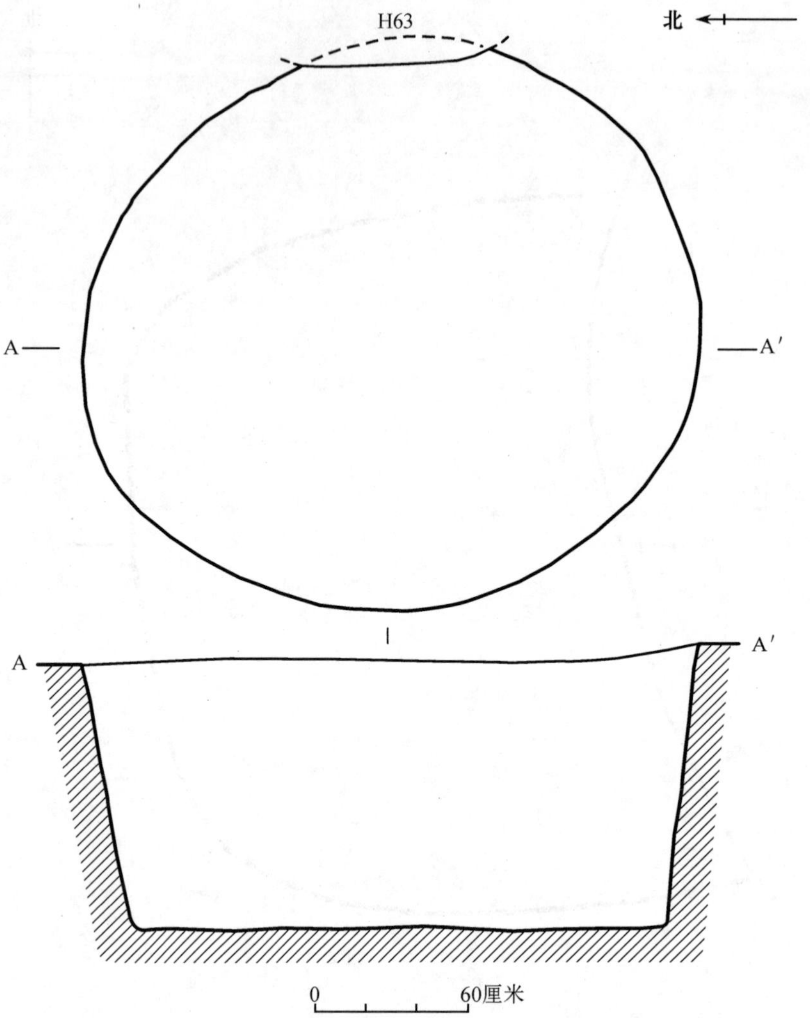

图一一　H40平、剖面图

坑内填灰褐色土，质地较硬，夹杂红烧土粒和红褐土块。填土中出土陶片较多，以夹砂灰陶为主，泥质灰陶次之。纹饰以宽疏篮纹为主，花生皮状绳纹次之，素面陶也占有一定比例（表三）。复原陶器有鼎、罐、盆、杯，可辨器形有鼎足、甗腰、甑底、罐等，此外还出土有陶纺轮、陶环、石环等遗物。

表三　H40陶系纹饰统计表

陶质 / 陶色 / 数量 / 纹饰	夹砂陶					泥质陶					合计	比例/%
	灰	灰褐	黑褐	黑	小计	灰	灰褐	红褐	黑	小计		
篮纹	178	60	31	26	295	146	23	17	18	204	499	61.60
绳纹	49	46		7	102	35	20	6		61	163	20.12
篮纹+弦纹	7			2	9						9	1.11

续表

纹饰＼数量＼陶色＼陶质	夹砂陶					泥质陶					合计	比例/%
	灰	灰褐	黑褐	黑	小计	灰	灰褐	红褐	黑	小计		
弦纹	4		8	2	14	16	5		3	24	38	4.69
方格纹		6	3		9	2				2	11	1.36
附加堆纹						5				5	5	0.62
压印纹							3			3	3	0.37
刻划纹	2	4			6	4				4	10	1.24
素面	36				36	22			14	36	72	8.89
合计	276	116	42	37	471	230	51	23	35	339	810	
比例/%	34.07	14.32	5.19	4.57	58.15	28.39	6.30	2.84	4.32	41.85		100

（四）H44

H44位于T21西南角，开口于第4层下，东侧打破H34。坑口距地表0.75米，呈不规则的圆角长方形，长约2.5米，宽约1.59米。坑壁局部呈袋状，壁上共16个疑似脚窝的小洞。其分布情况为：东壁北端与北壁相接处上下有2个，中端上部有2个，南壁下部有1个，西壁有5个，北壁有上下两排各3个。它们所处位置高低不同，并无一定规律。坑底较平，距坑口深1.56米（图一二；图版五，2）。

坑内填土分两层：第1层为深红褐色土，厚约1.2米。土质较软且黏，夹杂少量的红烧土块和炭粒。第2层为灰黑色土，厚0.24～0.36米。土质疏松，夹杂大量的红烧土粒。上下两层填土中均出土了大量的陶片（经发掘现场拼对发现，近坑底部所出陶片与最初收集的上部陶片有拼合现象，可知坑内堆积与包含物应该是短时间内形成的。鉴于此，在整理时该坑所出遗物未做分层处理），以夹砂灰陶为主，泥质灰陶次之，两种质地的灰褐陶亦占有一定的比例。纹饰以宽疏篮纹为主，花生皮状绳纹次之，素面陶也占有一定比例（表四）。复原陶器有罐、盆、单耳杯、贯耳壶、圈足盘、碗，可辨陶器器形有鼎足、鬲足、罐、折腹小盆等，此外还出土有陶环、石斧、石环、骨镞、穿孔蚌片等遗物。

表四　H44陶系纹饰统计表

纹饰＼数量＼陶色＼陶质	夹砂陶					泥质陶					合计	比例/%
	灰	灰褐	黑褐	黑	小计	灰	灰褐	红褐	黑	小计		
篮纹	276	83	28	17	404	158	78	43	37	316	720	56.16
绳纹	102	43	4	25	174		19	6		25	199	15.52
篮纹＋弦纹	21	6			27						27	2.11

续表

数量 陶质 陶色 纹饰	夹砂陶					泥质陶					合计	比例/%
	灰	灰褐	黑褐	黑	小计	灰	灰褐	红褐	黑	小计		
弦纹	17	1	12	5	35	13	7	4	1	25	60	4.68
方格纹	2	9		3	14	4	1	7		12	26	2.03
附加堆纹	1			2	3		8	1		9	12	0.94
压印纹		2		4	6	7				7	13	1.01
素面		87			87	123	13	2		138	225	17.55
合计	419	231	44	56	750	305	126	63	38	532	1282	
比例/%	32.68	18.02	3.43	4.37	58.50	23.79	9.83	4.91	2.97	41.50		100

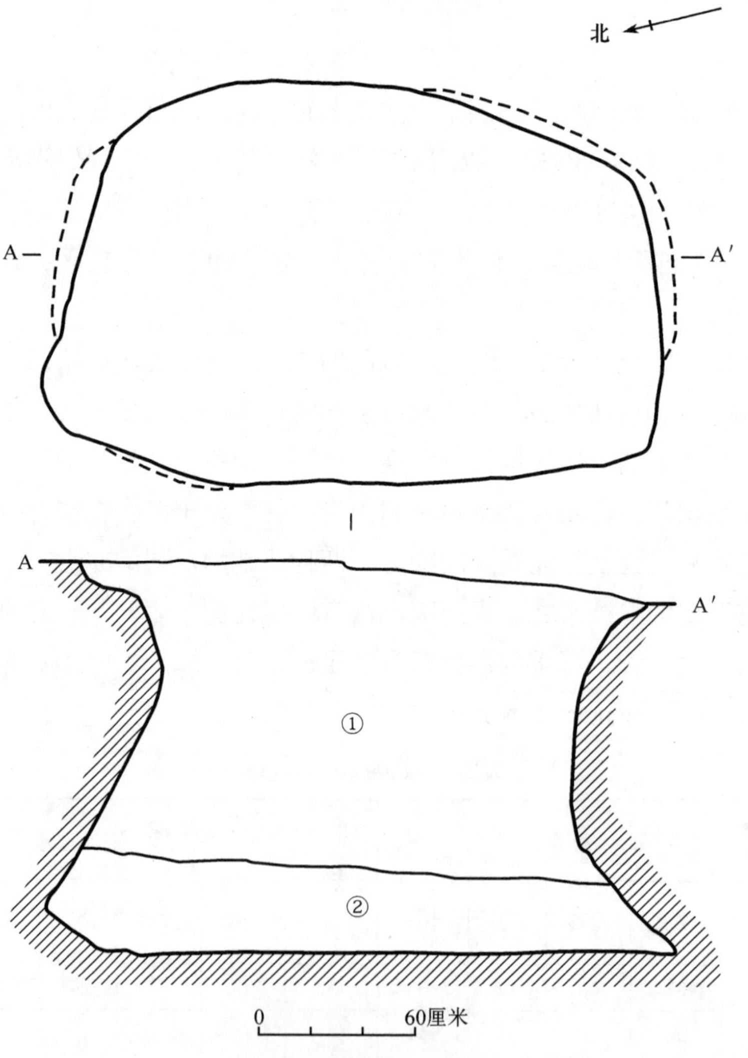

图一二　H44平、剖面图

1. 深红褐色土　2. 灰黑色土

（五）H57

H57位于T24东部偏北，开口于第4层下。坑口距地表0.7米，平面近椭圆形，直径1.74～1.96米。坑壁斜直，北壁略呈袋状。坑底较平整，底径1.58～1.92米，距坑口深0.65米（图一三；图版六，1）。

坑内填灰褐色土，土质较硬，夹杂红烧土颗粒。填土中出土陶片较少，以泥质灰陶为主，夹砂灰陶次之。纹饰以弦纹为主，花生皮状绳纹和宽疏篮纹次之，素面陶也占有一定比例（表五）。复原陶器有罐形鼎，可辨陶器器形有捏制小杯，此外还出土有陶环等遗物。

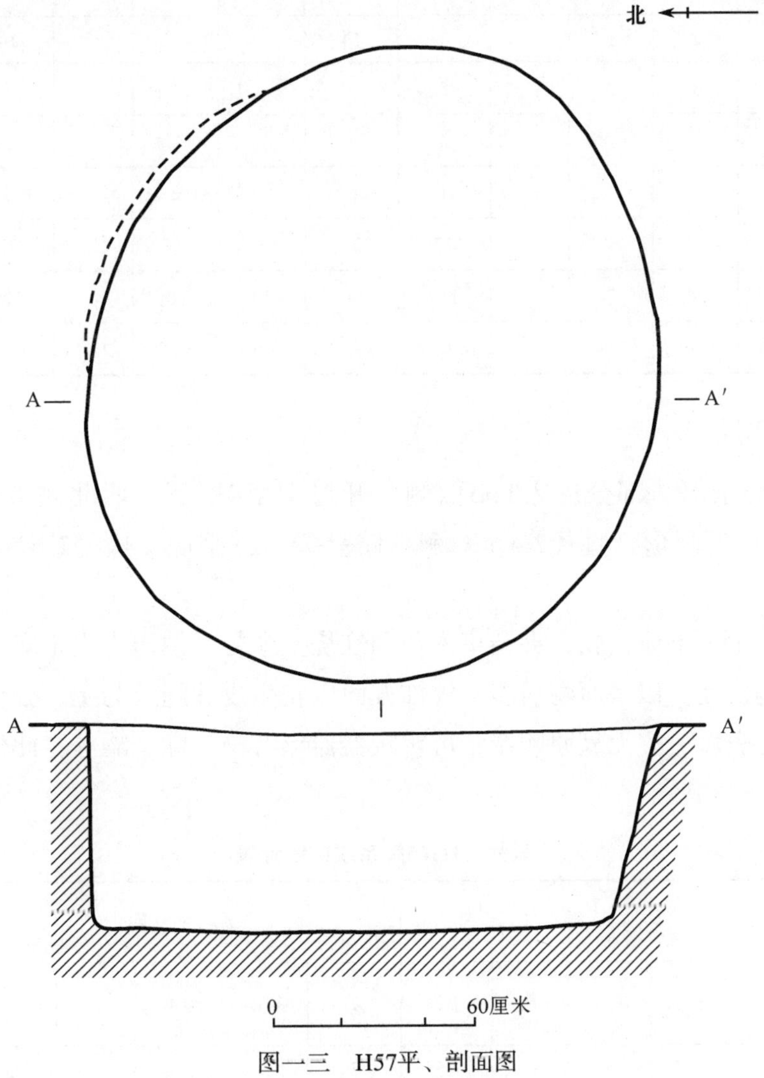

图一三　H57平、剖面图

表五　H57陶系纹饰统计表

陶质 数量　陶色 纹饰	夹砂陶					泥质陶					合计	比例/%
	灰	灰褐	黑褐	黑	小计	灰	灰褐	红褐	黑	小计		
篮纹	13	6			19	8	7	4		19	38	15.45
绳纹	32	12	4		48		1			1	49	19.92
篮纹＋弦纹	2				2			6	3	9	11	4.47
弦纹	14	1		3	18	43	3		1	47	65	26.42
方格纹		2	1		3	14				14	17	6.91
附加堆纹		3	2		5			1		1	6	2.44
压印纹	2			2	4	5				5	9	3.66
刻划纹	1				1	3		2		5	6	2.44
素面	17				17	23	3		2	28	45	18.29
合计	81	24	7	5	117	96	14	13	6	129	246	
比例/%	32.93	9.76	2.84	2.03	47.56	39.02	5.69	5.29	2.44	52.44		100

（六）H165

H165位于T55东部，部分进入T65西侧，开口于第4层下，西北侧被H184打破。坑口距地表0.8米，平面近圆形，直径2.4米。斜壁略呈袋状。平底，底径2.6米，距坑口深1.6米（图一四）。

坑内填灰褐色土，土质松软，夹杂草木灰和红烧土颗粒。填土中出土陶片较少，以夹砂灰陶为主，泥质灰陶次之。以素面陶居多，纹饰方面以花生皮状绳纹为主，弦纹次之，宽疏篮纹亦占有一定比例（表六）。无复原陶器，可辨陶器器形有鬲、甗、罐等，此外还出土有陶环等遗物。

表六　H165陶系纹饰统计表

陶质 数量　陶色 纹饰	夹砂陶					泥质陶					合计	比例/%
	灰	灰褐	黑褐	黑	小计	灰	灰褐	红褐	黑	小计		
篮纹	11		4		15	3				3	18	7.93
绳纹	37	14		3	54	12	4		3	19	73	32.16
篮纹＋弦纹	7	2			9	4		6		10	19	8.37
弦纹			3		3	21	3			24	27	11.89
方格纹			1		1				1	1	2	0.88

续表

陶质/陶色/数量/纹饰	夹砂陶					泥质陶					合计	比例/%
	灰	灰褐	黑褐	黑	小计	灰	灰褐	红褐	黑	小计		
附加堆纹	2	2			4						4	1.76
压印纹				3	3	6		4	2	12	15	6.61
刻划纹		1			1		3			3	4	1.76
素面	35	10			45	18		2		20	65	28.64
合计	92	29	8	6	135	64	10	12	6	92	227	
比例/%	40.53	12.78	3.52	2.64	59.47	28.19	4.41	5.29	2.64	40.53		100

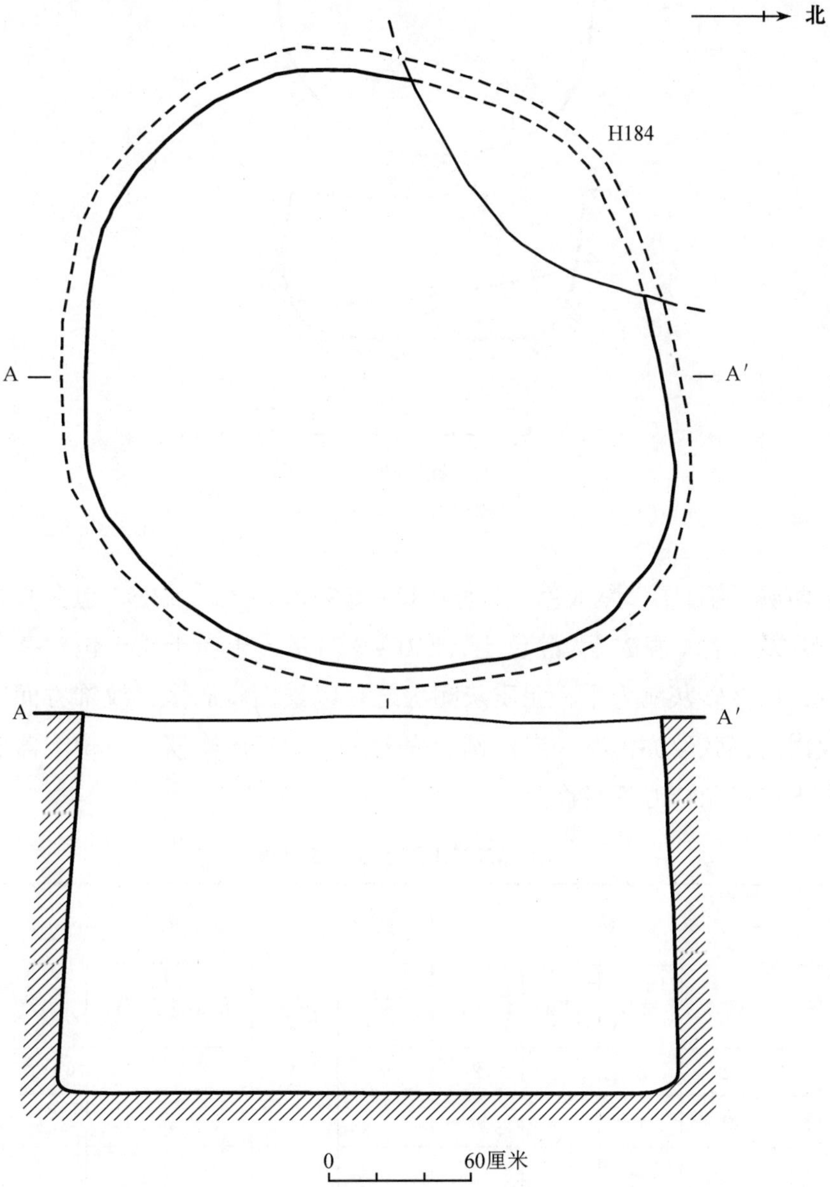

图一四 H165平、剖面图

（七）H291

H291位于T106西北角，开口于第4层下，北侧被H290打破，南侧又打破H292。坑口距地表0.83米，平面呈圆形，直径约1.76米。坑壁竖直，近底部弧收。平底，底径1.1米，距坑口深0.78米（图一五）。

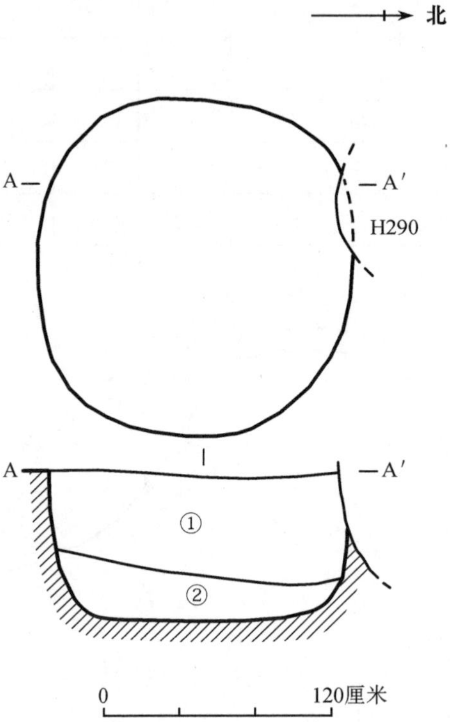

图一五　H291平、剖面图
1. 黑褐色土　2. 黑色土

坑内填土分两层：第1层为黑褐色土，厚0.42～0.57米。土质疏松，包含有料姜石和红烧土粒，出土少量陶片及兽骨。第2层为黑色土，厚0～0.21米，土质干松，包含有少量炭块。填土中出土陶片很少，以夹砂灰陶为主，泥质灰陶次之。以素面陶居多，纹饰方面以花生皮状绳纹为主，宽疏篮纹次之，弦纹亦占有一定比例（表七）。无复原陶器，可辨陶器器形有夹砂素面罐等，此外还出土有穿孔蚌刀等遗物。

表七　H291①陶系纹饰统计表

陶质 / 陶色 / 数量 / 纹饰	夹砂陶					泥质陶					合计	比例/%
	灰	灰褐	黑褐	黑	小计	灰	灰褐	红褐	黑	小计		
篮纹		2	6		8	9	4			13	21	16.15
绳纹	22	9	1		32						32	24.61
篮纹＋弦纹						3				3	3	2.31

续表

数量 陶质 陶色 纹饰	夹砂陶					泥质陶					合计	比例/%
	灰	灰褐	黑褐	黑	小计	灰	灰褐	红褐	黑	小计		
弦纹		2			2	12		2		14	16	12.31
方格纹							2			2	2	1.54
压印纹								3	2	5	5	3.85
刻划纹	2				2						2	1.54
素面	31			3	34	11			4	15	49	37.69
合计	55	13	7	3	78	25	6	5	6	42	130	
比例/%	42.31	10.00	5.38	2.31	60.00	26.92	4.61	3.85	4.62	40		100

（八）H292

H292位于T106中西部，开口于第4层下，北侧被H291打破。坑口距地表0.83米，平面呈圆形，直径1.52米。坑壁竖直呈筒状。平底，距坑口深0.6米（图一六）。

坑内填灰褐色土，土质松软，出土遗物很少。陶片零碎，无可辨器形，未做统计。

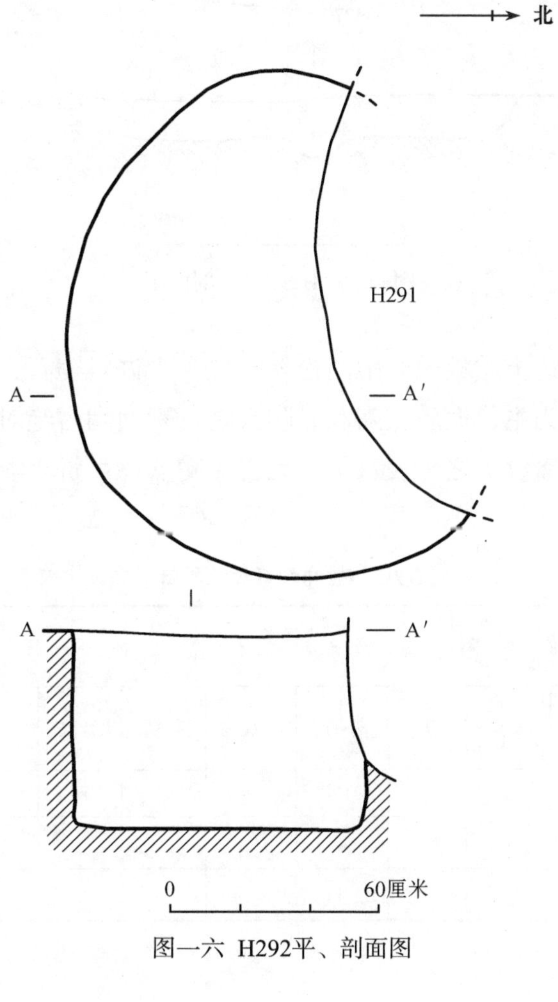

图一六　H292平、剖面图

（九）H298

H298位于T111中部偏北，开口于第4层下，北侧被H237打破，西侧被H265打破，西南侧被H270打破。坑口距地表1米，平面呈不规则的圆形，直径约2.52米。坑壁弧收呈锅底状，很浅。坑底凹凸不平，中间有小沟槽，距坑口最深0.31米（图一七）。

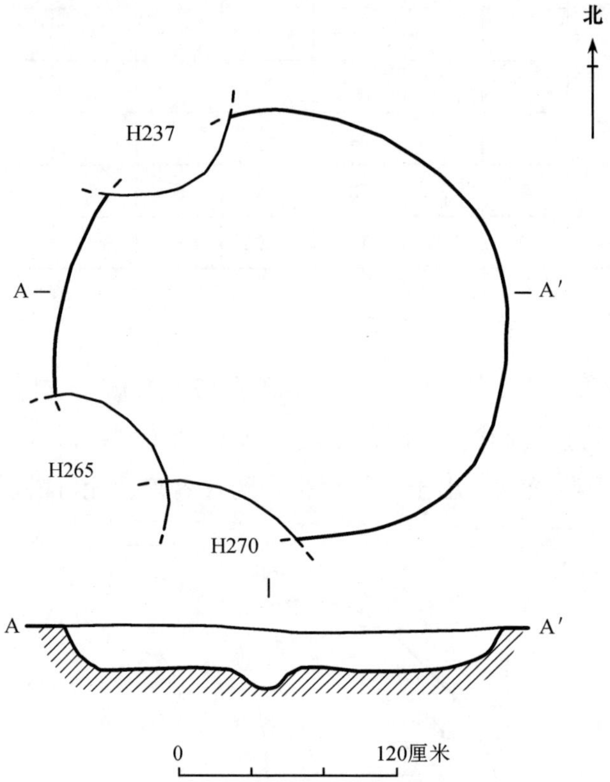

图一七　H298平、剖面图

坑内填棕黑色土，坑边土质较硬，中间松软，包含少许料姜石、炭粒和草木灰。填土中出土陶片较多，以夹砂灰陶为主，泥质灰陶和黑陶次之。素面陶占绝对多数，纹饰方面以花生皮状绳纹为主，弦纹和宽疏篮纹次之（表八）。无复原陶器，可辨陶器器形有鼎足、素面罐、敛口瓮、桥状器耳等。

表八　H298陶系纹饰统计表

陶质 / 陶色 / 数量 / 纹饰	夹砂陶					泥质陶					合计	比例/%
	灰	灰褐	黑褐	黑	小计	灰	灰褐	红褐	黑	小计		
篮纹	11	2	5		18	9			6	15	33	7.93
绳纹	29	12	1		42						42	10.10
篮纹＋弦纹		4			4						4	0.96

续表

陶质 / 陶色 / 数量 / 纹饰	夹砂陶					泥质陶					合计	比例/%
	灰	灰褐	黑褐	黑	小计	灰	灰褐	红褐	黑	小计		
弦纹	2				2	33			2	35	37	8.89
方格纹		8			8	3	4			7	15	3.61
附加堆纹	7	3			10						10	2.40
压印纹	7			5	12				2	2	14	3.37
刻划纹		2	5		7	3	2			5	12	2.88
素面	112		18		130	45			74	119	249	59.86
合计	168	31	29	5	233	93	6		84	183	416	
比例/%	40.39	7.45	6.97	1.20	56.01	22.36	1.44		20.19	43.99		100

（十）H318

H318位于T118中部偏北，开口于第4层下，直接打破生土，北侧有一小部分因伸入北隔梁下而未发掘。坑口距地表0.9米，平面形状呈椭圆形，长径2.2米，短径1.4米。坑壁弧收成锅底状。坑底凹凸不平，距坑口最深0.4米（图一八）。

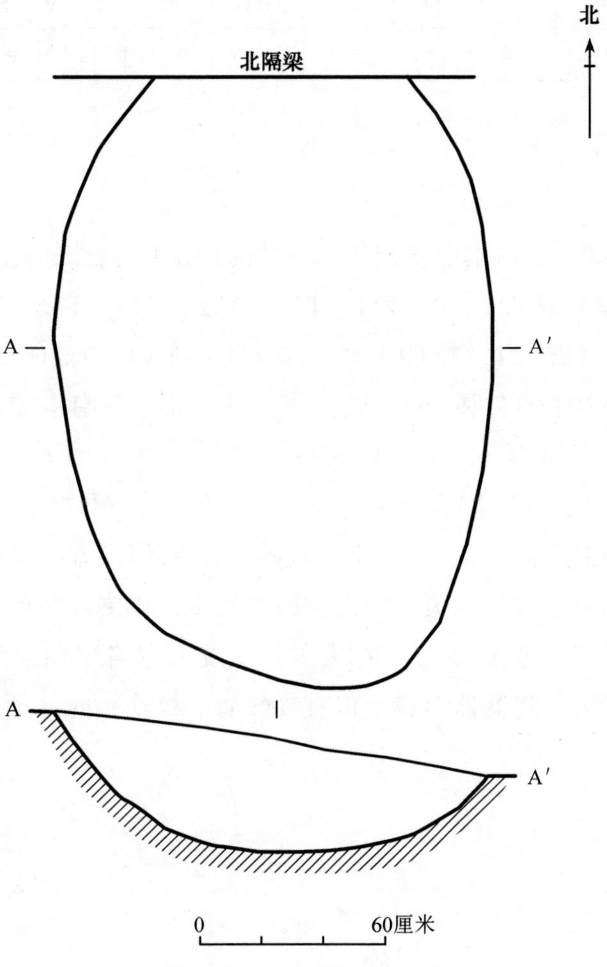

图一八　H318平、剖面图

坑内填灰黑色土，土质松软，颗粒小。填土中出土陶片较多，以夹砂灰陶为主，泥质灰陶次之。以素面陶居多，纹饰方面以宽疏篮纹为主，弦纹次之，方格纹和花生皮状绳纹各占有一定比例（表九）。无复原陶器，可辨陶器器形有鬲、罐、子母口贯耳壶等。

表九　H318陶系纹饰统计表

陶质／陶色／数量／纹饰	夹砂陶					泥质陶					合计	比例/%
	灰	灰褐	黑褐	黑	小计	灰	灰褐	红褐	黑	小计		
篮纹	102	34			136	37		5		42	178	27.51
绳纹	29	31			60						60	9.27
篮纹＋弦纹	3		7		10						10	1.55
弦纹	9	13			22	64	17		13	94	116	17.93
方格纹	12	8		6	26	21	14			35	61	9.43
附加堆纹		2		3	5						5	0.77
压印纹			3	5	8						8	1.24
刻划纹			5		5			2	2	4	9	1.39
素面	81				81	44	32		43	119	200	30.91
合计	236	88	15	14	353	166	63	7	58	294	647	
比例/%	36.48	13.60	2.32	2.16	54.56	25.66	9.74	1.08	8.96	45.44		100

二、灰　　沟

灰沟仅1条（编号G2），占本次发掘灰沟总数的10%（附表二）。

G2在发掘区内相继穿越T2、T9、T11、T12、T22、T25、T36、T37，终于T38、T39。开口于第4层下，在T2中打破H21，在T9中被M11打破，在T11中被H12和M21打破，在T22中被H33打破，在T38、T39中被H41和H63打破。灰沟呈西北—东南走向，斜壁弧收，平底。沟长约31米，宽1.5～3.1米，深0.7～0.8米（图一九；图版六，2）。

灰沟内堆积分为三层：第1层为黑褐色土，土质较硬，颗粒较大；第2层为灰褐色土，质硬，并夹杂料姜块；第3层为黄褐色土，土质较硬。G2所跨探方的发掘者未能及时统筹兼顾，导致所出遗物没有做到分层收集。填土中出土遗物较少，以夹砂灰陶为主，夹砂灰褐陶次之。纹饰方面以宽疏篮纹为主，弦纹次之，花生皮状绳纹、方格纹和素面陶各占有一定比例（表一〇）。无复原陶器，可辨陶器器形有小口直领鼓肩篮纹瓮，此外还出土有陶纺轮、石刀、石环、石镑等遗物。

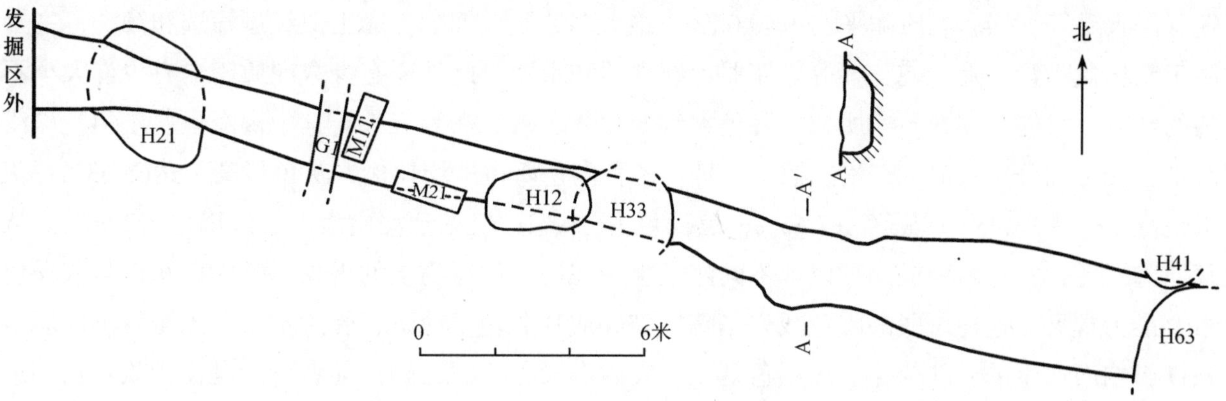

图一九　G2平、剖面图

表一〇　G2陶系纹饰统计表

陶质 / 陶色 / 数量 / 纹饰	夹砂陶					泥质陶					合计	比例/%
	灰	灰褐	黑褐	黑	小计	灰	灰褐	红褐	黑	小计		
篮纹	27	13	6		46	3				3	49	28.49
绳纹	16		11		27						27	15.70
篮纹＋弦纹		4	3		7	2	3			5	12	6.98
弦纹	12	14	1		27	8	7			15	42	24.42
方格纹	6		4	2	12			5		5	17	9.88
压印纹		7			7						7	4.07
刻划纹								1		1	1	0.58
素面	15				15		2			2	17	9.88
合计	76	38	25	2	141	13	12	6		31	172	
比例/%	44.19	22.09	14.54	1.16	81.98	7.56	6.98	3.49		18.02		100

第二节　遗　　物

一、陶　　器

（一）概述

陶质分夹砂和泥质两大类，在个别夹砂陶中，发现有少许蚌壳碎末掺入。根据上节10个单位出土陶片的陶系统计（表一～表一〇），夹砂陶平均占53.95%，除少数鬲、甗、罐所含砂粒较大外，绝大多数夹砂陶所含砂粒较小且分布均匀，应是有意掺入的，主要用于制作鼎、鬲、甗、深腹罐等炊器。泥质陶平均占46.05%，绝大多数质地细腻，陶土似经过筛选和淘洗，主要用于制作盆、盘、瓮、碗、杯等盛储器、饮食器和水器，此外还有少数泥质陶含有少许大小不匀的砂粒，可能是淘洗不净所致。陶色大致分为灰、褐、黑等三种，其中褐陶呈色不匀，深浅有别，又可细分出灰褐、红褐、黑褐三种。各种陶色所占平均比例，灰色最高，达65.53%；灰褐色次之，占18.95%；黑色占7.45%；黑褐色占5.39%；仅见于泥质陶上的红褐色占2.68%。从复原陶器看，常见两种或两种以上不同陶色出现在同一件器物上的现象，其中以灰色与灰褐色组合最为常见。这种斑驳的陶色或许是陶器破碎成片久埋于地下，受到水沁、土沁等不同埋藏条件影响而产生的局部变化。黑褐色既见于夹砂陶又见于泥质陶，前者可能是作为炊器长期烟熏火烧使用所致，而泥质陶上出现的黑褐色和红褐色，则可能与不良的火候、窑温控制等烧造工艺有关。

各单位出土陶片除素面（含少量磨光）外，器表纹饰有篮纹、绳纹、弦纹、方格纹、附加堆纹、压印纹、刻划纹等。除素面陶平均占26.37%外，各种纹饰所占平均比例，篮纹最高，达28.54%；绳纹次之，占19.75%；弦纹占13.73%；方格纹占3.82%；篮纹＋弦纹占2.97%；压印纹占2.56%；刻划纹占1.26%；附加堆纹占1.00%。篮纹宽疏，印痕较浅，多成片分布于陶器腹部，周围或有明显的边棱；施纹方向以倾斜者居多，一般上部较整齐、下部略显凌乱；少数在其两端加饰弦纹作间隔。绳纹粗细适中，间距疏密得当，多呈花生皮状；施纹方向以竖向连续居多，一般上部印痕较深，少数或加饰弦纹，下部印痕变浅，常见有工具刮抹痕迹。篮纹和绳纹多饰于罐、鼎等炊器上。弦纹较细且浅，通常与篮纹、绳纹配合装饰，单独施纹者常见于浅腹盆、盘等盛储器。方格纹多为长方形或倾斜呈菱形，印痕深浅不一。压印纹和刻划纹多使用小工具按压或刻划出连续的几何形，主要饰于泥质陶制作的盛储器和饮食器上。附加堆纹多以细泥条贴附于甗腰，其上再压印出指窝或绹索状（图二〇）。

（二）类型划分

薛庄遗址出土的龙山时期陶器主要有罐、鼎、鬲、甗、盆、盘、碗、杯、壶、瓮、豆、盅、甑形器、器盖、纺轮、陶环等，依次介绍如下。

1. 罐

46件。根据口沿与腹部以及纹饰特征，可分七型。

A型　6件。侈口，折沿，鼓腹斜收，小平底。腹饰篮纹。H44：12，夹砂灰陶。方唇。腹部饰竖向篮纹和四道横向的弦纹。下腹素面。口径13.9、高22.4厘米（图二一，1；图版七，1）。H21：2，夹砂灰黑陶。方唇。腹部饰竖向篮纹，纹痕较浅。下腹残。口径15、残高12厘米（图二一，2）。H21：5，夹砂灰陶。圆唇，束颈。腹饰竖向篮纹加横向弦纹，纹痕模糊。下腹残。口径16、残高15厘米（图二一，3）。H21：8，夹砂灰褐陶。圆唇。上腹饰竖行篮纹和横向弦纹。下腹残缺。口径12.8、残高11.8厘米（图二一，4）。H40：18，夹砂褐陶。沿面

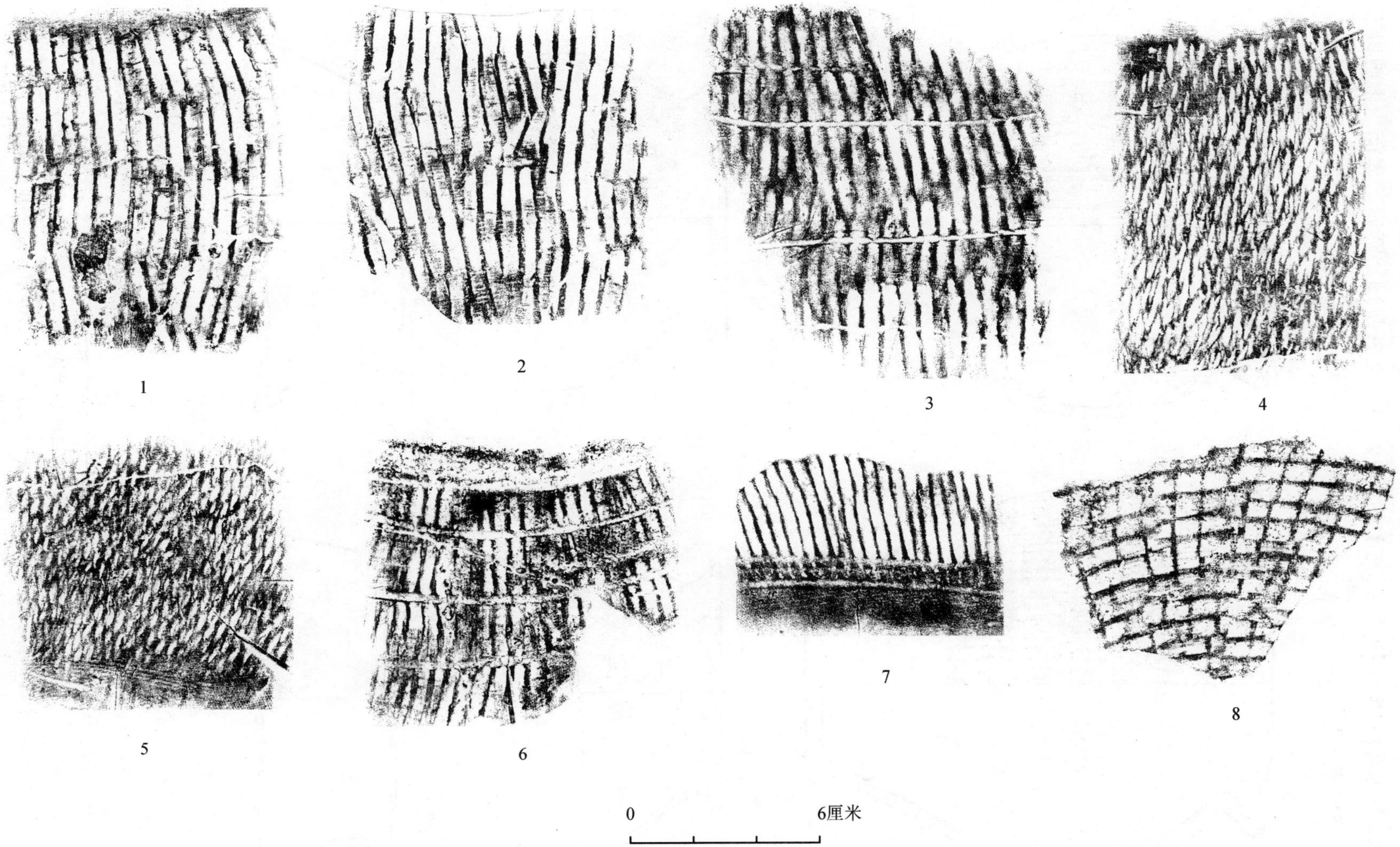

图二〇　龙山时期陶器纹饰拓片

1、2. 篮纹（H40：4、H165）　3、6、7. 篮纹+弦纹（H44：12、H21、G2）　4、5. 绳纹（H40：14、H44：8）　8. 方格纹（H318）

上有一周宽凹槽，斜方唇，唇面上也有一周浅凹槽。上腹饰斜向篮纹，纹痕较浅。上腹以下残。口径16、残高7厘米（图二一，5）。H318：3，夹砂灰陶。圆唇。素面。上腹以下残。口径10、残高5厘米（图二一，6）。

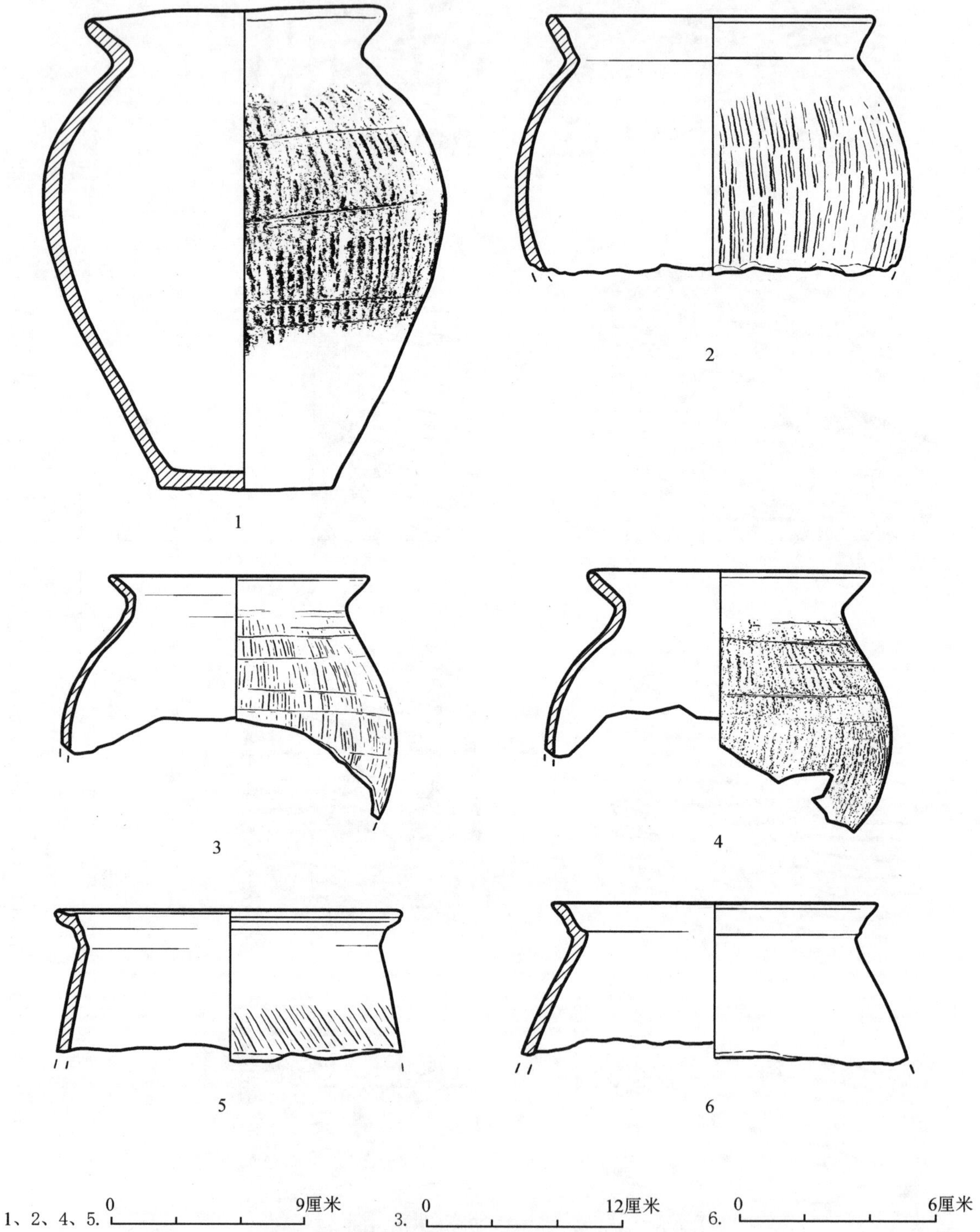

图二一　龙山时期A型陶罐

1. H44：12　2. H21：2　3. H21：5　4. H21：8　5. H40：18　6. H318：3

B型 14件。侈口，折沿，深鼓腹，小平底。腹饰花生皮状绳纹。H44：8，夹砂红褐陶。圆唇。下腹纹饰被刮抹成素面。口径13.3、高18.1厘米（图二二，1；图版七，2）。H40：12，夹砂黑灰陶。方唇，口部制作略有变形。下腹纹饰被刮抹成素面。口径14.7～15.2、高16.5～20.7厘米（图二二，2；图版七，3）。H40：14，夹砂灰陶。方唇。下腹近底部素面。口径16、底径8.7、高22.4厘米（图二二，3）。H21：3，夹砂灰陶。圆唇。腹部饰竖向花生皮状绳纹，纹痕较深。下腹残。口径18、残高16厘米（图二二，4）。H40：7，夹砂灰陶。圆唇。上腹以下残。口径15、残高9.6厘米（图二二，5）。H40：19，夹砂灰褐陶。圆唇。腹底部残。口径9.8、残高8.6厘米（图二二，6）。H44：25，夹砂灰褐陶。圆唇，微束颈。下腹残。口径12、残高7.6厘米（图二三，1）。H44：26，夹砂灰陶。圆唇。上腹以下残。口径12、残高5.4厘米（图二三，2）。H44：27，夹砂灰陶。圆唇。上腹以下残。口径13、残高6.8厘米（图二三，3）。H44：28，夹砂灰陶。圆唇。上腹以下残。口径15、残高7.4厘米（图二三，4）。H44：29，夹砂灰褐陶。方唇。下腹残。口径12、残高9.4厘米（图二三，5）。H44：30，夹砂灰陶。圆唇。上腹以下残。口径18、残高6厘米（图二三，6）。H44：31，夹砂灰陶。圆唇。上腹以下残。口径17、残高6.2厘米（图二三，7）。H44：32，夹砂灰陶。圆唇。下腹残。口径14、残高4.6厘米（图二三，8）。

C型 20件。通体素面。根据口沿与腹部特征，可分三亚型。

Ca型 7件。侈口，折沿，深鼓腹，小平底。H21：4，夹砂灰陶。方唇，唇面有一周凹槽。口径10.2、高16.2厘米（图二四，1；图版七，4）。H44：14，夹砂灰陶。方唇，口部制作略有变形。口径10.6、高14.1厘米（图二四，2）。H40：3，夹砂灰褐陶。口沿残。上腹表面有明显的轮制旋转痕，下腹内壁亦可见泥条盘筑痕迹。残高13.6厘米（图二四，3；图版七，5）。H44：2，夹砂灰褐陶。圆唇。下腹残。口径17、残高18厘米（图二四，4）。H44：3，夹砂红褐陶。圆唇。下腹残。口径20、残高12厘米（图二四，5）。H151：1，夹砂灰褐陶。沿面上有一周浅凹槽，方唇。下腹残。口径14、残高10厘米（图二四，6）。H165：4，夹砂灰褐陶。圆唇。下腹残。口径16、残高13厘米（图二五，1）。

Cb型 9件。侈口，卷沿，矮直领，圆鼓腹，小平底。H40：13，夹砂灰褐陶。方唇，唇面有一周凹槽。口径14.1、底径6.8、高14.3厘米（图二五，2；图版七，6）。H40：17，夹砂褐陶。斜方唇。下腹残。口径18、残高8.6厘米（图二五，3）。H44：33，夹砂灰褐陶。侈口，沿面上有一周凹槽，圆唇。上腹以下残。口径22、残高7.6厘米（图二五，4）。H44：34，夹砂灰褐陶。口外侧有一周凸棱，圆唇，器表轮旋痕迹清晰可见。上腹以下残。口径19、残高12厘米（图二五，5）。H165：5，夹砂灰褐陶。沿面上有一周凹槽，圆唇，下腹残。口径24、残高12厘米（图二五，6）。H298：1，夹砂灰陶。沿面上有一周凹槽，圆唇。领、腹间有两道弦纹。上腹以下残。口径26、残高9厘米（图二五，7）。H298：2，夹砂灰陶。沿面上有一周凹槽，圆唇。领、腹间有两道弦纹。上腹以下残。口径27、残高8.6厘米（图二五，8）。H318：4，泥质灰陶。圆唇。领部饰五道浅宽的弦纹。上腹以下残。口径16、残高12厘米（图二六，1）。H21：12，夹砂灰褐陶。圆唇。中腹以下残。口径16、残高12厘米

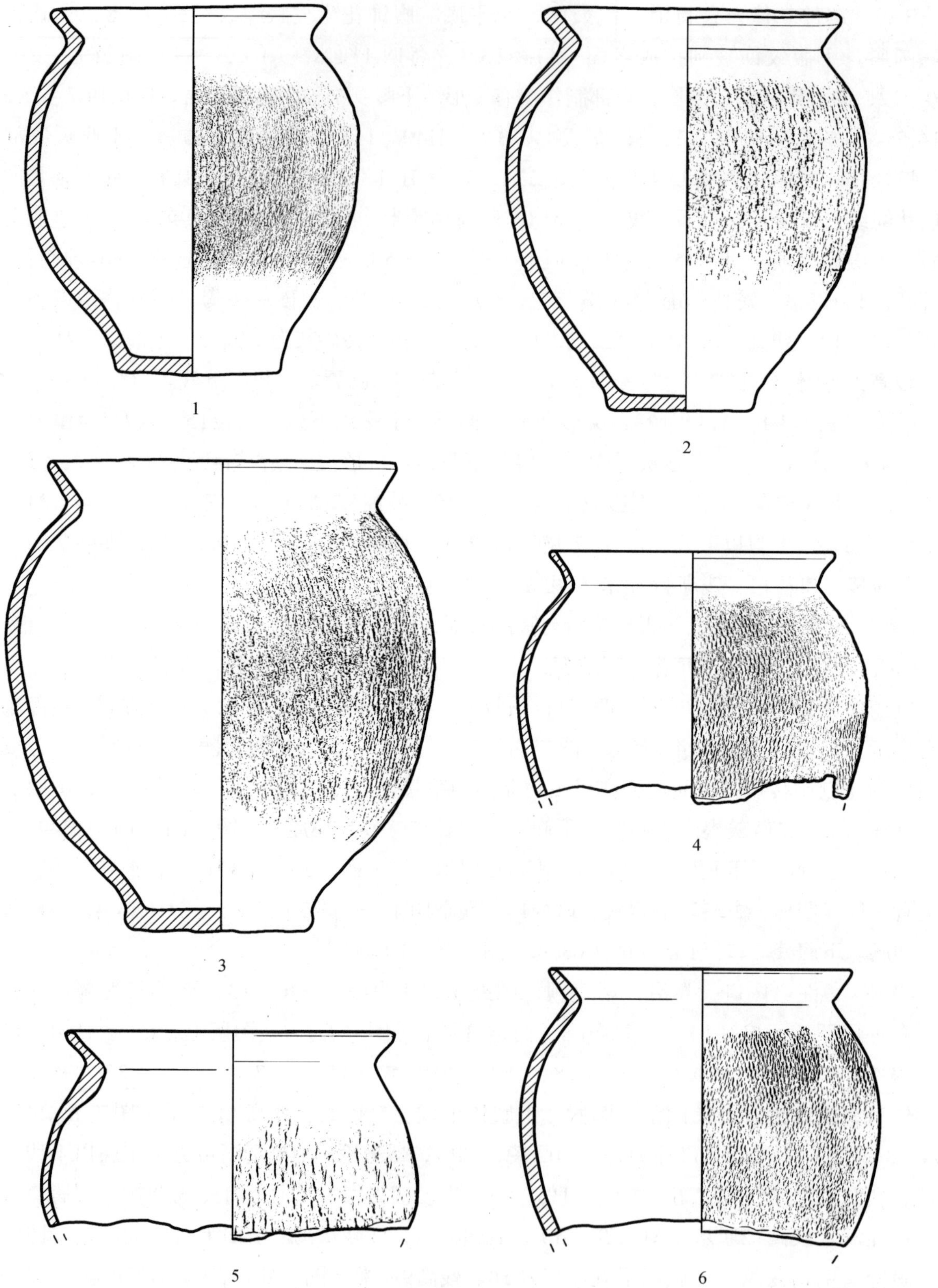

图二二　龙山时期B型陶罐

1. H44：8　2. H40：12　3. H40：14　4. H21：3　5. H40：7　6. H40：19

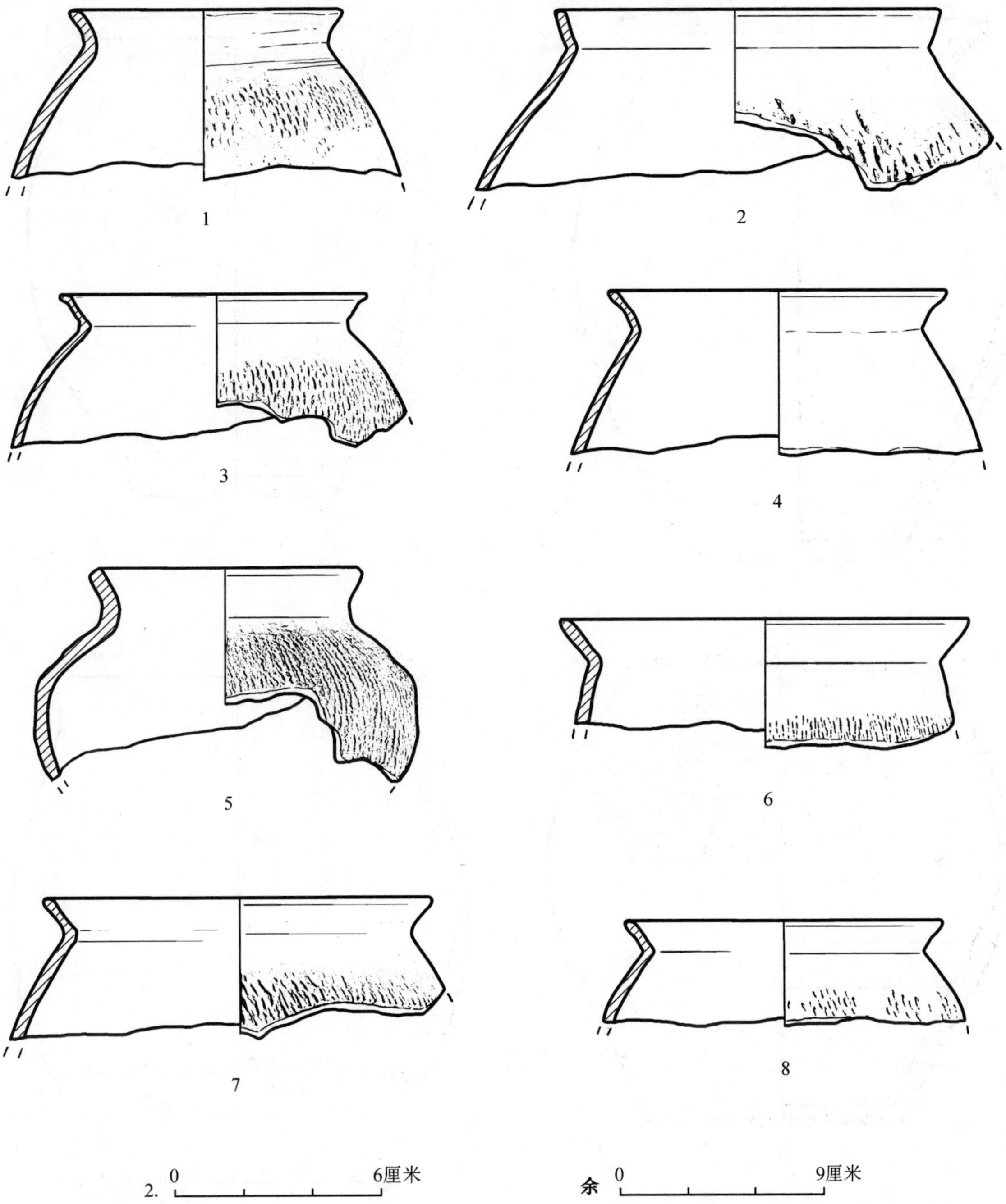

图二二 龙山时期B型陶罐

1. H44：25 2. H44：26 3. H44：27 4. H44：28 5. H44：29 6. H44：30 7. H44：31 8. H44：32

（图二六，2）。

Cc型 4件。器形较小，手制，不甚规整。H40：1，夹砂灰褐陶。敞口微侈，圆唇，弧腹，大平底。口径10.1、高11.5厘米（图二六，3；图版八，1）。H40：2，夹砂灰陶。口部略有变形，束颈，圆唇。口径8.9、高13厘米（图二六，4；图版八，2）。H40：15，夹砂灰褐陶。厚胎，小侈口，圆唇，微束颈，弧腹，器身黏附小鋬耳。下腹残。口径14、残高8厘米

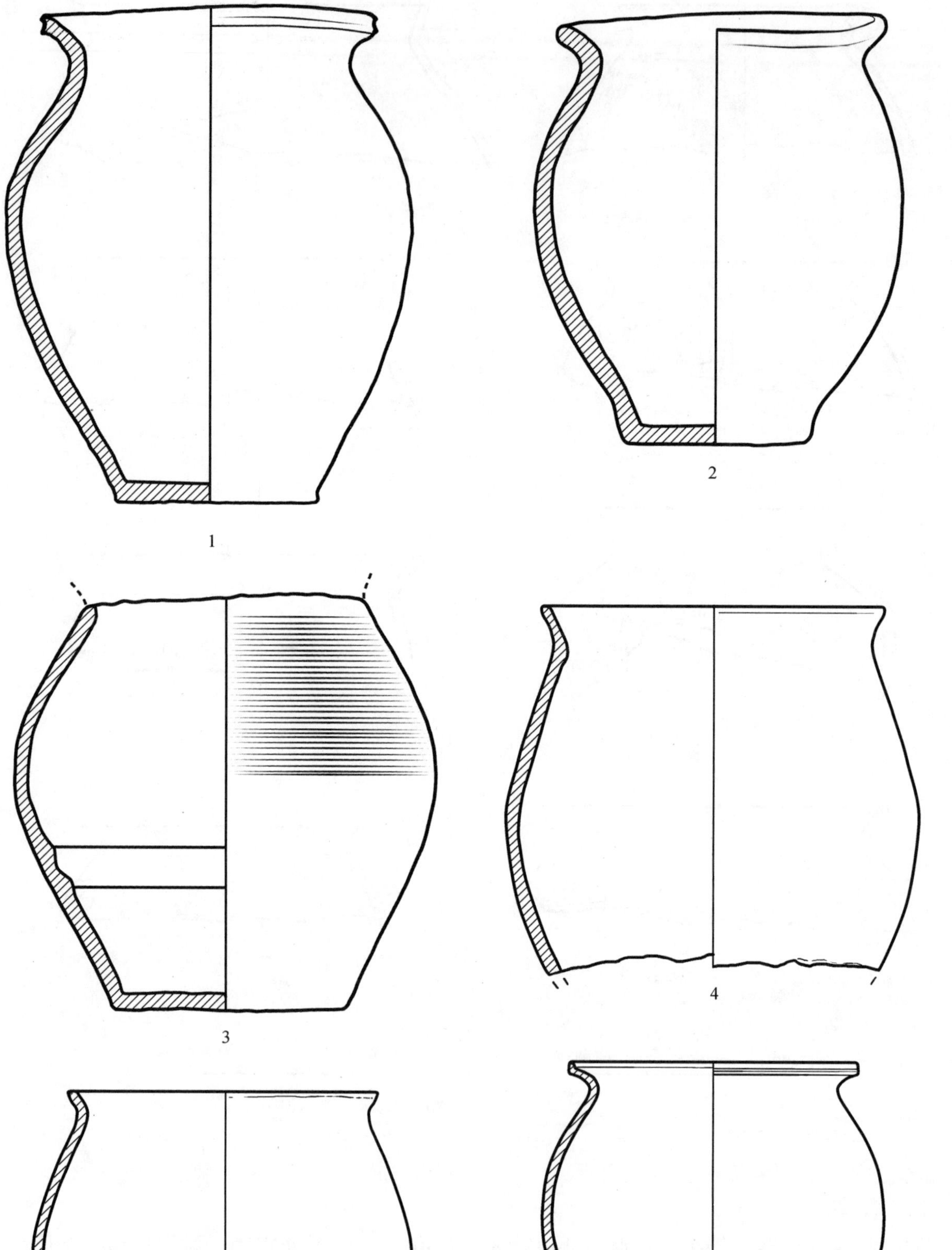

图二四　龙山时期Ca型陶罐

1. H21：4　2. H44：14　3. H40：3　4. H44：2　5. H44：3　6. H151：1

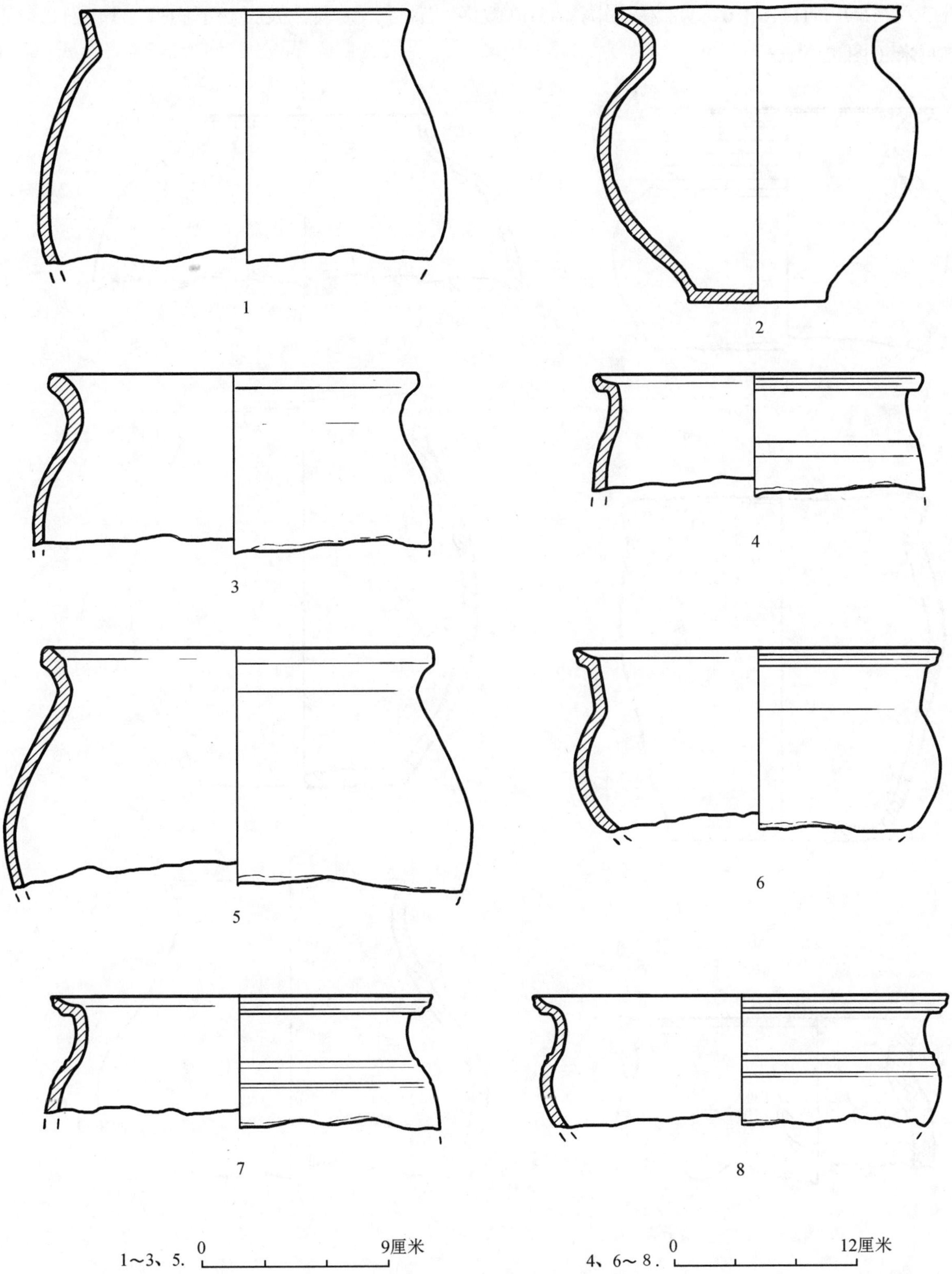

图二五　龙山时期Ca、Cb型陶罐

1. Ca型（H165：4）　2～8. Cb型（H40：13、H40：17、H44：33、H44：34、H165：5、H298：1、H298：2）

（图二六，5）。H318：6，夹砂灰褐陶。小口微侈，圆唇，矮领，鼓腹。下腹残。口径11、残高15厘米（图二六，6）。

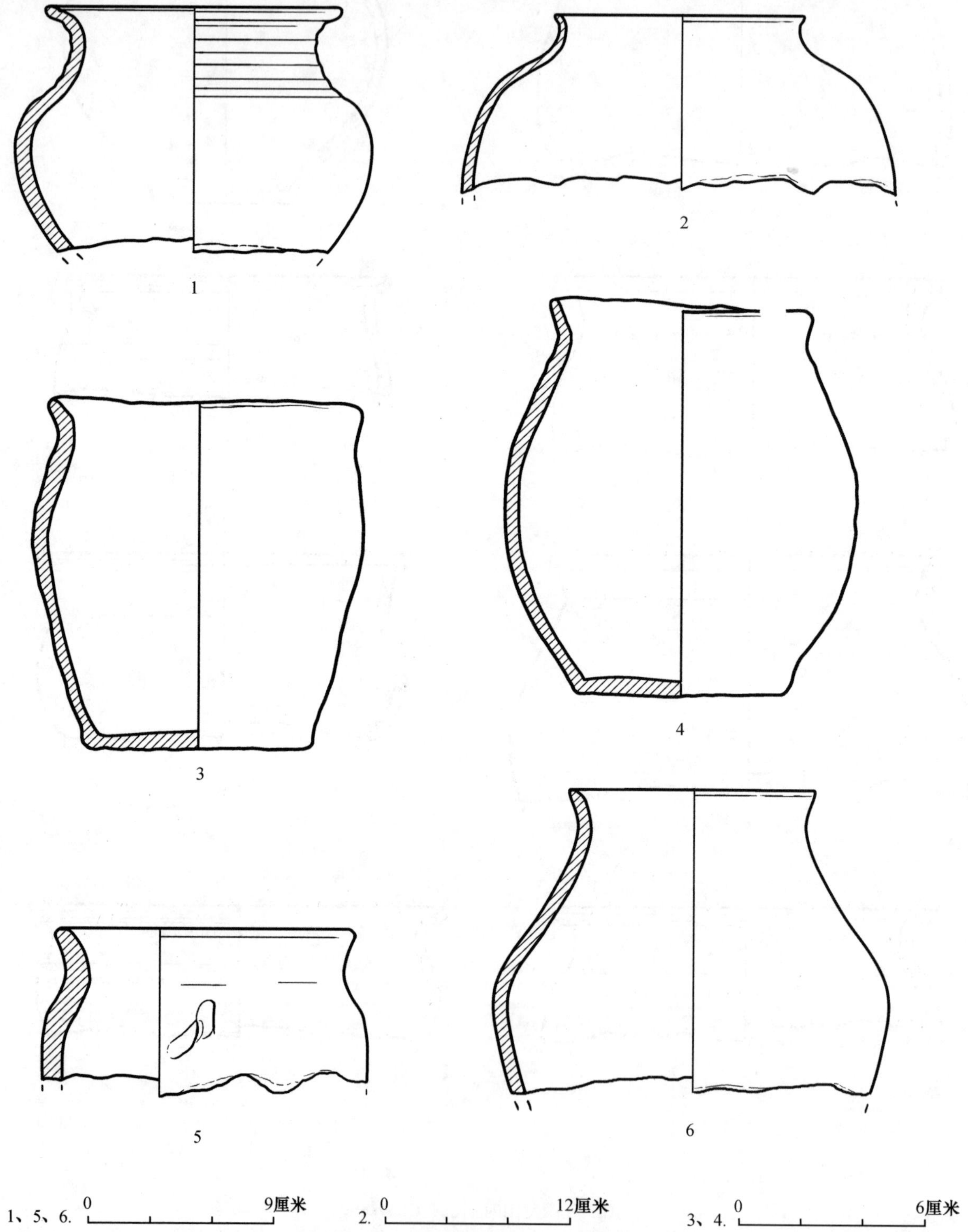

图二六　龙山时期Cb、Cc型陶罐

1、2. Cb型（H318：4、H21：12）　3～6. Cc型（H40：1、H40：2、H40：15、H318：6）

D型　2件。方格纹罐。H79②：3，夹砂灰褐陶。侈口，折沿，方唇，束颈，鼓腹。腹饰方格纹，纹痕较深。下腹残。口径14、残高6厘米（图二七，1）。H318：5，夹砂灰褐陶。口部残。鼓腹，小平底。腹饰方格纹。底径8、残高11厘米（图二七，2）。

E型　2件。花边口罐。H79②：2，夹砂灰陶。侈口，卷沿，唇面压印一周花边，微束颈，深弧腹。腹饰竖向绳纹，纹痕较深。下腹残。口径17、残高15厘米（图二七，3）。H79②：4，夹砂灰陶。侈口，卷沿，唇面斜向压印一周花边，微束颈，弧腹。腹饰竖向绳纹，纹痕较深。下腹残。口径16、残高7厘米（图二七，4）。

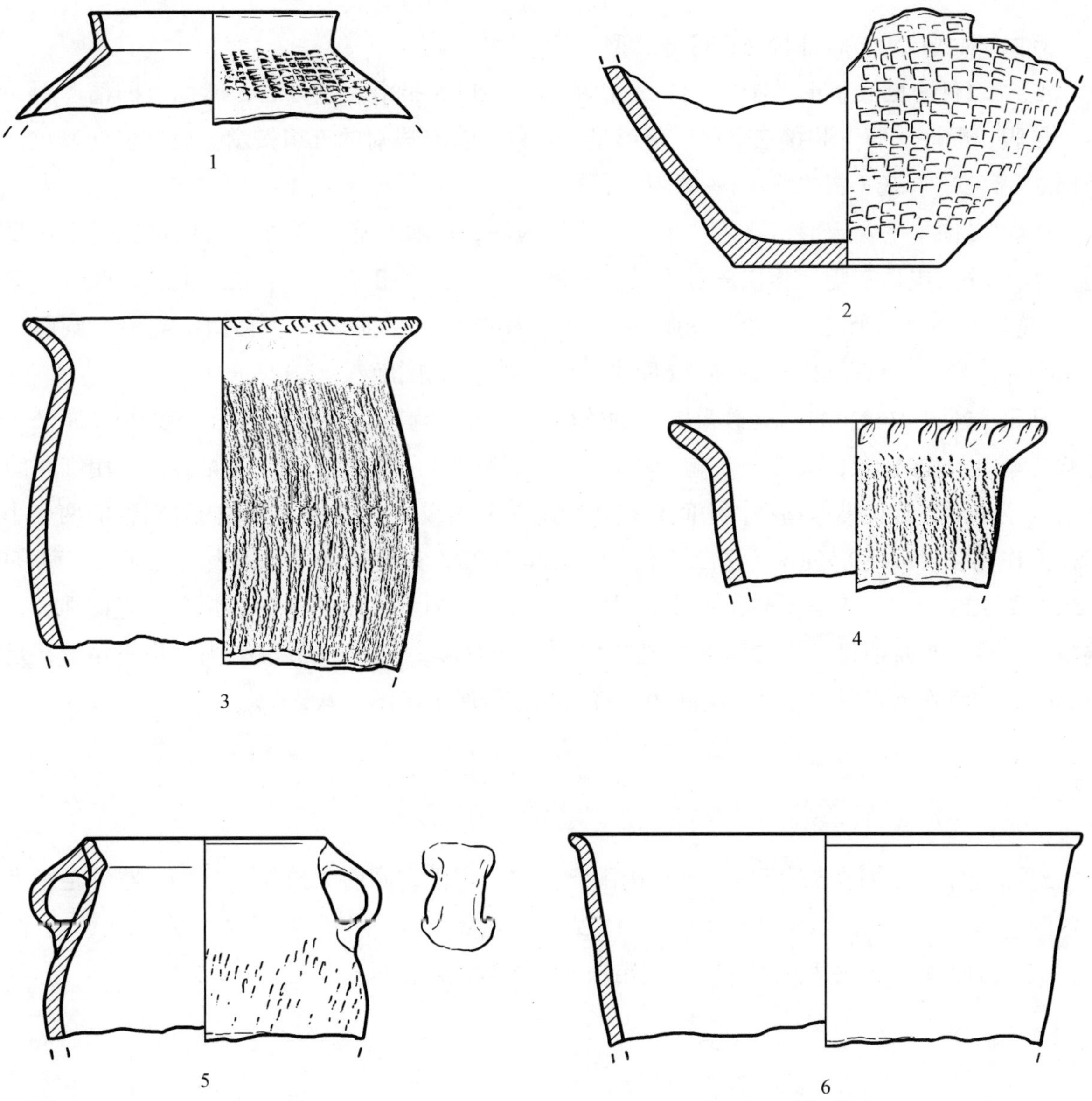

1、6. 0　12厘米　2～5. 0　9厘米

图二七　龙山时期D、E、F、G型陶罐

1、2. D型（H79②：3、H318：5）　3、4. E型（H79②：2、H79②：4）　5. F型（H79②：5）　6. G型（H291：3）

F型　1件。双耳罐。H79②：5，夹砂灰黑陶。手制，侈口，卷沿，圆唇，微束颈，弧腹，口、腹之间置有桥形半环耳。腹饰绳纹，纹痕模糊。下腹残。口径10、残高8.5厘米（图二七，5）。

G型　1件。大口罐。H291：3，夹砂红褐陶。大口微侈，圆唇，筒腹。素面。下腹残。口径29、残高12厘米（图二七，6）。

2. 鼎

3件。根据口沿与腹部特征，可分二型。

A型　1件。圜底釜形。H40：4，夹砂灰陶。侈口，折沿，宽方唇，唇面有凹槽一周，束颈，鼓腹，圜底，腹下装接三个扁三角形足，足外侧各有成对的五组按窝。腹饰竖向篮纹。口径18.2、高25.7厘米（图二八，1；图版八，3）。

B型　2件。平底罐形，器体较小，鼎足均残缺，但腹与底交界处皆有明显的三个按足痕迹。H40：6，夹砂灰陶。侈口，宽平沿，尖唇，束颈，下腹外鼓，平底。上腹饰弦纹。口径9.7、残高9.3厘米（图二八，2；图版八，4）。H57：2，夹砂灰陶。侈口，卷沿，圆唇，鼓腹，平底。素面。口径11.4、残高11.6厘米（图二八，3；图版八，5）。

鼎足　5件。H40：11，夹砂褐陶。圆锥状，足根一侧有一道竖向沟槽。残高8.6厘米（图二八，4）。H291：2，夹细砂灰陶。鸟首形，内侧凹弧，外侧鼓凸且表面磨光，用细阴线勾勒出倒三角形，足尖类似鸟喙，中间有一竖向的平分阴线，上部两侧空域内置对称的两个小圆窝，恰作鸟目。残高9.5厘米（图二八，5）。H44：23，夹细砂灰陶。外表磨光无纹。残高9.8厘米（图二八，6）。H44：43，夹砂灰褐陶。柱状足粗壮，截面略呈三角形。饰竖向绳纹，上端膨大，榫接痕迹明显。高12厘米（图二八，7）。H79②：1，夹砂红褐陶。扁三角形，足外侧面略弧，弧面上有一列按窝。足高10、最宽3、厚1厘米（图二八，8）。

3. 鬲

2件。素面。H21：5，夹砂厚胎灰褐陶。侈口，折沿，圆唇，鼓腹，分裆，空袋足肥大，内壁附着白色水垢，锥状实足根粗壮。口径21.5、通高35.3、裆高18.1厘米（图二九，1；图版八，6）。H165：1，夹砂灰陶。口与实足根残缺。残高20.3厘米（图二九，2）。

4. 甗

5件。束腰，均不能复原。H40：16，夹砂灰陶。甗盆下部饰弦纹，束腰，甗鬲下部残。素面。残高27.1厘米（图二九，3）。H21：8，夹砂灰陶。腰部残片。束腰，袋足外撇。残高19.8厘米（图二九，4）。H21：11，甗盆部分为泥质灰陶，口部残缺，腹部饰竖向篮纹，纹痕较

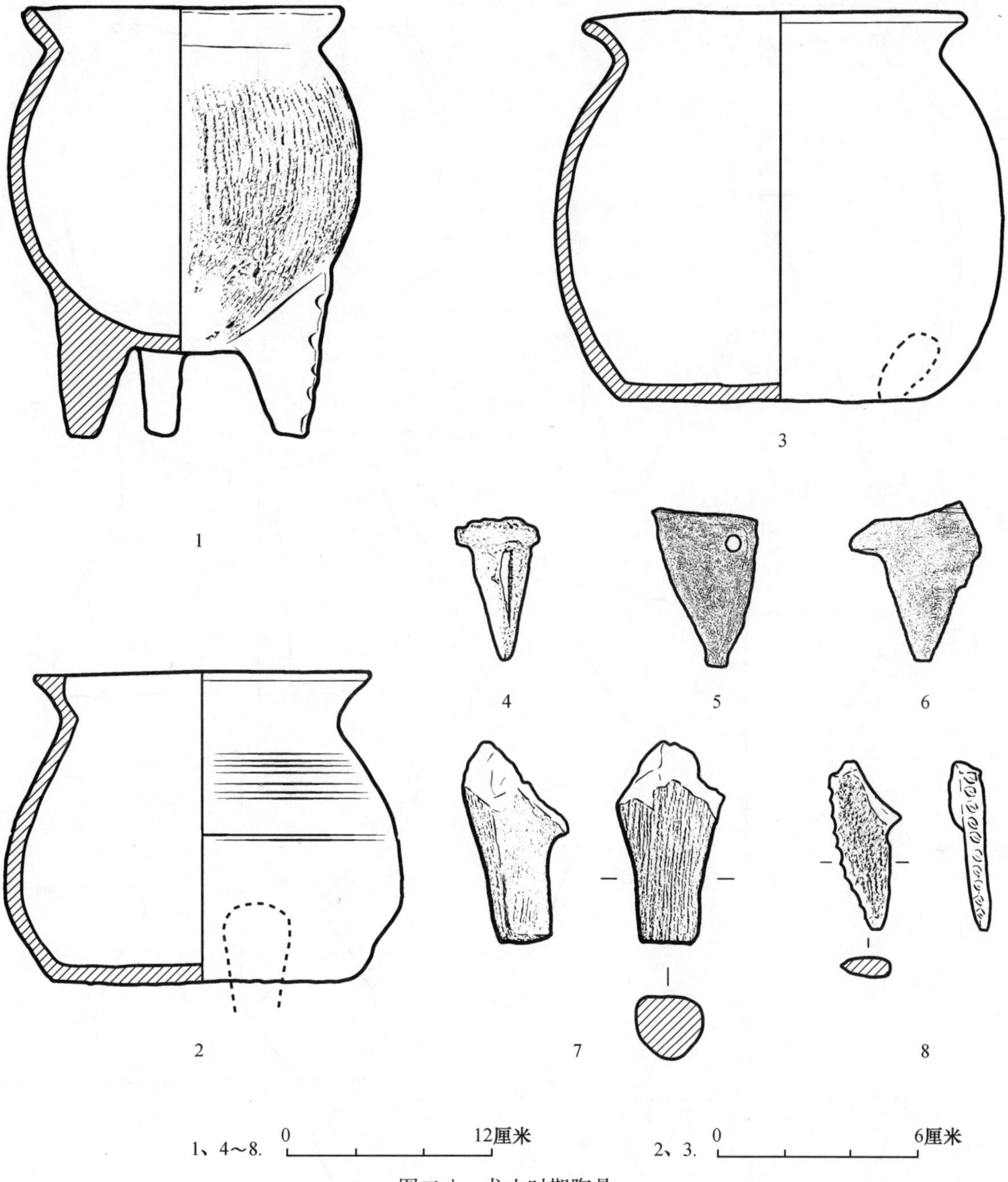

图二八　龙山时期陶鼎

1. A型鼎（H40：4）　2、3. B型鼎（H40：6、H57：2）　4～8. 鼎足（H40：11、H291：2、H44：23、H44：43、H79②：1）

浅，近腰部抹成素面，有不甚规整的轮修痕迹；甗腰为夹砂灰陶，砂粒较粗和多。素面。腰部以下残缺。腰部直径约10、残高15厘米（图二九，6）。H165：2，夹砂灰陶。甗盆口部残缺。弧腹，束腰，甗鬲分裆，袋足较深。通体素面。残高23厘米（图二九，5）。H165：3，夹砂灰褐陶。甗盆口部残缺。弧腹，束腰，甗鬲分裆，袋足残。通体素面。残高18厘米（图二九，7）。

甗（鬲）足　1件。H44：44，夹砂红褐陶。模制，袋足较深，上端对接裆部痕迹明显，下端呈圆锥状，无实足根。残高13厘米（图二九，8）。

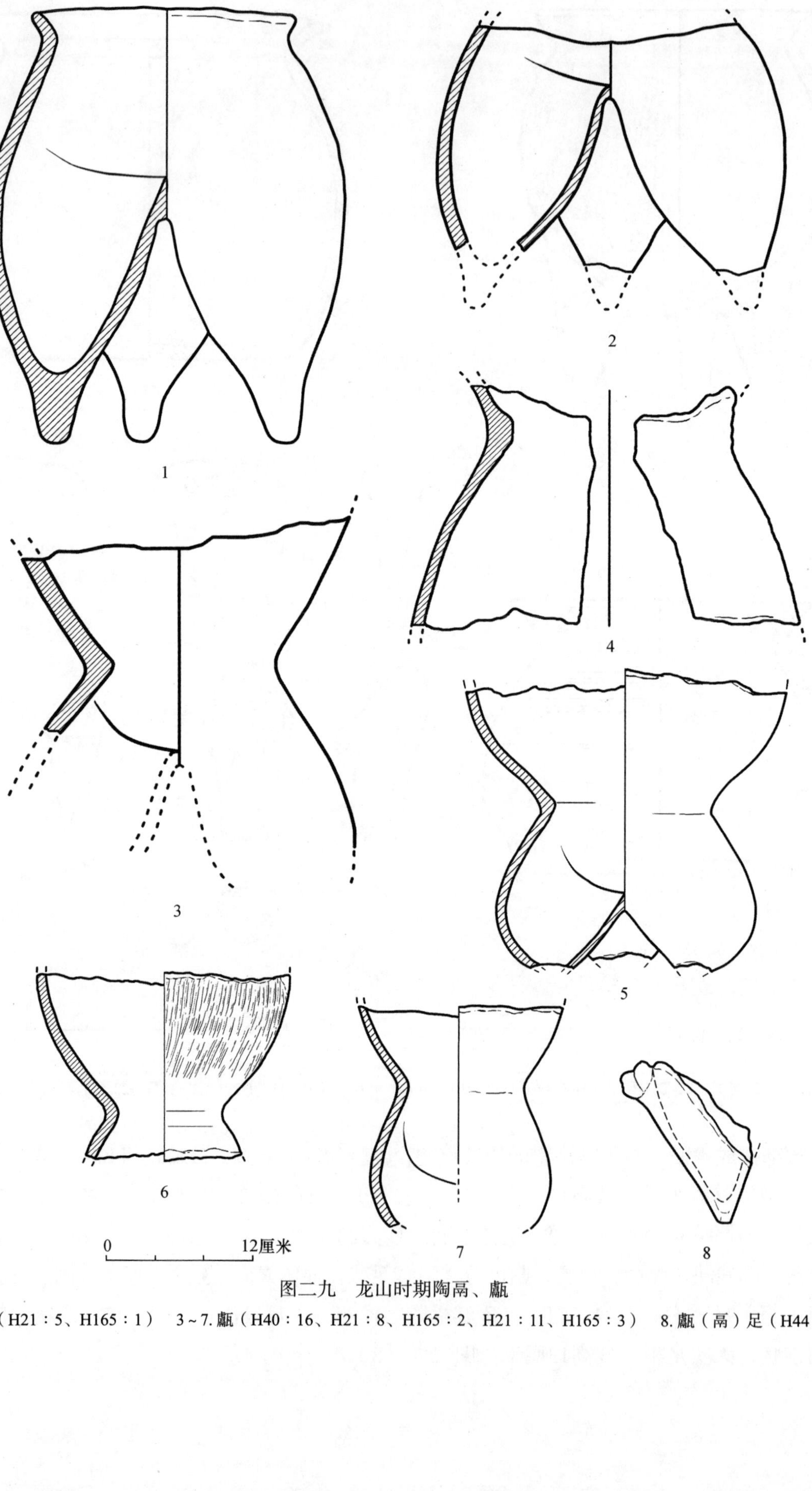

图二九　龙山时期陶鬲、甗

1、2. 鬲（H21：5、H165：1）　3～7. 甗（H40：16、H21：8、H165：2、H21：11、H165：3）　8. 甗（鬲）足（H44：44）

5. 盆

12件。敞口，平底。根据腹部与底部特征，可分三型。

A型　6件。卷沿，圆唇，弧曲腹，大平底。H40：5，泥质灰陶。器表磨光。口径18.2、高6.2厘米（图三〇，1；图版九，1）。H44：20，泥质灰陶。器表磨光。口径22.2、底径14.7、高6厘米（图三〇，2；图版九，2）。H44：13，泥质灰陶。卷沿略有变形。腹饰六道弦纹。口径23、底径14.3、高7.9厘米（图三〇，3；图版九，3）。H44：22，泥质灰陶。下腹有2道轮旋痕迹。口径21.8、底径14.7、高8.4厘米（图三〇，4，图版九，4）。H44：6，泥质灰陶。宽卷沿，圆唇外翻。器表黑皮磨光。口径24.2、高7.6厘米（图三〇，5；图版九，5）。H79②：7，夹砂灰褐陶。圆唇，浅斜腹，平底。腹饰竖向绳纹，纹痕模糊。口径26、高7厘米（图三〇，6）。

B型　3件。折腹。H44：24，泥质灰褐陶。圆唇，上腹斜直，小平底。素面。口径22.5、高13.5厘米（图三〇，7）。H44：42，泥质灰黑陶。侈沿，圆唇，小平底。素面。口径14、高7厘米（图三〇，8）。H44：41，泥质灰褐陶。侈沿，圆唇，底残。器内外均素面磨光。口径22、残高6.8厘米（图三〇，9）。

C型　3件。鼓腹，形体较小。H44：16，泥质灰陶。敞口，圆唇。上腹有二道轮旋痕迹，下腹素面。口径12.3、高5.6厘米（图三〇，10）。H44：17，泥质灰褐陶。敞口，卷沿，圆唇，略束颈。器表磨光，内底中心有心状凸起。口径11.6、高7.1厘米（图三〇，11）。H79②：6，泥质灰陶。敞口，侈沿，尖圆唇，深弧腹。腹饰竖向绳纹，中部加一道横向弦纹，纹痕较深。下腹残。口径32、残高12厘米（图三〇，12）。

6. 盘

5件。根据圈足的有无，可分二型。

A型　4件。圈足盘。H44：19，泥质灰陶。宽平沿，尖唇，浅腹斜壁，上腹有明显折棱，平底，圈足。口径33、底径19.8、高9.8厘米（图三一，1；图版九，6）。H21：9，泥质灰陶。宽平沿，圆唇，浅折腹，圈足残。口径30.2、残高3.6厘米（图三一，2）。H21：10，泥质灰陶。敞口，宽平沿，斜方唇，微束颈，浅弧腹。器内外均素面抹光。下腹残。口径38、残高6.5厘米（图三一，3）。H44：39，夹砂灰陶。敞口，窄平沿，圆唇，浅斜腹。器内外均素面磨光。底残。口径32、残高6厘米（图三一，4）。

B型　1件。平底盘，无圈足。H57：1，泥质灰黑陶。敞口微敛，圆唇，浅斜腹，平底。器表素面抹光。口径16、底径8、高3.2厘米（图三一，5）。

7. 碗

1件。H44：21，泥质灰陶。敞口明显变形，方唇，斜腹，小平底。器表素面。口径15～16.9、高7.4厘米（图三一，6；图版一〇，1）。

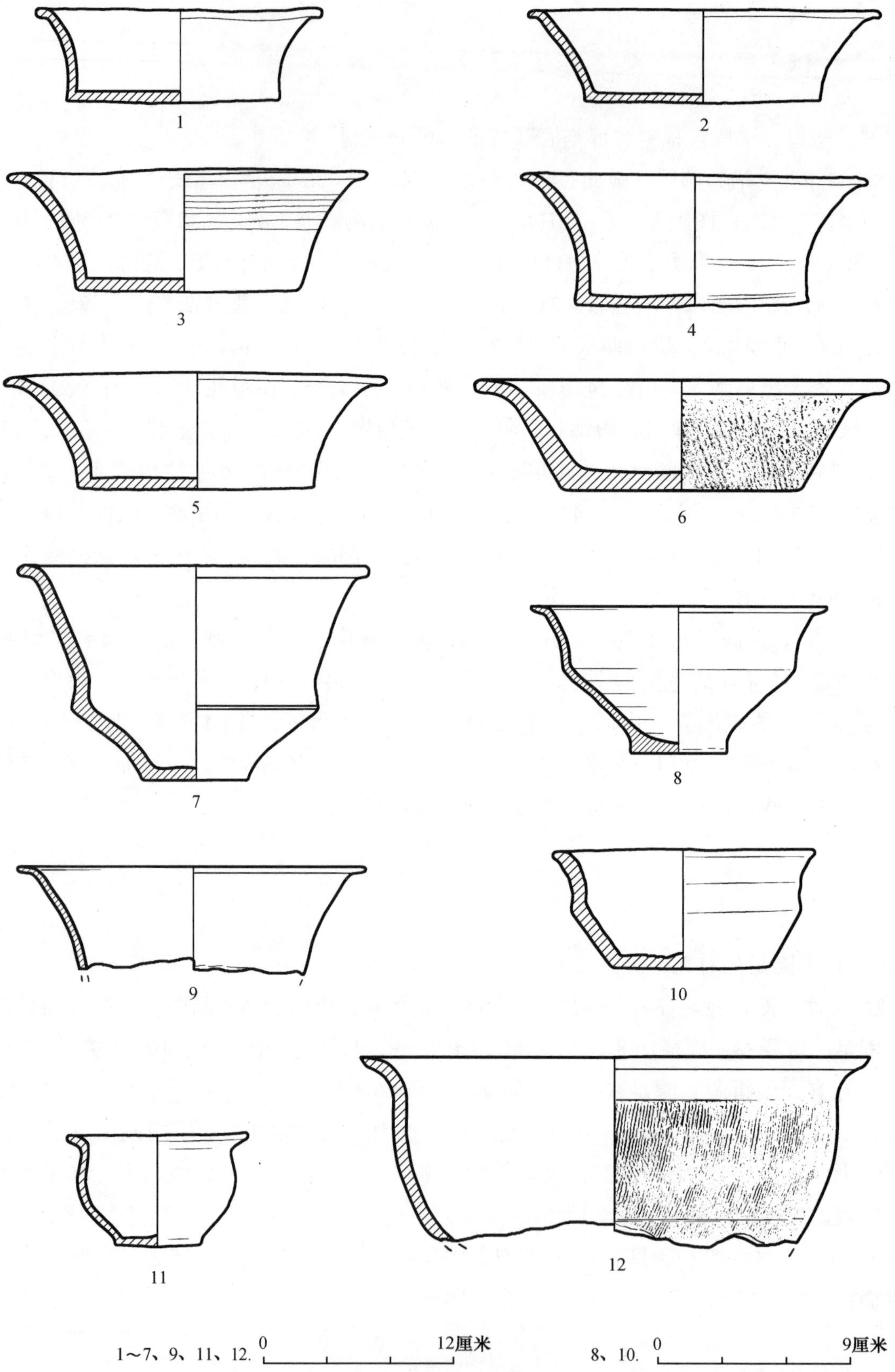

图三〇　龙山时期陶盆

1～6. A型（H40：5、H44：20、H44：13、H44：22、H44：6、H79②：7）　7～9. B型（H44：24、H44：42、H44：41）

10～12. C型（H44：16、H44：17、H79②：6）

8. 杯

2件。筒腹，单把。H44：7，泥质磨光黑灰陶。直口，方唇，腹壁微内曲，腹侧单把残缺，平底。器表素面，腹内壁有数道轮旋痕迹。口径5.5、高8.2厘米（图三一，7）。H44：15，泥质磨光灰陶。敞口，卷沿，圆唇，腹壁微内曲，腹侧单把残缺，平底。口径10.6、高12.5厘米（图三一，8）。

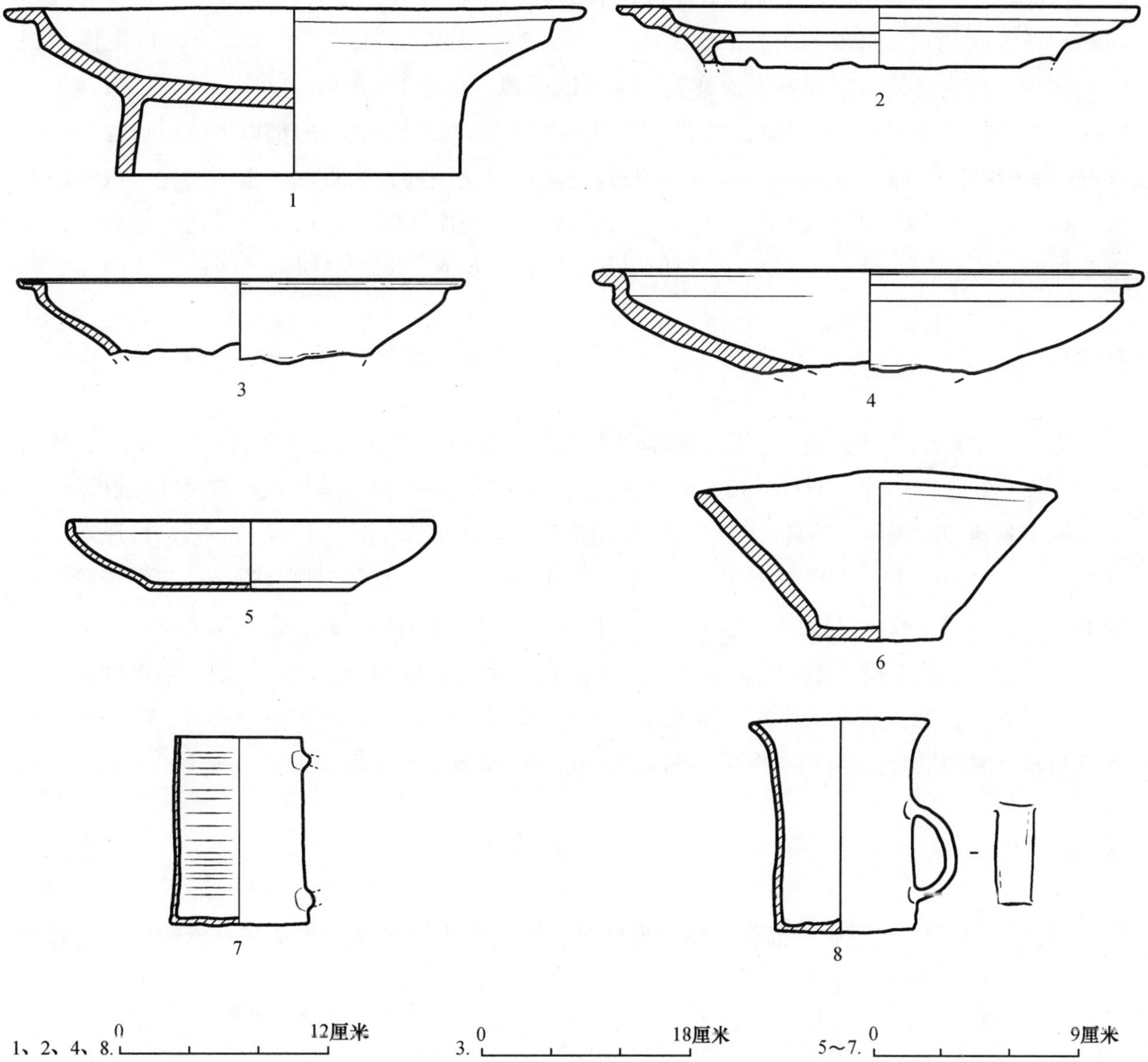

图三一　龙山时期陶盘、碗、杯

1～4. A型圈足盘（H44：19、H21：9、H21：10、H44：39）　5. B型平底盘（H57：1）　6.碗（H44：21）　7、8. 杯（H44：7、H44：15）

9. 壶

7件。H44：18，泥质灰褐陶。口沿残。鼓腹靠上，下腹弧收，上腹部有两个对称板状贯耳，假圈足，小平底。腹部饰两组凹弦纹。残高29.2、假圈足高3.5、底径12厘米（图三二，1；图版一〇，2）。H44：35，泥质灰褐陶。小口微侈，圆唇，矮直领，溜肩，鼓腹，上腹附加一个小横鋬。腹饰篮纹，纹痕模糊。中腹以下残。口径17、残高16厘米（图三二，2）。H318：1，泥质磨光灰陶。子母口，肩部有板状贯耳。上下饰两组弦纹。腹以下残。口径11.3、残高11.2厘米（图三二，3）。H40：21，泥质黄褐陶。个体较小，口微侈，圆唇，直领，溜肩，鼓腹。器表素面磨光。上腹以下残。口径8、残高6.4厘米（图三二，4）。H44：37，夹砂灰褐陶。小侈口，卷沿，圆唇，高直领。素面磨光。肩部以下残。口径16、残高8厘米（图三二，5）。H44：38，夹砂灰褐陶。小口，圆唇，高直领。素面磨光。肩部以下残。口径13.5、残高6厘米（图三二，6）。H318：2，泥质灰陶。小口，内壁向外略倾斜，外侧略加厚，圆唇，直领。素面磨光。领部以下残。口径14.6、残高5.8厘米（图三二，7）。

10. 瓮

5件。G2：9，泥质灰陶。直口，圆唇外侧加厚，鼓肩。肩下饰弦断篮纹。口径22.5、残高12.5厘米（图三二，8）。H21：13，泥质灰褐陶。小口，外侧加厚呈带状，应是在轮修过程中用尖锐工具压成，圆唇，直领，广肩。肩饰两道弦纹。肩部以下残。口径18、残高11厘米（图三二，9）。H40：20，泥质灰褐陶。小口微侈，卷沿，圆唇，直领，广肩近平。口沿与肩部素面磨光。肩部以下残。口径18、残高6厘米（图三二，10）。H44：36，泥质灰褐陶。直口，侈沿，沿面有一周浅凹槽，圆唇，高领近直，溜肩，肩部置对称的小横鋬，鼓腹。素面磨光。中腹以下残。口径28、残高20厘米（图三二，11）。H44：40，夹砂灰陶。小直口，微侈沿，圆唇，高领。素面磨光。肩部以下残。口径23、残高6.4厘米（图三二，12）。

11. 豆

1件。H291：4，泥质灰褐陶。喇叭形圈足，圆唇。素面磨光。豆柄与豆盘残。圈足底径15、残高6厘米（图三三，1）。

12. 盅

1件。H57：3，泥质灰黑陶。捏制，敞口，圆唇，浅斜腹，小平底。素面。口径6、底径3、高2厘米（图三三，2）。

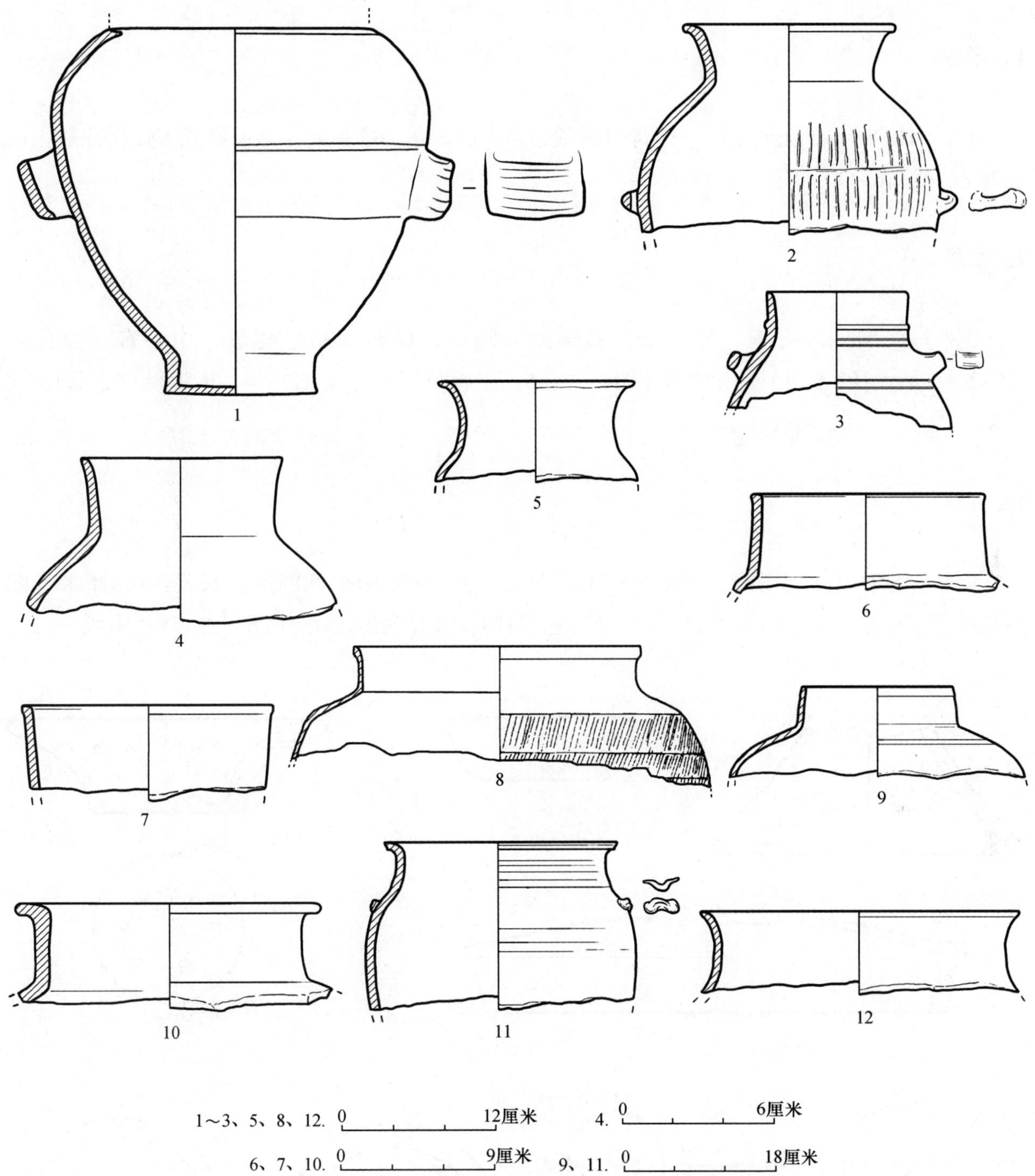

图三二　龙山时期陶壶、瓮

1～7. 壶（H44：18、H44：35、H318：1、H40：21、H44：37、H44：38、H318：2）　8～12. 瓮（G2：9、H21：13、H40：20、H44：36、H44：40）

13. 甑形器

1件。H165：6，夹砂灰褐陶。敞口，侈沿，圆唇，弧曲腹，平底，腹、底均有小孔。素面。口径8、底径5、高3厘米（图三三，3）。

14. 器盖

1件。H298：3，泥质灰陶。子母口微敛，窄方唇，盖面略弧起。素面磨光。盖纽残缺。口径28.8、残高6厘米（图三三，4）。

15. 纺轮

3件。夹细砂灰褐陶。算珠状，横截面为圆形，纵截面略呈菱形，中心有一圆孔。H40：9，最大径3.4、最厚1.8厘米（图三三，5；图版一〇，3）。G2：4，最大径3.2、最厚2.4厘米（图三三，6；图版一〇，4）。

16. 陶环

7件。均为泥质灰褐陶，磨制，残断。H40：8，横截面呈椭圆形。长径约0.8厘米（图三三，7；图版一〇，5）。H44：11，截面呈圆形。直径约0.6厘米（图三三，8；图版一〇，6）。

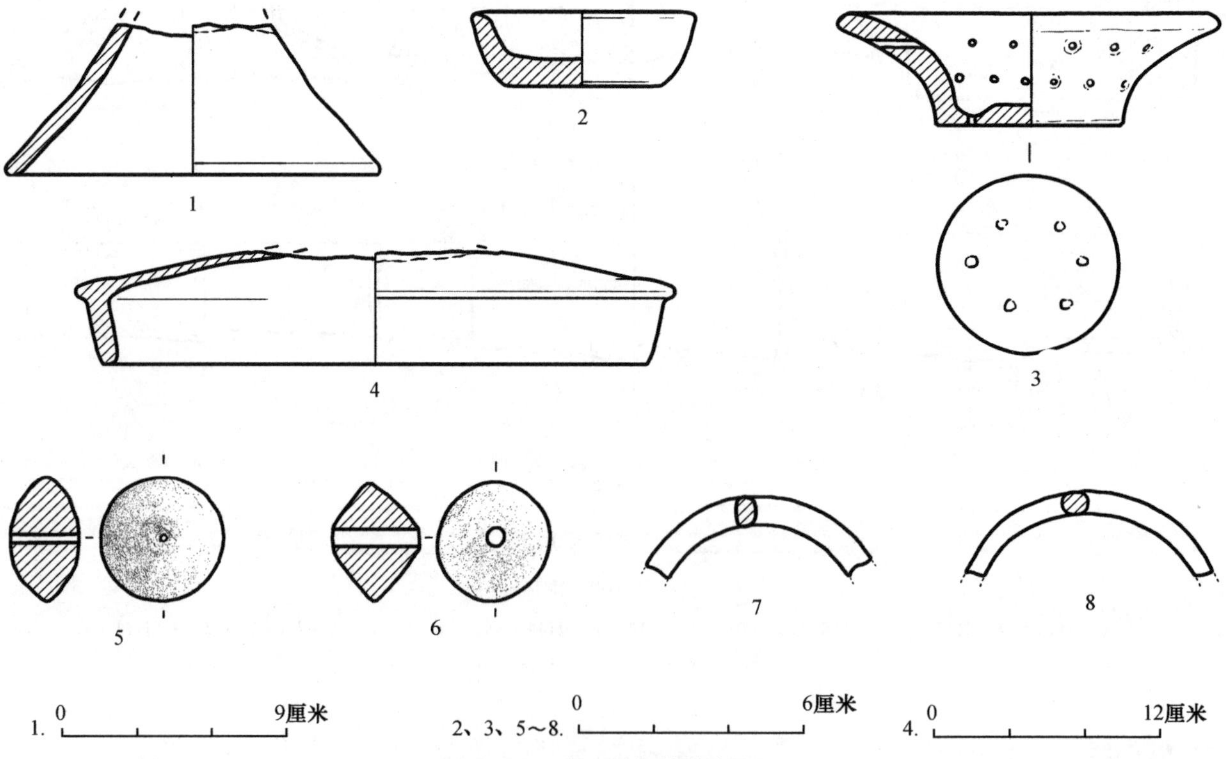

图三三　龙山时期其他陶器

1. 豆圈足（H291：4）　2. 盅（H57：3）　3. 甑形器（H165：6）　4. 器盖（H298：3）　5、6. 纺轮（H40：9、G2：4）　7、8. 陶环（H40：8、H44：11）

二、石　　器

薛庄遗址龙山时期文化遗存中出土的石制品较少，共计13件，其中3件又因残缺严重而难以看出器形。它们以磨制为主，仅个别系打制或琢制。石器种类有凿、刀、斧、铲、镰、环等。

1. 凿

1件。H21：1，黄灰色。磨制。上窄下宽呈梯形，单面直刃。长6、宽3.2、厚0.9厘米（图三四，1；图版一一，1）。

2. 刀

1件。G2：7，青灰色。磨制。近梭形，直背，单面弧刃，较钝。残长17.1、宽5.4、厚1.2厘米（图三四，2；图版一一，2）。

3. 斧

2件。H44：5，青灰色。磨制。长条形，侧面呈弧状，双面弧刃。长8.6、宽3.2、厚1.1厘米（图三四，3；图版一一，3）。G2：1，青灰色。通体打制而成。形状近长方形，体厚，一侧较平，单面平刃。长11.2、宽6.8、厚3.4厘米（图三四，5）。

4. 铲

2件。G2：8，青灰色。磨制，上端残。近梯形，双面弧刃，器表修理平整。残长10.2、最宽11.6、厚1.1厘米（图三四，4）。

5. 镰

1件。H21：7，灰白色。磨制，加工较粗糙。弧背，直刃，残存镰尖。残长4.5、最宽3、厚0.5厘米（图三四，6）。

6. 环

3件。H40：10，灰白色。打制。截面略呈尖圆形。宽2.8、最厚处1.5厘米（图三四，

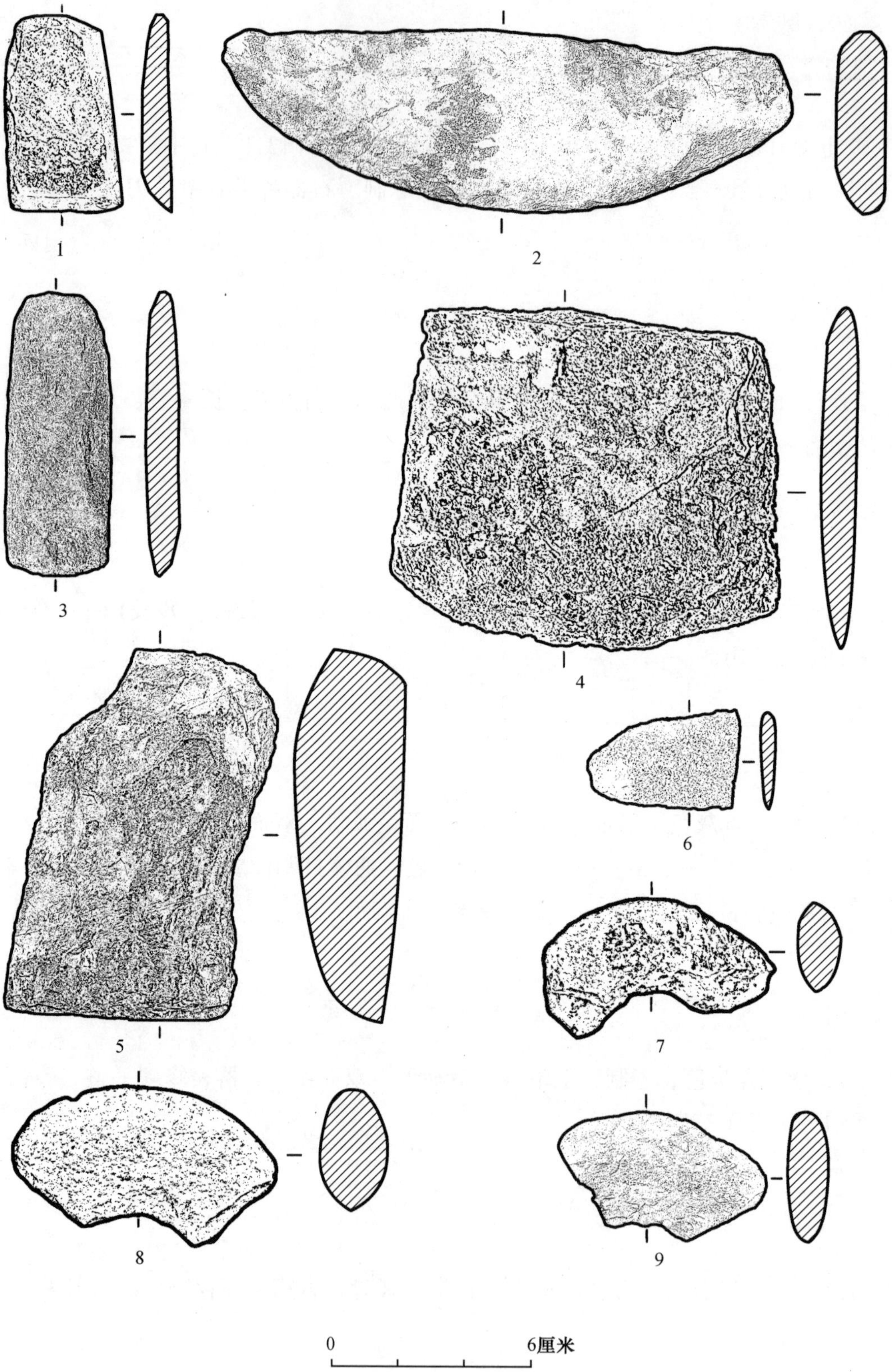

图三四　龙山时期石器

1. 凿（H21：1）　2. 刀（G2：7）　3、5. 斧（H44：5、G2：1）　4. 铲（G2：8）　6. 镰（H21：7）　7～9. 环（H40：10、H44：9、G2：5）

7）。H44：9，磨制。截面呈饼状。宽3.7、厚2.3厘米（图三四，8）。G2：5，浅灰色。磨制较粗糙。扁平，截面呈椭圆形。宽3.5、厚1.3厘米（图三四，9）。

三、骨　　器

薛庄遗址龙山时期文化遗存中出土的骨制品仅2件，均为镞。H44：1，扁三角体，圆锥状铤，镞身呈窄长形，器体磨光。长6.2、宽1、厚0.5厘米（图三五，1；图版一一，4）。

四、蚌　　器

用蚌壳制成，器类有刀和镰。此外，还有些蚌壳出土时相当破碎，已经无法判断是否当作工具使用过。蚌器的加工方法比较简单，只是将蚌壳略加打磨修整，或直接穿孔使用。

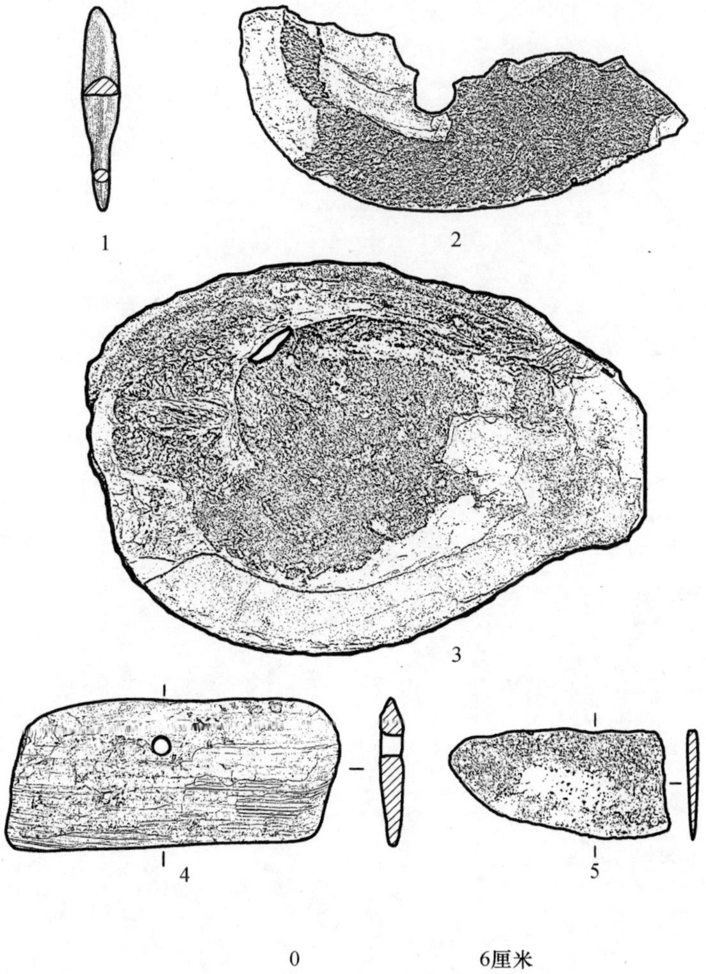

图三五　龙山时期骨器、蚌器

1. 骨镞（H44：1）　2～4. 蚌刀（H44：4、H44：10、H291：1）　5. 蚌镰（H21：6）

1. 刀

3件。H44∶4，近扇形，上部残缺，残断处有一圆孔。残长13.9、孔径1.2厘米（图三五，2）。H44∶10，系由完整的单扇蚌壳粗加工而成，背部有一圆孔，单面弧刃。长16.9、宽12.2、孔径2.2、厚1.7厘米（图三五，3；图版一一，5）。H291∶1，磨制。圆角长方形，两侧边略同向倾斜，直背，中部有一个对钻的圆孔，双面直刃。长10.1、宽4.7、厚0.75厘米（图三五，4；图版一一，6）。

2. 镰

1件。H21∶6，磨制，残存镰尖部分。较圆钝，平背，弧刃。残长6.6、宽3.1、厚0.36厘米（图三五，5）。

第四章 先商时期文化遗存

第一节 遗 迹

薛庄遗址发现的先商文化遗迹较多，分为灰坑、灰沟、道路、灶址、墓葬五种。其中以灰坑为主，其他遗迹发现数量很少。

一、灰 坑

149个，约占本次发掘灰坑总数的48.06%（附表一）。它们的形制有大有小，就平面形状而言，有椭圆形、圆形、圆角长方形和不规则形四类，以椭圆形最多，圆形次之。就坑壁结构而言，有直壁筒状、斜壁锅底状和袋状，深浅不一。坑底一般为平底，少数灰坑底部另挖一个较小的竖穴。灰坑壁、底一般加工得比较光滑，很少发现工具开挖痕迹。下面按编号顺序举例介绍如下。

1. H3

H3位于T6西南角，向西延伸至T5东南角，开口于第4层下，南侧打破H23。坑口距地表0.25米，平面呈不规则椭圆形，长径约3.3米，短径约2.3米。坑壁不规整，略呈锅底状。坑底不平，由南向北倾斜，最深处距坑口约1.2米（图三六）。

坑内填土分三层：第1层为红褐色土，厚0.1～0.4米。夹杂大量料姜石、红烧土和少量炭粒。第2层为灰褐色土，厚0.04～0.36米。包含少量料姜石和红烧土块。第3层为黑褐色土，厚0.1～0.8米，质地疏松。发掘者未能及时按土质、土色区分出坑内堆积，致使出土遗物未能做到分层收集。填土中出土陶片较多，以泥质灰陶为主，夹砂灰陶次之，泥质褐皮红胎陶也占有相当比例，胎体均较薄。除素面陶外，纹饰以细绳纹为主，弦断绳纹次之，中绳纹亦占有一定比例，其他纹饰如弦纹、粗绳纹、楔点纹、指甲纹、压印纹、附加堆纹等较少。复原陶器有深弧腹平底细绳纹罐（俗称“橄榄形罐”），可辨陶器器形有鬲、甗、瓮等，另出土有小铜刀、石铲残片等遗物（表一一）。

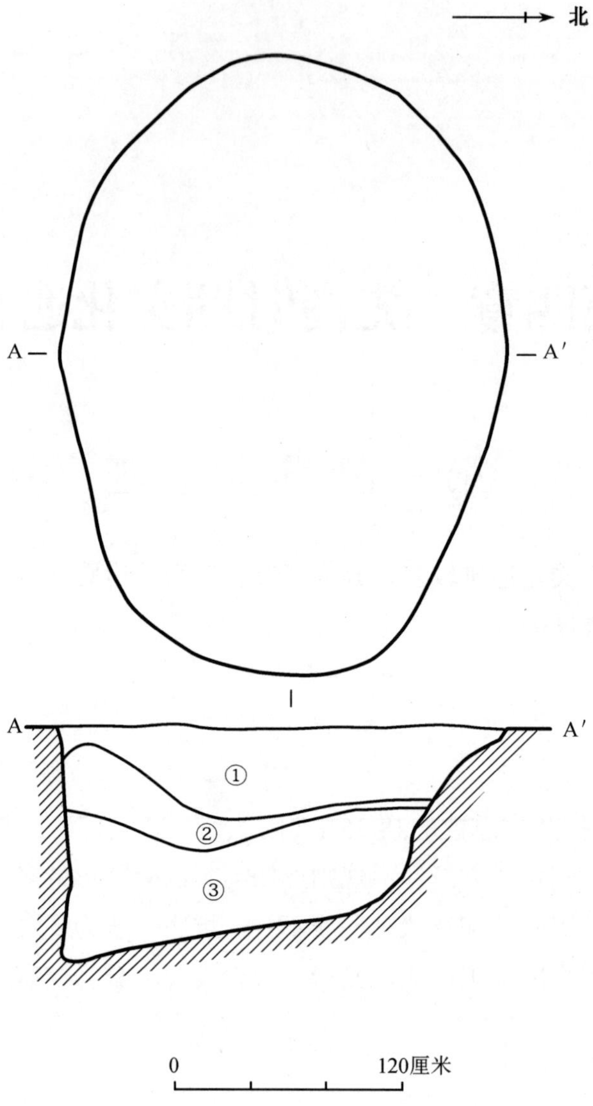

图三六　H3平、剖面图

1. 红褐色土　2. 灰褐色土　3. 黑褐色土

表一一　H3陶系纹饰统计表

陶质 / 陶色 / 数量 / 纹饰	夹砂陶					泥质陶					合计	比例/%
	灰	灰褐	黑褐	黑	小计	灰	灰褐	褐皮红胎	黑	小计		
细绳纹	157	86	11		254	123	42	116	12	293	547	45.13
中绳纹	14	17	3		34	73	11	36		120	154	12.71
粗绳纹	6	16			22						22	1.82
弦断绳纹	7	13	12		32	86	19	32	2	139	171	14.11
弦纹		3	7	4	14	31	7	13	1	52	66	5.44
楔点纹						7		7	3	17	17	1.40

续表

陶质/陶色/数量/纹饰	夹砂陶					泥质陶					合计	比例/%
	灰	灰褐	黑褐	黑	小计	灰	灰褐	褐皮红胎	黑	小计		
指甲纹						5	2	1		8	8	0.66
压印纹	15		3		18		7			7	25	2.06
方格纹							1	2		3	3	0.25
附加堆纹	8	4			12		4	1		5	17	1.40
素面	26	31			57	82	23	13	7	125	182	15.02
合计	233	170	36	4	443	407	116	221	25	769	1212	
比例/%	19.22	14.03	2.97	0.33	36.55	33.58	9.57	18.24	2.06	63.45		100

2. H15

H15位于T5中部偏南，开口于第4层下，直接打破生土。坑口距地表约0.4米，平面呈椭圆形，长径约2.8米，短径约1.4米。坑底比较平整，距坑口约0.9米。坑底东北侧又挖出一个直筒状小坑，小坑口近圆形，直径约0.8米，坑壁略呈袋状，圜底，距大坑坑口约1.6米（图三七；图版一二，1）。

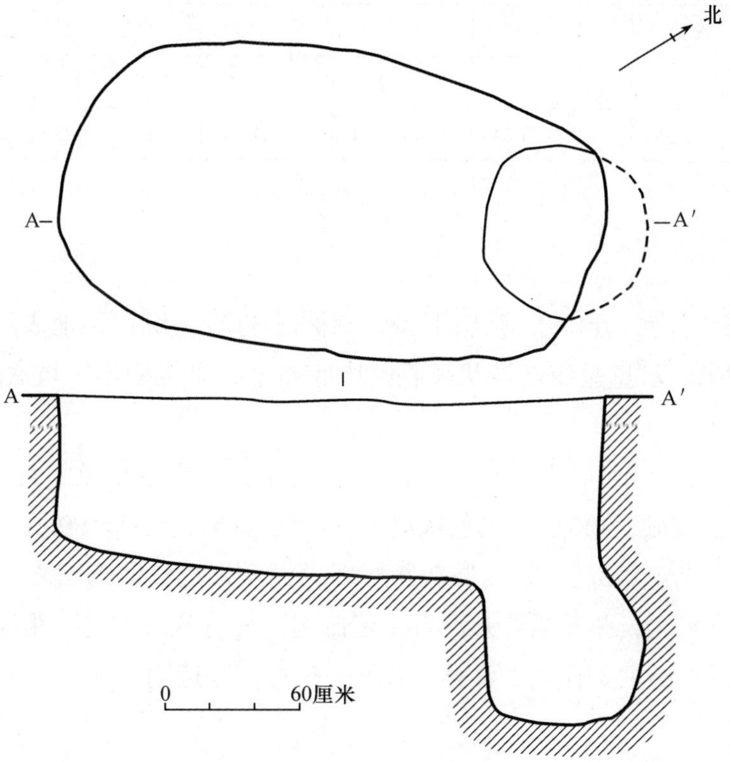

图三七　H15平、剖面图

坑内填黑褐色土，质地疏松，夹杂大量红烧土块。填土中出土陶片较多，以夹砂灰陶为主，泥质灰陶和褐皮红胎陶次之。除素面陶外，纹饰以细绳纹为主，中绳纹次之，弦断绳纹和弦纹亦占有一定比例，另有少量的楔点纹、指甲纹、压印纹、方格纹和附加堆纹等。复原陶器有深弧腹平底细绳纹罐，可辨陶器器形有鬲、罐、盆等，另出土有数件石铲残片（表一二）。

表一二　H15陶系纹饰统计表

陶质 / 陶色 / 数量 / 纹饰	夹砂陶					泥质陶					合计	比例/%
	灰	灰褐	黑褐	黑	小计	灰	灰褐	褐皮红胎	黑	小计		
细绳纹	193	83		12	288	16	52	96	22	186	474	43.09
中绳纹	34	16	2		52	42	21	46		109	161	14.64
粗绳纹	9	6			15			6		6	21	1.91
弦断绳纹	17	23	11		51	13	8	12	2	35	86	7.82
弦纹	9	3		4	16	24	5	9	1	39	55	5.00
楔点纹						7	3	8		18	18	1.64
指甲纹						5	6		1	12	12	1.09
压印纹	24	6			30		7			7	37	3.36
方格纹		3			3		1			1	4	0.36
附加堆纹		6		2	8		8	1		9	17	1.54
素面	36	23			59	102	13	26	15	156	215	19.55
合计	322	169	13	18	522	209	124	204	41	578	1100	
比例/%	29.27	15.36	1.18	1.64	47.45	19.00	11.27	18.55	3.73	52.55		100

3. H23

H23位于T7中部偏南，开口于第4层下，北侧被H3打破。坑口距地表约0.42米，平面略呈椭圆形，长径约2.7米。坑壁呈缓斜坡状弧收，坑底略平，呈锅底形，坑底最深处距坑口约1.3米（图三八）。

坑内填土共分三层：第1层为黑褐色土，厚约0.6米，土质较松软、纯净。第2层为灰褐色土，厚约0.3米，土质较硬。第3层为黑色灰烬土，厚约0.4米，土质松软，包含少量兽骨。填土中出土陶片较少，仅见于第3层。以泥质灰陶居多，泥质褐皮红胎陶次之。除素面陶外，纹饰以弦纹为主，细绳纹次之，弦断绳纹亦占有一定比例，另有数片中绳、粗绳纹和指甲纹等。无复原陶器，可辨陶器器形主要有盆、罐等，另出土有石镰等遗物（表一三）。

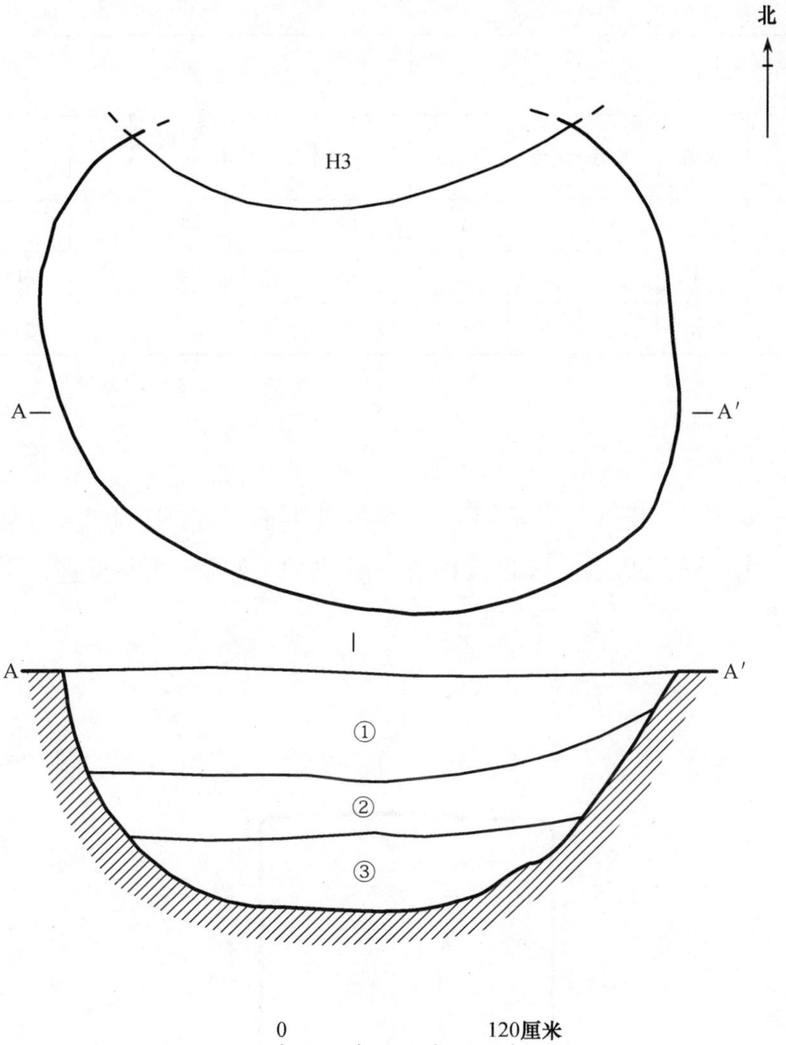

图三八　H23平、剖面图
1. 黑褐色土　2. 灰褐色土　3. 黑色灰烬土

表一三　H23③陶系纹饰统计表

陶质 / 陶色 / 数量 / 纹饰	夹砂陶					泥质陶					合计	比例/%
	灰	灰褐	黑褐	黑	小计	灰	灰褐	褐皮红胎	黑	小计		
细绳纹	10	8			18	22		6		28	46	23.59
中绳纹		2			2						2	1.02
粗绳纹			3		3						3	1.54
弦断绳纹	6	4			10	11	3	4		18	28	14.36
弦纹	4				4	43	7	9		59	63	32.31
指甲纹						5	2			7	7	3.59

续表

纹饰＼数量＼陶色＼陶质	夹砂陶					泥质陶					合计	比例/%
	灰	灰褐	黑褐	黑	小计	灰	灰褐	褐皮红胎	黑	小计		
素面	6		5		11	14		21		35	46	23.59
合计	26	14	8		48	95	12	40		147	195	
比例/%	13.33	7.18	4.11		24.62	48.72	6.15	20.51		75.38		100

4. H43

H43位于T7北部偏东，开口于第4层下，直接打破生土。坑口距地表约0.42米，平面呈不规则的圆角长方形，东南角处凸出，南北长1.6米，东西宽1.2米。坑壁竖直，平底，坑底距坑口深约0.8米（图三九）。

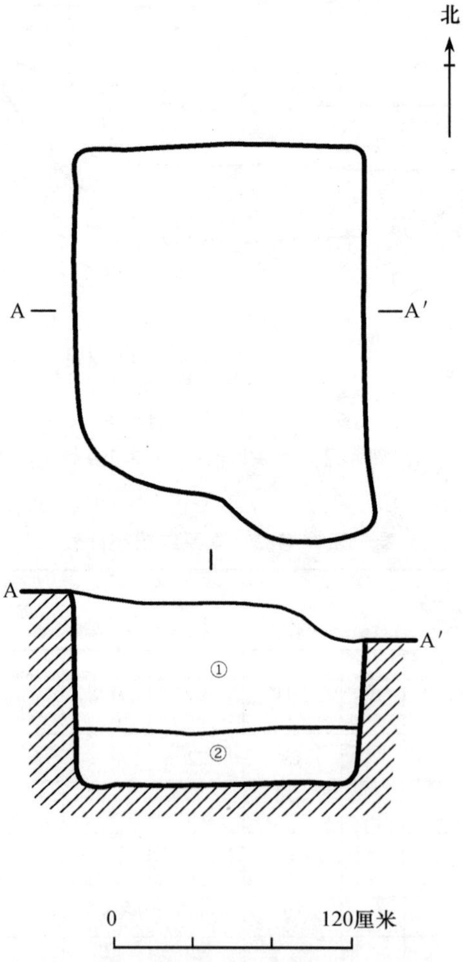

图三九　H43平、剖面图

1. 灰褐色土　2. 黑褐色土

坑内填土分两层：第1层为灰褐色土，厚约0.58米，土质较粗糙，包含大量的料姜石及少许红烧土颗粒。第2层为黑褐色土，厚约0.22米，土质较细腻。填土中出土陶片很少，两层合并统计以夹砂灰褐陶为主，夹砂灰陶和泥质灰陶次之。除素面陶外，纹饰以细绳纹为主，粗绳纹次之，弦纹和弦断绳纹也占有一定比例，另有少量指甲纹和楔点纹等。无复原陶器，可辨陶器器形有鬲、罐、敛口瓮等，另出土有石铲、石刀、石斧等遗物（表一四）。

表一四　H43陶系纹饰统计表

陶质 / 陶色 / 数量 / 纹饰	夹砂陶					泥质陶					合计	比例/%
	灰	灰褐	黑褐	黑	小计	灰	灰褐	褐皮红胎	黑	小计		
细绳纹	36	19	4		59	13	2	3		18	77	43.26
粗绳纹		23	3		26						26	14.61
弦断绳纹	2	3			5	7	1	5		13	18	10.11
弦纹						11	5	2	2	20	20	11.23
楔点纹							3			3	3	1.69
指甲纹						4			1	5	5	2.81
素面	4	2	3		9	7	2	11		20	29	16.29
合计	42	47	10		99	42	13	21	3	79	178	
比例/%	23.60	26.40	5.62		55.62	23.59	7.30	11.80	1.69	44.38		100

5. H55

H55位于T14中部，开口于第4层下，东侧被H11打破，东南角被M42打破，西南角被M6打破，西侧被M2和H37打破，北侧被H54打破。坑口距地表约0.5米，平面呈不规则的椭圆形，长径4.5米。坑壁上部竖直，下部弧收。坑底起伏不平，由南到北略有加深，坑底距坑口最深约1.7米（图四〇）。

坑内填土共分五层：第1层为黄褐色土，厚0.1～0.24米，土质较硬，颗粒大，含有较多的料姜石块。第2层为红褐色土，厚0.12～0.5米，土质稍硬，颗粒较小且纯净。第3层为灰褐色土，厚0.3～0.6米，土质较软，夹有少许的料姜石和红烧土粒。第4层为灰色土，厚0.2～0.4米，土质较硬，颗粒粗大，比较纯净。第5层为灰黑色土，厚0.1～0.3米，土质松软，颗粒细小。填土中以第3层出土陶片较多，以泥质灰陶为主，夹砂灰陶次之。除素面外，纹饰以细绳纹为主，弦纹次之，还有少量的中绳纹、粗绳纹、弦断绳纹、指甲纹、楔点纹、压印纹和附加堆纹等。无复原陶器，可辨陶器器形有鬲、罐、盆等，另出土有石铲、石镰、石凿、骨簪等遗物（表一五）。

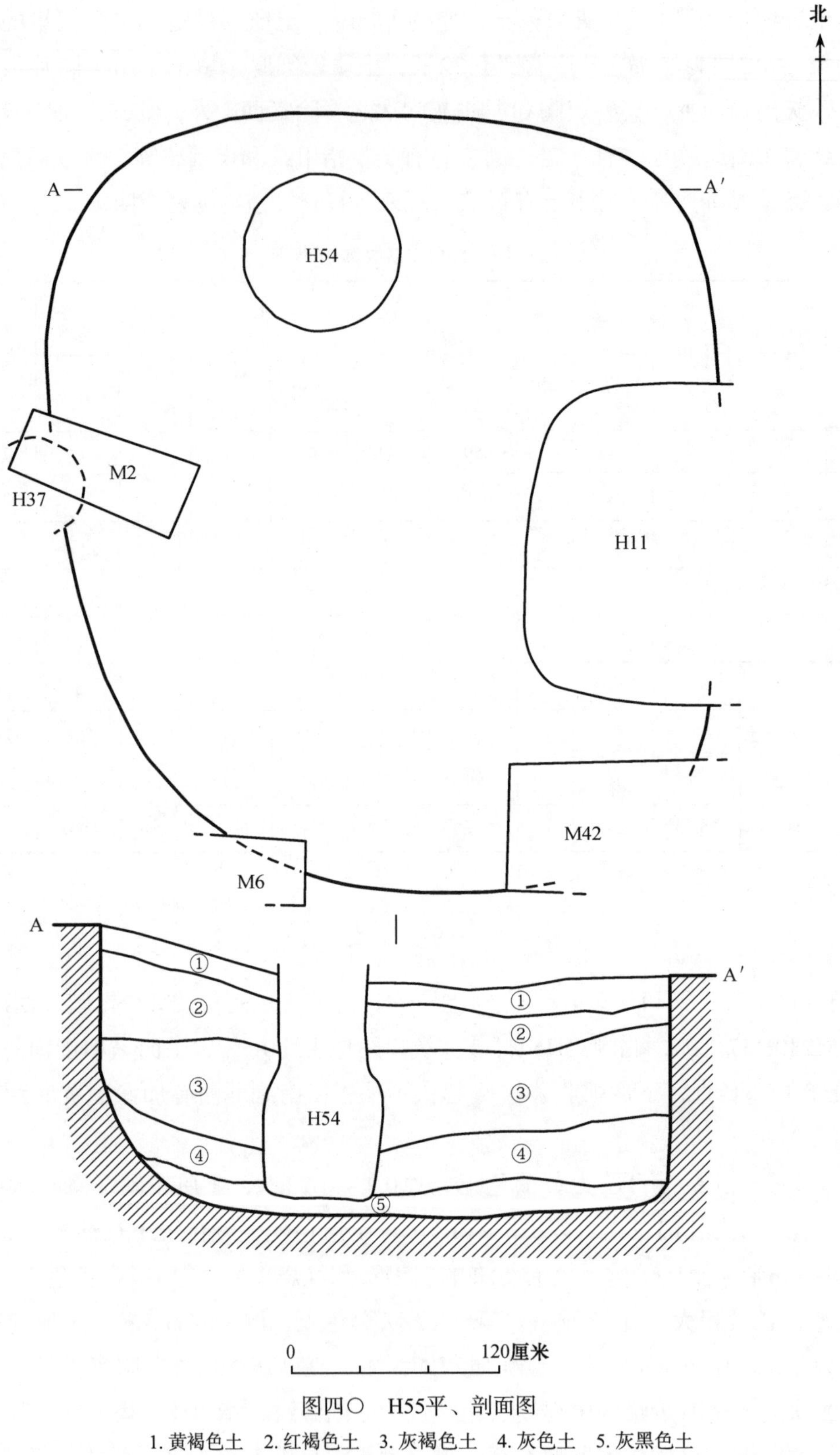

图四〇　H55平、剖面图

1. 黄褐色土　2. 红褐色土　3. 灰褐色土　4. 灰色土　5. 灰黑色土

表一五　H55③陶系纹饰统计表

陶质 / 陶色 / 数量 / 纹饰	夹砂陶					泥质陶					合计	比例/%
	灰	灰褐	黑褐	黑	小计	灰	灰褐	褐皮红胎	黑	小计		
细绳纹	337	118	23		478	3	2	3		8	486	52.15
中绳纹	15				15						15	1.61
粗绳纹	3	13			16						16	1.72
弦断绳纹	8		3	2	13	37	3	5	1	46	59	6.33
弦纹						121	35	12	5	173	173	18.56
楔点纹						4	2			6	6	0.64
指甲纹						6		3		9	9	0.97
压印纹	3	6			9	5	3		4	12	21	2.25
附加堆纹	7	4			11						11	1.18
素面	42	31		3	76	37	12	9	2	60	136	14.59
合计	415	172	26	5	618	213	57	32	12	314	932	
比例/%	44.53	18.45	2.79	0.54	66.31	22.85	6.12	3.43	1.29	33.69		100

6. H56

H56位于T39东北部，开口于第4层下，南侧被H26打破。坑口距地表约0.5米，平面呈椭圆形，长径残长2.56米，短径2.3米。坑壁斜收。平底，距坑口深约0.56米（图四一）。

坑内填灰褐色土，土质松软。填土中出土陶片较少，以泥质灰陶为主，夹砂灰陶次之。除素面陶外，纹饰以细绳纹为主，弦纹次之，另有少量粗绳纹、弦断绳纹、楔点纹、压印纹和方格纹等。复原陶器有深腹弦纹盆，可辨陶器器形有鬲、罐、盆等（表一六）。

表一六　H56陶系纹饰统计表

陶质 / 陶色 / 数量 / 纹饰	夹砂陶					泥质陶					合计	比例/%
	灰	灰褐	黑褐	黑	小计	灰	灰褐	褐皮红胎	黑	小计		
细绳纹	27	14	4		45	5	2	3		10	55	28.35
粗绳纹	13	2			15						15	7.73
弦断绳纹		3			3	6	3			9	12	6.19
弦纹						39		7	2	48	48	24.74

续表

陶质/陶色/数量/纹饰	夹砂陶					泥质陶					合计	比例/%
	灰	灰褐	黑褐	黑	小计	灰	灰褐	褐皮红胎	黑	小计		
楔点纹							3			3	3	1.55
指甲纹												
压印纹						3		1		4	4	2.06
方格纹							2			2	2	1.03
素面	11	2		2	15	27	4	5	4	40	55	28.35
合计	51	21	4	2	78	80	14	16	6	116	194	
比例/%	26.29	10.82	2.06	1.03	40.20	41.24	7.22	8.25	3.09	59.80		100

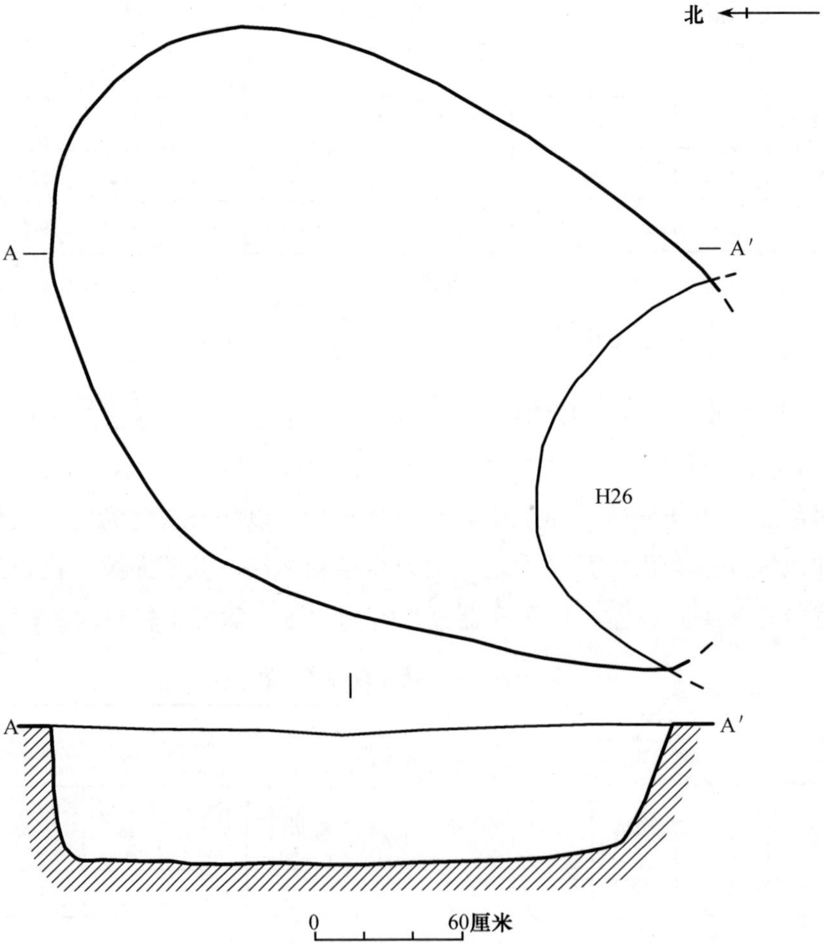

图四一　H56平、剖面图

7. H63

H63主要位于T38，小部分延伸至T39和T51内，开口于第4层下，北侧被H26打破，东侧被H109打破，南侧被H75打破，中部被H49、H74打破，其又打破H40、G2。坑口距地表约0.85米，平面呈不规则的椭圆形，长径约7.5米，短径约4.8米。坑壁弧收，不甚规整。坑底较平整，距坑口深约1.7米（图四二）。

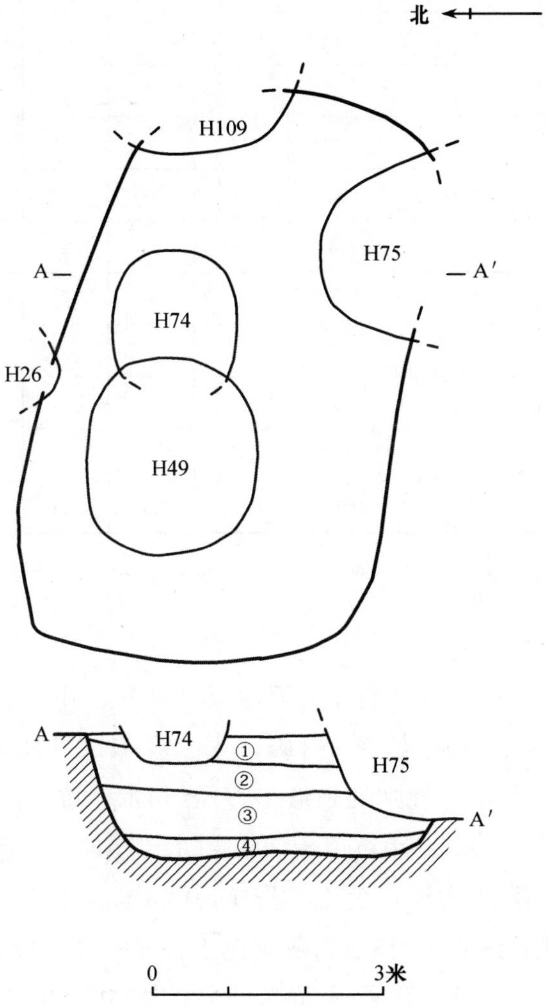

图四二　H63平、剖面图

1. 黄褐色料姜土　2. 灰褐色土　3. 棕褐色土　4. 灰绿色淤泥土

坑内填土共分四层：第1层为黄褐色料姜土，厚0.1～0.4米，土质较硬。第2层为灰褐色土，厚0.35～0.65米，土质疏松。第3层为棕褐色土，厚约0.65米，土质较软。第4层为灰绿色淤泥土，厚0.2～0.25米，土质细腻纯净、黏性大。由于该坑多处被打破，填土中出土陶片未做到分层收集。混合统计显示，以夹砂灰陶为主，泥质灰陶次之。除素面外，纹饰以细绳纹为主，弦纹次之，粗绳纹和弦断绳纹也占有一定比例，另有少量的指甲纹、楔点纹和压印纹。无复原陶器，可辨陶器器形有鬲、罐、盆、瓮等，另出土有石铲、石环、石圆饼、穿孔骨器等遗物（表一七）。

表一七　H63陶系纹饰统计表

陶质 / 陶色 / 数量 / 纹饰	夹砂陶					泥质陶					合计	比例/%
	灰	灰褐	黑褐	黑	小计	灰	灰褐	褐皮红胎	黑	小计		
细绳纹	245	106	17		368	18		13	2	33	401	48.37
中绳纹	9		7		16						16	1.93
粗绳纹	73	8	6		87						87	10.50
弦断绳纹	19	11	7	3	40	27	8	5	5	45	85	10.25
弦纹			6	5	11	61	33	7	5	106	117	14.11
楔点纹		4			4			2		2	6	0.72
指甲纹				5	5	3	2		3	8	13	1.57
压印纹	3				3		3		2	5	8	0.97
素面	23	16			39	38	12		7	57	96	11.58
合计	372	145	43	13	573	147	58	27	24	256	829	
比例/%	44.87	17.49	5.19	1.57	69.12	17.73	7.00	3.26	2.89	30.88		100

8. H68

H68位于T34中部偏北，其西、北侧分别延伸至隔梁下。开口于第3层下，打破第4层和生土，中部被H191和M28打破，北侧被H113打破，东侧被H128和H83打破，西侧被M41打破。坑口距地表约0.75米，平面呈不甚规则的圆形，直径约4米。坑壁内收，不规整。坑底起伏不平，西南部有一圆弧形的条状凸起，距坑口最深约1.1米（图四三；图版一二，2）。

坑内填土共分六层：第1层为浅黄色土，厚0～0.28米，土质较松。第2层为灰色土，厚0.1～0.4米，土质松软，颗粒细腻。第3层为灰黑色土，厚0.12～0.3米，土质疏松。第4层为浅灰色土，厚0.1～0.2米，土质疏松。第5层为黄褐色土，厚0.06～0.2米，颗粒较大，较致密。第6层为黑色土，厚0～0.1米，较纯净。以上六层出土陶片混合统计，以夹砂灰陶为主，泥质灰陶次之。除素面陶外，纹饰以细绳纹为主，弦纹次之，弦断绳纹亦占有一定比例，另外还有少量的中绳纹、粗绳纹、楔点纹、指甲纹、压印纹及附加堆纹等。无复原陶器，可辨陶器器形有鬲、罐、盆等。另出土有石镰、石刀、石铲、石斧、石环、石圆饼、蚌镞、穿孔蚌饰等遗物（表一八）。

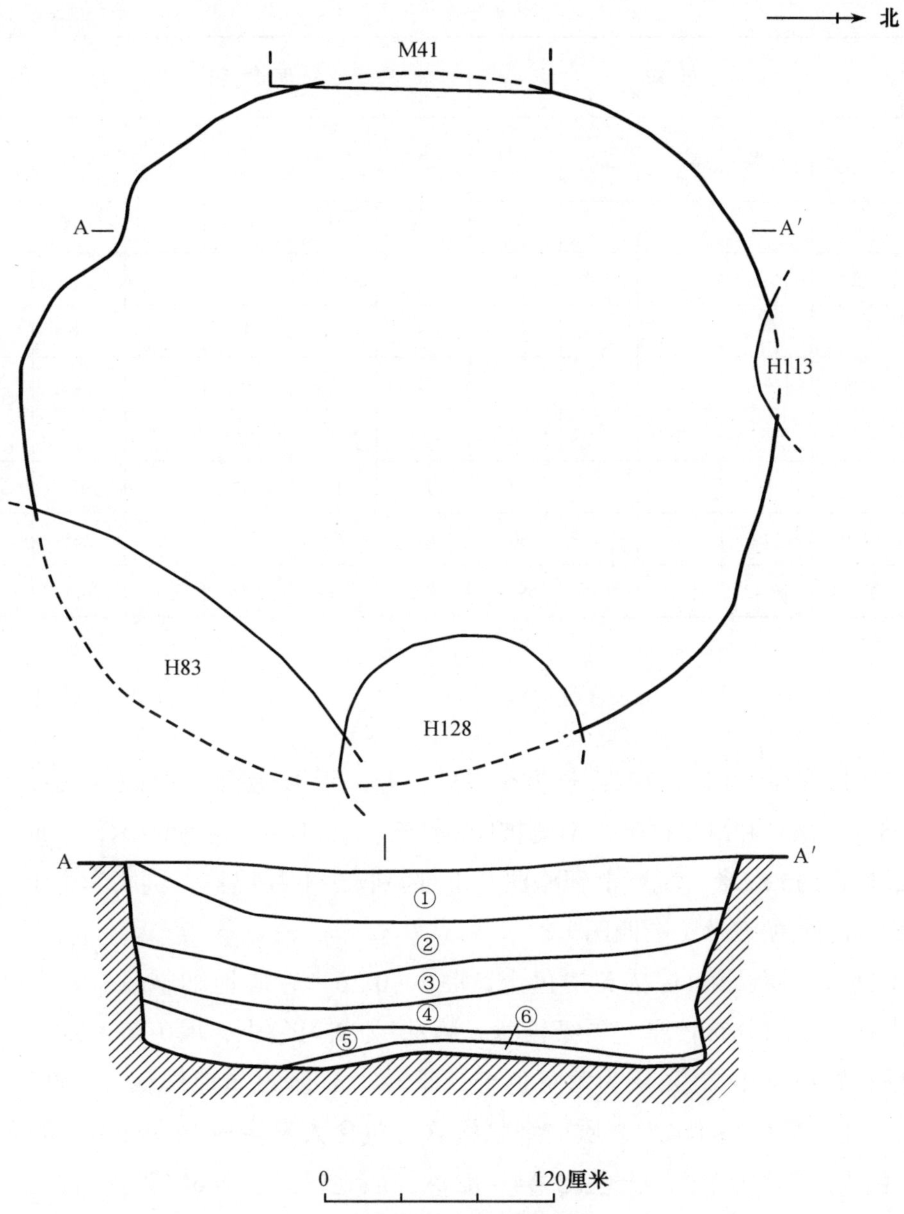

图四三　H68平、剖面图

1. 浅黄色土　2. 灰色土　3. 灰黑色土　4. 浅灰色土　5. 黄褐色土　6. 黑色土

表一八　H68陶系纹饰统计表

陶质/陶色/数量/纹饰	夹砂陶					泥质陶					合计	比例/%
	灰	灰褐	黑褐	黑	小计	灰	灰褐	褐皮红胎	黑	小计		
细绳纹	278	93	21		392	22	7	11	3	43	435	50.29
中绳纹	12	5			17						17	1.97
粗绳纹	23		7		30						30	3.47
弦断绳纹	28	13		3	44	36	12		6	54	98	11.33

续表

纹饰＼数量＼陶色＼陶质	夹砂陶					泥质陶					合计	比例/%
	灰	灰褐	黑褐	黑	小计	灰	灰褐	褐皮红胎	黑	小计		
弦纹	6	3			9	64	25	9	7	105	114	13.18
楔点纹	2		3		5						5	0.58
指甲纹						5		3	2	10	10	1.16
压印纹	3	4			7	2	3			5	12	1.39
附加堆纹	4		2		6						6	0.69
素面	53	24	13		90	27	13	8		48	138	15.95
合计	409	142	46	3	600	156	60	31	18	265	865	
比例/%	47.28	16.42	5.32	0.35	69.39	18.03	6.94	3.58	2.08	30.63		100

9. H83

H83位于T34、T35、T40、T41四探方交界处，开口于第3层下，打破第4层，中部被H47打破，北侧被H128、M31和M33打破，南侧被H66打破。坑口距地表约0.7米，平面呈不规则的椭圆形，东西最长径约5.52米。坑壁上部略曲，下部弧收，不甚规整。坑底为生土，呈圜状，略有起伏，距坑口最深约2.3米（图四四）。

坑内填土共分十层：第1层为黄褐色土，厚0～0.26米，质地细腻疏松，夹杂较多的料姜石，颗粒大，在坑中部分布较厚，周缘较薄。第2层为灰黑色土，厚0.16～0.4米，质地细腻松软，黏性较强，颗粒略小。第3层为黄灰色土，厚0～0.18米，质地松软，黏性比第2层略弱。第4层为灰褐色土，厚0.2～0.4米，质地细腻松软，包含大量炭粒及少许料姜石及红烧土块。第5层为灰黑色土，厚约0.3米，土色比第4层略深，质地较黏。第6层为黄黑色土，厚0.1～0.4米，土质细腻，包含少量炭粒。第7层为灰白色土，厚0.06～0.2米，质地致密较硬。第8层为浅灰色土，厚0～0.24米，土质疏松，颗粒稍大。第9层为灰黑色土，厚0.08～0.2米，土质细腻松软，包含大量炭粒及少许料姜石。第10层为黑褐色土，厚0.2～0.4米，夹杂部分纯黄色生土块。其中第2、4～8层出土陶片较多，第3、9层出土陶片较少，第1、10层则未出土陶片。整理时发现上下层陶片有彼此拼合现象，说明该坑内堆积的形成时间跨度不长，故将以上各层出土的陶片合并统计。以夹砂灰陶为主，泥质灰陶次之。除素面陶外，纹饰以细绳纹为主，弦纹次之，弦断绳纹亦占有一定比例，其他还有少量的中绳纹、粗绳纹、楔点纹、指甲纹、附加堆纹等。无复原陶器，可辨陶器器形主要有鬲、深腹罐、器盖等，另出土有石铲、石镰、石刀、石锛、骨镞、骨簪等遗物（表一九）。

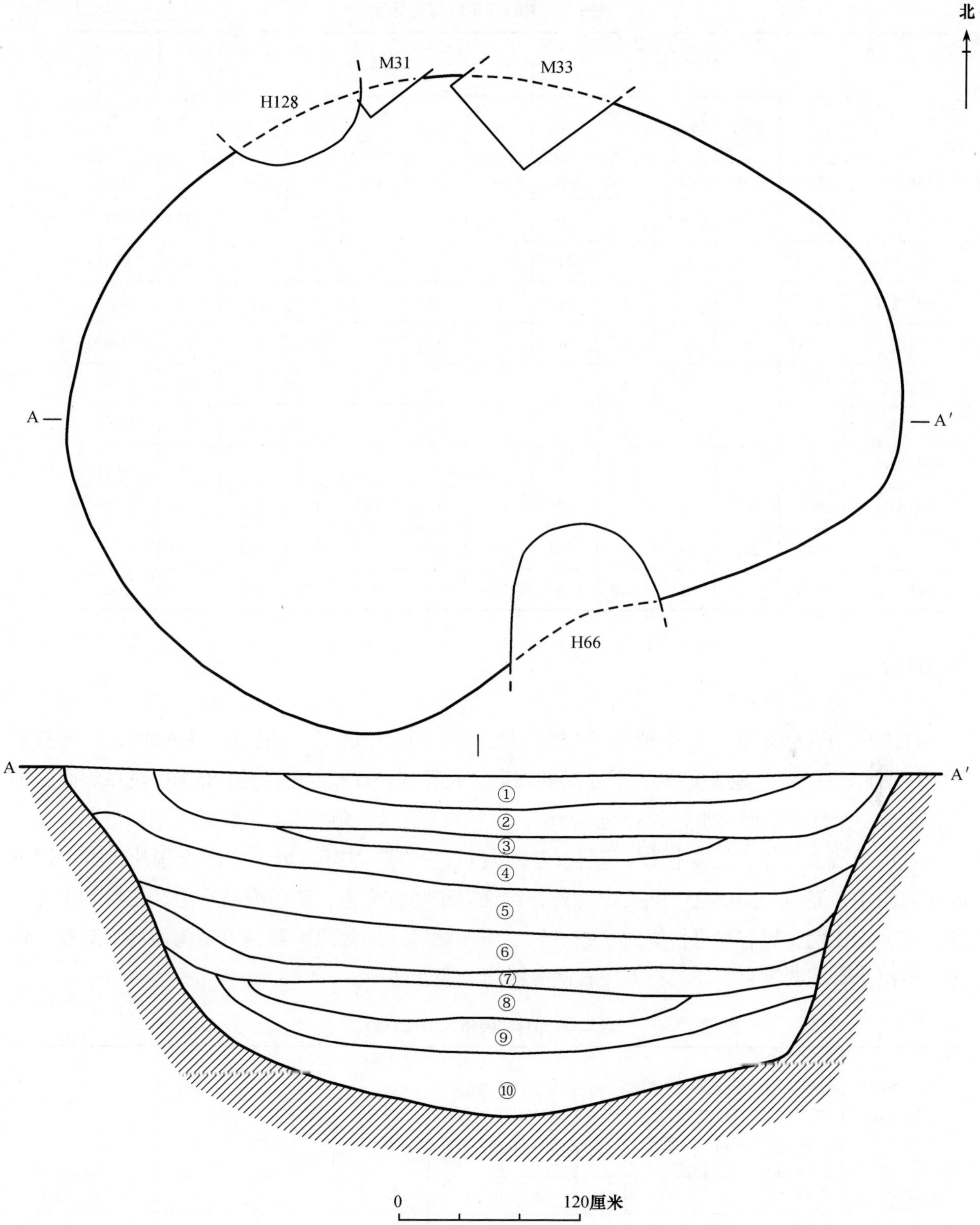

图四四　H83平、剖面图

1. 黄褐色土　2. 灰黑色土　3. 黄灰色土　4. 灰褐色土　5. 灰黑色土　6. 黄黑色土　7. 灰白色土　8. 浅灰色土　9. 灰黑色土　10. 黑褐色土

表一九　H83陶系纹饰统计表

陶质/陶色/数量/纹饰	夹砂陶					泥质陶					合计	比例/%
	灰	灰褐	黑褐	黑	小计	灰	灰褐	褐皮红胎	黑	小计		
细绳纹	521	102	23		646	43	26	19	5	93	739	39.73
中绳纹	111	13	4		128		9			9	137	7.37
粗绳纹		47	24		71						71	3.82
弦断绳纹	16	12		3	31	135	82	12	6	235	266	14.30
弦纹	7	6	2	6	21	241	33	17	20	311	332	17.85
楔点纹				3	3			8	2	10	13	0.70
指甲纹						7	2			9	9	0.48
附加堆纹	12		7		19						19	1.02
素面	73	42	6	1	122	114	15	17	6	152	274	14.73
合计	740	222	66	13	1041	540	167	73	39	819	1860	
比例/%	39.78	11.94	3.55	0.70	55.97	29.03	8.98	3.92	2.10	44.03		100

10. H102

H102位于T50东部，向东延伸至T55西部，开口于第3层下，被H94、H99打破，又打破H110、H111。坑口距地表0.5米，平面呈椭圆形，长径约2.95米，短径约1.85米。坑壁斜收，加工较规整。平底亦呈椭圆形，长径约2.75米，短径约1.65米，距坑口深1.06米（图四五）。

坑内填浅灰色土，土质松软，颗粒较小，包含少许料姜石。填土中出土陶片较少，以夹砂灰陶为主，泥质灰陶次之。除素面陶外，纹饰以细绳纹为主，弦断绳纹次之，弦纹和中绳纹亦占有一定比例，另有少量粗绳纹、楔点纹、压印纹等。无复原陶器，可辨陶器器形有鬲、罐等，另出土有陶圆饼、石环、石刀、石凿等遗物（表二〇）。

表二〇　H102陶系纹饰统计表

陶质/陶色/数量/纹饰	夹砂陶					泥质陶					合计	比例/%
	灰	灰褐	黑褐	黑	小计	灰	灰褐	褐皮红胎	黑	小计		
细绳纹	47	13	6		66	31	8	5	3	47	113	42.01
中绳纹	12	15			27						27	10.04
粗绳纹		7			7						7	2.60
弦断绳纹	11	8	2		21	9	3	4		16	37	13.75

续表

陶质 / 陶色 / 数量 / 纹饰	夹砂陶					泥质陶					合计	比例/%
	灰	灰褐	黑褐	黑	小计	灰	灰褐	褐皮红胎	黑	小计		
弦纹	5		3		8	17	2	1	2	22	30	11.15
楔点纹							3			3	3	1.12
指甲纹												
压印纹			2		2						2	0.74
素面	21	9			30	11	3	6		20	50	18.59
合计	96	52	13		161	68	19	16	5	108	269	
比例/%	35.69	19.33	4.83		59.85	25.28	7.06	5.95	1.86	40.15		100

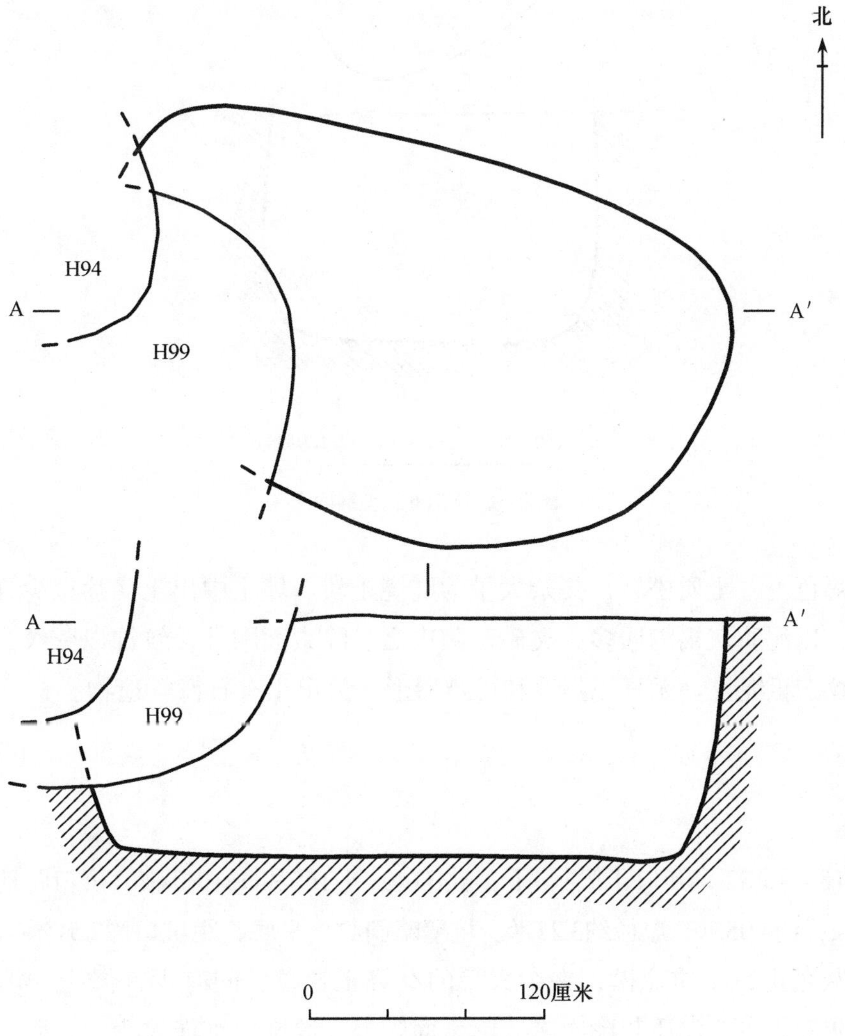

图四五　H102平、剖面图

11. H166

H166位于T70东北角，开口于第3层下，打破H194、H220。坑口距地表约0.5米，平面呈椭圆形，长径约1.82米，短径约1.65米。坑壁竖直，局部略呈袋状，近底部弧收。平底略有倾斜，距坑口深1.24米（图四六；图版一三，1）。

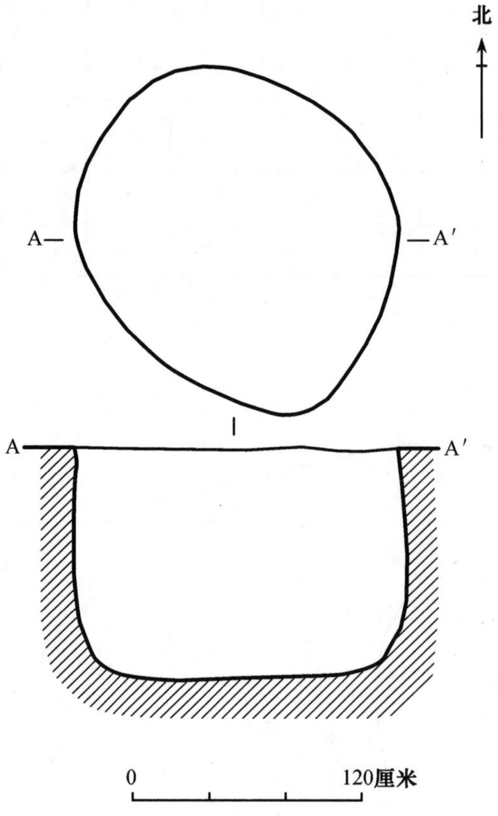

图四六　H166平、剖面图

坑内填黄褐色土，土质松软，夹杂大量的红烧土块。填土中出土陶片很少且零碎，未做统计。总体上看，以泥质灰褐陶居多，夹砂灰陶次之。除素面陶外，纹饰以弦纹为主，另有少量细绳纹、中绳纹、粗绳纹。无复原陶器和可辨器形，另出土有石镰等遗物。

12. H170

H170位于T84西北部，开口于第3层下，被H140、H169和H210打破。坑口距地表约0.7米，平面呈椭圆形，长径约4.05米，短径约3.23米。坑壁略斜收。平底，距坑口深2.51米（图四七）。

坑内填浅灰色土，土质疏松，夹杂大量的红烧土颗粒，间有少许淤土。填土中出土陶片较少，以夹砂灰陶为主，泥质灰陶次之。除素面陶外，纹饰以细绳纹为主，弦纹次之，弦断绳纹亦占有一定比例，另有少量粗绳纹、压印纹。复原陶器有小杯，可辨陶器器形有鬲、罐、瓮等，另出土有石斧、石铲、石镰、石环、骨匕等遗物（表二一）。

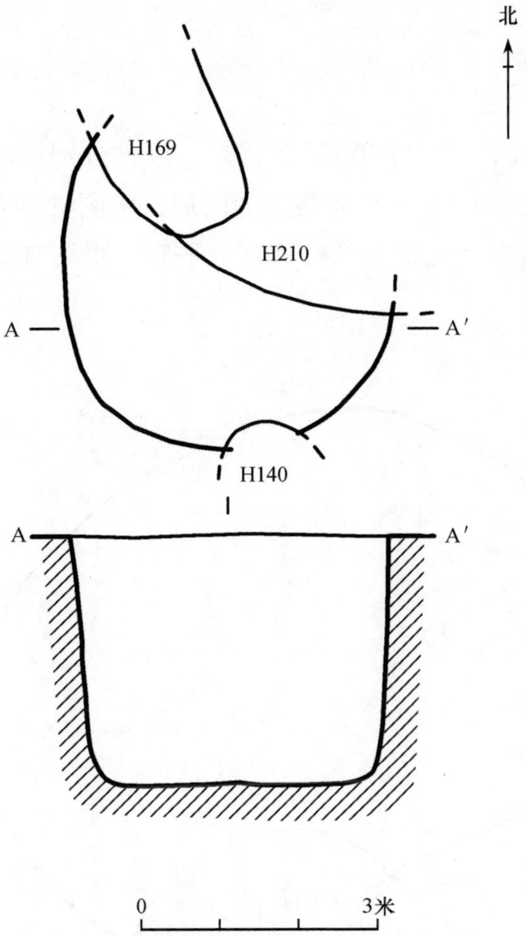

图四七　H170平、剖面图

表二一　H170陶系纹饰统计表

陶质 / 陶色 / 数量 / 纹饰	夹砂陶					泥质陶					合计	比例/%
	灰	灰褐	黑褐	黑	小计	灰	灰褐	褐皮红胎	黑	小计		
细绳纹	78	14	6		98	27	16	9	1	53	151	45.62
粗绳纹		9	2		11						11	3.32
弦断绳纹	13	2			15	11		8	3	22	37	11.18
弦纹	6	4	3		13	23	9		2	34	47	14.20
压印纹	6		4		10						10	3.02
素面	26	12			38	18	5	11	3	37	75	22.66
合计	129	41	15		185	79	30	28	9	146	331	
比例/%	38.97	12.39	4.53		55.89	23.87	9.06	8.46	2.72	44.11		100

13. H183

H183位于T47中部偏北，开口于第3层下，东、南侧分别被H148、H157打破，又打破H216、H226。坑口距地表约0.7米，平面略呈椭圆形，南侧坑口有一“U”形凹陷，长径约3.17米，短径约2.16米。直壁，北壁下部略外延。平底，距坑口深约1.95米（图四八；图版一三，2）。

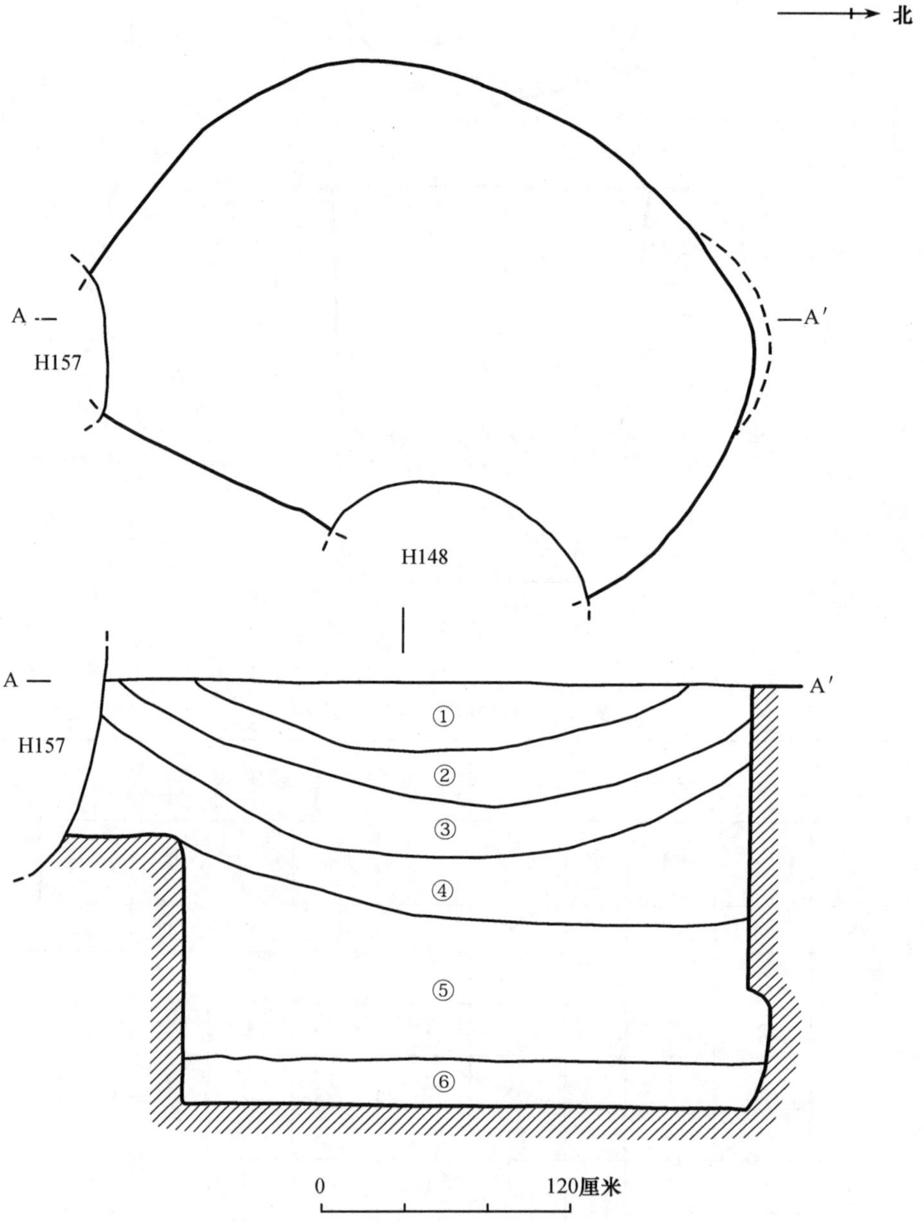

图四八　H183平、剖面图

1. 灰褐色土　2. 红褐色土　3. 黄褐色土　4. 灰褐色土　5. 灰色土　6. 黑褐色土

坑内填土共分六层：第1层为灰褐色土，厚0～0.3米，质地细腻疏松。第2层为红褐色土，厚0.15～0.25米，夹杂大量红烧土块，土质较硬。第3层为黄褐色土，厚0.1～0.3米，呈颗粒状较硬，夹杂较多料姜石碎块。第4层为灰褐色土，厚0.1～0.5米，质地细腻疏松。第5层为灰色土，厚0.55～0.95米，质硬且粗糙，夹杂少量花白土。第6层为黑褐色土，厚约0.2米，质硬但细腻，夹杂大量细腻纯净的黄土块、少量红烧土。以上各层均出土了较多的陶片，整理时发现上下层出土的陶片彼此可以拼合，故将其一并统计。以夹砂灰陶为主，泥质灰陶次之。除素面陶外，纹饰以细绳纹为主，弦纹次之，弦断绳纹亦占有一定比例，另有少量中绳纹、粗绳纹、楔点纹、指甲纹、压印纹等。无复原陶器，可辨陶器器形有鬲、罐、瓮等，另出土有陶纺轮、石铲、石镰、石斧、石环、石圆饼等遗物（表二二）。

表二二　H183陶系纹饰统计表

陶质 / 陶色 / 数量 / 纹饰	夹砂陶					泥质陶					合计	比例/%
	灰	灰褐	黑褐	黑	小计	灰	灰褐	褐皮红胎	黑	小计		
细绳纹	332	73	27		432	228	134	24	16	402	834	41.35
中绳纹	64	18	12		94		7			7	101	5.01
粗绳纹	22	13			35						35	1.74
弦断绳纹	131	62	16		209	91	32		13	136	345	17.10
弦纹	66	74	27	3	170	84	71	56	7	218	388	19.24
楔点纹						9		7		16	16	0.79
指甲纹		3			3	3		6	2	11	14	0.69
压印纹	7			2	9			6		6	15	0.74
素面	101	43			144	77	21	23	4	125	269	13.34
合计	723	286	82	5	1096	492	265	122	42	921	2017	
比例/%	35.84	14.18	4.07	0.25	54.34	24.39	13.14	6.05	2.08	45.66		100

14. H186

H186位于T63北部，开口于H136底部，被H141和H238打破。坑口距地表约1.3米，平面呈不规则的圆角长方形，长约2.95米，宽约1.7米。坑壁斜收，不规整。坑底自西向东倾斜，最深处距坑口深约1.76米（图四九）。

坑内填黄褐色土，土质疏松，夹杂大量灰黑烬土及颗粒较大的料姜石、红烧土粒。填土中出土陶片比较丰富，以泥质灰陶为主，夹砂灰陶次之，有少量的泥质磨光黑陶。多素面，纹饰以细绳纹为主，弦纹次之，弦断绳纹亦占有一定比例，另有少量的楔点纹、压印纹、附加堆纹

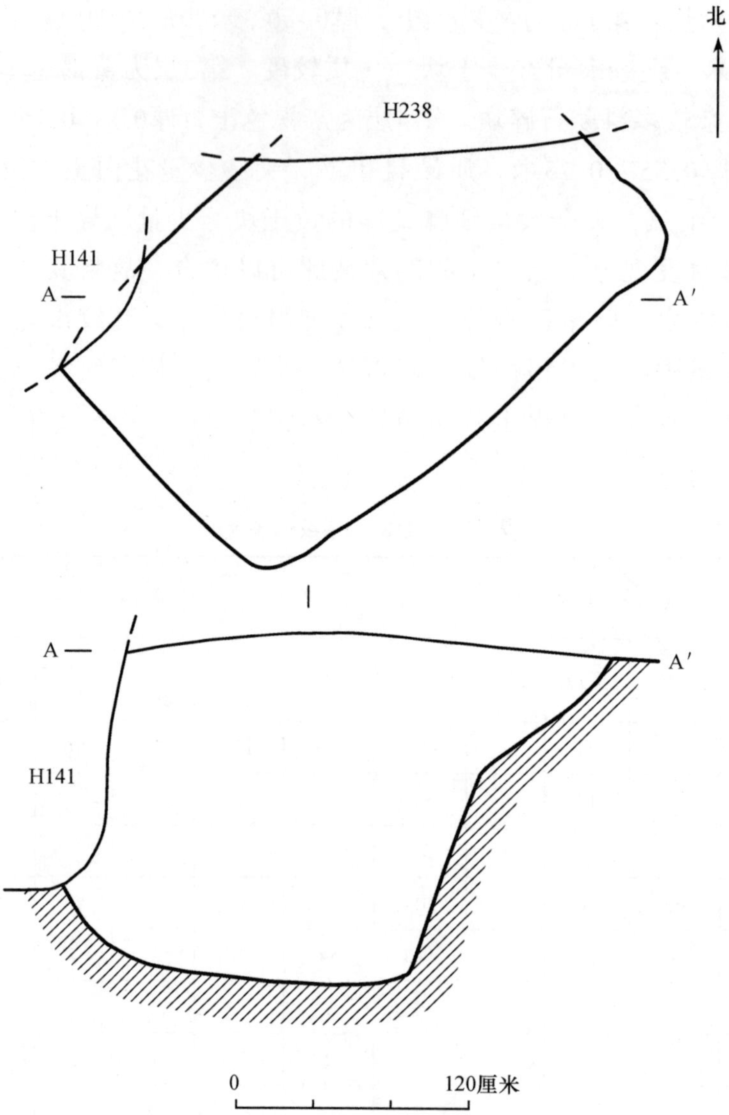

图四九　H186平、剖面图

等。无复原陶器，可辩器形有鬲裆和空足、甗腰、豆柄、花边圆腹罐口沿等。另出土有石镰、石铲、石刀、石凿、石环、石圆饼、骨针等遗物（表二三）。

表二三　H186陶系纹饰统计表

陶质 / 陶色 / 数量 / 纹饰	夹砂陶					泥质陶					合计	比例/%
	灰	灰褐	黑褐	黑	小计	灰	灰褐	褐皮红胎	黑	小计		
细绳纹	69	17	8		94	236	21	7	9	273	367	49.07
中绳纹		13	2		15	13		11		24	39	5.21
粗绳纹	6	8			14						14	1.87
弦断绳纹	22	8	6		36	13	7	9	3	32	68	9.09

续表

陶质/陶色/数量/纹饰	夹砂陶					泥质陶					合计	比例/%
	灰	灰褐	黑褐	黑	小计	灰	灰褐	褐皮红胎	黑	小计		
弦纹	27	15	6		48	64	18	12	4	98	146	19.52
楔点纹						8		6	2	16	16	2.14
指甲纹												
压印纹						4	6	6		16	16	2.14
方格纹												
附加堆纹	6	3			9						9	1.20
素面	23	15	12		50	14	3	6		23	73	9.76
合计	153	79	34		266	352	55	57	18	482	748	
比例/%	20.45	10.56	4.55		35.56	47.06	7.35	7.62	2.41	64.44		100

15. H194

H194位于T70西部，部分进入T65东隔梁，开口于第3层下，东、南侧分别被H166、H188打破，又打破H84。坑口距地表约0.52米，平面呈不规则的椭圆形，长径约4.3米，短径约2.5米。坑壁斜收，局部缓折出台。平底，距坑口深1.98米（图五〇）。

坑内填灰黑色土，土质松软，夹杂少量的料姜石块。填土中出土陶片以夹砂灰陶为主，泥质灰陶次之。除素面陶外，纹饰以细绳纹为主，弦纹次之，弦断绳纹亦占有一定比例，另有少量的中绳纹、粗绳纹、指甲纹、附加堆纹等。复原陶器有深腹罐，可辨器形有鬲、罐、豆等，另出土有石铲、石镰、石环、骨簪、骨匕等遗物（表二四）。

表二四　H194陶系纹饰统计表

陶质/陶色/数量/纹饰	夹砂陶					泥质陶					合计	比例/%
	灰	灰褐	黑褐	黑	小计	灰	灰褐	褐皮红胎	黑	小计		
细绳纹	56	12	7		75	43	21	4	3	71	146	41.24
中绳纹	11	7	5		23		8	1		9	32	9.04
粗绳纹		3	2		5						5	1.41
弦断绳纹	14	7			21	12	3		2	17	38	10.74
弦纹	31	5	3		39	13	8	5	6	32	71	20.06
指甲纹						3				3	3	

续表

陶质/陶色/数量/纹饰	夹砂陶					泥质陶					合计	比例/%
	灰	灰褐	黑褐	黑	小计	灰	灰褐	褐皮红胎	黑	小计		
附加堆纹	4		3		7	2				2	9	2.54
素面	13	9			22	17	7	3	1	28	50	14.12
合计	129	43	20		192	90	47	13	12	162	354	
比例/%	36.44	12.15	5.65		54.24	25.42	13.28	3.67	3.39	45.76		100

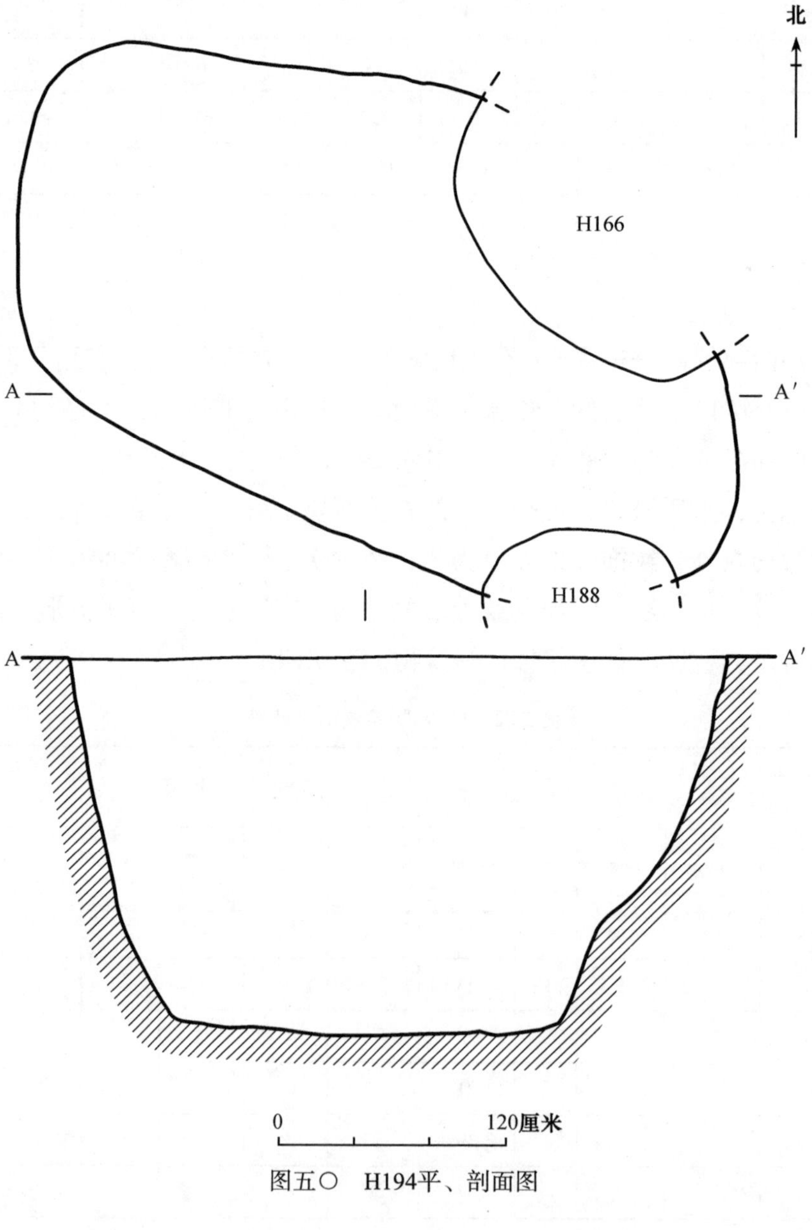

图五〇　H194平、剖面图

16. H213

H213位于T86东南角，部分进入T85东北角，开口于第3层下，打破第4层和生土。坑口距地表约0.5米，平面呈不规则的长方形，西南角呈圆弧状，长约3.2米，宽1.5～1.7米。坑壁竖直，西侧距坑口约0.8米处缓折出台，台面宽约0.36米。平底，距坑口深约2.16米（图五一）。

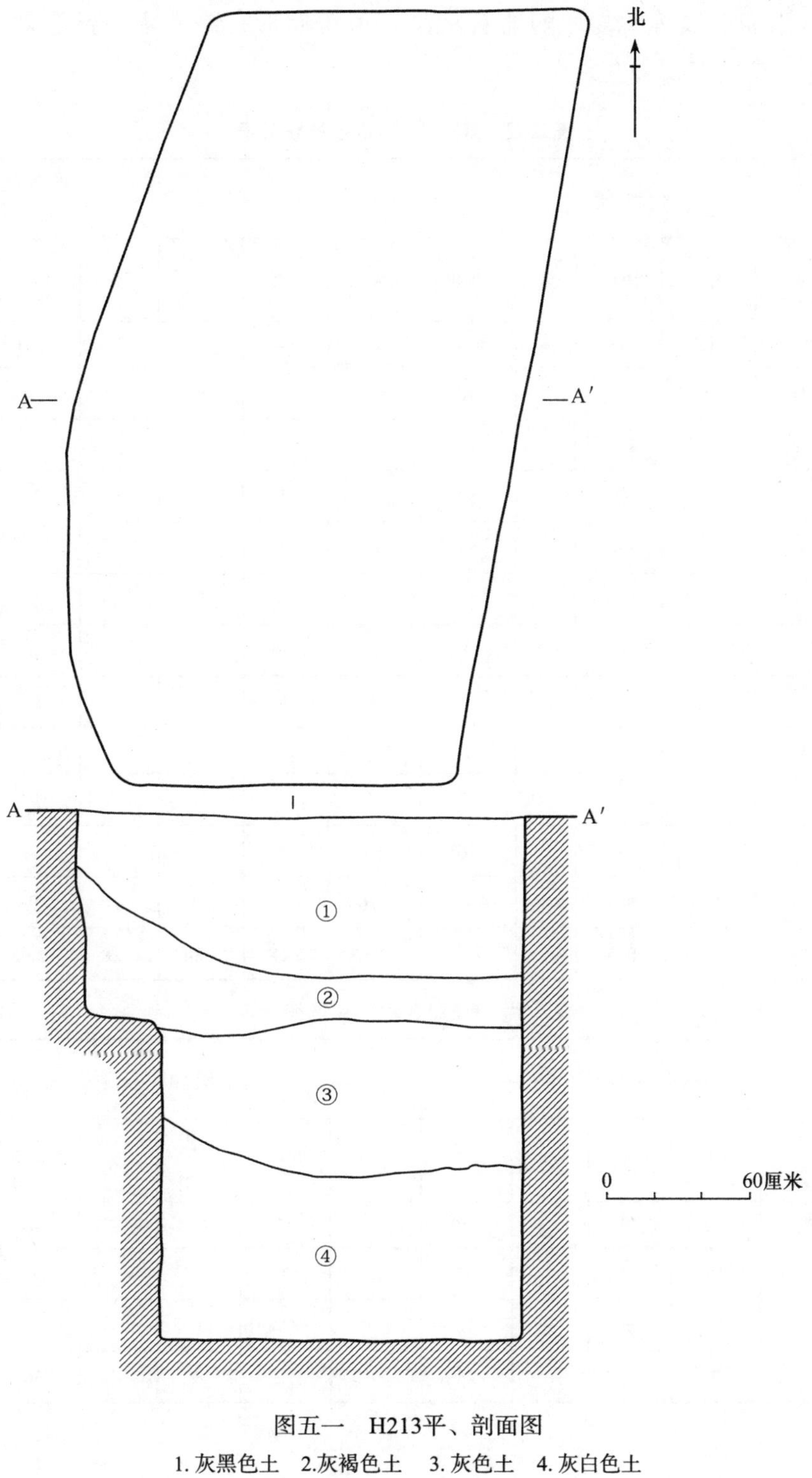

图五一　H213平、剖面图

1. 灰黑色土　2.灰褐色土　3. 灰色土　4. 灰白色土

坑内填土共分四层：第1层为灰黑色土，厚0.2～0.66米，夹杂较多的红烧土块，质硬，颗粒大，出土有陶鬲足、石镰、石铲等遗物。第2层为灰褐色土，厚0.2～0.6米，包含少许红烧土颗粒，质地松软，出土陶片较少且碎。第3层为灰色土，厚0.36～0.73米，包含少许炭粒，土质较硬，出土陶片以陶鬲残片居多。第4层为灰白色土，土质硬，颗粒小，出土陶片较少。总体来看，各层填土中出土陶片以胎质较薄的夹砂灰陶为主，泥质灰陶次之。除素面陶外，纹饰以细绳纹为主，弦纹次之，弦断绳纹和中绳纹亦占有一定比例，另有少量的粗绳纹、楔点纹、指甲纹、压印纹、附加堆纹等。复原陶器有陶鬲，可辨器形有鬲、罐、蛋形瓮等，另出土有石铲、石镰等遗物（表二五、表二六）。

表二五　H213①陶系纹饰统计表

陶质 / 陶色 / 数量 / 纹饰	夹砂陶					泥质陶					合计	比例/%
	灰	灰褐	黑褐	黑	小计	灰	灰褐	褐皮红胎	黑	小计		
细绳纹	132	43	13		188	78	14	7	1	100	288	40.97
中绳纹	21	10	15		46	4	11	9		24	70	9.96
粗绳纹	6	4			10						10	1.42
弦断绳纹	32	11	9		52	24	7	5		36	88	12.52
弦纹	41	7	8		56	32	18	5		55	111	15.79
楔点纹						7		2		9	9	1.28
指甲纹	4				4	3	3			6	10	1.42
压印纹						5	4		1	10	10	1.42
方格纹		1			1						1	0.14
附加堆纹	11	1	1		13	7				7	20	2.85
素面	23	17			40	36	4	6		46	86	12.23
合计	270	94	46		410	196	61	34	2	293	703	
比例/%	38.41	13.37	6.54		58.32	27.88	8.68	4.84	0.28	41.68		100

表二六　H213③陶系纹饰统计表

陶质 / 陶色 / 数量 / 纹饰	夹砂陶					泥质陶					合计	比例/%
	灰	灰褐	黑褐	黑	小计	灰	灰褐	褐皮红胎	黑	小计		
细绳纹	91	35	14		140		35	11		46	186	33.04
中绳纹	13	10	12		35	5	3			8	43	7.64
粗绳纹	4	2	2		8						8	1.42
弦断绳纹	21	7			28	36	12	8		56	84	14.92

续表

陶质 / 陶色 / 数量 / 纹饰	夹砂陶					泥质陶					合计	比例/%
	灰	灰褐	黑褐	黑	小计	灰	灰褐	褐皮红胎	黑	小计		
弦纹	33	9	8		50	25	20	4	1	50	100	17.76
指甲纹						6	3			9	9	1.60
压印纹							4	5		9	9	1.60
附加堆纹	6	3	1		10	4	2			6	16	2.84
素面	41	20		1	62	32	11		3	46	108	19.18
合计	209	86	37	1	333	108	90	28	4	230	563	
比例/%	37.12	15.28	6.57	0.18	59.15	19.18	15.99	4.97	0.71	40.85		100

17. H248

H248位于T72北部、T73东部和T76西北部，开口于第4层下，打破H238、H324、G10。坑口距地表约1.1米，平面呈不规则的椭圆形，长径约8米，短径约3.75米。坑壁较竖直，近坑口局部倾斜。平底，距坑口深约1.8米（图五二；图版一四，1）。

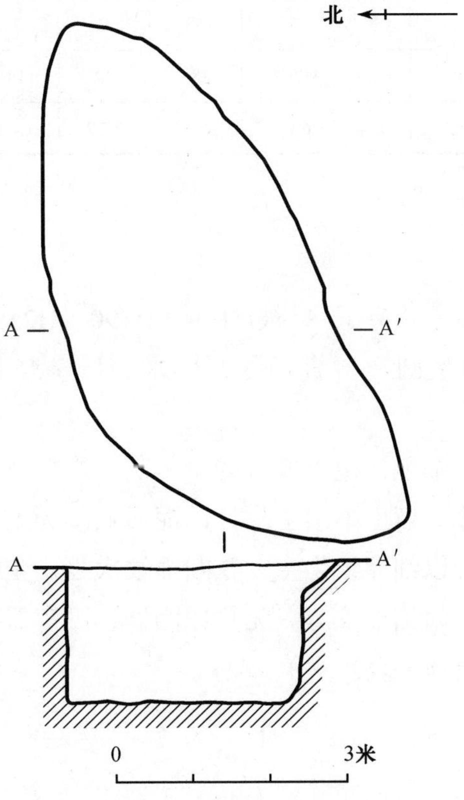

图五二　H248平、剖面图

坑内填灰白色土，夹杂大量的料姜石块，土质较硬。填土中出土陶片以夹砂灰陶为主，泥质灰陶次之。除素面陶外，纹饰以细绳纹为主，弦纹次之，弦断绳纹亦占有一定比例，另有少量的中绳纹、粗绳纹、楔点纹、指甲纹、压印纹、附加堆纹等。无复原陶器，可辨器形有鬲、罐、蛋形瓮等，另出土有陶纺轮、石铲、石镰、石圆饼、骨锥等遗物（表二七）。

表二七　H248陶系纹饰统计表

陶质 / 陶色 / 数量 / 纹饰	夹砂陶					泥质陶					合计	比例/%
	灰	灰褐	黑褐	黑	小计	灰	灰褐	褐皮红胎	黑	小计		
细绳纹	211	71	33		315	114	23	4	3	144	459	41.20
中绳纹	24	13			37	8		1		9	46	4.13
粗绳纹	11		9		20						20	1.80
弦断绳纹	103	31	14		148	17		3	2	22	170	15.26
弦纹	82	31	22		135	103	8	5		116	251	22.53
楔点纹						4			2	6	6	0.54
指甲纹						3				3	3	0.27
压印纹	9	4		2	15						15	1.35
附加堆纹	11	6	3		20		2			2	22	1.97
素面	52	21		3	76	33	9	3	1	46	112	10.05
合计	503	177	81	5	766	282	42	16	8	348	1114	
比例/%	45.15	15.89	7.27	0.45	68.76	25.31	3.77	1.44	0.72	31.24		100

18. H260

H260位于T85西部，开口于第3层下，被H169、H190、H259打破，又打破H210、H299。坑口距地表约0.58米，平面呈圆形，直径约2.15米。坑壁竖直。平底，距坑口深约0.8米（图五三）。

坑内填灰色土，土质松软细腻，包含较多的草木灰、炭粒及草拌泥块，其中草拌泥块上保留有木骨泥墙印记和灼烧痕迹。填土中出土陶片以泥质灰陶为主，夹砂灰陶次之。薄胎居多，厚胎较少。除素面陶外，纹饰以细绳纹为主，弦断绳纹次之，弦纹亦占有一定比例，另有少量的中绳纹、楔点纹、压印纹、附加堆纹等。无复原陶器，可辨器形有鬲、罐、盆等，另出土有石镰、石刀、石环、石锛等遗物（表二八）。

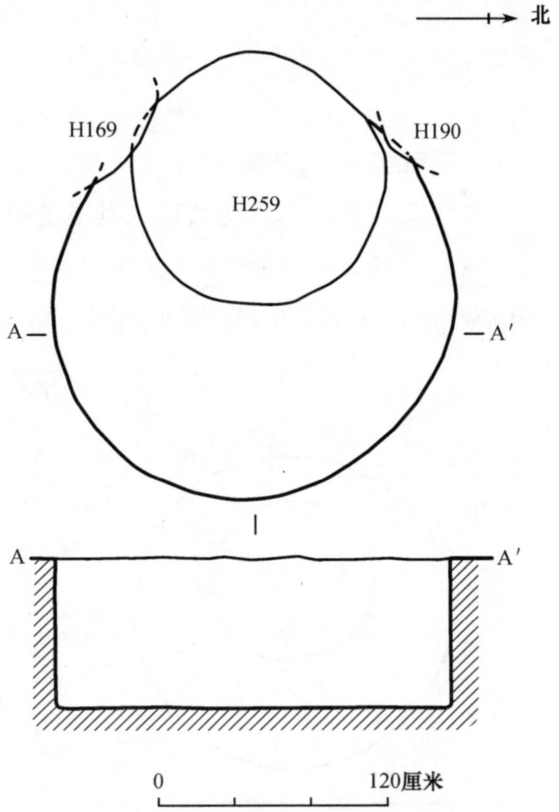

图五三　H260平、剖面图

表二八　H260陶系纹饰统计表

陶质 / 陶色 / 数量 / 纹饰	夹砂陶					泥质陶					合计	比例/%
	灰	灰褐	黑褐	黑	小计	灰	灰褐	褐皮红胎	黑	小计		
细绳纹	74	46			120	25	23	6		54	174	32.58
中绳纹	13	8	2		23						23	4. 31
弦断绳纹	17	21	5		43	69	31	2	2	104	147	27.53
弦纹	6	2			8	58	41	5		104	112	20.97
楔点纹							3			3	3	0.56
压印纹						5					5	0.94
附加堆纹	5		2		7						7	1.31
素面	13	5			18	30	4	8	3	45	63	11.80
合计	128	82	9		219	187	102	21	5	315	534	
比例/%	23.97	15.35	1.69		41.01	35.02	19.10	3.93	0.94	58.99		100

19. H268

H268位于T80东北部，开口于第4层下，直接打破生土。坑口距地表0.68米，平面呈圆形，直径1.4米。坑壁北部较直，南部坑口以下1.4米深为直壁，其下坑壁略外扩。在1.4米深处南部坑壁上有一条宽约0.1米的硬土棱。平底，呈圆形，距坑口深2.3米。坑底中部偏北有一较小的圆形坑，直径约0.7米，深约0.28米，平底（图五四；图版一四，2）。

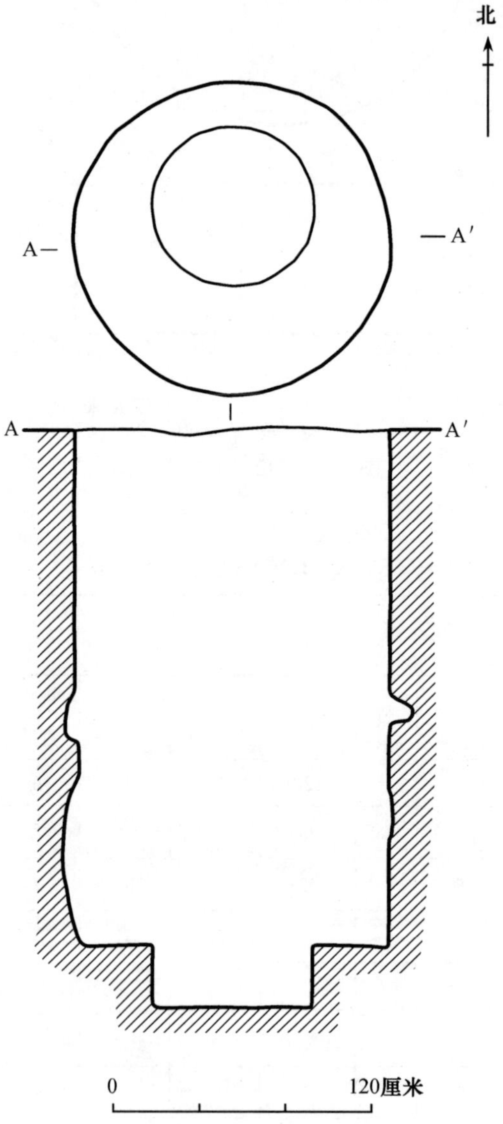

图五四　H268平、剖面图

坑内填土不分层，呈灰黑色，土质疏松细腻，夹杂有料姜石颗粒、少量炭粒及红烧土块等。填土中出土陶片较多，以夹砂灰陶为主，泥质灰陶次之。除素面陶外，纹饰以细绳纹为主，中绳纹次之，弦纹和弦断绳纹亦占有一定比例，另有少量的粗绳纹、楔点纹、指甲纹、压印纹、方格纹、附加堆纹等。无复原陶器，可辨器形有鬲、罐、盆等，另出土有石铲等遗物（表二九）。

表二九　H268陶系纹饰统计表

陶质/陶色/数量/纹饰	夹砂陶					泥质陶					合计	百分比/%
	灰	灰褐	黑褐	黑	小计	灰	灰褐	褐皮红胎	黑	小计		
细绳纹	152	55		16	223	112	36	74	23	245	468	45.26
中绳纹	62	16	2		80	53	17	16	2	88	168	16.25
粗绳纹		13			13						13	1.26
弦断绳纹	27	14		2	43	6	5	18		29	72	6.96
弦纹	11	3	2		16	41	3	13		57	73	7.06
楔点纹		1			1	9		12		21	22	2.13
指甲纹						5	6		1	12	12	1.16
压印纹	13	2		3	18		7	2		9	27	2.61
方格纹				2	2		3			3	5	0.48
附加堆纹	6	1		2	9		5	1		6	15	1.45
素面	32	21		3	56	63	11	17	12	103	159	15.38
合计	303	126	4	28	461	289	93	153	38	573	1034	
百分比/%	29.30	12.18	0.39	2.71	44.58	27.95	8.99	14.80	3.68	55.42		100

20. H275

H275位于T86的西南部，开口于第4层下，南北两端分别被H190和H196叠压，中部被H274打破。坑口距地表约1.2米，呈圆角长方形，长3米，宽1.5米。坑壁竖直。长方形平底，距坑口深约1.3米（图五五）。

坑内填灰褐色土，质地疏松、细腻，夹杂少许炭粒。出土陶片较多，以泥质灰陶为主，夹砂灰陶次之。除素面陶外，纹饰以细绳纹为主，中绳纹次之，弦断绳纹和弦纹亦占有一定比例，另有少量的粗绳纹、楔点纹、压印纹、附加堆纹等。复原陶器有鬲、深腹罐、深腹盆，可辨器形有鬲、罐、蛋形瓮等，另出土有石铲、石刀、石凿等遗物（表三〇）。

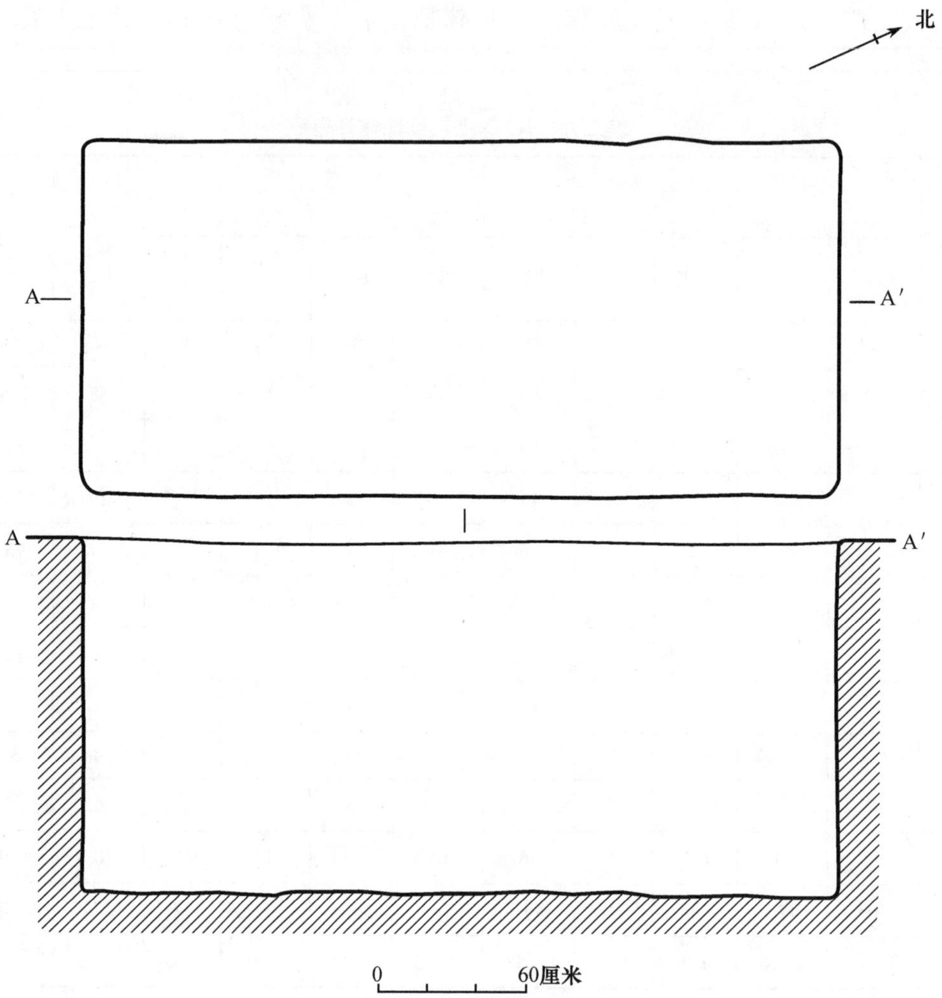

图五五　H275平、剖面图

表三〇　H275陶系纹饰统计表

纹饰＼数量＼陶质/陶色	夹砂陶					泥质陶					合计	百分比/%
	灰	灰褐	黑褐	黑	小计	灰	灰褐	褐皮红胎	黑	小计		
细绳纹	101	62	3		166	117	33	51	6	207	373	49.47
中绳纹	23	14			37	36	12	4		52	89	11.80
粗绳纹	7		5		12						12	1.59
弦断绳纹	31	11	2		44	13	7			20	64	8.49
弦纹		3	5		8	32	9	4		45	53	7.03
楔点纹	4		1		5	7	4			11	16	2.12
压印纹	9				9						9	1.19
附加堆纹		8			8		6			6	14	1.86

续表

陶质 / 陶色 / 数量 / 纹饰	夹砂陶					泥质陶					合计	百分比/%
	灰	灰褐	黑褐	黑	小计	灰	灰褐	褐皮红胎	黑	小计		
素面	41	15		3	59	53		11	1	65	124	16.45
合计	216	113	16	3	348	258	71	70	7	406	754	
百分比/%	28.65	14.99	2.12	0.39	46.15	34.22	9.42	9.28	0.93	53.85		100

21. H277

H277位于T109中部偏南，开口于第3层下，被H279打破，又打破H267。坑口距地表约0.3米，平面呈不规则的椭圆形，长径约4米，短径约1.56米。坑壁斜收。平底为生土，距坑口深1.75米（图五六）。

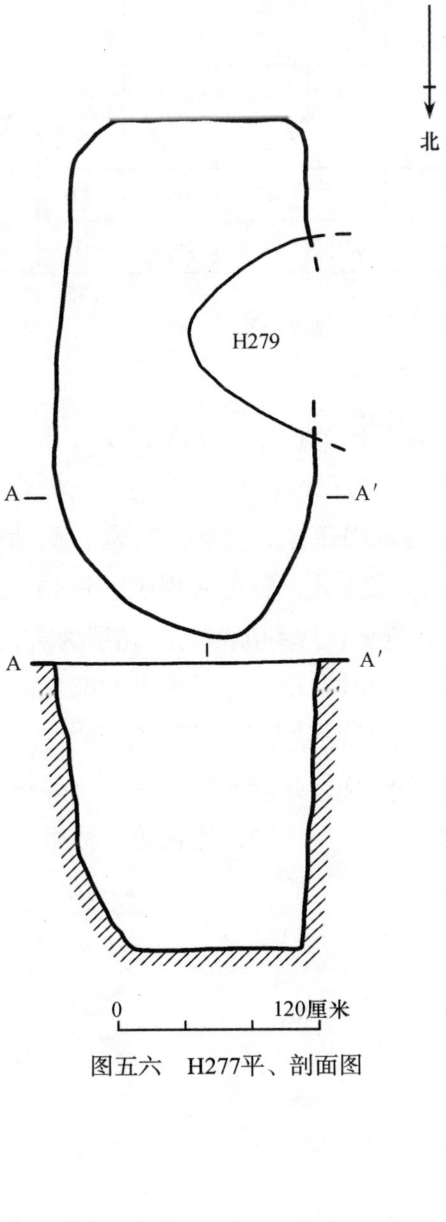

图五六　H277平、剖面图

坑内填灰褐色土，土质松软，夹杂大量的红烧土及料姜石块。填土中出土陶片以夹砂灰陶为主，泥质灰陶次之。除素面陶外，纹饰以细绳纹为主，弦纹次之，弦断绳纹亦占有一定比例，另有少量的中绳纹、指甲纹、压印纹、附加堆纹等。复原陶器有深腹罐，可辨器形有鬲、罐、豆等，另出土有石铲、石镰、石刀、石环、石圆饼、骨匕等遗物（表三一）。

表三一　H277陶系纹饰统计表

陶质/陶色/数量/纹饰	夹砂陶					泥质陶					合计	百分比/%
	灰	灰褐	黑褐	黑	小计	灰	灰褐	褐皮红胎	黑	小计		
细绳纹	163	71			234	83	21	13		117	351	50.50
中绳纹	24		12		36	3	9			12	48	6.91
弦断绳纹	32	13		1	46	25		8		33	79	11.37
弦纹	6	3	7		16	64	8	2		74	90	12.95
指甲纹		4			4						4	0.58
压印纹	5	2			7		1	5	1	7	14	2.01
附加堆纹	12	6			18						18	2.59
素面	33	17	6	1	57	21	4	9		34	91	13.09
合计	275	116	25	2	418	196	43	37	1	277	695	
百分比/%	39.57	16.69	3.60	0.29	60.15	28.20	6.19	5.32	0.14	39.85		100

22. H296

H296位于T119西南部，向南延伸至T112，开口于第3层下，东南角被H325打破。坑口距地表0.52米，呈椭圆形，长径约3.26米，短径约1.75米。直壁，坑底较平，距坑口深1.9米（图五七）。

坑内填土分六层：第1层为灰褐色土，厚约0.22米，质地较软。第2层为黄褐色土，厚约0.28米，夹杂较多的料姜石块。第3层为黑色灰烬土，厚约0.34米，质地松软。第4层为灰色土，厚约0.36米。第5层为灰黑色土，厚约0.3米。第6层为黄褐色土，厚约0.4米，质地松软。以上各层出土遗物丰富，后期整理时发现上下层出土的陶片彼此可以拼合，故将其一并统计。总体来看，填土中出土陶片以夹砂灰陶为主，泥质灰陶次之。除素面陶外，纹饰以细绳纹为主，中绳纹次之，另有少量的粗绳纹、弦断绳纹、弦纹、方格纹、附加堆纹等。复原陶器有小方杯，可辨器形有盆形鼎、鬲、罐、蛋形瓮、器盖等，另出土有陶圆饼、石镰、石刀、石斧、骨凿、蚌锥等遗物（表三二）。

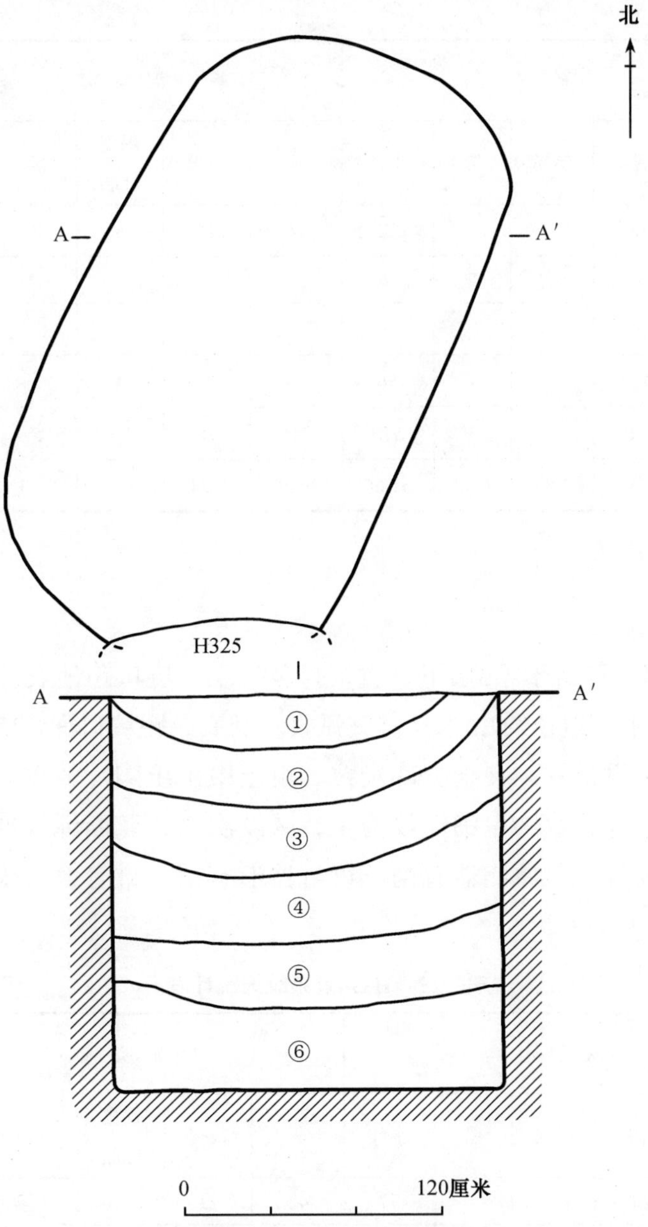

图五七　H296平、剖面图

1. 灰褐色土　2. 黄褐色土　3. 黑色灰烬土　4. 灰色土　5. 灰黑色土　6. 黄褐色土

表三二　H296陶系纹饰统计表

陶质 / 陶色 / 数量 / 纹饰	夹砂陶					泥质陶					合计	百分比/%
	灰	灰褐	黑褐	黑	小计	灰	灰褐	褐皮红胎	黑	小计		
细绳纹	214	96	15		325	145	43	12		200	525	55.91
中绳纹	63	32			95	23	11	5		39	134	14.27
粗绳纹			12		12						12	1.29
弦断绳纹	21	17			38	31	9	7		47	85	9.05

续表

陶质 / 陶色 / 数量 / 纹饰	夹砂陶					泥质陶					合计	百分比/%
	灰	灰褐	黑褐	黑	小计	灰	灰褐	褐皮红胎	黑	小计		
弦纹		22			22	14	15	3	2	34	56	5.96
方格纹				2	2						2	0.21
附加堆纹	13	16			29						29	3.09
素面	42	13		1	56	33		4	3	40	96	10.22
合计	353	196	27	3	579	246	78	31	5	360	939	
百分比/%	37.59	20.87	2.88	0.32	61.66	26.20	8.31	3.30	0.53	38.34		100

23. H314

H314位于T60中部，开口于第3层下，直接打破生土。坑口距地表约0.9米，平面呈不规则的椭圆形，长径约2.36米，短径约1.6米。坑壁弧收。圜底，距坑口深1.25米（图五八）。

坑内填灰烬土，土质松软，夹杂少许炭粒。填土中出土陶片较少，以夹砂灰陶居多，泥质灰陶次之。除素面陶外，纹饰以细绳纹为主，弦纹次之，弦断绳纹亦占有一定比例，另有少量的中绳纹、压印纹等。复原陶器有鬲，可辨器形有鬲、罐等，另出土有石镰等遗物（表三三）。

表三三　H314陶系纹饰统计表

陶质 / 陶色 / 数量 / 纹饰	夹砂陶					泥质陶					合计	百分比/%
	灰	灰褐	黑褐	黑	小计	灰	灰褐	褐皮红胎	黑	小计		
细绳纹	53	24			77	42	11	8		61	138	31.80
中绳纹	16		8		24						24	5.53
弦断绳纹	33	14	6		53	17	9			26	79	18.20
弦纹	10	25			35	34	13	5	3	55	90	20.74
压印纹		2			2	3				3	5	1.15
素面	31	16		1	48	42	4	2	2	50	98	22.58
合计	143	81	14	1	239	138	37	15	5	195	434	
百分比/%	32.95	18.66	3.23	0.23	55.07	31.80	8.52	3.46	1.15	44.93		100

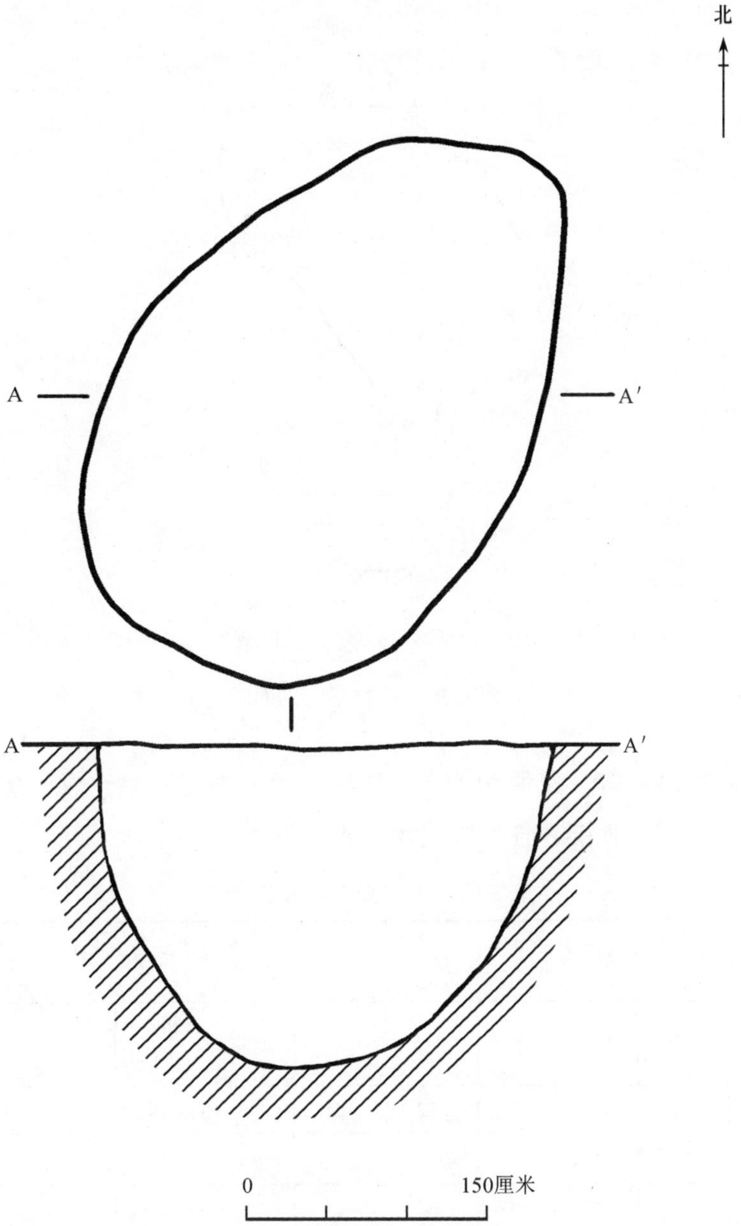

图五八　H314平、剖面图

24. H315

H315位于T88东北部、T89的东南角、T91的大部、T92的西北部及T104的北部，开口于第4层下，直接打破生土。东、西两侧分别被H236和G10打破，西南端被H303和H313打破，北侧延伸到发掘区外。坑口距地表约1.25米，呈不规则的椭圆形，长径约10米，短径约5.5米。坑壁弧收。坑底凹凸不平，最深处距坑口深约1.95米（图五九）。

坑内填灰褐色土，土质疏松。填土中出土遗物比较丰富，陶片以泥质灰陶为主，夹砂灰陶次之。纹饰方面以素面陶居多，细绳纹次之，另有少量的中绳纹、粗绳纹、弦断绳纹、弦纹、

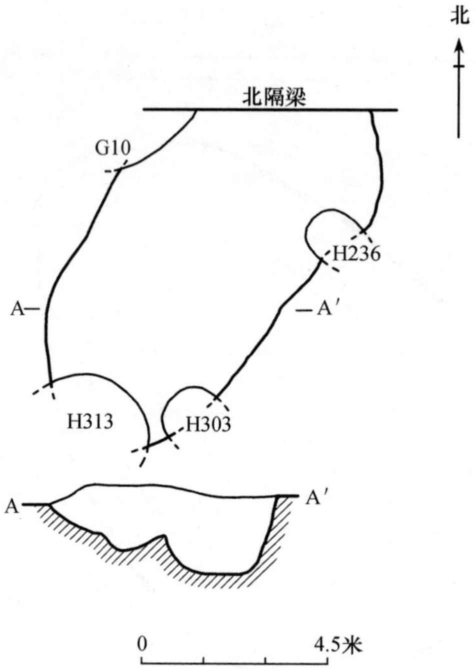

图五九　H315平、剖面图

楔点纹、压印纹、附加堆纹等。复原陶器有深腹罐，可辨器形有鬲、罐、蛋形瓮等，另出土有石镰、石铲、石刀、石斧、骨锥、骨匕等遗物（表三四）。

表三四　H315陶系纹饰统计表

陶质 / 陶色 / 数量 / 纹饰	夹砂陶					泥质陶					合计	百分比/%
	灰	灰褐	黑褐	黑	小计	灰	灰褐	褐皮红胎	黑	小计		
细绳纹	124	74	26	8	232	125	43	18		186	418	29.96
中绳纹	33	26	5		64		13	5		18	82	5.88
粗绳纹		11	7		18						18	1.29
弦断绳纹	51	13			64	37	12	9		58	122	8.75
弦纹	23	46			69	71	24	13	8	116	185	13.26
楔点纹	6		7		13			8		8	21	1.51
指甲纹												
压印纹	7	3		2	12			5	3	8	20	1.43
附加堆纹		21	11		32		3			3	35	2.51
素面	98	36		1	135	203	110	31	15	359	494	35.41
合计	342	230	56	11	639	436	205	89	26	756	1395	
百分比/%	24.52	16.49	4.01	0.79	45.81	31.25	14.70	6.38	1.86	54.19		100

25. H323

H323位于T106东南角和T107东北角，东半部延伸到发掘区外，开口于第3层下，南部被H321打破。坑口距地表约0.75米，平面呈不规则的椭圆形，长径约4.4米，短径约2.16米。坑壁弧收。坑底起伏不平，最深处距坑口约1.75米（图六〇）。

坑内填土较乱，硬灰褐土、疏松黄褐土、较纯净硬黄土和黑色灰烬土掺杂在一起，无法分层。填土中出土陶片较多，以夹砂灰陶为主，泥质灰陶次之。除素面陶外，纹饰以细绳纹为主，弦纹次之，弦断绳纹亦占有一定比例，另有少量的中绳纹、粗绳纹、楔点纹、方格纹、附

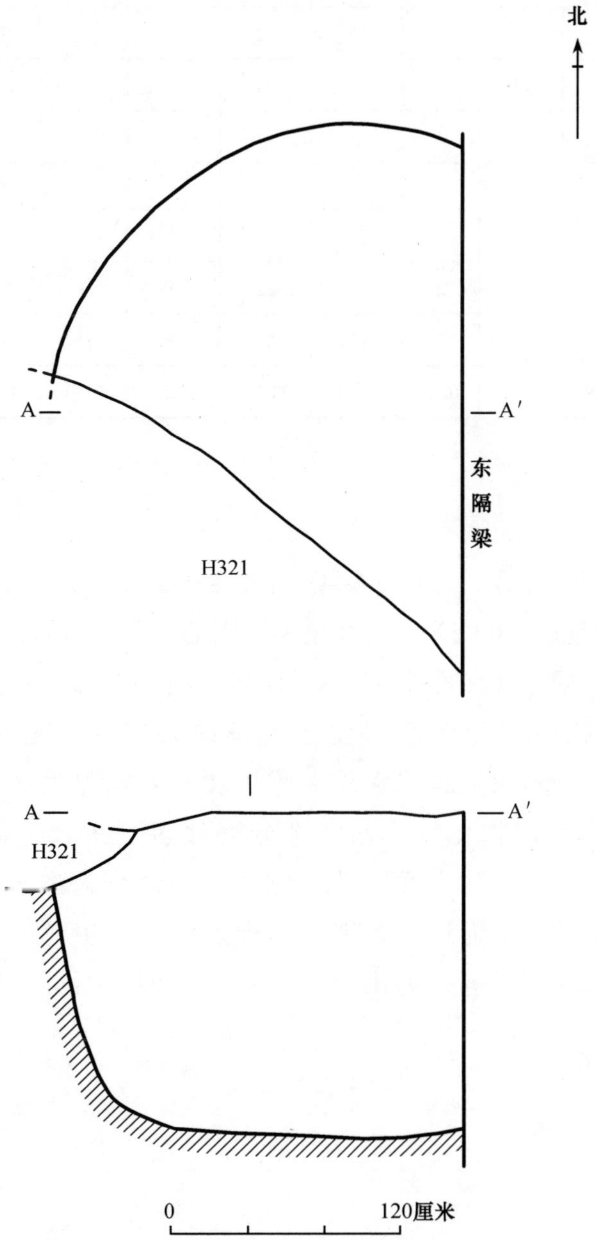

图六〇　H323平、剖面图

加堆纹等。复原陶器有鬲，可辨器形有鬲、罐、爵等，另出土有石铲、石斧、穿孔蚌器等遗物（表三五）。

表三五　H323陶系纹饰统计表

陶质 / 陶色 / 数量 / 纹饰	夹砂陶					泥质陶					合计	百分比/%
	灰	灰褐	黑褐	黑	小计	灰	灰褐	褐皮红胎	黑	小计		
细绳纹	97	43	16		156	72	51		3	126	282	39.49
中绳纹	14	7	6		27	11	5	8		24	51	7.14
粗绳纹			9		9						9	1.26
弦断绳纹	43	10			53	52			2	54	107	14.99
弦纹	35		14		49	68	13	4		85	134	18.77
楔点纹									2	2	2	0.28
方格纹						3				3	3	0.42
附加堆纹	19		2		21						21	2.94
素面	34	17	8	2	61	22	19	3		44	105	14.71
合计	242	77	55	2	376	228	88	15	7	338	714	
百分比/%	33.89	10.79	7.70	0.28	52.66	31.93	12.33	2.10	0.98	47.34		100

26. H324

H324跨T73～T76四个探方，开口于第4层下，被H248、H253、H254、H276、H300、H328、G8打破。坑口距地表约0.95米，平面呈不规则的圆角长方形，长约8.8米，宽约5.5米。坑壁略弧收。坑底近平，局部略有倾斜，最深处距坑口约2.9米（图六一）。

坑内填土分为两层：第1层为灰褐色土，厚约0.75米，土质松软，堆积分布较均匀。第2层为灰黑色土，厚1.8～2.15米，土质很硬，颗粒很大，包含较多的红烧土块及炭粒。以上两层堆积出土遗物比较丰富且部分陶片多可拼合，故一并统计。陶片以夹砂灰陶为主，泥质灰陶次之。除素面陶外，纹饰以细绳纹为主，弦纹次之，弦断绳纹亦占有一定比例，另有少量的中绳纹、粗绳纹、楔点纹、指甲纹、附加堆纹等。复原陶器有盆，可辨器形有鬲、罐、豆等，另出土有石铲、石镰、石斧、穿孔石刀、石凿等遗物（表三六）。

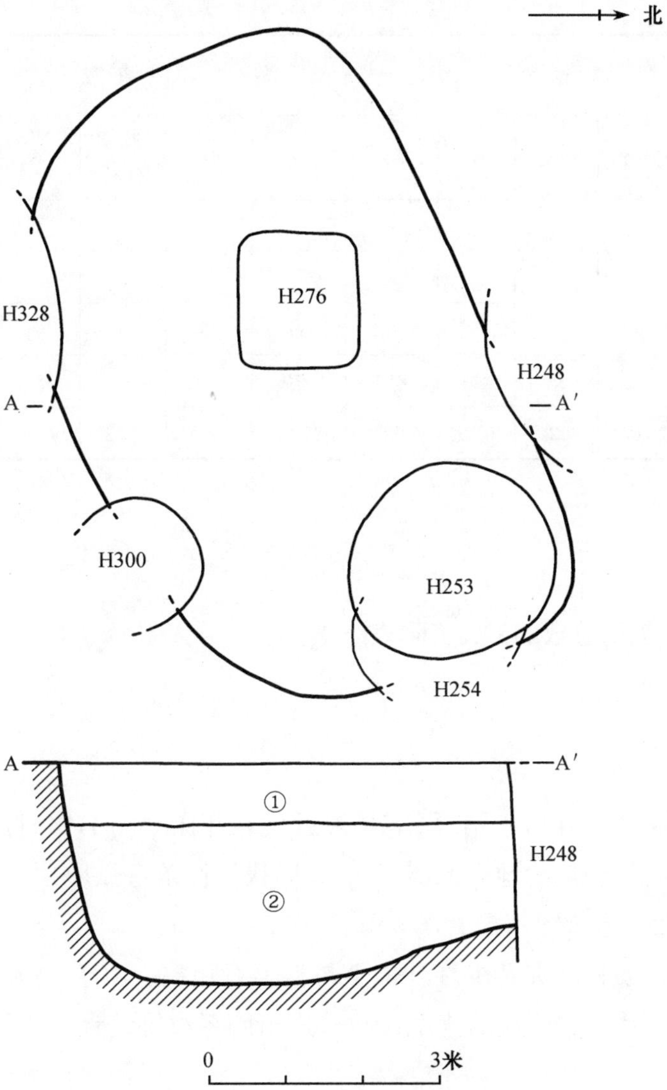

图六一　H324平、剖面图
1. 灰褐色土　2. 灰黑色土

表三六　H324陶系纹饰统计表

陶质/陶色/数量/纹饰	夹砂陶					泥质陶					合计	百分比/%
	灰	灰褐	黑褐	黑	小计	灰	灰褐	褐皮红胎	黑	小计		
细绳纹	211	62	23		296	117	31	8		156	452	33.61
中绳纹	18	26			44		5	11		16	60	4.46
粗绳纹			13		13						13	0.97
弦断绳纹	101	42	6		149	71	43		2	116	265	19.70
弦纹	54	113			167	99	24	3		126	293	21.78
楔点纹			6	2	8				2	2	10	0.74

续表

陶质 / 陶色 / 数量 / 纹饰	夹砂陶					泥质陶					合计	百分比/%
	灰	灰褐	黑褐	黑	小计	灰	灰褐	褐皮红胎	黑	小计		
指甲纹		4			4			5		5	9	0.67
附加堆纹	37	15			52						52	3.87
素面	61	16	9		86	83	18	3	1	105	191	14.20
合计	482	278	57	2	819	370	121	30	5	526	1345	
百分比/%	35.84	20.66	4.24	0.15	60.89	27.51	9.00	2.23	0.37	39.11		100

二、灰　沟

3条，占本次发掘灰沟总数的30%（附表二）。

1. G6

G6位于T81中部偏北，开口于第3层下，被近代墓和H104、H145打破，又打破H181和生土。呈西南—东北走向。沟口距地表0.5米，平面形状呈长条弯弧形，长5.12米，宽1.72米。斜壁，圜底，距沟口深2.46米（图六二）。

沟内填黄褐色土，质松，夹杂少许红烧土与料姜石颗粒。由于G6大部分被H104和H145打破得仅剩沟底，所出陶片存在明显的扰乱，故未进行陶系纹饰统计。复原陶器有浅腹盆、蛋形圈足瓮、敛口折肩瓮等。

2. G7

G7位于T66中部，东部延伸入T69，并在T69内结束，开口于第4层下，由西向东依次被H120、H84、H117、H173、H176、H175打破。呈东西走向。沟口距地表0.7米，平面形状呈长条形，长9.4米，宽0.95米。沟壁弧收。圜底，距沟口深0.5米（图六三）。

沟内填红褐色夹生土，土质纯净且较硬。填土中出土遗物很少，陶片零碎，无可辨器形。

3. G10

G10位于T72东北部、T76南部、T77北部、T89北部和T91西北角，东北部延伸到发掘区外，开口于第4层下，在T76内被H248打破，在T77内打破H284且被H269打破，在T88内被H327打破，在T89内被H239打破，在T91内打破H315。呈东北—西南走向。沟口距地表1.1米，平面

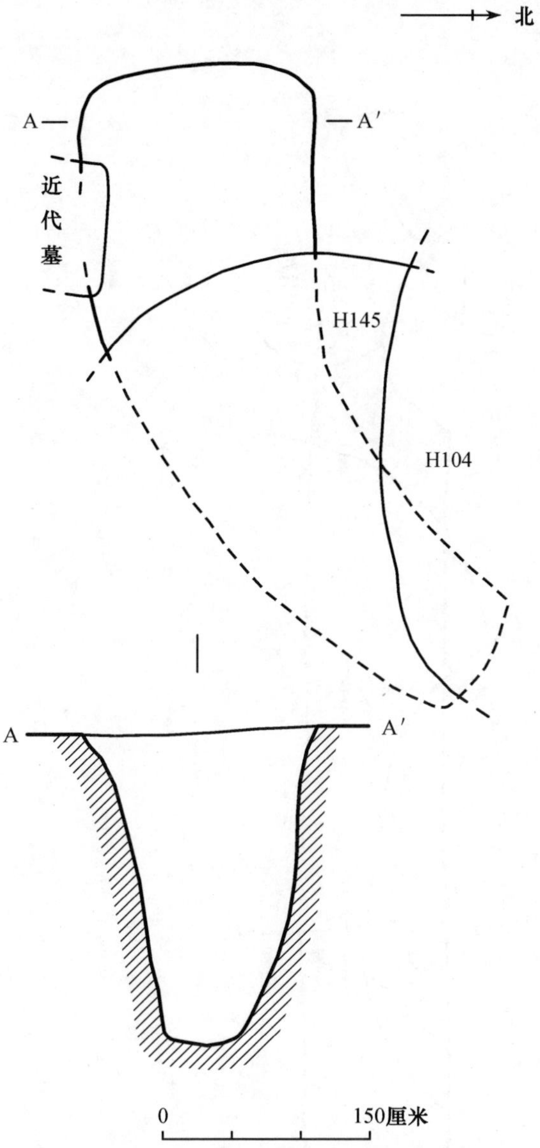

图六二　G6平、剖面图

形状为略弯曲的长条形，已发掘部分长14.5米，宽3.5米。沟壁倾斜略呈阶梯状。沟底为平底，距沟口深约2.1米（图六四）。

沟内填土分四层：第1层为料姜土，厚约0.5米，土质较硬，颗粒较大。第2层为黑色灰烬土，厚约0.6米，土质松软。第3层为黄褐色土，厚约0.4米，土质较硬，颗粒较小。第4层为灰黑色土，厚约0.6米，土质较疏松。以上各层出土陶片较多，但各探方的发掘进度未能及时协调一致，导致对G10出土的遗物未能做到细致地按层收集。总体来看，G10出土陶片以夹砂灰陶为主，泥质灰陶次之。除素面陶外，纹饰以细绳纹为主，弦断绳纹次之，弦纹亦占有一定比例，另有少量的中绳纹、粗绳纹、楔点纹、指甲纹、附加堆纹等。无复原陶器，可辨器形有鬲、罐、豆等，另出土有石铲、石镰、石刀、石斧、骨刀、骨匕、骨针、蚌器等遗物。

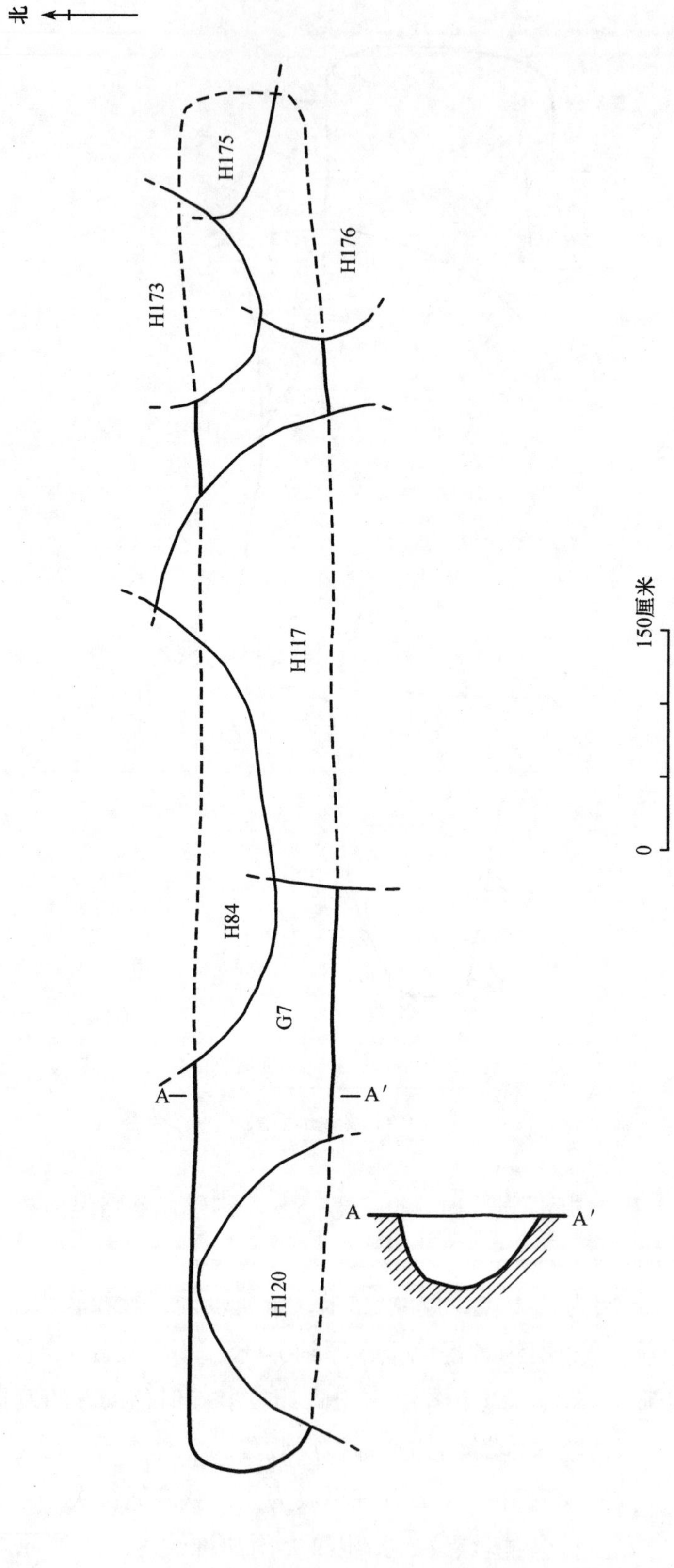

图六三　G7平、剖面图

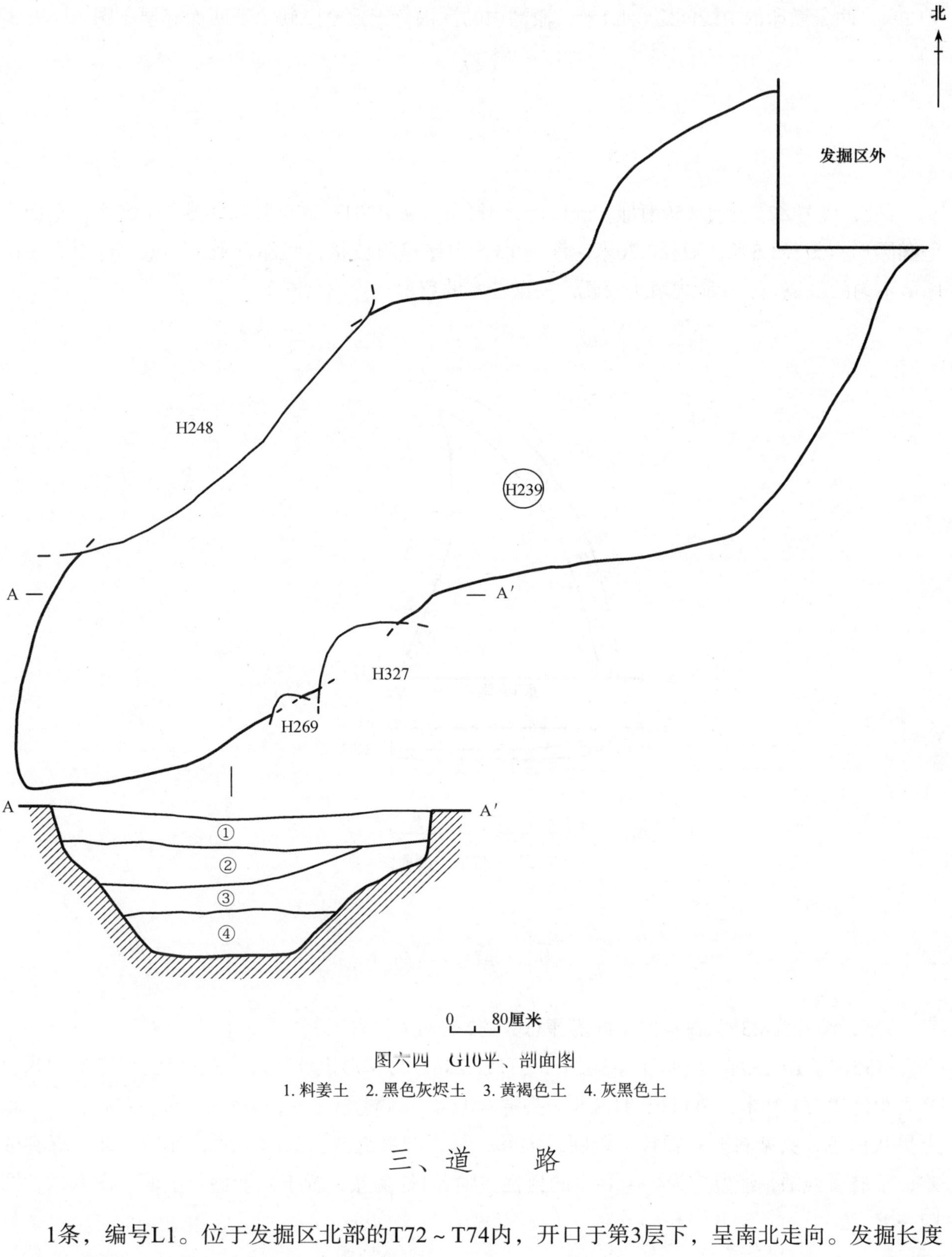

图六四　G10平、剖面图

1. 料姜土　2. 黑色灰烬土　3. 黄褐色土　4. 灰黑色土

三、道　　路

1条，编号L1。位于发掘区北部的T72～T74内，开口于第3层下，呈南北走向。发掘长度8.6米，宽1.4米。路面上发现一段车辙印痕，剖面呈凹槽状，辙印上口宽0.3～0.32米，深约

0.12米，两条辙印的中线间距约1.1米，辙沟内的深褐色土致密坚硬，下凹而起层（图版一五，1）。

四、灶　　址

1处，编号Z2。位于T59南部，开口于第3层下，被H201打破。灶口距地表1.05米，平面略呈椭圆形，长径1.3米，短径0.76米，深约0.1米。壁呈斜坡状，底部较平整，壁、底上有一层厚薄不匀的红烧土。灶膛内填土较硬，夹杂较多的草木灰（图六五）。

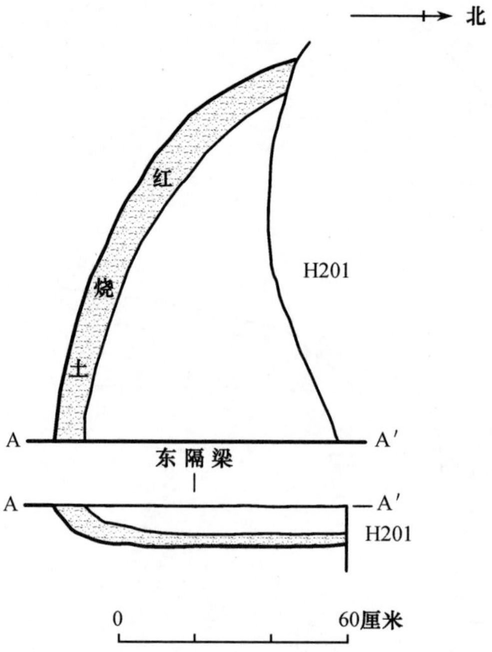

图六五　Z2平、剖面图

五、墓　　葬

1座，编号为M35，占本次发掘墓葬总数的2.17%（附表三）。

M35位于T73东部，开口于第3层下，打破H248。为梯形土坑竖穴，墓口距地表深0.65米，墓底距地表深1.35米，墓口长约1.8米，头端宽0.64、脚端宽0.5米，墓深0.7米。方向15°。填土呈灰白色，夹杂料姜石颗粒，较硬。人骨一具，仰身直肢，头向东北，面向西北，保存较差，下肢骨残缺，经鉴定为40～45岁的男性。随葬1件陶盆，置于死者盆骨上面（图六六；图版一五，2）。

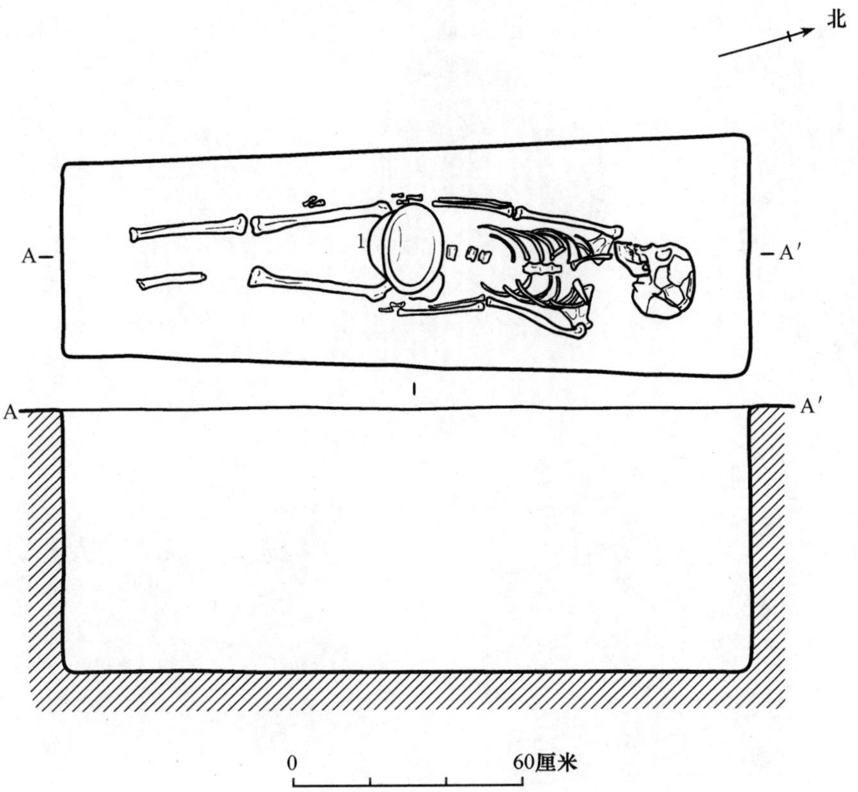

图六六　M35平、剖面图
1. 陶盆

第二节　遗　物

一、陶　器

（一）概述

根据上节26个单位出土陶片的陶系纹饰统计（表一一～表三六），陶质分夹砂和泥质两大类。夹砂陶砂粒较细，色白质脆，以灰陶数量最多，平均高达26.46%，褐陶次之，占13.46%；泥质陶以灰陶为主，约占31.11%，器表多抹细泥或施黑色陶衣并磨光，部分胎质与器表成色不一。器表除素面磨光外，纹饰以细绳纹为主，高达42.12%；中绳纹次之，约占11.03%，粗绳纹、弦纹、楔点纹、指甲纹、压印纹、附加堆纹等均不足10%，另见有少量的篮纹和卷云纹等（图六七）。绳纹有细、中、粗之分，细绳纹绵长匀称、纹痕较浅，主要饰于胎壁较薄的鬲、甗、橄榄形罐等夹细砂陶器上；中绳纹一般饰于器腹较深的罐、盆类器物上；粗绳纹排列不整、纹痕较深，往往饰于夹粗砂的厚胎陶瓮上。弦纹常见两种饰法：一种是与细绳纹、中绳纹组合成弦断绳纹，即在绳纹的地上加划横向的单线或成组平行的凹弦纹，主要饰于鬲、甗、罐等夹砂陶器上；一种是成组平行的弦纹带，多饰于盆、瓮上腹部等。楔点纹、指甲纹主要见于泥质罐上腹部、瓮肩部。压印纹一般见于罐的口沿，形成花边装饰。附加堆纹仅见于

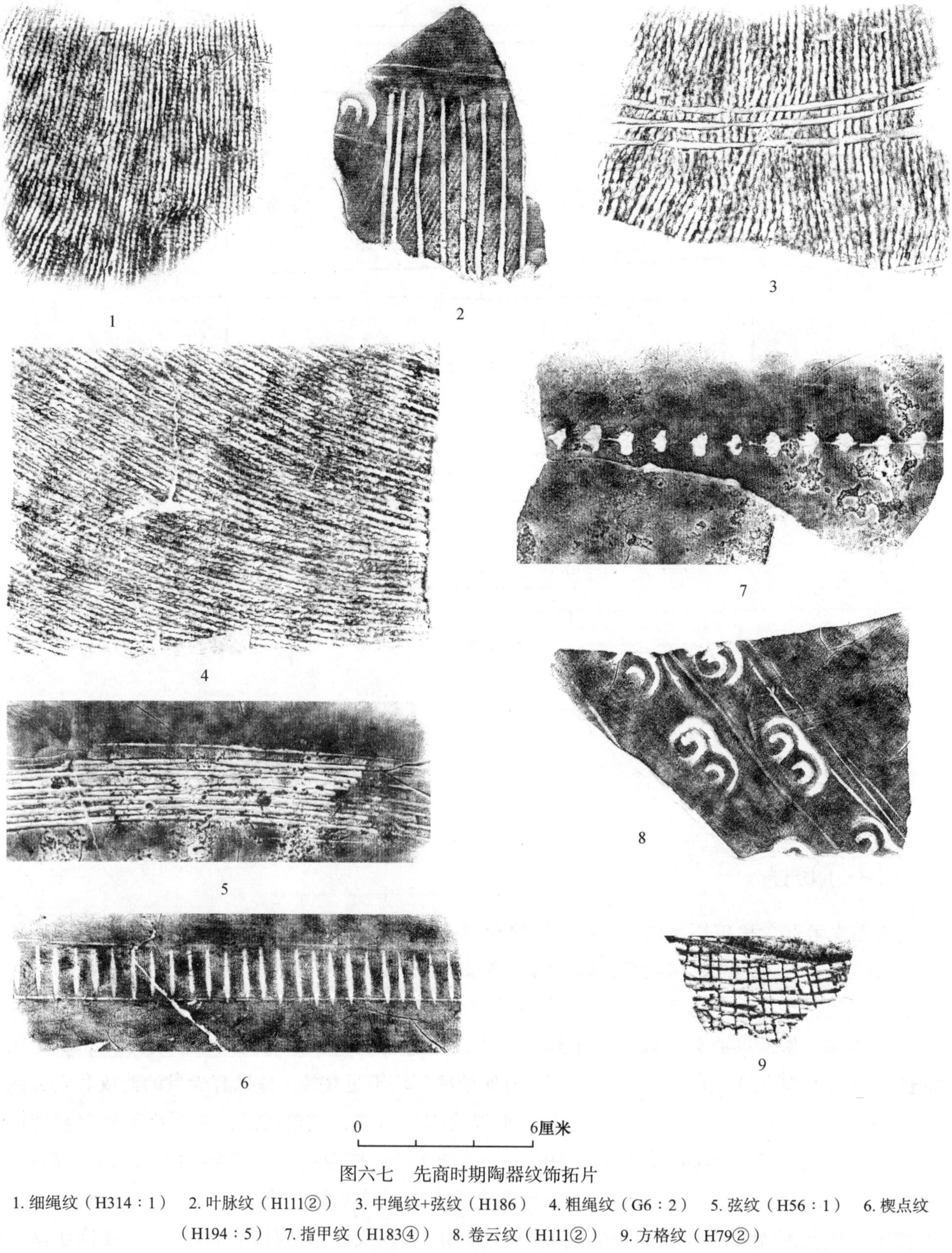

图六七　先商时期陶器纹饰拓片

1. 细绳纹（H314：1）　2. 叶脉纹（H111②）　3. 中绳纹+弦纹（H186）　4. 粗绳纹（G6：2）　5. 弦纹（H56：1）　6. 楔点纹（H194：5）　7. 指甲纹（H183④）　8. 卷云纹（H111②）　9. 方格纹（H79②）

甗腰。

陶器的制法有模制、轮制和手制三种，形体较大的器身一般模制，采用泥条盘筑或泥片套接成型，然后加以轮修；附加部位如鋬、足等采用手制，然后对接在器身上。小型器物则为手制一次性完成。器形以三足器和平底器为主，部分为圈足器。

（二）类型划分

薛庄遗址出土的先商文化陶器器类主要有鬲、甗、鼎、罐、盆、瓮、壶、豆、钵、爵、杯、器盖、陶拍、纺轮、陶环等，依次介绍如下。

1. 鬲

25件。侈口，束颈，鼓腹，分裆，腹与空足饰细绳纹。根据器体大小，可分二型。

A型　19件。形体较大。H213①：6，夹砂灰陶。侈口，卷沿，尖圆唇，弧腹，锥状实足根略残。内腹壁残留手指抹痕。口径19.2、残高21.5、腹壁厚0.6厘米（图六八，1；图版一六，1）。H323：11，夹砂灰陶。口部明显变形，卷沿，尖圆唇，分裆较高，圆锥状实足。腹饰细绳纹，不及足根。口径约18.5、通高25.2、锥足高4、腹壁厚0.5厘米（图六八，2；图版一六，2）。H275：7，夹砂灰陶。卷沿，圆唇，锥状实足根略残。口径16.6、残高21厘米（图六八，3；图版一六，3）。H314：1，夹砂灰陶。卷沿，圆唇，锥状实足根略残。口径13.2、残高14.6厘米（图六八，4；图版一六，4）。H3：1，夹砂灰陶。口部残。鼓腹，袋足较深，圆锥状实足根。腹、裆与袋足均饰细绳纹。残高20、裆高7、壁厚0.3厘米（图六八，5）。H275：3，夹砂灰陶。口部残。束颈，弧腹，袋足较深，高锥状实足根。腹、裆与袋足饰细绳纹，纹痕模糊，实足根上可见刮削痕迹。残高25、裆高8.7、壁厚0.4厘米（图六八，6）。G10③：3，夹砂灰黑陶。卷沿，尖圆唇，深弧腹，裆与袋足残。腹饰竖向细绳纹，纹痕清晰。口径18、残高9.6、壁厚0.4厘米（图六九，1）。H43：1，夹砂灰陶。卷沿近平，方唇，束颈，弧腹。腹饰竖向细绳纹。上腹以下残。口径20、残高6、壁厚0.4厘米（图六九，2）。H55：1，夹砂灰褐陶。卷沿，圆唇，弧腹。腹饰竖向细绳纹，纹痕清晰。上腹以下残。口径20、残高5.5、壁厚0.4厘米（图六九，3）。H166：1，夹砂黑陶。卷沿，圆唇，弧腹。腹饰细绳纹。上腹以下残。口径18、残高7.5、壁厚0.4厘米（图六九，4）。H166：4，夹砂灰褐陶。折沿，圆唇，弧腹。腹饰竖向细绳纹。上腹以下残。口径18、残高5.5、壁厚0.4厘米（图七〇，1）。H183④：1，夹砂灰陶。折沿，圆唇，弧腹。腹饰竖向细绳纹，纹痕清晰。上腹以下残。口径16、残高5.5、壁厚0.3厘米（图七〇，2）。H183④：2，夹砂灰陶。卷沿，圆唇，弧腹。腹饰竖向细绳纹，纹痕模糊。上腹以下残。口径20、残高7.5、壁厚0.4厘米（图七〇，3）。H213①：1，夹砂灰黑陶。折沿，圆唇，弧腹。腹饰竖向细绳纹，纹痕模糊。上腹以下残。口径20、残高6、壁厚0.4厘米（图七〇，4）。H262：2，夹砂灰陶。卷沿，方唇，鼓腹。腹饰竖向细绳纹，纹痕模糊。下腹以下残。口径18、残高9.5、壁厚0.3

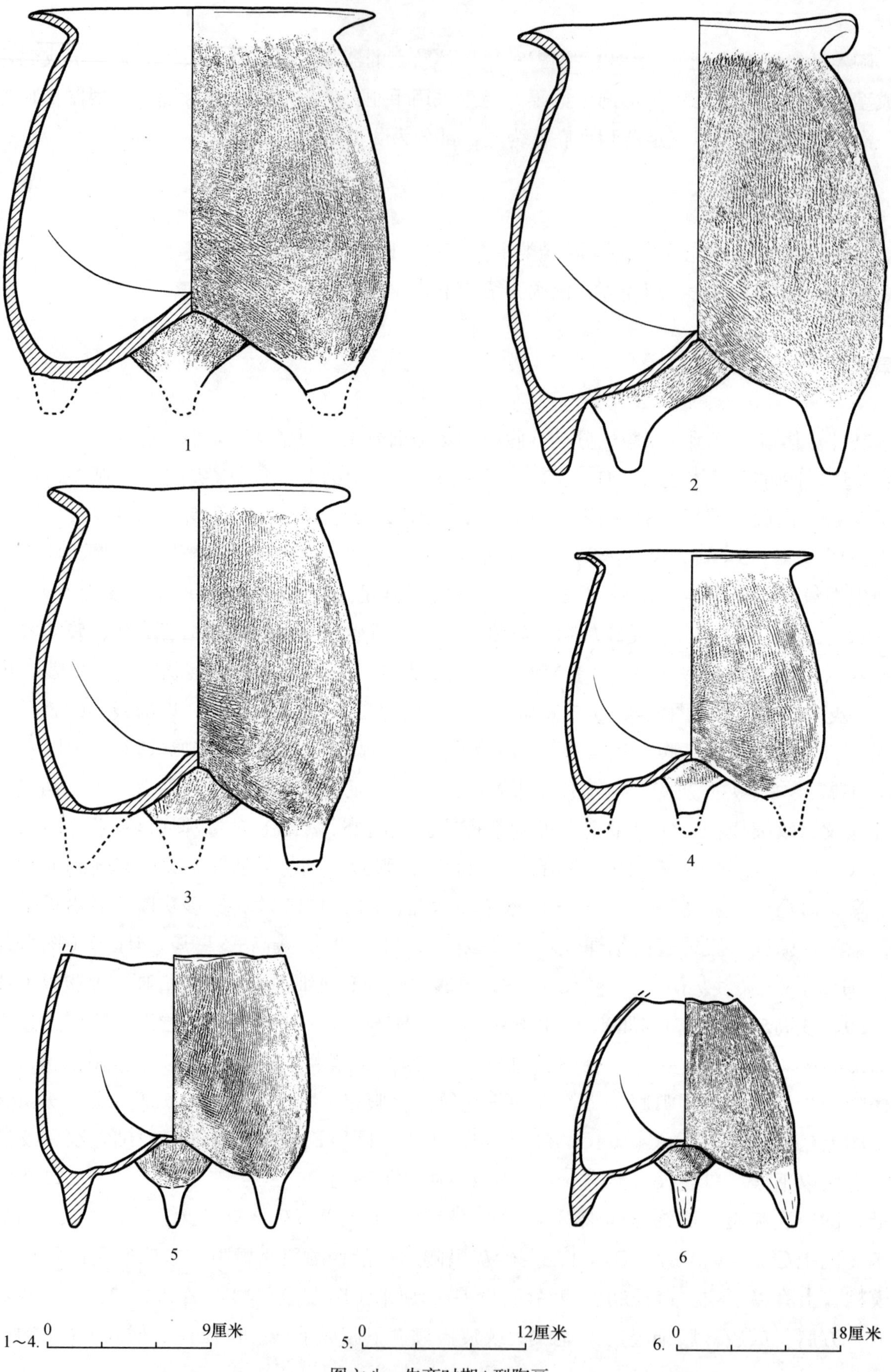

图六八　先商时期A型陶鬲

1. H213①：6　2. H323：11　3. H275：7　4. H314：1　5. H3：1　6. H275：3

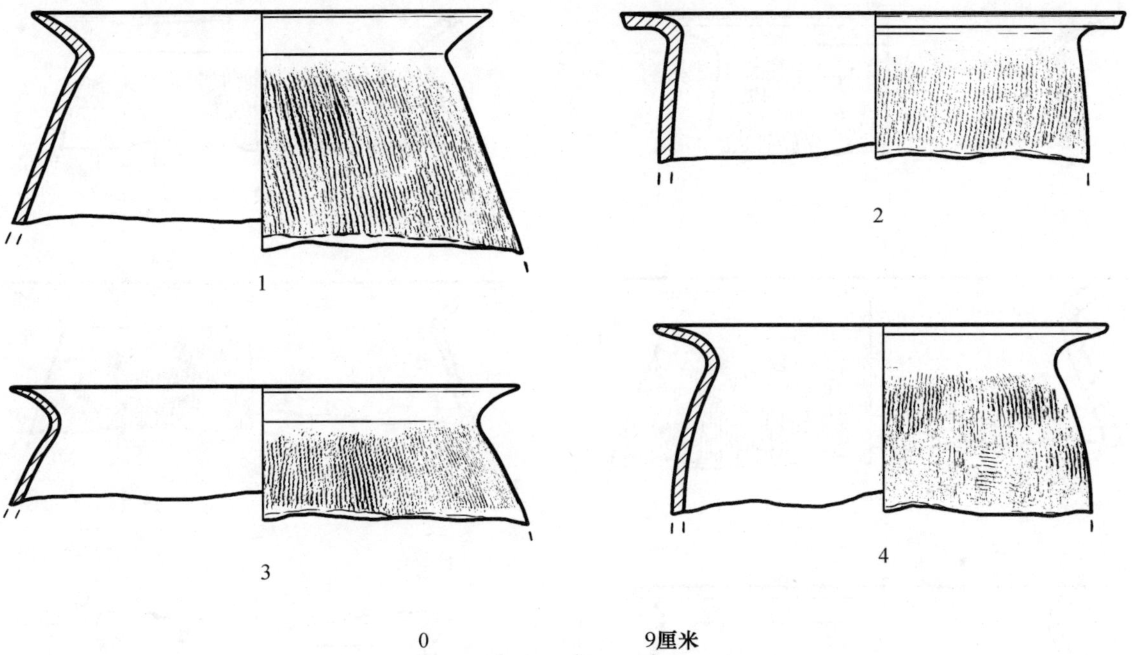

图六九　先商时期A型陶鬲
1. G10③：3　2. H43：1　3. H55：1　4. H166：1

厘米（图七〇，5）。H262：1，夹砂灰陶。折沿，唇部残，鼓腹。腹饰竖向细绳纹，纹痕模糊。下腹以下残。口径约14、残高10、壁厚0.3厘米（图七〇，6）。H299：2，夹砂灰陶。卷沿，尖唇，鼓腹。腹饰竖向细绳纹，纹痕清晰。上腹以下残。口径16、残高9、壁厚0.3厘米（图七〇，7）。H299：3，夹砂灰陶。卷沿，尖唇，鼓腹。腹饰竖向细绳纹，纹痕清晰。上腹以下残。口径17、残高5.5、壁厚0.3厘米（图七〇，8）。H315：2，夹砂灰陶。卷沿，尖圆唇，鼓腹。腹饰竖向细绳纹，纹痕清晰。腹部以下残。口径18、残高6.5、壁厚0.3厘米（图七〇，9）。

B型　6件。形体很小。G10①：1，夹砂灰陶。卷沿，方唇，鼓腹，分裆。腹、裆、袋足饰细绳纹，纹痕模糊。袋足残。口径12、残高9、壁厚0.5厘米（图七一，1）。H315：1，夹砂灰陶。卷沿，圆唇，鼓腹，浅袋足，锥状实足根。腹、裆与袋足饰细绳纹，纹痕模糊。实足根尖略残。口径13、残高12、壁厚0.5厘米（图七一，2）。H213①：2，夹砂灰陶。折沿，方唇，鼓腹。腹饰竖向细绳纹，纹痕模糊。上腹以下残。口径14、残高9.5、壁厚0.4厘米（图七一，3）。H275：4，夹砂黑褐陶。卷沿，圆唇，鼓腹。腹饰竖向细绳纹，纹痕模糊。上腹以下残。口径14、残高5.5、壁厚0.4厘米（图七一，4）。H277：1，夹砂黑陶。卷沿，圆唇，鼓腹。腹饰竖向细绳纹，纹痕模糊。上腹以下残。口径约14、残高6、壁厚0.3厘米（图七一，5）。H204②：1，夹砂灰陶。卷沿，厚方唇，弧腹。腹饰竖向细绳纹，纹痕模糊。上腹以下残。口径14、残高6、壁厚0.3厘米（图七一，6）。

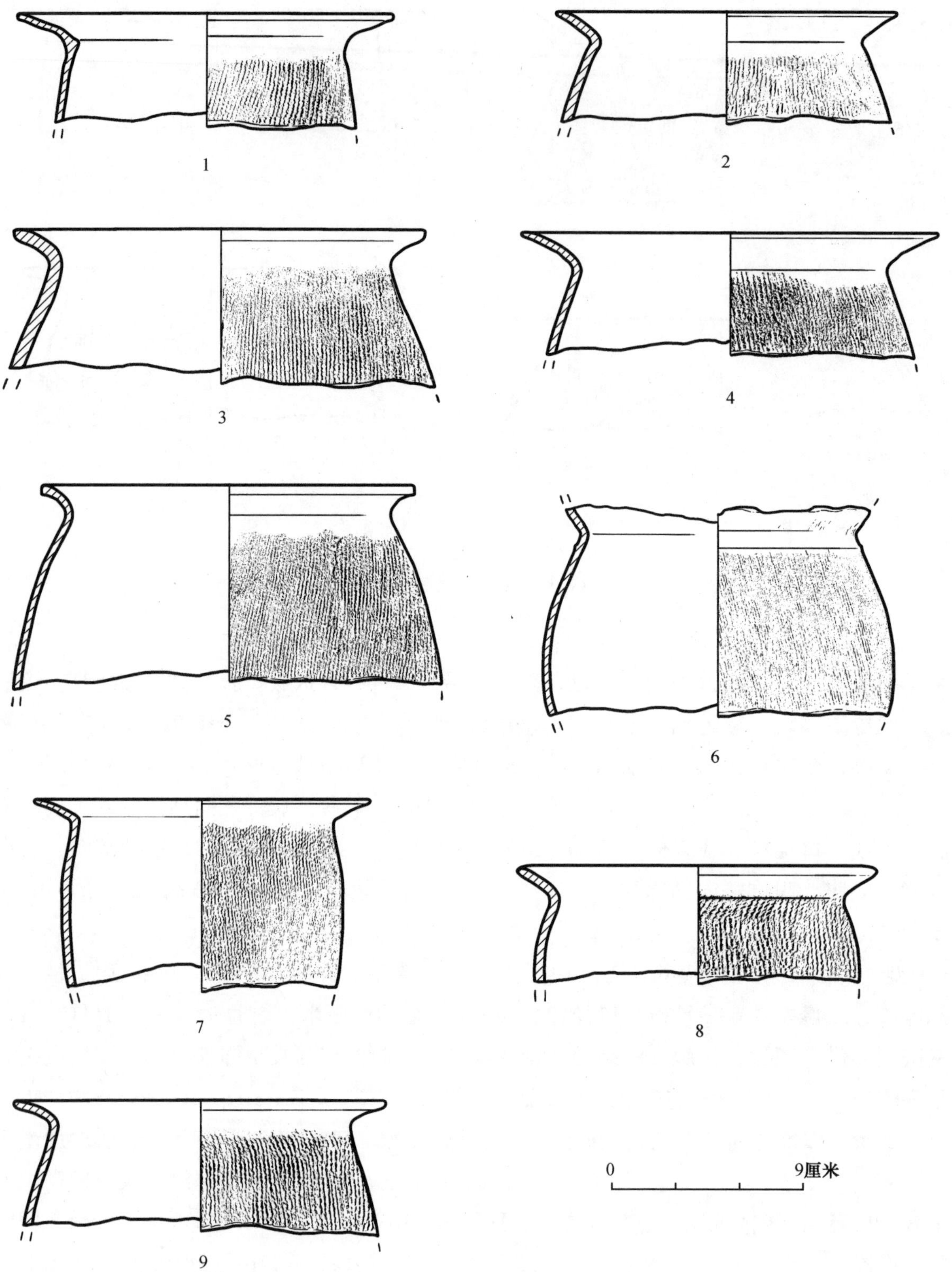

图七〇　先商时期A型陶鬲

1. H166：4　2. H183①：1　3. H183④：2　4. H213①：1　5. H262：2　6. H262：1　7. H299：2　8. H299：3　9. H315：2

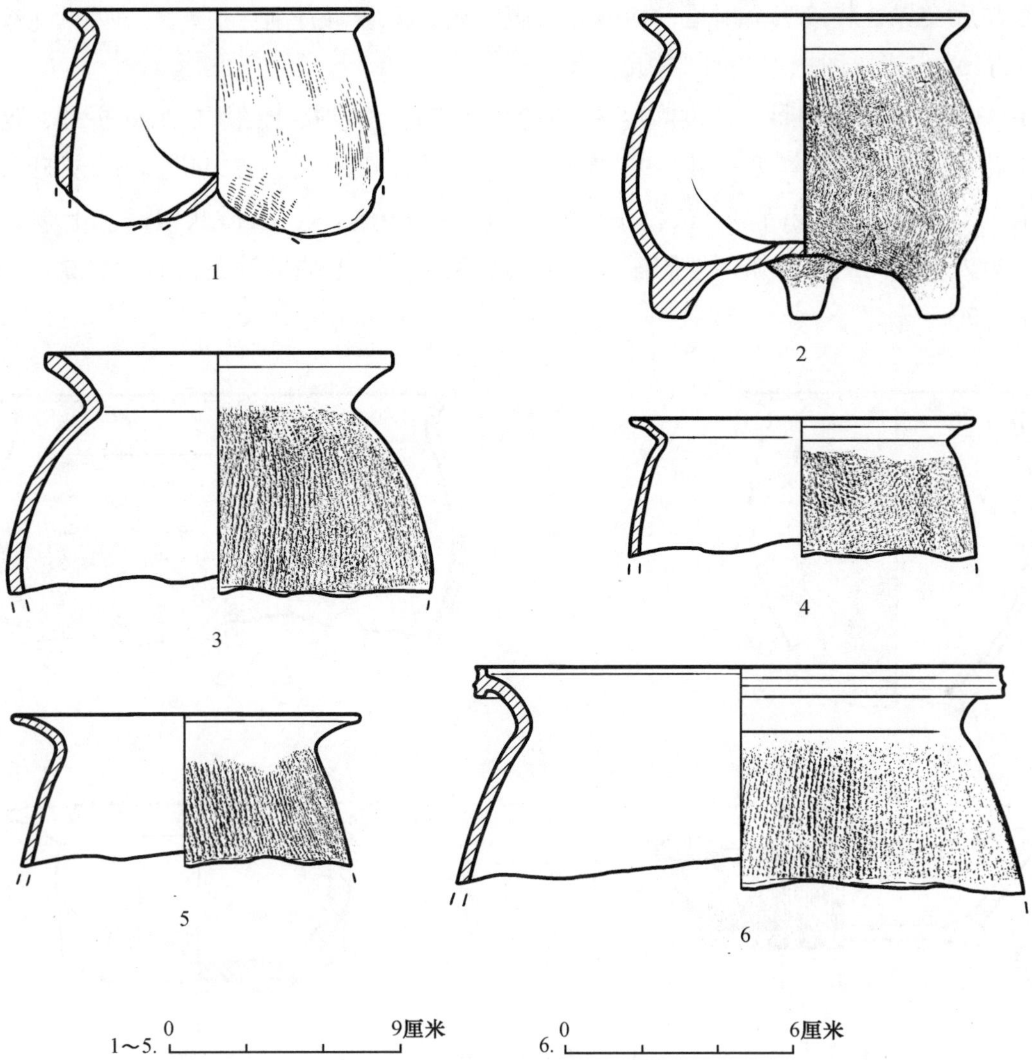

图七一　先商时期B型陶鬲

1. G10①：1　2. H315：1　3. H213①：2　4. H275：4　5. H277：1　6. H204②：1

2. 甗

3件。H186：1，夹砂灰陶。甗盆敞口，侈沿，唇面压印出一周花边，束颈，深鼓腹。腹饰竖向绳纹，中腹加饰三道弦纹。甗腰收束，加装一周附加堆纹。甗鬲残。甗盆口径24、残高25、壁厚0.5厘米（图七二，1）。H186：5，甗盆。夹砂灰褐陶。侈口，卷沿，圆唇，略束颈，鼓腹。腹饰绳纹又经刮抹。上腹以下残。口径18、残高10、壁厚0.4厘米（图七二，2）。H186：26，甗腰。上腹饰弦断细绳纹，腰饰附加堆纹。腰径15.3、残高6.2厘米（图七二，3）。

3. 鼎

1件。H296⑥：1，夹砂红褐胎黑皮陶。侈口，宽折沿，方唇，浅弧腹，平底，整体作盆形，下腹与底交界处装接三个扁足，均残。上腹磨光，下腹留有刮抹痕，隐约可见绳纹。口径20.6、残高10.3厘米（图七二，4；图版一六，5）。

鼎足　3件。三角形扁足。H204②：3，夹砂灰褐陶。上端接于鼎腹、底转折处，足外侧双向捏压出花边。下端足尖稍残。残高9、厚1.2厘米（图七二，5）。H204②：5，夹砂灰褐陶。足外侧有对称的捏窝。残高7.8厘米（图七二，6）。H308：1，夹砂灰褐陶。上端黏附于鼎腹、底转折处，足内侧略外弧，外侧捏扁，下端足尖稍平。上端接触面长6、宽2.5、高9.5厘米（图七二，7）。

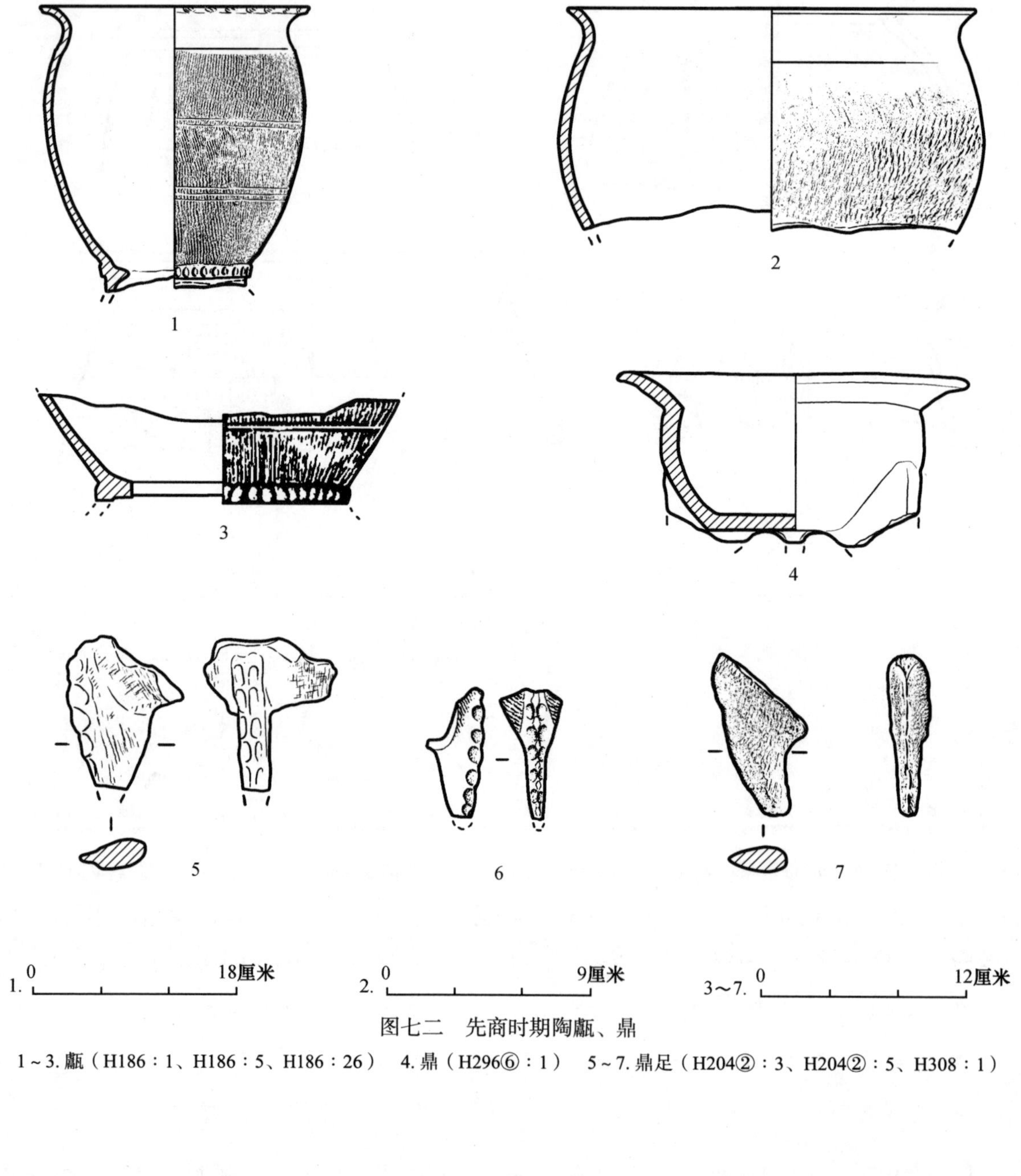

图七二　先商时期陶甗、鼎

1～3. 甗（H186：1、H186：5、H186：26）　4. 鼎（H296⑥：1）　5～7. 鼎足（H204②：3、H204②：5、H308：1）

4. 罐

35件。根据口、腹部特征，可分四型。

A型　9件。橄榄形罐。侈口，束颈，深弧腹，平底。腹饰竖向细绳纹。H3：3，夹砂灰陶。卷沿，方唇，唇内侧有一周很浅的凹槽，平底较大。口径17.5、高25.8厘米（图七三，1；图版一六，6）。H83⑤：4，夹砂红褐陶。卷沿，斜方唇，小平底。口径19.4、底径8.4、高28厘米（图七三，2）。H275：8，夹砂灰陶。卷沿，方唇，小平底。口径16.7、高31厘米（图七三，3；图版一七，1）。H275：6，夹砂灰褐陶。口与上腹残。下腹弧收。小平底上饰绳纹。底径7.5、残高13厘米（图七三，4）。G6：5，夹砂灰黑陶。折沿，尖圆唇。中腹以下残。口径24、残高15厘米（图七三，5）。H260：1，夹砂灰陶。卷沿近平，圆唇。下腹以下残。口径22、残高8厘米（图七三，6）。H262：3，夹砂灰陶。卷沿，尖唇，下腹以下残。口径18、残高9厘米（图七四，1）。H296①：1，夹砂灰陶。卷沿，圆唇。上腹以下残。口径18、残高6厘米（图七四，2）。H296④：1，夹砂灰陶。卷沿，圆唇。上腹以下残。口径18、残高5厘米（图七四，3）。

B型　11件。鼓腹罐。侈口，束颈，深鼓腹，平底。形体明显大于A型。H15：5，夹砂红褐陶。卷沿，方唇。颈下腹饰斜向细绳纹，上腹及中腹加饰两组弦纹带，每组四条凹弦纹。口径27.5、高39.9厘米（图七五，1；图版一七，2）。H315：62，夹砂灰褐陶。卷沿，尖圆唇。腹饰竖向细绳纹。口径23.3、高40.4厘米（图七五，2；图版一七，3）。H284②：2，泥质灰褐陶。上半部残。下腹斜收、平底。腹饰斜向绳纹。底径13、残高18厘米（图七五，3）。G6：4，夹砂灰黑陶。折沿，圆唇。腹饰竖向细绳纹。上腹以下残。口径20、残高13厘米（图七五，4）。H15：1，泥质灰陶。卷沿，圆唇。颈部素面磨光，腹饰竖向细绳纹。上腹以下残。口径26、残高7厘米（图七五，5）。H55：5，夹砂红褐陶。卷沿，圆唇。上腹以下残。口径28、残高8厘米（图七五，6）。H68①：1，夹砂灰黑陶。卷沿，圆唇。腹饰竖向细绳纹，纹痕模糊。中腹以下残。口径20.4、残高9.5厘米（图七六，1）。H68①：2，夹砂灰褐陶。卷沿，方唇。腹饰竖向细绳纹，纹痕模糊。中腹以下残。口径20、残高8厘米（图七六，2）。H173：2，夹砂灰陶。折沿，方唇。腹饰弦断绳纹。上腹以下残。口径28、残高11厘米（图七六，3）。H213①：3，夹砂灰陶。卷沿，方唇。腹饰竖向细绳纹，纹痕模糊。上腹以下残。口径26、残高10.5厘米（图七六，4）。H309：3，夹砂灰褐陶。卷沿，方唇。腹饰竖向细绳纹，纹痕模糊。上腹以下残。口径18、残高10.5厘米（图七六，5）。

C型　9件。花边口罐。侈口，束颈，深鼓腹，平底。H277：17，夹砂灰褐陶。唇面连续压印按窝形成花边，腹饰中绳纹。口径26、高38.5厘米（图七七，1；图版一七，4）。H227：1，夹砂灰黑陶。卷沿较宽，圆唇。唇面上压印花边，腹饰斜向粗绳纹，纹痕清晰。下腹以下残。口径23、残高29.5厘米（图七七，2）。H238：1，夹砂灰陶。卷沿，圆唇。唇面上压印出稀疏的花边，腹饰竖向绳纹，纹痕清晰。下腹以下残。口径20、残高18厘米（图七七，

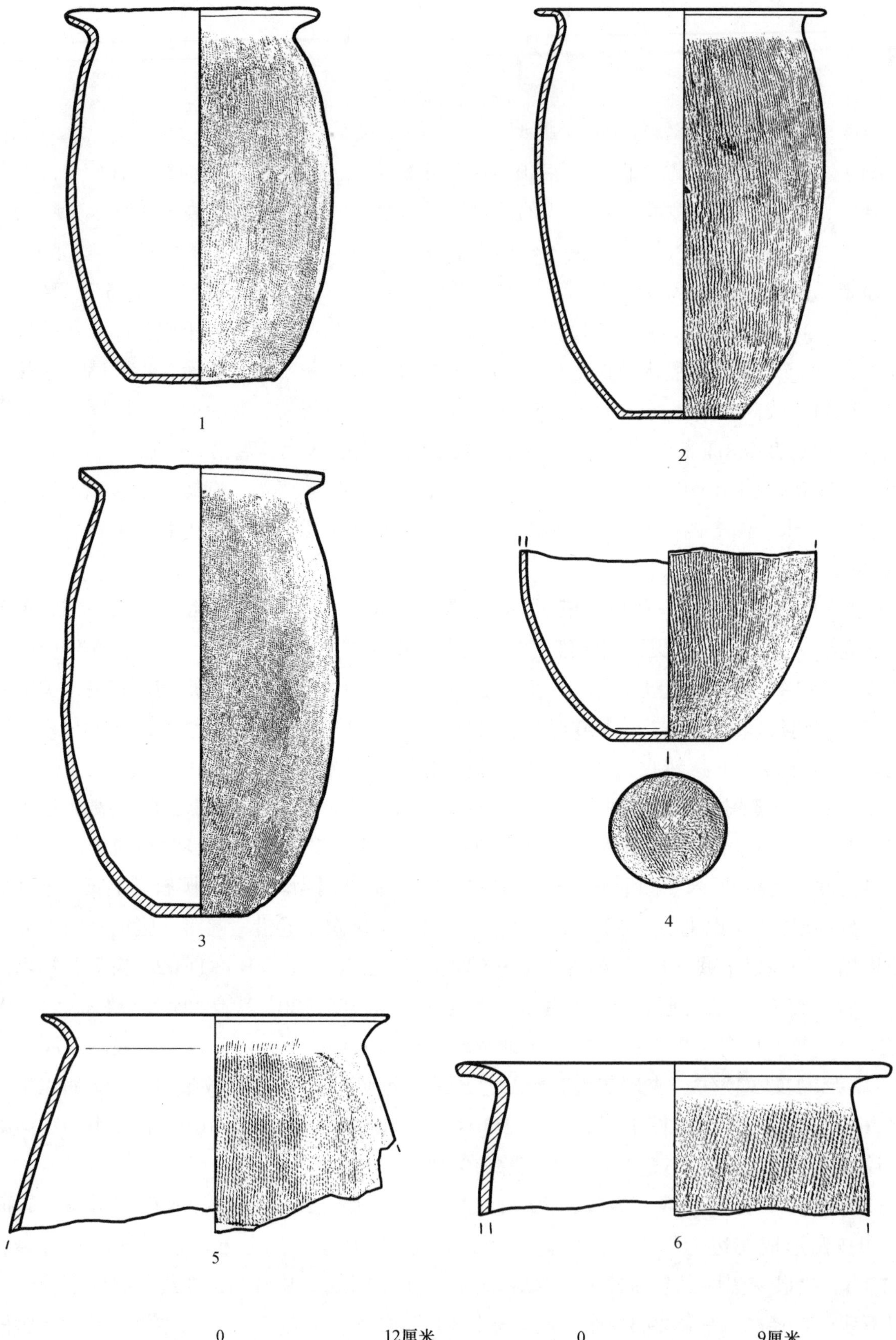

图七三　先商时期A型陶罐

1. H3：3　2. H83⑤：4　3. H275：8　4. H275：6　5. G6：5　6. H260：1

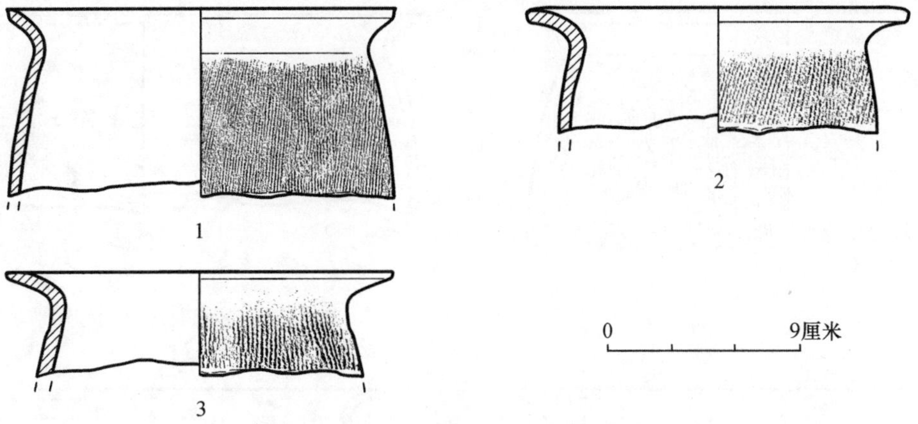

图七四　先商时期A型陶罐

1. H262：3　2. H296①：1　3. H296④：1

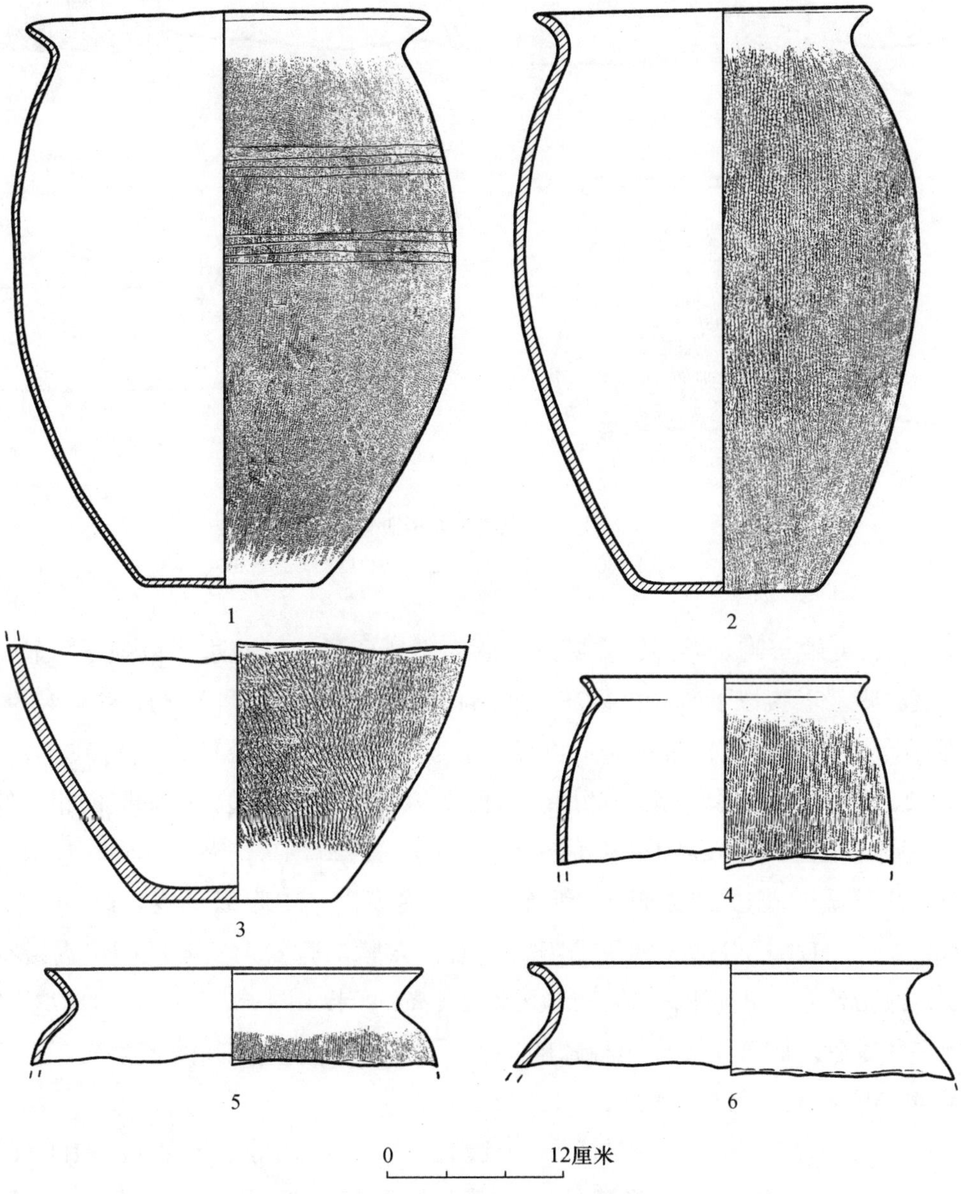

图七五　先商时期B型陶罐

1. H15：5　2. H315：62　3. H284②：2　4.G6：4　5. H15：1　6. H55：5

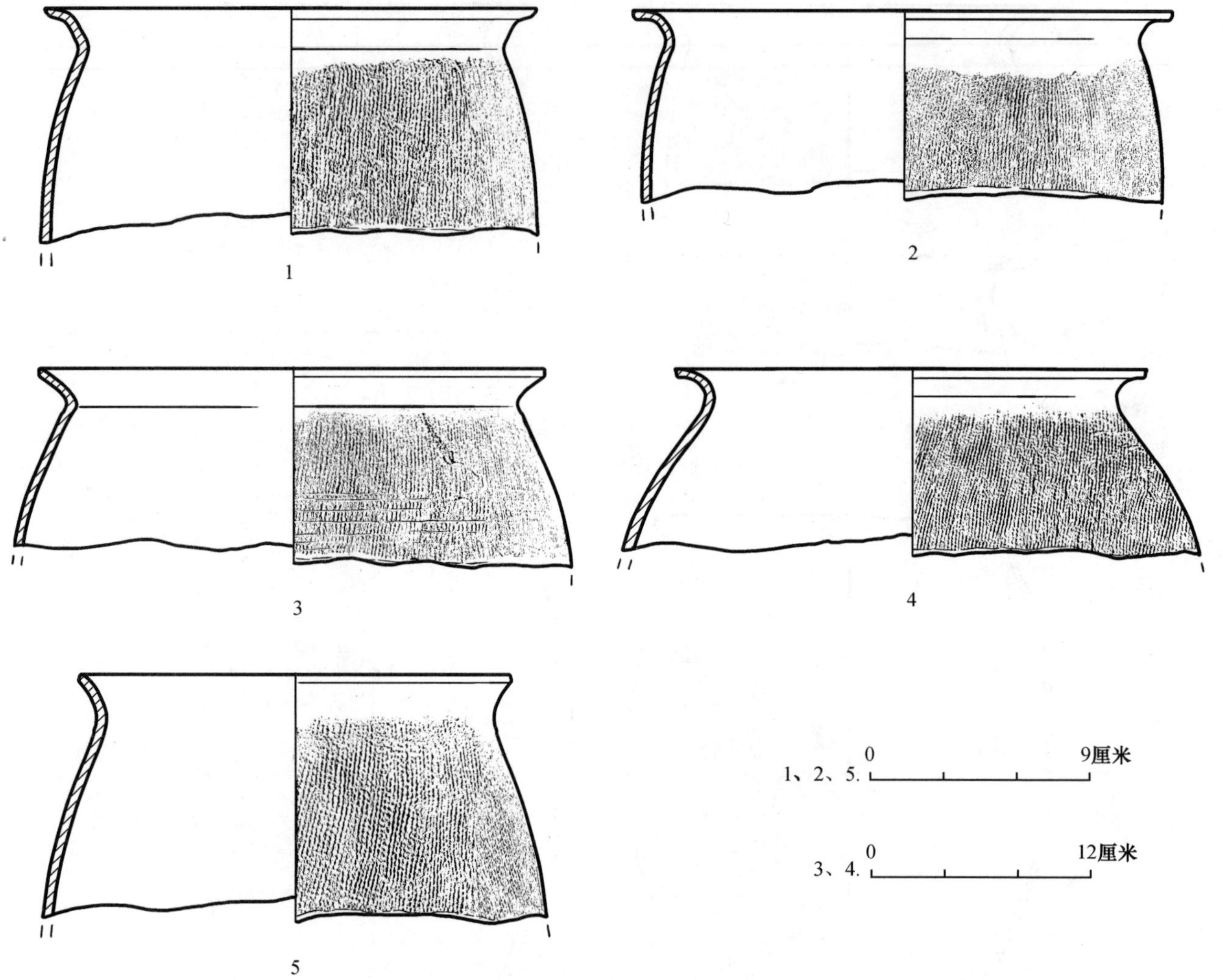

图七六　先商时期B型陶罐

1. H68①：1　2. H68①：2　3. H173：2　4. H213①：3　5. H309：3

3）。G10③：4，夹砂灰陶。卷沿，尖圆唇。唇面上压印稀疏的花边，束颈不明显，腹饰竖向细绳纹，纹痕清晰。上腹以下残。口径28、残高10厘米（图七七，4）。H186：4，夹砂灰陶。卷沿。唇面压印出一周花边，腹饰竖向绳纹。上腹以下残。口径18、残高9厘米（图七七，5）。H238：2，夹砂灰陶。微卷沿，圆唇。唇面上斜向压印出花边，腹饰竖向粗绳纹，纹痕清晰。上腹以下残。口径22、残高9厘米（图七八，1）。H262：4，夹砂灰陶。卷沿，尖唇。唇面上斜向压印出稀疏的花边，腹饰竖向细绳纹，纹痕模糊。中腹以下残。口径18、残高9.5厘米（图七八，2）。H267：1，夹砂灰褐陶。卷沿，方唇。唇面上横向压印出锯齿状花边，腹饰竖向绳纹，纹痕清晰。上腹以下残。口径20、残高8厘米（图七八，3）。H277：2，夹砂灰陶。卷沿近平，圆唇。唇面上压印出稀疏的花边，腹饰竖向细绳纹，纹痕模糊。上腹以下残。口径18、残高7.5厘米（图七八，4）。

D型　6件。大口罐。敞口，宽折沿，上腹较直，下腹斜收，小平底。H194：5，泥质灰褐磨光陶。上腹饰两周竖向楔形条纹，上下各饰平行的凹弦纹。口径35.5、高34.4（图

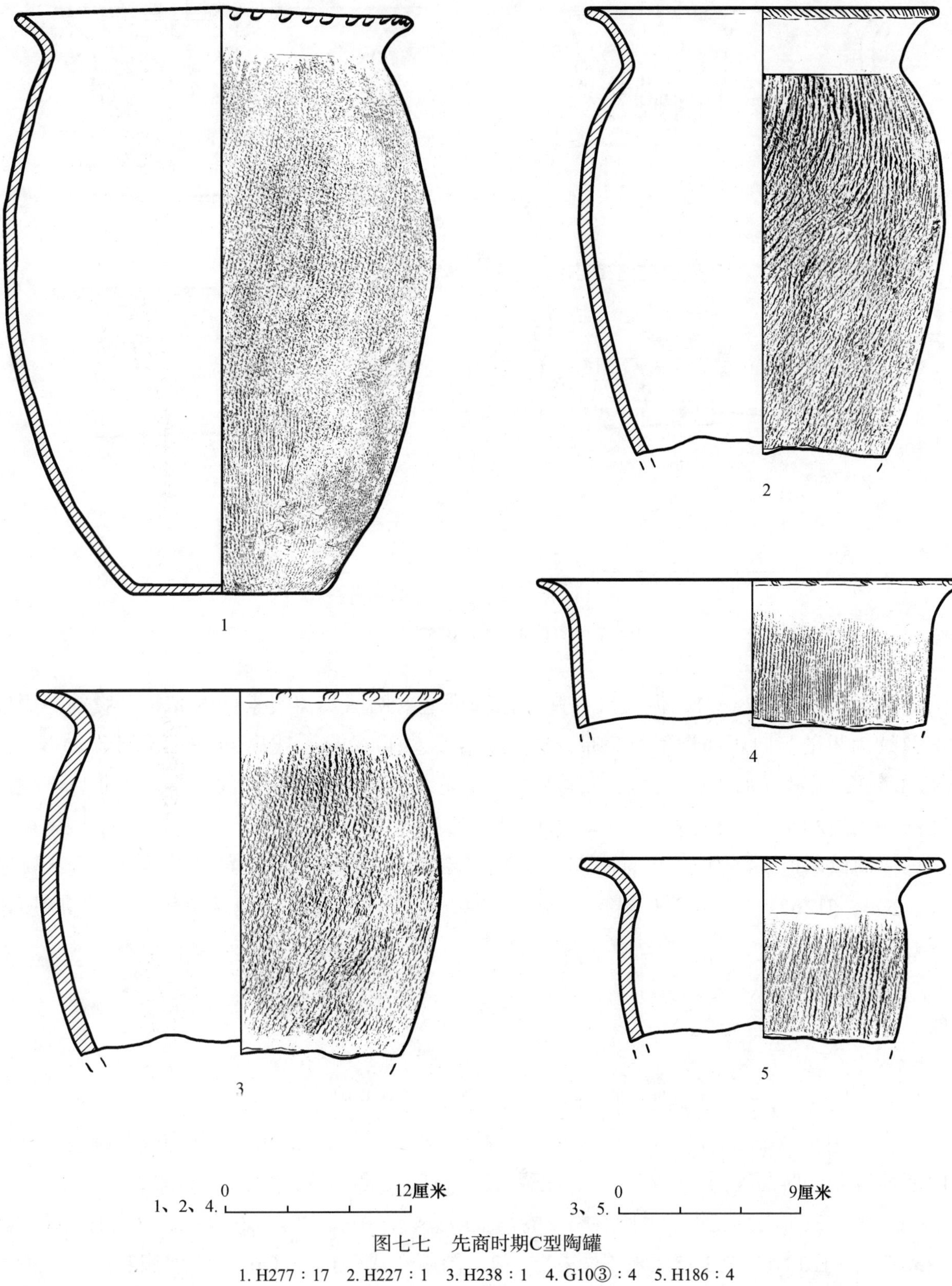

图七七　先商时期C型陶罐

1. H277：17　2. H227：1　3. H238：1　4. G10③：4　5. H186：4

七九，1；图版一七，5）。H194：4，泥质灰褐陶。沿面磨光，圆唇，上腹素面磨光，饰两周以两道弦纹为界的竖向压印楔形纹条带，下腹素面。下腹以下残。口径34、残高20厘米

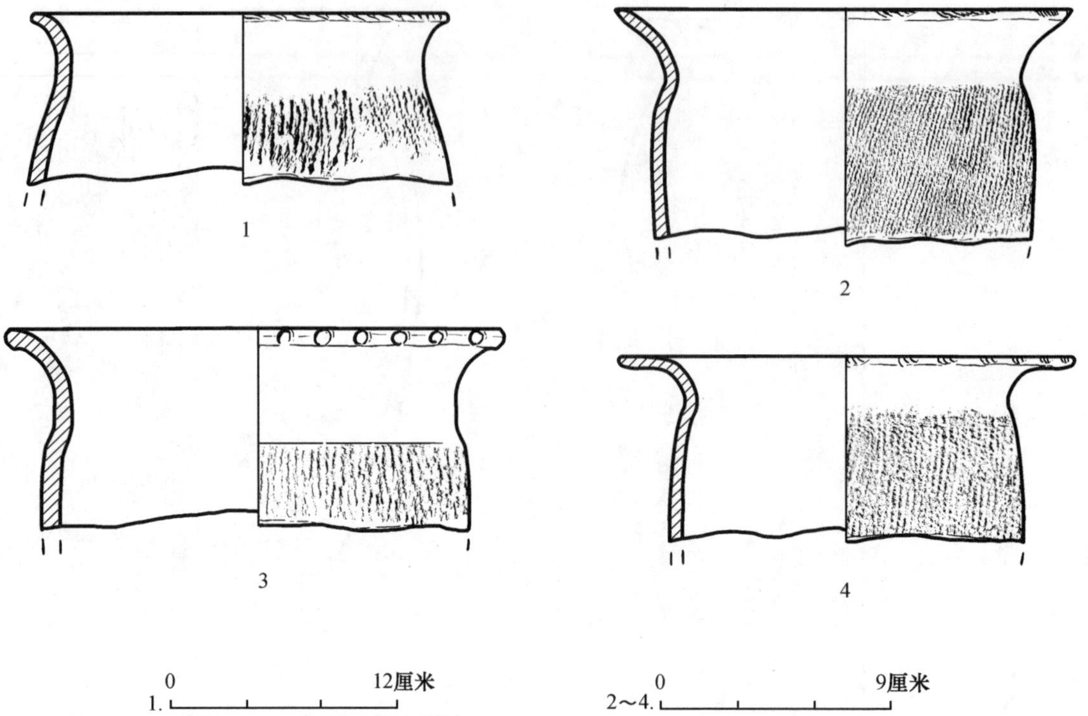

图七八　先商时期C型陶罐

1. H238：2　2. H262：4　3. H267：1　4. H277：2

（图七九，2）。H173：1，泥质灰褐陶。沿面磨光，圆唇。器表素面磨光，上腹饰一周以两道弦纹为界的竖向压印楔形纹条带。上腹以下残。口径34、残高9厘米（图七九，3）。H183④：3，夹砂红褐陶。尖圆唇。器表素面磨光，上腹饰两周戳印纹条带。中腹以下残。口径34、残高20厘米（图七九，4）。H204②：2，夹砂灰陶。宽沿近平，圆唇。上腹素面磨光，饰一周以两道弦纹为界的竖向压印楔形纹条带。上腹以下残。口径28、残高10厘米（图七九，5）。H262：5，夹砂灰褐陶。卷沿较窄，圆唇。上腹以下残。口径22、残高9厘米（图七九，6）。

5. 盆

38件。敞口，平底。根据腹部特征及形体大小，可分三型。

A型　19件。深腹。M35：1，夹砂红褐陶。卷沿，圆唇，束颈。腹部饰竖向细绳纹，局部内壁留有制作时的捏痕。口径21.9、底径8.2、高12.3厘米（图八〇，1；图版一七，6）。H56：1，泥质灰褐陶。宽折沿，圆唇略下卷。上腹磨光，中腹饰由七道凹弦纹组成的弦纹带。口径33.7、底径13.5、高21.5厘米（图八〇，2；图版一八，1）。G6：7，泥质灰陶。卷沿微折，圆唇，略束颈。上腹饰两组纹带，每组纹饰由两条弦纹做框，中间填以斜向压印纹，下腹饰竖向绳纹。下腹以下残。口径32、残高13.6厘米（图八〇，3）。G10③：7，泥质灰陶。宽折沿，圆唇，略束颈。腹饰数道细弦纹。中腹以下残。口径32、残高9.6厘米（图八〇，

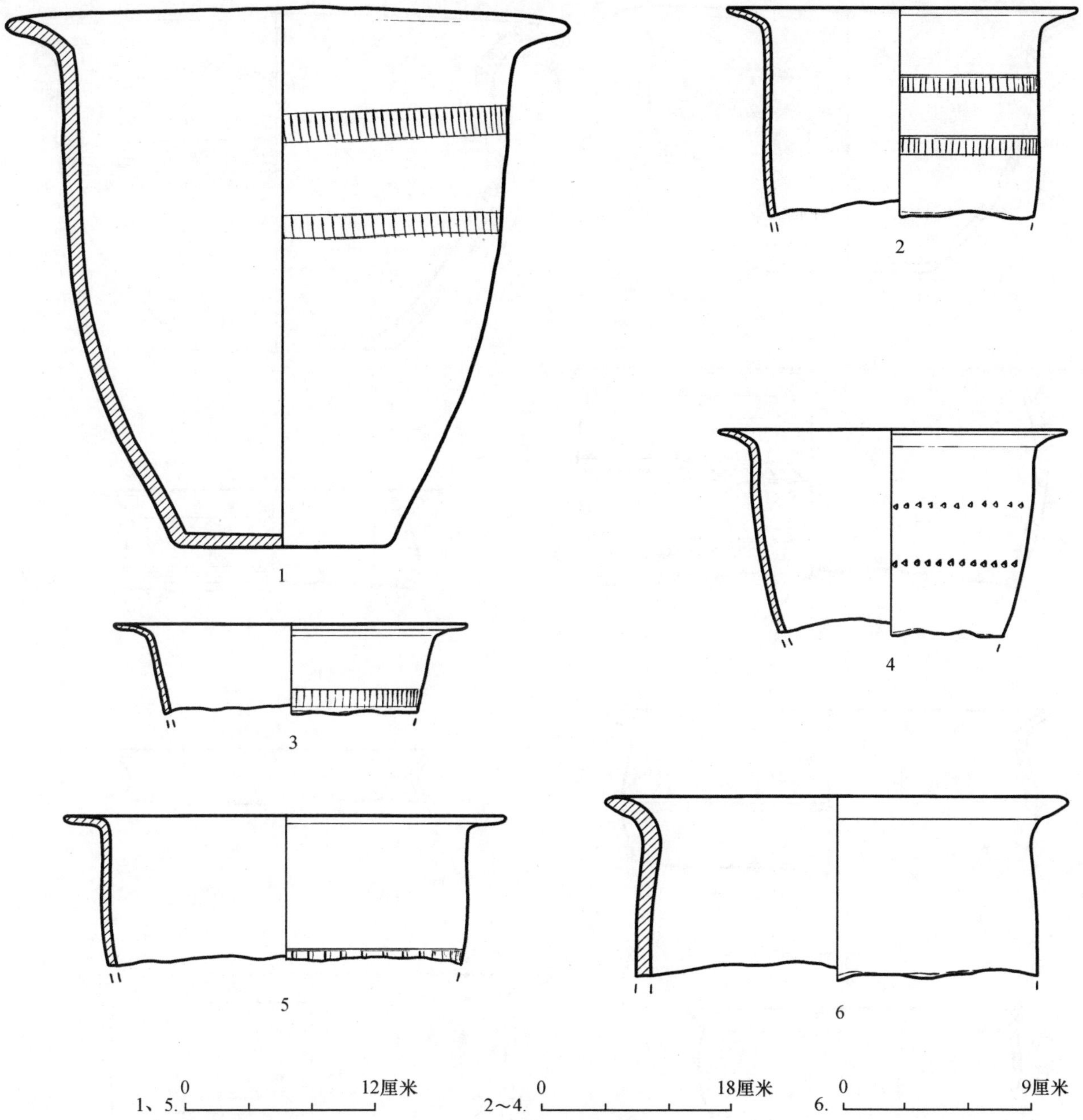

图七九　先商时期D型陶罐

1. H194：5　2. H194：4　3. H173：1　4. H183④：3　5. H204②：2　6. H262：5

4）。H3：4，夹砂灰黑陶。卷沿，圆唇，略束颈。上腹饰数道弦纹，其余部位素面磨光。下腹以下残。口径28、残高10.5厘米（图八〇，5）。H55：7，泥质灰陶。宽折沿，圆唇。上腹以下残。口径32、残高5厘米（图八〇，6）。H63②：1，泥质灰陶。宽折沿，尖圆唇，略束颈。上腹素面磨光，中腹饰数道弦纹。下腹以下残。口径34、残高12.8厘米（图八〇，7）。H63②：2，泥质灰陶。卷沿，圆唇，略束颈。上腹素面磨光，中腹饰数道弦纹。中腹以下残。口径30、残高10.4厘米（图八〇，8）。H68①：3，夹砂黑陶。卷沿近平，圆唇。素面磨光。中腹以下残。口径34、残高8.4厘米（图八一，1）。H194：7，夹砂灰陶。窄侈沿，方唇，浅

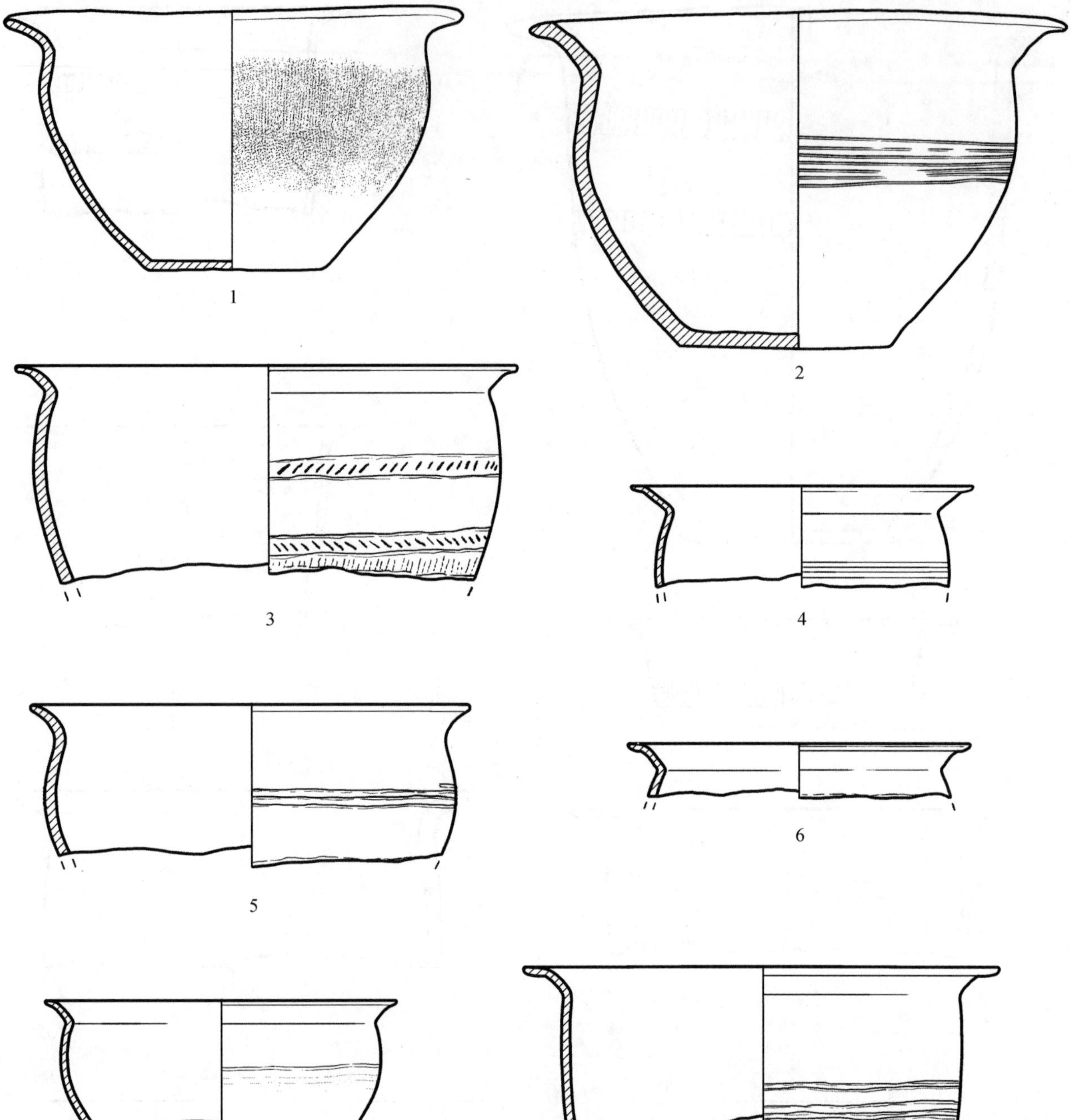

图八〇　先商时期A型陶盆

1. M35：1　2. H56：1　3. G6：7　4. G10③：7　5. H3：4　6. H55：7　7. H63②：1　8. H63②：2

弧腹。腹饰竖向细绳纹。上腹以下残。口径34、残高8厘米（图八一，2）。H295①：1，夹砂灰陶。卷沿，厚方唇，略束颈。腹饰竖向细绳纹，纹痕模糊。上腹以下残。口径34、残高12厘米（图八一，3）。H238：3，泥质灰陶。宽卷沿，圆唇，略束颈。沿面、上腹均素面磨光。上

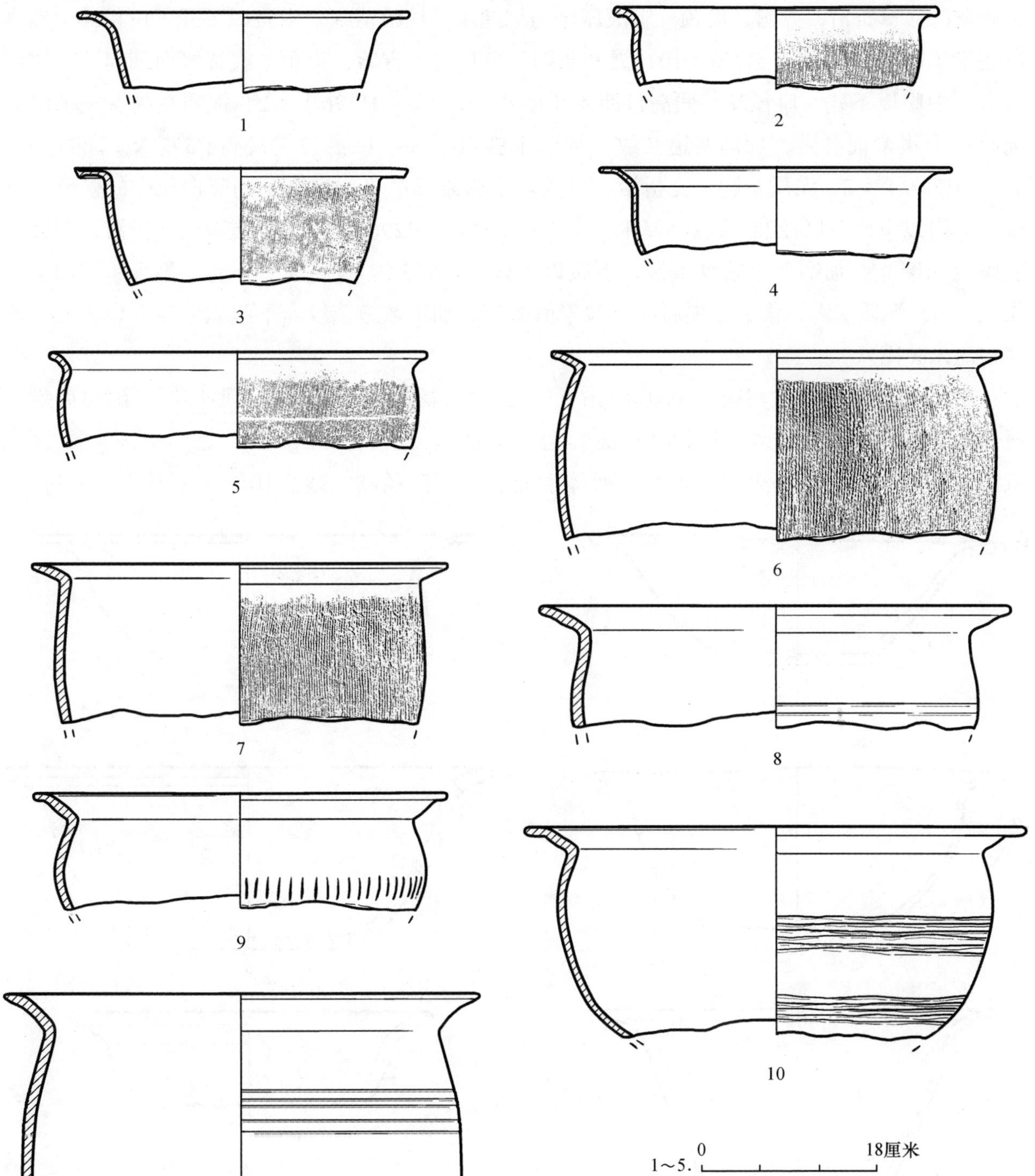

图八一　先商时期A型陶盆

1. H68①：3　2. H194：7　3. H295①：1　4. H238：3　5. H194：9　6. H275：9　7. H275：10　8. H296①：2　9. H296④：2　10. H296①：3　11. H315：3

腹以下残。口径36、残高9厘米（图八一，4）。H194：9，夹砂灰陶。窄侈沿，方唇。腹饰竖向细绳纹，上腹加饰一道弦纹。上腹以下残。口径38、残高10厘米（图八一，5）。H275：9，夹砂灰陶。窄折沿，方唇，束颈。腹滚压竖向细绳纹，纹痕清晰。中腹以下残。口径30、残高13厘米（图八一，6）。H275：10，夹砂灰陶。窄折沿，方唇，束颈。腹饰竖向细绳纹，纹痕清晰。中腹以下残。口径28、残高11厘米（图八一，7）。H296①：2，泥质灰陶。宽折沿，圆唇。上腹素面磨光，加饰两道弦纹一周。上腹以下残。口径32、残高8.5厘米（图八一，8）。H296④：2，泥质灰陶。宽折沿，圆唇。上腹素面磨光，加饰一周竖向压印的楔形纹条带。上腹以下残。口径28、残高8厘米（图八一，9）。H296①：3，泥质灰陶。折沿，圆唇。上腹素面磨光，加饰两组弦纹条带。下腹以下残。口径34、残高14.5厘米（图八一，10）。H315：3，泥质灰陶。侈沿，尖唇。上腹素面磨光，加饰数道弦纹。下腹以下残。口径32、残高14厘米（图八一，11）。

B型　7件。敞口，浅腹，平底。G6：1，泥质灰褐陶。卷沿近平，厚圆唇，斜腹微鼓。通体素面磨光。口径27.4、底径9.6、高8.4厘米（图八二，1；图版一八，2）。G6：6，泥质灰陶。卷沿，圆唇，略束颈，平底。通体素面磨光。口径28、残高10厘米（图八二，2）。

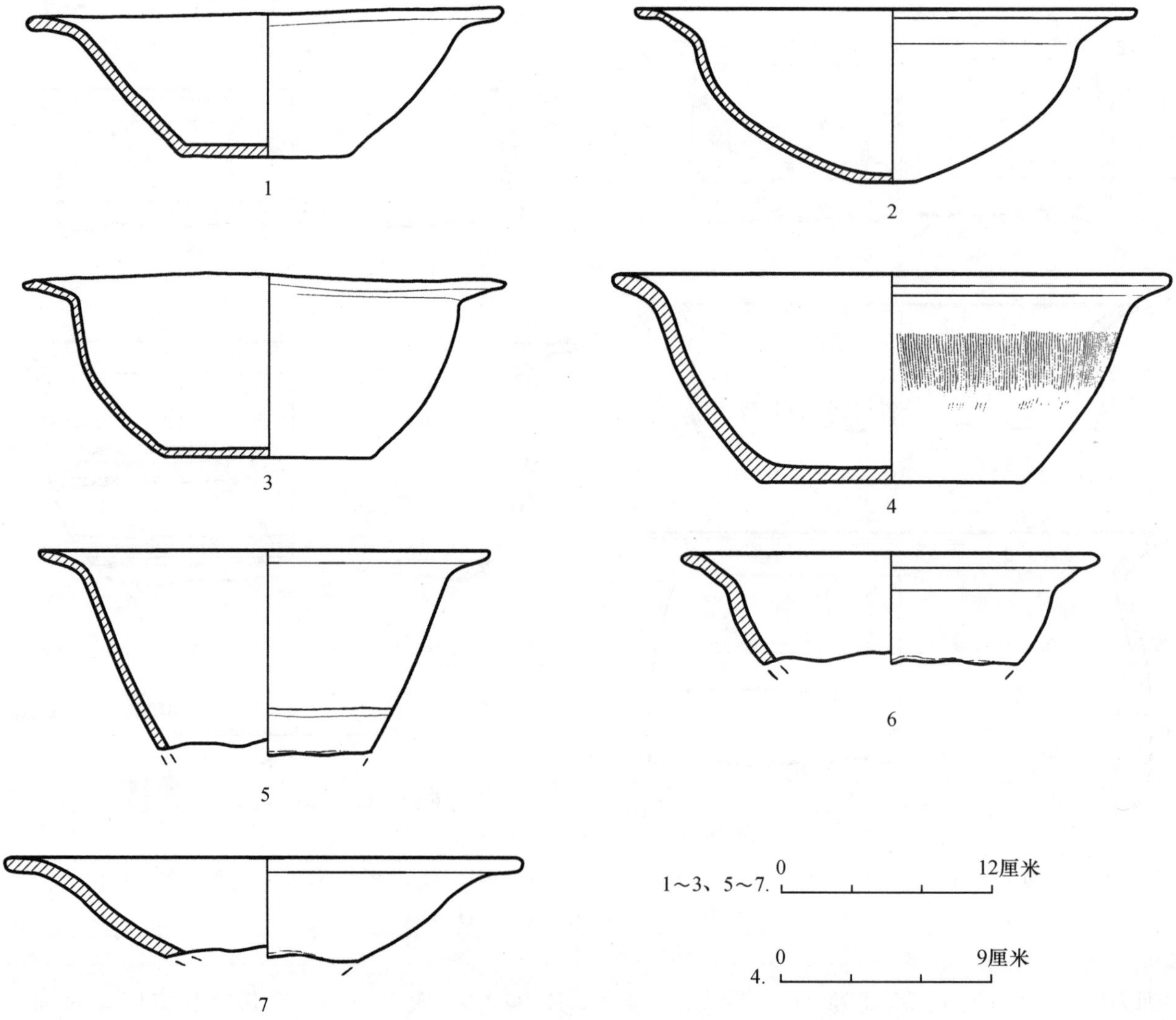

图八二　先商时期B型陶盆

1. G6：1　2. G6：6　3. H275：11　4. G10③：6　5. H111②：1　6. H194：6　7. H309：4

H275：11，泥质黄褐陶。宽折沿，圆唇。通体素面磨光。口径27.8、底径11.9、高10.6厘米（图八二，3；图版一八，3）。G10③：6，泥质灰陶。侈沿，圆唇。腹饰竖向细绳纹，纹痕模糊，下腹近底部又经抹光。平底。口径24、残高9厘米（图八二，4）。H111②：1，泥质灰陶。侈沿，圆唇。中腹饰一道弦纹。中腹以下残。口径26、残高12厘米（图八二，5）。H194：6，泥质灰褐陶。宽侈沿，沿面磨光，圆唇。素面。上腹以下残。口径24、残高6.5厘米（图八二，6）。H309：4，泥质灰陶。侈沿，方唇。素面。下腹以下残。口径30、残高6厘米（图八二，7）。

C型　12件。器体较小。H238：30，泥质磨光黑陶。短折沿，下腹留有少量刮抹后的绳纹痕。口径12.7、底径7.6、高7.3厘米（图八三，1；图版一八，4）。H324①：20，泥质灰陶。短卷沿，方唇。素面。口径15.3、底径7.4、高7.7厘米（图八三，2；图版一八，5）。G10③：5，泥质灰陶。侈沿，圆唇，略束颈。通体素面磨光。口径14、高8.6厘米（图八三，3）。G10③：9，泥质灰陶。侈沿，圆唇，略束颈。素面。中腹以下残。口径16、残高6厘米（图八三，4）。H296③：1，泥质灰褐陶。沿微侈，圆唇，浅弧腹。腹饰斜向绳纹，纹痕模糊。口径12、残高6.5厘米（图八三，5）。H315：63，夹砂灰陶。侈沿，圆唇。素面磨光。口径14、高6.5厘米（图八三，6）。H166：5，夹砂灰陶。卷沿，圆唇。素面。上腹以下残。口径22、残高8.6厘米（图八四，1）。H183②：4，夹砂灰陶。折沿，圆唇，束颈。腹饰竖向细绳纹，纹痕模糊。上腹以下残。口径14、残高6厘米（图八四，2）。H186：6，夹砂灰陶。卷沿，束颈。腹饰竖向绳纹又经抹平。下腹以下残。口径16、残高7厘米（图八四，3）。H189：2，泥质灰陶。折沿近平，圆唇，束颈。素面。下腹以下残。口径18、残高6厘米（图八四，4）。H194：1，夹砂红褐陶。侈口，卷沿，圆唇。腹饰竖向细绳纹，纹痕模糊。上腹以下残。口径19、残高7.5厘米（图八四，5）。H296④：3，泥质灰黑陶。侈沿，圆唇，略束颈。素面磨光。下腹以下残。口径16、残高6厘米（图八四，6）。

6. 瓮

23件。根据口、腹部特征，可分三型。

A型　18件。蛋形瓮。敛口，深弧腹。G6：2，夹粗砂灰褐陶。平沿微内勾，腹最大径靠下，圜底，圈足。通体饰中绳纹。口径28.5、圈足底径19.2、通高60.8厘米（图八五，1；图版一九，1）。H228：1，夹砂灰陶。厚圆唇。肩部素面，腹饰竖向细绳纹，纹痕清晰。下腹以下残。口径21、残高32厘米（图八五，2）。H314：2，夹砂灰褐陶。方唇。口、腹部通饰竖向细绳纹，纹痕模糊。中腹以下残。口径24、残高25厘米（图八五，3）。H315：4，夹砂灰陶。方唇。口部抹光，腹饰斜向绳纹，纹痕清晰。中腹以下残。口径28、残高41厘米（图八五，4）。H166：6，夹砂灰陶。厚方唇。腹部饰竖向细绳纹。上腹以下残。口径28、残高17厘米（图八五，5）。H204②：4，夹砂灰陶。方唇，唇面向内倾斜。口、腹部通饰竖向绳纹，口部又经抹成素面。上腹以下残。口径22、残高18厘米（图八五，6）。H288：1，夹砂灰陶。

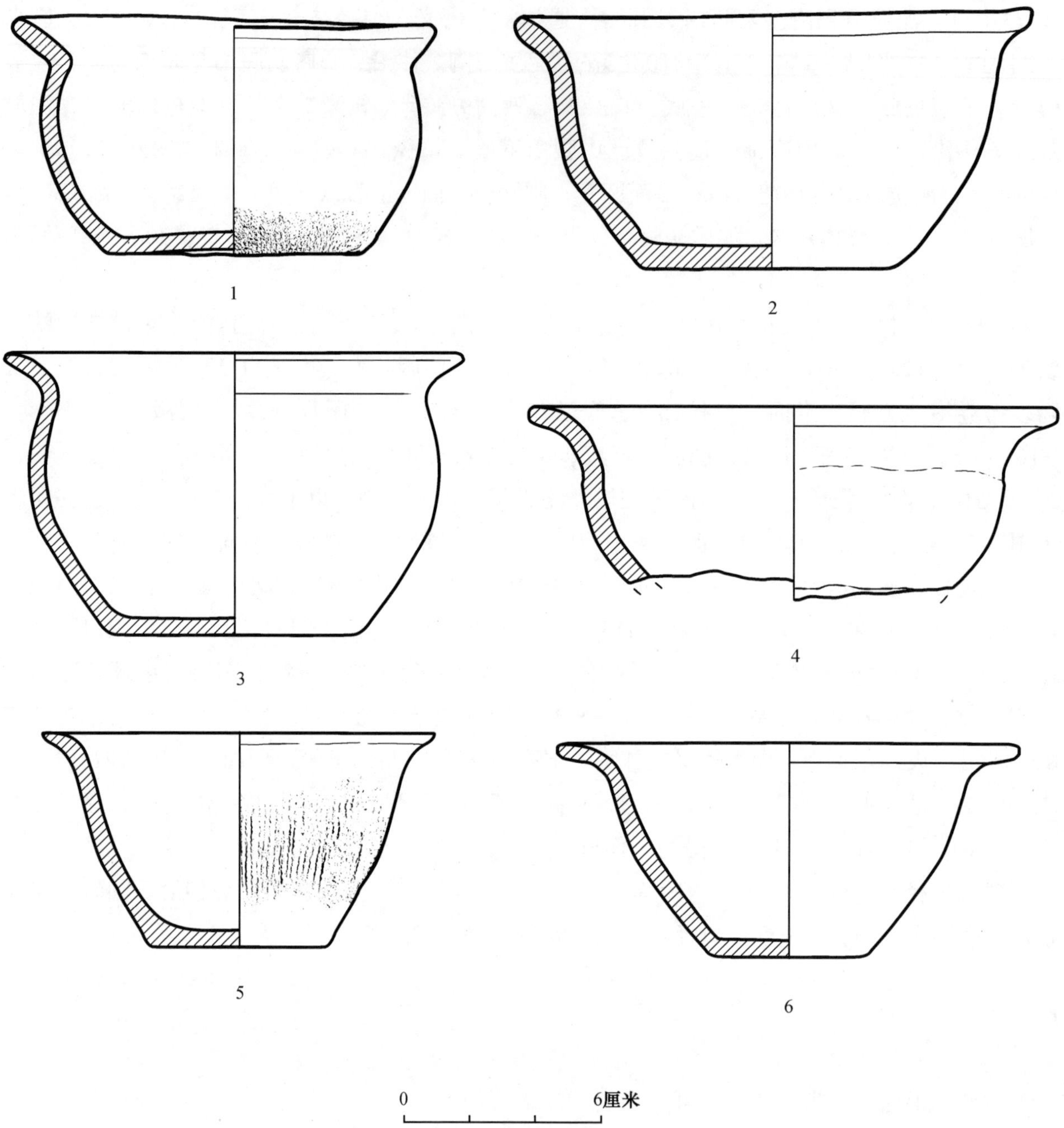

图八三　先商时期C型陶盆

1. H238：30　2. H324①：20　3. G10③：5　4. G10③：9　5. H296③：1　6. H315：63

方唇，唇面向内倾斜。口、腹部通饰竖向绳纹，口部又经抹成素面。上腹以下残。口径24、残高15厘米（图八五，7）。H248：1，夹砂灰褐陶。方唇，唇面向内凸出。口、腹部通饰竖向绳纹，口部又经抹成素面。上腹以下残。口径22、残高10厘米（图八六，1）。H102：1，夹砂黄褐陶。厚方唇。口部素面磨光，腹饰竖向细绳纹。上腹以下残。口径26、残高10厘米（图八六，2）。H3：5，夹砂灰陶。方唇内折。近口部素面，上腹饰竖向细绳纹。上腹以下残。口径24、残高6.5厘米（图八六，3）。H55：10，夹砂灰陶。厚方唇。口、腹部均饰细绳纹。上

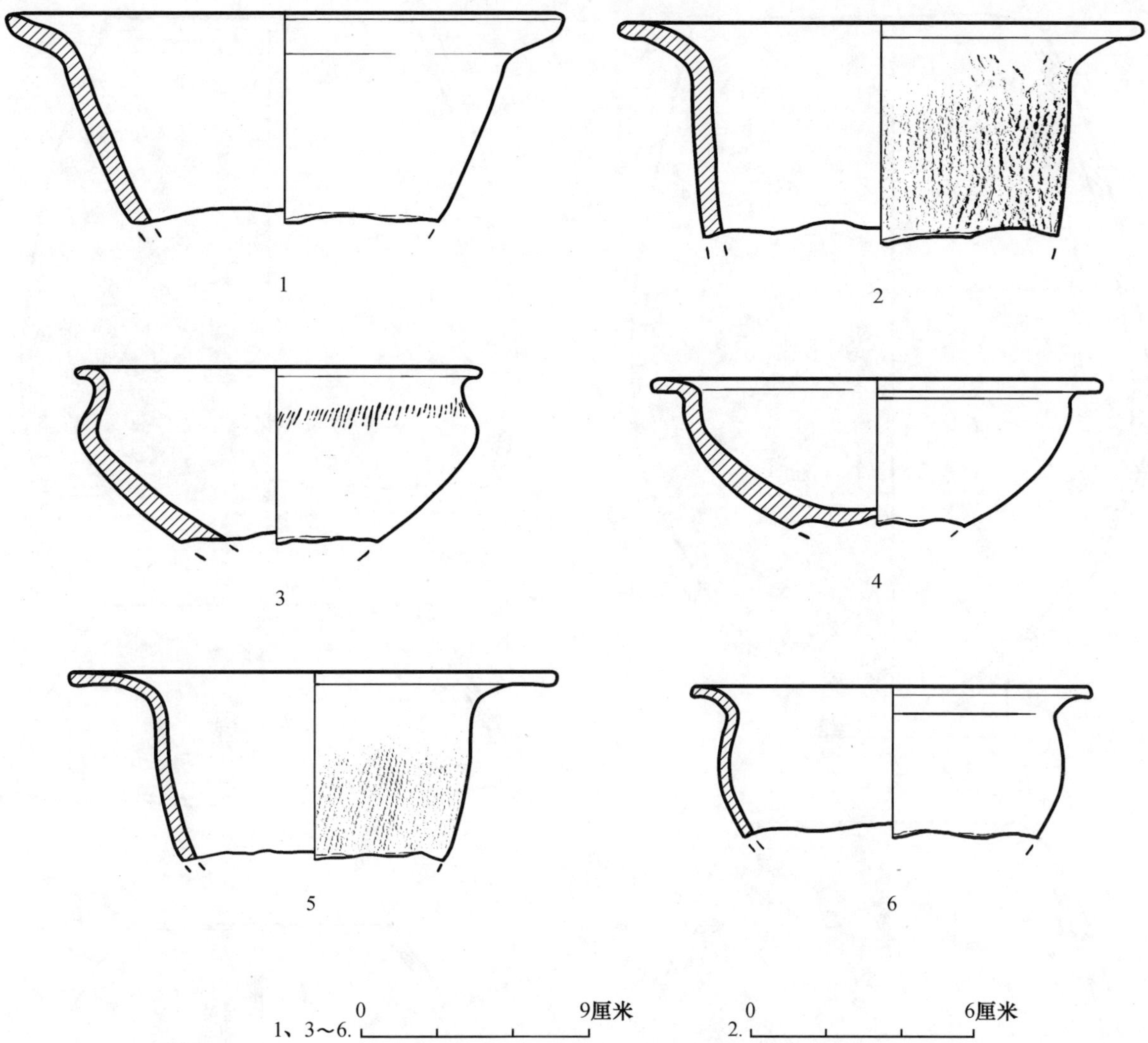

图八四 先商时期C型陶盆

1. H166：5 2. H183②：4 3. H186：6 4. H189：2 5. H194：1 6. H296④：3

腹以下残。口径32、残高8厘米（图八六，4）。H55：9，泥质灰陶。厚方唇。素面磨光。肩部以下残。口径18、残高6厘米（图八六，5）。H260：2，夹砂灰陶。敛口，厚圆唇，广肩。素面磨光。肩部以下残。口径22、残高8厘米（图八六，6）。H277：3，夹砂灰褐陶。方唇。口部素面磨光，腹饰弦断绳纹。中腹以下残。口径18、残高21厘米（图八六，7）。H43：2，夹砂灰陶。敛口，厚方唇。近口部素面，上腹饰弦断细绳纹。上腹以下残。口径24、残高10厘米（图八六，8）。H194：12，夹砂灰褐陶。敛口，厚方唇外凸。口部素面，腹饰竖向细绳纹。上腹以下残。口径24、残高7厘米（图八六，9）。H296③：2，夹砂灰褐陶。敛口，方唇，唇面向内外凸出，截面呈“T”字形。口、腹部均饰竖向细绳纹。中腹以下残。口径17、残高8.71厘米（图八六，10）。H213①：4，夹砂灰褐陶。蛋形瓮圈足外撇，圜底。饰竖向细绳纹。底部以上残。圈足底径17、残高6.5厘米（图八六，11）。

B型 3件。敛口，子母口沿，折肩，深鼓腹。G6：3，夹砂黄褐陶。圆唇，广折肩略鼓。

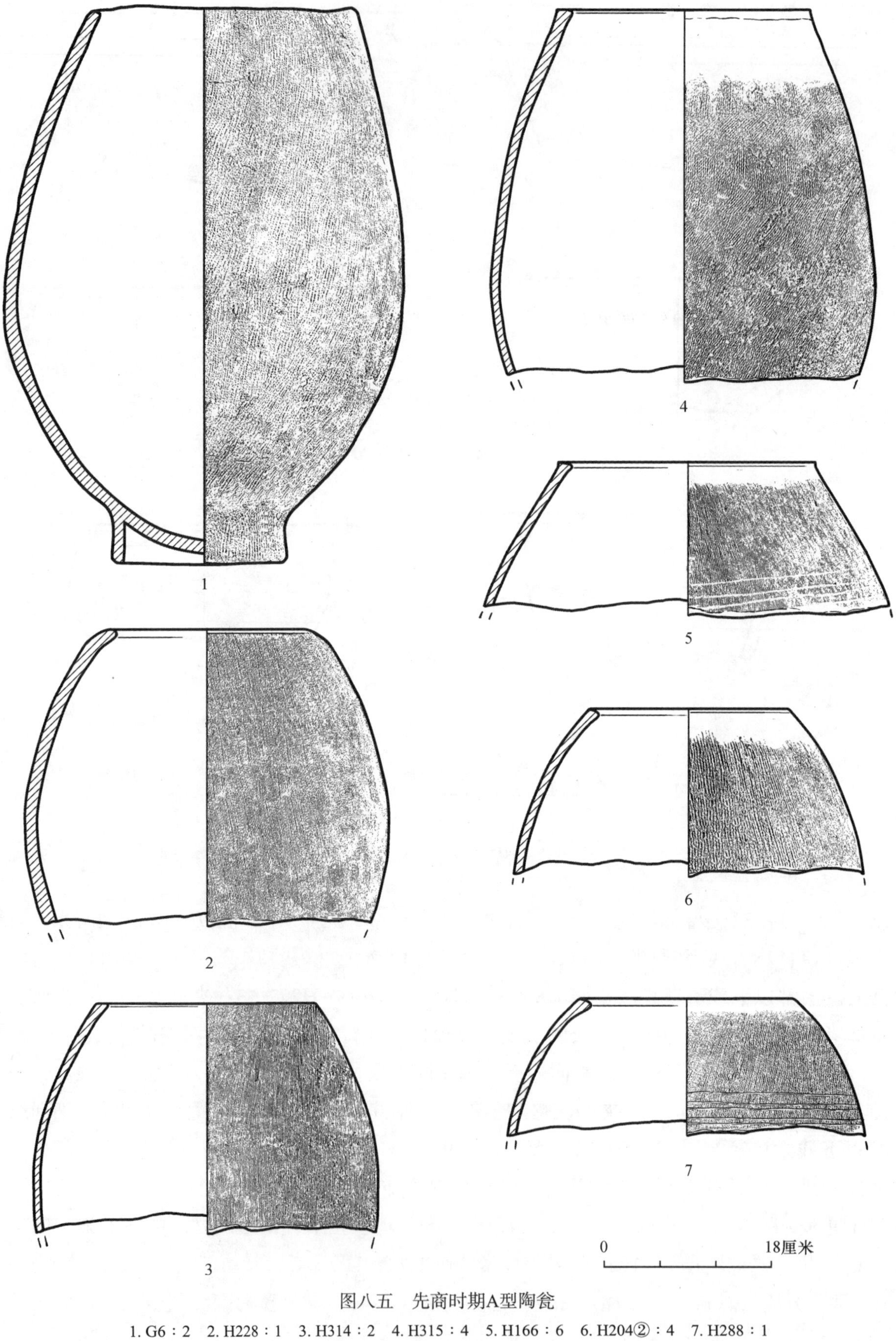

图八五　先商时期A型陶瓮

1. G6：2　2. H228：1　3. H314：2　4. H315：4　5. H166：6　6. H204②：4　7. H288：1

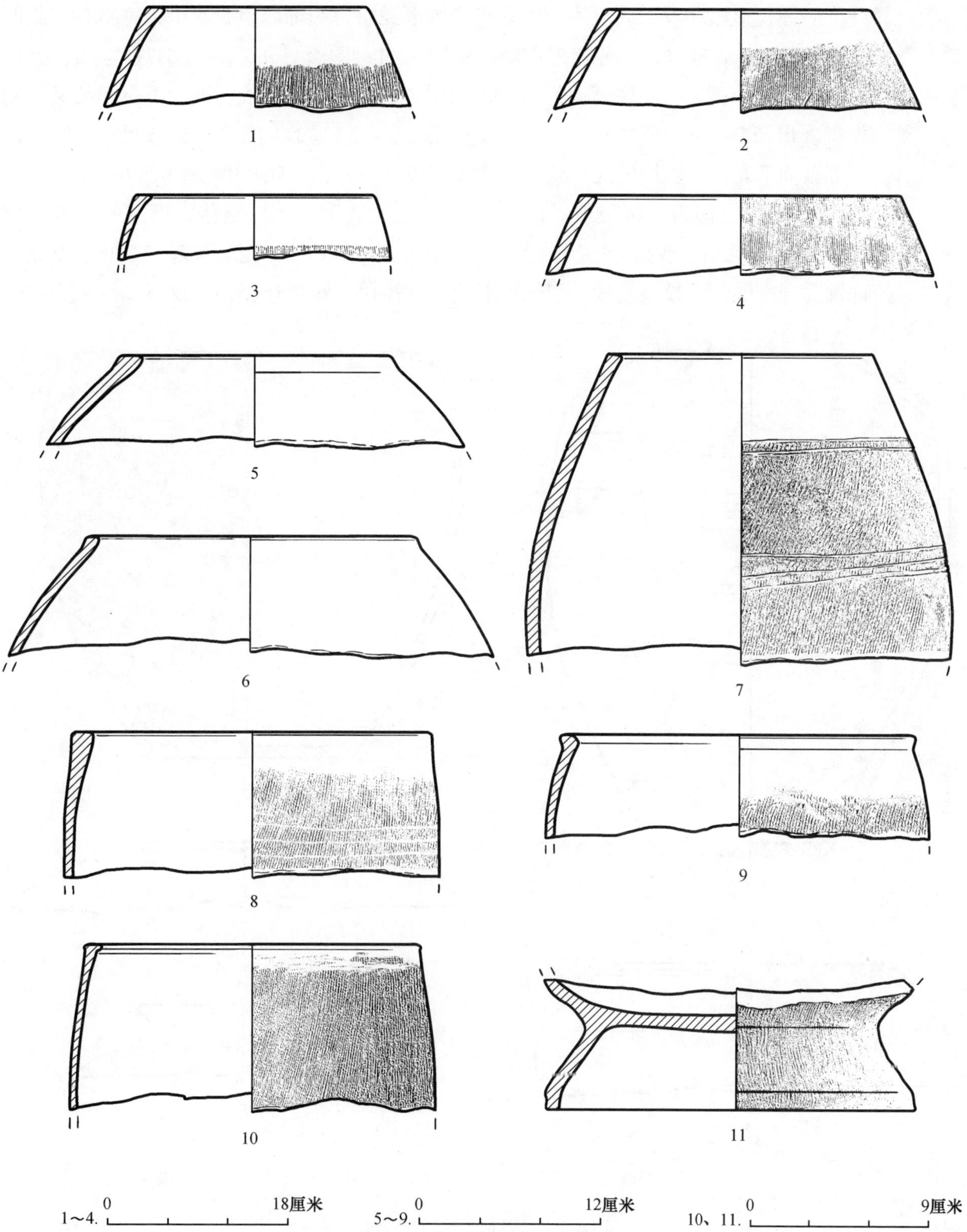

图八六　先商时期A型陶瓮

1. H248：1　2. H102：1　3. H3：5　4. H55：10　5. H55：9　6. H260：2　7. H277：3　8. H43：2　9. H194：12　10. H296③：2　11. H213①：4

肩腹交界处饰一周楔形戳印纹，并且等分贴附三个圆形泥饼，腹饰四组弦纹带，每组有三或四道凹弦纹。口径19.5、底径16.6、高51.3厘米（图八七，1；图版一九，2）。H275：12，夹砂灰陶。圆唇略加厚，窄折肩，平底。肩部素面，腹饰竖向细绳纹，纹痕清晰，下腹绳纹又经刮抹，纹痕模糊。口径33.7、底径21、高41.4厘米（图八七，2）。H3：6，夹砂黄褐陶。圆唇，广折肩。肩部素面磨光，上腹饰横向弦纹。上腹以下残。口径18、残高9厘米（图八七，3）。

C型　2件。小口，侈沿，圆鼓肩。H83①：4，泥质灰陶。小口略侈，厚方唇。素面磨光。肩部以下残。口径20、残高4.5厘米（图八七，4）。H309：5，泥质灰陶。方唇，束颈，矮领。肩部饰竖向细绳纹，纹痕模糊。肩部以下残。口径14、残高5厘米（图八七，5）。

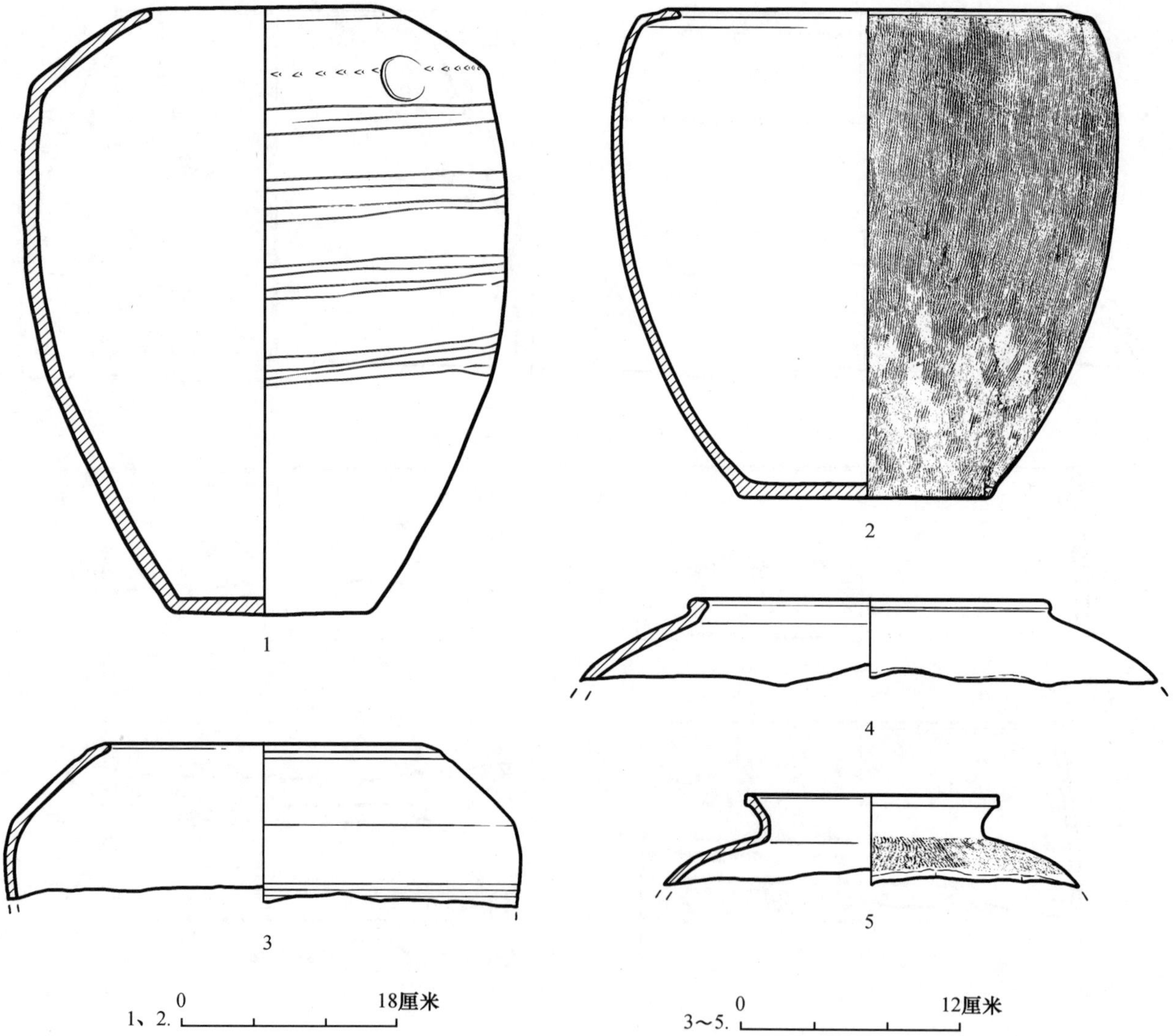

图八七　先商时期B、C型陶瓮

1～3. B型（G6：3、H275：12、H3：6）　4、5. C型（H83①：4、H309：5）

7. 壶

2件。小口，侈沿，高领。G10③：10，泥质灰陶。侈沿近平，尖圆唇，溜肩，鼓腹。肩部素面磨光，上腹饰六道细弦纹。中腹以下残。口径14、残高11.4厘米（图八八，1）。H68①：4，泥质灰陶。折沿近平，尖圆唇，广肩。素面磨光。肩部以下残。口径14、残高7.5厘米（图八八，2）。

8. 豆

3件。无复原器，仅见豆盘残片。H15：2，泥质灰陶。敞口，侈沿，圆唇，斜腹。素面磨光。上腹以下残。口径16、残高4厘米（图八八，3）。H111②：12，泥质磨光灰褐陶。敞口，圆唇，浅盘弧壁。柄残。口径12.2、残高4厘米（图八八，4）。H194：10，泥质灰陶。敞口，宽折沿，圆唇，浅弧腹，小平底略凹。豆柄以下残。口径15、残高5厘米（图八八，5）。

9. 钵

2件。G6：8，泥质红陶。敞口微敛，尖圆唇，浅弧腹。素面，可见两道轮旋痕迹。平底残。口径13、残高5厘米（图八八，6）。H262：6，泥质灰陶。敛口，圆唇，束颈，上腹外鼓，下腹斜收。素面。底残。口径12、残高8厘米（图八八，7）。

10. 爵

1件。H323：12，泥质红褐胎磨光黑皮陶。敞口，略呈马鞍形，直腹下广，正对凹口部位的腹一侧有绹索状单鋬，另一侧有一管状流，与鋬相对。腹底交界处有三个圆角四棱形空足，其中一足与鋬上下相连。口部流与尾、底及足部均残。口内侧有一周窄条形附加堆纹。残高13.6厘米（图八八，8；图版一八，6）。

11. 杯

3件。可分二型。

A型　1件。方体杯。H296⑤：5，夹砂红褐陶。器体内圆外方，直筒状，平底。素面。口长4.6、宽4.3、高5.1厘米（图八八，9；图版一九，3）。

B型　2件。圆体杯。H170：12，夹砂灰陶。手制。直口微侈，尖圆唇，弧腹，平底。素面，腹与底相接处有一周不规则按窝。口径6.2、高3.2厘米（图八八，10；图版一九，4）。G10③：11，泥质灰陶。敞口略残，浅弧腹，小平底略凹。素面。残口径5、底径3、残高3厘米（图八八，11）。

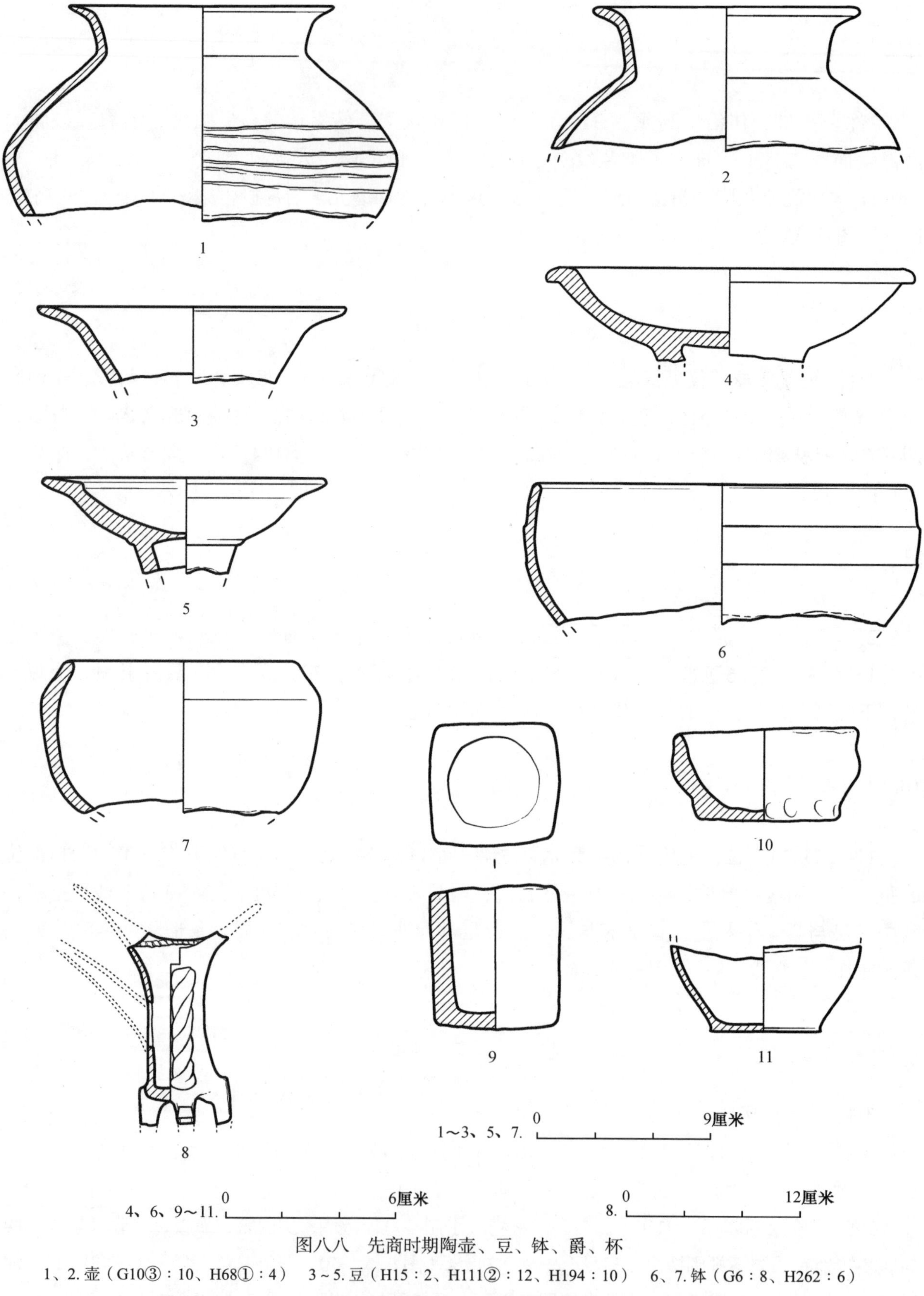

图八八　先商时期陶壶、豆、钵、爵、杯

1、2. 壶（G10③：10、H68①：4）　3～5. 豆（H15：2、H111②：12、H194：10）　6、7. 钵（G6：8、H262：6）　8. 爵（H323：12）　9. A型杯（H296⑤：5）　10、11. B型杯（H170：12、G10③：11）

12. 器盖

4件。G6：9，泥质灰褐陶。圆锥形器盖捉手，纽柱呈圆柱形，中空。素面。盖面残。纽柱直径4.6、残高7厘米（图八九，1）。H83①：2，泥质灰陶。敞口，唇缘加厚，弧面。素面磨光。盖顶残。口径26、残高5厘米（图八九，2）。H83①：3，泥质灰陶。伞形器盖捉手，喇叭状纽柱，中空。盖面残。残高8、壁厚1厘米（图八九，3）。H296⑤：11，夹砂红褐陶。盖纽作圆锥形尖顶，下端收束，中空。表面磨光。残高6.3厘米（图八九，4）。

13. 陶拍

1件。H296⑤：6，夹砂红褐陶。扁平圆饼状。一面有交错绳纹，另一面光素平整，边缘圆转。有纹的一面直径10.6、厚1.4厘米（图八九，5；图版二〇，1）。

14. 纺轮

10件。形制均为圆饼状，中部有一圆形穿孔。H30：6，夹砂灰褐陶。上下面平整。直径4.8、厚0.9厘米（图八九，6；图版二〇，2）。H309：1，夹砂黑褐陶。一面微鼓，一面平整。直径5.4、孔径0.8、厚1.2厘米（图八九，7；图版二〇，3）。H309：2，泥质灰陶。中部略凹。直径5.2、孔径0.7、厚0.8～1.1厘米（图八九，8；图版二〇，4）。H138：2，夹砂红褐陶。中部微鼓。直径5.5、孔径0.9、厚1厘米（图八九，9；图版二〇，5）。H299：1，夹砂灰陶。边缘略有残损。直径6.2、孔径0.7、厚1.8厘米（图八九，10；图版二〇，6）。

15. 陶环

4件。均为残段。H83⑤：2，泥质灰黑陶。环身截面呈弧边三角形。外径7.8、内径7厘米（图八九，11）。

二、石　　器

从加工方式上看，可分为打制和磨制两种。打制石器加工比较粗糙，多是半成品。磨制石器表面光滑规整，刃部锋利，一般可见使用痕迹。选用石材以石灰岩为主，另有少量的花岗岩、片叶岩等。器类以镰、铲为大宗，斧、刀次之，锛、凿、环、镞、球等数量较少。

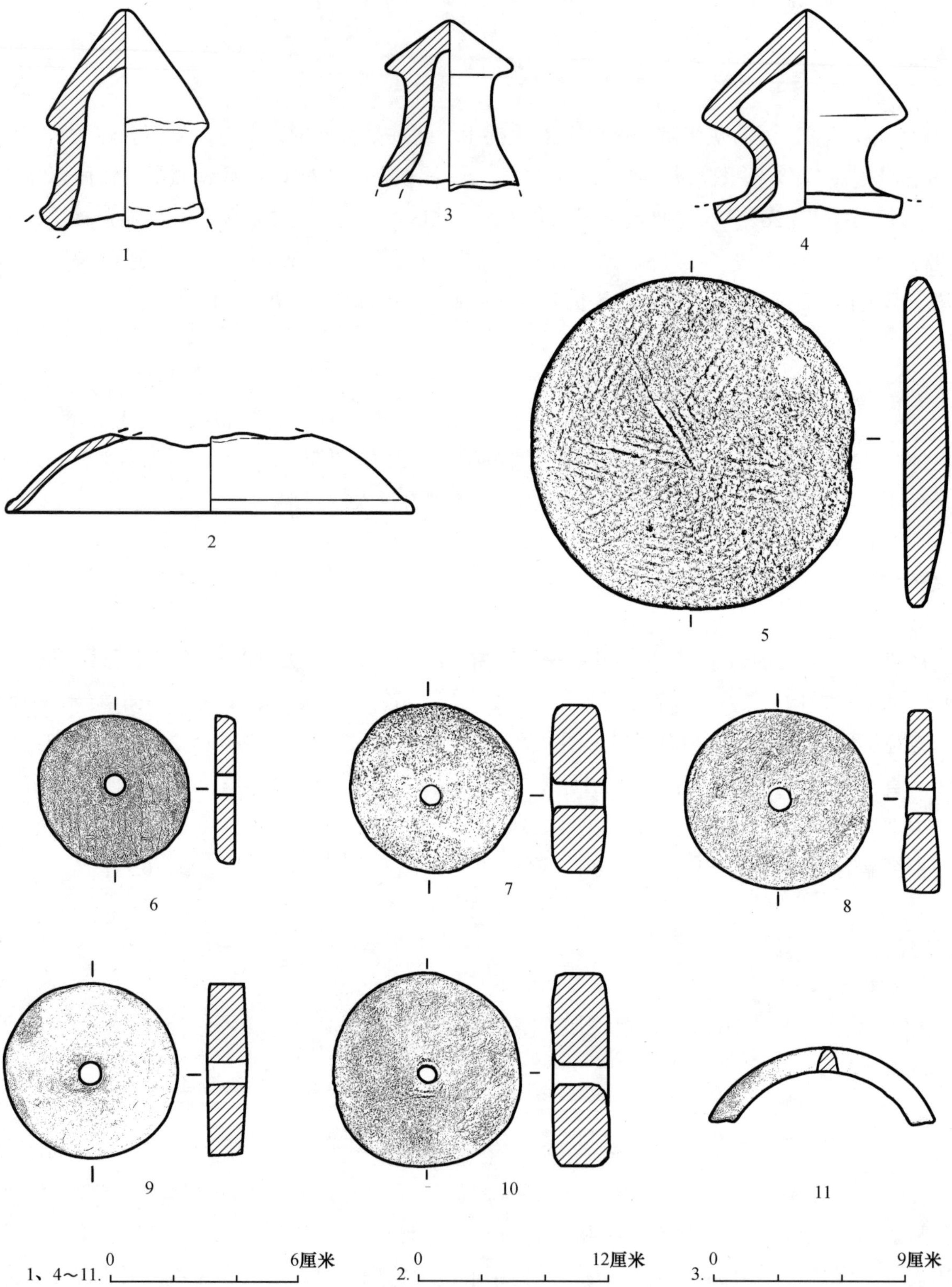

图八九　先商时期陶器盖、拍、纺轮、环

1～4. 器盖（G6：9、H83①：2、H83①：3、H296⑤：11）　5. 拍（H296⑤：6）　6～10. 纺轮（H30：6、H309：1、H309：2、H138：2、H299：1）　11. 环（H83⑤：2）

1. 镰

146件。根据发掘品可以看出石镰的加工流程。首先是打制坯料，做出器形轮廓，如H324②：25，拱背，弧刃，厚体粗糙，应为石镰半成品。长9.7、宽4、厚1.7厘米（图九〇，1；图版二一，1）。然后进行通身精心磨制成器，如果琢磨不到位，局部仍可见原有的打制疤痕，如标本H194：2，虽经磨制，但拱背上仍残留打制痕。残长6.8、宽2.3、厚0.6厘米（图九〇，2；图版二一，2）。磨制成形的石镰，器身均前窄后宽，尖首，厚拱背，薄刃。根据刃部特征，可分二型。

A型　34件。平直刃。G10②：1，双面刃，略残。残长8.8、宽2.1、厚0.7厘米（图九〇，3；图版二一，3）。H25②：5，双面刃，有柄。长8.8、宽2.1、厚0.7厘米（图九〇，4；图版二一，4）。H277：13，双面刃，后段残。残长7、背厚0.8厘米（图九〇，5）。H324②：24，

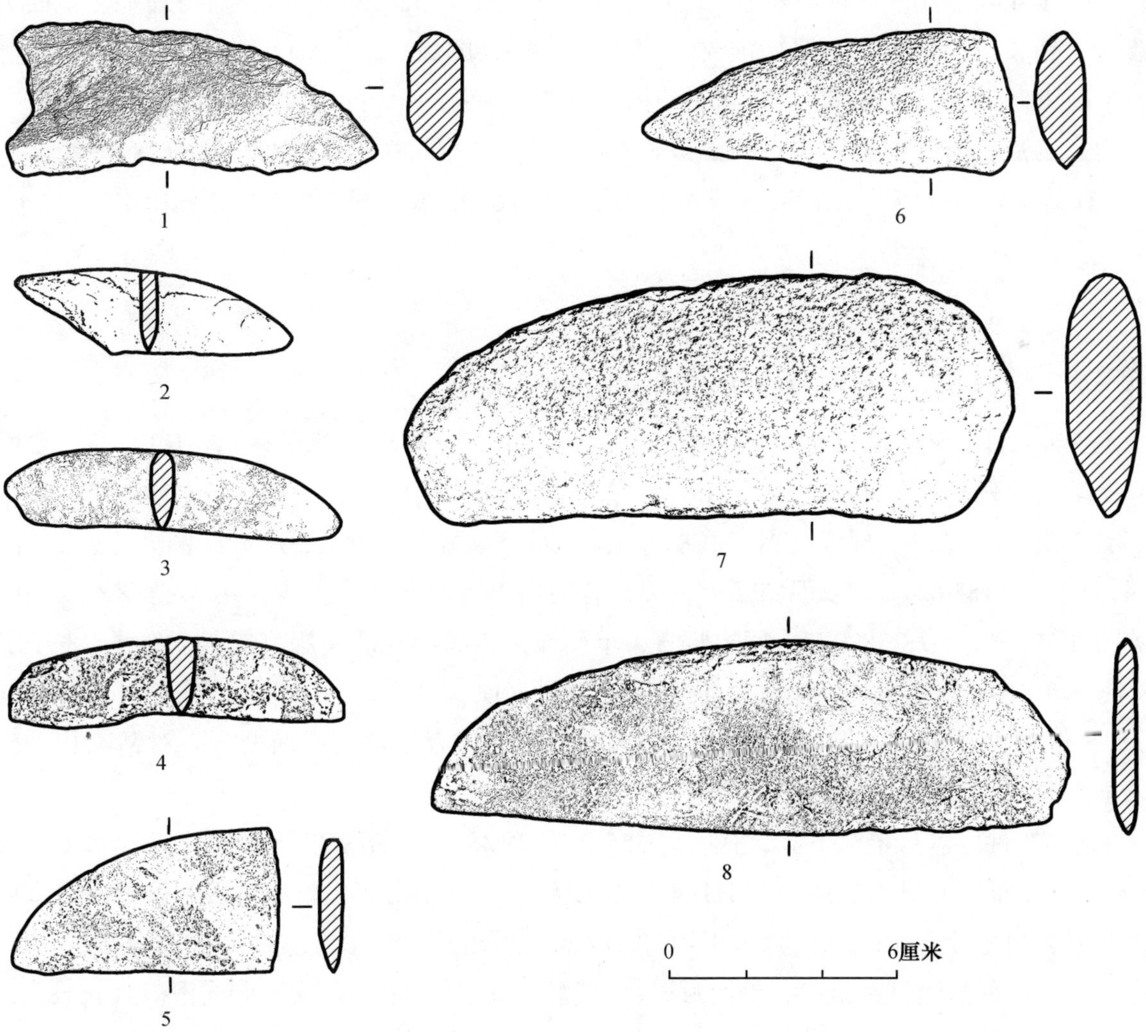

图九〇　先商时期A型石镰

1. 打制半成品（H324②：25）　2. 磨制成品（H194：2）　3～8. A型石镰（G10②：1、H25②：5、H277：13、H324②：24、H174：1、H275：5）

单面斜刃，后段残。残长9.8、宽3.8、厚1.4厘米（图九〇，6）。H174：1，单面刃，尖首残。残长16.8、宽6.8、厚2厘米（图九〇，7；图版二一，5）。H275：5，双面刃。长16.8、宽5.2、厚1.2厘米（图九〇，8；图版二一，6）。

B型 112件。凹弧刃。H25①：6，双面刃，尾端出柄，剖面呈楔形。长7、宽1.6、厚5厘米（图九一，1；图版二二，1）。H68②：4，双面刃，尾端出柄，剖面呈楔形。长7.8、宽2.3、厚0.7厘米（图九一，2；图版二二，2）。H186：8，双面刃，柄残。残长7.2、宽2.9、厚0.6厘米（图九一，3）。H83⑤：1，双面刃较钝，背上留有打制痕。长11.8厘米（图九一，4；图版二二，3）。H146：1，双面刃，长柄，剖面呈楔形，尖首略残。残长12.5、宽3.2、厚0.8厘米（图九一，5；图版二二，4）。H183②：1，器身前部弯窄近月牙状，单面刃。长10.9、宽3.4、厚0.9厘米（图九一，6；图版二二，5）。H166：2，器身较窄，剖面呈楔形，双面刃。长8.7、宽2.4、厚0.5厘米（图九一，7；图版二二，6）。H238：29，双面刃，柄部留有安装痕迹。长9.7、宽3.5、厚0.8厘米（图九一，8；图版二三，1）。H204⑦：2，双面刃，尖首残。残长8.3、宽4.4、厚0.8厘米（图九一，9；图版二三，2）。H284②：1，器身扁平，单面刃，尖首残。残长11.1、宽4.3、厚1.0厘米（图九一，10；图版二三，3）。H324①：17，器身扁平，单面刃，尖首残。残长7.5、宽3.2、厚0.5厘米（图九一，11；图版二三，4）。H311：1，双面刃，刃后部有一凹缺，尖首残。残长8.9、宽3.1、厚0.8厘米（图九一，12；图版二三，5）。H166：3，双面刃，后段残。残长8、宽3.8、厚0.6厘米（图九一，13；图版二三，6）。

2. 铲

68件。磨制，扁平体。根据器形的不同，可分三型。

A型 32件。略呈长方形，两侧平整，部分上部有一对钻的圆形穿孔。H30：8，双面弧刃，上端残，残存半个穿孔。残长13.8、宽9.5、厚1.6厘米（图九二，1）。H138：1，弧顶，上部有一对钻穿孔，下部残，器表磨制光滑。残长8、宽7.6、厚1.3厘米（图九二，2；图版二四，1）。H183⑥：1，双面斜弧刃，刃口有使用痕迹，上部残。残长10.6、宽8.4、厚0.8厘米（图九二，3）。H238：77，两边竖直，单面弧刃，有明显的使用痕迹，上部残。长10.8、宽8.4、厚1.4厘米（图九二，4）。H183⑥：2，斜直顶，单面刃上有豁口。残长21.2、宽8.4、厚0.9厘米（图九二，5；图版二四，2）。H275：1，残存上部，残断处有一对钻圆孔。残长5.9、宽8.2、厚1.2厘米（图九二，6）。

B型 27件。器身上窄下宽，有肩。H55：4，顶部残，略出肩，双面斜弧刃。残长10.9、宽8.8、厚1.2厘米（图九二，7）。H194：3，中部两侧打制出肩，单面弧刃，刃口残留多处疤痕，器表磨制光滑。残长20.1、宽9.3、厚0.9厘米（图九二，8；图版二四，3）。H194：8，三角形尖顶，中部两侧打制出肩，单面弧刃，刃部留有多处疤痕，器表磨制光滑。残长18.6、宽8.3、厚0.8厘米（图九二，9；图版二四，4）。H18：1，顶端残，呈斜边状，肩部凸出，单面弧刃，刃口可见使用痕迹。长15、宽9、厚0.9厘米（图九二，10；图版二四，5）。H275：2，

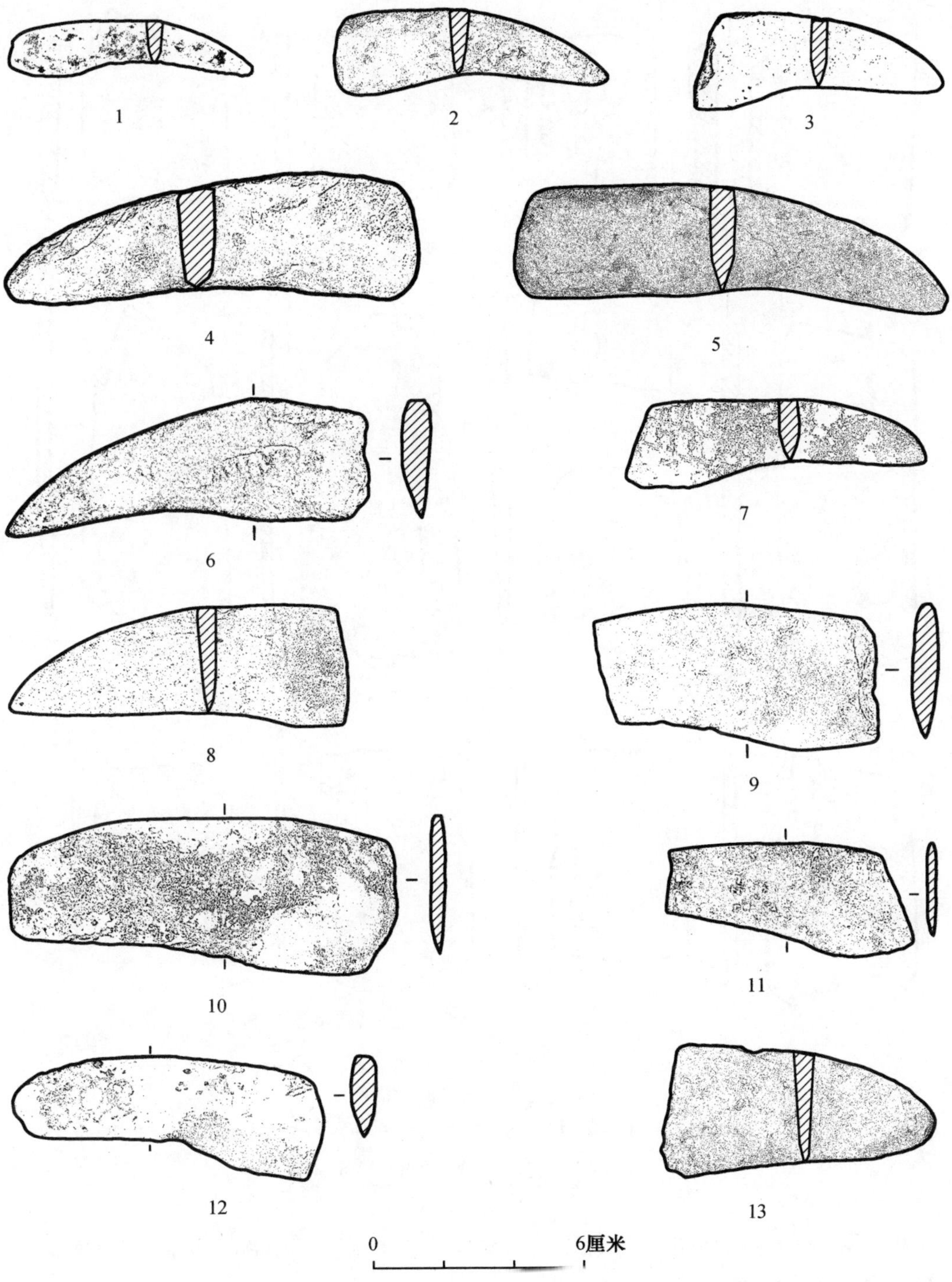

图九一　先商时期B型石镰

1. H25①：6　2. H68②：4　3. H186：8　4. H83⑤：1　5. H146：1　6. H183②：1　7. H166：2　8. H238：29　9. H204⑦：2　10. H284②：1　11. H324①：17　12. H311：1　13. H166：3

平顶，中部略出肩，单面弧刃，有明显的使用痕迹。通身磨制光滑。残长12.3、宽7.1、厚1厘米（图九二，11；图版二四，6）。

C型　9件。器身作亚腰形。H315：8，顶部残，中间打制呈亚腰形，单面弧刃。残长

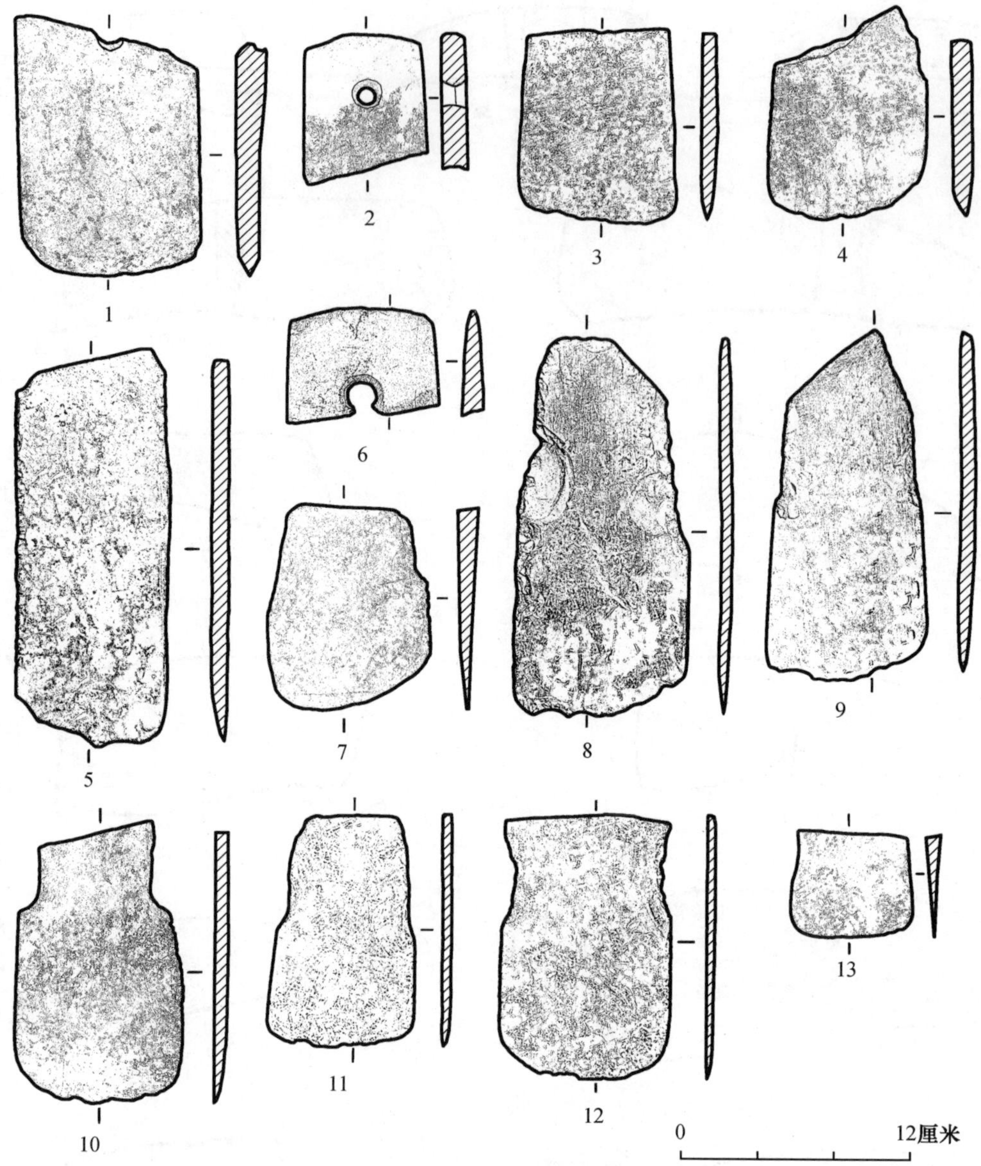

图九二　先商时期石铲

1～6. A型（H30：8、H138：1、H183⑥：1、H238：77、H183⑥：2、H275：1）　7～11. B型（H55：4、H194：3、H194：8、H18：1、H275：2）　12、13. C型（H315：8、H55：3）

14.1、宽8.9、厚0.8厘米（图九二，12）。H55：3，顶端残，下部略束腰，单面弧刃。残长7.6、宽6.5、厚1.1厘米（图九二，13）。

3. 斧

24件。梯形柱状，双面刃。根据器形不同，可分二型。

A型　7件。器身宽阔且厚，数量较少。H25②：10，通体打制。单面弧刃。长13.8、宽9.2、厚3.1厘米（图九三，1；图版二五，1）。H170：3，磨制粗糙。四边可见当初的打制疤痕，双面刃，刃缘微弧。长14、宽9.5、厚2.7厘米（图九三，2；图版二五，2）。H184：2，磨制。正视近长方形，侧视呈楔形，器身特厚，双面直刃，刃缘磨制较细。长7.9、宽4.4、厚4厘米（图九三，3；图版二五，3）。

B型　17件。器身窄长且薄。H63①：1，周身先经过打制修理，两侧经双向打制加工，然后简单磨制，双面直刃扁平，有使用痕迹。长28、宽7、厚2厘米（图九三，4；图版二五，4）。H283：12，磨制。双面斜刃，刃部略残。长19.5、宽5.7、厚5.4、刃部残宽3厘米（图九三，5；图版二五，5）。H293：1，磨制精细。器身近长方形，双面弧刃。长23.5、宽6.5、厚2.8厘米（图九三，6；图版二五，6）。H296③：3，磨制精细。圆角平顶，单面直刃。长7.9、宽3、厚1.6厘米（图九三，7；图版二六，1）。H315：35，磨制。器身近长方形，双面弧

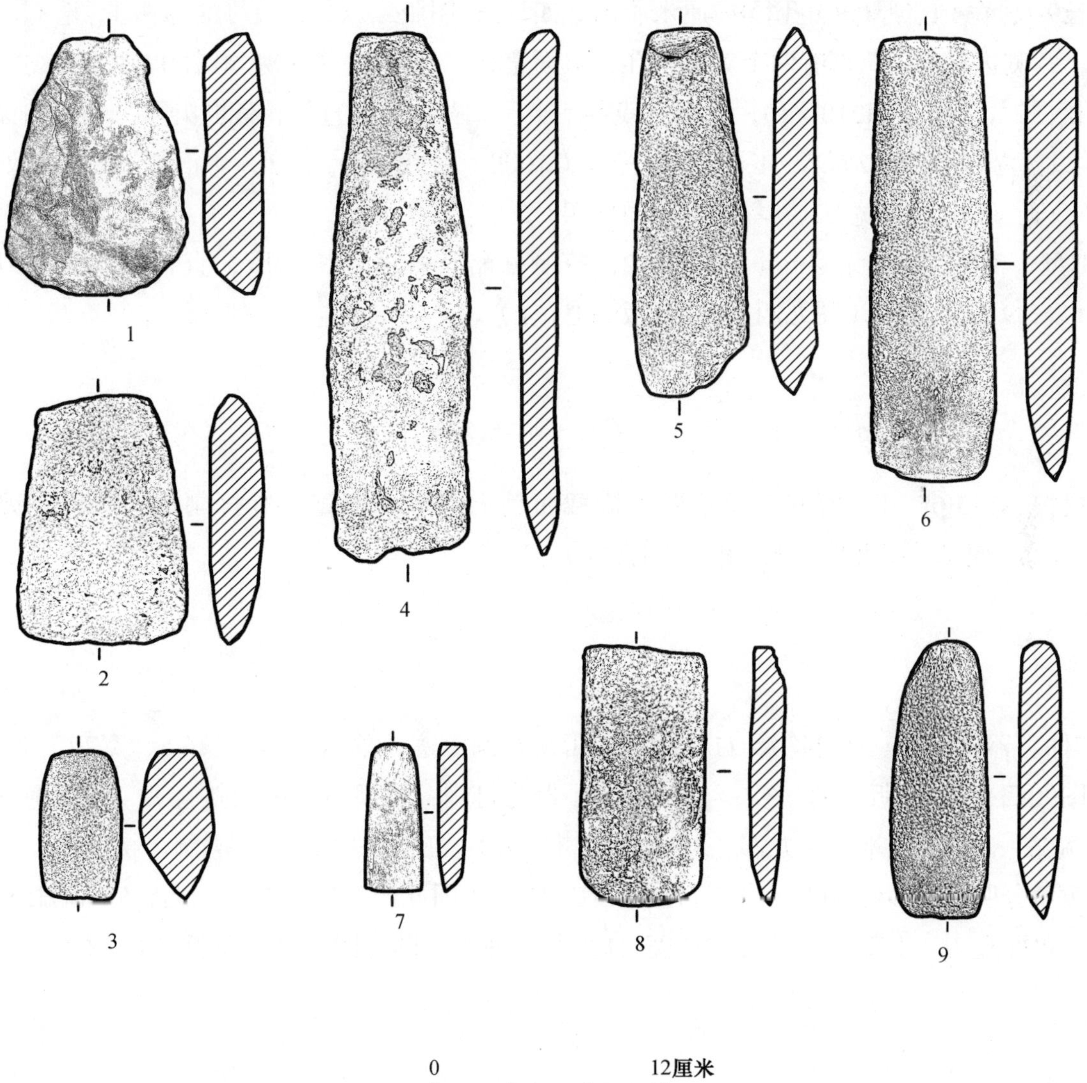

图九三　先商时期石斧

1～3. A型（H25②：10、H170：3、H184：2）　4～9. B型（H63①：1、H283：12、H293：1、H296③：3、H315：35、H324②：21）

刃。上部残。残长13.8、宽6.6、厚1.7厘米（图九三，8；图版二六，2）。H324②：21，磨制。圆顶有打制痕迹，双面直刃。长14.7、宽4.9、厚4.8厘米（图九三，9；图版二六，3）。

4. 刀

18件，一般作扁平长方形或略呈梯形，直背。根据器形不同，可分二型。

A型　15件。器身近背部中间有1或2个不等的圆形穿孔。H51：1，磨制较薄，制作精细。器身呈梯形，两侧边微凹，背部有一对钻圆穿，单面弧刃。长10.2、宽4.9、厚0.45厘米（图九四，1；图版二六，4）。H68②：5，通体磨制。近梯形，直背下有一对钻穿孔，双面凹弧刃。长9.3、宽4.1、厚0.8、孔径0.7厘米（图九四，2；图版二六，5）。H83④：1，磨制。近长方形，两侧边略凹，背部有两个对钻圆孔，单面直刃。长11.1、宽4.8、孔径0.6厘米（图九四，3；图版二六，6）。H210：10，磨制。残存一半。直背，单面直刃，残断处可见一对钻穿孔。残长4.9、宽4.8、厚0.7厘米（图九四，4）。G10③：8，磨制。直背，单面弧刃，残断处有一对钻穿孔。残长5.4、宽5.2、厚1厘米（图九四，5）。

B型　3件。器身无穿孔。H176：2，打制并略有修理。长方形，直背，双面直刃。长11.9、宽3.9、厚1厘米（图九四，6；图版二七，1）。

5. 锛

1件。H83⑥：1，磨制。长条形，横截面呈半圆形，两侧边有打制痕，单面直刃。长13.2、刃宽5厘米（图九四，7；图版二七，2）。

6. 凿

7件。器体较小。H324①：11，磨制。可见打制痕迹，单面直刃。长6.5、宽2.6、厚1.3厘米（图九四，8；图版二七，3）。H121：4，器身打制，不规整。单面斜直刃，刃部磨制。长6.1、宽2.3、厚1.7厘米（图九四，9；图版二七，4）。H160：4，通身磨制。梯形体，单面直刃，棱角分明。长4.4、宽1.2～1.5、厚0.6～0.9厘米（图九四，10；图版二七，5）。H55：8，磨制。单面直刃。上部残。残长5.3、宽2.4、厚2.1厘米（图九四，11；图版二七，6）。

7. 环

5件。均为残段，多打制。H210：15，打制。横截面呈梭形。外径4.3、内径1.4、厚1.4厘米（图九五，1；图版二八，1）。H324①：4，打制。横截面呈椭圆形。外径9、孔径2.6、厚1.6厘米（图九五，2；图版二八，2）。

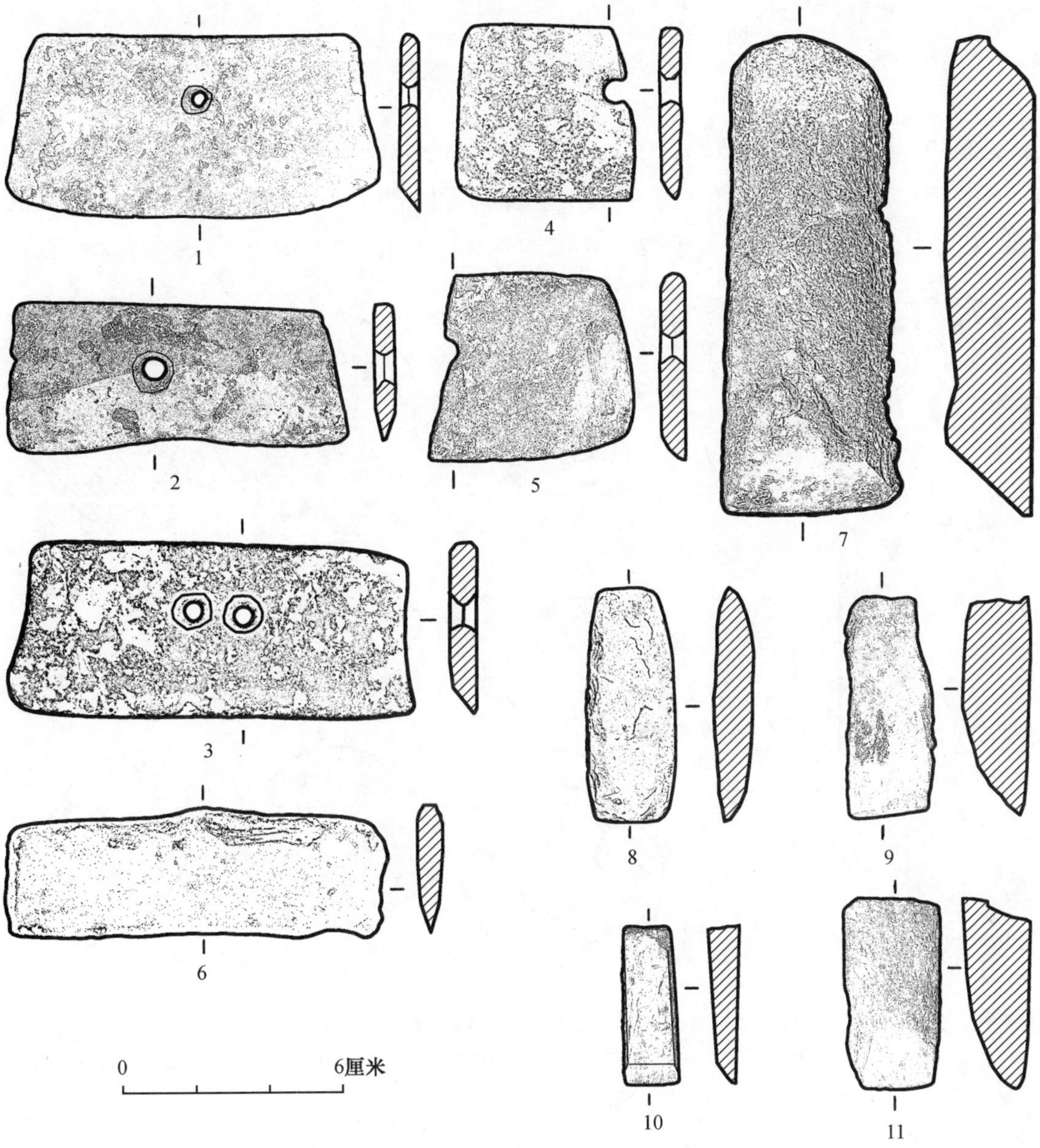

图九四　先商时期石刀、锛、凿

1～5. A型刀（H51：1、H68②：5、H83④：1、H210：10、G10③：8）　6. B型刀（H176：2）　7. 锛（H83⑥：1）　8～11.凿（H324①：11、H121：4、H160：4、H55：8）

8. 镞

2件。H18：3，磨制。三角形，两翼短而宽，长铤，尖锋残。残长6.7、宽3.9、厚0.5、铤长3.6厘米（图九五，3；图版二八，3）。H221：1，磨制。三角形，尖锋，无铤，凹底，形体较小。长2.5、宽1.6、厚0.3厘米（图九五，4；图版二八，4）。

9. 球

3件。H30：5，磨制。扁球形，中间略凹。最大径5.8厘米（图九五，5；图版二八，5）。H55：6，磨制。球状，圆弧度欠佳。直径4.4厘米（图九五，6）。H293：3，磨制。椭圆体，两端略收束，中部圆鼓。长6.3、宽6.2、厚4.2厘米（图九五，7；图版二八，6）。

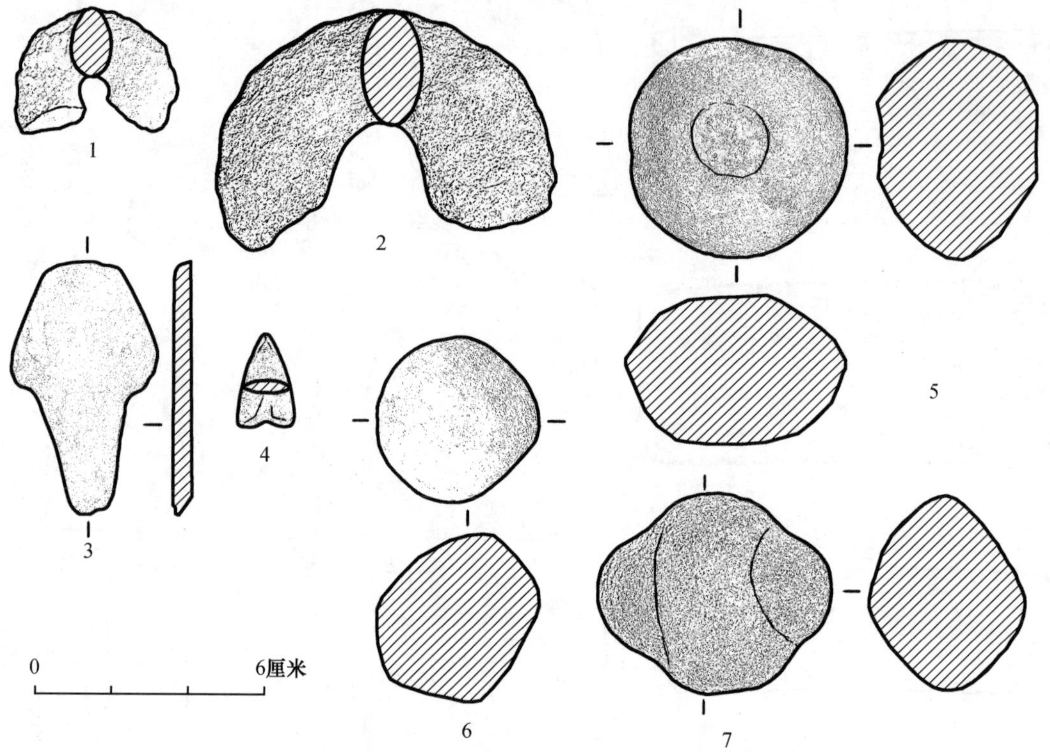

图九五　先商时期石环、镞、球

1、2. 环（H210：15、H324①：4）　3、4. 镞（H18：3、H221：1）　5～7. 球（H30：5、H55：6、H293：3）

三、骨　　器

先商时期骨器数量较少，种类有锥、簪、针、匕、刀、镞等。

1. 锥

12件。皆为动物肢骨磨制而成。H45：10，上端宽平，横截面呈扁圆形，下端呈圆锥状，略残。残长7.4厘米（图九六，1；图版二九，1）。H111②：3，扁圆体，较直，锋尖锐。顶残。长7.9、最大截径0.8厘米（图九六，2；图版二九，2）。H238：36，上端较宽，背部削平，下端削痕明显，并磨成圆锥状尖锋。长27.3厘米（图九六，3；图版二九，3）。H248：12，扁圆体略弯曲，平顶较粗，锋尖锐。长10.7、圆径0.5厘米（图九六，4；图版二九，4）。H23②：1，形近柳叶形，两侧边经过磨制，锋尖锐。长8.5、宽1.5、厚0.35厘米（图九六，5；图版二九，5）。

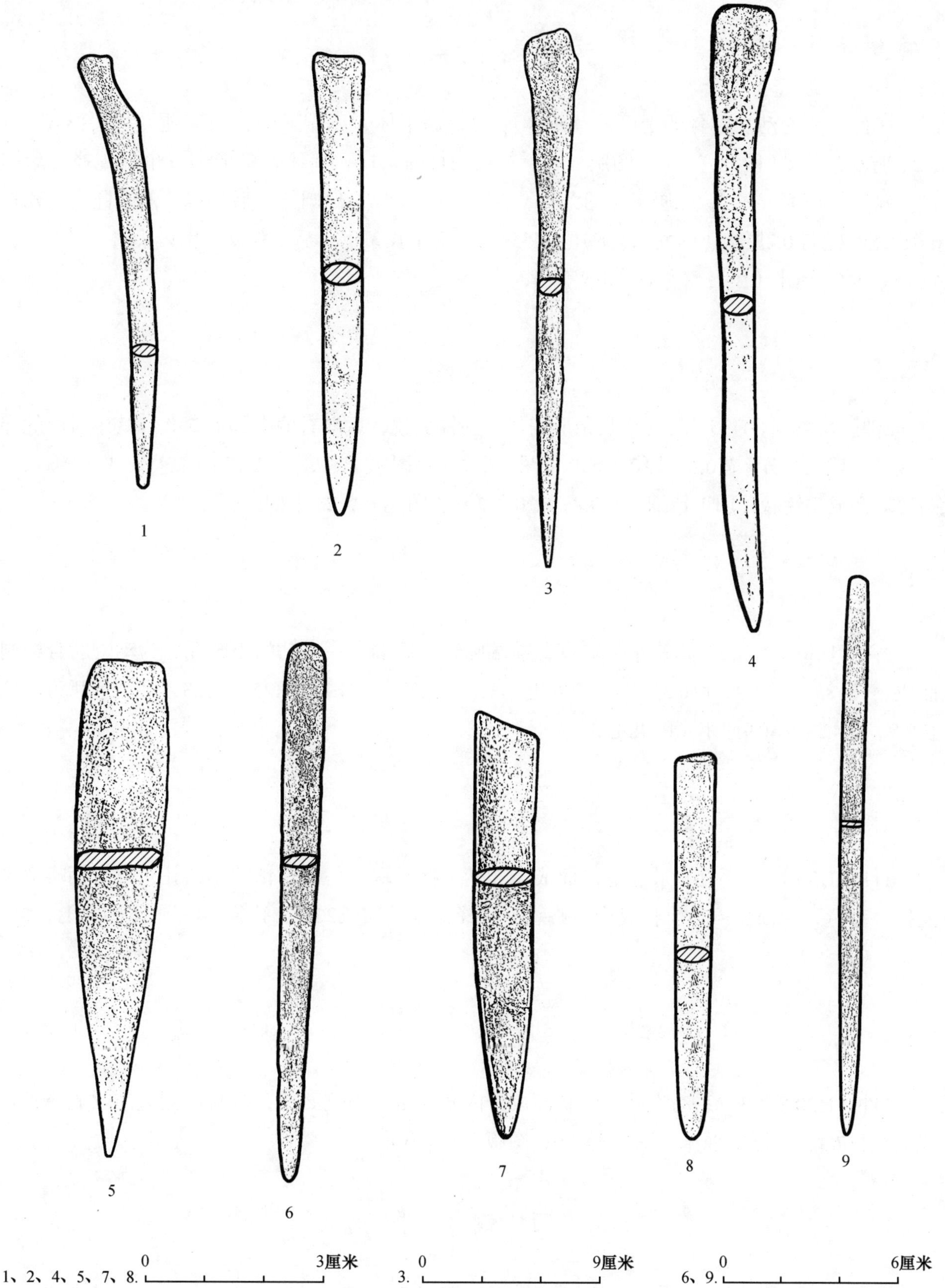

图九六　先商时期骨锥、簪

1～5. 骨锥（H45：10、H111②：3、H238：36、H248：12、H23②：1）　6～9. 骨簪（H83①：1、H194：11、H45：14、H55：2）

2. 簪

10件。皆为动物肢骨磨制而成。H83①：1，扁平体，后端弧圆，前端钝尖。长18.4、宽1.2、厚0.3厘米（图九六，6；图版二九，6）。H194：11，扁体长条形，三角形钝锋，后端残。残长7.3、宽1.1、厚0.2厘米（图九六，7）。H45：14，扁圆体，后端残，前端钝尖。残长6.6、宽0.8、厚0.2厘米（图九六，8）。H55：2，扁平长条形，后端弧圆，前端尖锐。长19.1、宽0.8、厚0.2厘米（图九六，9；图版三〇，1）。

3. 针

2件。均磨制。H35：11，细长条形扁体，前锋尖锐，后端有两个圆形穿孔，其中后面的穿孔残半。残长11.4、宽0.6、厚0.3厘米（图九七，1；图版三〇，2）。G10②：4，圆体细长，两端均磨成尖锐状，加工精细。长9.8、径0.2厘米（图九七，2；图版三〇，3）。

4. 匕

2件。H30：2，长条形扁平体略弯，前端圆钝，后端有一对钻的小圆孔，为动物肋骨磨制而成。长18.6、宽1.9、厚0.3厘米（图九七，3；图版三〇，4）。H25②：23，磨制。弧刃。残长8.9、宽4.2、厚0.9厘米（图九七，4）。

5. 刀

1件。H33：2，系动物肢骨磨制而成，连柄，柄后端有一个对钻的小圆孔，刀身柄略宽且上扬，直背，双面弧刃，前收成锋，略翘起。锋尖残。残长22.4、孔径0.4厘米（图九七，5；图版三〇，5）。

6. 镞

1件。H20②：3，系动物肢骨磨制而成，内侧残留骨内侧凹槽，镞身两侧边前收成锋，长铤。全长7.3、铤长4.5厘米（图九七，6；图版三〇，6）。

四、铜　　器

仅发现1件小刀。H3：2，厚背前部微弧，斜刃略凹，刀身前窄后宽，柄后部逐渐变细且上翘，方首。长8.8、背厚0.2厘米（图九七，7；图版三〇，7）。

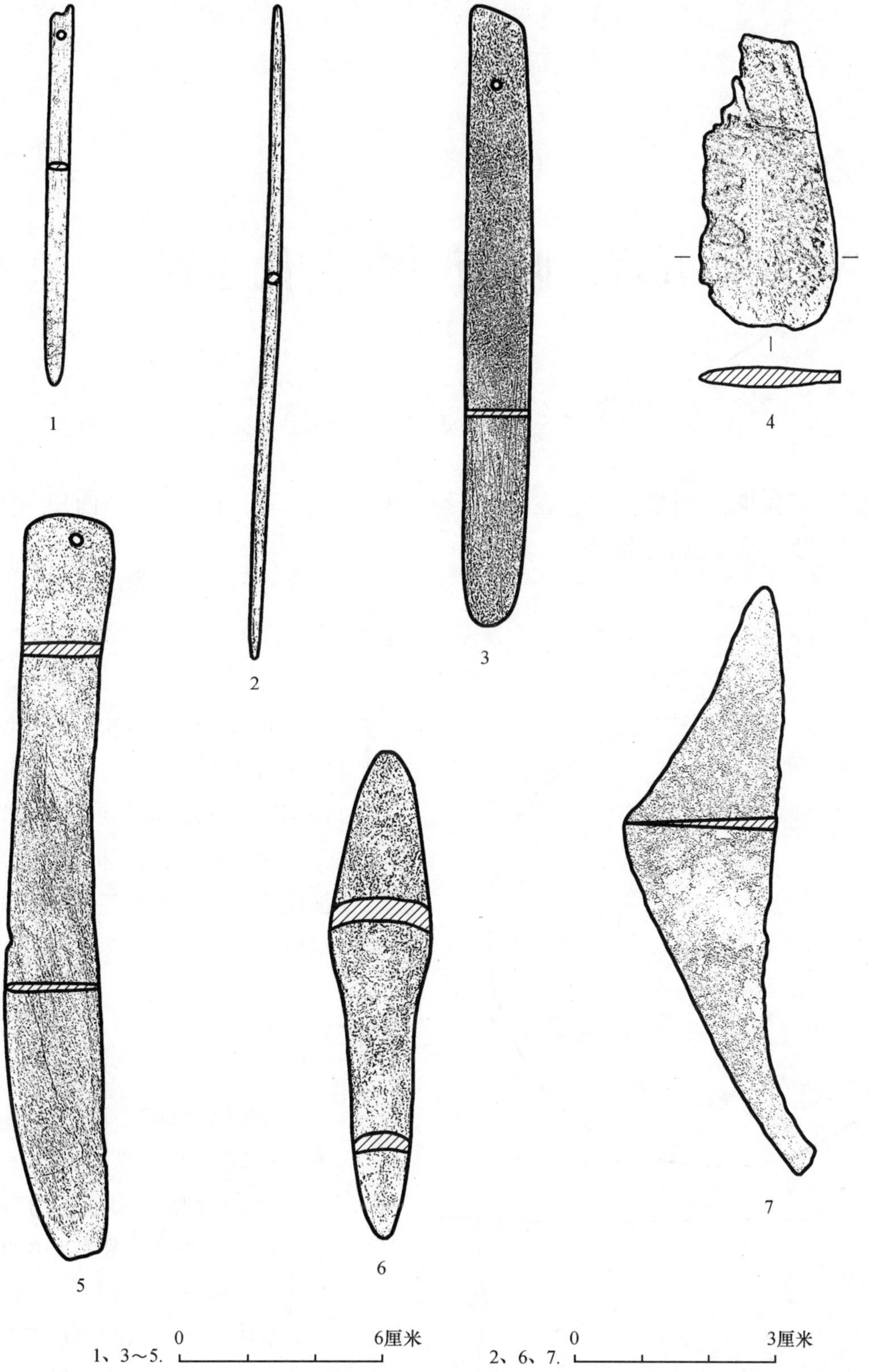

图九七　先商时期骨器、铜器

1、2. 骨针（H35：11、G10②：4）　3、4. 骨匕（H30：2、H25②：23）　5. 骨刀（H33：2）　6. 骨镞（H20②：3）
7. 铜小刀（H3：2）

第五章　晚商时期文化遗存

第一节　遗　　迹

薛庄遗址发现的晚商时期文化遗迹较多，分为灰坑、灰沟、灶址、墓葬四种。其中以灰坑、墓葬为主，另两种遗迹数量很少。

一、灰　　坑

85个，约占本次发掘灰坑总数的27.41%（附表一）。以坑口形状分为椭圆形、圆形和不规则形三类。坑壁多数为直壁筒状，部分为袋状，大小深浅不一。下面按序号依次介绍10个单位。

1. H86

H86位于T67中部，开口于第3层下，打破生土。坑口距地表0.4米，平面呈较规整的圆形，直径约1.14米。直壁，平底，距坑口0.48米（图九八；图版三一，1）。

坑内填土呈灰褐略泛黄色，质地较硬，夹杂少量红烧土颗粒。出土陶片较少，复原陶器有小罐，可辨器形有鬲、盆等。

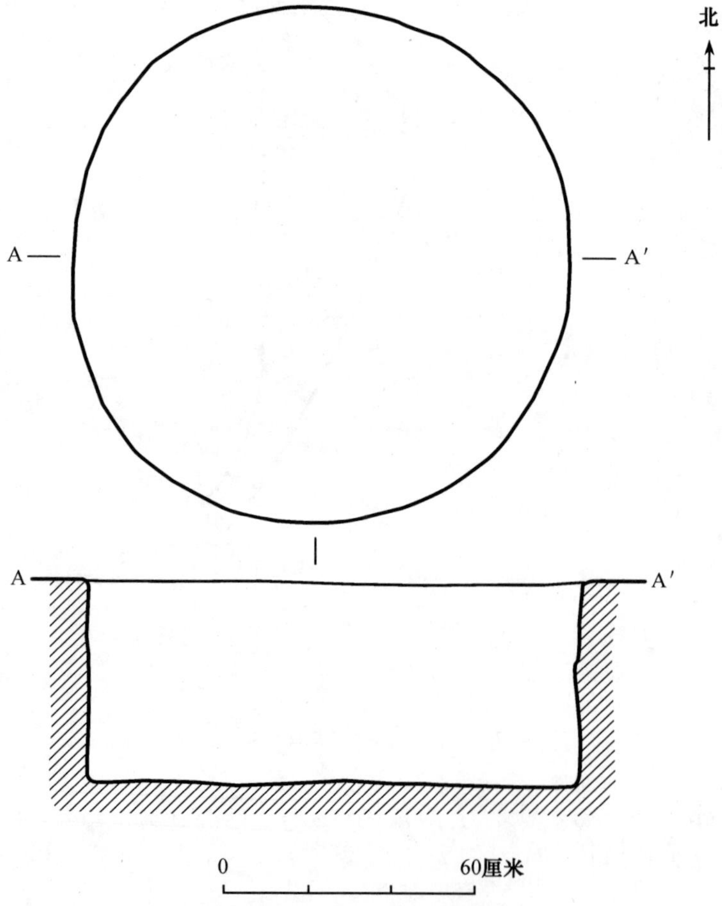

图九八　H86平、剖面图

2. H120

H120位于T66西南角，部分延伸入T67、T54，开口于第3层下，打破生土。坑口距地表0.52米，平面呈不规则的椭圆形，长径约3.56米，短径约2.42米。斜壁，圜底，略出缓坡，距坑口最深1.84米（图九九）。

坑内填红褐色土，质松软，夹杂料姜石及红烧土碎块。出土陶片较多，以夹砂灰陶为主，泥质灰陶次之，另有少量的红陶。纹饰以斜向粗绳纹为主，交叉绳纹、弦纹亦占有一定比例，另有少量的直绳纹、附加堆纹、方格纹和三角划纹等。可辨陶器器形有鬲、瓮、簋等（表三七）。

表三七　H86陶系纹饰统计表

陶质／陶色／数量／纹饰	夹砂陶				泥质陶				合计	百分比/%
	灰	灰黑	红	小计	灰	灰褐	红	小计		
斜向粗绳纹	153	17	26	196	82	9	21	112	308	63.90
直绳纹	15		3	18					18	3.74
交叉绳纹	23	8	3	34	9		7	16	50	10.37
弦纹		13		13	21	6		27	40	8.30
附加堆纹	7			7					7	1.45
方格纹					2	2		4	4	0.83
三角划纹					17		6	23	23	4.77
素面					24	8		32	32	6.64
合计	198	38	32	268	155	25	34	214	482	
百分比/%	41.08	7.88	6.64	55.60	32.16	5.19	7.05	44.40		100

3. H133

H133位于T59西南部，开口于第3层下，被H100打破，又打破H172和生土。坑口距地表约0.45米，从残存部分看，平面大致呈椭圆形，短径约0.9米。直壁，平底，距坑口0.5米（图一〇〇）。

坑内填黄褐色土，质地松软，夹杂少量红烧土块与炭粒，出土遗物很少，可见夹砂粗绳纹陶鬲残片。

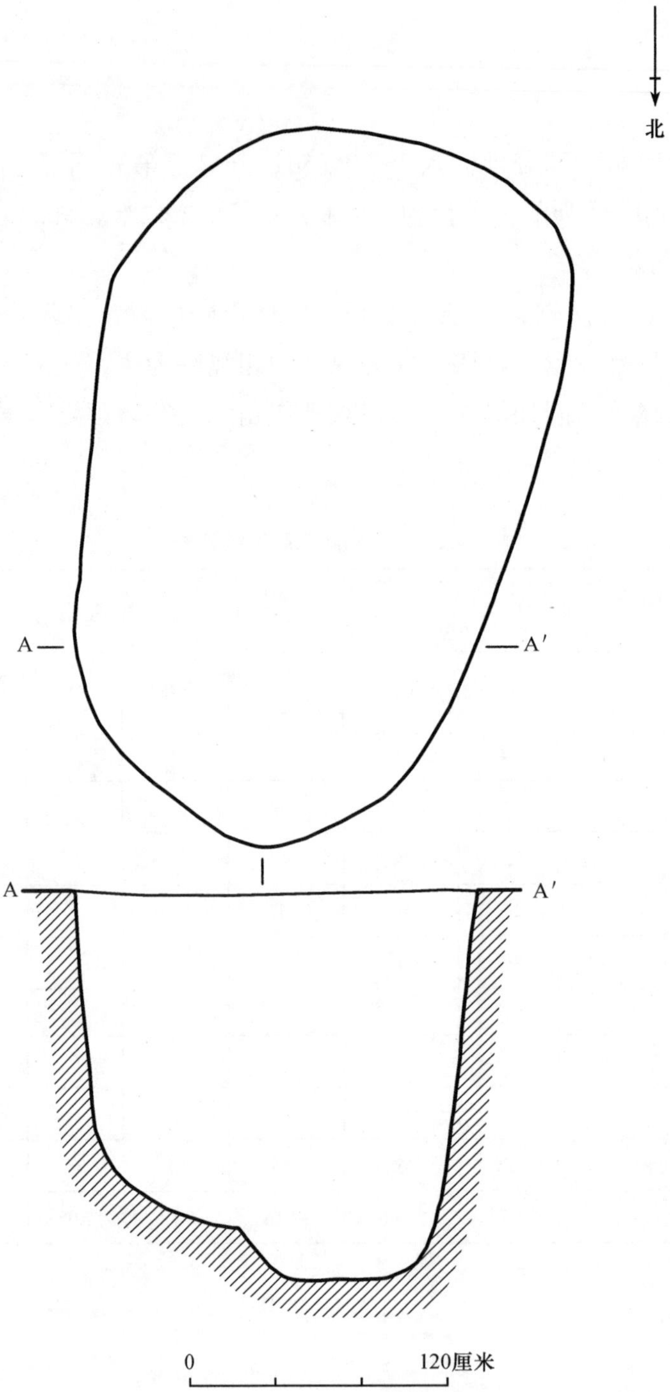

图九九　H120平、剖面图

4. H140

H140位于T84西南部，开口于第3层下，打破H170。坑口距地表0.3米，平面近圆形，直径0.96～1.03米。斜壁，平底，底径0.86～0.93米，距坑口深0.6米（图一〇一；图版三一，2）。

坑内填灰褐色土，质松软。出土遗物较少，有夹砂灰陶粗绳纹鬲、罐残片等。

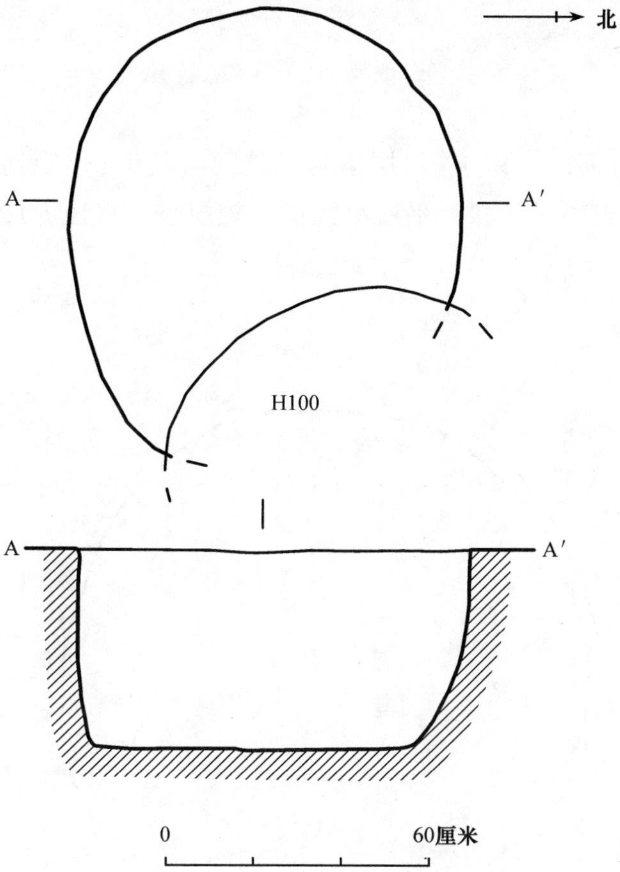

图一〇〇　H133平、剖面图

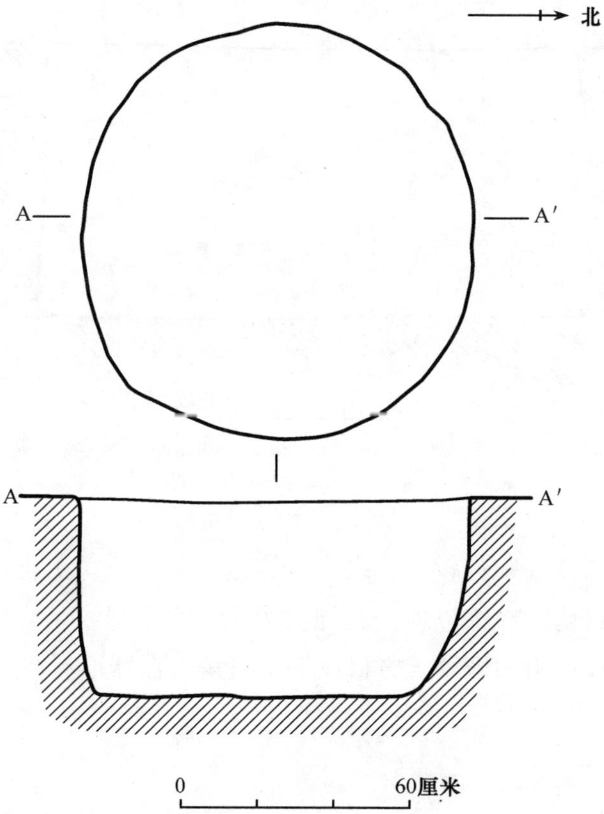

图一〇一　H140平、剖面图

5. H156

H156位于T54中南部，开口于第3层下，打破第4层。坑口距地表0.5米，平面呈近圆形，直径为1.79米。坑壁略呈袋状。平底呈圆形，较规整，直径为1.89米，距坑口深0.94米（图一〇二；图版三二，1）。

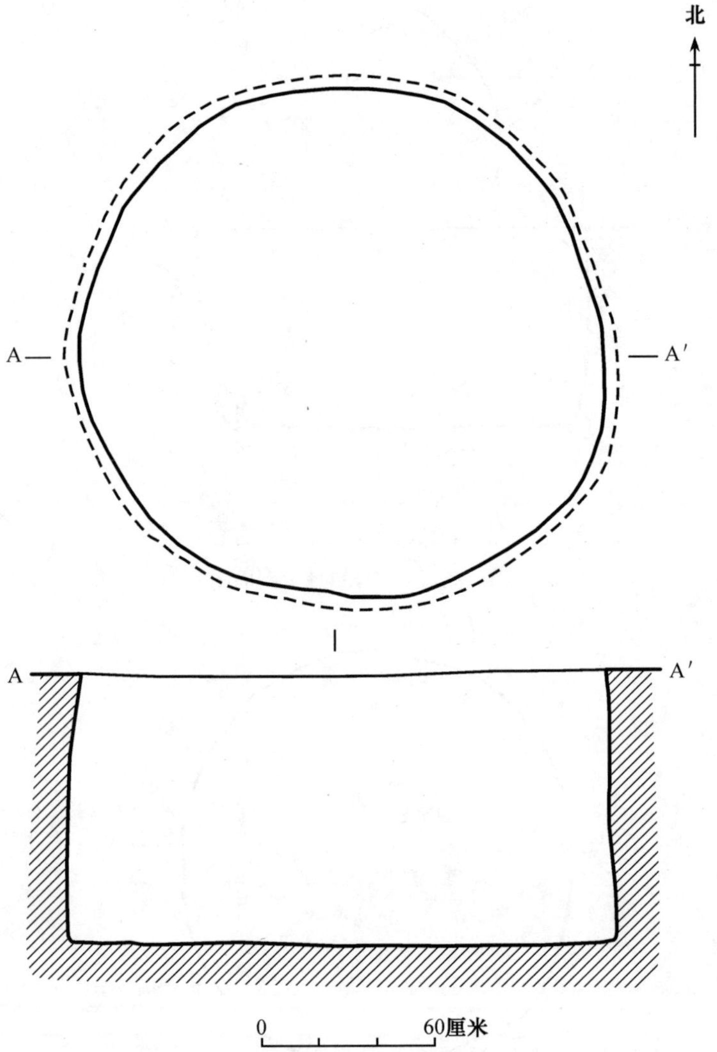

图一〇二　H156平、剖面图

坑内填黄褐色土，质硬，颗粒较大，夹杂少许红烧土碎块。出土陶片以泥质灰陶为主，夹砂灰陶次之，有少量的红陶。纹饰以斜向粗绳纹为主，交叉绳纹、直绳纹和三角划纹亦占有一定比例，另有少量的弦纹、附加堆纹、方格纹等。可辨陶器器形有鬲、簋、罐等（表三八）。

表三八　H156陶系纹饰统计表

纹饰＼数量＼陶色＼陶质	夹砂陶				泥质陶				合计	百分比/%
	灰	灰黑	红	小计	灰	灰褐	红	小计		
斜向粗绳纹	79	6	4	89	112	14	9	135	224	47.06
直绳纹	34	6		40	18		6	24	64	13.45
交叉绳纹	31			31	27	5		32	63	13.24
弦纹					15	7	6	28	28	5.88
附加堆纹	11	2		13		6		6	19	3.99
方格纹					6	4	2	12	12	2.52
三角划纹					28	3		31	31	6.51
素面	6			6	13		7	20	26	5.46
其他			3	3		6		6	9	1.89
合计	161	14	7	182	219	45	30	294	476	
百分比/%	33.83	2.94	1.47	38.24	46.01	9.45	6.30	61.76		100

6. H178

H178位于T63中部偏东，开口于H136底部，打破生土。现存坑口距地表约1.3米，呈不规则椭圆形，长径约2.6米，短径约1.52米。坑壁斜收。坑底略有起伏，距坑口约0.25米（图一〇三）。

坑内填黑色灰烬土，质地疏松，颗粒较大，夹杂料姜石、红烧土和木炭颗粒。在填土上部出土一具比较完整的羊骨，羊头朝东，躯体扭曲，下半身仰卧，上半身侧卧，脊椎扭曲成了一个约70°的锐角，如此姿势可能系活埋所致（图版三二，2）。出土陶片以夹砂和泥质灰陶为主，纹饰常见粗绳纹，另有交叉绳纹、粗附加堆纹、弦纹等。

7. H200

H200位于T83东南部，南部延伸出发掘区外。开口于第3层下，打破H211、H263和H281。坑口距地表0.5米，已发掘部分的坑口形状似为圆角长方形的一半，东西长约2.3米，南北宽约1.6米。斜壁。平底，距坑口深约0.52米（图一〇四）。

坑内填灰褐色土，质较松软，夹杂少量料姜石颗粒。出土遗物较少，可见夹砂灰陶粗绳纹鬲残片等。

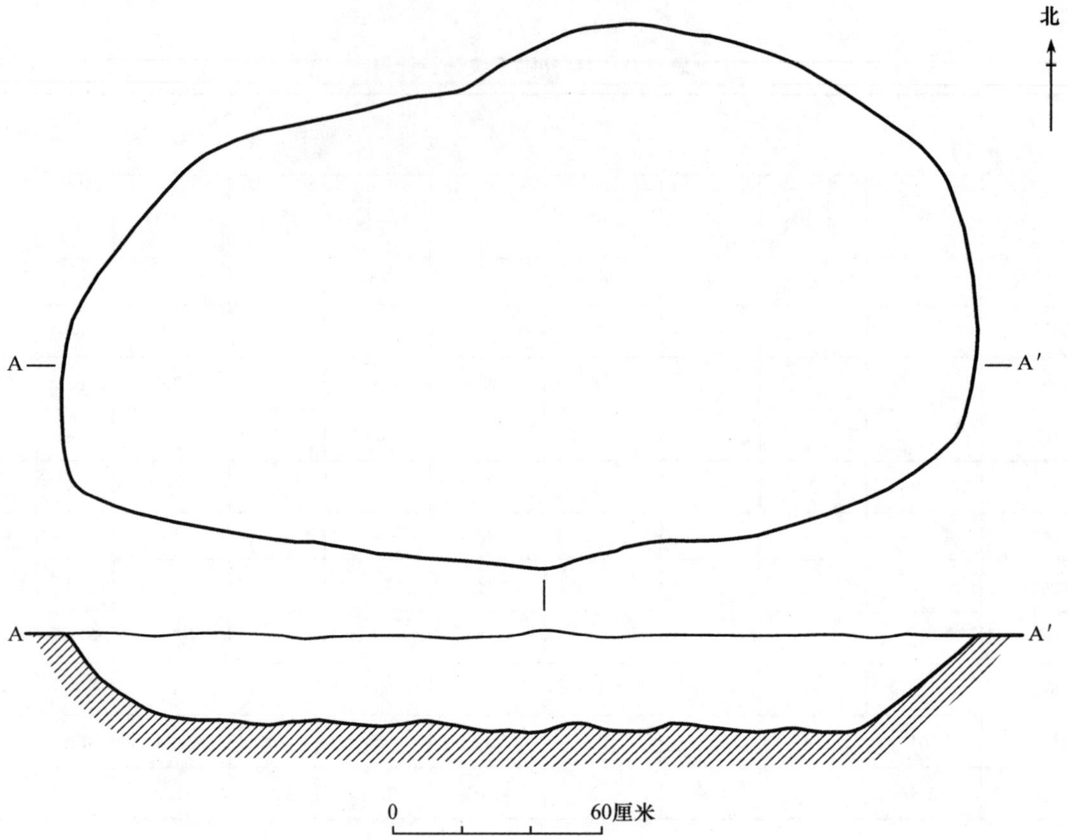

图一〇三　H178平、剖面图

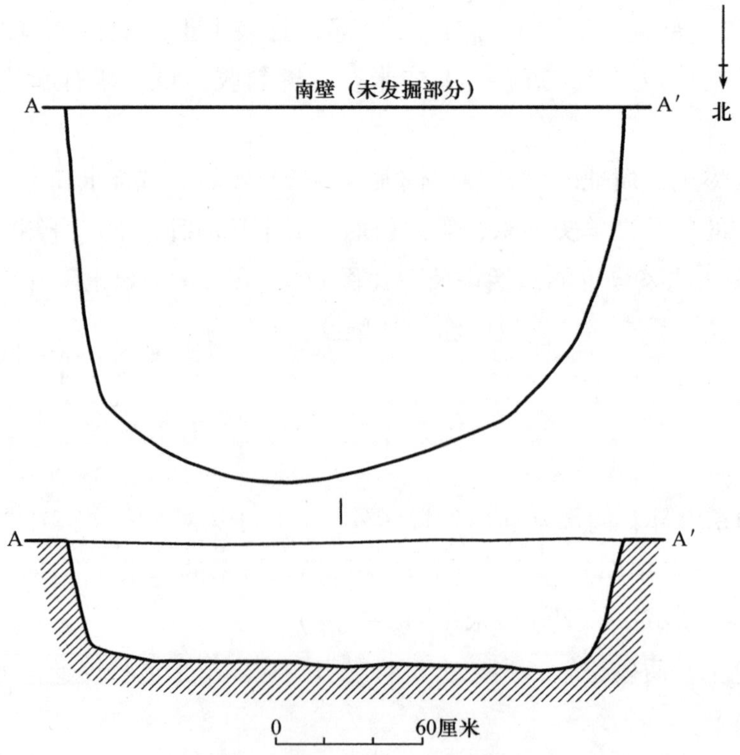

图一〇四　H200平、剖面图

8. H242

H242位于T79南部，开口于第3层下，被H241打破。坑口距地表0.5米，从残存部分看，平面形状似呈椭圆形，长径约1.76米。坑壁略呈袋状。平底，为生土，距坑口约0.95米（图一〇五）。

坑内填黄褐色土，土质较硬，颗粒较大，夹杂有草拌泥、红烧土块等。出土陶片较少，可见夹砂粗绳纹陶鬲残片等。

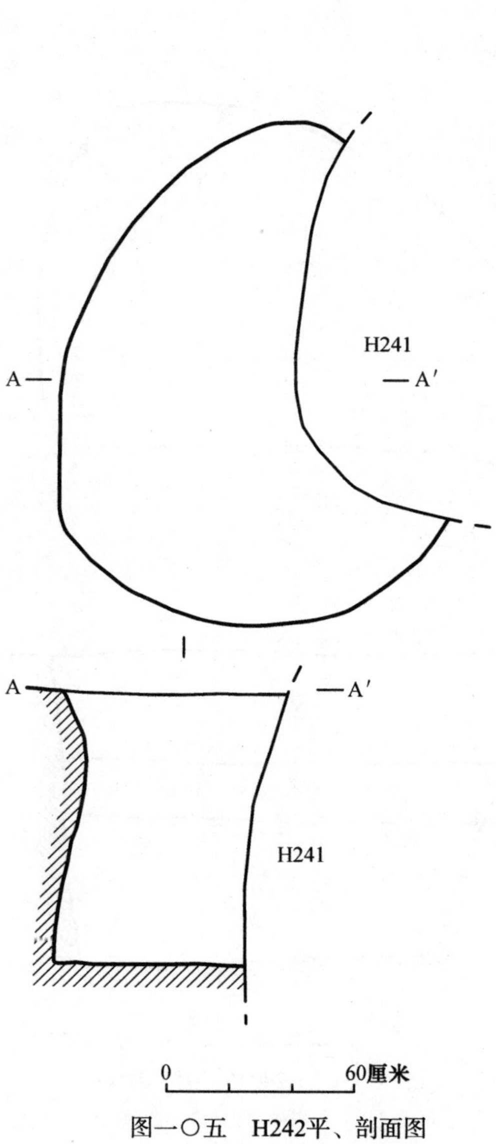

图一〇五　H242平、剖面图

9. H249

H249位于T77南部，开口于第3层下，被H206打破，又打破H327和H284。坑口距地表约0.65米，平面近似椭圆形，长径约1.9米，短径约1.5米。斜壁。平底略有倾斜，距坑口最深约1.14米。

坑内填土分三层：第1层为黄褐色土，厚约0.4米，质较松软，含有少量的料姜石颗粒。第2层为黑褐色土，厚约0.2米，土质更松软。第3层为灰褐色土，质硬。坑内出土陶片较少，可见有夹砂灰陶粗绳纹鬲口沿、矮足等（图一〇六）。

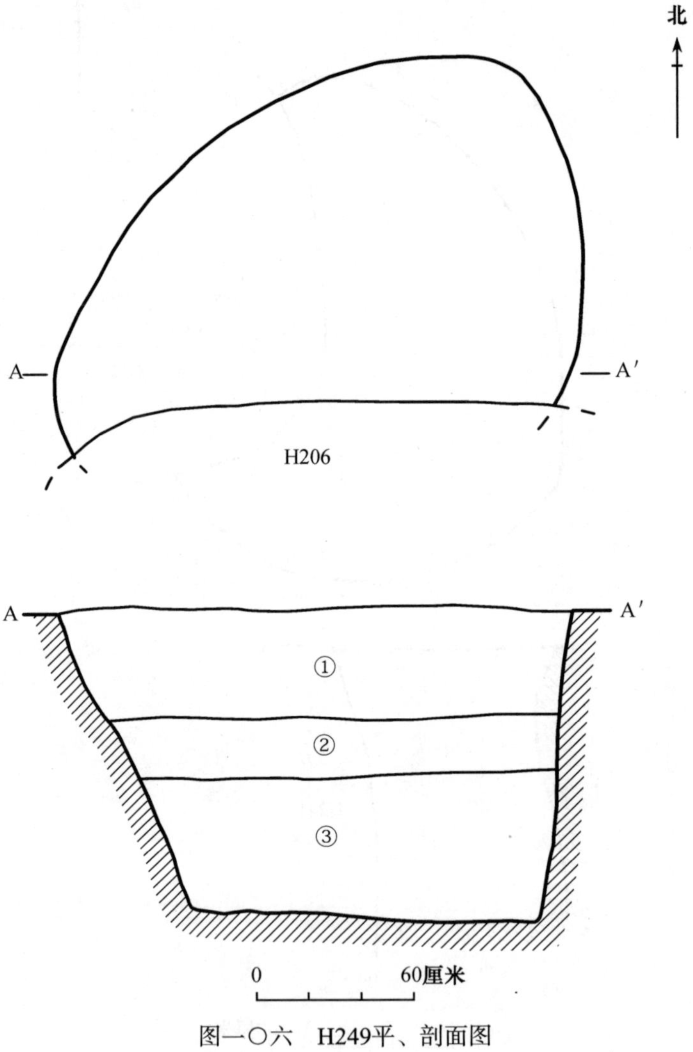

图一〇六　H249平、剖面图

1. 黄褐色土　2. 黑褐色土　3. 灰褐色土

10. H271

H271位于T110东南角，部分延伸到T111北隔梁下，开口于第3层下，打破第4层及生土。坑口距地表约0.6米，平面呈圆形，直径约1.86米。直壁，平底，距坑口深约0.88米（图一〇七）。

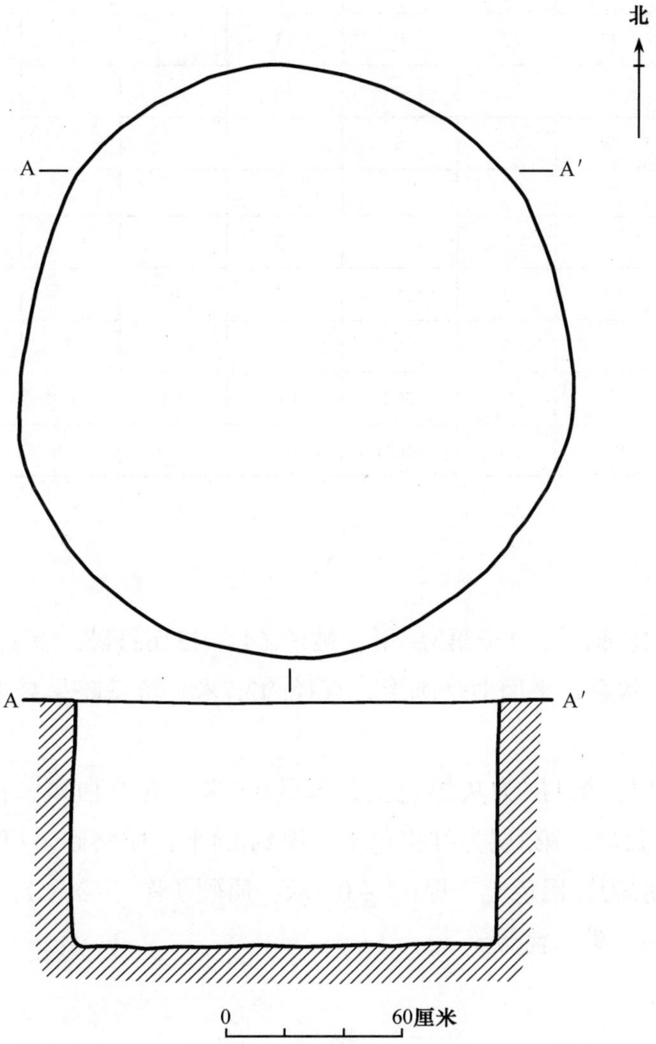

图一〇七　H271平、剖面图

坑内填灰黑色土，土质松软而潮湿，夹杂较多的料姜石及红烧土颗粒。出土陶片较多，以夹砂灰陶为主，泥质灰陶次之，有少量的红陶。纹饰以斜向粗绳纹为主，交叉绳纹亦占有一定比例，另有少量的直绳纹、弦纹、附加堆纹、方格纹、三角划纹等，可辨陶器器形有鬲、簋、豆、瓮等（表三九）。

表三九　H271陶系纹饰统计表

陶质 / 陶色 / 数量 / 纹饰	夹砂陶				泥质陶				合计	百分比/%
	灰	灰黑	红	小计	灰	灰褐	红	小计		
斜向粗绳纹	186	13	5	204	67	9	7	83	287	59.18
直绳纹	12	6		18	3	5		8	26	3.30
交叉绳纹	34	11	2	47	13		9	22	69	14.23
弦纹	7			7	16		5	21	28	5.77
附加堆纹		5		5					5	1.03
方格纹					4		2	6	6	1.24
三角划纹					23	1		24	24	4.95
素面		4	2	6	17	3	2	22	28	5.77
其他	2		3	5			7	7	12	2.47
合计	241	39	12	292	143	18	32	193	485	
百分比/%	49.69	8.04	2.47	60.21	29.48	3.71	6.60	39.79		100

11. H282

H282位于T102西北部，开口于第3层下，被H264、H316打破，又打破H287。坑口距地表约0.63米，从残存的形状看，平面似呈圆形，直径约2.7米。坑壁略呈袋形。坑底略倾斜，距坑口最深约1.7米。

坑内填土分为五层：第1层为灰黑色土，厚约0.6米，含有白斑，质疏松。第2层为花白土，厚0.3～0.4米，质松软。第3层为红褐色土，厚约0.4米，质略硬。第4层为灰褐色土，厚约0.08米，质较硬。第5层为棕褐色土，厚0.1～0.3米，质硬（图一〇八）。出土遗物以粗绳纹陶片为主，可辨器形有鬲、罐、瓮等。

二、灰　沟

3条，占本次发掘灰沟总数的30%（附表二）。

1. G4

G4位于T65中部，北部延伸入T64内，南部延伸入T66，并分别在T64、T66内结束。开口于第3层下，直接打破第4层。呈西南—东北走向，沟口距地表0.46米，平面呈长条形，长10.9

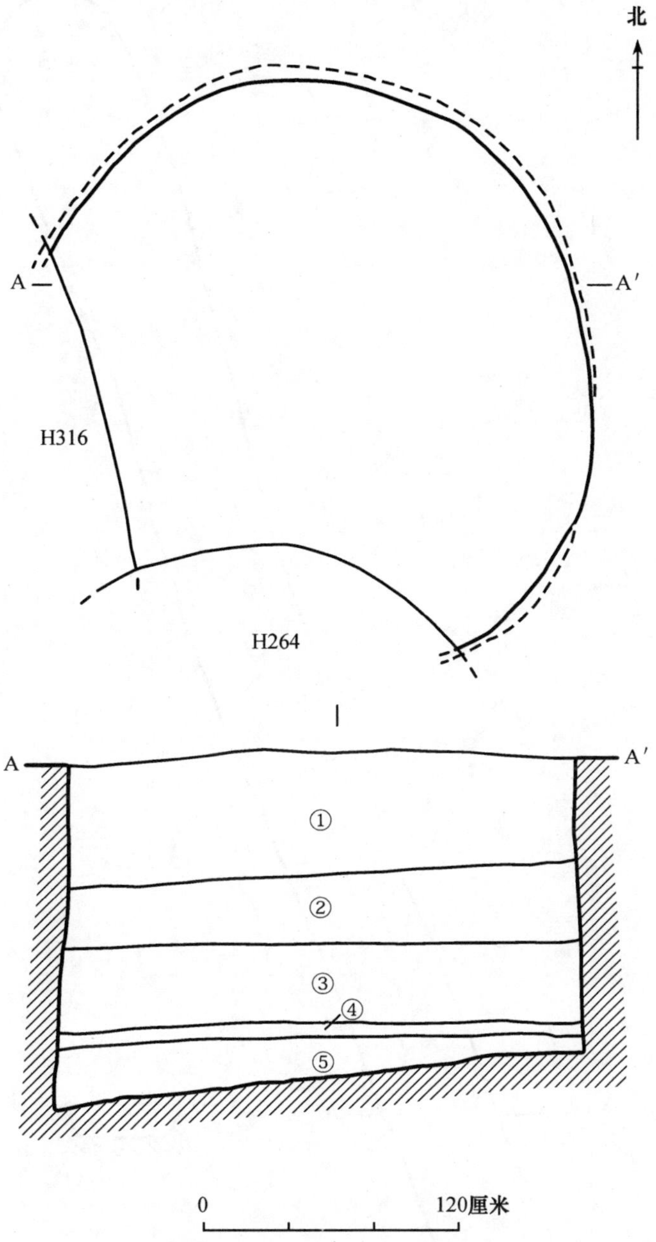

图一〇八　H282平、剖面图

1. 灰黑色土　2. 花白土　3. 红褐色土　4. 灰褐色土　5. 棕褐色土

米，宽0.7米。沟壁斜直，较规整。沟底为平底，宽0.5米，距沟口深0.1米（图一〇九）。

沟内填土不分层，为灰土，质松软，夹杂少许料姜石和红烧土颗粒。

2. G5

G5西起于T64东南部，向东穿越T70东北部、T79北部、T86和T94中部，T101中部偏南，直到T108 东部，并延伸到发掘区外。开口于第3层下，东部打破H305、H306和H312。略呈西

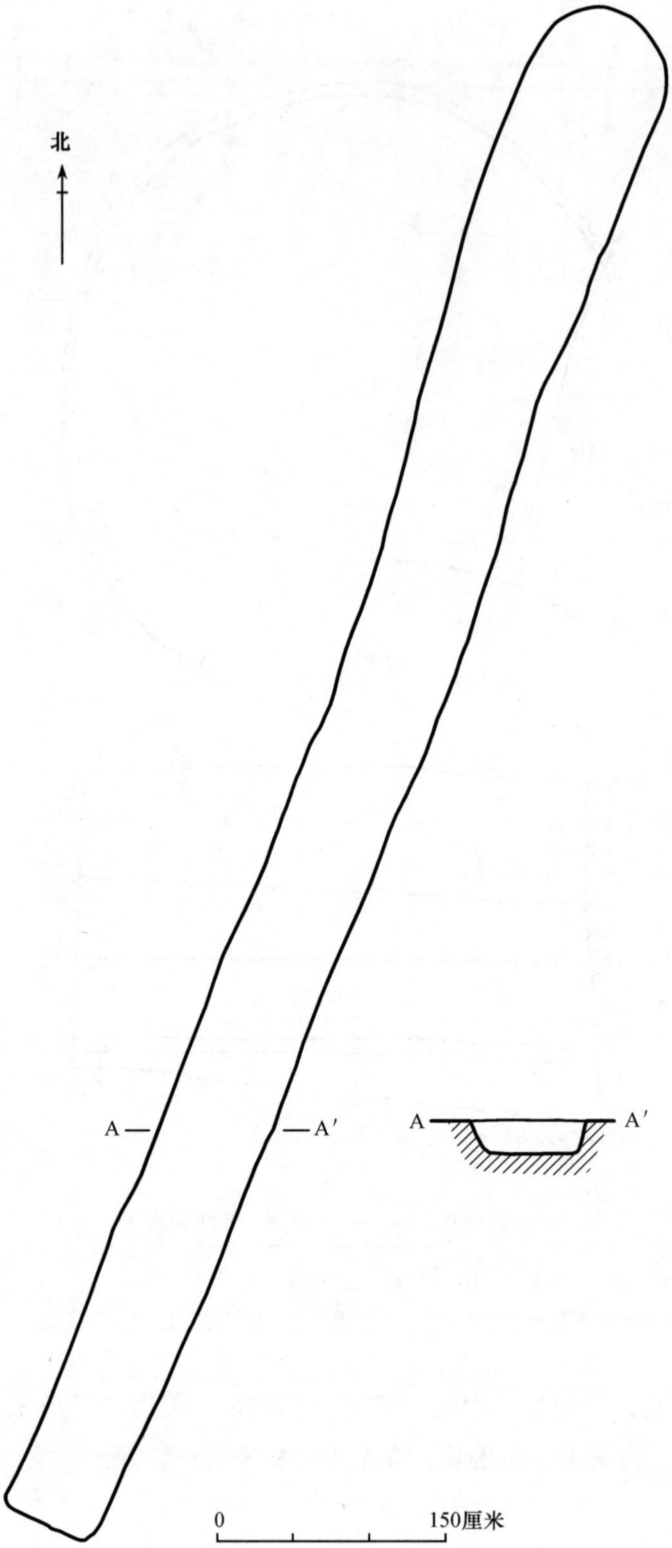

图一〇九　G4平、剖面图

北—东南走向，平面呈长条形，沟长约30米，宽约0.5米，深0.35～0.4米（参见图五）。

沟内堆积为灰褐土，土质松软，出土陶片零星，见有厚胎粗绳纹灰陶片。

3. G8

G8位于T74的中部偏东，由南向北贯穿整个探方，开口于第3层下，打破H253、H324。大体呈东北—西南方向，沟长约4米，宽约0.6米，深约0.28米（参见图五）。

沟内堆积为黄土，含有较多的料姜石颗粒，出土陶片较少，可见素面的泥质灰陶。

以上三条灰沟开口层位一致，均较窄且浅，出土遗物很少，当属于简单的排水沟。

三、灶　　址

1处。Z1位于T16东北部，开口于第3层下，西北部被H30打破。灶口距地表0.5米，平面呈圆形，直径约1.08米。灶膛周壁弧收，圜底，壁、底皆为红烧土，较硬，厚0.05～0.1米，最深0.35米（图一一〇；图版三三，1）。

灶内堆积不分层，灰土中夹杂有草拌泥及红烧土块。

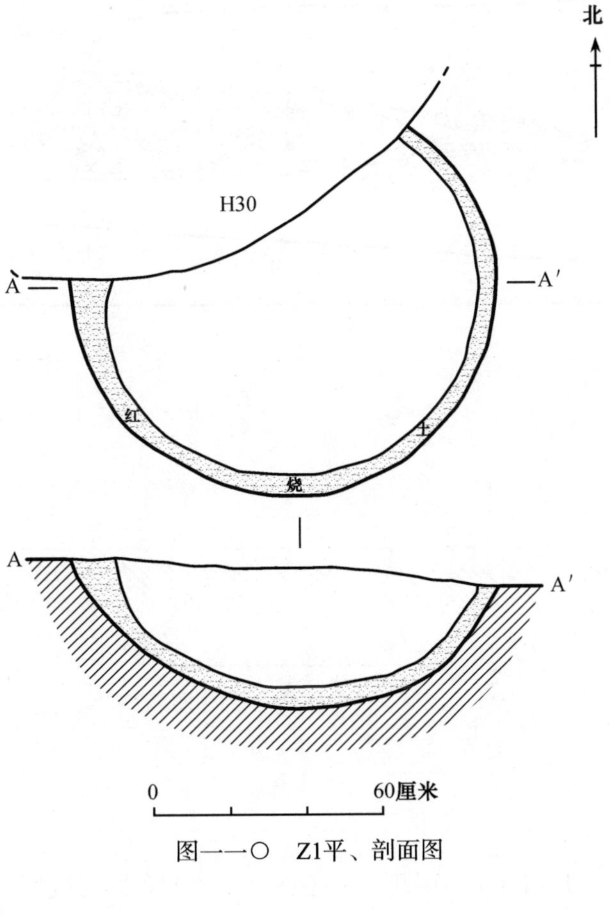

图一一〇　Z1平、剖面图

四、墓　　葬

41座。占本次发掘墓葬总数的89.13%，主要分布于发掘区的西部。均为小型土坑竖穴墓，平面有长方形和梯形两种。带腰坑的墓葬有6座，其中4座腰坑内各殉狗1只，另两座腰坑内无殉牲。发现木质葬具的墓葬有7座，单棺。以单人仰身直肢葬为主，另有单人俯身直肢葬8例。经鉴定男性墓主22例，女性墓主16例，另有性别不详3例。随葬1件陶鬲的墓葬有27座，随葬1件陶豆的墓葬仅1座，其余13座墓葬无随葬品（附表三）。

1. M2

M2位于T14中部偏西，开口于第3层下，打破H37、H55。为梯形土坑竖穴墓，墓口距地表约0.4米，墓底长2.02米，头端宽0.4米，足端宽0.7米，深0.75米。方向299°。无二层台和腰坑。填灰黑色土，质较硬。人骨一具，保存较差，仰身直肢葬，头向西北，面向上。男性，年龄在45～50岁。无随葬品（图一一一；图版三三，2）。

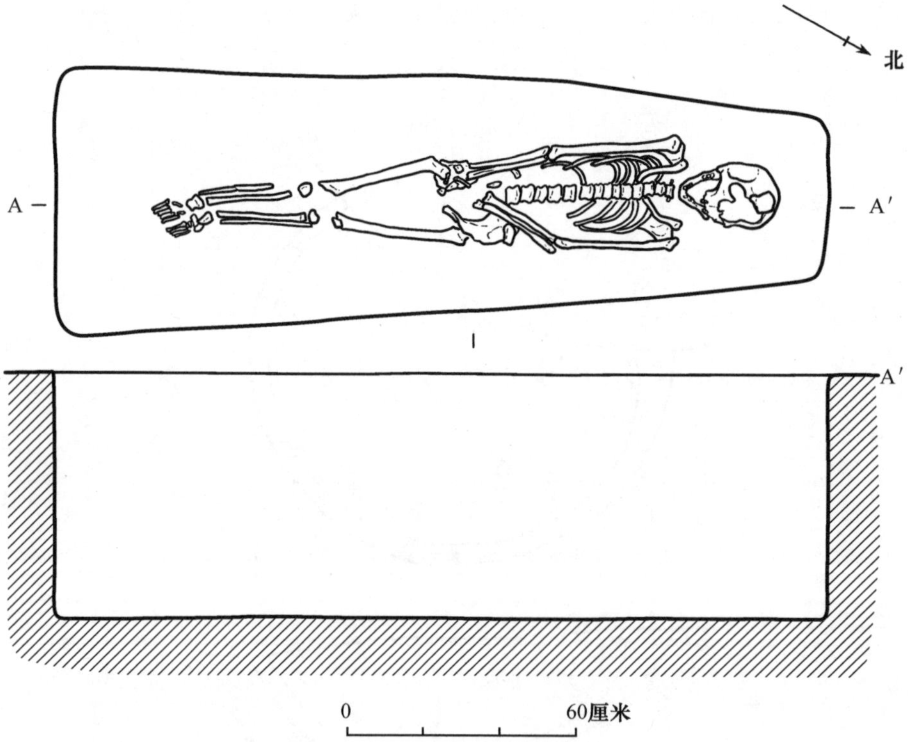

图一一一　M2平、剖面图

2. M3

M3位于T26西北角，开口于第3层下，打破H92。为梯形土坑竖穴墓，墓口距地表深0.5

米，长2.05米，头端宽0.8米，脚端宽0.7米。墓底长宽与口相同。深1.3米。方向175°。填灰白色五花土，略经夯打。墓壁较规整，有生土二层台，二层台高0.1米，宽0.2米。无腰坑，未发现葬具。人骨一具，保存较差，仰身直肢葬，头向南，面向上，性别、年龄未做鉴定。无随葬品（图一一二；图版三四，1）。

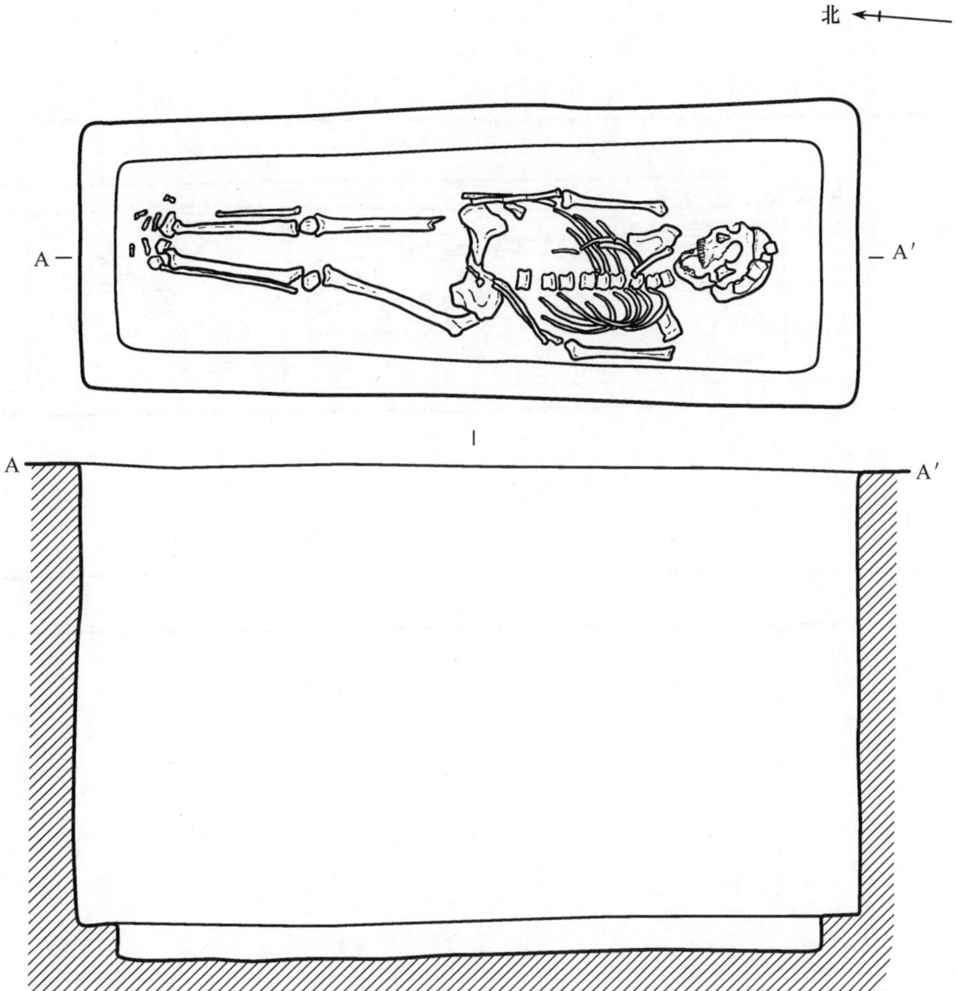

图一一二　M3平、剖面图

3. M4

M4位于T15西北角，开口于第3层下，打破第4层。长方形土坑竖穴墓，墓口距地表0.5米，长2.6米，宽1.2米。墓底长宽同墓口。深1.08米。方向90°。填灰黑色土。葬具为木棺，已腐朽成灰，从“板灰”看，两侧棺板出头，平面呈“工”字形，长2.2米，宽0.6米。人骨一具，仰身直肢葬，头向东，面向上，男性，年龄在30～35岁。人骨保存不好，下臂骨、胸廓、盆骨和趾骨等已腐朽不全。墓底周边有生土二层台，中间有一圆角长方形的腰坑，长0.4米，宽0.2米，距头侧棺板0.7米。坑内埋狗1只，骨架腐朽较甚，头向不明。随葬品共2件，墓主口含1枚海贝，左侧脚端放置1件陶鬲（图一一三；图版三四，2）。

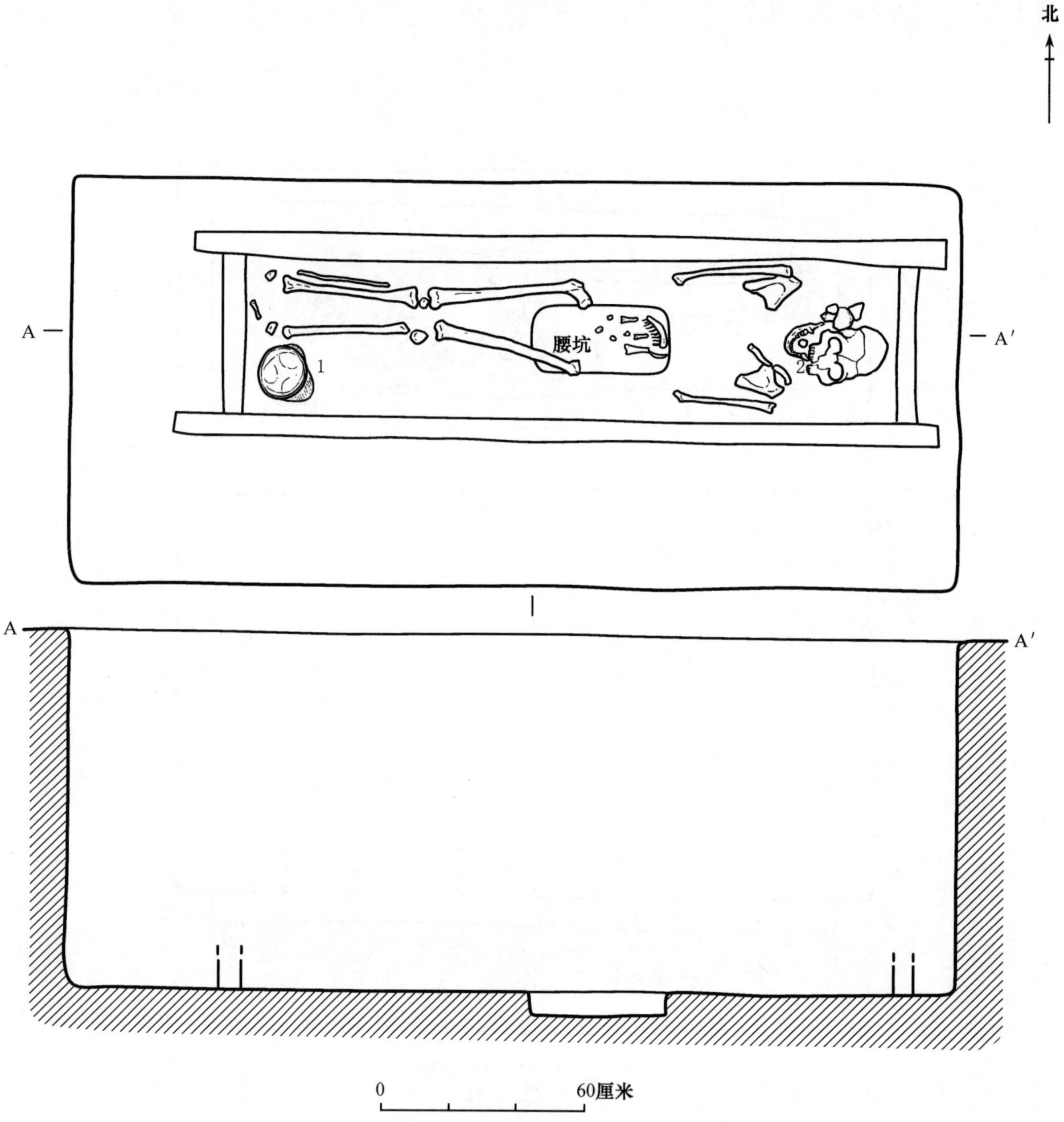

图一一三　M4平、剖面图
1. 陶鬲　2. 海贝

4. M5

M5位于T26东南角，开口于第3层下，打破第4层。为梯形土坑竖穴墓，上大下小，墓口距地表0.4米，长2米，头端宽0.84米，足端宽1.2米，墓壁略倾斜，墓底距墓口深1.1米，长1.92

米，头端宽0.82米，足端宽1.04米。方向183°　。无二层台和腰坑。填灰黄色五花土，未夯。葬具为木棺，已朽，棺长约1.8米，头端宽0.52米，足端宽0.48米。人骨一具，保存较差，右侧胫骨错位，仰身直肢葬，头向南，面向西。女性，年龄在40～45岁。无随葬品（图一一四；图版三五，1）。

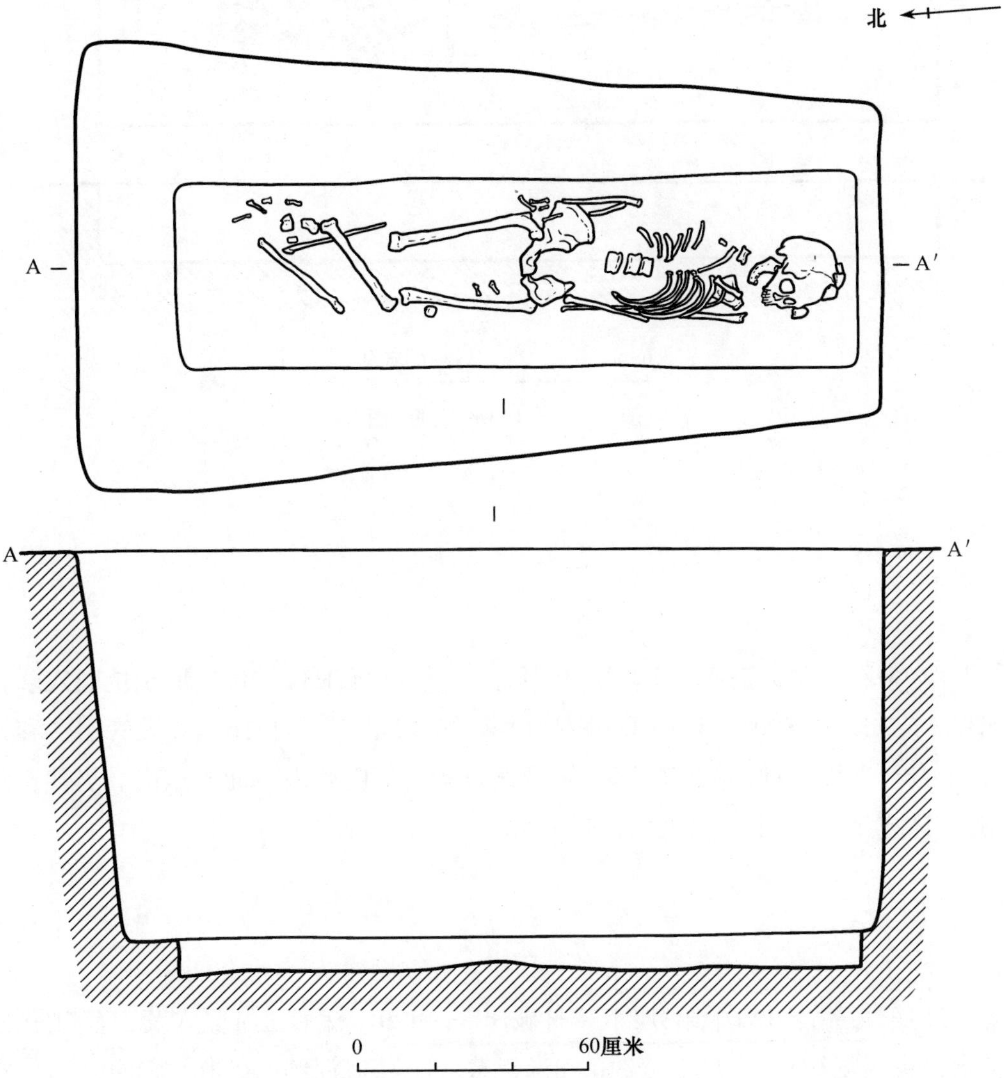

图一一四　M5平、剖面图

5. M6

M6位于T14西南部，开口于第3层下，打破H10、H55。为长方形土坑竖穴墓，墓口距地表约0.45米，墓底长2.2米，宽0.6米，残深0.22米。方向286°　。无二层台和腰坑。填灰黑色土，质软，未夯。人骨一具，保存较好，仰身直肢葬，头向西，面向北。男性，年龄在35～40岁。随葬1件陶鬲，位于墓主头部偏右侧（图一一五；图版三五，2）。

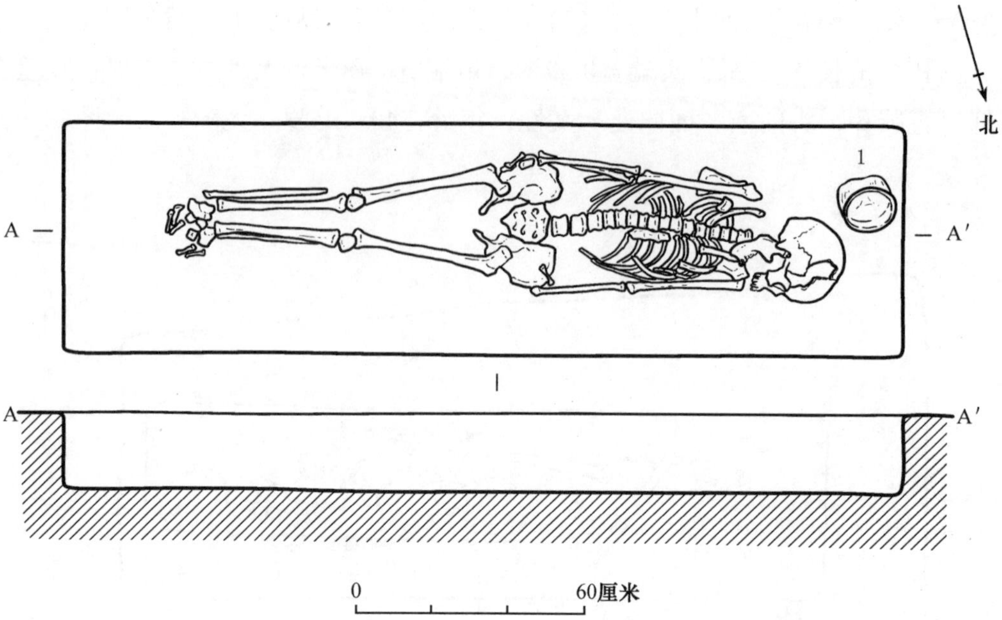

图一一五　M6平、剖面图

1. 陶鬲

6. M7

M7位于T20南部，部分进入T21，开口于第3层下，打破H18。长方形土坑竖穴墓，墓口距地表约0.4米，长2.1米，宽0.64米，墓底距墓口深约1.12米。方向216° 。无二层台和腰坑。填灰黑色土，未夯。人骨一具，保存较好，俯身直肢葬，头向西南，面向东南。男性，年龄在25岁左右。随葬1件陶鬲，位于墓主足部右侧（图一一六；图版三六，1）。

7. M8

M8位于T13东北部，开口于第3层下，打破H28、H79。梯形土坑竖穴墓，墓口距地表约0.4米，长约2米，头端宽约1米，足端宽约0.88米，墓底距墓口深约0.85米。方向96° 。有生土二层台，高0.1米，头端宽约0.14米，足端宽0.26米。无腰坑。填土为灰黄色五花土，含较多料姜石颗粒。木棺严重腐朽，从所剩部分推测可能是“工”字形。人骨一具，保存较差，仰身直肢葬，双手交叉于腹部，头向东，面向南。疑似女性，年龄在40～45岁。随葬1件陶鬲，位于墓主足部右侧（图一一七；图版三六，2）。

8. M9

M9位于T15东南部，开口于第3层下，被H16打破。长方形土坑竖穴墓，墓口距地表约0.5

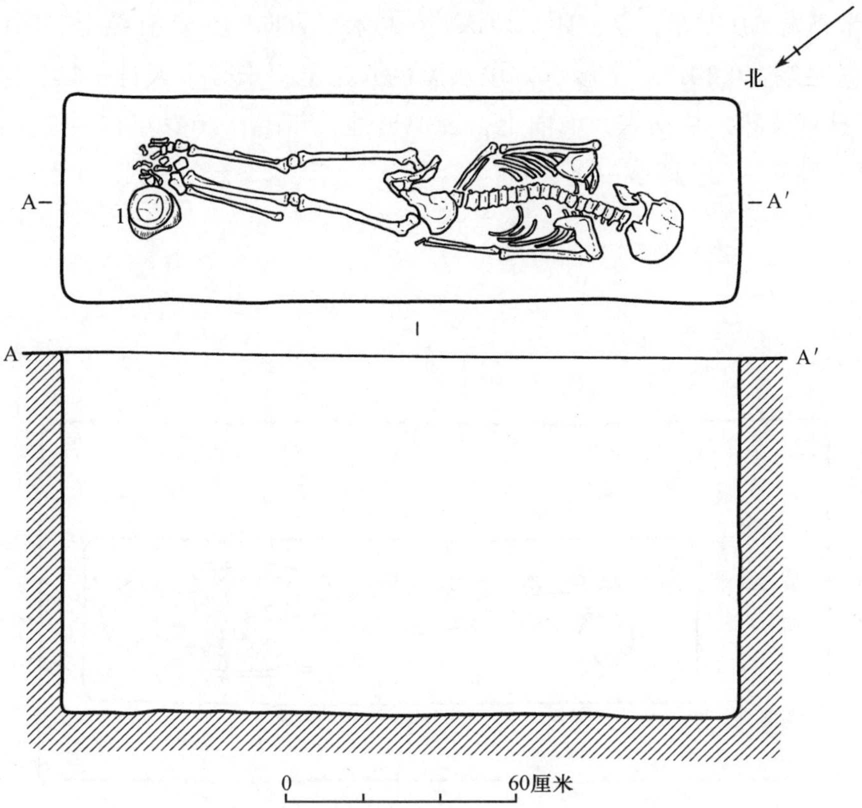

图一一六　M7平、剖面图

1. 陶鬲

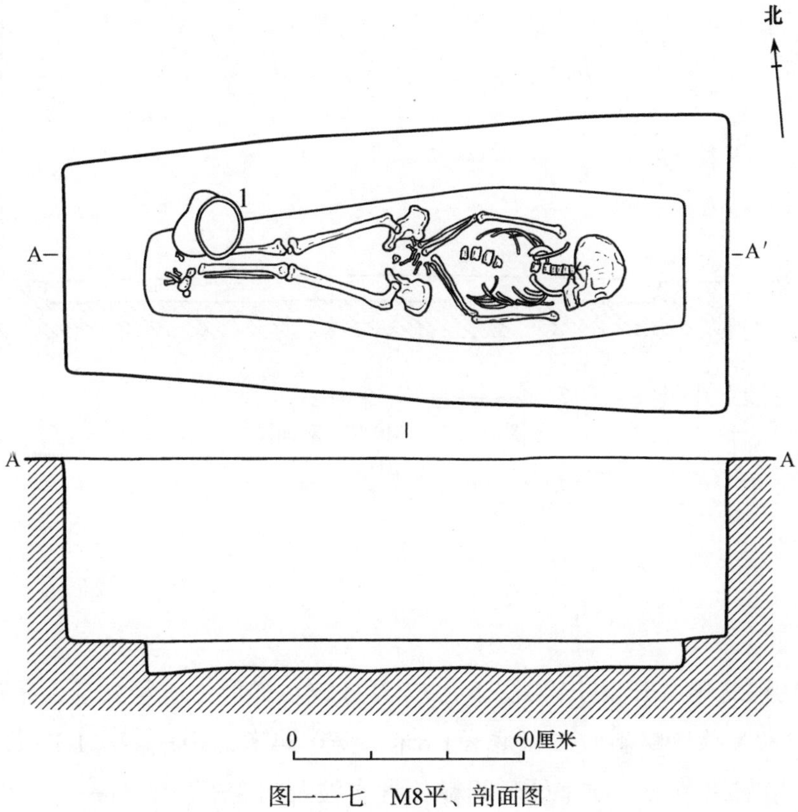

图一一七　M8平、剖面图

1. 陶鬲

米，长约2.06米，宽约0.94米，墓底距墓口深约0.96米。方向90° 。有熟土二层台，高0.06米，头端宽0.12米，足端宽0.34米。无腰坑。填灰黑色五花土，未夯。人骨一具，保存较差，颅骨受压破碎，仰身直肢葬，头向东，面向上，疑似男性，年龄在20岁左右。随葬1件陶鬲，位于墓主足部左侧（图一一八；图版三七，1）。

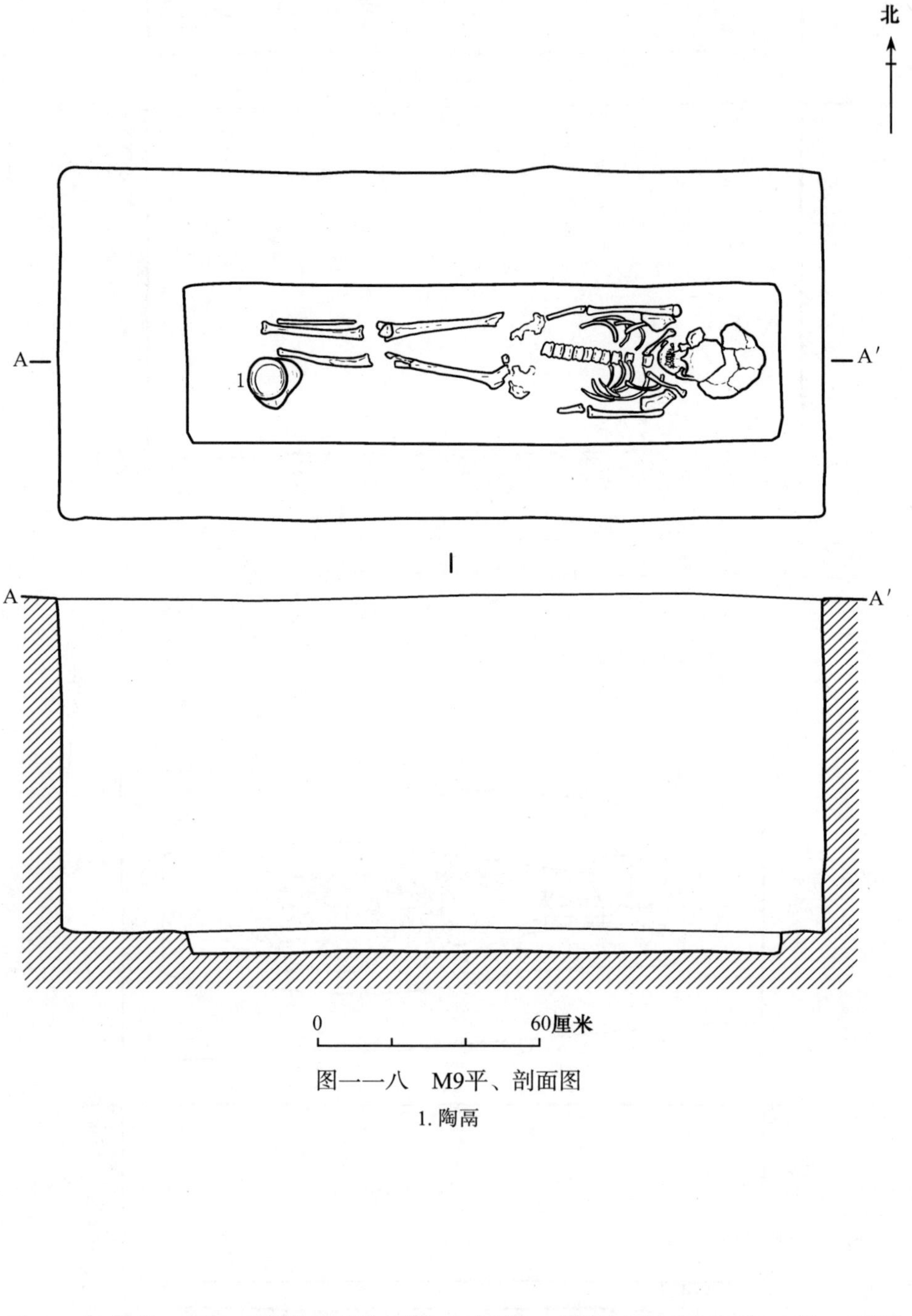

图一一八　M9平、剖面图
1. 陶鬲

9. M10

M10位于T10东北角，开口于第3层下，被G1打破。梯形土坑竖穴墓，墓口距地表0.36米，长1.9米，宽0.72米，墓壁略斜收，墓底长1.8米，宽0.54米，距地表深1.15米。方向120° 。无二层台和腰坑。填灰黑色土，质坚硬且粗糙，含炭粒及料姜石。人骨一具，保存较好，仰身直肢葬，双手放于腹部，头向东南，面向西南。女性，年龄在25岁左右。随葬品有2件，墓主右足外侧放置1件陶鬲，左手附近放置1件石铲（图一一九；图版三七，2）。

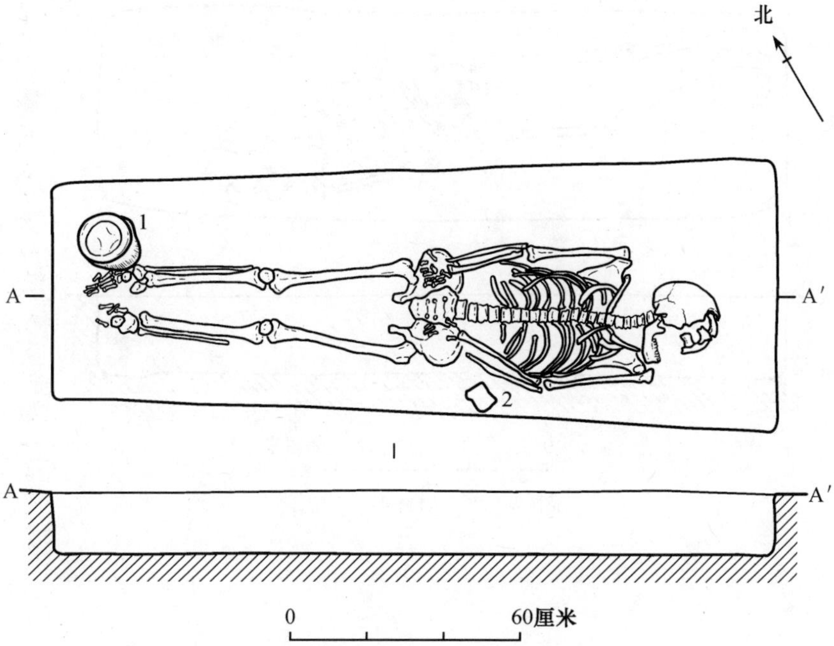

图一一九　M10平、剖面图

1. 陶鬲　2. 石铲

10. M11

M11位于T9东南部，开口于第3层下，打破G2。长方形土坑竖穴墓，墓口距地表约0.4米，长约1.8米，宽约0.6米，墓底距墓口约0.2米。方向21°。无二层台和腰坑。填灰黄色五花土，质松软。人骨一具，保存很差，颅骨完全破碎，仰身直肢葬，头向东北，面向不明。女性，年龄在25岁左右。随葬1件陶鬲，位于墓主左足上（图一二〇；图版三八，1）。

11. M12

M12位于T29东部，开口于第3层下，被H1打破，又打破H53。长方形土坑竖穴墓，墓口距地表0.64米，长2.64米，宽0.93米。墓底长宽与口相同，距墓口深1.05米。方向170°。填灰褐色土，夹杂大量黄褐斑点，质松软，颗粒较小，未夯。葬具为木棺，虽已腐朽成灰，但棺痕较明显，两侧棺板出头，平面呈“工”字形，长1.96米，宽0.48米。人骨一具，保存较完整，俯身直肢葬，双手置于身下，头向东，面向南。女性，年龄在25岁左右。墓底有一圆角长方形腰坑，长0.6米，宽0.34米，深0.2米，坑内埋狗1只，骨架保存较差，仅发现头骨及少量肋骨，头向为东北。随葬品为1件陶鬲，位于墓主足端的棺外，距西墓壁0.3米，南壁0.28米（图一二一；图版三八，2）。

图一二〇　M11平、剖面图

1. 陶鬲

12. M13

M13位于T18中部略偏南，开口于第3层下，打破生土。长方形土坑竖穴墓，墓口距地表0.55米，长2.3米，宽0.92米，墓壁四周较规整，墓底距墓口深1米。方向206°。填浅灰色土，夹杂大量料姜石颗粒，质松软，颗粒较小，未夯。人骨一具，保存较差，右侧肋骨、手骨以及盆骨、脚骨腐朽严重，头骨严重变形，仰身直肢葬，双手置于腹部，头向南，面向东，男性，年龄在45～50岁。未发现二层台、葬具、腰坑及随葬品（图一二二；图版三九，1）。

13. M14

M14位于T19东部，开口于第3层下，打破生土。长方形土坑竖穴墓，墓口距地表0.63米，长1.86米，宽0.66米，墓底距墓口深约0.92米。方向184°。无二层台。墓底有一腰坑，长0.41米，宽0.37米，深0.06米，坑内未见殉牲。填灰黄色土，质松软，未夯。人骨一具，保存较好，仰身直肢葬，头向南，面向西。女性，年龄在15～20岁。随葬品为1件陶鬲，位于墓主头部右侧（图一二三；图版三九，2）。

14. M15

M15位于T18南部偏东，开口于第3层下，打破生土。长方形土坑竖穴墓，墓口距地表0.6米，长2米，宽0.9米，墓壁四周较规整，墓底距墓口深约0.6米。方向23°。无二层台和腰坑。填浅灰色土，质松软，颗粒较小，未夯。人骨一具，保存较好，仰身直肢葬，双手

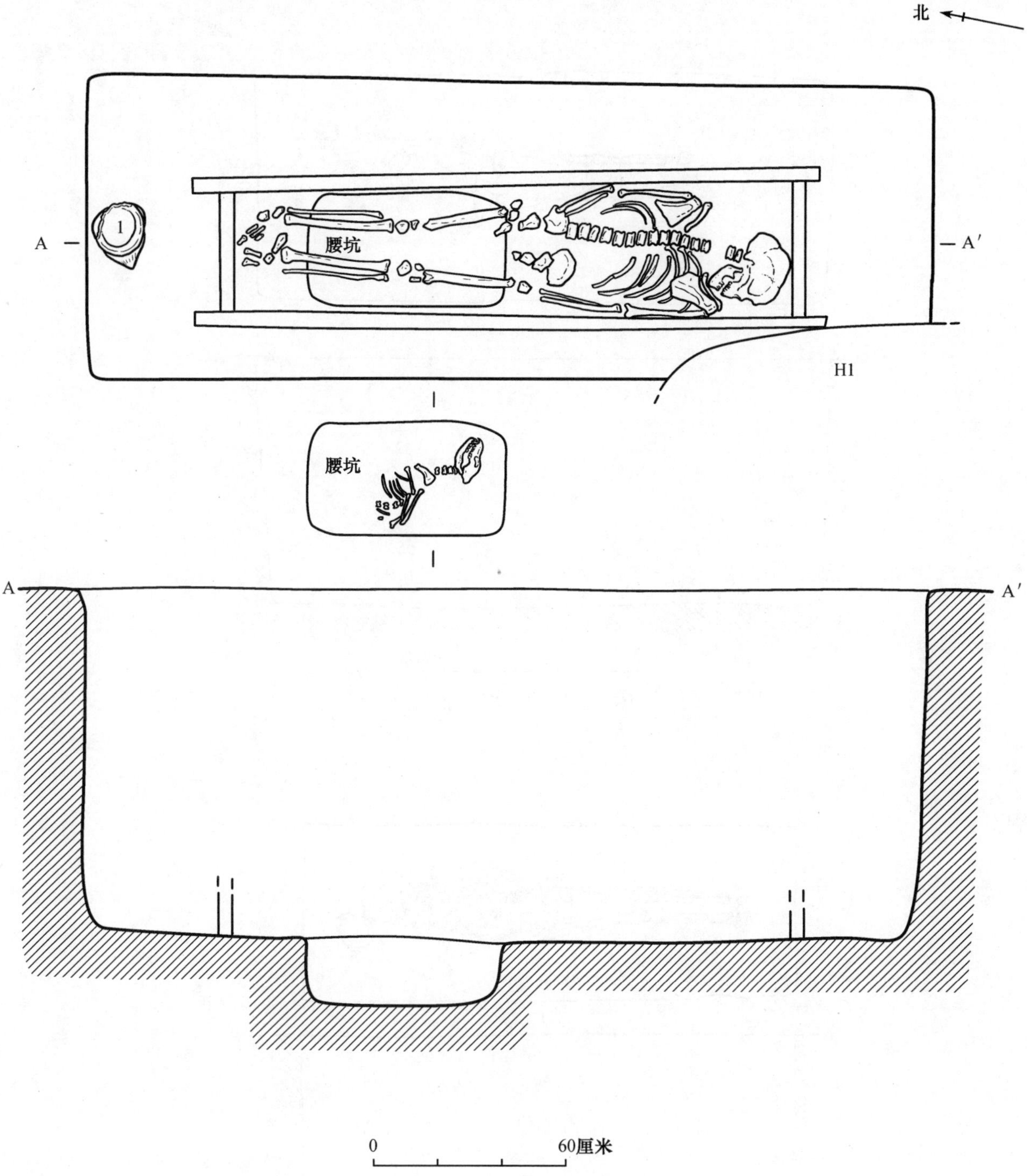

图一二一　M12平、剖面图
1. 陶鬲

交叉于小腹部，头向东北，面向上。女性，年龄在20岁左右。随葬1件陶鬲，位于墓主足端（图一二四；图版四〇，1）。

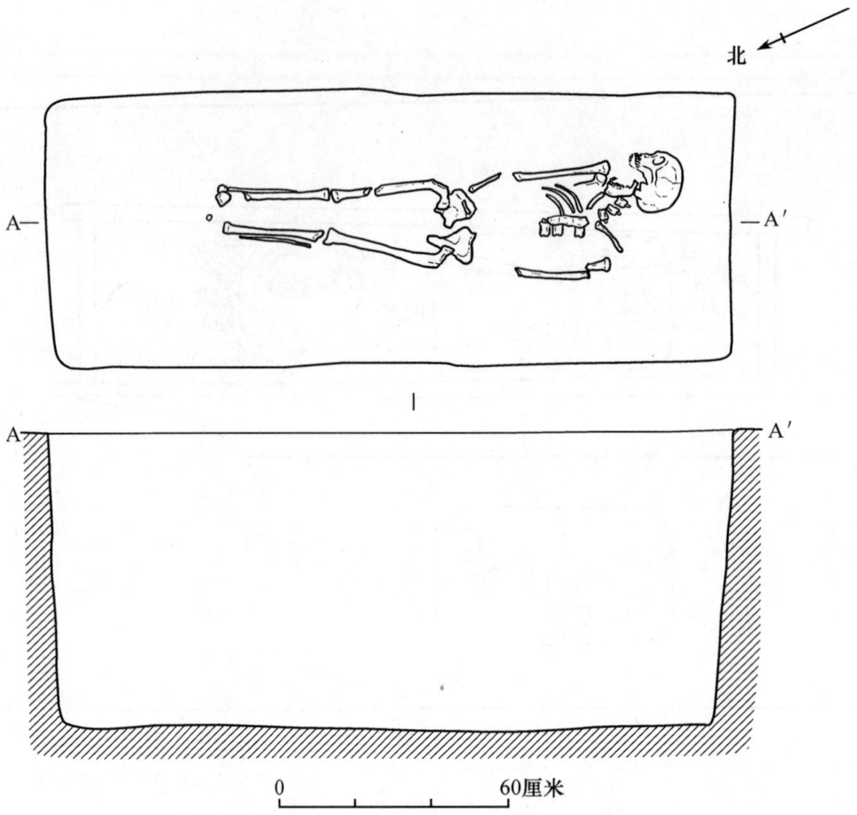

图一二二　M13平、剖面图

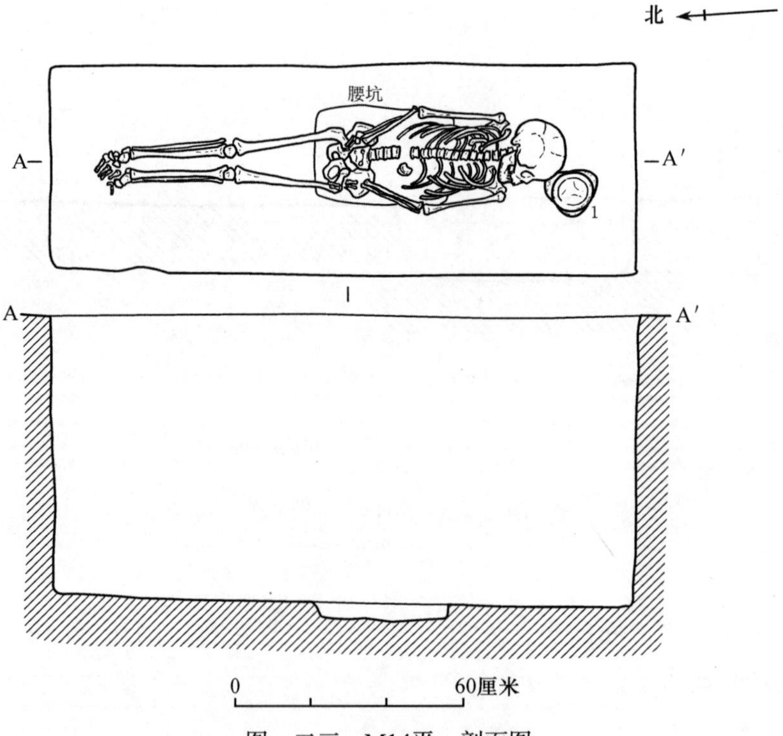

图一二三　M14平、剖面图

1. 陶鬲

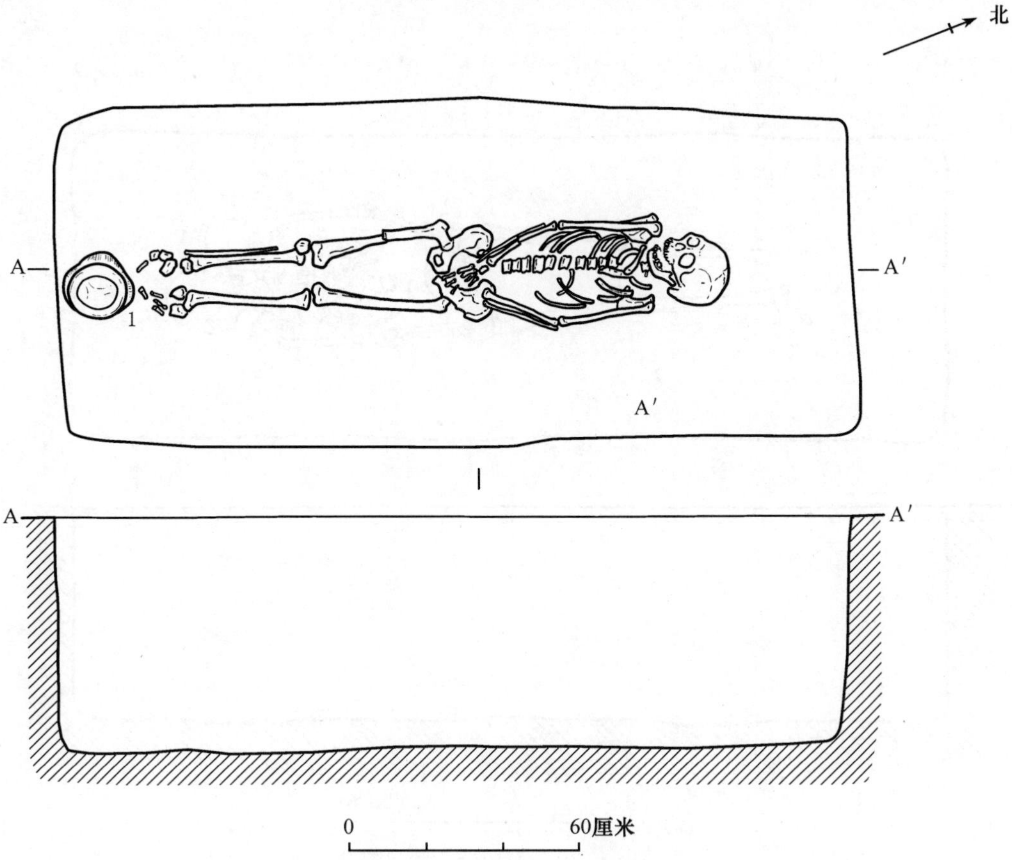

图一二四　M15平、剖面图
1. 陶鬲

15. M16

M16位于T12的东南角，开口于第3层下，打破第4层。长方形土坑竖穴墓，墓口距地表0.35米，长2.3米，宽0.8米，墓底距地表约0.91米。方向140°　。无二层台和腰坑。填灰黑色五花土，质疏松，未夯。人骨一具，保存较差，颅骨破碎严重，仰身直肢葬，头向东南，面向西南。男性，年龄在40岁左右。随葬1件陶豆，位于墓主头部右侧（图一二五；图版四〇，2）。

16. M17

M17位于T13西南部，开口于第3层下，打破H79。由于未能及时划出墓圹，大部分被做掉。从近墓底的情形看，该墓为梯形土坑竖穴，长1.75米，头端宽0.7米，脚端宽0.56米，残深0.14米。方向195°　。无二层台和腰坑。填灰黑色土，质松软，未夯。人骨一具，保存较好，仰身直肢葬，头向西南，面向上，女性，年龄在15岁左右。随葬1件陶鬲，位于墓主足部左侧（图一二六；图版四一，1）。

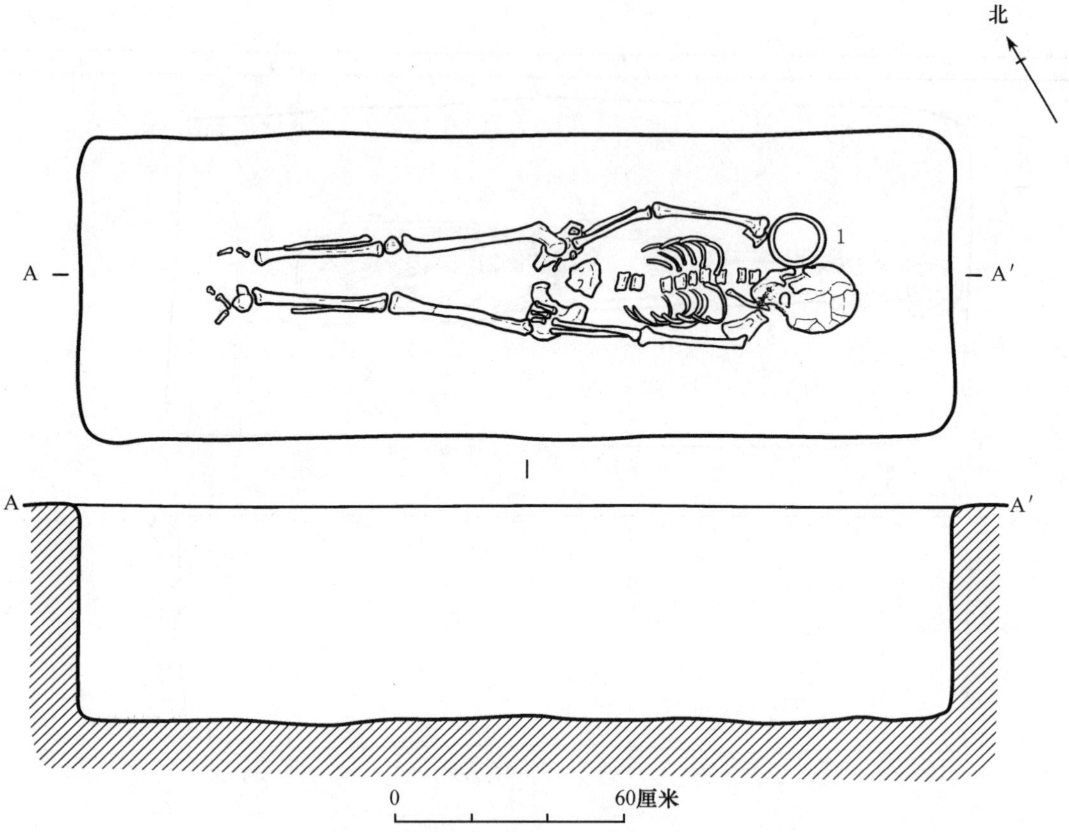

图一二五　M16平、剖面图
1. 陶豆

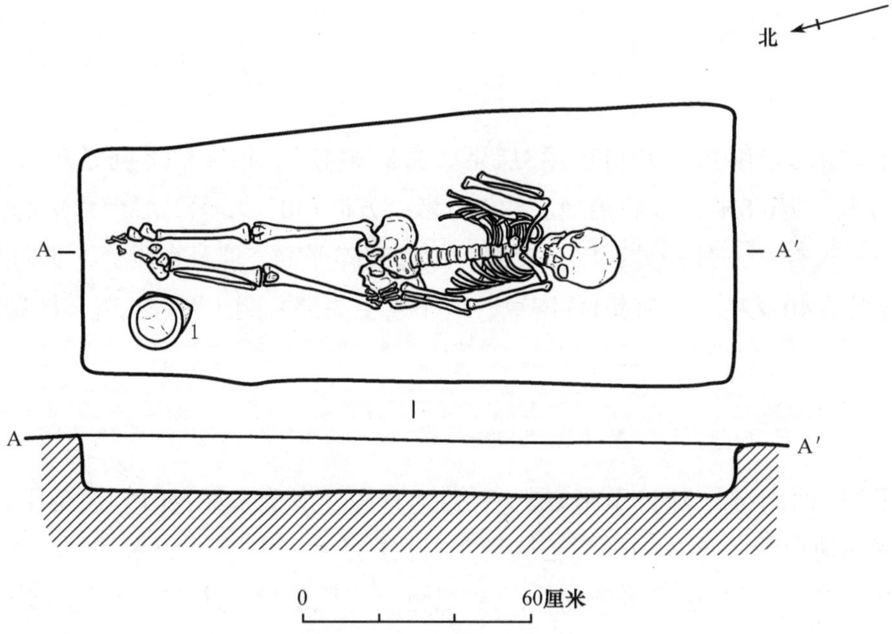

图一二六　M17平、剖面图
1. 陶鬲

17. M18

M18位于T19南部，开口于第3层下，被H11打破。长方形土坑竖穴墓，墓口距地表约0.45米，长1.96米，宽0.87米，墓底距墓口约1.14米。方向0°。无二层台和腰坑。填灰黑色土，较松软，未夯。人骨一具，保存较好，仰身直肢葬，双手交叉放于小腹部，头向北，面向东。女性，年龄在15岁左右。随葬1件陶鬲，位于墓主足部左侧（图一二七；图版四一，2）。

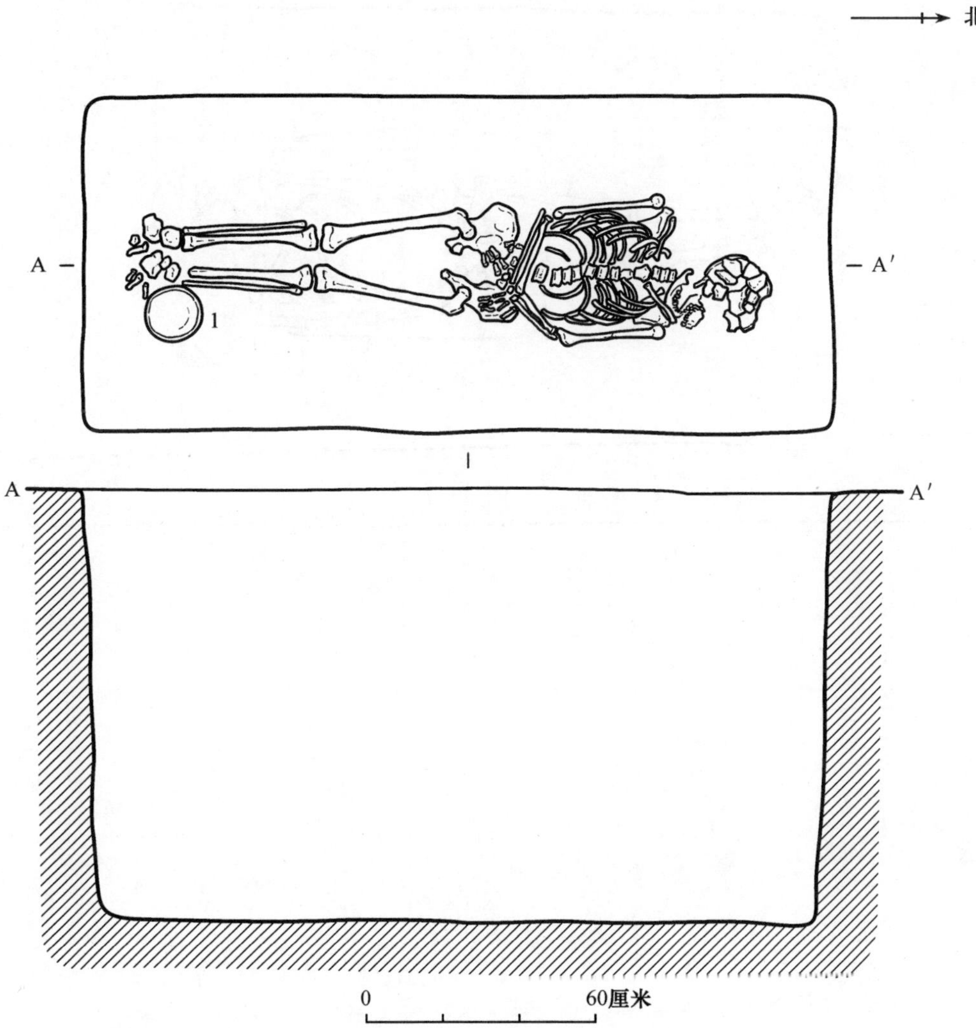

图一二七　M18平、剖面图

1. 陶鬲

18. M19

M19位于T20东北部，开口于第3层下，打破第4层。长方形土坑竖穴墓，墓口距地表约

0.32米，长2.66米，宽1.2米，墓底距墓口深约1.43米。方向75°。无二层台。墓底有一腰坑，长0.7米，宽0.6米，深0.3米，坑内未见殉牲。人骨一具，保存较差，仰身直肢葬，头向东北，面向上。男性，年龄在45岁左右。随葬品有2件，墓主口含1枚海贝，足部右侧放置1件陶鬲（图一二八；图版四二，1）。

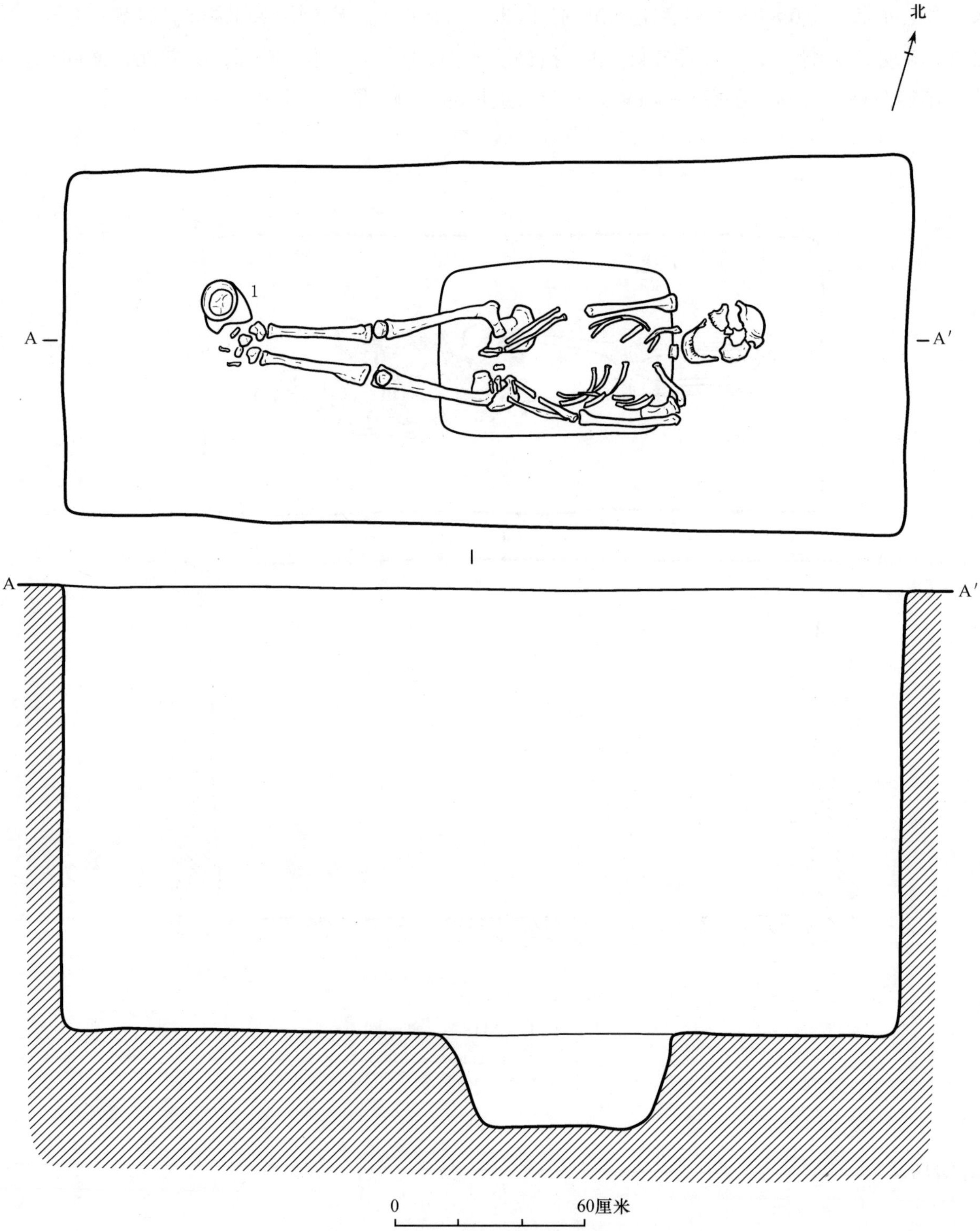

图一二八　M19平、剖面图
1. 陶鬲

19. M20

M20位于T11中部偏南，开口于第3层下，打破第4层。长方形土坑竖穴墓，墓口距地表约0.45米，长1.8米，宽0.5米，墓底距墓口深约0.12米。方向200°。无二层台和腰坑。填灰褐色五花土，质较硬。人骨一具，保存较差，颅骨和肋骨受压变形，右手放于腹部，左手放于髋骨下，仰身直肢葬，头向西南，面向上。男性，年龄在45～50岁。未发现葬具和随葬品（图一二九；图版四二，2）。

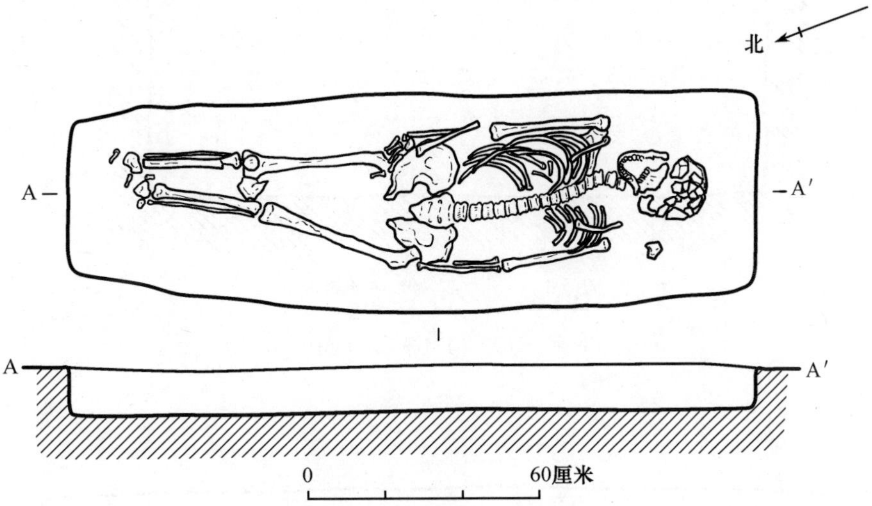

图一二九　M20平、剖面图

20. M21

M21位于T11西北部，开口于第3层下，打破G2。长方形土坑竖穴墓，墓口距地表0.3米，长1.7米，宽0.6米，墓底距地表0.8米。方向285°。无二层台和腰坑。填灰褐色土，细腻且较硬。人骨一具，保存较差，俯身直肢葬，头向西北，面向下。女性，年龄在30岁左右。未发现葬具和随葬品（图一三〇）。

21. M22

M22位于T27中部偏东，开口于第3层下，被H5打破，又打破H64。长方形土坑竖穴墓，墓口距地表约0.8米，长2.12米，宽0.9米。有生土二层台，高0.12米，头端宽0.14米，脚端宽0.38米。墓底距墓口深约0.75米。方向175°。无腰坑。葬具为木棺，仅见棺板朽痕，两侧棺板出头，平面呈“工”字形，长约1.96米，宽约0.6米。人骨一具，保存较完好，俯身直肢葬，头向南，面向西。男性，年龄在35～40岁。随葬品为1件陶鬲，位于墓主足部右侧（图一三一；图版四三，1）。

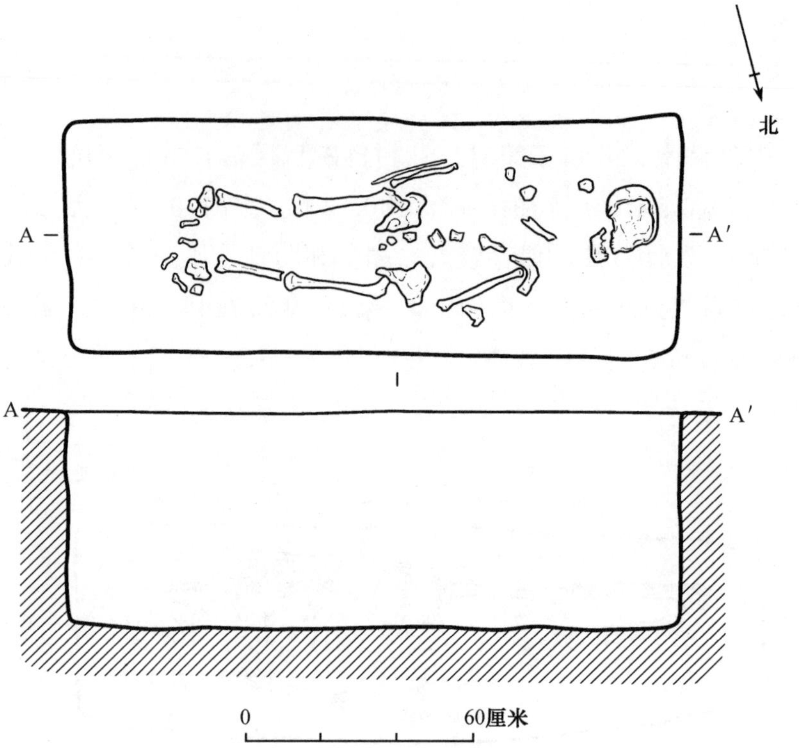

图一三〇　M21平、剖面图

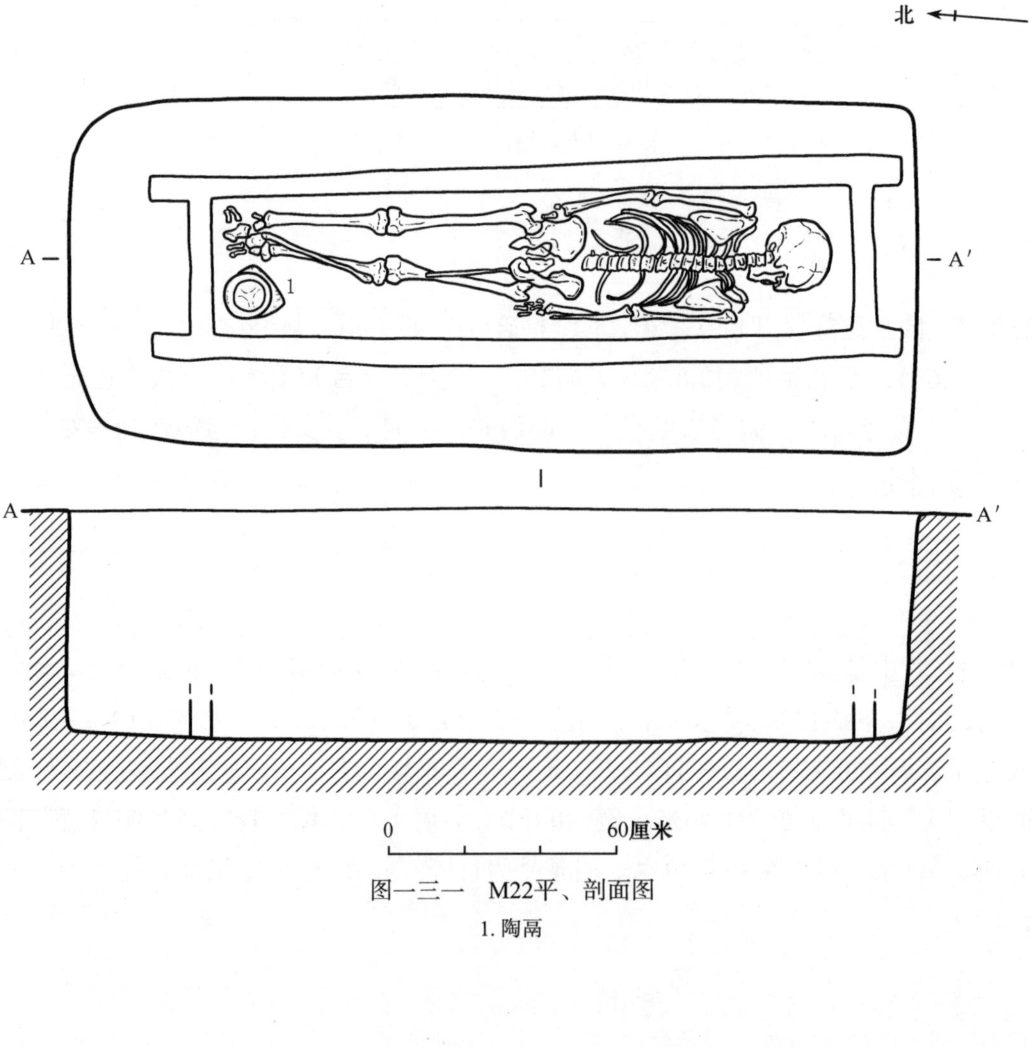

图一三一　M22平、剖面图

1. 陶鬲

22. M23

M23位于T4东南部，开口于第3层下，由于大部分被H22打破，人骨仅残留下肢骨与足部，墓圹形制与墓主葬式均不明。方向约90° 。据下肢骨的粗壮度看，应为一成年男性，年龄已经无法断定。随葬的1件陶鬲位于墓主足部（图一三二）。

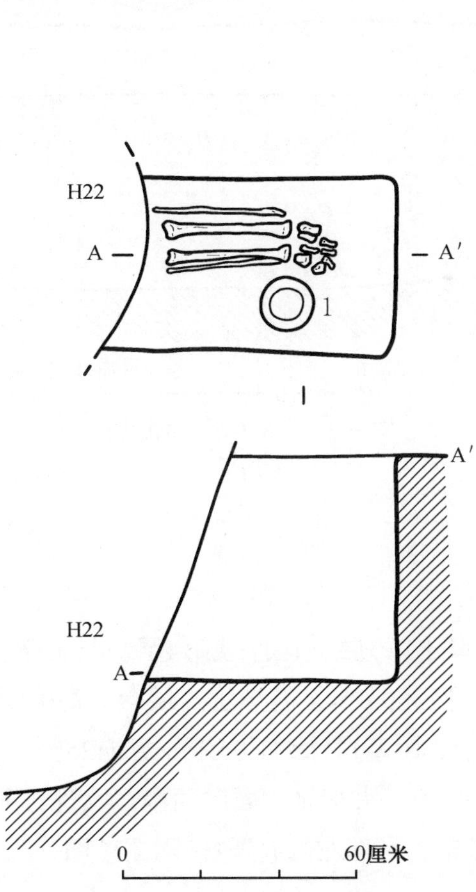

图一三二　M23平、剖面图

1. 陶鬲

23. M24

M24位于T11东南部，开口于第3层下，打破H45。长方形土坑竖穴墓，墓口距地表0.3米，长1.7米，宽0.46米，墓底距墓口0.5米。方向95° 。未发现葬具、二层台与腰坑。填灰黑色五花土，细腻且较硬。人骨一具，保存较好，仰身直肢葬，左右手放于腹部，头向东，面向南。男性，年龄在35～40岁。随葬陶鬲1件，位于墓主头部左侧（图一三三；图版四三，2）。

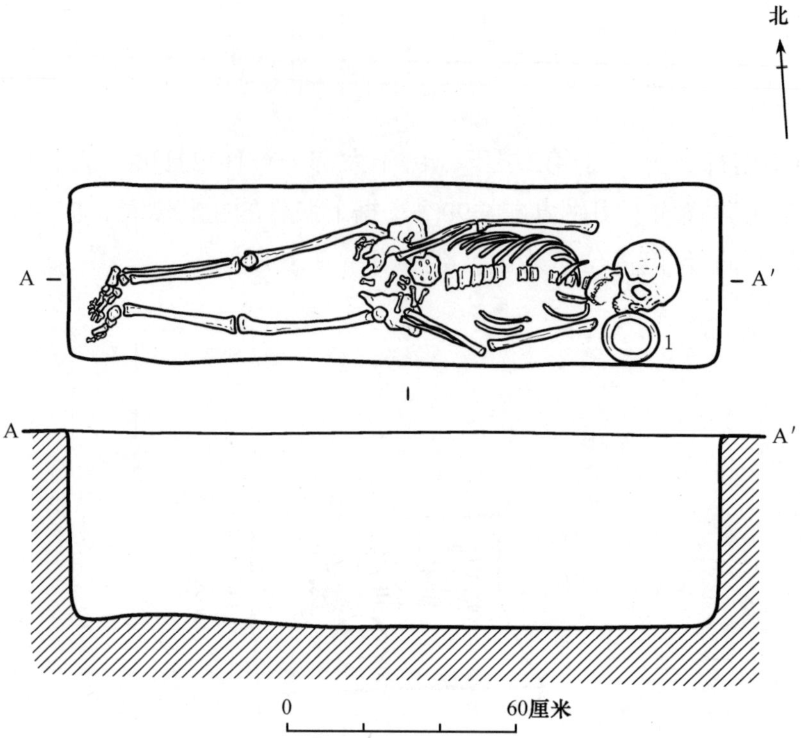

图一三三　M24平、剖面图
1. 陶鬲

24. M25

M25位于T33东南部，开口于第3层下，打破第4层。长方形土坑竖穴墓，口小底大，墓口距地表约0.6米，长约1.9米，宽约0.6米。有熟土二层台，高0.1米，头端宽0.3米，脚端宽0.1米。墓底长约1.9米，宽约0.7米，距墓口深约1.06米。方向25°。无腰坑。填五花土，未夯。人骨一具，保存完好，仰身直肢葬，头东北，面向西南。女性，年龄在15～20岁。随葬品有2件，墓主左侧膝盖处放置1件骨锥，足部左侧放置1件陶鬲（图一三四；图版四四，1）。

25. M27

M27位于T33西北部，开口于第3层下，打破第4层。长方形土坑竖穴墓，墓口距地表约0.5米，长约1.9米，宽约0.7米，墓底距墓口约0.8米。方向170°。无二层台和腰坑。填灰黑色五花土，出少许碎陶片。人骨一具，保存较好，仰身直肢葬，头向南，面向西。女性，年龄在25～30岁。未发现葬具与随葬品（图一三五；图版四四，2）。

26. M28

M28位于T34西南角，开口于第3层下，打破H68、H191。长方形土坑竖穴墓，墓口距地表

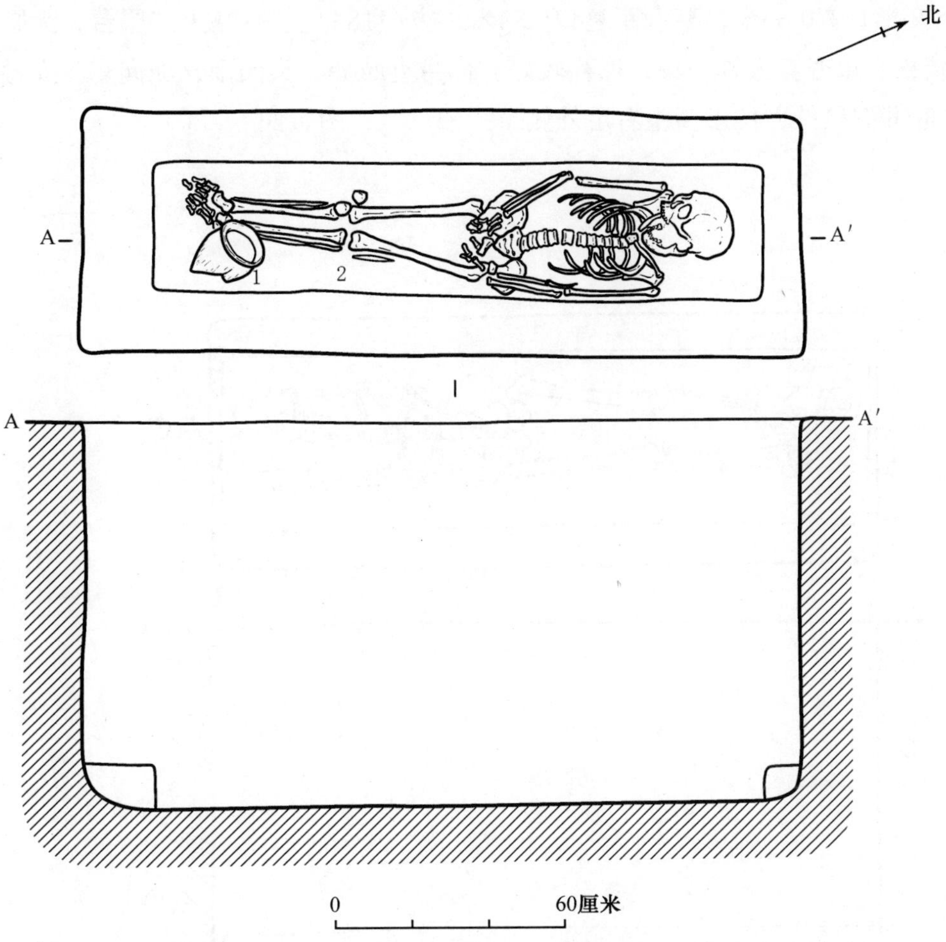

图一三四　M25平、剖面图

1. 陶鬲　2. 骨锥

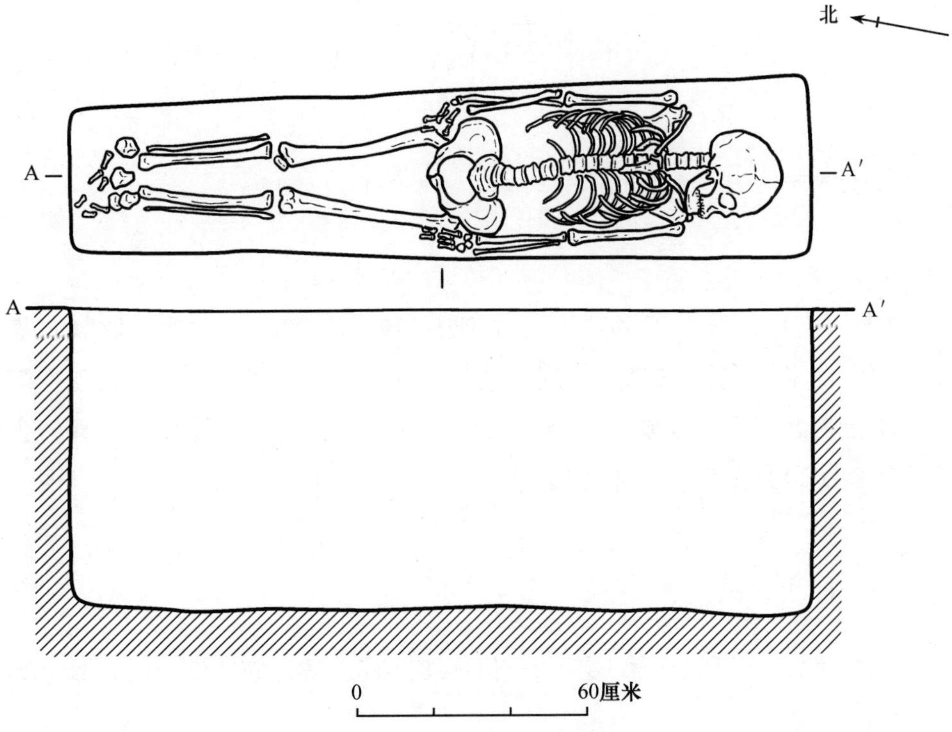

图一三五　M27平、剖面图

0.35米，长1.75米，宽0.66米，墓底距墓口0.84米。方向183°。有熟土二层台，无腰坑。填灰黑色土，较疏松，未夯。人骨一具，保存较好，仰身直肢葬，头向南，面向东。女性，年龄在35岁左右。随葬陶鬲1件，位于墓主右足外侧（图一三六；图版四五，1）。

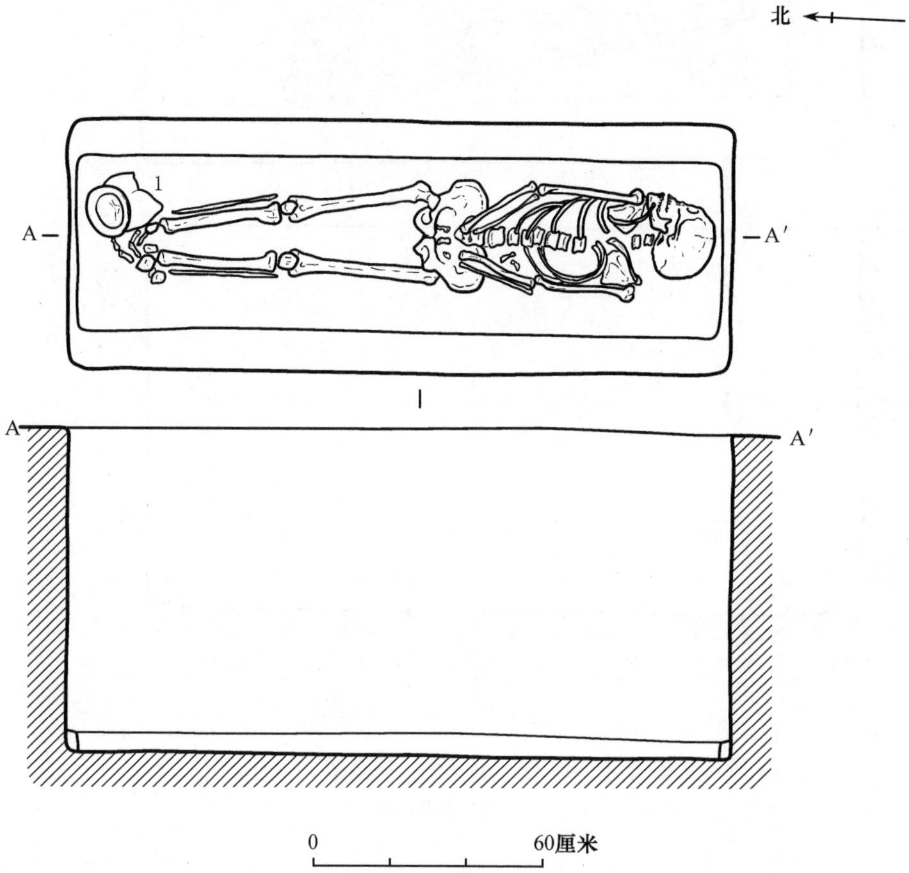

图一三六　M28平、剖面图

1. 陶鬲

27. M30

M30位于T42西南角，开口于第3层下，打破H139、H142。长方形土坑竖穴墓，墓口距地表约0.3米，长约2.12米，宽约0.7米，墓底距墓口约0.85 米。方向210°。发现木棺朽痕，无二层台和腰坑。填土为五花土，较硬，未夯。人骨一具，保存较好，仰身直肢葬，头向西南，面向上。女性，年龄在20岁左右。随葬陶鬲1件，位于墓主头顶端（图一三七；图版四五，2）。

28. M31

M31位于T34东北角，开口于第3层下，被H128打破，又打破H83。长方形土坑竖穴墓，墓

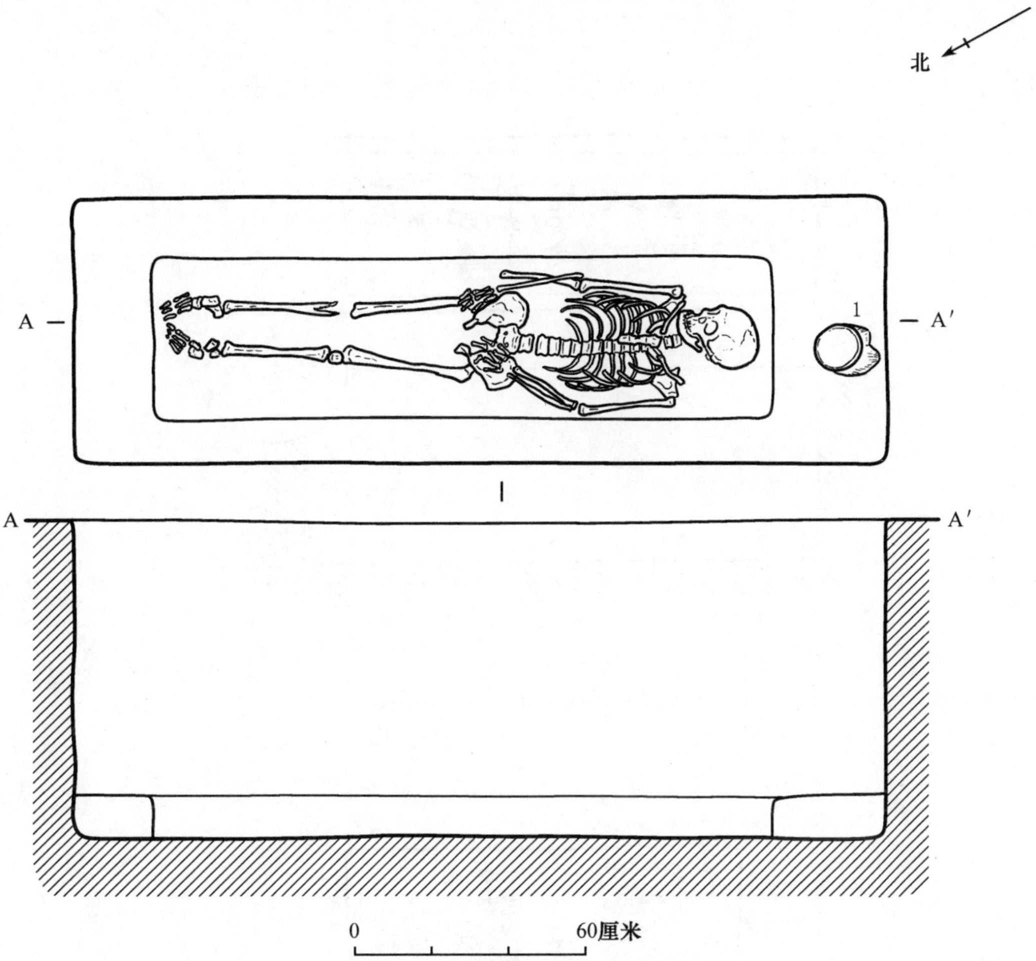

图一三七　M30平、剖面图
1. 陶鬲

口距地表0.34米，长1.86米，宽0.64米，墓底距墓口0.7米。方向218°。有生土二层台，无腰坑。填土为五花土，未夯。人骨一具，保存较差，俯身直肢葬，头向西南，面向西北。男性，年龄在45岁左右。随葬品为1件陶鬲，出自H128，可能被其打破后遗落在灰坑内，原来应置于墓主头部（图一三八）。

29. M32

M32位于T54中部略偏南，开口于第3层下，打破第4层。长方形土坑竖穴墓，墓口距地表0.55米，长约1米，宽约 0.4米，墓底距墓口0.3米。方向180°。无腰坑。填灰褐色土，质略硬，未夯。人骨一具，保存较差，肋骨、手骨及盆骨等腐朽严重，仰身直肢，头向南，面向西。性别不明，年龄5～6岁。未发现葬具和随葬品（图一三九；图版四六，1）。

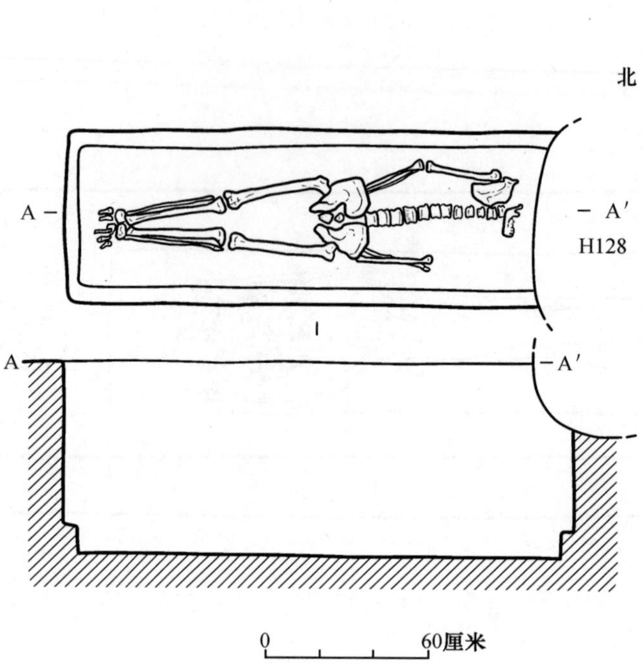

图一三八　M31平、剖面图

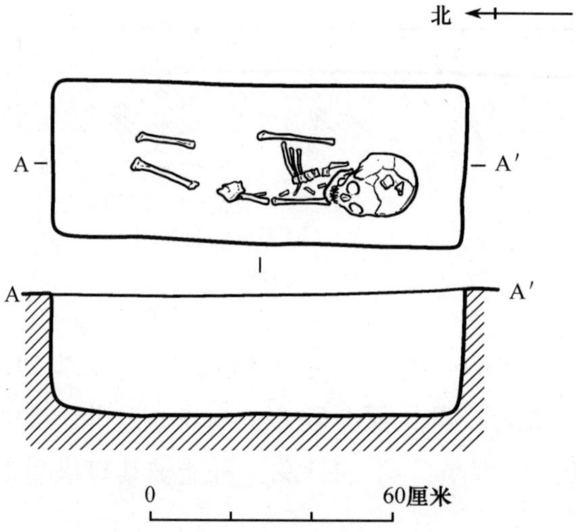

图一三九　M32平、剖面图

30. M33

M33位于T41西北部，开口于第3层下，打破H83。长方形土坑竖穴墓，墓口距地表0.6米，长1.8米，宽0.76米，墓底距墓口0.74米。方向218°　。无二层台和腰坑。填灰黑色五花土，较硬。人骨一具，保存较好，俯身直肢葬，头向西南，面向下，男性，年龄在35岁左右。随葬品为1件陶鬲，位于墓主头部右侧（图一四〇；图版四六，2）。

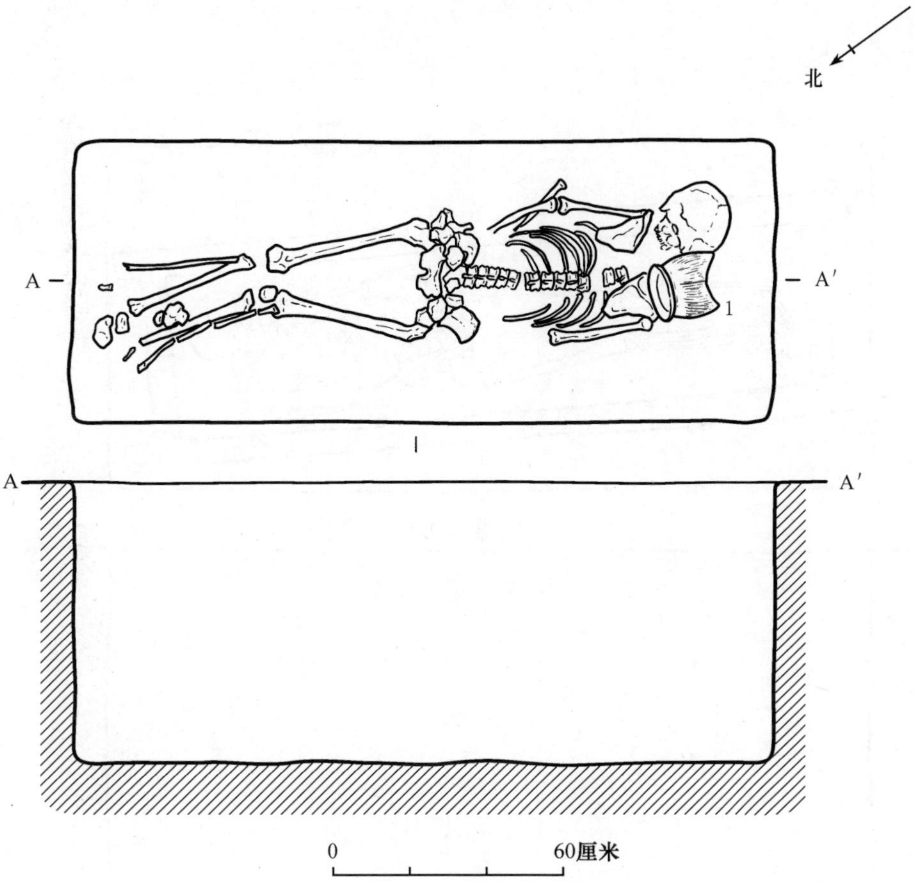

图一四〇　M33平、剖面图

1. 陶鬲

31. M34

M34位于T48东南部，开口于第3层下，被H125打破，又打破H227。长方形土坑竖穴墓，墓口距地表约为0.77米，长约2米，宽约0.9米，墓底距墓口约为1.28米。方向124°。无二层台和腰坑。填灰黑色五花土，较硬。葬具为木棺，已腐朽成灰，棺痕平面呈"工"字形，长1.94米，外宽0.58米，内宽0.44米，单侧棺板宽0.07米，厚约0.12米。人骨一具，保存较完整，仰身直肢葬，头向东南，面向东北。女性，年龄为20～25岁。未发现腰坑和随葬品（图一四一；图版四七，1）。

32. M36

M36位于T96西北部，开口于第3层下，打破H244。长方形土坑竖穴墓，墓口距地表0.45米，长1.43米，宽0.44米，墓底距地表0.57米。方向160°。填灰褐色土，略硬，未夯。人骨一具，保存较差，左侧肋骨、盆骨及脚骨腐朽严重，另外人骨架的下肢骨较散乱且不完整，断面

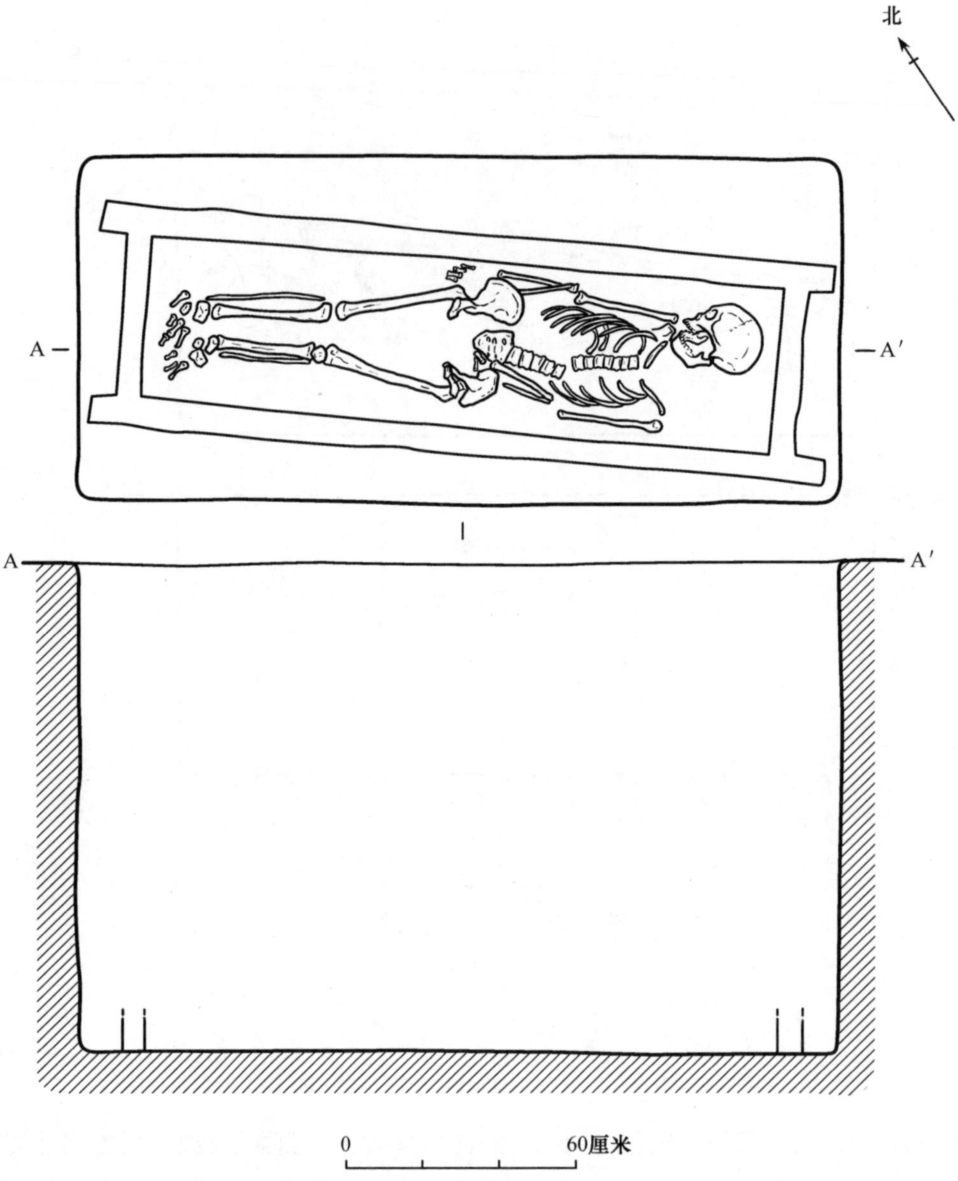

图一四一　M34平、剖面图

较平整，由此判断此人可能为非正常死亡。头骨保存较好，仰身直肢，头向东南，面向上。男性，年龄在35岁左右。未发现葬具、腰坑和随葬品（图一四二；图版四七，2）。

33. M37

M37位于T10东隔梁下，开口于第3层下，被H24打破。长方形土坑竖穴墓，墓口距地表0.3米，长1.9米，宽0.5米。墓底距墓口0.7米，方向185°。无二层台和无腰坑。填灰褐色土，质细腻且较硬，经过夯打。人骨一具，腐蚀严重，仰身直肢葬，右手放于腹部，左手放于左侧，头向南，面向西。男性，年龄在45岁左右。未发现葬具和随葬品（图一四三；图版四八，1）。

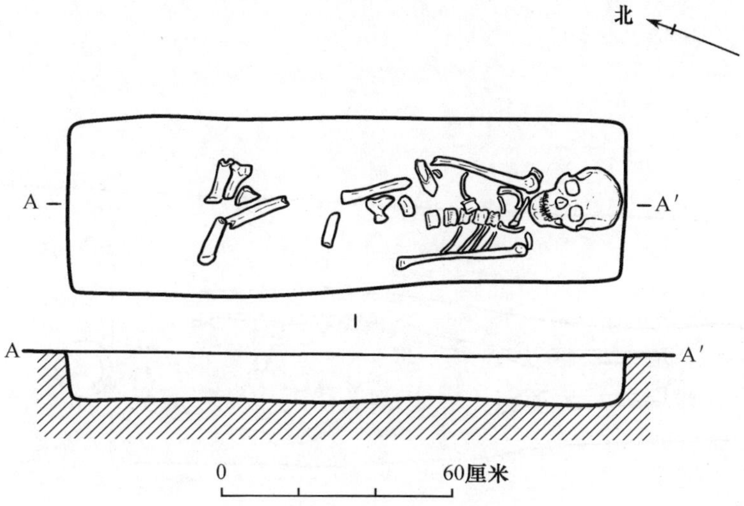

图一四二　M36平、剖面图

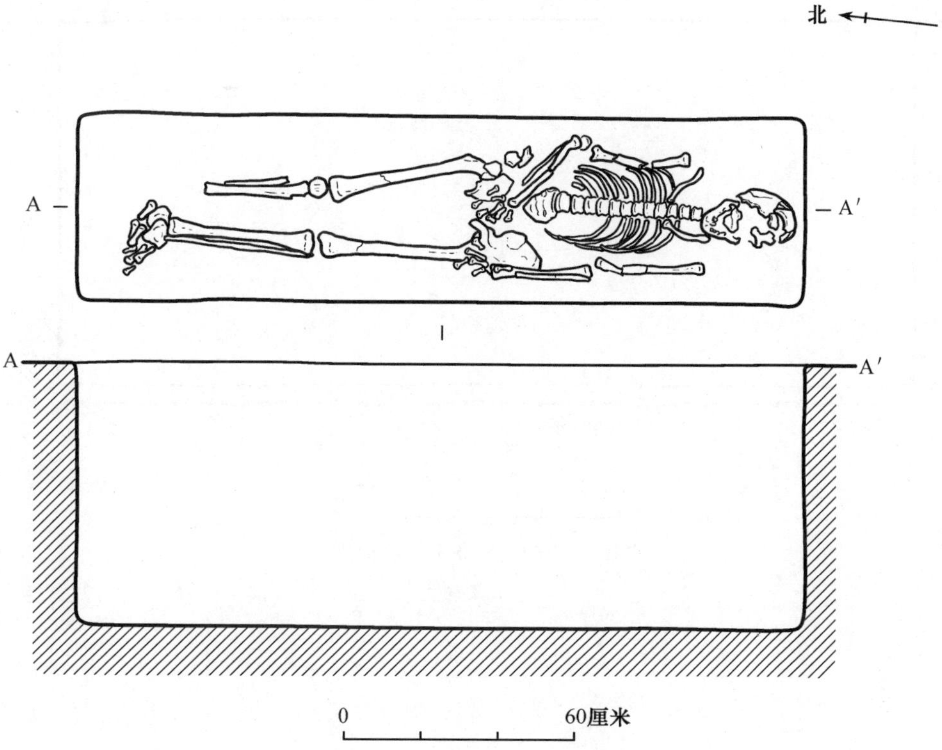

图一四三　M37平、剖面图

34. M38

M38位于T16东隔梁与T17西南部，开口于第3层下，打破第4层。长方形土坑竖穴墓，墓口距地表0.5米，长2.24米，宽0.94米。墓底距墓口1米，方向108°。有熟土二层台，无腰坑。填灰黑色五花土。人骨一具，保存较差，胸腹部凹陷，颅骨被压扁，仰身直肢葬，头向东南，面向上。女性，年龄在20岁左右。随葬品为1件陶鬲，位于墓主头部略偏右（图一四四；图版四八，2）。

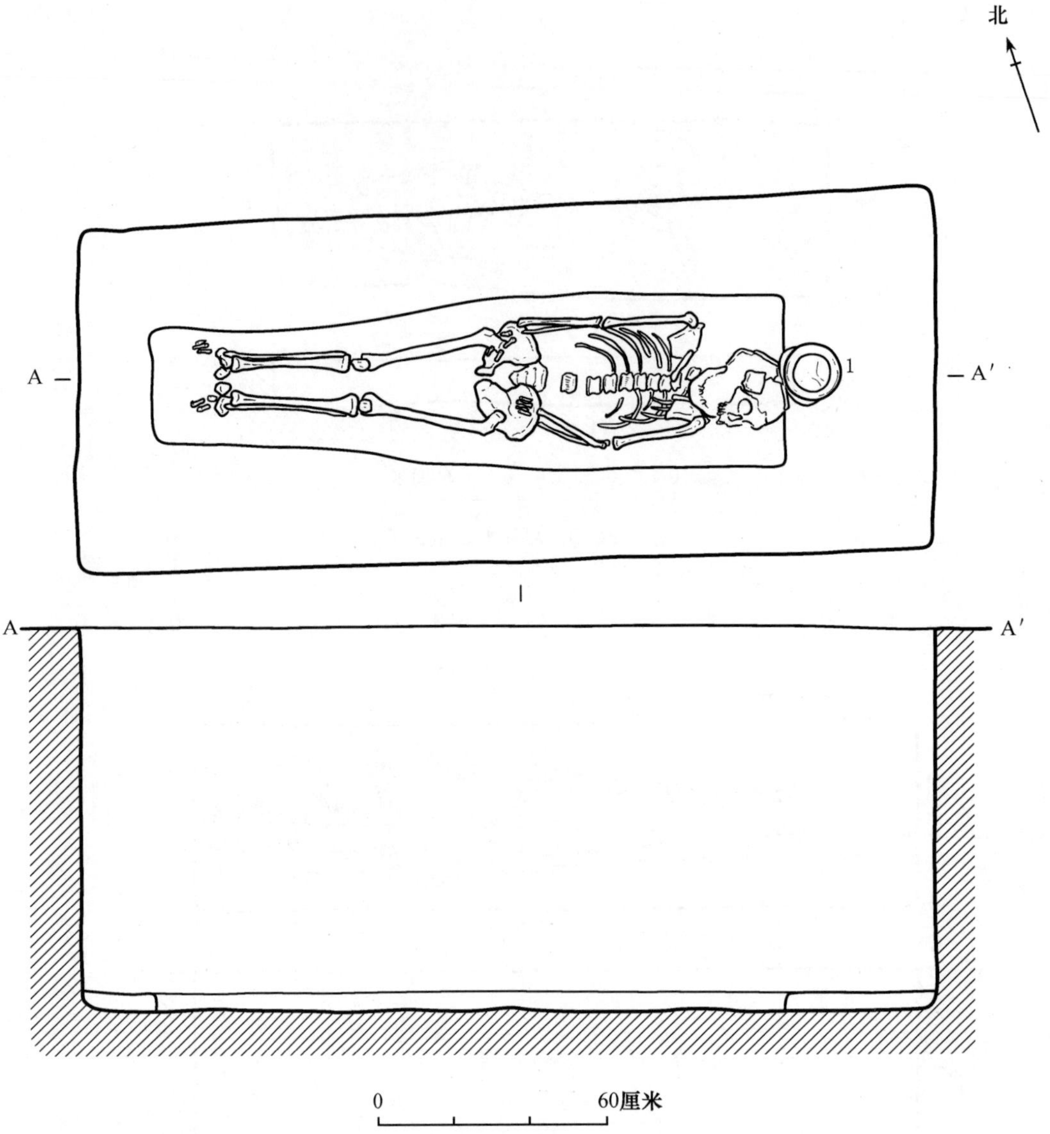

图一四四　M38平、剖面图
1. 陶鬲

35. M39

M39位于T27东北角，开口于第3层下，被H19打破。长方形土坑竖穴墓，墓口距地表约0.85米，长约2.1米，宽约0.96米，墓底距墓口约0.84米。方向180°。填土为五花土，较硬。未发现二层台、葬具和腰坑。人骨一具，保存较好，俯身直肢葬，头向南，面向下。男性，年龄在20岁左右。随葬品为1件陶鬲，位于墓主足部左侧（图一四五；图版四九，1）。

36. M40

M40位于T28西北角，开口于第3层下，打破第4层。长方形土坑竖穴墓，墓口距地表约

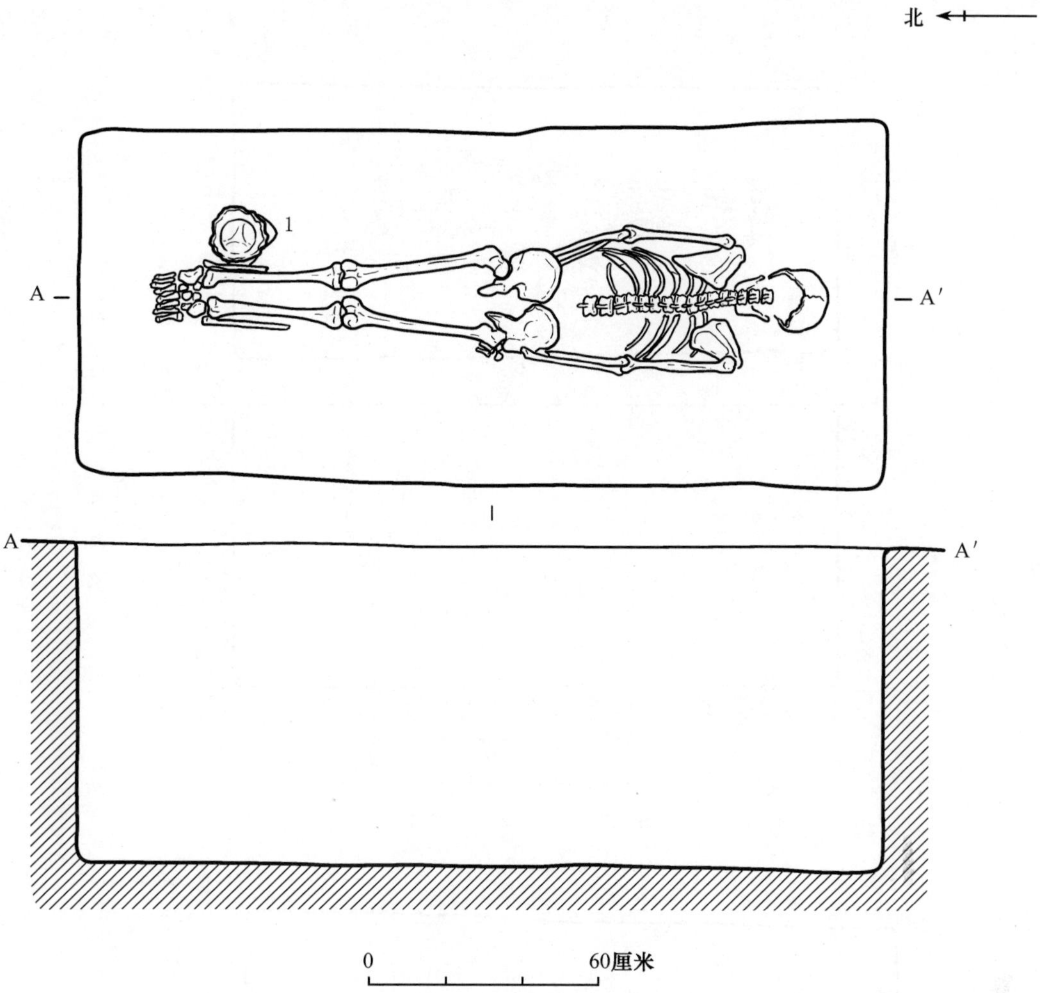

图一四五　M39平、剖面图
1. 陶鬲

0.65米，长约2米，宽约0.92米，墓底距墓口约0.94米。方向208°。填土为五花土，较硬。未发现二层台、葬具、腰坑。人骨一具，保存较好，仰身直肢葬，头向西南，面向西北。男性，年龄在20～25岁。无随葬品（图一四六；图版四九，2）。

37. M41

M41位于T27东部，开口于第3层下，打破H68。长方形土坑竖穴墓，墓口距地表约0.8米，长约2.3米，宽约1米。墓底距墓口约1米。方向180°。填灰黑色五花土，较硬。无二层台，墓底有一腰坑，长约0.5米，宽0.38米，深0.08米，坑内埋狗1只，骨架保存较差。人骨一具，保存较好，俯身直肢葬，头向为南，面向西。男性，年龄在45～50岁。随葬品为1件陶鬲，位于墓主足部左侧（图一四七；图版五〇，1）。

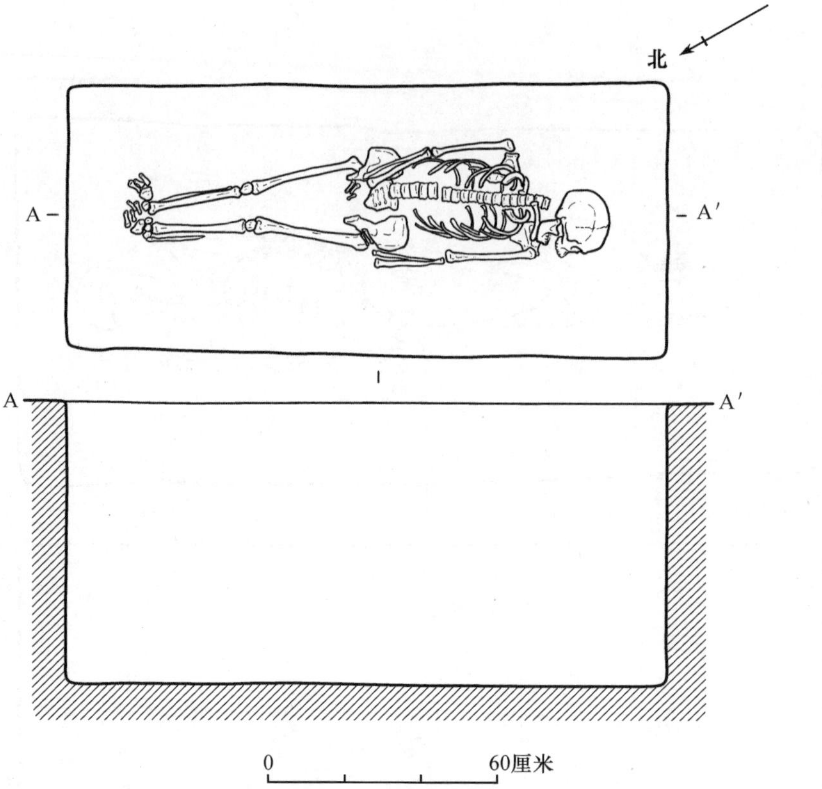

图一四六　M40平、剖面图

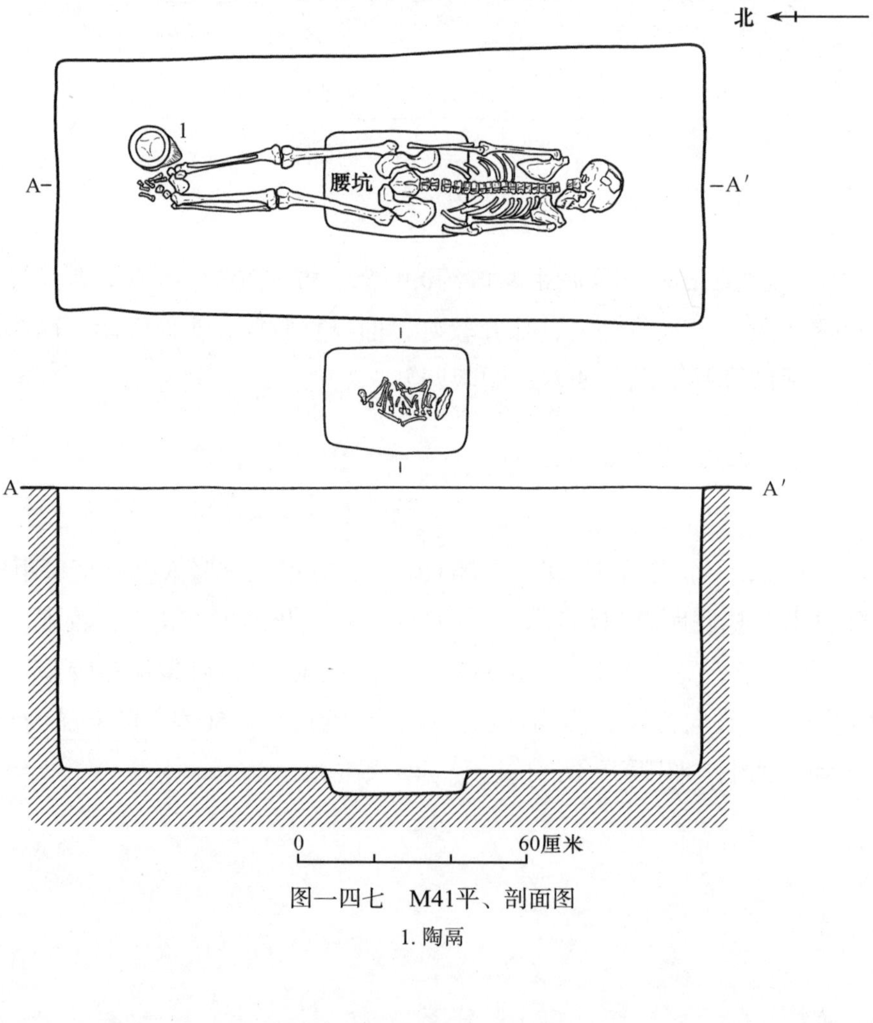

图一四七　M41平、剖面图
1. 陶鬲

38. M42

M42位于T14东南角，开口于第3层下，打破H55。梯形土坑竖穴墓，墓口距地表0.45米，长约2.3米，头端宽0.92米，脚端宽约0.8米，墓底距墓口0.9米。方向93°。填灰黑色土，质较软。有熟土二层台，高、宽均为0.3米。墓底有一腰坑，坑内埋一殉狗。人骨一具，比较完整，俯身直肢葬，头向东，面向下。男性，年龄在20岁左右。随葬品为1件陶鬲，位于墓主足部右侧（图一四八；图版五〇，2）。

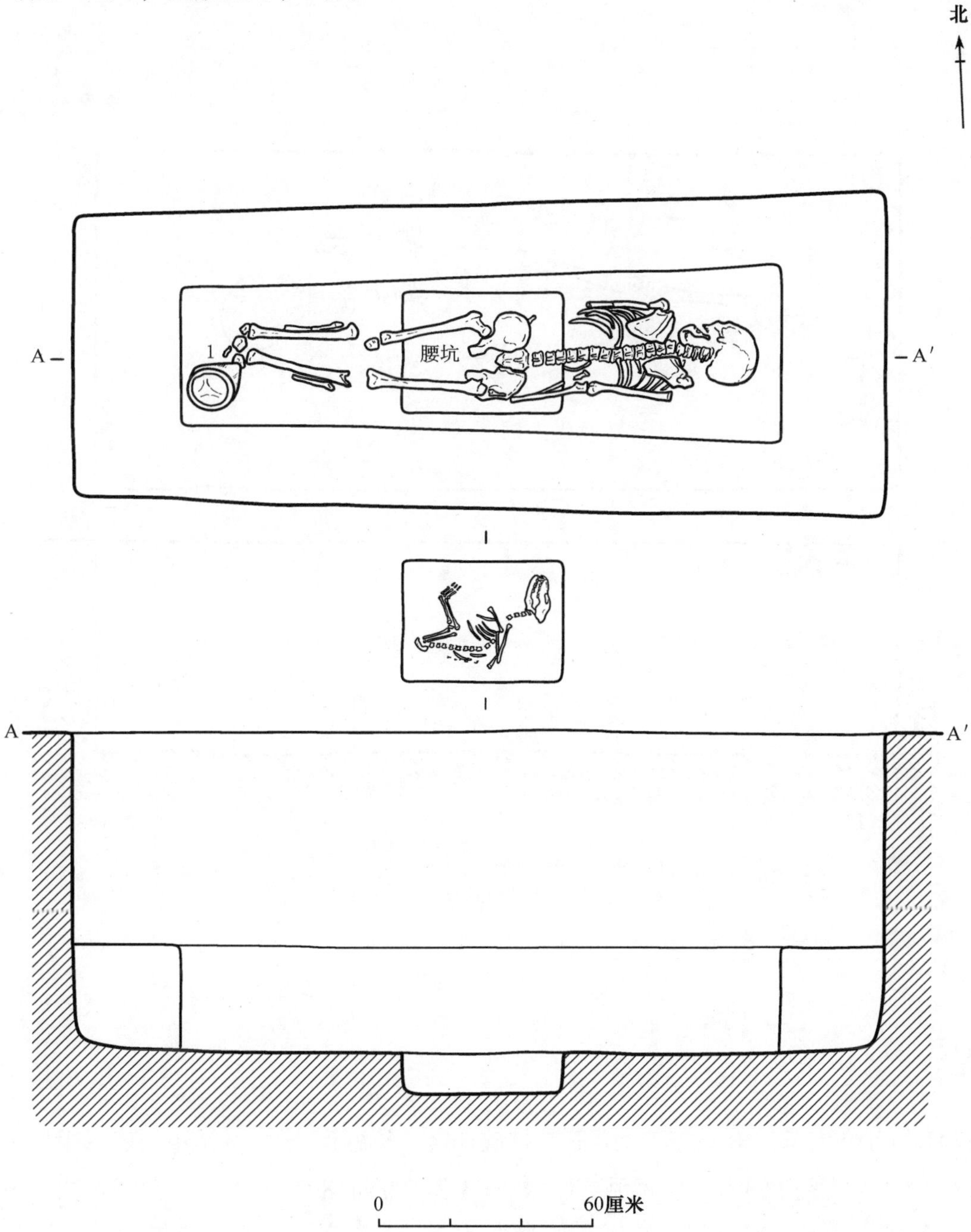

图一四八　M42平、剖面图

1. 陶鬲

39. M43

M43位于T15东北部，开口于第3层下，打破第4层。长方形土坑竖穴墓，墓口距地表0.5米，长约2.3米，宽约0.95米，墓底距墓口0.6米。方向105°。无二层台和腰坑。填土为灰黑土，较疏松。人骨一具，仰身直肢葬，保存很差，下臂骨、胸廓、盆骨、左趾骨残缺。男性，年龄在20～25岁。随葬品为1件陶鬲，位于墓主足部左侧（图一四九；图版五一，1）。

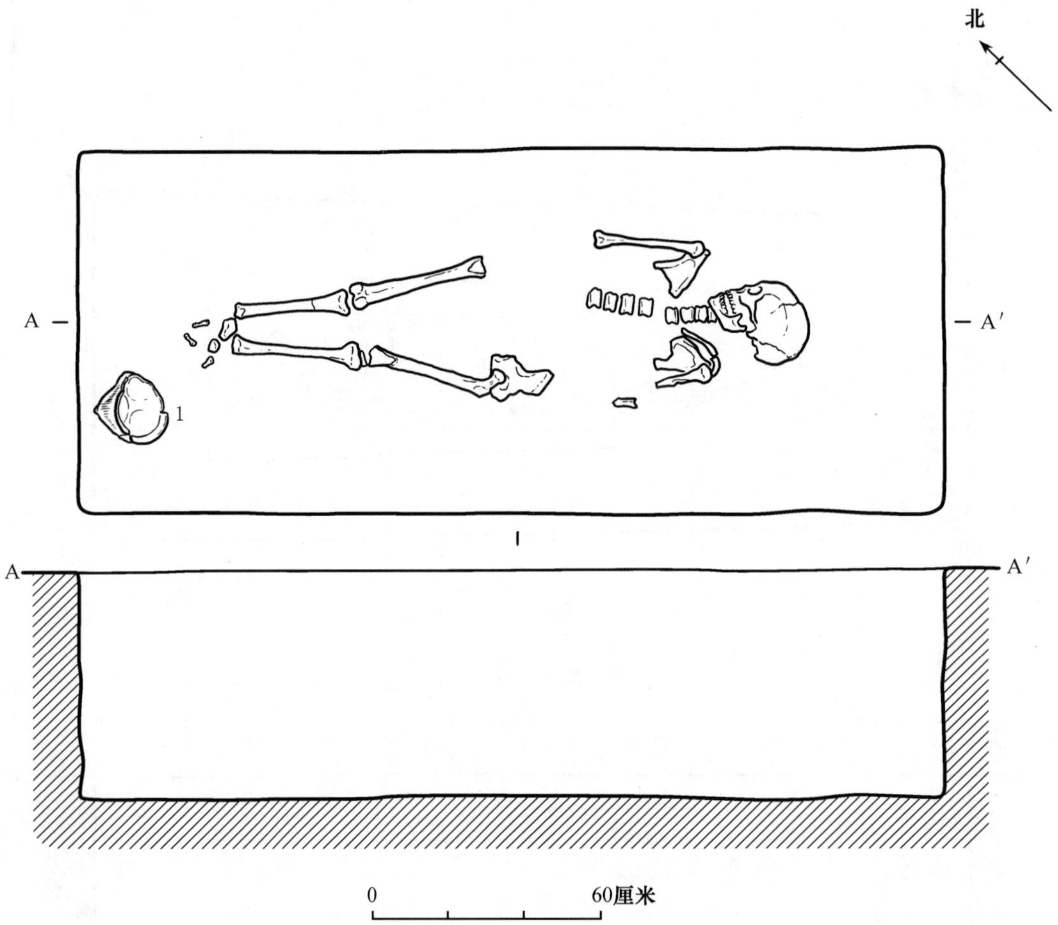

图一四九　M43平、剖面图
1. 陶鬲

40. M44

M44位于T28南部，开口于第3层下，打破H64。长方形土坑竖穴墓，墓口距地表约0.58米，长约2.1米，宽约0.84米，墓底距墓口深约1.3米。方向180°。无二层台和腰坑。填土为五花夯土，较硬。人骨一具，保存较好，俯身直肢葬，头向南，面向西。男性，年龄在20～25岁。随葬品为1件陶鬲，位于墓主足部右侧（图一五〇；图版五一，2）。

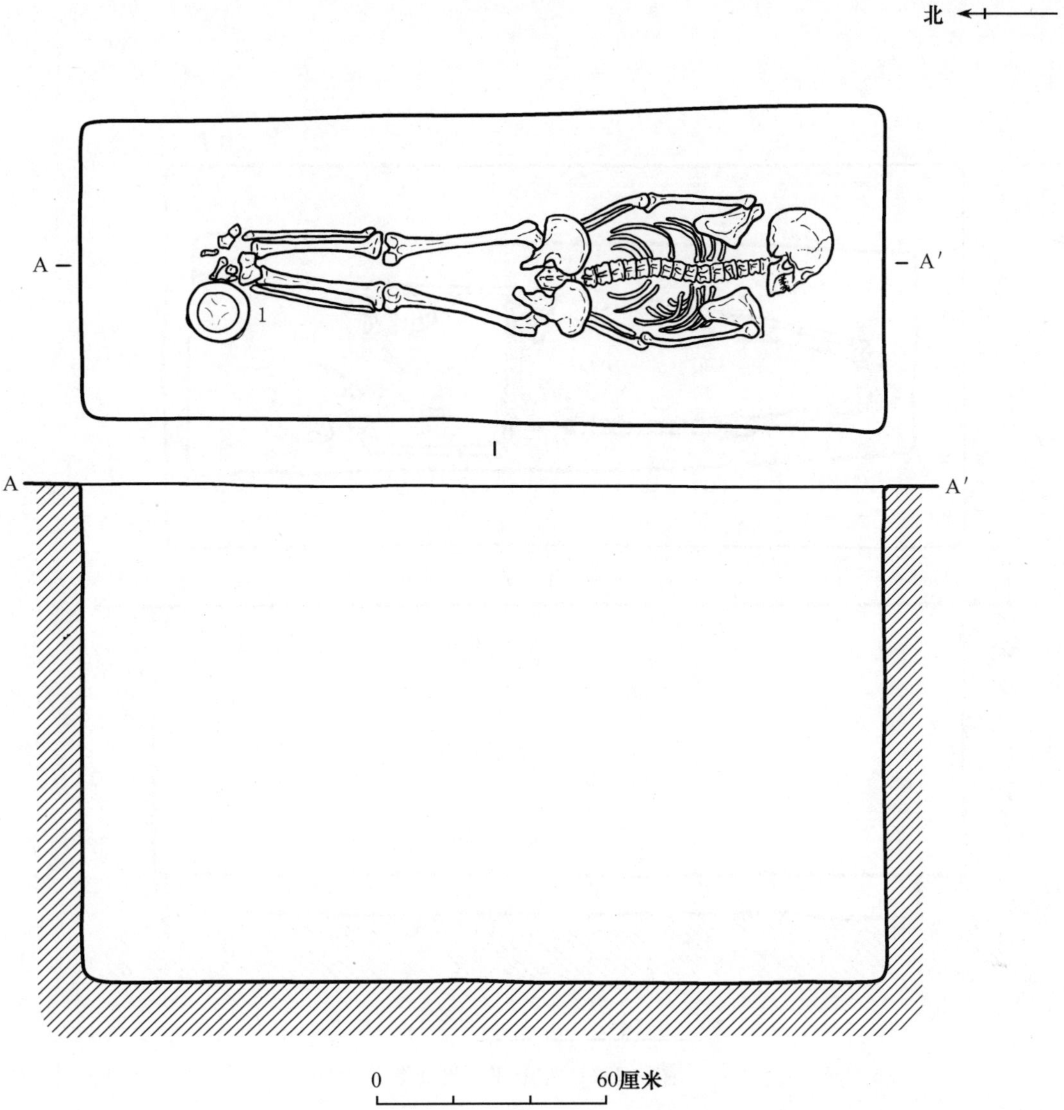

图一五〇　M44平、剖面图
1. 陶鬲

41. M45

M45位于T7东隔梁下，开口于第3层下，打破II27。长方形土坑竖穴墓，墓口距地表约0.4米，长约2.1米，宽约1米，墓底距墓口深约0.7米。方向120°。墓底四周有生土二层台，无腰坑。填土为五花夯土，较硬。人骨一具，保存较差，仰身直肢葬，头向东南，面向西南。性别、年龄不详。无随葬品（图一五一）。

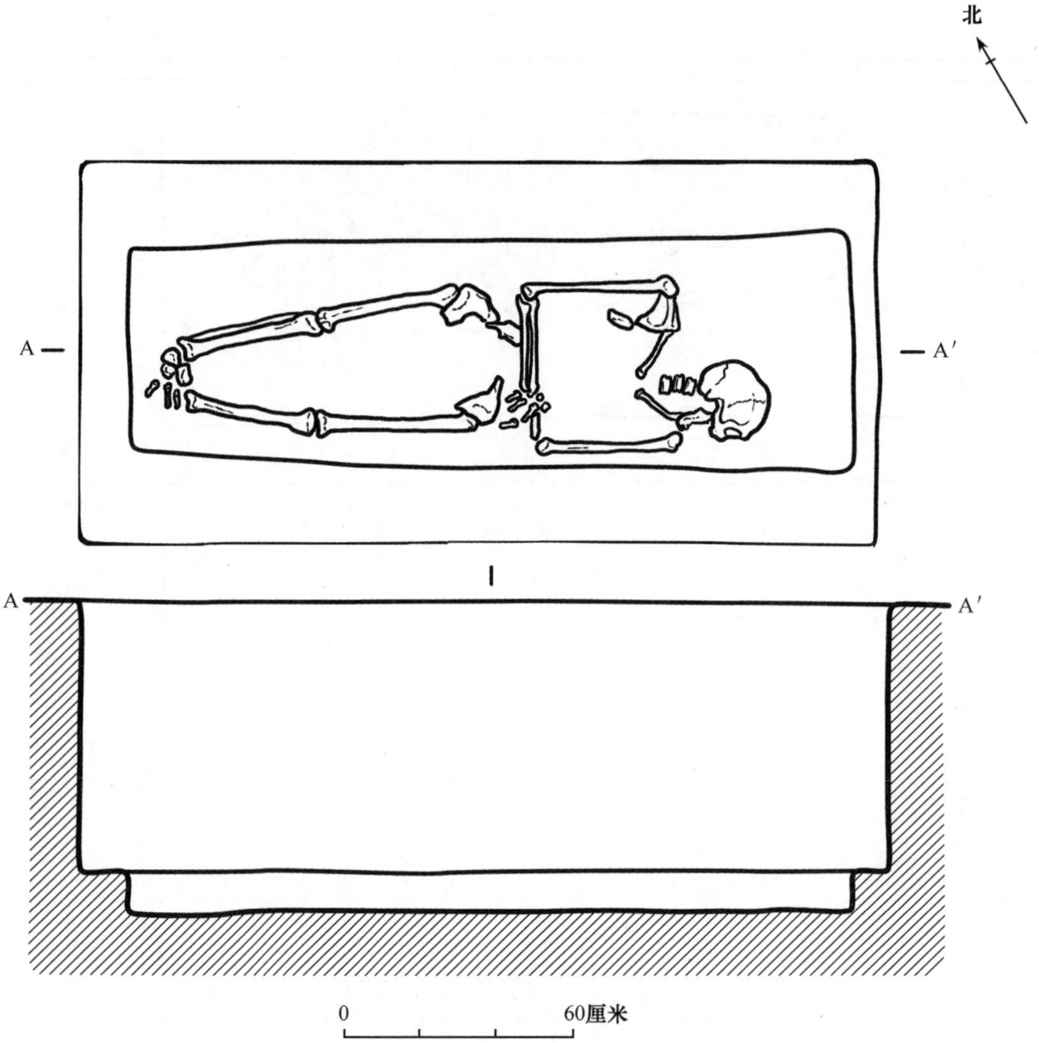

图一五一　M45平、剖面图

第二节　遗　　物

一、陶　　器

（一）概述

根据上节3个单位出土陶片的陶系纹饰统计（表三七～表三九），晚商时期的陶器主要分夹砂和泥质两大类。不过从其他单位的出土情况看，还见有零星的釉陶碎片。陶系以夹砂灰陶数量最多，平均高达41.53%；泥质灰陶次之，约占35.88%；另有少量的红陶、灰褐陶等。纹饰以斜向粗绳纹最常见，平均高达56.71%；其次是中型的直绳纹和交叉绳纹，合占19.44%；另有少量的弦纹、云雷纹、三角划纹、附加堆纹等（图一五二）。中绳纹、粗绳纹主要饰于夹砂陶鬲、罐、瓮等大型器物上，弦纹、云雷纹等多饰于泥质陶盆、簋、豆等小型器物上。从制法上

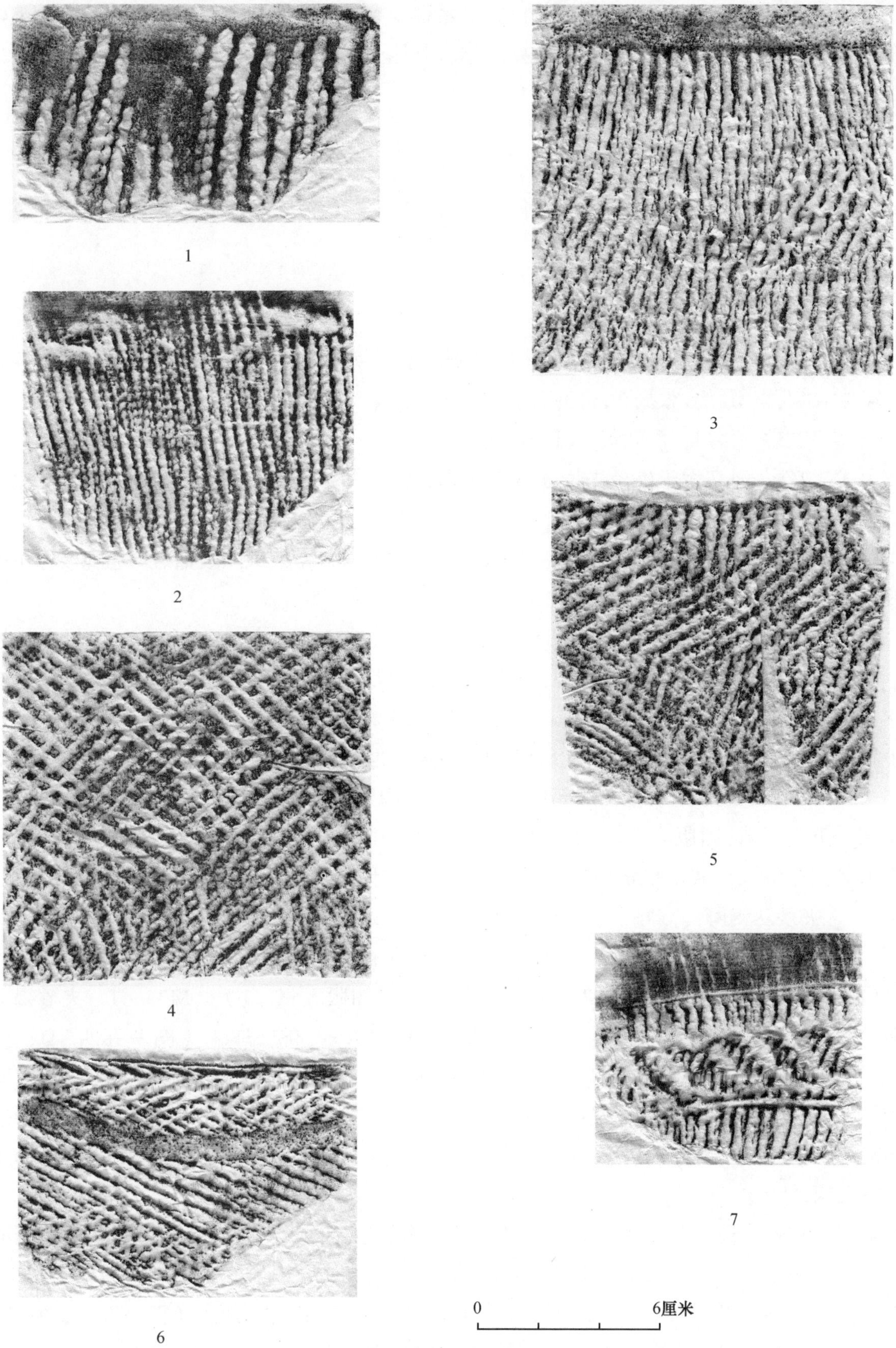

图一五二　晚商时期陶器纹饰拓片

1. 粗绳纹（H210：1）　2、3. 中绳纹（H242：3、H136：2）　4、5. 交叉绳纹（H136：1、H321：2）　6. 宽弦纹+交错绳纹（H256：3）　7. 陶索状附加堆纹（H104：1）

看，陶鬲多采用模制，口部一般要经轮修，实足根是在陶器主体完成后对接上去的。大型器物如瓮、罐等使用泥条盘筑制成，口部亦要轮修。其他个体较小的敞口器如盆、簋、豆等则采用轮制一次或两次分开完成。

（二）类型划分

器类主要有鬲、罐、盆、甑、豆、瓮、纺轮，其中甑、瓮等残片虽多，但未见复原器。

1. 鬲

42件。均为夹砂陶，砂质较粗。根据裆部的不同，可分二型。

A型　38件。分裆。根据腹部的不同，可分三亚型。

Aa型　22件。侈口，深鼓腹。可分四式。

Ⅰ式：2件。通高大于口径作长方体，高裆，高锥状实足。M8：1，夹砂灰褐陶。宽沿上折，上面形成凹槽。腹饰粗绳纹。口径17.3、高19.2厘米（图一五三，1；图版五二，1）。H84：1，夹砂灰黑陶。折沿，沿面有一周浅凹槽，斜方唇，略束颈。腹饰竖向粗绳纹。中腹以下残。口径16、残高7厘米（图一五三，2）。

Ⅱ式：9件。短折沿，沿面上凹槽不明显。通高略大于口径近长方体，裆与实足根略低。个体较小。M4：1，夹砂灰陶。方唇。颈部以下饰竖向粗绳纹，实足根素面。口径12.8、高14.3厘米（图一五三，3；图版五二，2）。M23：1，夹砂灰褐陶。尖唇。颈部以下饰斜向中绳纹，实足根素面。口径12.2、高15厘米（图一五三，4；图版五二，3）。M25：1，夹砂灰褐陶。方唇。颈部以下饰竖向中绳纹，实足根素面。口径13.2、高14.8厘米（图一五三，5；图版五二，4）。M28：1，夹砂黑褐陶。方唇。颈部绳纹被抹平，颈部以下饰竖向中绳纹，实足根素面。口径11.6、高14.5厘米（图一五三，6；图版五二，5）。M30：1，夹砂灰褐陶。方唇。颈部以下饰竖向中绳纹，实足根素面。口径12.4、高14.3厘米（图一五四，1；图版五二，6）。M31：1，夹砂灰褐陶。方唇。颈部以下饰交错中绳纹，实足根素面。口径12.4、高13.9厘米（图一五四，2；图版五三，1）。M33：1，夹砂褐陶。方唇。颈部以下饰竖向中绳纹，实足根素面。口径12.5、高15厘米（图一五四，3；图版五三，2）。H321：1，夹砂灰褐陶。折沿，沿面有一周浅凹槽，圆唇，束颈。腹饰竖向中绳纹，实足根略残。口径13、残高14厘米（图一五四，4）。H210：1，夹砂灰陶。折沿，沿面有一周浅凹槽，斜方唇，束颈。腹饰竖向粗绳纹，中腹以下残。口径22、残高10厘米（图一五四，5）。

Ⅲ式：10件。通高与口径略等呈方体，裆与实足根更低。M7：2，夹砂灰陶。短折沿，圆唇。腹饰粗绳纹。口径13.3、高13.2厘米（图一五五，1；图版五三，3）。M10：1，夹砂褐陶。方唇。颈部以下饰中绳纹，实足根素面。口径13.1、高13.3厘米（图一五五，2；图版五三，4）。M38：1，夹砂灰褐陶。方唇。颈部以下饰中绳纹，实足根素面。口径14.4、高

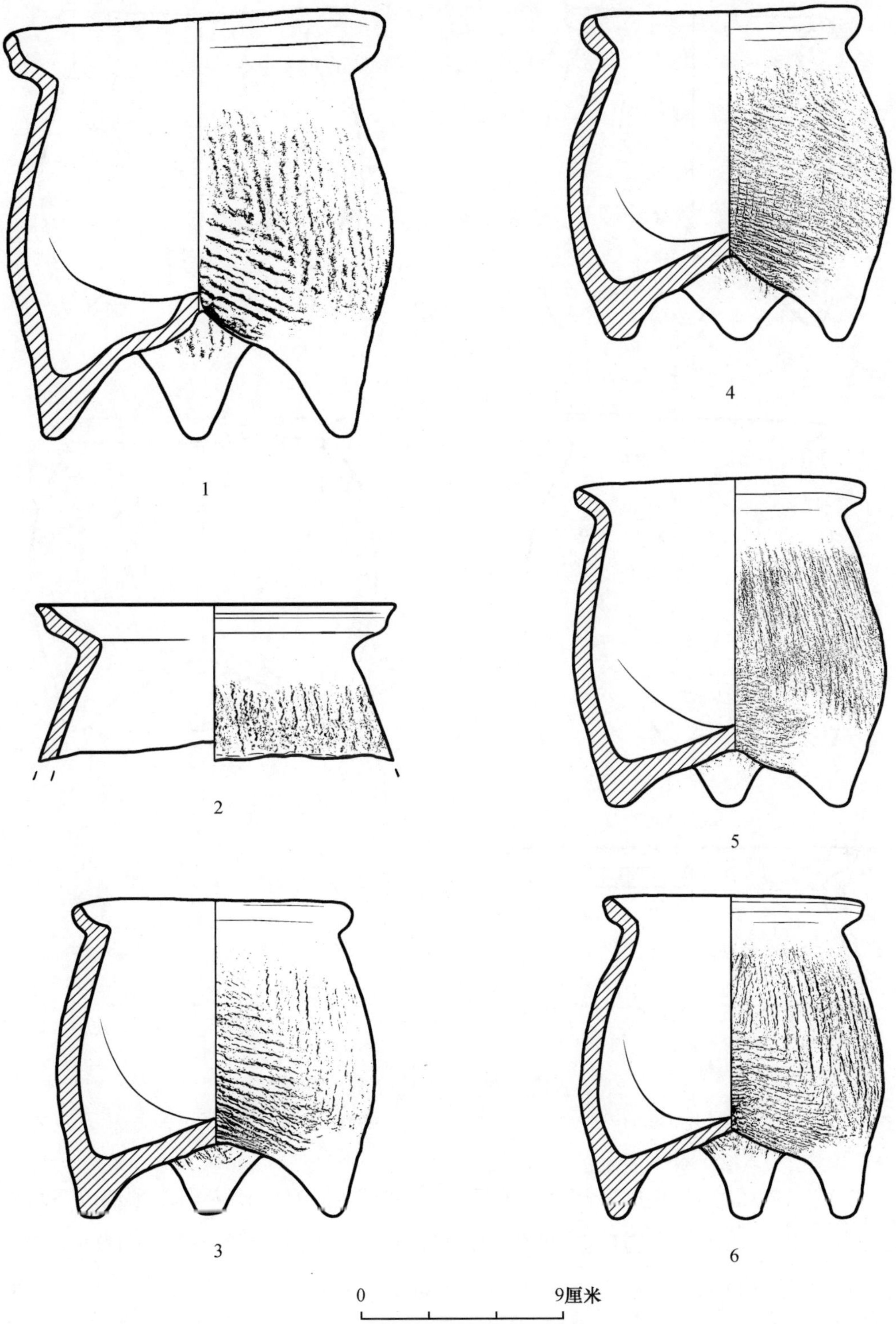

图一五三　晚商时期Aa型陶鬲

1、2. Ⅰ式（M8：1、H84：1）　3～6. Ⅱ式（M4：1、M23：1、M25：1、M28：1）

14.6厘米（图一五五，3；图版五三，5）。M24：2，夹砂灰褐陶。平折沿，沿面有凹槽一周，方唇。颈部以下饰粗绳纹。口径13.5、高13厘米（图一五五，4；图版五三，6）。M41：1，夹砂褐陶。尖唇。颈部以下饰竖向粗绳纹，实足根素面。口径14、高14.2厘米（图一五五，5；

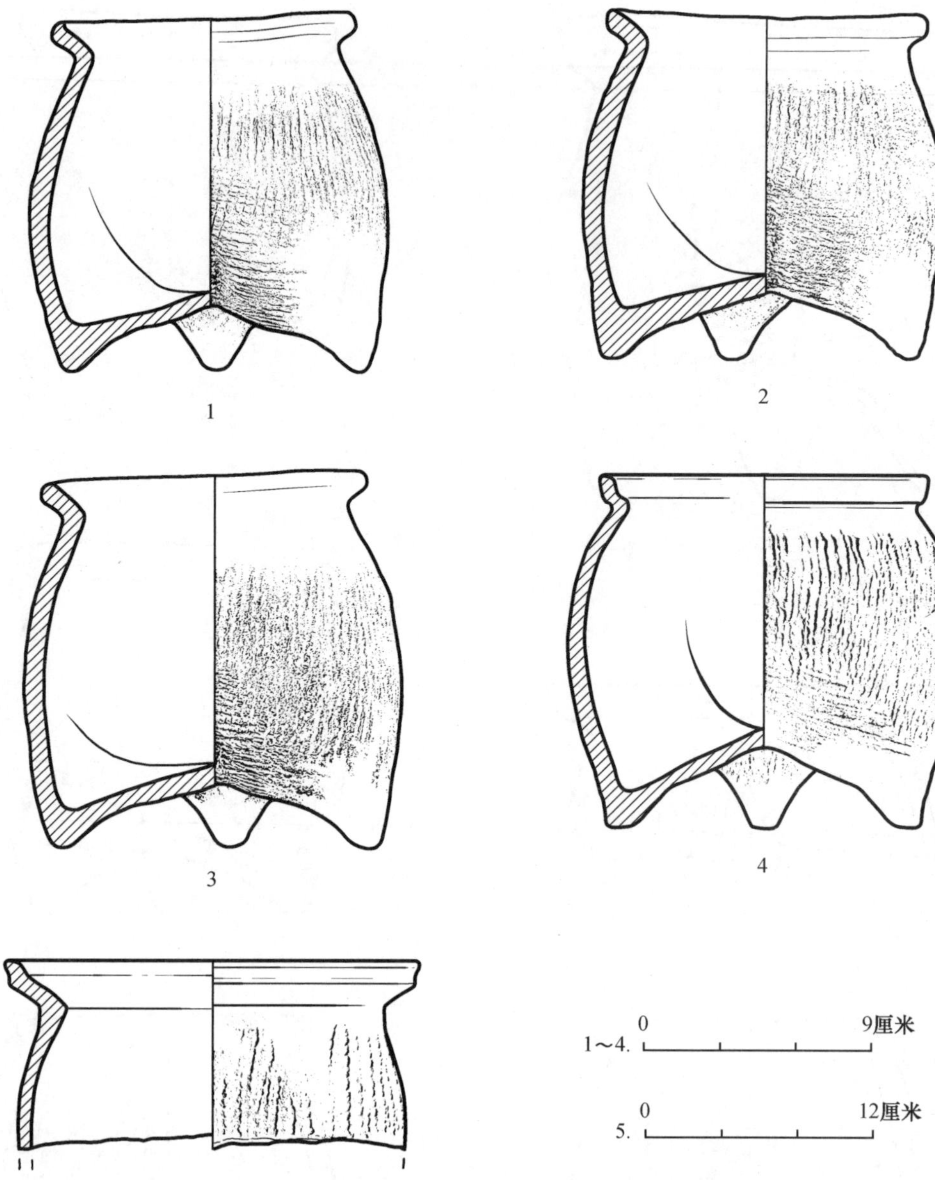

图一五四　晚商时期Aa型Ⅱ式陶鬲

1. M30∶1　2. M31∶1　3. M33∶1　4. H321∶1　5. H210∶1

图版五四，1）。H136∶4，夹砂灰褐陶。平折沿较宽，沿面有凹槽一周。颈部以下饰竖向中绳纹，足尖略残。口径15.6、残高14.8厘米（图一五五，6；图版五四，2）。H104∶2，夹砂灰陶。卷沿，沿面有一周翻卷线，方唇，束颈。腹饰交错粗绳纹。中腹以下残。口径18、残高8厘米（图一五六，1）。H128∶1，夹砂灰陶。卷沿，沿面有一周浅凹槽，方唇，略束颈。腹饰竖向粗绳纹。中腹以下残。口径20、残高12厘米（图一五六，2）。H242∶1，夹砂灰褐陶。卷沿，沿面有一周浅凹槽，方唇，唇面上亦有一周凹槽，束颈。腹饰竖向粗绳纹。中腹以下残。口径18、残高9.6厘米（图一五六，3）。H256∶1，夹砂灰褐陶。折沿，沿面有一周浅凹槽，方唇，束颈。腹饰竖向粗绳纹。中腹以下残。口径18、残高8厘米（图一五六，4）。

Ⅳ式：1件。通高小于口径呈扁方体，裆部极低，无实足根。M6∶1，夹砂黑褐陶。

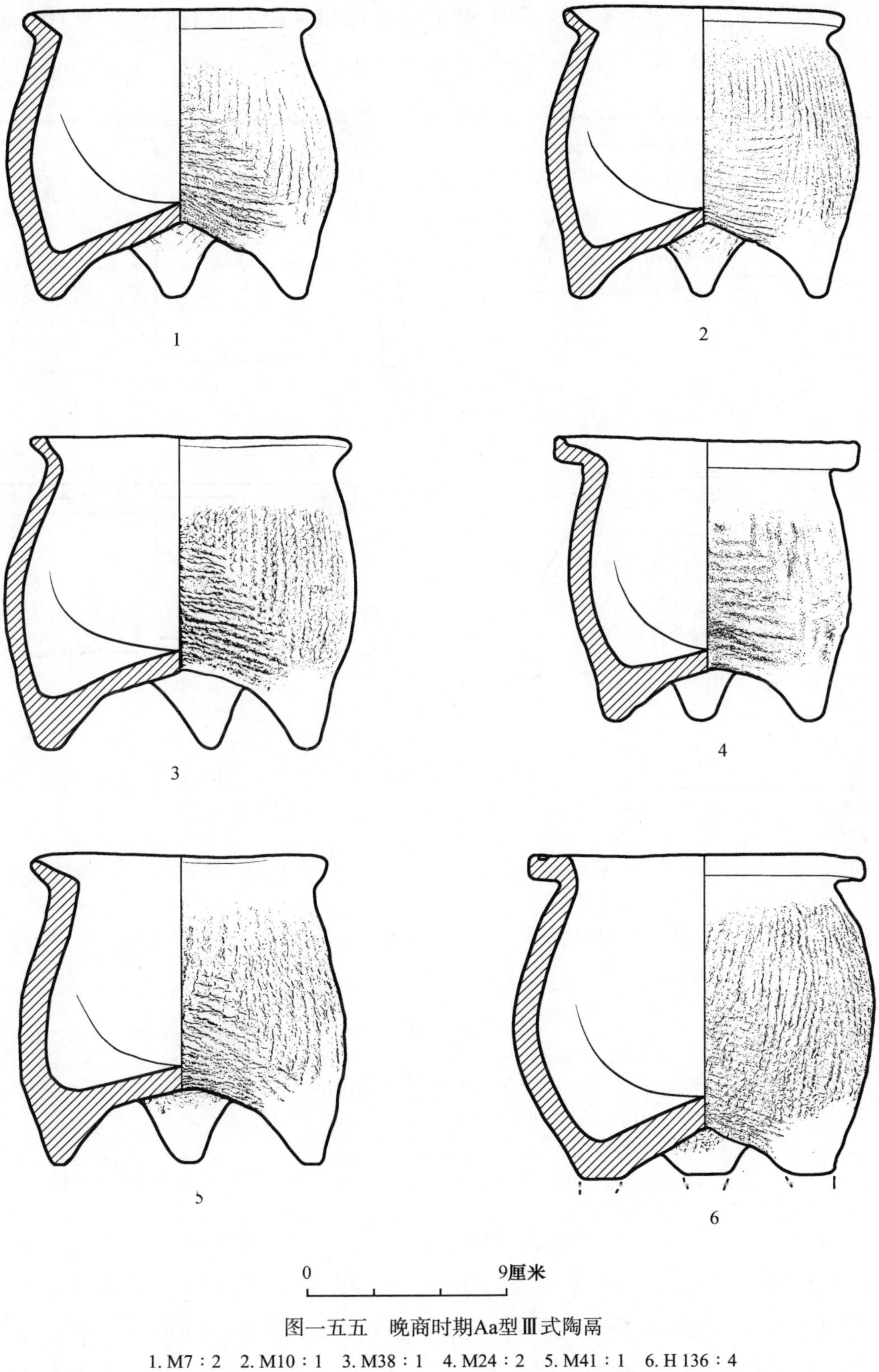

图一五五　晚商时期Aa型Ⅲ式陶鬲

1. M7：2　2. M10：1　3. M38：1　4. M24：2　5. M41：1　6. H136：4

侈口，折沿，沿面上有窄凹槽一周。颈部以下饰交错粗绳纹。口径11.5、高10.5厘米（图一五六，5；图版五四，3）。

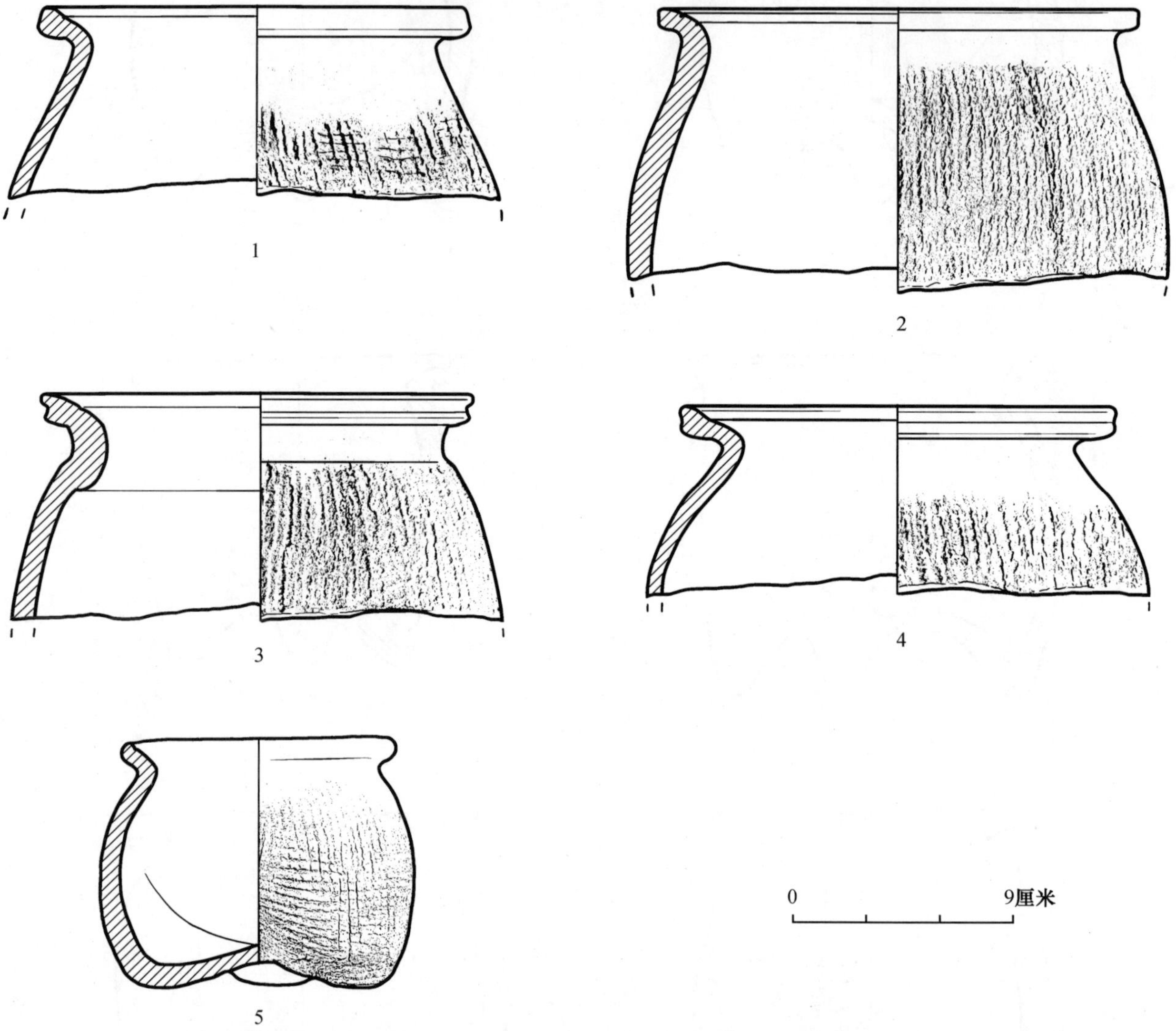

图一五六　晚商时期Aa型陶鬲

1～4. Ⅲ式（H104：2、H128：1、H242：1、H256：1）　5. Ⅳ式（M6：1）

Ab型　14件。深弧腹。可分二式。

Ⅰ式：12件。通高略大于口径近长方体。M11：1，夹砂灰褐陶。折沿，里面略有浅凹槽。颈部以下饰竖向中绳纹，实足根素面。口径12.6、高14.5厘米（图一五七，1；图版五四，4）。M12：1，夹砂灰褐陶。侈口，折沿内侧略有浅凹槽，束颈。颈部以下饰竖向中绳纹，实足根素面。口径12.2、高14厘米（图一五七，2；图版五四，5）。M15：1，夹砂灰褐陶。短折沿。颈部以下饰竖向中绳纹。口径11.6、高13.5厘米（图一五七，3；图版五四，6）。M17：1，夹砂灰褐陶。折沿内侧略有浅凹槽。颈部以下饰竖向中绳纹。口径14.3、高17厘米（图一五七，4；图版五五，1）。M22：1，夹砂灰褐陶。卷沿，束颈。颈部以下饰交错粗绳纹。口径13.2、高14.2厘米（图一五七，5；图版五五，2）。M44：1，夹砂灰褐陶。折沿，沿面有凹槽一周。颈部以下饰交错粗绳纹。口径13.5、高14.6厘米（图一五七，6；图版五五，3）。H303：1，夹砂灰褐陶。卷沿，方唇，略束颈。腹饰竖向中绳纹，实足根略残。口径16、

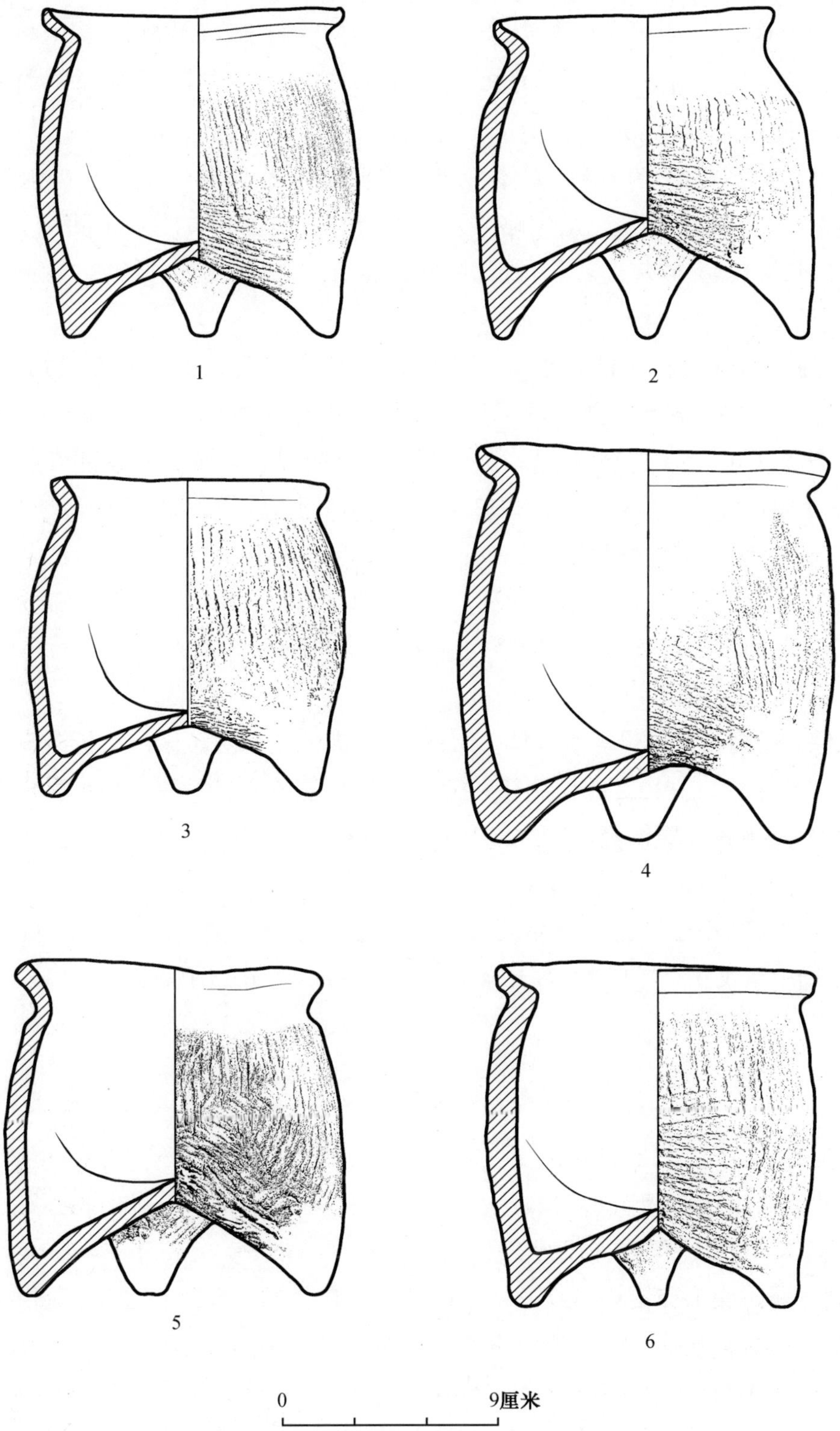

图一五七　晚商时期Ab型Ⅰ式陶鬲

1. M11：1　2. M12：1　3. M15：1　4. M17：1　5. M22：1　6. M44：1

残高19.8厘米（图一五八，1）。H321：2，夹砂灰陶。圆唇，束颈。腹饰交错粗绳纹，实足根略残。口径18、残高16厘米（图一五八，2）。H84：2，夹砂灰陶。折沿，沿面略凹，圆唇，束颈。腹饰竖向粗绳纹。中腹以下残。口径17、残高7厘米（图一五八，3）。H256：2，夹砂灰黑陶。卷沿近平，方唇，束颈。腹饰竖向粗绳纹。中腹以下残。口径18、残高9厘米（图一五八，4）。H113：1，夹砂灰黑陶。直口微侈，方唇。腹饰竖向粗绳纹。中腹以下残。口径18、残高11.6厘米（图一五八，5）。H327：2，夹砂黑褐陶。口沿残。腹饰竖向中绳纹，实足根脱落。残高10厘米（图一五八，6）。

Ⅱ式：2件。通高略小于口径呈方体，裆与实足根较低。M39：1，夹砂褐陶。斜折沿，方唇。颈部以下饰竖向中绳纹，足尖略残。口径15.7、残高13.7厘米（图一五八，7；图版五五，4）。M42：1，夹砂灰褐陶。斜折沿，束颈。腹饰粗绳纹。口径13.7、高12.6厘米（图一五八，8）。

Ac型　2件。扁鼓腹，口部较小，束颈明显，裆部与实足根均较高。M9：1，夹砂黑褐陶。窄沿上折，内侧略出凹槽。颈部以下饰横向的中绳纹。口径12.4、高13.5厘米（图一五九，1；图版五五，5）。M14：1，夹砂灰陶。窄折沿，厚圆唇。颈部以下饰中绳纹，绳纹地上饰圜络状附加堆纹。口径12.8、高13.5厘米（图一五九，2；图版五五，6）。

B型　4件。弧裆，弧腹。可分三式。

Ⅰ式：1件。通高大于口径，形体瘦高。M19：2，夹砂灰褐陶。侈口，微卷沿，圆唇，束颈，领较高，裆与实足根均较高。腹饰竖向中绳纹。口径11.1、高13.8厘米（图一五九，3；图版五六，1）。

Ⅱ式：2件。通高与口径略等呈方体。M18：1，夹砂灰褐陶。侈口，折沿，方唇。颈部以下饰中绳纹。口径12.4、高12.2厘米（图一五九，4；图版五六，2）。M43：1，夹砂灰褐陶。口微侈，圆唇，略束颈。腹饰竖向中绳纹。口径14.8、高15厘米（图一五九，5；图版五六，3）。

Ⅲ式：1件。通高小于口径，裆部极低，无实足根。H150①：2，夹砂灰褐陶。侈口，折沿，圆唇。腹饰中绳纹。口径13.3、高12.4厘米（图一五九，6；图版五六，4）。

2. 罐

7件。根据器形不同，可分二型。

A型　6件。侈口，深腹，形体较大。H256：3，夹砂灰陶。子母口微侈，方唇。腹饰斜向交错粗绳纹。中腹以下残。口径22、残高11厘米（图一六〇，1）。H244：1，泥质灰陶。折沿，斜方唇。腹饰交错粗绳纹。中腹以下残。口径24、残高13厘米（图一六〇，2）。H109：1，泥质灰陶。方唇，略束颈。腹饰交错粗绳纹。中腹以下残。口径15、残高7.6厘米（图一六〇，3）。H136：2，夹砂灰陶。卷沿，圆唇，深弧腹。腹饰竖向粗绳纹。下腹残。口径17、残高17厘米（图一六〇，4）。H256：5，泥质灰陶。宽沿略外翻，圆唇。素面磨光。上

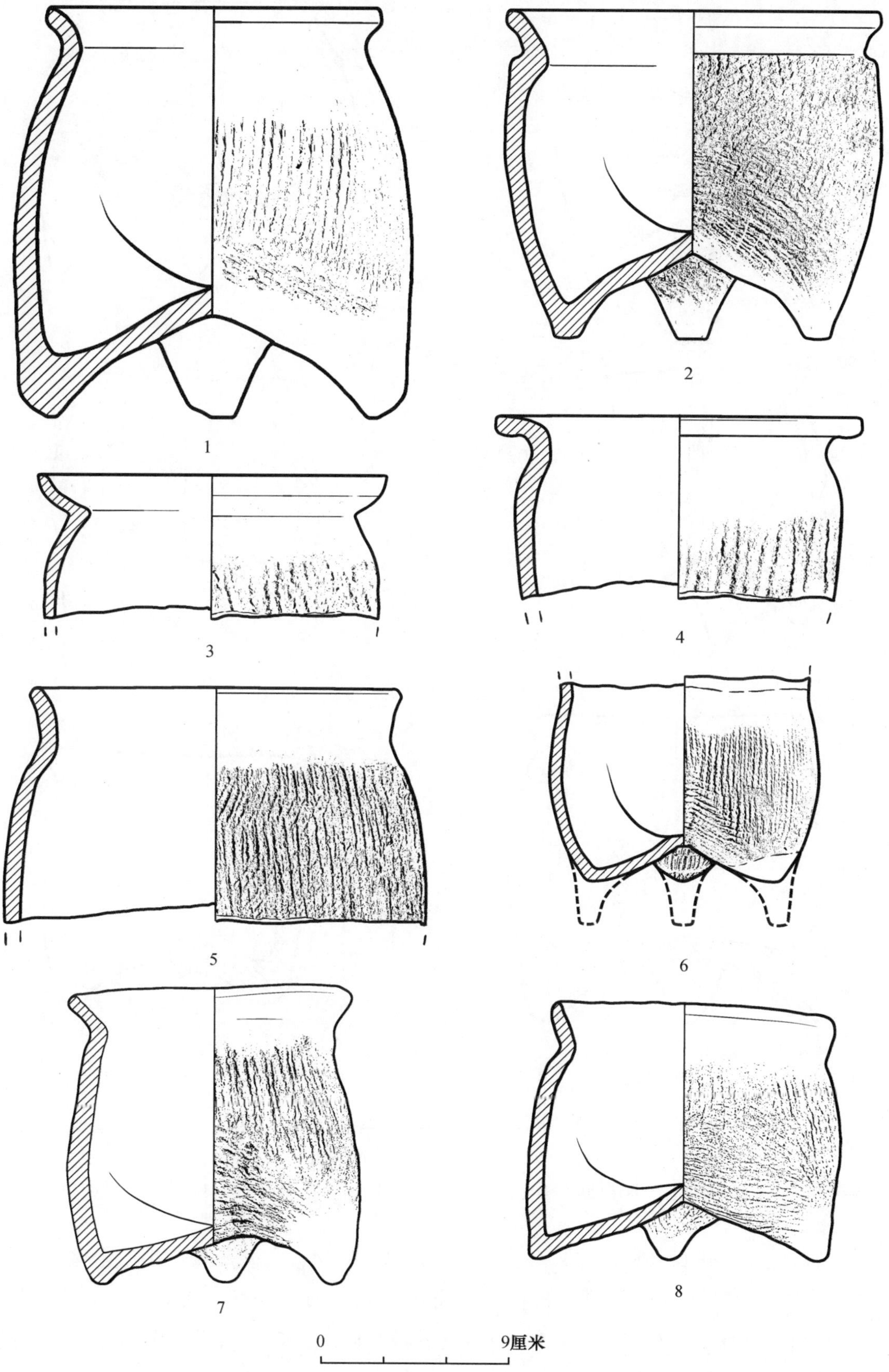

图一五八 晚商时期Ab型陶鬲

1～6. Ⅰ式（H303：1、H321：2、H84：2、H256：2、H113：1、H327：2） 7、8. Ⅱ式（M39：1、M42：1）

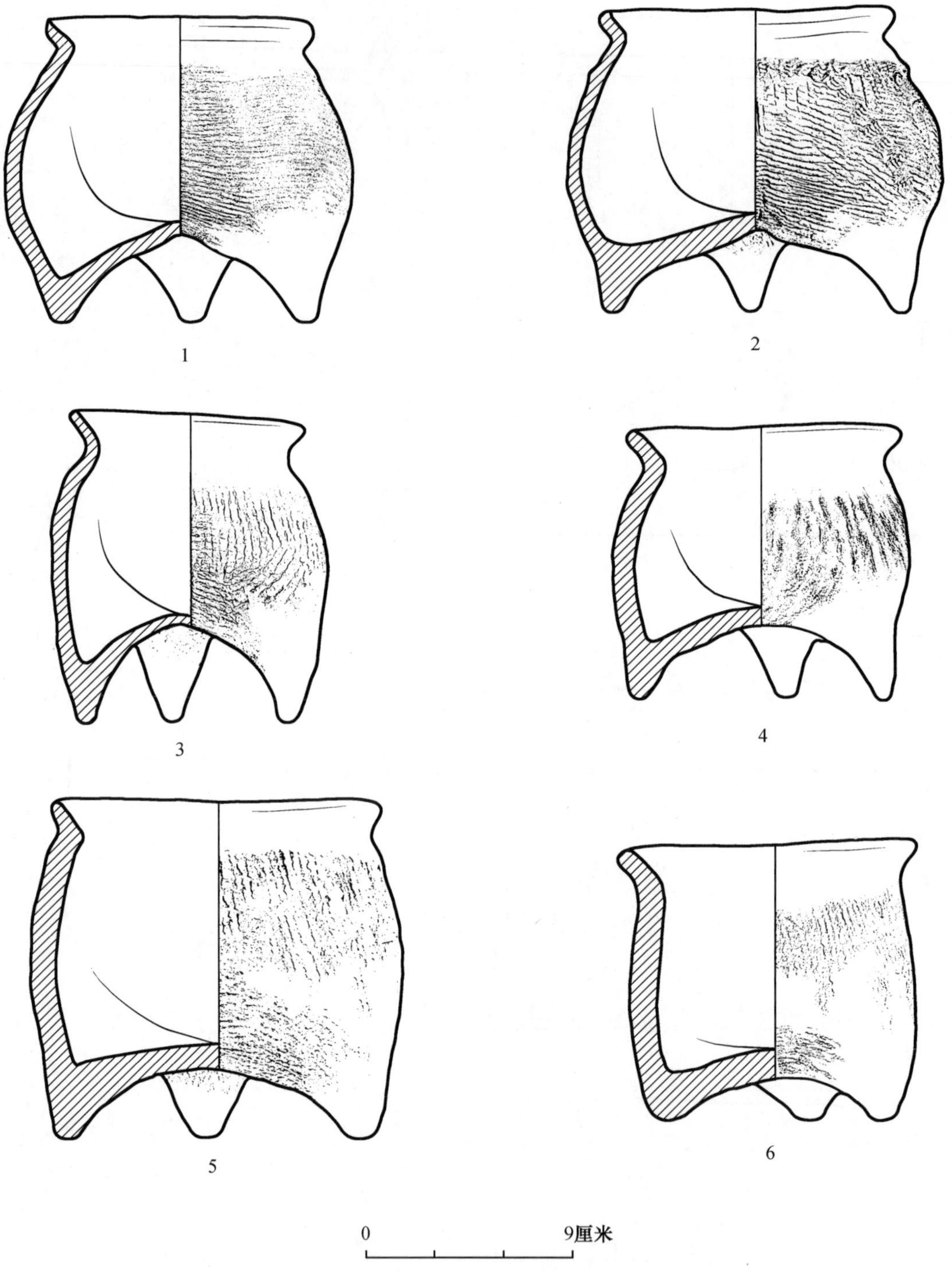

图一五九　晚商时期Ac、B型陶鬲

1、2. Ac型（M9：1、M14：1）　3. B型Ⅰ式（M19：2）　4、5. B型Ⅱ式（M18：1、M43：1）　6. B型Ⅲ式（H150①：2）

腹以下残。口径26、残高9厘米（图一六〇，5）。H256：4，夹砂灰陶。小口微侈，尖圆唇。腹饰斜向交错粗绳纹。中腹以下残。口径18、残高12厘米（图一六〇，6）。

B型　1件。浅腹，形体较小。H86：1，夹砂黄褐陶。侈口，折沿，圆唇，束颈，鼓肩，弧腹斜收。腹饰中粗绳纹，下腹素面，内腹壁留有制作时的捏痕。口径12.4、高9.9厘米（图一六〇，7；图版五六，5）。

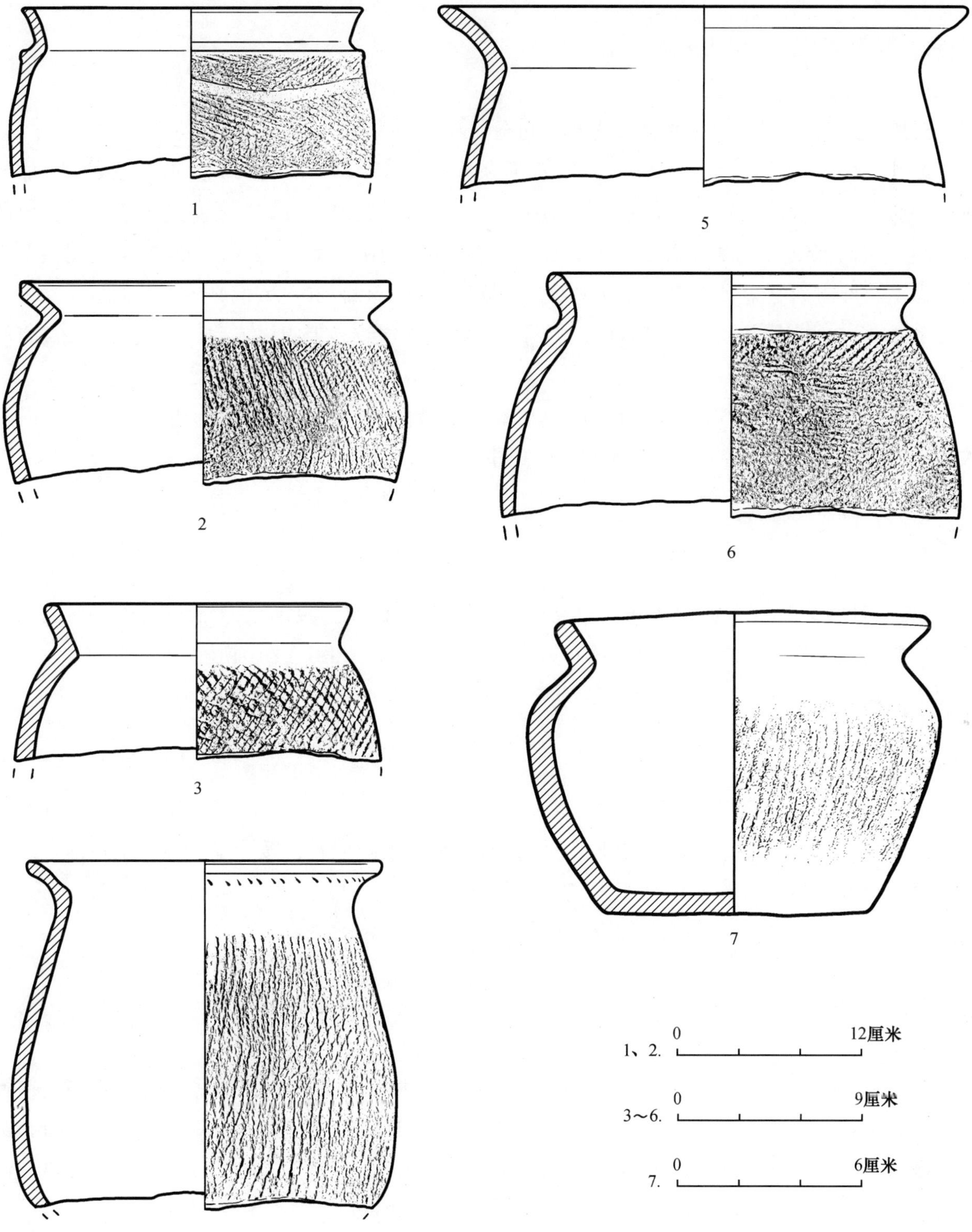

图一六〇　晚商时期陶罐

1～6. A型（H256：3、H244：1、H109：1、H136：2、H256：5、H256：4）　7. B型（H86：1）

3. 盆

5件。敞口，斜弧腹。根据器体大小，可分二型。

A型　4件。器体较大。H104：1，泥质灰陶。平沿，圆唇。腹饰竖向粗绳纹和附加堆纹。中腹以下残。口径30、残高9厘米（图一六一，1）。H192：1，泥质灰陶。窄卷沿，厚圆唇。腹饰竖向绳纹。中腹以下残。口径32、残高9厘米（图一六一，2）。H242：3，泥质红褐陶。侈沿，厚方唇，束颈。腹饰竖向绳纹。上腹以下残。口径30、残高10.5厘米（图一六一，3）。H242：2，泥质灰陶。窄沿微侈，方唇。腹饰竖向绳纹。上腹以下残。口径22、残高11厘米（图一六一，4）。

B型　1件。小盆。T111③：1，泥质灰陶。窄沿微侈，厚圆唇，斜腹近直。腹饰竖向绳纹。平底。口径16、底径13.2、高10.5厘米（图一六一，5）。

4. 甑

1件。H150③：1，泥质灰陶。口与上腹残，下腹斜收。腹饰竖向细绳纹并置鸡冠状鋬耳，平底呈十字形，四周形成4个橘瓣状镂孔，交叉的中心点有1个小圆形镂孔。底径11、残高10厘米（图一六一，6）。

5. 豆

2件。M16：1，夹砂灰陶。敞口，平沿，唇外翻。浅腹近直，矮圈足。腹、足各饰弦纹一周。口径13.6、高6.4厘米（图一六一，7；图版五六，6）。H321：36，泥质灰陶。敞口，斜方唇，浅弧腹。圈足残。口径14、残高6.8厘米（图一六一，8）。

6. 瓮

2件。H242：4，泥质灰陶。小口近直，尖唇，鼓肩，深腹斜收，平底。肩、腹饰交错绳纹。口径9.8、底径18、高34.8厘米（图一六二，1）。H136：1，夹砂灰陶。小口，侈沿，圆唇，鼓肩，深腹。肩、腹饰交错粗绳纹。上腹以下残。口径26、残高20厘米（图一六二，2）。

7. 纺轮

5件。根据器形不同，可分二型。

A型　3件。圆饼形。H164：2，泥质灰褐陶。扁平，直壁，中间有一圆形穿孔，一面有密集的圆形戳印纹。直径6.5、孔径1、厚1.6厘米（图一六三，1；图版五七，1、2）。

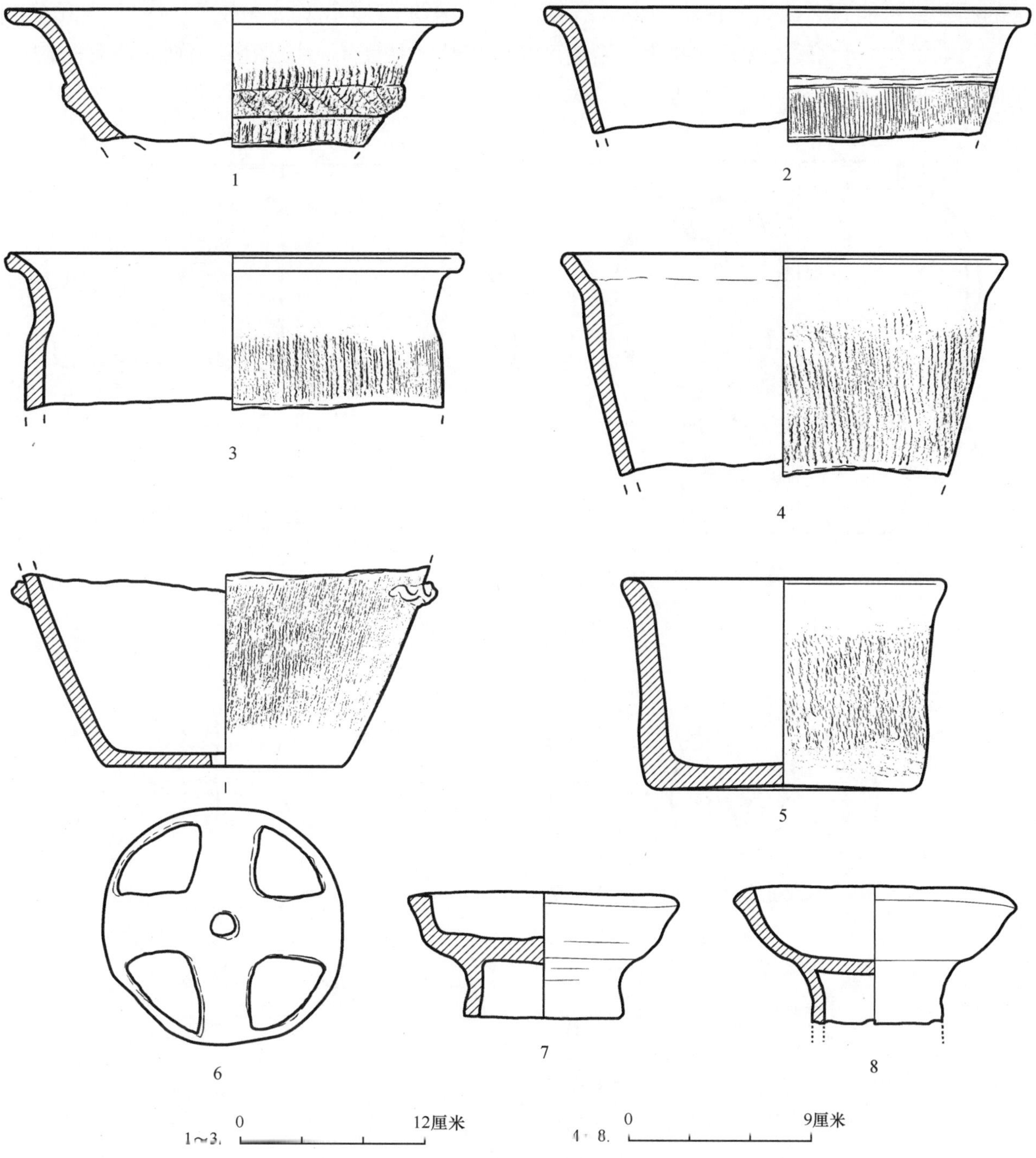

图一六一　晚商时期陶盆、甑、豆

1～4. A型盆（H104：1、H192：1、H242：3、H242：2）　5. B型盆（T111③：1）　6. 甑（H150③：1）　7、8. 豆（M16：1、H321：36）

T109③：1，夹细砂灰陶。扁平，近直壁，中间有一穿孔，表面经过打磨，从下到上分四层同心圆。直径5.2、孔径1.2、厚1.6厘米（图一六三，2；图版五七，3）。T109③：2，泥质灰黑陶。通体经过磨制，弧壁外凸，中间有穿孔。最大径4、孔径1、厚2（图一六三，3；图版五七，4）。

B型　2件。算珠形。M19：3，泥质灰黑陶。纵截面略呈椭圆形，有一个双面对钻但未透的圆孔，可能系半成品。直径约2.8、孔径0.5、孔深约0.3厘米（图一六三，4；图版五七，5）。T41③：1，泥质夹细砂红褐陶。纵截面略呈菱形，中间有一个圆孔。横截面最大径3.3、最厚2.5厘米（图一六三，5；图版五七，6）。

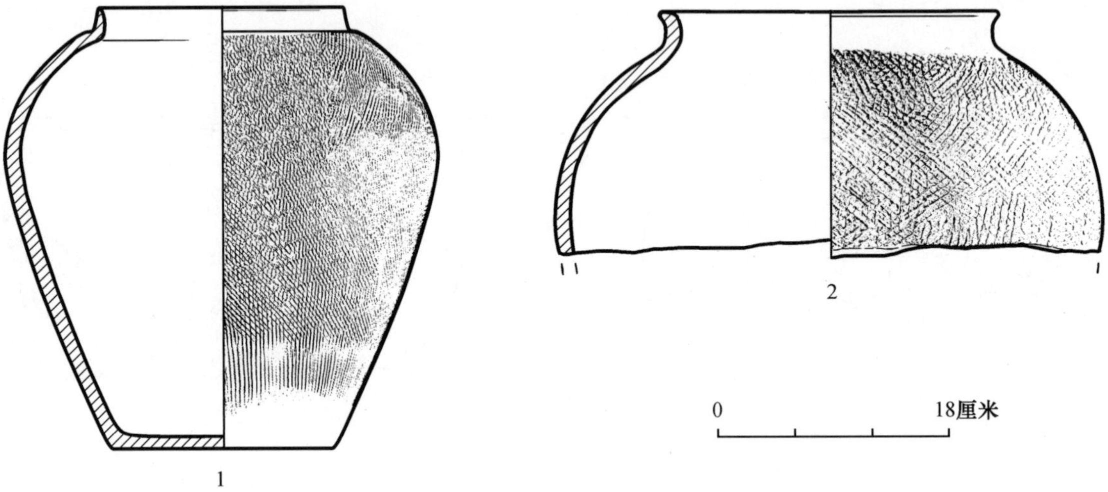

图一六二　晚商时期陶瓮

1. H242：4　2. H136：1

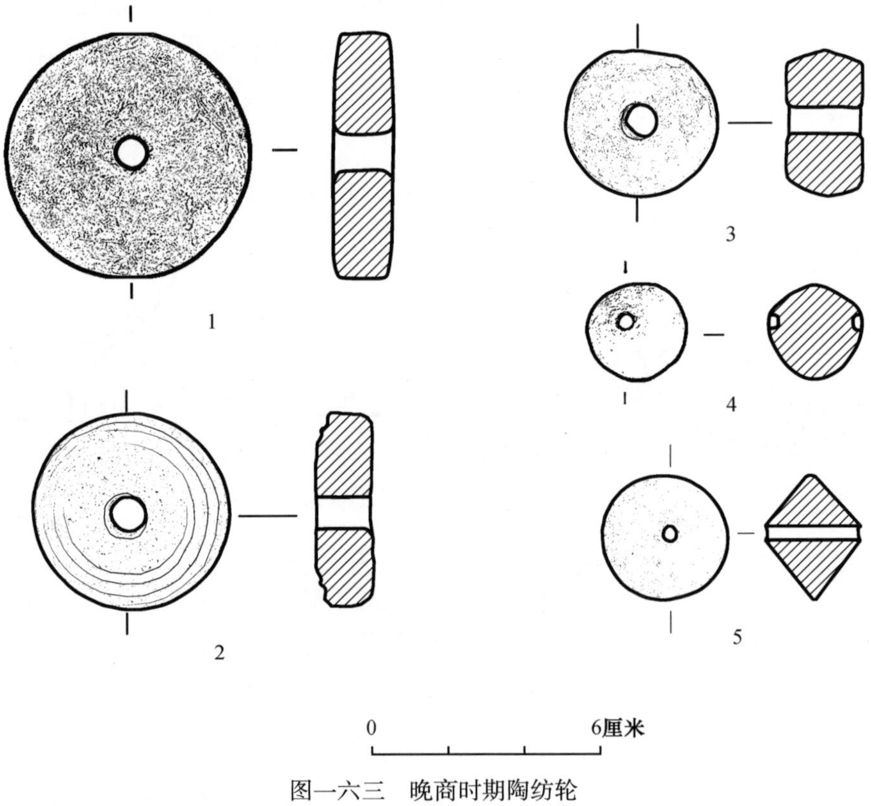

图一六三　晚商时期陶纺轮

1～3. A型（H164：2、T103③：1、T109③：2）　4、5. B型（M19：3、T41③：1）

二、石　器

晚商时期遗迹出土的石器数量不多，种类有铲、斧、镰、刀、镞、球、饼、凿、环等。

1. 铲

17件。扁平体，均磨制。根据器形不同，可分二型。

A型　3件。有肩。T37③：2，青灰色石材。肩部打制，器身磨制。顶部残，单面弧刃，刃部有使用痕迹。残长17.2、肩宽6.3、刃宽7.8厘米（图一六四，1；图版五八，1）。T68③：1，灰褐色石材。双面磨制。肩部以上经过双面打制修理，剖面呈楔形，整体呈梯形。长21、宽8.2、厚0.7厘米（图一六四，2；图版五八，2）。T70③：4，黑石磨制。顶端残，柄部两侧打制成内弧状，圆弧状单面刃。残长12.2、宽8.6、厚0.8厘米（图一六四，3）。

B型　3件。无肩。H104：26，通体磨制。双面弧刃，刃缘处有明显的磨损痕迹，上部残，两边有双向打制痕迹。残长8.4、宽8.2、厚1厘米（图一六四，4）。H120：13，磨制。顶部残，一侧斜直，另一侧略出肩，双面弧刃，刃缘有明显的使用痕迹。长11.9、宽8.3、厚0.8厘米（图一六四，5；图版五八，3）。H282：1，磨制。扁平体，器身上部有一对钻圆孔，下部残。残长7.7、宽7.6、厚1.2、孔外径1.7、内径1厘米（图一六四，6）。

石铲残片11件，形制不明，不做介绍。

2. 斧

9件。T67③：4，扁长方体，中部略厚，双面直刃，顶部残。残长5.8、宽8.1、厚1厘米（图一六四，7）。T105③：2，磨制。弧顶，单面弧刃，平面近似梯形。长7.4、宽4.4、厚1.3厘米（图一六四，8；图版五八，4）。T108③：3，磨制。器体厚重，下部略窄，双面弧刃。长11.2、宽5.8、厚4厘米（图一六四，9；图版五八，5）。H247：2，磨制。器体厚重，纵剖面呈梯形，双面弧刃，较钝。长13.4、刃宽10.2、顶端宽7.3厘米（图一六四，10；图版五八，6）。H247：3，一面扁平，一面弧鼓，单面斜直刃。长10、宽5.9、厚1.7厘米（图一六四，11）。

3. 镰

13件。均磨制，弓背。根据刃部差异，可分二型。

A型　5件。平直刃。H104：27，双面直刃，剖面呈楔形。长12.5、宽3.9、厚0.7厘米（图一六五，1；图版五九，1）。H189：1，前端圆尖，较钝，双面直刃。长16.2、宽6.2、厚1.5厘米（图一六五，2；图版五九，2）。T7③：1，前端尖角略残，双面直刃。残长8.4、宽4.1、

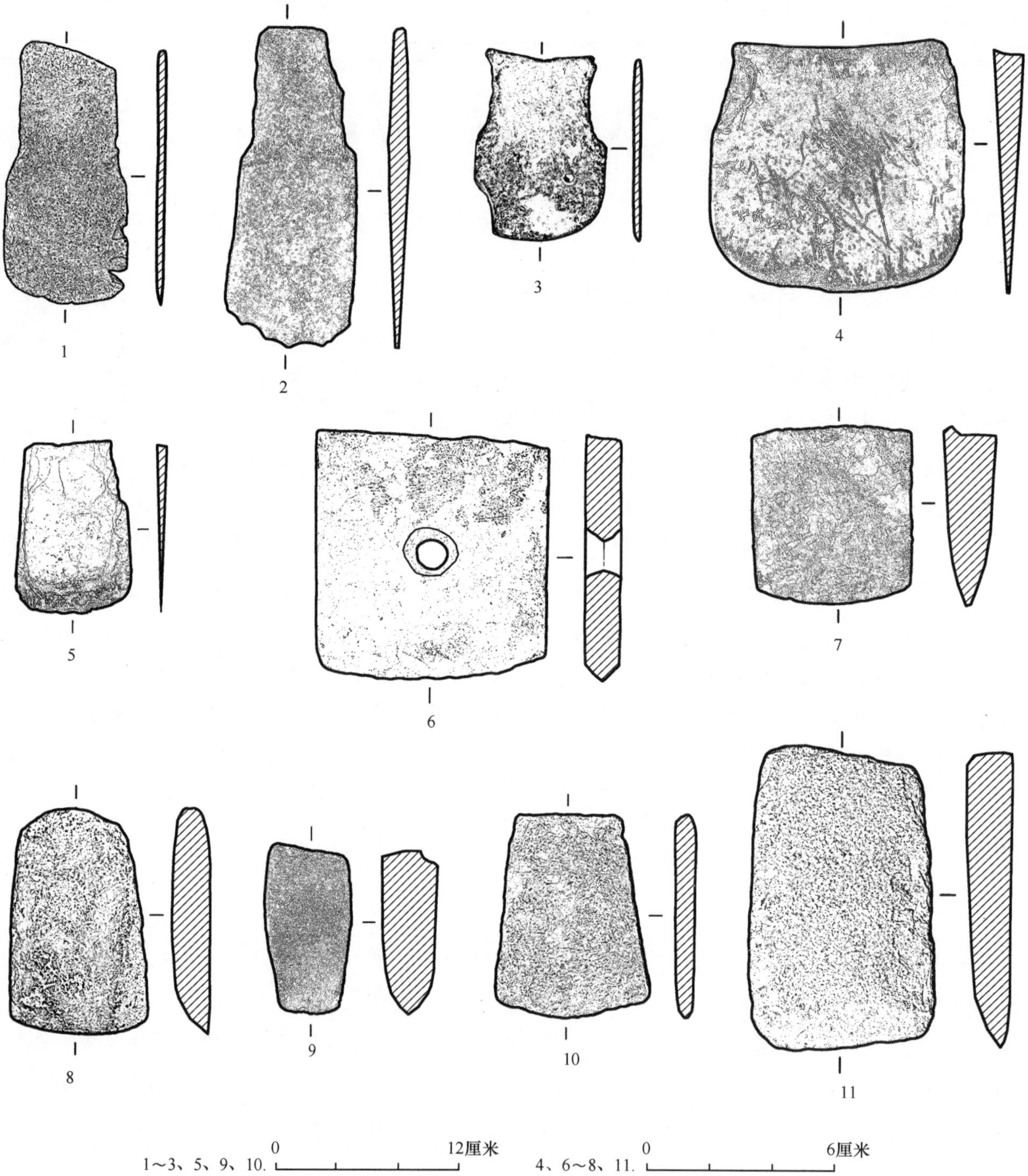

图一六四　晚商时期石铲、斧

1～3. A型铲（T37③：2、T68③：1、T70③：4）　4～6. B型铲（H104：26、H120：13、H282：1）　7～11. 斧（T67③：4、T105③：2、T108③：3、H247：2、H247：3）

厚0.9厘米（图一六五，3）。T66③：2，长条状，尖部残，双面斜直刃，有明显使用痕迹。长10.5、宽3.4、厚1厘米（图一六五，4）。T85③：3，双面直刃，残存一双向对钻圆孔。残长5.1、宽3.1、厚0.6、孔径0.6厘米（图一六五，5）。

B型　2件。凹弧刃。T40③：1，长三角形，尾部较宽，双面刃。长8.6、宽3.4、厚0.9厘米

（图一六五，6；图版五九，3）。T62③：4，尖部呈喙状，双面刃，尾部微残，刃部可见明显的使用痕迹。长9.9、宽2.6、厚0.7厘米（图一六五，7；图版五九，4）。

石镰残段6件，形制不明，不做介绍。

4. 刀

3件。T16③：1，磨制。直背，有两个双面对钻孔，弧刃，一端残。残长7.9、宽4.7、厚0.5厘米（图一六五，8；图版五九，5）。T70③：1，直背，双面直刃，一端残，残断处有一对钻穿孔。残长5.7、宽3.5、厚0.5厘米（图一六五，9）。T70③：5，平面呈梯形，直背，单面刃略凹，中部单面钻孔。长10.3、宽4.3、厚0.6、孔径1.2厘米（图一六五，10；图版五九，6）。

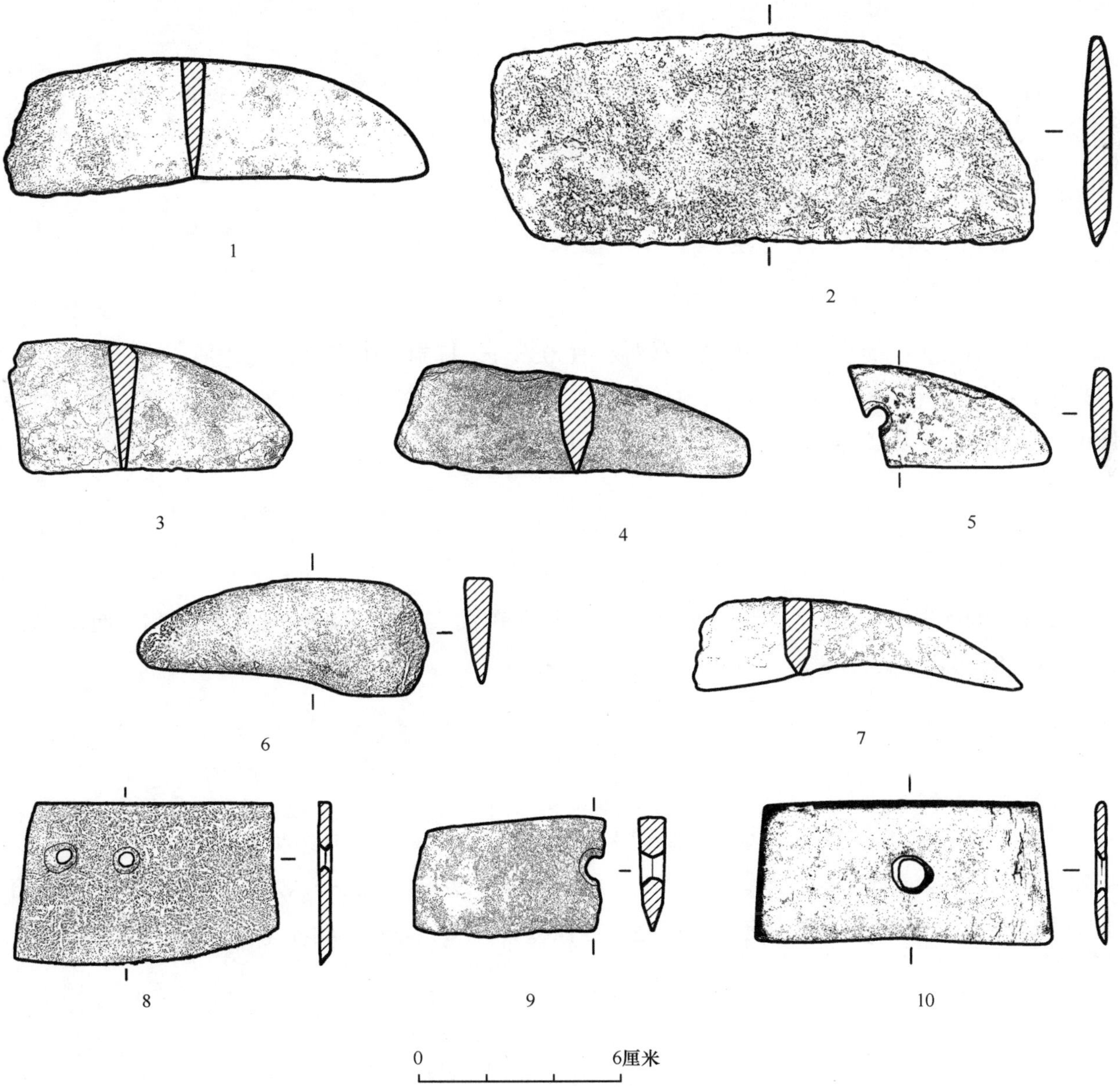

图一六五　晚商时期石镰、刀

1～5. A型镰（H104：27、H189：1、T7③：1、T66③：2、T85③：3）　6、7. B型镰（T40③：1、T62③：4）　8～10. 刀（T16③：1、T70③：1、T70③：5）

5. 镞

5件。磨制。根据铤部的有无，可分二型。

A型　3件。无铤。H120：6，三角形扁平体，双翼，凹底，前锋尖锐。长4.6、宽2.8、厚0.3厘米（图一六六，1；图版六〇，1）。T119③：1，三角形扁平体，双翼，凹底。前锋残。残长2.7、宽2.6、厚0.2厘米（图一六六，2；图版六〇，2）。

B型　2件。有铤。H244：3，梭形扁平体，无翼。锋尖残。通长7、宽1.9、厚0.7厘米（图一六六，3；图版六〇，3）。

6. 球

2件。扁圆体，磨制。H150③：6，上下有一小平面，形似算珠。最大径4.6、厚3厘米（图一六六，4；图版六〇，5）。H150②：1，直径5.8、厚3.7厘米（图一六六，5；图版六〇，4）。

7. 饼

2件。圆形，一面平，一面鼓凸，体厚。H305：1，打制。中间厚，周边薄。直径6、厚2厘米（图一六六，6；图版六〇，6）。H321：28，平面为磨制。凸面为打制，边缘薄，有双向修理痕迹。直径7.7、厚2.3厘米（图一六六，7；图版六〇，7）。

8. 凿

1件。T64③：1，磨制。长方形条状，平顶，单面直刃。长8.9、宽1.8、厚1.1厘米（图一六六，8；图版六〇，8）。

9. 环

3件。T71③：1，磨制。边缘单面加工。外径4、内径2.8、厚0.6厘米（图一六六，9）。H24：1，磨制。截面呈椭圆形。直径6.8、孔径5、厚0.9厘米（图一六六，10）。H24：2，打制。加工粗糙，体扁平，周缘有打击痕迹。外径8、内径6、厚1.2厘米（图一六六，11）。

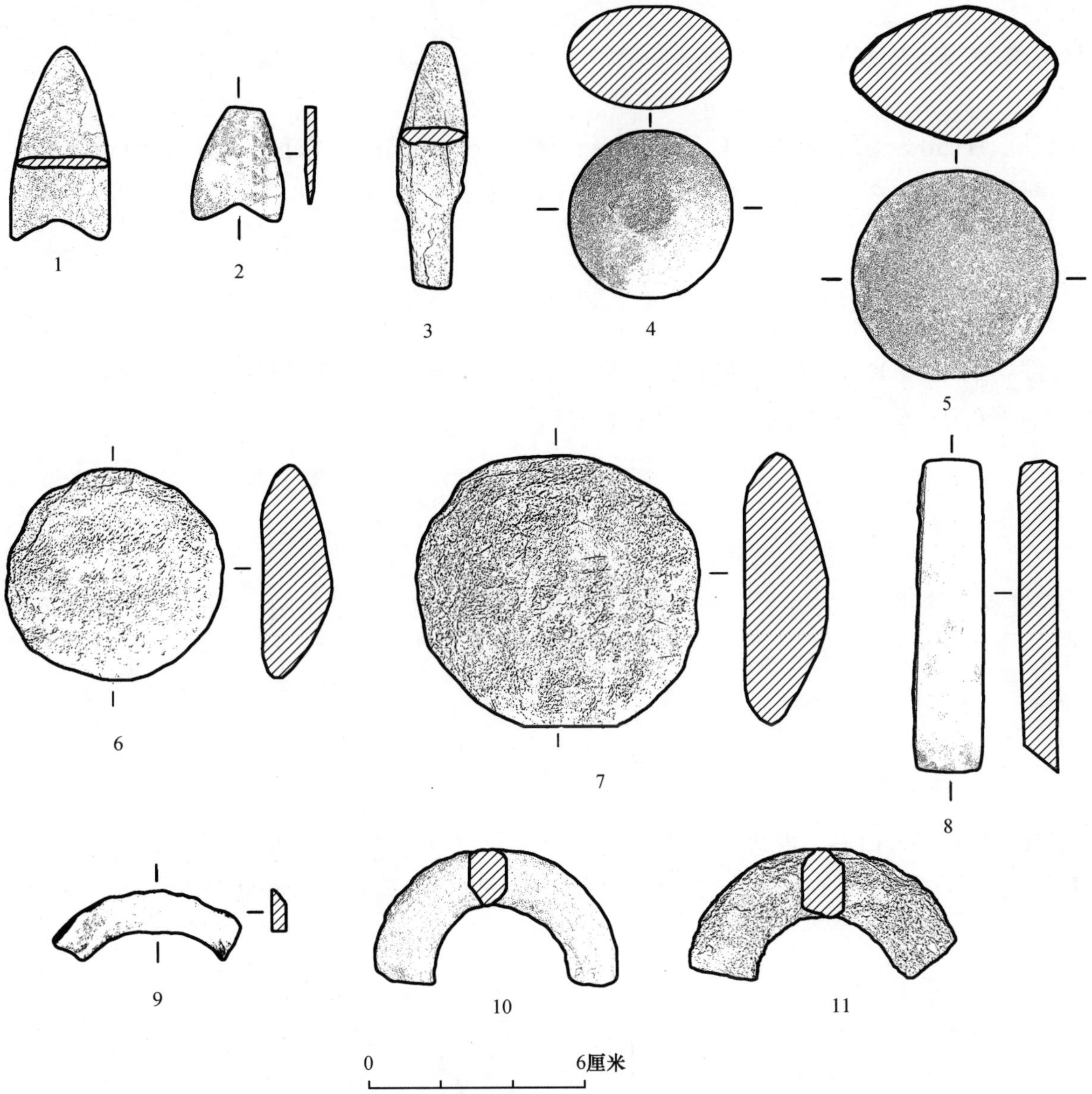

图一六六　晚商时期石镞、球、饼、凿、环

1、2. A型镞（H120：6、T119③：1）　3. B型镞（H244：3）　4、5. 球（H150③：6、H150②：1）　6、7. 圆饼（H305：1、H321：28）　8. 凿（T64③：1）　9～11. 环（T71③：1、H24：1、H24：2）

三、骨　　器

晚商时期骨器发现极少，种类有锥、匕、簪等。

1. 锥

3件。H120：8，系动物肢骨磨制而成，扁薄体，三角形尖锋。长9.4、宽1.3、厚0.2厘米（图一六七，1；图版六一，1）。H303：2，系动物肢骨磨制而成，顶部较宽，锥身较细，呈扁圆形，尖部较锐。长12、最大径为0.6厘米（图一六七，2；图版六一，2）。

2. 匕

1件。H150③：2，磨制。扁平长条形，体略弯，刃端残，靠顶部有一双面对钻的小圆孔。残长10.1、宽1.3、厚0.2厘米（图一六七，3；图版六一，3）。

3. 簪

1件。T87③：1，磨制。呈圆锥状，前端尖锐，后端扁平，雕刻出立鸟形，形象逼真。长12.2、截径0.7厘米（图一六七，4；图版六一，4）。

四、铜　　器

仅发现1件铜镞。T25③：1，三角形锋较钝，双翼较宽，圆锥状铤。长6.4、宽2.9厘米（图一六七，5；图版六一，6）。

五、海　　贝

2枚。M4：3，白色，齿状口，背部琢有一孔。长1.6、宽1.2、厚0.8厘米（图一六七，6；图版六一，5）。M19：1，淡白色，背部琢有一孔。长1.8、宽1.3、高0.8厘米。

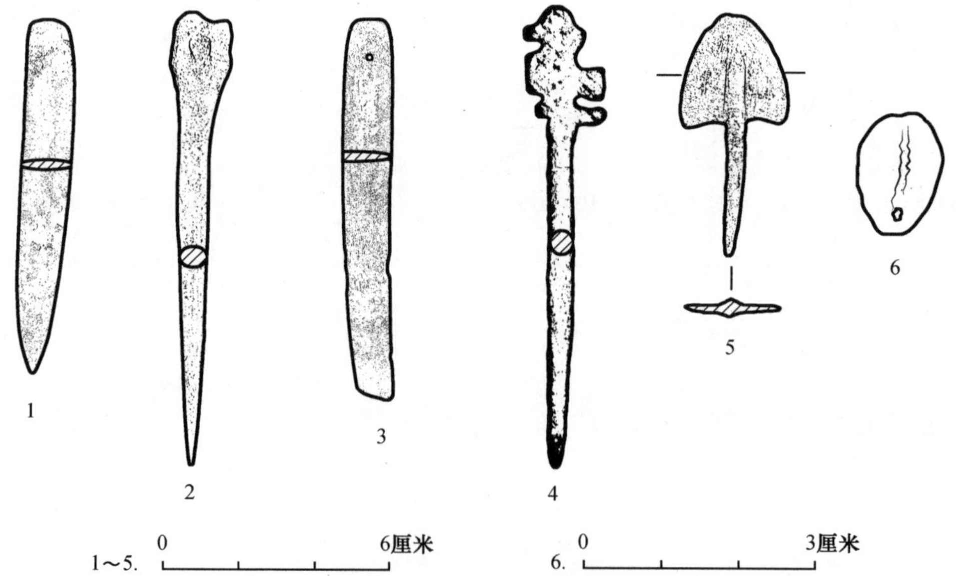

图一六七　晚商时期骨器、铜器及海贝

1、2. 骨锥（H120：8、H303：2）　3. 骨匕（H150③：2）　4. 骨簪（T87③：1）　5. 铜镞（T25③：1）　6. 海贝（M4：3）

第六章　汉魏时期文化遗存

第一节　遗　　迹

薛庄遗址发现的汉魏时期文化遗迹不多，分为灰坑、灰沟、水井、墓葬四种。其中以灰坑为主，其他遗迹发现数量很少。

一、灰　　坑

44个，仅约占本次发掘灰坑总数的14.19%（附表一）。它们的平面形状有椭圆形、圆形和长方形三类，以椭圆形最多，圆形次之。坑壁结构分为竖直筒状、斜直壁、弧壁和袋状四种。坑底一般为平底，少数灰坑为圜底或凹凸不平。下面按编号顺序举例介绍如下。

1. H1

H1位于T29东南角，开口于第1层下，打破M12墓口。坑口平面近圆形，斜壁，圜底较缓。坑口距地表0.2米，口径1.65～1.75米，底径1.23米，深0.78米（图一六八；图版六二，1）。

坑内填黄褐色土，夹杂较多的红褐和灰褐斑点，颗粒较小，质地松软，出土了粗绳纹陶片、布纹瓦及锈蚀的铁器等。

2. H4

H4位于T16南部，开口于第1层下，打破H9。坑口平面呈圆形，直壁略袋，平底。坑口距地表0.46米，口径1.05米，底径1.1米，深0.31米（图一六九；图版六二，2）。

坑内填黄褐色土，较松软。出土有瓦片、陶片、铁片及兽骨等。

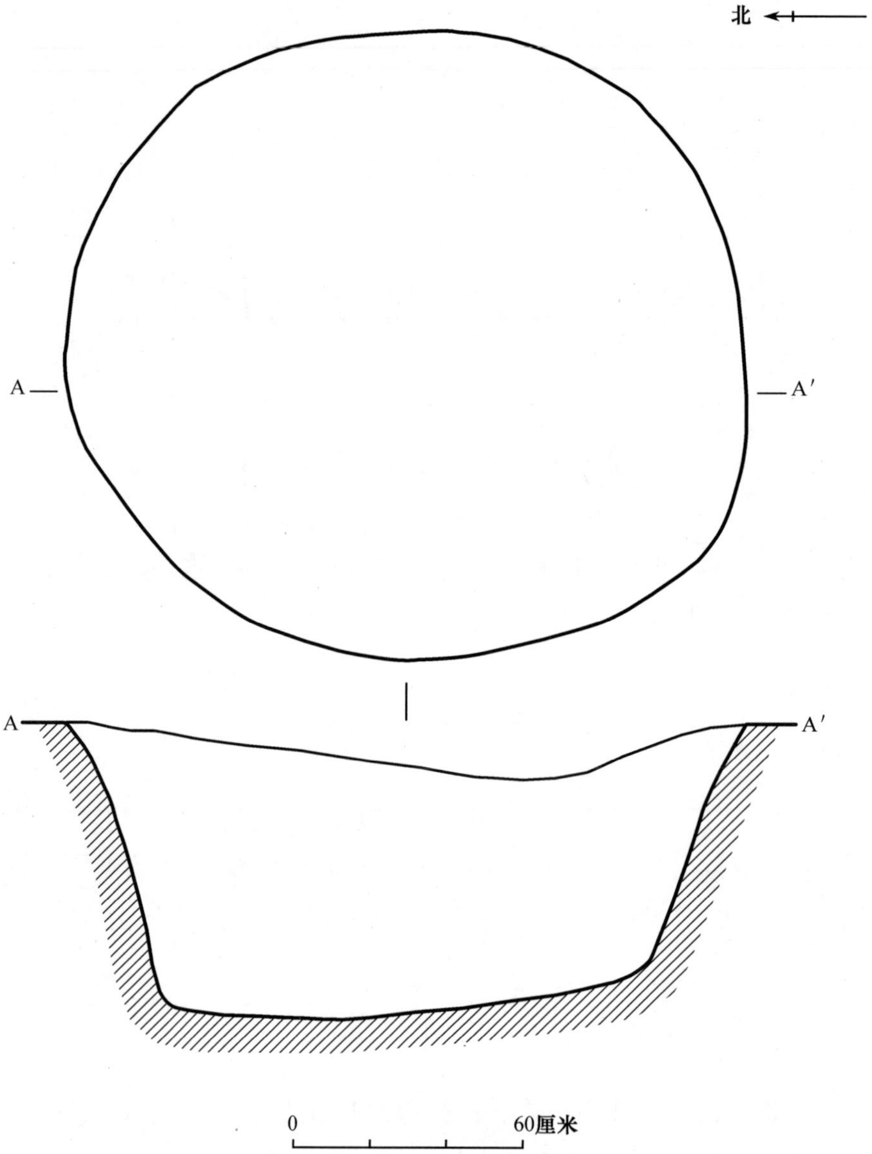

图一六八　H1平、剖面图

3. H58

H58位于T42东南部，开口于第1层下。坑口平面近圆形，斜壁，平底中间略凸。坑口距地表0.2米，口径1.35米，深0.56米（图一七〇）。

坑内填红褐色土，出土有砖、瓦残块以及1枚“五铢”铜钱。

4. H70

H70位于T58西北部，开口于第1层下，打破H192、H226。坑口平面呈不规则椭圆形，坑壁上部较竖直，下部呈袋状，平底略有倾斜。坑口距地表0.2米，长径约2.24米，短径约1.31米，最深1.4米（图一七一）。

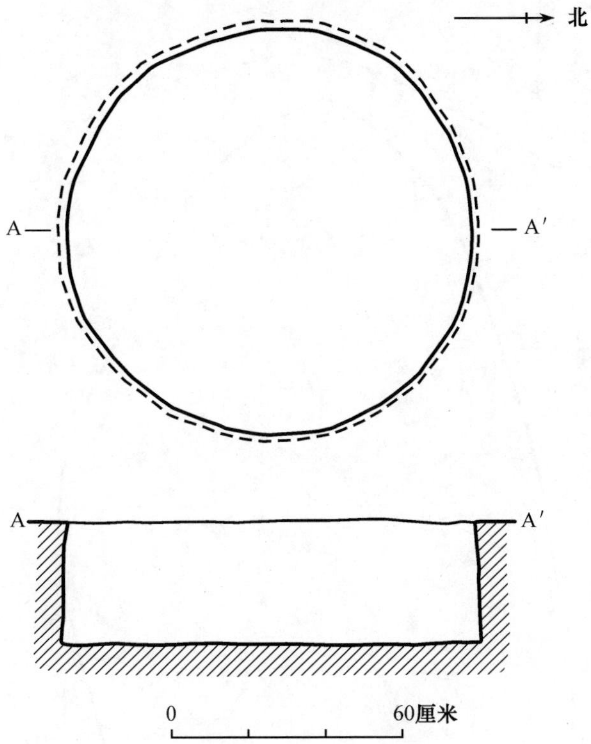

图一六九　H4平、剖面图

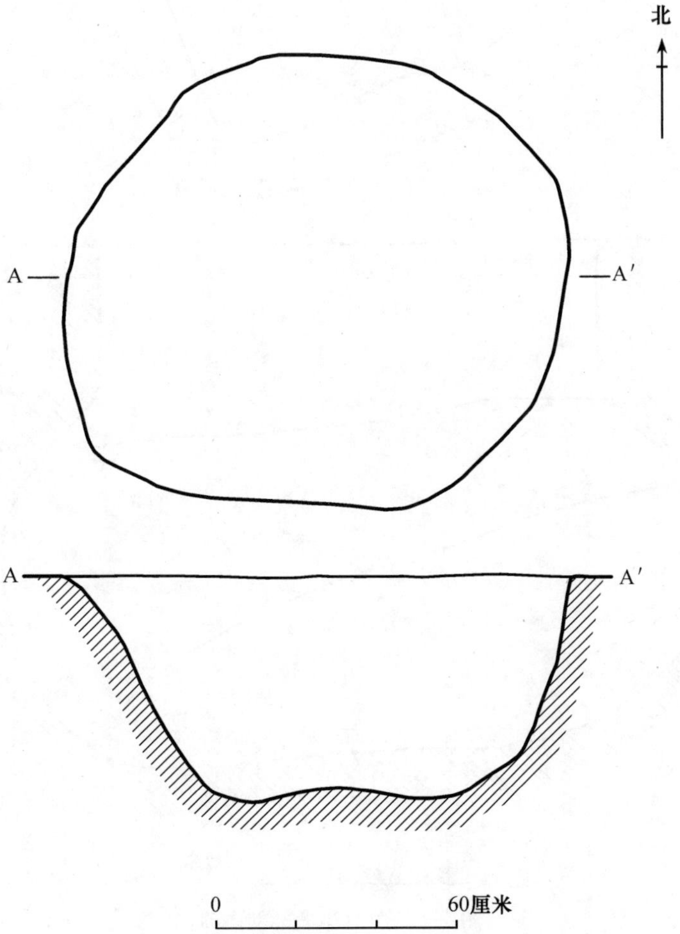

图一七〇　H58平、剖面图

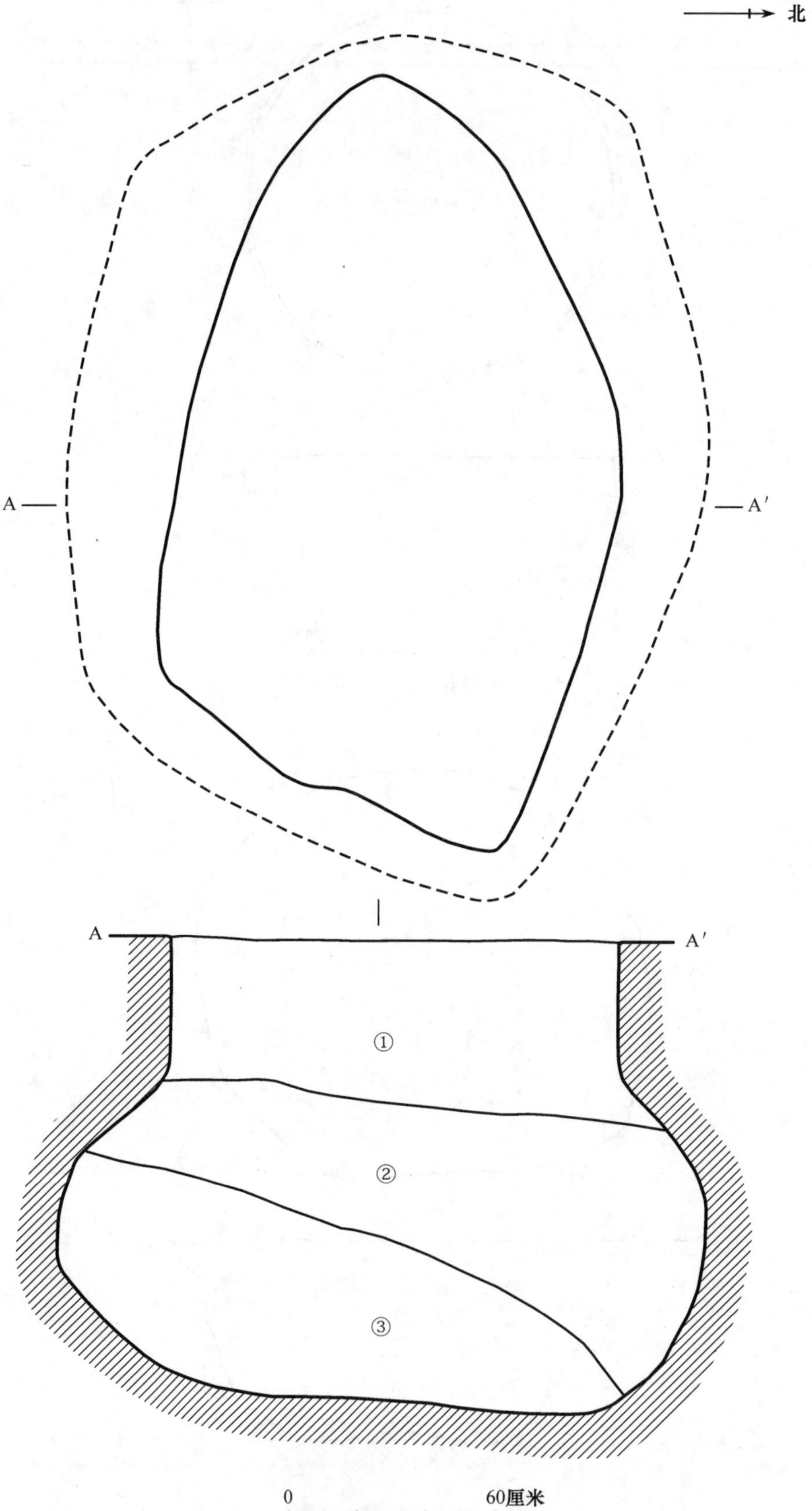

图一七一　H70平、剖面图
1. 橙黄色土　2. 灰色土　3. 灰褐色土

坑内填土分三层：第1层为橙黄色土，厚约0.5米，质地纯净较硬，出土少量素面灰陶、红陶片。第2层为灰色土，厚约0.6米，质地疏松细腻，夹杂少量灰烬和红烧土块，出土1枚“五铢”铜钱。第3层为灰褐色土，厚约0.3米，土质呈较硬的颗粒状，出土少量红陶片。

5. H78

H78位于T43西北部，开口于第1层下。坑口平面呈规整的圆形，直壁，平底。坑口距地表0.23米，口径约1.18米，深0.42米（图一七二）。

坑内填土分两层：第1层为灰黑色土，厚0.06～0.14米，夹杂有白色斑点。第2层为黄色土，厚0.28～0.36米，质地松软较黏，出土少量陶片以及4枚铜钱，面文“五铢”“货泉”（图一七二；图版六三，1）。

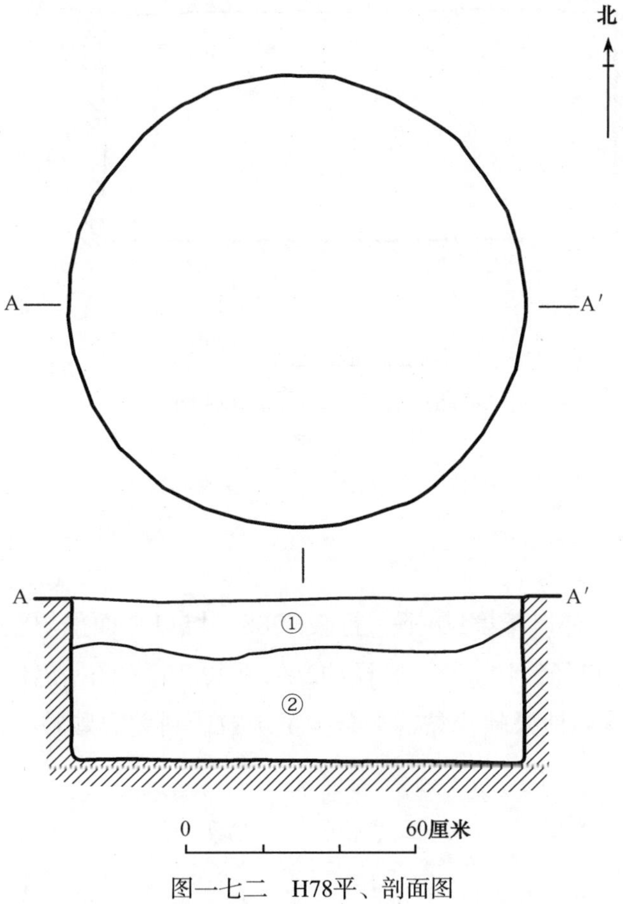

图一七二 H78平、剖面图
1. 灰黑色土 2. 黄色土

6. H96

H96位于T45北部，开口于第1层下，被M26叠压。坑口平面呈规整的长方形，直壁，平底。坑口长约1.32米，宽0.7米，深0.6米（图一七三；图版六三，2）。

坑内填土为灰褐土，土质较软，颗粒小，出土有石杵、红陶片等。

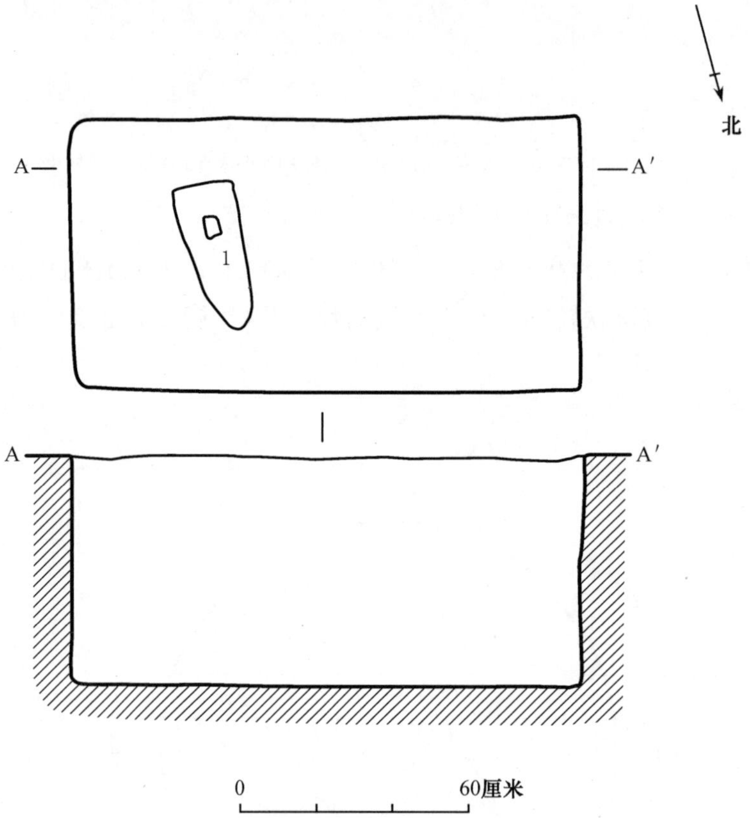

图一七三　H96平、剖面图

1. 石杵

7. H215

H215位于T103东部，开口于第1层下，打破H288。坑口平面呈规整的圆形，袋状坑壁，平底。坑口距地表0.22米，口径约1.86米，底径约2米，深0.7米（图一七四；图版六四，1）。

坑内填土呈灰黑色，质地松软较黏，夹杂少量炭粒、料姜石颗粒，出土少量陶片。

二、灰　　沟

2条，占本次发掘灰沟总数的20%（附表二）。

1. G1

G1位于T7～T10中东部，开口于第1层下，分别打破H10、H27、H52、M10、G2。基本呈南北走向，沟口距地表约0.3米，平面呈长条形，长16米，宽0.65米。沟壁弧收，沟底为圜底，

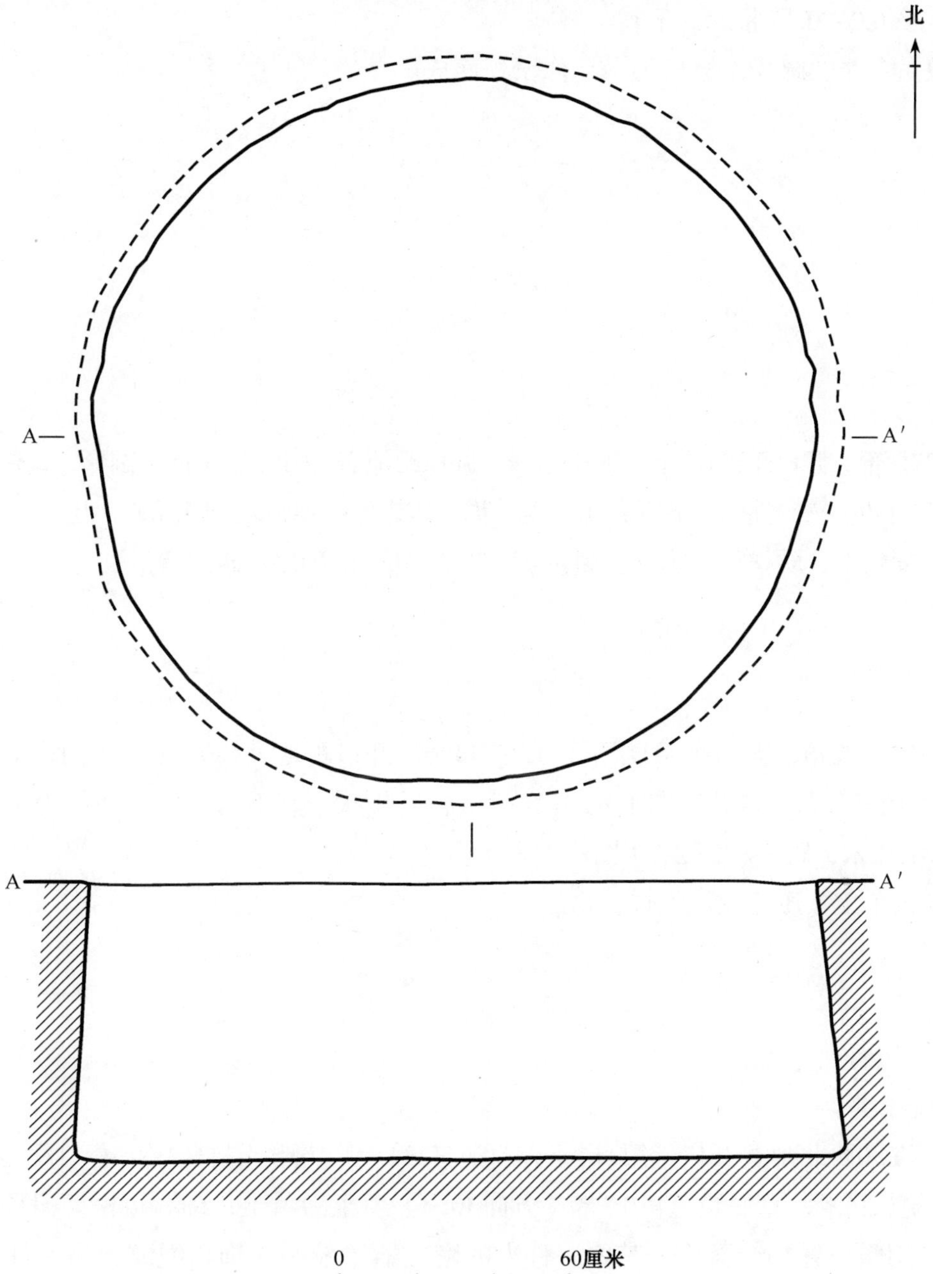

图一七四　H215平、剖面图

距沟口深0.25米（图五）。

沟内填黄色土，松软细腻较纯净，似淤积而成。除在T9内的沟段出土1件铁环外，其他沟段未见人工遗物。

2. G3

G3位于T31～T33东部，向北延伸到发掘区外，开口于第1层下，打破H80、H90、H107。基本呈南北走向，平面宽窄不等。沟壁弧收，圜底。发掘部分长10.1米，最宽处1.48米，最窄处0.8米，沟深0.2～0.25米（图五）。

沟内填黄色土，疏松细腻较纯净，似淤积而成。

三、水　井

2口。

1. J1

位于T27西部，开口于第1层下，被H5叠压。井口距地表约0.2米，平面呈圆形，直径1.8米。自井口向下1.4米为斜壁，较规整，再向下约0.8米为直壁。因未发掘到底，井底情况不明（图一七五）。

井内填黄色土，质松软，出土少量的泥质灰陶粗布纹瓦片、砖块等。

2. J2

位于T101西北角，开口于第1层下，打破H306。井口距地表约0.2米，平面略呈椭圆形，长径0.9米，短径0.72米。自井口向下1.2米为斜壁，呈袋状，其下为直壁。井底为平底，平面呈圆形，直径1.12米，距井口深5米（图一七六）。

井内填黄色土，质松软，无包含物。

四、墓　葬

1座，瓮棺葬。

W1位于T80西北角，开口于第1层下，打破H231。长方形土坑竖穴，墓口距地表0.18米，长0.82米，宽0.36米，墓底距墓口0.2米。方向30°。填土为黄土，细腻疏松。葬具系用两件残破的泥质灰陶瓮横置扣合而成，其中一件大的陶瓮器胎较厚，饰粗绳纹，另一件小瓮器胎较薄，饰中绳纹，破碎较严重。死者为一幼儿，仰身直肢葬，人骨保存较差，只有部分颅骨、胫骨和若干肋骨片。推测头向东北，面向西北。性别、年龄不明（图一七七；图版六四，2）。

第二节　遗　物

一、陶　器

薛庄遗址汉魏时期陶器比较少，以泥质陶为主，少见夹砂陶。陶色常见灰色、橙黄色，少数为红色。器表多素面，少数饰绳纹、瓦棱纹和圆涡纹。器类主要有釜、盆、碗、钵、盂、器盖、豆、壶、板瓦等。

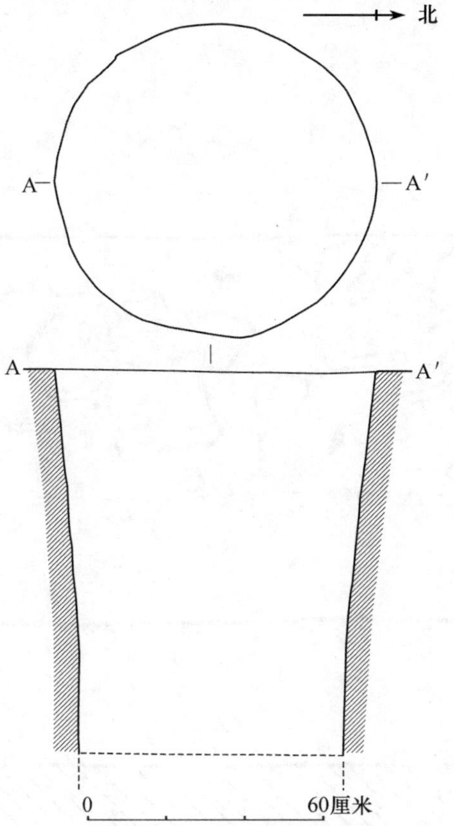

图一七五　J1平、剖面图

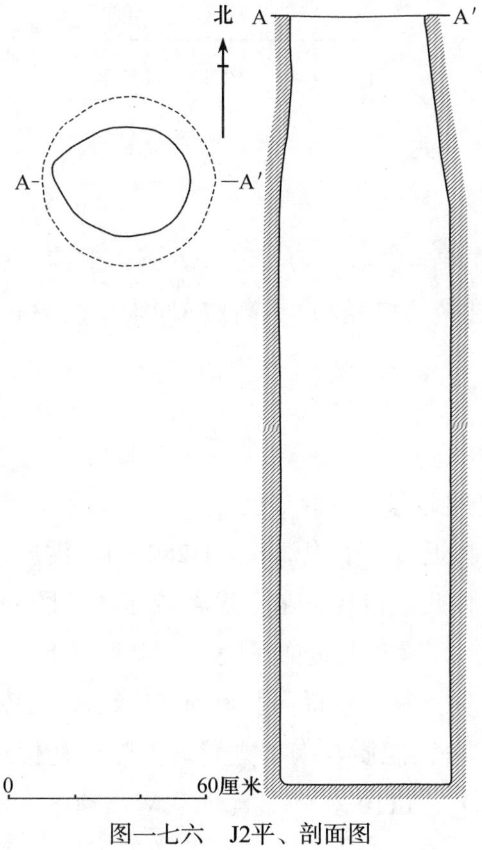

图一七六　J2平、剖面图

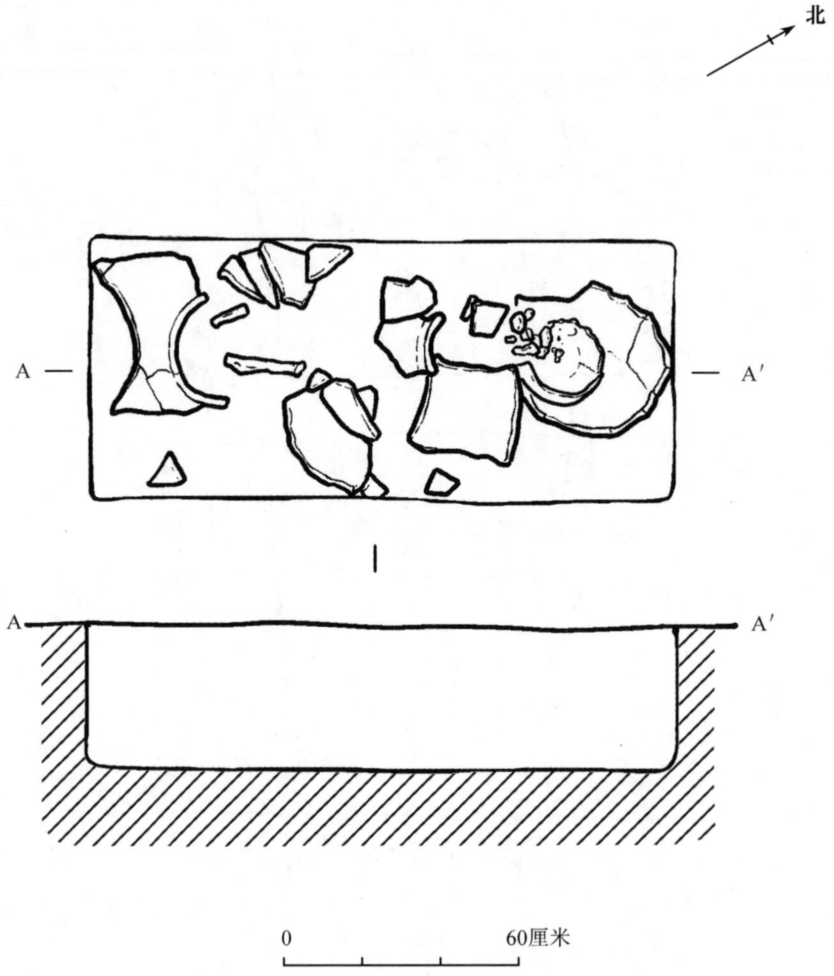

图一七七　W1平、剖面图

1. 釜

1件。T15②：1，夹砂红陶。侈口，短折沿，方唇，束颈，肩部微鼓，深弧腹，圜底。通体素面，肩、腹之间有一周凸棱。口径20.8、高27.3厘米（图一七八，1；图版六五，1）。

2. 盆

6件。敞口。根据口、腹部形态，可分二型。

A型　5件。斜折沿，上腹近直，下腹弧收。H280：1，泥质灰陶。宽沿，方唇。上腹饰瓦棱纹，中腹饰横向绳纹。下腹残。口径39.6、残高12厘米（图一七八，2）。H280：2，泥质灰陶。口沿内侧有一周折棱，方唇。上腹饰瓦棱纹。上腹以下残。口径51.6、残高15厘米（图一七八，3）。H280：3，泥质灰陶。方唇。上腹饰瓦棱纹。上腹以下残。口径56、残高14.4厘米（图一七八，4）。H317：1，泥质灰陶。方唇。上腹饰瓦棱纹。上腹以下残。口径54.4、残高11.2厘米（图一七八，5）。T110②：3，泥质灰陶。圆唇。上腹饰瓦棱纹，下腹饰横向绳纹。底残。口径36、高17.4厘米（图一七八，6）。

B型　1件。宽平沿，斜直腹，平底。H97①：1，圆唇，沿面有一周凹弦纹。腹饰瓦棱纹。口径49.6、高20.7厘米（图一七八，7；图版六五，2）。

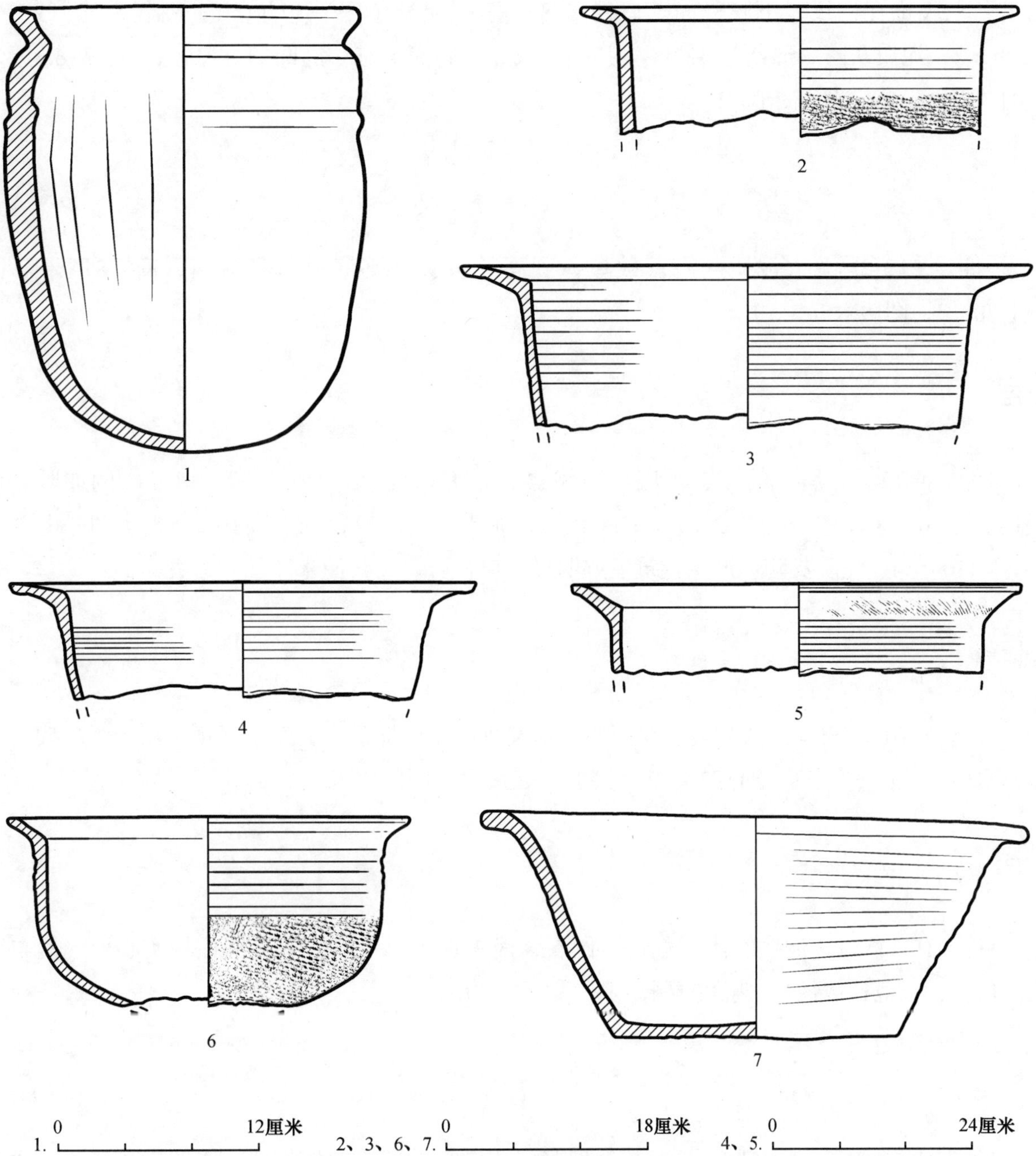

图一七八　汉魏时期陶釜、盆

1. 釜（T15②：1）　2～6. A型盆（H280：1、H280：2、H280：3、H317：1、T110②：3）　7. B型盆（H97①：1）

3. 碗

2件。H279：1，泥质灰陶。直口，方唇，折腹，上腹竖直，下腹斜收，小平底，假圈足。上腹饰瓦棱纹，下腹素面。口径12.8、高6.7厘米（图一七九，1；图版六五，3）。H279：2，泥质灰陶。形制与H279：1几乎一致，唯唇面上有一周凹槽。口径14.5、高6.6厘米（图一七九，2；图版六五，4）。

4. 钵

1件。T13②：2，泥质灰陶。敛口，圆唇，折腹，平底。口径10.4、高7.8厘米（图一七九，3；图版六五，5）。

5. 盂

3件。直口，方唇，筒腹，平底。通体素面。H304：2，泥质灰陶。口沿内侧加厚。口径16、高10厘米（图一七九，4）。H304：3，泥质灰陶。口径16、高10.2厘米（图一七九，5）。H304：4，泥质灰陶。泥条盘筑痕迹明显。口径17、高10厘米（图一七九，6）。

6. 器盖

1件。T101①：1，泥质灰陶。盖面扁平呈圆饼形，矮捉手，盖纽呈平顶圆帽形，略残。实体，素面。盖面直径9.8、通高3.9厘米（图一八〇，1；图版六五，6）。

7. 豆

1件。H317：2，泥质灰陶。敞口，圆唇，浅腹缓折，平底，下接圆柱状实心柄，柄与座残。口径10、豆柄截径3、残高5厘米（图一八〇，2）。

8. 壶

1件。H70：1，泥质灰陶。两端呈喇叭形，中空，中部略向外鼓凸，饰四道凸棱纹，两端均残，疑似壶的颈部。中部直径约12、残高22厘米（图一八〇，3）。

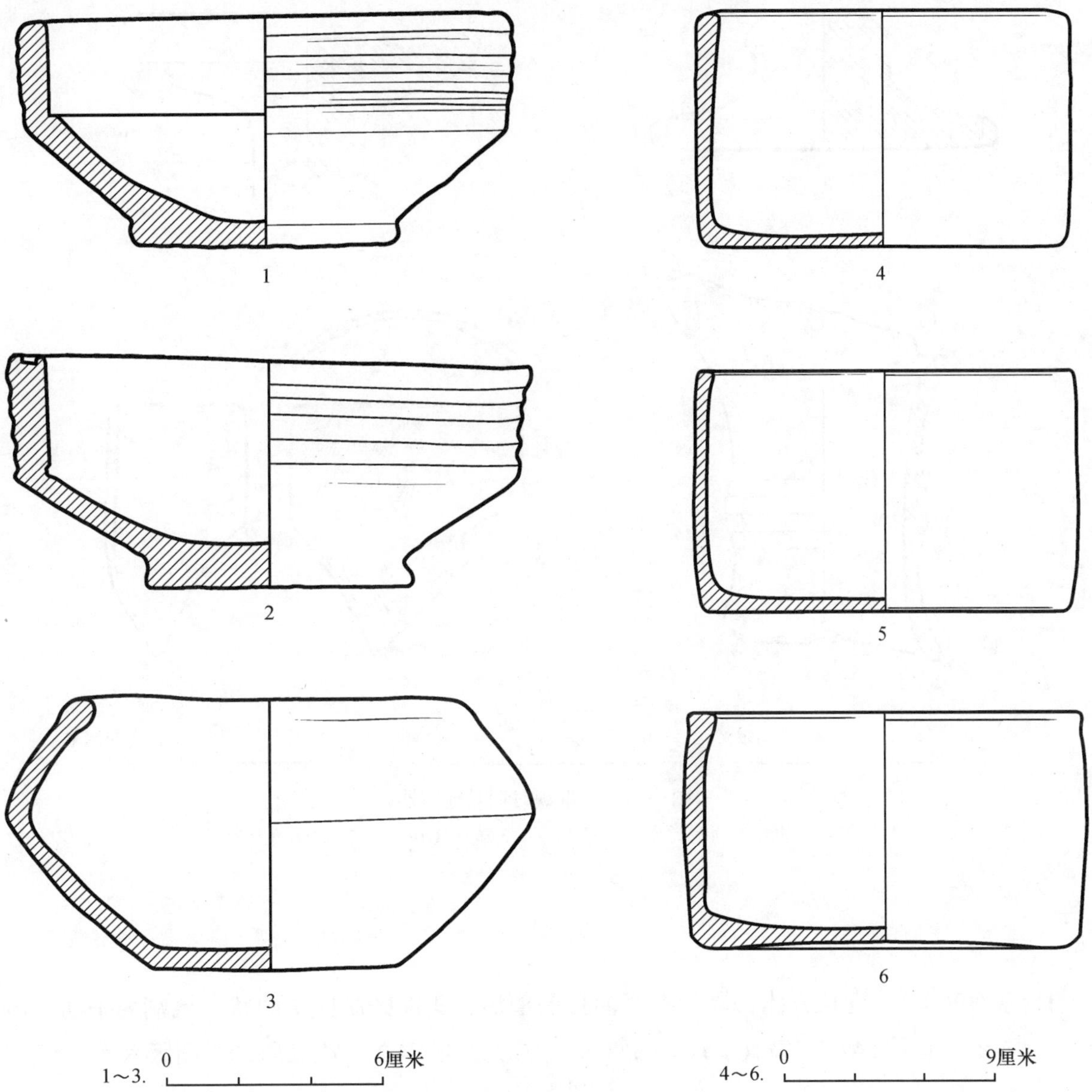

图一七九　汉魏时期陶碗、钵、盂

1、2. 碗（H279：1、H279：2）　3. 钵（T13②：2）　4～6. 盂（H304：2、H304：3、H304：4）

9. 板瓦

1件。H6：2，泥质灰陶，瓦头残失，仅存瓦尾及中部。表面饰斜向绳纹，背面饰粗布纹。残长28、宽26.4厘米（图一八〇，4）。

二、石　　器

石器数量不多，除杵、球和砖形器外，其余多为残器。从形制上看，可辨器类有铲、斧、镰、环、饼等，它们很可能是早期遗物。兹举例介绍如下。

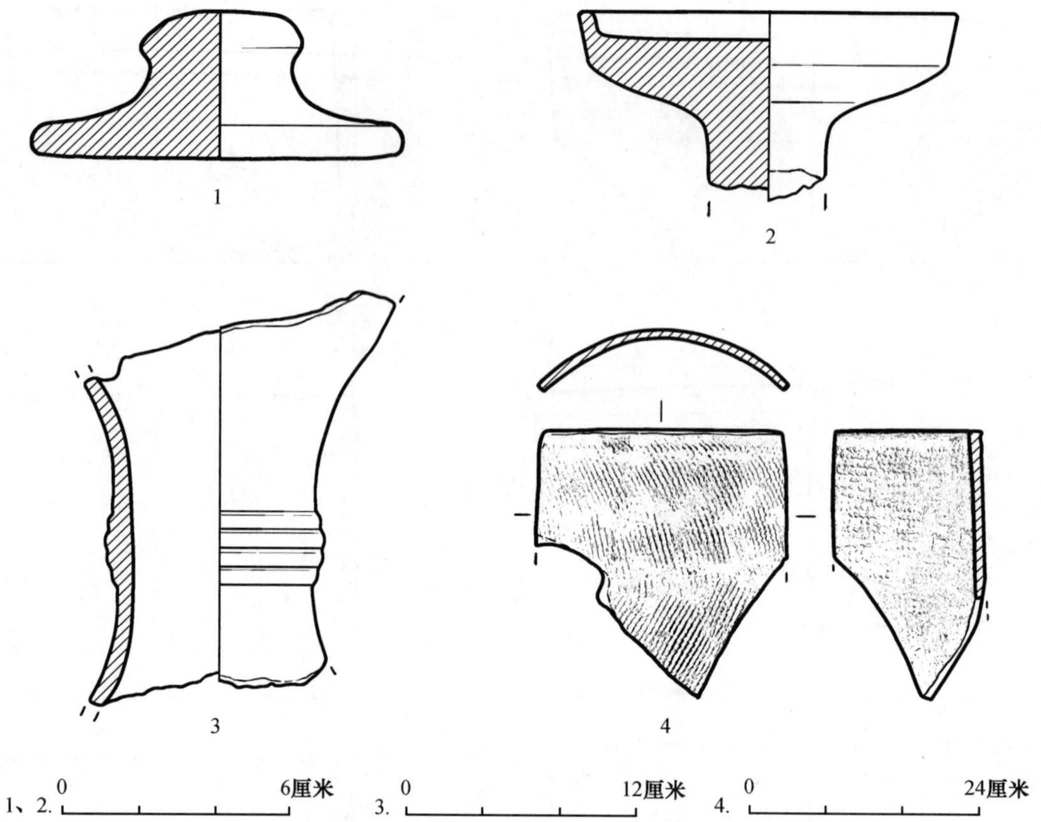

图一八〇　汉魏时期其他陶器

1. 器盖（T101①：1）　2. 豆（H317：2）　3. 壶（H70：1）　4. 板瓦（H6：2）

1. 杵

1件。H96：1，近长方体，周身有竖向打制槽痕，头部磨制成半圆状，尾端为平面。体中部有一方形穿孔。长47.5、宽16、厚16.5厘米，方形穿孔长4.2、宽3.2厘米（图版六六，1）。

2. 斧

1件。H279：4，磨制粗糙，近梯形，体厚。刃口残。长14、宽6、厚3.2厘米（图版六六，2）。

3. 砖形器

1件。H304：3，砂岩。磨制。圆角长方形，一面平，另一面弧收作盝顶，中间断为两截。长20.2、宽10.4、厚4.6厘米（图版六六，3）。

4. 镰

2件。H6：2，直背，弧刃。后段残。残长11.5厘米。H70②：2，磨制。弧背，弧刃。两端残。残长6.1、宽2.4、厚0.8厘米（图版六六，4）。

5. 球

1件。H127：1，磨制。一面平整呈椭圆形，另一面圆弧，剖面呈小半圆形。长7.5、宽5、厚2厘米（图版六六，5）。

6. 圆饼

1件。H135：1，磨制。截面呈卵形，边缘经打制修理。残半。直径6、厚1.8厘米（图版六六，6）。

三、铜　　器

数量很少，有锥、镞以及钱币等。

1. 锥

1件。H97①：4，头尾均残，仅存中间部分，长条形，截面呈圆形。残长3.4、截面直径0.4厘米（图版六七，1）。

2. 镞

1件。H7：1，镞身窄长，流线型尖锋，弧刃，隆脊，两翼细长，本关处重合，铤残。残长4.8、宽1.6、厚0.7厘米（图版六七，2）。

3. 钱币

均为圆形方孔，面文有五铢、大泉五十和货泉三种。

五铢　2枚。H78②：1-1、H78②：1-2，圆形方孔，内外均有郭，面文“五”字交笔弯曲，上下两横稍长，“铢”字的“金”字头作三角形，“朱”字头方折，下笔圆折，紧贴内郭。直径2.6、孔边长0.9厘米（图一八一，1）。

大泉五十　1枚。H58：1，锈蚀严重，圆形方孔，内外边郭较宽，背部似有纹饰，面文模糊，依稀可辨“大泉五十”，阳文，篆书，直读。直径2.6、孔边长0.8厘米（图一八一，2；图版六七，3）。

货泉　3枚。H70②：3，圆形方孔，边郭较窄，似减边，面文模糊。直径1.8、孔边长0.6厘米（图一八一，3；图版六七，4）。H78②：1-3、H78②：1-4，圆形方孔，内外边郭较宽，面文为“货泉”。直径2.3、孔边长0.6厘米（图一八一，4）。

此外，地层第2层中还出土2枚，但锈蚀严重，文字难辨。

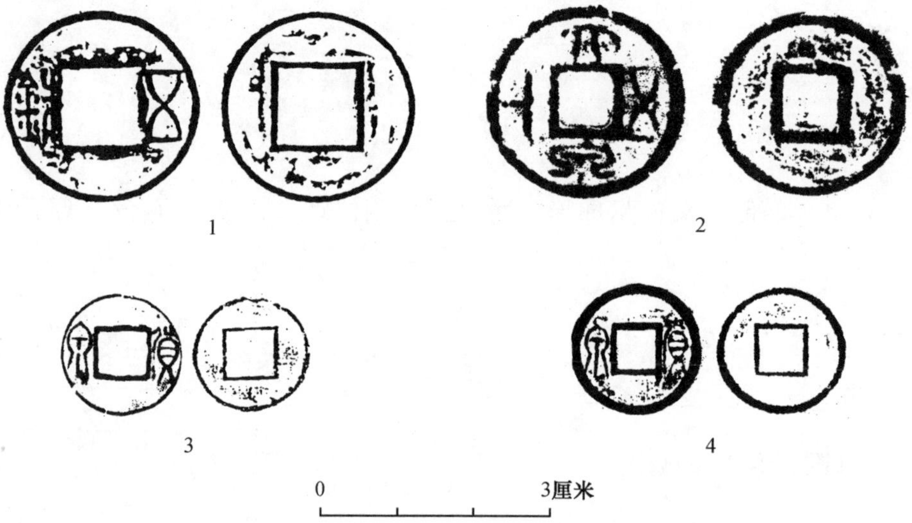

图一八一　汉代铜钱拓片

1. 五铢（H78②：1-1、H78②：1-2）　2. 大泉五十（H58：1）　3、4. 货泉（H70②：3、H78②：1-3、H78②：1-4）

四、铁　　器

仅发现铲、刀、钉，共三类。

1. 铲

1件。H1：1，长方形口，楔状管銎，溜肩，铲面大部锈蚀残缺。銎长5.6、宽3厘米，铲面长5.4、宽10、厚0.4厘米（图一八二，1；图版六七，5）。

2. 刀

3件。T13②：1，窄长条形，直柄，直背，尖锋，斜弧刃。锈蚀较重。长11.8、刃宽1.3、背厚0.5厘米（图版六七，6上）。T57②：2，长条形，尖锋略翘。锈蚀严重。长14、宽2.1、厚

0.4厘米（图一八二，2）。T61②：1，刀尖残，一侧开刃，刀背平直，刀柄较刀身窄短。身长17.9、宽2.4、厚0.3、柄长4.6厘米（图版六七，6下）。

3. 钉

1件。T120②：5，锈蚀严重，无钉帽，尖钝。残长7.2厘米。

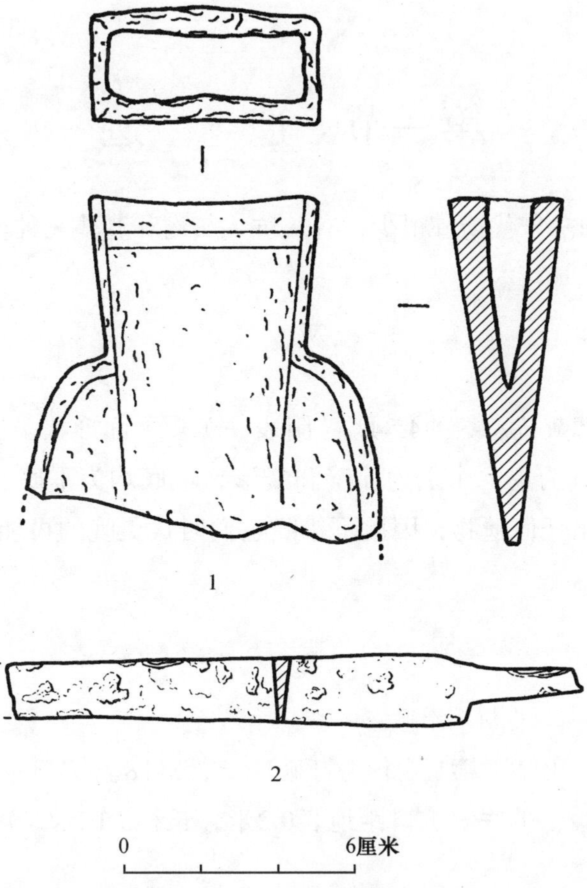

图一八二　汉魏时期铁器
1. 铲（H1：1）　2. 刀（T57②：2）

第七章　隋唐—宋代文化遗存

第一节　遗　　迹

薛庄遗址发现的隋唐—宋代遗迹很少，有灰坑、灰沟和墓葬三种。

一、灰　　坑

15个，约占本次发掘灰坑总数的4.84%（附表一）。平面形状多呈圆形、椭圆形，极个别为不规则形，坑壁以斜壁为主，个别为弧壁和袋形，坑底均为平底。这些灰坑中有些出土遗物无法断代，有些则未出任何遗物，因此不排除它们时代更晚的可能性。下面以H11、H31和H255为例加以介绍。

1. H11

H11位于T19西部，开口于第1层下，打破H55、M18。坑口平面呈不规则椭圆形，斜壁，一侧较陡，一侧较缓，平底。坑口距地表0.2米，长径3.12米，短径1.9米，深1.28米（图一八三）。

坑内填红褐色土，夹杂较多的灰土，较松软，出土有可复原的黑瓷碗。

2. H31

H31位于T12西北部，开口于第1层下，打破H52、H79。坑口平面呈椭圆形，坑壁较竖直，平底。坑口距地表0.25米，长径4.25米，短径2.25米，深3.5米（图一八四）。

坑内填黄褐色土，质地疏松，出土有可复原的泥质红陶盆、砖瓦残块等。

3. H255

H255位于T60东部，开口于第1层下，打破G9。坑口平面呈不规则圆形，斜壁，平底。

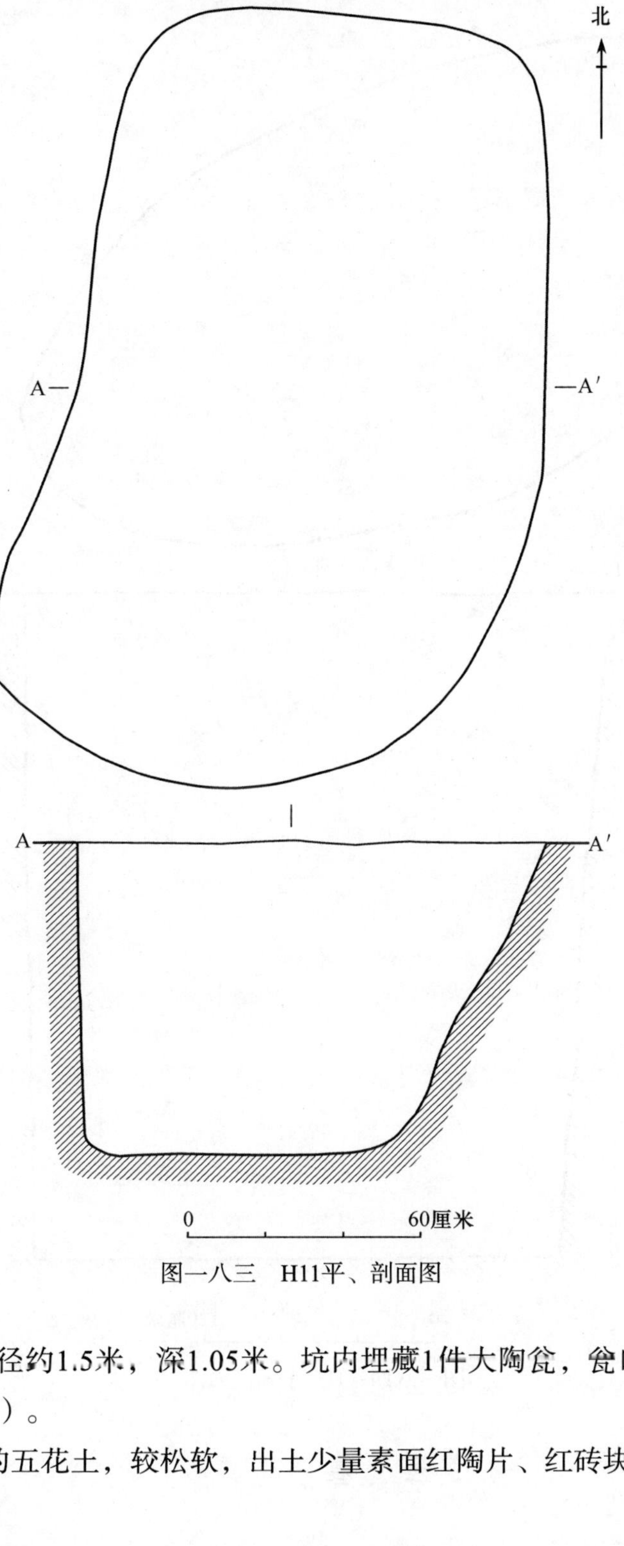

图一八三　H11平、剖面图

坑口距地表0.2米，口径约1.5米，深1.05米。坑内埋藏1件大陶瓮，瓮口覆盖1块矩形石板（图一八五；图版六八，1）。

填土为黄白相间的五花土，较松软，出土少量素面红陶片、红砖块等。

二、灰　沟

1条。G9位于T60南部，开口于第1层下，被H255打破。大体呈西北—东南走向，沟壁较竖直，平底。残长3.34米，宽1米，沟深0.82米（图一八六）。

沟内填黄土，质地细腻，出土有泥质红陶盆残片。

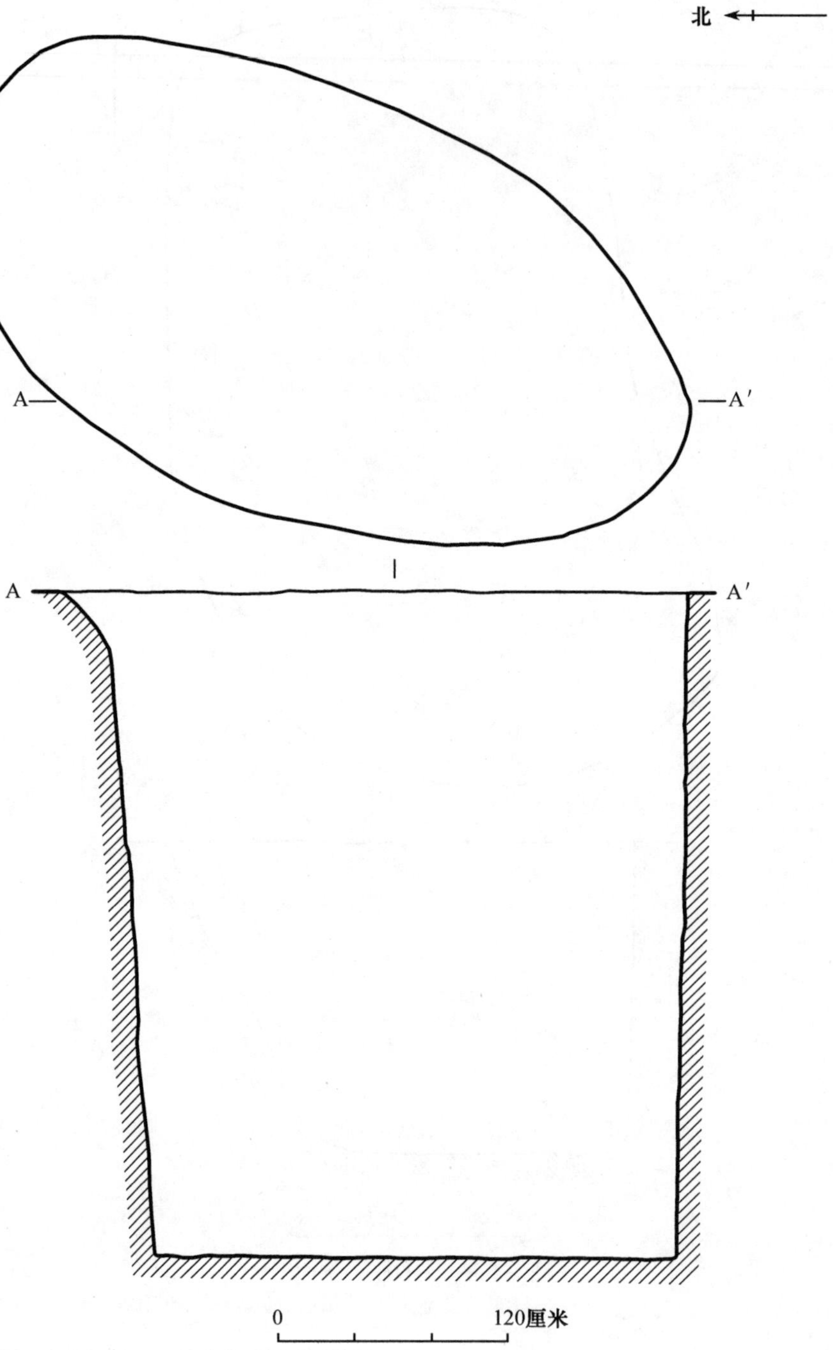

图一八四　H31平、剖面图

三、墓　　葬

3座。占本次发掘墓葬总数的6.52%（附表三），可分为土坑竖穴墓、洞室墓两类。

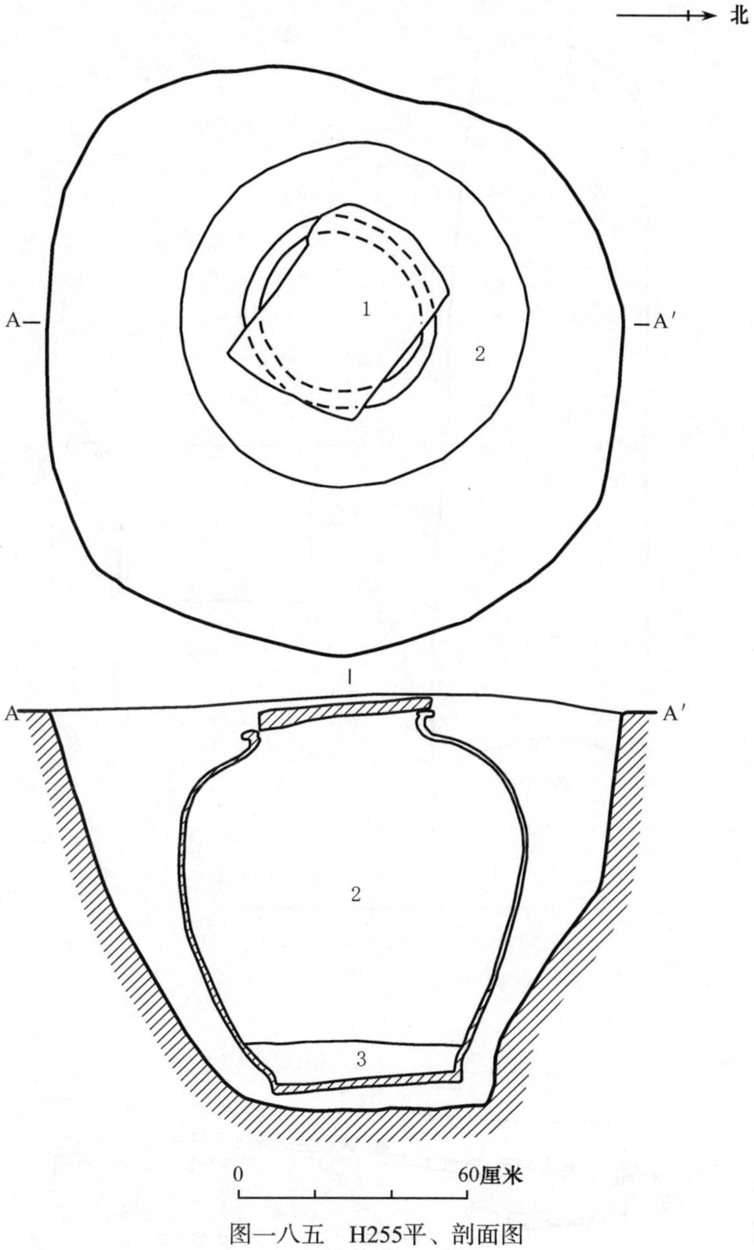

图一八五　H255平、剖面图

1. 石板　2. 陶瓮　3. 灰白土

1. 土坑竖穴墓

2座。

M1位于T4东部，开口于第1层下，打破第2层、H25。墓葬上部已被现代农耕活动破坏，残存的下部为梯形土坑竖穴。现存墓口距地表0.2～0.3米，长1.87米，头端宽0.52米，脚端宽约0.38米，墓底距墓口最深处约0.3米。方向188°。填五花土，质较软。墓内东南角近墓壁处发现一枚锈蚀严重的铁钉，推测可能是木棺上的棺钉。人骨一具，保存较好，仰身直肢葬，头向南，面向上。男性，年龄在40岁左右。墓主头侧随葬1件青瓷碗，近口部发现1枚“五铢”铜钱（图一八七；图版六八，2）。

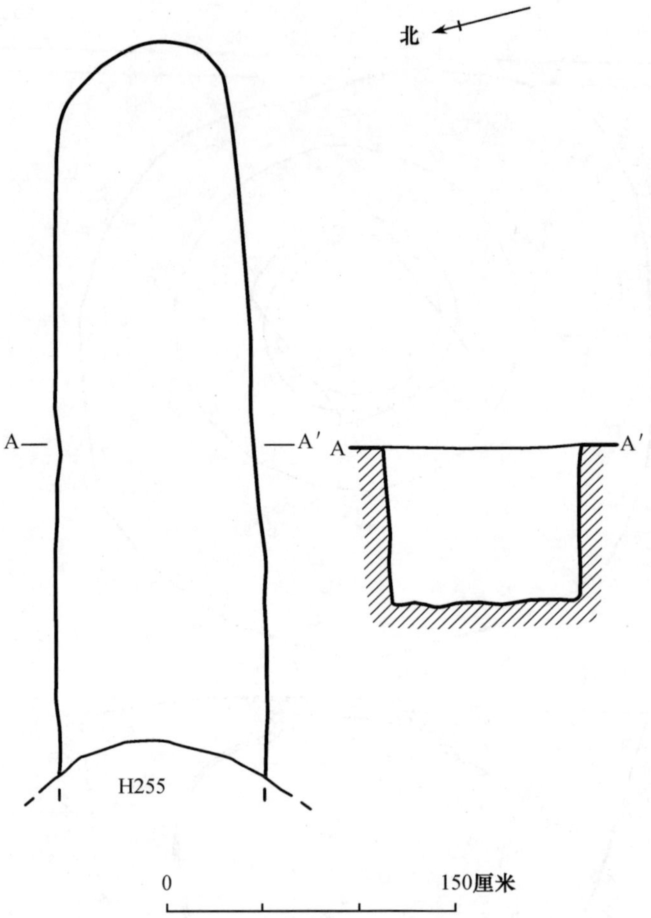

图一八六　G9平、剖面图

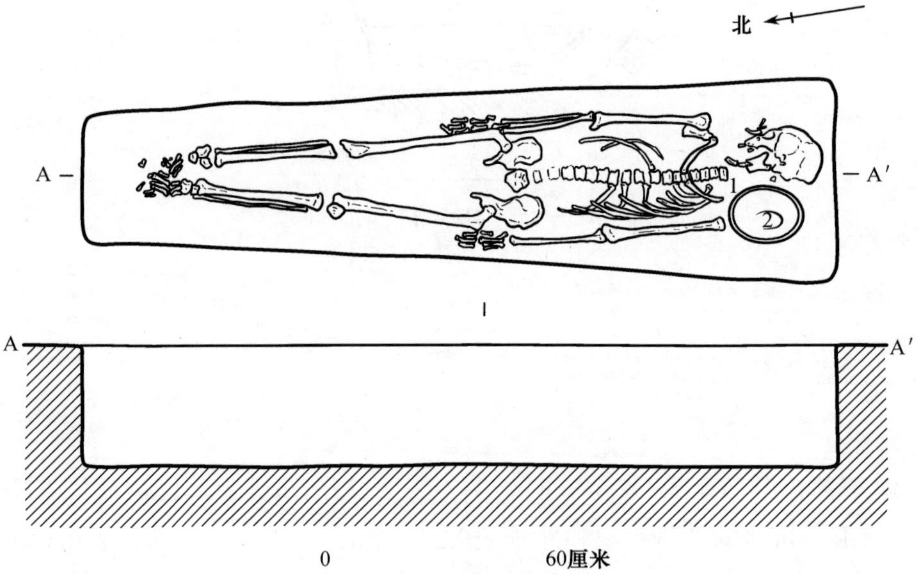

图一八七　M1平、剖面图

1. 五铢铜钱　2. 青瓷碗

M26位于T44东部，开口于第1层下，打破第2层、H96。不规则的长方形土坑竖穴墓，墓口距地表约0.2米，长1.8米，最宽0.84米，墓底距墓口约0.26米。方向105°。填土为黄土，较松软。人骨一具，保存较好，仰身直肢葬，头向东南，面向北。男性，年龄在25岁左右。无随葬品（图一八八；图版六九，1）。

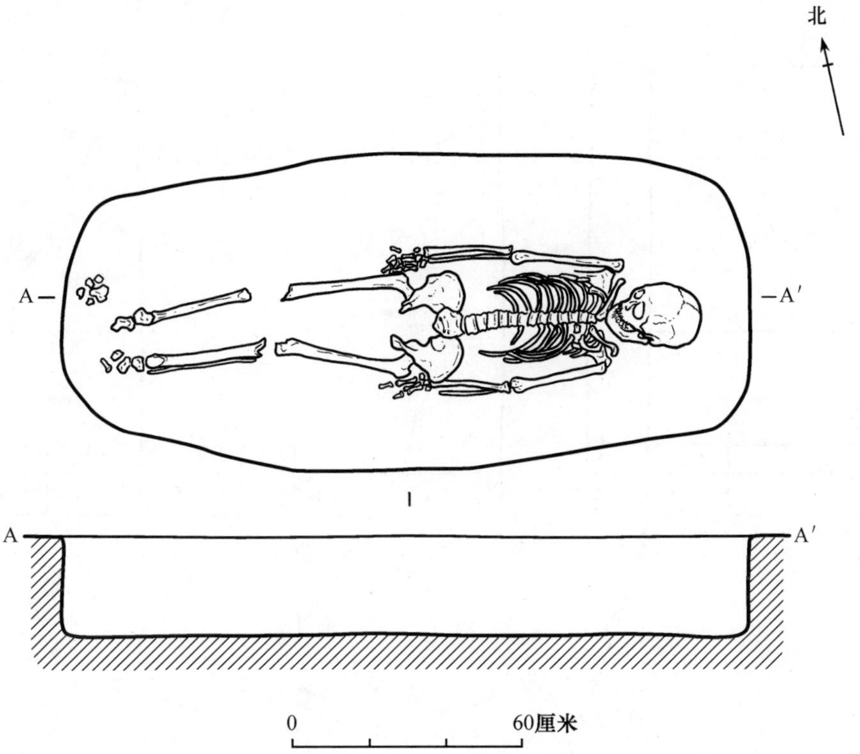

图一八八　M26平、剖面图

2. 洞室墓

1座。

M29位于T68西部，开口于第1层下，打破第2层。方向10°。竖井式斜坡墓道洞室墓，分为墓道、墓门、墓室三部分。墓道为长方形土坑竖穴，长2.4米，宽1.3米，深1.9米，在墓道东壁北端有一脚窝。宽0.16米，高0.15米，进深0.1米。墓道底部呈斜坡式，坡长1.7米。墓道东、南、西侧均有生土台，东侧生土台宽0.16米，西侧生土台宽约0.24米。墓道斜坡顶端与南侧生土台相平，墓道内填土为五花土，较硬，出土1件黑瓷碗。拱形墓门，宽0.92米，高1.2米。两侧壁较直，微微向内倾斜，顶端为拱形，平底，底部铺有一层土坯砖，共3块。说明墓门可能用土坯砖封门，墓室为一土洞，长2.28米，北端宽1.1米，南端宽0.86米，高1.22米。平面略呈长方形，西壁内折与墓门相连。直壁，穹隆顶，墓室东壁南端处铺有3块土坯。墓室堆积为淤土，淤土中发现有灰白色的朽痕，可能有木质葬具。墓底部尚存有一层薄薄的草木灰。从整个墓葬内的堆积来看，主要分三层：第1层为墓道内填土，第2层为墓室内淤土，第3层为草木灰。随葬品有“天禧通宝”铜钱1枚（系草木灰中筛出，位置不明）、棺钉1件。未发现人骨（图一八九；图版六九，2）。

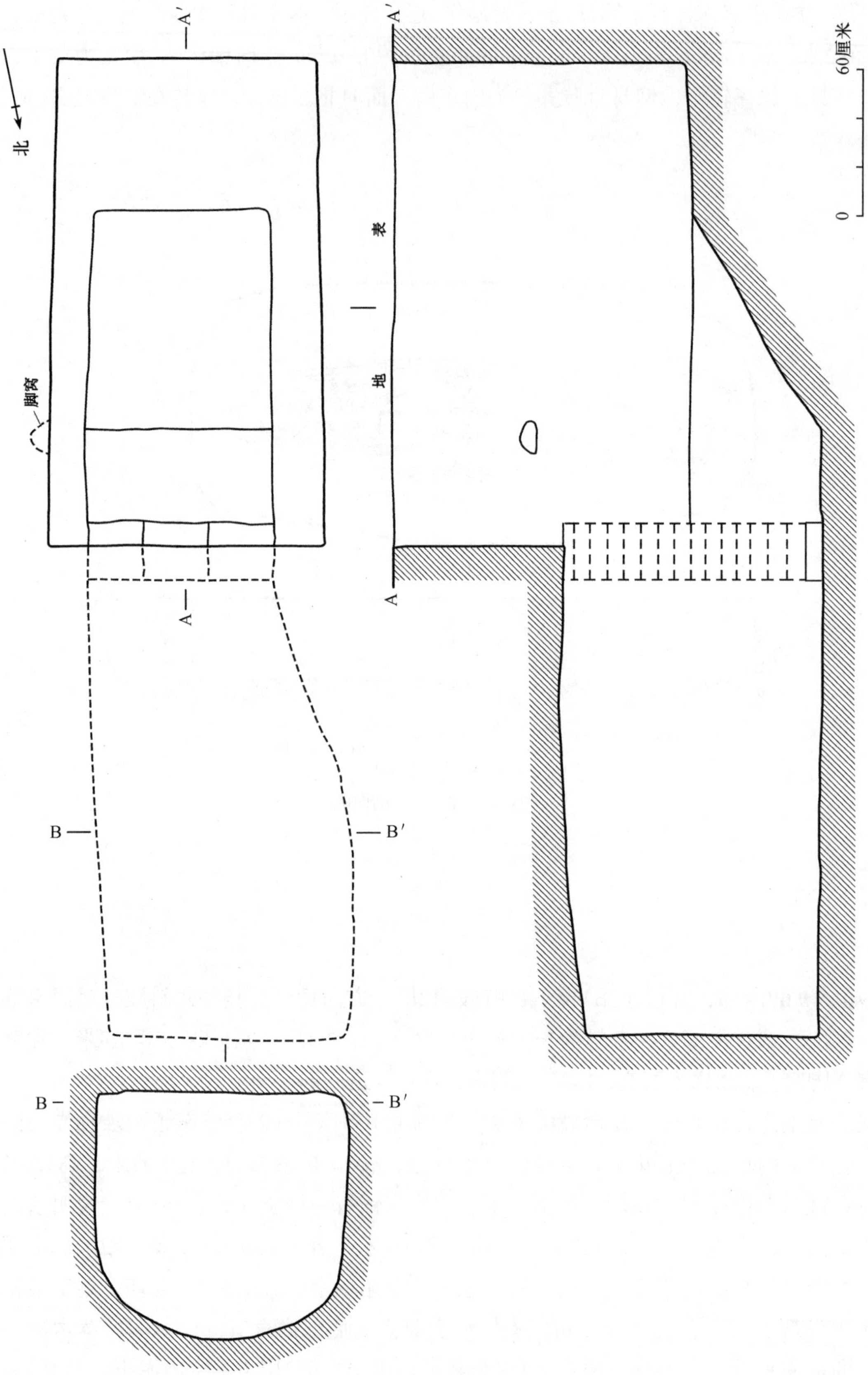

图一八九　M29平、剖面图

第二节　遗　　物

一、陶　　器

常见泥质橙红陶，也有部分泥质灰陶。以素面为主，个别陶器肩部饰有纹饰。器类有瓮、罐、盆、碗、灯等。

1. 瓮

2件。H5：1，泥质灰褐陶。敛口，厚圆唇，束颈，鼓肩，斜弧腹，平底。肩部饰四周并列的圆涡纹带，下腹部有三组6个锔孔。口径30.5、高43.9厘米（图一九〇，1；图版七〇，1）。

2. 罐

1件。G9：2，泥质橙红陶。小口，窄平沿，方唇，矮领，溜肩，鼓腹，下腹斜收，小平底。通体素面，肩、腹部可见明显的刮抹痕迹。口径14、底径13、高23厘米（图一九〇，2）。

3. 盆

5件。均为泥质橙红陶。敞口。素面。根据口沿、腹部特征，可分二型。

A型　2件。宽平沿，斜直深腹，大平底。G9：3，厚圆唇。底略残。口径50、底径24、高24厘米（图一九一，1）。G9：1，沿面外翻，厚圆唇。口径50、底径22、高19厘米（图一九一，2）。

B型　3件。窄沿，浅弧腹，个体较小。H2：1，口径18.8、底径12.8、高10厘米（图一九一，4；图版七〇，2）。H31：1，口径29、底径14.6、高10.5厘米（图一九一，3；图版七〇，3）。T28②：1，口微敛。口径19、高8厘米（图一九一，5；图版七〇，4）。

4. 碗

1件。H2：2，泥质橙红陶。敞口，方唇，浅弧腹，小平底，假圈足。通体素面。口径19.1、高7.9厘米（图一九一，6；图版七〇，5）。

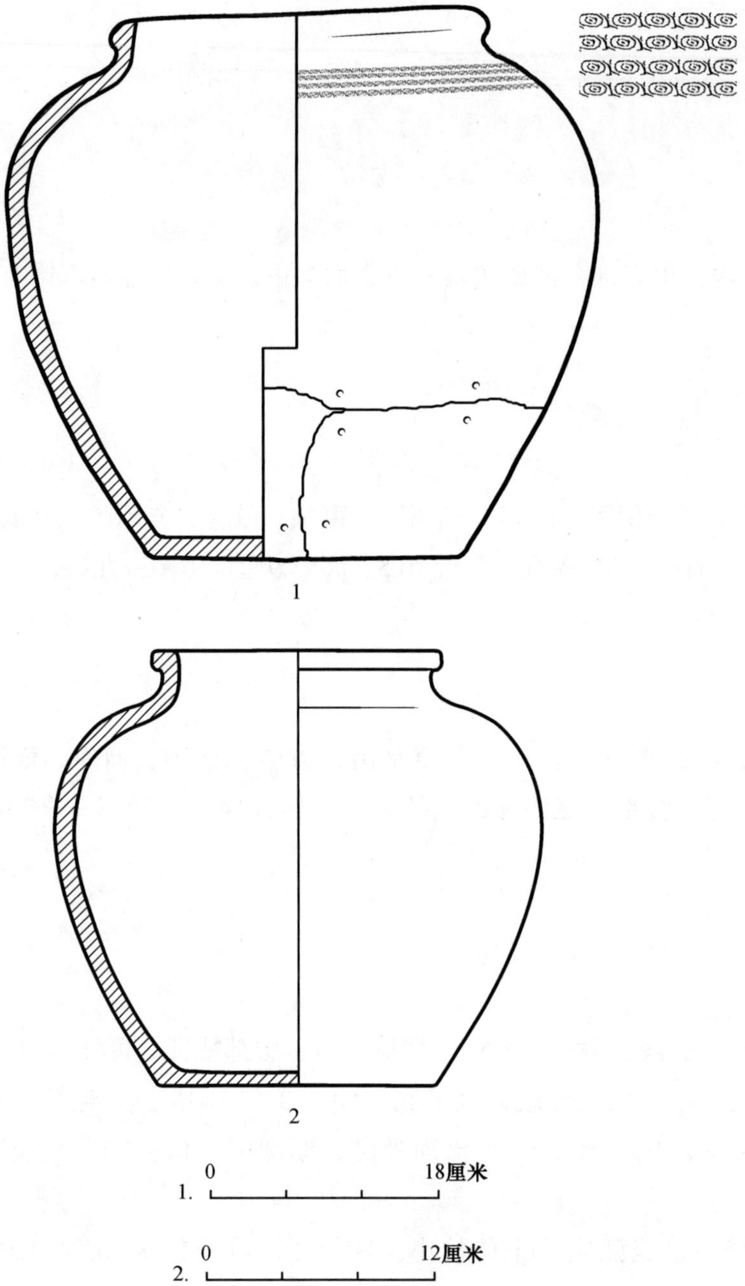

图一九〇　隋唐—宋代陶瓮、罐

1. 瓮（H5：1）　2. 罐（G9：2）

5. 灯

1件。T120②：1，泥质灰陶。敞口，方唇，微束颈，浅弧腹，圜底，实心圆柄，圆台状底座。上部形态似豆，唯底座与豆有异，口沿烧制不规整。口径7.8、高10.1厘米（图一九一，7；图版七〇，6）。

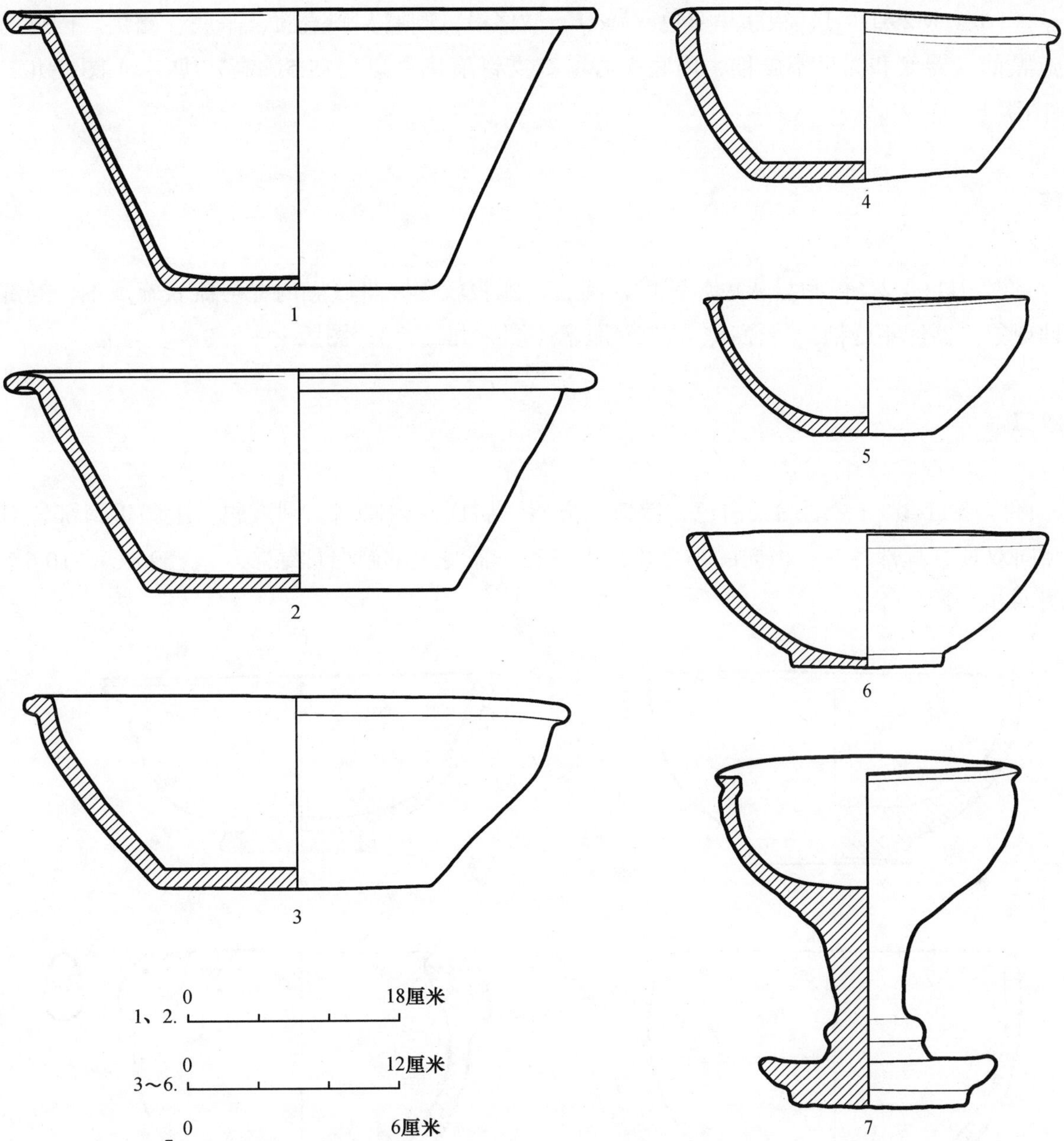

图一九一 隋唐—宋代陶盆、碗、灯

1、2. A型盆（G9：3、G9：1） 3～5. B型盆（H2：1、H31：1、T28②：1） 6. 碗（H2：2） 7. 灯（T120②：1）

二、瓷 器

瓷器有碗、钵、敛口罐三类。

1. 碗

2件。M1：2，粗胎呈灰色。敞口，方唇，弧腹，小平底，假圈足。内壁和上腹表面均施青釉，下腹与足部素面，内底留有三个支钉痕迹。口径14.9、高8.3厘米（图一九二，1；图版七一，1）。M29①：1，粗胎呈灰色。敞口，微侈沿，圆唇，斜直腹，平底，圈足。内壁与器表施黑釉，器底和圈足不施釉，内底中心留有支钉痕迹。口径15.5、高7.7厘米（图一九二，2；图版七一，2）。

2. 钵

1件。H11：2，粗胎呈灰色。敛口，圆唇，弧腹较深，平底。内壁与器表施黑釉，局部有流釉现象，器底不施釉。口径15、高10.4厘米（图一九二，3；图版七一，3）。

3. 敛口罐

1件。T11②：1，细胎呈白色，敛口，方唇，唇面向内倾斜，圆鼓腹，上腹近口部置对称的竖向双耳，耳部各有一横向的小穿孔，小平底。器身上部施白釉绿彩。口径9.8、高10.6厘米（图一九二，4；图版七一，4）。

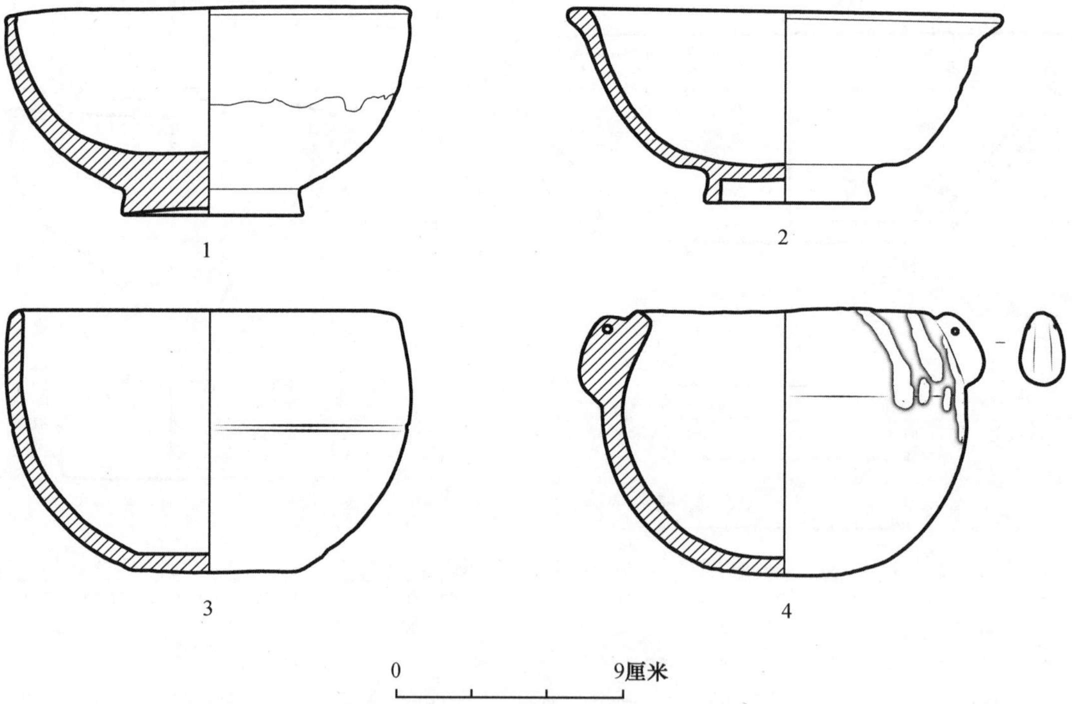

图一九二　隋唐—宋代瓷器

1、2. 碗（M1：2、M29②：1）　3. 钵（H11：2）　4. 敛口罐（T11②：1）

三、铜　器

仅发现铜钱，面文有五铢、天禧通宝两种。

1. 五铢

1枚。M1：1，圆形方孔，边郭较阔，钱文“五”字交笔较斜直，“铢”字略向里弧曲。直径2.3、孔边长0.8厘米（图一九三，1；图版七一，5）。

2. 天禧通宝

1枚。M29③：1，圆形方孔，钱文“天禧通宝”右旋读。直径2.6、孔边长0.6厘米（图一九三，2；图版七一，6）。

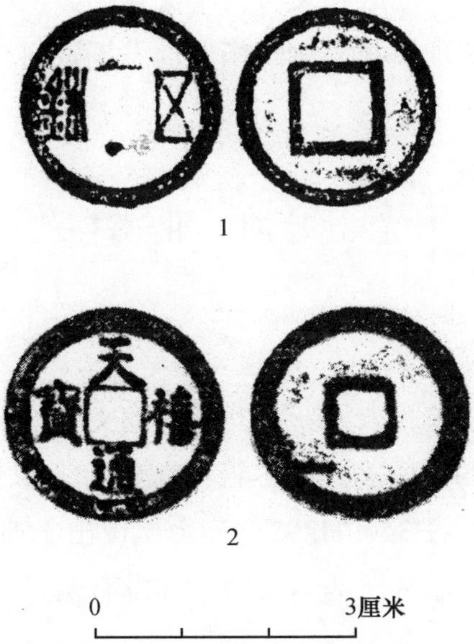

图一九三　隋唐—宋代铜钱

1. 五铢（M1：1）　2. 天禧通宝（M29③：1）

四、铁　　器

铁器仅见棺钉。

1件。M1：3，锈蚀严重，残为两段。残长3.2厘米。

第八章　结　　语

通过本次考古发掘，可知邯郸薛庄遗址的时代跨度较大，以先商和晚商遗存为主体，兼有少量的龙山、汉代、隋唐—宋代遗存。它们不仅丰富了太行山东麓南端、冀南地区的考古学文化资料，也为我们进一步了解这一地区相关考古学文化的分期与年代、文化属性及其相互关系等问题提供了一些线索。通过整理，我们对薛庄遗址发掘资料获得了一些粗浅的认识，供研究者参考。

一、对龙山时期文化遗存的认识

（一）年代判定

薛庄遗址地层堆积较薄且简单，未见新石器时代的文化地层。已发现的龙山时期的遗迹也很少，它们散布于整个发掘区的外围。其中尽管存在着G2打破H21、H44打破H34、H291打破H292的三组层位关系，然而G2、H34和H292这三个单位出土遗物很少。虽然H21、H40和H44出土遗物较多，但它们所出的陶器特征基本相同，并没有明显差别。因此，这些龙山时期文化遗存尚不能进行细致的分期。

薛庄遗址龙山时期文化遗存中未采集到可供^{14}C年代检测的木炭标本，这样其年代只能对照周邻遗址来判定。

薛庄遗址出土的龙山时期文化遗物大多都能在河北磁县下潘汪遗址以F1为代表的龙山晚期文化遗存①、河南汤阴白营龙山晚期文化遗存②及安阳后冈晚期遗存③中找到相同或相似者，后三者的^{14}C年代测定数据分别为距今4050年±95年（公元前2100年±95年）、距今3760年±100年、距今4095年±120年（树轮校正值，公元前2145年）。近年来，河南辉县孟庄④ 、卫辉倪湾⑤ 等遗址也相继出土了一些龙山晚期陶器，薛庄龙山时期陶器在形制上与它们也有很多相

---

① 河北省文物管理处：《磁县下潘汪遗址发掘报告》，《考古学报》1975年第1期。

② 安阳地区文物管理委员会：《河南汤阴白营龙山文化遗址》，《考古》1980年第3期。

③ 中国社会科学院考古研究所安阳工作队：《1979年安阳后岗遗址发掘报告》，《考古学报》1985年第1期。

④ 河南省文物考古研究所：《辉县孟庄》，中州古籍出版社，2003年。

⑤ 河南省文物考古研究所：《河南卫辉市倪湾遗址发掘简报》，《考古》2007年第5期。

似之处，如薛庄遗址的B型、Ca型罐分别与孟庄遗址的Aa型Ⅲ式绳纹罐（ⅧT174H372：2）、B型Ⅳ式素面小罐（ⅩⅩT34H182：2）和倪湾遗址的Ab型中型罐（H3：17）、Ab型小型罐（H4：3）非常相似；薛庄遗址的A型鼎分别与孟庄遗址的Ⅱ式鼎（ⅩⅢT10H112：1）和倪湾遗址的陶鼎（H7：8）相似；薛庄遗址的A型、B型盆分别与孟庄遗址的平底盆（ⅧT151H172：1）、双腹盆（ⅧT69H74：22）和倪湾遗址的A型大平底盆（H2：2）、双腹盆（H7：15）非常相似；薛庄遗址的单把杯与孟庄遗址的B型Ⅱ式杯（ⅩⅩT14H215：3）和倪湾遗址的杯（H7：29）非常相似，等等。辉县孟庄遗址龙山晚期文化遗存分为二期4段，以上孟庄遗址出土陶器多为第2、3段，而倪湾遗址的陶器多相当于孟庄龙山文化晚期的第1、2段。综合比较来看，薛庄遗址龙山时期文化遗存的年代应与之接近或略晚，大致介于孟庄龙山文化晚期的第一、二期之间，绝对年代约为公元前2300年左右。

（二）文化属性

据不完全统计，与薛庄龙山晚期遗存文化面貌类似的遗存，在豫北冀南地区已发现百余处，它们主要分布在太行山东麓的卫河、漳河流域。已发掘的主要遗址有豫北地区的安阳后冈、高井台子①、大寒南岗②、八里庄③以及汤阴白营④等，冀南地区的邯郸涧沟、龟台⑤、永年台口⑥、榆林⑦以及磁县下潘汪等。

考古资料显示，这类遗址发现的龙山晚期遗迹种类主要有城址、房址、灰坑、灰沟、水井、墓葬等。其中城址系夯土围筑而成，仅见于安阳后岗和辉县孟庄两遗址。房址多为地面或半地穴式房基，平面形状既有圆形单间也有长方形连间，都使用白灰做建筑材料。遗物中陶器以灰陶为主，黑陶占一定比例，有少量的红陶和白陶。纹饰以绳纹为主，有一定数量的篮纹，方格纹较少。主要器类有深腹平底罐、罐形鼎、鬲、甗、甑、罐形斝、平底盆、圈足盘、豆、碗、器盖、单耳直筒杯等。

相比而言，薛庄遗址发现的龙山晚期遗迹不仅数量少而且较简单，仅有灰坑和灰沟两种，形制上跟以上遗址所见没什么区别。陶器也以夹砂和泥质灰陶为主，灰褐陶次之，黑陶占一定比例，但不见上述遗址常见的少量红陶和白陶。纹饰以篮纹为主，绳纹次之，弦纹占一定比例，另有少量的方格纹、压印纹、刻划纹、附加堆纹等。器类以深腹平底罐为主，平底盆次

---

① 安阳市博物馆：《豫北洹水两岸古代遗址调查简报》，《中原文物》1986年第3期。

② 中国社会科学院考古研究所安阳队：《安阳大寒村南岗遗址》，《考古学报》1990年第1期。

③ 安阳地区文物管理委员会：《安阳八里庄龙山遗址发掘简报》，《中原文物》1980年第2期。

④ 河南省安阳地区文物管理委员会：《汤阴白营河南龙山文化村落遗址发掘报告》，《考古学集刊（3）》，中国社会科学出版社，1983年。

⑤ 北京大学、河北省文化局邯郸考古发掘队：《1957年邯郸发掘简报》，《考古》1959年第10期；河北省文化局文物工作队：《河北邯郸涧沟村古遗址发掘简报》，《考古》1961年第4期。

⑥ 河北省文化局文物工作队：《河北永年县台口村遗址发掘简报》，《考古》1962年第12期。

⑦ 河北省文物研究所、邯郸市文物管理处、永年县文物保管所：《永年县榆林遗址发掘简报》，《河北省考古文集》，东方出版社，1998年。

之，另有少量的罐形鼎、鬲、甗、圈足盘、碗、瓮、壶、单耳直筒杯等。此外，石器、骨器、蚌器也基本与上述遗址所出的同类器相似。

总体上看，薛庄遗址龙山晚期文化遗存与上述诸遗存的相同性大于差异性，其文化性质大体是一致的。目前学术界一般认为分布于豫北冀南地区、年代上相当于龙山文化晚期的考古遗存是一支独立的考古学文化，将其命名为“后冈二期文化”[①]。因此，薛庄龙山晚期文化遗存应属于后冈二期文化。

值得一提的是，薛庄遗址发现的鸟首形鼎足，属典型的龙山文化因素，表明当时邯郸与山东两地之间应当存在着一定的文化交流关系。

二、对先商时期文化遗存的认识

（一）文化特点

薛庄遗址发现的先商时期文化遗迹虽多，但种类却比较单一，绝大多数为灰坑，其中部分灰坑的底部另挖一个较小的竖穴，这种灰坑很可能是专为储藏的窖穴。类似的灰坑在武安磁山遗址[②]也曾发现过，极富地方特色。

薛庄遗址出土的先商时期遗物丰富，它们与本地区周邻遗址出土的先商遗物具有诸多相同或相似特征。陶器方面，如属于A型鬲的H323：11与磁县下七垣遗址Ⅰ式鬲（H95：1228）[③]、永年何庄遗址Ⅲ式鬲（H6：1）[④]，H213①：6与下七垣遗址Ⅱ式鬲（T11③：855）、何庄遗址Ⅱ式鬲（H1：1）以及峰峰矿区北羊台遗址A型鬲（ⅢH3：21）[⑤]均非常相似；鼎（H296⑥：1）与北羊台遗址的鼎（H24：5）、邢台葛家庄遗址的鼎（H2：2）[⑥]非常相似；属于A型罐的H3：3与下七垣遗址Ⅲ式罐（T7③：954）、峰峰

---

① 梁思永：《后岗发掘小记》《小屯·龙山与仰韶》，《梁思永考古论文集》，科学出版社，1959年；张忠培：《原始农业考古的几个问题》，《农业考古》1984年第2期。

② 乔登云、张沅：《邯郸境内的先商文化及其相关问题》，《三代文明研究（一）——1998年，河北邢台中国商周文明国际学术研讨会论文集》，科学出版社，1999年。

③ 河北省文物管理处：《磁县下七垣遗址发掘报告》，《考古学报》1979年第2期。

④ 邯郸地区文物保管所、永年县文物保管所：《河北省永年县何庄遗址发掘报告》，《华夏考古》1992年第4期。

⑤ 河北省文物研究所、邯郸市文物管理处、峰峰矿区文物管理所：《河北邯郸市峰峰矿区北羊台遗址发掘简报》，《考古》2001年第2期。

⑥ 郭瑞海、任亚珊、贾金标：《邢台葛家庄先商文化遗存分析》，《三代文明研究（一）——1998年河北邢台中国商周文明国际学术研讨会论文集》，科学出版社，1999年。

矿区义西遗址A型罐（H5：50）[①] 、H275：8与葛家庄遗址深腹罐均非常相似；B型罐（H15：5）和C型罐（H277：17）分别与北羊台遗址A型长腹罐（H5：1）[②] 、葛家庄遗址深腹罐（H6：10）和花边口罐（H07：3）相似；A型盆（H56：1）和B型盆（H275：11）分别与北羊台遗址B型盆（H01：3）和小盆（H8：4）相似；A型瓮（G6：2）和B型瓮（G6：3）分别与辉县孟庄遗址Ⅱ式蛋形瓮（ⅧT94H199：80）[③]和葛家庄遗址敛口瓮（H13：1）相似；等等。此外，其他遗物如石镰、石铲、石刀、骨锥、骨匕等均能在上述遗址中找到相同或相近的器形。除了共性之外，薛庄遗址出土的先商遗物也有一些自身特色，如石镰比较发达，小铜刀与连柄骨刀也为其他同类遗址少见或不见。

根据十余年前的粗略统计，仅邯郸境内可确定含有先商时期文化遗存的遗址已达90处[④] 。若加上当地近年来的新发现、北邻邢台以及南邻安阳地区的同类遗存，估计总数有一两百处。它们的文化性质相同，属于邹衡先生提出的先商文化三个类型（漳河、辉卫、南关外）中的漳河型，其分布范围"大体包括了河北省的唐河以南、河南省的淇河以北、卫河以西、山西省的沿太行山的西麓一线，南北长五六百里、东西宽二三百里的范围，其中心分布地区是在河北省的滹沱河与漳河之间的沿太行山东麓一线"[⑤]。后来，李伯谦先生建议以河北磁县下七垣遗址为代表，将先商文化漳河型和辉卫型遗存合并称为"下七垣文化"[⑥]。目前来看，以邯郸、磁县为中心的漳河、滏阳河一带是下七垣文化漳河型的核心分布区。

（二）分期与年代

根据层位关系，本次发掘的先商文化遗迹存在以下10组比较典型的叠压打破关系：

（1）H83→H68；

（2）H102→H111；

（3）H166→H194；

（4）H186→H238；

（5）M35→H248→G10→H284；

（6）H248→H238；

（7）H260→H299；

（8）H262→H309；

---

① 河北省文物研究所、邯郸市文物研究所、峰峰矿区文物保管所：《邯郸市峰峰电厂义西遗址发掘报告》，《文物春秋》2001年第1期。

② 河北省文物研究所、邯郸市文物管理处、峰峰矿区文物管理所：《河北邯郸市峰峰矿区北羊台遗址发掘简报》，《考古》2001年第2期，图一八：2，无器物号。

③ 河南省文物考古研究所：《辉县孟庄》，中州古籍出版社，2003年。

④ 乔登云、张沅：《邯郸境内的先商文化及其相关问题》，《三代文明研究（一）——1998年河北邢台中国商周文明国际学术研讨会论文集》，科学出版社，1999年。

⑤ 邹衡：《试论夏文化》，《夏商周考古学论文集》，文物出版社，1980年。

⑥ 李伯谦：《先商文化探索》，《庆祝苏秉琦考古五十五周年论文集》，文物出版社，1989年。

（9）H277→H267；

（10）G10→H315。

以上单位开口于第4层下的有H238、H248、H284、H299、G10、H315，此外还有H204、H275等，其余均开口于第3层下。

再根据典型单位出土陶器特征，薛庄遗址的漳河型先商文化遗存大致可以分为早、晚两期。

早期以H3、H56和H323为代表，流行夹砂灰褐陶，泥质灰陶次之；纹饰以中绳纹为主，细绳纹和弦纹次之，有少量的篮纹；主要器类如鬲多弧鼓腹、腹最大径居中、深袋足，罐多卷沿、矮胖体，盆多束颈、深鼓腹，蛋形瓮多夹砂厚胎、上腹弧鼓。

晚期以G6和H275为代表，夹砂灰陶占据主导，泥质灰陶的比例也有所增加；纹饰以细绳纹为主，弦纹和素面次之；主要器类如鬲上腹较斜直、腹最大径下移、袋足变浅，罐多折沿、瘦高，盆多敞口、折沿近平、腹部变浅，蛋形瓮多薄胎、上腹较斜直、下腹圆鼓等。

关于下七垣文化漳河型的分期年代，先后有二期①、三期②和四期③等不同的划分方案，其年代大致相当于二里头文化二期至四期偏早阶段。通过对照，薛庄遗址先商文化早、晚两期遗存与最新的四期划分方案中的第二、三期分别对应，早期年代相当于二里头文化二期偏晚至三期偏早；晚期年代相当于二里头文化三期偏晚至四期早段④。

此外，薛庄遗址发现的先商时期车辙痕迹值得关注。其辙沟形状与间距跟偃师二里头遗址发现的两处车辙痕迹⑤十分相似，年代亦大体同时，再次证明当时确实已经有了双轮车，这为探索我国古代车的起源与双轮车制造技术提供了重要资料。

三、对晚商时期文化遗存的认识

（一）分期与年代

薛庄遗址发现的晚商时期灰坑均开口于第3层下，其中部分单位之间存在打破关系，比较典型的有H128→M31、H136→H150、H192→H150、H210→H244。另有H84、H86、H104、H109、H113、H242、H256、H303、H321、H327等单位出土有可辨器形的陶器标本，可以用于分期。其他大多数灰坑由于出土陶片零碎，难以进行细致分期。此外，41座晚商墓葬中有28座随葬陶器，13座无随葬品。

---

① 邹衡：《试论夏文化》，《夏商周考古学论文集》，文物出版社，1980年。

② 李伯谦：《先商文化探索》，《庆祝苏秉琦考古五十五周年论文集》，文物出版社，1989年。

③ 中国社会科学院考古研究所：《中国考古学·夏商卷》，中国社会科学出版社，2003年，第140～154页。

④ 胡保华：《下七垣文化分期研究》，吉林大学硕士学位论文，2007年。

⑤ 中国社会科学院考古研究所：《中国考古学·夏商卷》，中国社会科学出版社，2003年，第122、123页；中国社会科学院考古研究所二里头工作队：《河南偃师市二里头遗址宫城及宫殿区外围道路的勘察与发掘》，《考古》2004年第11期。

根据以上典型单位的层位关系与出土陶器特征，可将本次发掘的薛庄遗址晚商遗存分为四期。

第一期：以M8为代表，出土Aa型Ⅰ式陶鬲，形体较大且瘦高。

第二期：以M4、M9、M11、M12、M14～M17、M19、M22、M23、M25、M28、M30、M31、M33、M44等为代表，分别出土Aa型Ⅱ式、Ab型Ⅰ式、Ac型、B型Ⅰ式陶鬲和陶豆。鬲裆与实足根均有变矮的趋势，显得形体略宽；豆作浅盘斜腹，圈足粗矮。

第三期：以M7、M10、M18、M24、M38、M39、M41、M42、M43、H136、H303、H321等为代表，分别出土Aa型Ⅲ式、Ab型Ⅱ式、B型Ⅱ式陶鬲，方形体，袋足与实足根明显变矮。

第四期：以M6、H150为代表，分别出土Aa型Ⅳ式、B型Ⅲ式陶鬲，器体矮宽，裆部极低，实足根消失。

以上四期分别与殷墟文化一至四期基本对应，其年代也应大致相当，即约相当于商王武丁早期至帝辛时期[①]。

（二）文化特点

薛庄遗址所见的晚商墓葬均为小型的土坑竖穴墓，有梯形和长方形两种形制，葬式分为仰身直肢和俯身直肢，葬具为“工”字形木棺，少数墓葬有二层台或墓底设有殉狗的腰坑，随葬品组合主要是单件陶鬲，且部分置于墓主足部，个别墓中还发现了死者口含贝的葬俗。这些特征与本地区磁县下七垣[②]、武安赵窑[③]等遗址发现的晚商墓葬基本一致，与近邻的安阳殷墟晚商墓葬[④]亦大同小异，在文化性质上当属殷墟文化。

四、对汉魏时期文化遗存的认识

薛庄遗址汉魏时期遗迹数量不多，包括44个灰坑、2条灰沟、2眼水井、1座瓮棺葬。其中有26个灰坑开口于第2层下，其余均开口于第1层下，同期遗迹间存在少量的打破关系，如H4→H9、G3→H80、H62→H168、H159→H160、H280→H304等。从层位关系上看，它们的相对年代有早有晚。但由于大多数单位出土遗物很少，无法进行细致的分期研究。

陶器方面，夹砂红陶仅有釜，T15②：1釜与涉县索堡M1：16釜[⑤]、邯郸东门里M1：1釜[⑥]、内丘张夺09ⅠT20201J1：11釜[⑦]相同，年代应相近，为西汉时期。泥质灰陶的盆、碗、

① 中国社会科学院考古研究所：《中国考古学·夏商卷》，中国社会科学出版社，2003年，第290～294页。
② 河北省文物管理处：《磁县下七垣遗址发掘报告》，《考古学报》1979年第2期。
③ 河北省文物研究所、河北文化学院：《武安赵窑遗址发掘报告》，《考古学报》1992年第3期。
④ 中国社会科学院考古研究所：《殷墟的发现与研究》，科学出版社，1994年，第100～138页。
⑤ 邯郸市文物管理处、涉县文物保管所：《河北涉县索堡汉墓》，《文物春秋》1996年第1期。
⑥ 邯郸市文物管理处：《邯郸市东门里遗址试掘简报》，《文物春秋》1996年第2期。
⑦ 河北省文物局：《内丘张夺发掘报告》，科学出版社，2011年。

盂均能够在冀南地区西汉时期遗址中找到相同的器物，如H280、H317出土的A型盆与邢台粮库ⅢH9：1盆[①]相同，A型盆（T110②：3）与粮库ⅠJ3：2盆雷同；B型盆（H97①：1）与永年榆林T41③：3盆[②]形制一致。H279出土的2件碗如出一模，与邯郸东庄遗址出土陶碗（J2：1）[③]、邢台粮库遗址出土陶盏、内丘张夺遗址出土陶钵均十分相似；H304出土的3件盂与邯郸东门里T1⑥：29盂、裴庄H1：12盂[④]形制一样。H317出土陶豆与东门里T1⑥：10豆、邯郸宾馆H2：2豆[⑤]、张夺10G4M22：1豆形制极似，可将其年代推测为战国中晚期至西汉前期。T13②：2钵与柳家泉M84：1釜形制相同，参照柳家泉M84的年代，可推定其为东汉晚期至西晋之间。

铜器方面，H7出土铜镞（H7：1）与唐山贾各庄M18：34镞[⑥]的形制极似，有学者已经指出此类镞于战国中、晚期时流行于三晋两周地区、燕文化区[⑦]。H58、H70、H78分别出土有“大泉五十”“货泉”“五铢”等6枚铜钱，其中“大泉五十”和“货泉”铜钱明确是由西汉末年王莽铸造的。据《汉书·食货志》记载，王莽居摄二年（公元7年）进行第一次币制改革，铸行“大泉五十”。天凤元年（公元14年）进行第四次币制改革，新铸有“货泉”。再分析“五铢”，钱文“五”字交笔弯曲，上下两横平行稍长；“铢”字的“金”字头作小三角形，四点长方形排列整齐，“朱”字头方折，下笔圆折。这些特点基本与王莽末期更始二年（公元24年）铸造的“五铢”钱吻合，应属于所谓的“更始五铢”。所以上述3个灰坑的年代应不早于西汉末年，或为东汉时期，当然也不排除更晚的可能性。

铁器方面，H1出土铁铲（H1：1）与磁县下潘旺T32r：1铁铲[⑧]、永年榆林T43③：5铁铲形制皆相同，年代相近，应为汉代遗物。

五、对隋唐—宋代文化遗存的认识

薛庄遗址隋唐—宋代遗迹数量更少，包括15个灰坑和3座墓葬。其中G9：2陶罐与邢台粮库ⅠM26：1罐形制相同；H5：1陶瓮与邯郸东门里H9：17瓮近似；陶盆形态与东门里H5：9、H8：1盆形制完全一致，因此参照东门里上述单位的年代，推定这些陶器应为唐代遗物。H11

---

① 河北省邢台市文物管理处：《邢台粮库遗址》，科学出版社，2005年。

② 河北省文物研究所、邯郸市文物管理处、永年县文物保管所：《永年县榆林遗址发掘简报》，《河北省考古文集》，东方出版社，1998年。

③ 邯郸市文物保护研究所：《邯郸市东庄遗址试掘简报》，《文物春秋》2006年第6期。

④ 邯郸市文物管理处：《裴庄遗址清理报告》，《文物春秋》1996年第4期。报告将H1定为战国晚期，从H1：5碗形制来看，笔者以为将其推定为西汉更合适。

⑤ 邯郸市文物管理处：《邯郸市宾馆地下古遗址的调查》，《文物春秋》1990年第4期；邯郸市文物管理处：《邯郸市东门里遗址试掘简报》，《文物春秋》1996年第2期。

⑥ 安志敏：《河北唐山贾各庄发掘报告》，《考古学报》1953年第Z1期。

⑦ 石岩：《中国北方先秦时期青铜镞研究》，黑龙江大学出版社，2008年。

⑧ 河北省文物管理处：《磁县下潘汪遗址发掘报告》，《考古学报》1975年第1期。

出土1件可复原的黑瓷钵，其造型、施釉方式具有唐代特征，也可大致定为唐代。其他多数灰坑出土遗物仅有少量的陶瓷碎片，有的甚至不出任何遗物，因此有些灰坑的时代或许更晚。下面着重分析一下M1和M29的年代。

（一）M1年代判定

M1墓主口含1枚“五铢”铜钱，边郭较阔，钱文“五铢”横读，“五”字交笔斜直，靠近方孔处铸一竖画，“铢”字略向里弧曲，均符合隋文帝开皇年间（581～600年）铸造的“五铢”钱特征，隋文帝早期所铸五铢钱直径2.4厘米，晚期直径逐步减小，多集中在2.35厘米左右。由于这枚铜钱的直径仅为2.3厘米，属于“开皇五铢”的小型者，可能铸于隋文帝后期。

M1还随葬1件青瓷碗，胎体厚重，胎色灰白，敞口，假圈足小平底，器表仅上半部施青釉，釉层薄且青中泛黄绿色，局部有流釉现象，具有浓厚的北朝晚期至隋代北方青瓷特征①。与之胎釉、造型特征基本相同的青瓷碗，还见于河北磁县北齐高润墓②和北齐元良墓③，这两座墓均出有墓志，纪年明确。

综合判断，M1的年代可定为隋代。

（二）M29年代判定

洞室墓是中原北方地区宋墓中最具特色的墓葬形制，整体呈靴形，由竖穴式墓道、墓门、墓室三部分构成。有学者指出北宋早期洞室墓中常常有一定数量的随葬品，个别墓葬中还出土有墓志，延续了一些唐墓的习惯，说明这一时期使用洞室墓的主要是社会上比较有地位的人。北宋中期以后，洞室墓形制本身并无变化，但基本上不再出像样的随葬品④。出现这种社会现象的原因主要有三：第一，随着北宋经济的繁荣，早期使用洞室墓的人可能转而使用了小型砖石墓；第二，中期以后使用洞室墓的人身份可能较低，财富占有数量很少；第三，中期以后，使用洞室墓的这一社会阶层的人们比较流行“薄葬”习俗。从M29的墓葬形制、随葬品仅出1枚铜钱的特点来看，与北宋中期以后的洞室墓特点较为符合。

M29①：1黑釉瓷碗，釉色、胎体与邢窑遗址出土的隋代黑釉瓷碗很相似。但是邢窑遗址出土的隋代黑釉瓷碗均为直口，斜直腹，施釉不及腹下部，饼状实足，而M29①：1黑釉瓷碗敞口，微侈沿，斜直腹，施釉不及器底，圈足，可见M29①：1黑釉瓷碗造型、施釉方式与隋代的黑釉瓷碗还是存在一定的差别。M29①：1黑釉瓷碗造型与粮库遗址宋墓中ⅠM63：1双色釉瓷碗形制很接近。因此从胎体、釉面、造型等方面来看，其年代可能要略早于宋代，可推定

---

① 编者曾向吉林大学边疆考古研究中心彭善国教授请教H11、M1和M29出土瓷器的年代，彭教授给出了比较具体的断代意见，在此谨致谢忱！

② 磁县文化馆：《河北磁县北齐高润墓》，《考古》1979年第3期，Ⅰ式青瓷碗（图七：4）。

③ 磁县文物保管所：《河北磁县北齐元良墓》，《考古》1997年第3期，Ⅲ式青瓷碗（图一三：2）。

④ 秦大树：《宋元明考古》，文物出版社，2004年。

为唐代。

M29③：1铜钱，钱文“天禧通宝”为右旋读，书体为真书，直径2.3厘米。“天禧”是宋真宗赵恒于1017～1021年使用的年号，可知“天禧通宝”当铸于1017～1021年。因此，M29下葬的年代上限应不早于1017年。

综合上述分析，M29应为北宋中期以后的墓葬。

附表一　邯郸薛庄遗址灰坑登记表

（单位：厘米）

编号	所在探方	开口层位	平面形状	壁底形状	口径	底径	深度	堆积层次	出土器物	年代	备注
H1	T29	1	近圆形	斜壁、近平底	165～175	123	78	1层	粗绳纹陶、布纹瓦、铁铲等	汉魏	H1→M12
H2	T12	1	椭圆形	直壁、近平底	130～300		80	3层	泥质红陶盆、青瓷残片	唐宋	H2→H22
H3	T5、T6	4	椭圆形	斜壁、斜底	230～330		120	3层	陶鬲、甗、蛋形瓮等	先商	H3→H23
H4	T16	1	圆形	略袋状、平底	105	110	31	1层	布纹陶瓦片、铁片等	汉魏	H4→H9
H5	T27	1	不规则椭圆形	弧壁、圜底	218～290		112	1层	陶瓮	唐宋	H5→J1
H6	T15	1	圆形	直壁、平底	114	114	40	1层	陶板瓦片	汉魏	
H7	T28	1	圆形	弧壁、圜底	140		52	1层	铜镞	汉魏	H8→H7
H8	T28	1	椭圆形	斜壁、平底	113～170		80	1层	黑瓷残片	唐宋	H8→H7
H9	T16	1	椭圆形	弧壁、平底	110～220		33	1层	少量陶片	汉魏	H4→H9
H10	T7	3	椭圆形	斜壁、弧底	170～300		210	3层	陶鬲、泥质瓮口沿等	先商	G1、M6→H10
H11	T19	1	不规则椭圆形	斜壁、平底	190～312		128	1层	黑瓷碗、红陶盆残片	唐宋	H11→M18
H12	T11	3	椭圆形	直壁、平底	156～274		50	3层	陶鬲足、鼎足、瓮圈足残片	先商	H12→H33→G2
H13	T2	3	不规则椭圆形	斜壁、圜底	90～170		35～40	1层	陶片、兽骨等	先商	
H14	T25	3	圆形	直壁、平底	150		105	1层	陶鬲、罐残片	先商	
H15	T5	4	椭圆形	直壁、有小坑	140～280		90～160	1层	陶鬲、罐、盆等	先商	
H16	T15	3	椭圆形	直壁、平底	130～150	130～150	66	3层	少量陶片	晚商	H16→M9
H17	T4	3	不规则椭圆形	斜壁、底不平	100～160		35	1层	陶片、残石器、兽骨等	先商	
H18	T20	3	不规则椭圆形	弧壁、圜底	290～450		44	1层	少量陶片	先商	M7→H18
H19	T27	1	圆形	斜壁、平底	124		70	1层	青瓷碎片	唐宋	H19→M39
H20	T3	3	不规则椭圆形	弧壁、圜底	206～298		32	2层	少许夹砂绳纹陶片	先商	
H21	T2	4	近椭圆形	直壁、平底	260～340	260～340	50	1层	陶鬲、罐、甗等	龙山晚期	G2→H21
H22	T13	1	圆形	斜壁、平底	200		128	1层		汉魏	H2→H22→M23→H79

续表

编号	所在探方	开口层位	平面形状	壁底形状	口径	底径	深度	堆积层次	出土器物	年代	备注
H23	T7	4	椭圆形	弧壁、圜底	270		130	3层	陶盆、罐残片及石镰等	先商	H3→H23
H24	T10	3	半圆形	弧壁、平底	260		98	1层	陶鬲、罐、豆等残片	晚商	H24→M37
H25	T4	3	不规则	弧壁、斜底	长430		148	5层	绳纹灰陶、素面黑陶等	先商	M1→H25
H26	T39	3	近圆形	斜壁、平底	166 ~ 180	137 ~ 141	74	1层	陶鬲、罐、甗等残片	先商	H26→H56
H27	T6	3	椭圆形	弧壁、圜底	长径360		80	1层	陶片以及少许兽骨和蚌壳	晚商	G1→H27→H37、M45
H28	T13	3	圆形	斜壁、平底	210		68	1层		先商	M8→H28
H30	T16	3	半圆形	弧壁、平底	200 ~ 325		152	4层		晚商	H30→Z1
H31	T12	1	椭圆形	直壁、平底	225 ~ 425		350	1层	红陶盆	唐宋	H31→H52、H79
H32	T5	3	半椭圆形	弧壁、圜底	38 ~ 144		50	1层	细绳纹陶片	先商	
H33	T22	3	椭圆形	弧壁、圜底	265 ~ 285		110	1层	陶片、兽骨、石器、骨刀	先商	H45→H33→G2
H34	T21	4	圆形	斜壁、平底	120		31	1层		龙山晚期	H44→H34
H35	T11	3	圆形	斜壁、平底	175		55	1层		先商	H12→H33→H35
H37	T14	3	圆形	直壁、平底	104		40	1层	陶盆、罐、鬲等	先商	H27、M2→H37
H38	T1	3	弧方形	直壁、平底	110 ~ 138		30	1层	陶鬲口沿等	先商	
H39	T16	3	半椭圆形	斜壁、底不平	35 ~ 55		30	1层	陶盆残片	先商	H30→H39
H40	T37	4	椭圆形	斜壁、平底	248 ~ 251	196 ~ 216	104 ~ 115	1层	陶鼎、罐、平底盆、甗等	龙山晚期	H63→H40
H41	T39	2	椭圆形	斜壁、平底	170 ~ 198	130 ~ 190	94	1层	少量陶片	汉魏	H41→G2
H42	T36	3	圆形	直壁、平底	172 ~ 175		60	1层	少许夹砂陶片	先商	
H43	T7	4	不规则长方形	直壁、平底	120 ~ 160		80	2层	陶鬲、蛋形瓮等残片	先商	
H44	T21	4	圆角长方形	袋状、平底	250、159		210	2层	陶罐、盆、杯、壶、碗等	龙山晚期	H44→H34
H45	T22	3	椭圆形	斜壁、平底	295 ~ 400		135	1层	陶片、蚌片、石器等	先商	M24→H45→H33
H46	T23	2	椭圆形	弧壁、平底	105 ~ 220	110	31	1层	瓦片、陶片、铁片等	汉魏	
H47	T34	1	圆形	直壁、平底	111		73	1层	粗布纹陶瓦、砖块等	汉魏	H47→H83
H48	T30	1	半椭圆形	斜壁、平底	175 ~ 180	165 ~ 170	56	1层	少量陶片	唐宋	
H49	T38	3	椭圆形	弧壁、圜底	226 ~ 266		88	1层	少量陶片、兽骨等	晚商	H49→H74→H63→G2

续表

编号	所在探方	开口层位	平面形状	壁底形状	口径	底径	深度	堆积层次	出土器物	年代	备注
H50	T35	3	椭圆形	袋状、圜底	190～230	205～240	84	1层	少量绳纹陶片	先商	H83→H50
H52	T9	3	圆形	弧壁、平底	30		90	1层	陶罐口沿残片	先商	G1、H31→H52
H53	T29	3	不规则椭圆形	斜壁、平底	50～100	20～70	88	1层	陶鬲、罐口沿等	先商	H1→M12→H53
H54	T14	3	圆形	袋状、平底	90	110	154	3层	陶鬲、罐、豆、盘及石铲等	先商	H54→H55
H55	T14	4	不规则椭圆形	直壁、近平底	长径450		170	5层	陶鬲、罐、盒等	先商	H11、H37、H54、M2、M6、M42→H55
H56	T39	4	椭圆形	斜壁、圜底	230～256		56	1层	陶盆、鬲、罐等	先商	H26→H56
H57	T24	4	椭圆形	斜壁、平底	174～196	158～192	65	1层	陶鼎、圈足盘、小杯等	龙山晚期	
H58	T42	1	圆形	斜壁，平底	135		56	1层	砖、瓦、“货泉”铜钱等	汉魏	
H59	T43	1	圆形	直壁、平底	118		70	1层		唐宋	
H60	T31	1	半圆形	斜壁、斜底	60～150			1层		唐宋	
H61	T44	1	圆形	直壁、平底	146		36	1层		唐宋	
H62	T41	2	椭圆形	直壁、平底	65～94		50	1层	陶罐残片	汉魏	H62→H168
H63	T38	4	椭圆形	斜壁、平底	480～750		170	4层	陶鬲、罐、盆、瓮等	先商	H26、H49→H74、H75、H109→H63→G2、H40
H64	T27	3	椭圆形	斜壁、圜底	234～256		138	1层		先商	H5→J1→M22→H64→H81
H66	T40	3	椭圆形	斜壁、平底	75～175		150	4层	细绳纹陶片	先商	H66→H69
H67	T43	1	椭圆形	直壁、平底	128		68	4层	瓦、砖、泥质盆残片等	汉魏	
H68	T34	3	不规则圆形	斜壁、平底	400		110	6层	陶鬲、罐、盆等残片	先商	H128→H83→H68 M28→H191→H68
H69	T40	3	椭圆形	斜壁、平底	100～160		35	1层	鬲足	先商	H66→H69
H70	T58	1	不规则椭圆形	袋状、平底	130～224		140	3层	五铢钱、尊形陶器等	汉魏	H70→H192→H150
H71	T45	1	圆形	斜壁、平底	115		35	1层	少许陶、瓷片	唐宋	H71→H131→H132
H72	T45	2	椭圆形	斜壁、平底	125～175		50	1层	少量泥质厚胎灰陶片	汉魏	
H73	T53	3	圆形	弧壁、圜底	460		90	1层	陶鬲、罐等残片	先商	

续表

编号	所在探方	开口层位	平面形状	壁底形状	口径	底径	深度	堆积层次	出土器物	年代	备注
H74	T38	4	椭圆形	斜壁、圜底	134 ~ 164		44	1层		先商	H49→H74→H63
H75	T38	4	椭圆形	斜壁、圜底	188 ~ 270		108	1层		先商	H163→H75→H63、H93
H77	T44	3	椭圆形	直壁、平底	81 ~ 90		20	1层	陶鬲、罐等残片	晚商	H77→H132
H78	T43	1	圆形	直壁、平底	118		42	2层	瓦、五铢、货泉铜钱等	汉魏	
H79	T13	4	椭圆形	直壁、平底	465 ~ 550		112	2层	陶鼎、鬲、罐、盆等残片	龙山晚期	H28、H31、M17、M23→H79
H80	T31	2	椭圆形	直壁、平底	200 ~ 250		59	2层		汉魏	G3→H80→H107→H90
H81	T27	3	椭圆形	斜壁、圜底	162 ~ 200		124	1层	少许陶片	先商	H64→H81
H82	T50	3	椭圆形	斜壁、平底	255 ~ 270		40	1层	陶鬲、罐等残片	先商	H138→H82→H94
H83	T34、T35、T40、T41交界处	3	椭圆形	斜壁、圜底	552		230	10层	陶鬲、罐、器盖等残片	先商	H128→M31、M33→H83→H50
H84	T65	3	圆形	斜壁、圜底	434		95	1层	陶鬲口沿	晚商	H84→H194、H117→G7
H85	T67	3	半椭圆形	斜壁、圜底	194 ~ 362		104	1层	陶鬲、罐、敛口瓮残片	晚商	
H86	T67	3	近圆形	直壁、平底	114		48	1层	陶鬲、罐、小盆等	晚商	
H87	T52	3	圆形	直壁、平底	140		100	1层	陶鬲、瓮残片	晚商	
H88	T52	3	椭圆形	斜壁、平底	110 ~ 170		65	1层	陶鬲、罐、盆等残片	晚商	H88→H164
H89	T63	3	椭圆形	直壁、平底	77 ~ 82		20	1层	陶罐残片	晚商	
H90	T31	3	圆形	斜壁、平底	100		30	1层	少许细绳纹陶片	先商	G3→H80→H107→H90
H92	T27	3	椭圆形	斜壁、圜底	118 ~ 152		122	1层		晚商	M3→H92
H93	T38	4	半椭圆形	斜壁、圜底	80 ~ 314		172	1层	少量陶片、兽骨、石器等	龙山晚期	H75→H93
H94	T50	3	椭圆形	斜壁、平底	120 ~ 140	90 ~ 100	42	1层	陶鬲、瓮、罐、盆等残片	先商	H82→H94→H99→H102→H110、H111
H95	T49	3	不规则长方形	斜壁、平底	180 ~ 350	150 ~ 300	80	3层	泥质灰陶盆口沿残片	先商	H125→H95
H96	T45	1	长方形	直壁、平底	70、132		60	1层	石杵、方砖、铁钉等	汉魏	M26→H96

续表

编号	所在探方	开口层位	平面形状	壁底形状	口径	底径	深度	堆积层次	出土器物	年代	备注
H97	T46	1	不规则长方形	直壁、平底	340、230		70	2层	陶盆、釜、布纹瓦残片	汉魏	H97→H154→H204
H98	T63	3	椭圆形	直壁、平底	98 ~ 102		67	1层	陶鬲、豆等残片	晚商	H98→H136
H99	T50	3	椭圆形	斜壁、平底	128 ~ 206	88 ~ 156	50	1层	陶鬲、小罐等残片	先商	H94→H99→H102→H111
H100	T59	1	椭圆形	斜壁、平底	94 ~ 100		60	2层	泥质灰陶盆口沿	汉魏	H100→H133→H172
H101	T42	3	椭圆形	袋状、平底	190 ~ 242		168	1层	陶鬲、罐等残片	晚商	
H102	T50	3	椭圆形	斜壁、平底	185 ~ 295	165 ~ 275	106	1层	陶鬲、罐、瓮等残片	先商	H94→H99→H102→H110、H111
H104	T81	3	椭圆形	斜壁、圜底	326 ~ 404		236 ~ 260	1层	陶鬲、盆口沿	晚商	H104→H179→H145→G6→H180
H105	T84	3	椭圆形	斜壁、圜底	181 ~ 210		42	1层	陶鬲残片	晚商	
H106	T52	3	圆形	直壁、平底	130		64	1层	陶鬲、罐等残片	晚商	H106→H162→H164
H107	T31	3	圆形	直壁、平底	120		42	1层	少许细绳纹陶片	先商	H80→H107→H90
H108	T45	2	椭圆形	斜壁、平底	65 ~ 130		100	1层		汉魏	
H109	T51	3	椭圆形	斜壁、平底	250 ~ 260	150 ~ 160	56	1层	陶鬲、罐口沿等	晚商	H109→H63
H110	T50	3	圆形	斜壁、平底	275		70	1层	陶罐、石锛、石铲等残片	先商	H94→H102→H110
H111	T54	3	不规则椭圆形	斜壁、平底	370 ~ 570	160 ~ 170	220	3层	陶盆、豆口沿	先商	H99→H102→H111
H112	T62	1	圆形	斜壁、平底	126		99	1层		唐宋	H112→H238
H113	T33	3	圆形	直壁、圜底	100		75	1层	陶鬲口沿	晚商	H113→H68
H114	T43	3	椭圆形	直壁、平底	94 ~ 180		100	1层	少量碎陶片	先商	
H115	T43	3	椭圆形	直壁、平底	94 ~ 110		40	1层	少量碎陶片	先商	
H117	T69	3	椭圆形	斜壁、圜底	320 ~ 388		136	1层		先商	H118→H117→G7
H118	T66	3	圆形	斜壁、圜底	162		50	1层	少量陶片	先商	H118→H117
H120	T54、T66、T67	3	椭圆形	斜壁、圜底	242 ~ 356		184	1层	陶鬲、瓮、簋等	晚商	H120→G7、H130
H122	T51	3	圆形	直壁、平底	108	90	46	1层	少量碎陶片	先商	
H123	T57	3	圆形	直壁、平底	100		55	1层	少量碎陶片	先商	H136→H123

续表

编号	所在探方	开口层位	平面形状	壁底形状	口径	底径	深度	堆积层次	出土器物	年代	备注
H124	T49	3	圆形	直壁、平底	70		60	1层	少量碎陶片	先商	
H125	T49	3	椭圆形	直壁、圜底	130～170		120	1层		晚商	H125→H95、M34
H126	T64	3	圆形	直壁、平底	190		50	1层		晚商	未清理到底
H127	T56	1	圆形	弧壁、平底	240		140	3层		汉魏	H127→H184
H128	T34	3	圆形	直壁、平底	128		72	1层	陶鬲残片	晚商	H128→H68、H83、M31
H129	T43	3	椭圆形	直壁、平底	96～164		100	1层		先商	
H130	T67	3	椭圆形	斜壁、圜底	114～136		59	1层		先商	H120→H130
H131	T44	3	不规则椭圆形	直壁、平底	90～340		125	5层	少许细绳纹陶片	先商	H71→H131→H132
H132	T44	3	半椭圆形	弧壁、圜底	长径710		125	1层	陶鬲、罐、豆等口沿	先商	H71→H131→H132 M26→H96→H132
H133	T59	3	椭圆形	直壁、平底	短径90		50	1层	陶鬲残片	晚商	H100→H133→H172
H134	T72	3	椭圆形	直壁、平底	125～185		60	1层		晚商	H134→H136、H294
H135	T61	1	椭圆形	斜壁、底不平	200～240		140	1层	陶瓮残片	汉魏	H135→H201、H221
H136	T63	3	不规则椭圆形	斜壁、平底	430～1040		65	1层	陶鬲、豆、甗盆、甑等残片	晚商	H134、H209→H136→H123、H141、H150、H197、H238、H284、L1
H137	T68	3	椭圆形	斜壁、圜底	118～176		120	1层		先商	H137→H144
H138	T50	3	长方形	直壁、平底	179、100		230	1层	陶鬲、盆等残片	先商	H138→H82
H139	T42	3	不规则椭圆形	斜壁、圜底	70～146		32～54	1层	陶鬲残片	先商	M30→H139→H142
H140	T84	3	近圆形	斜壁、平底	96～103	86～93	60	1层	陶鬲、罐等	晚商	H140→H170
H141	T58	3	不规则	直壁、平底			250	5层		晚商	H136、H192→H141→H150、H238、H186
H142	T42	3	椭圆形	斜壁、平底	150～200		50	1层	陶鬲、瓮等残片	先商	M30→H139→H142
H143	T69	3	圆形	袋状、平底	66	96	118	1层		先商	H84→H143→H117
H144	T68	3	椭圆形	斜壁、圜底	132～189	196～216	140	1层	陶鬲、瓮等残片	先商	H137→H144
H145	T81	3	椭圆形	斜壁、圜底	262～342		136	1层		先商	H104→H145→H180、H181、G6

续表

编号	所在探方	开口层位	平面形状	壁底形状	口径	底径	深度	堆积层次	出土器物	年代	备注
H146	T84	3	椭圆形	斜壁、圜底	152～184		72	1层		先商	H146→H147、H198、H283
H147	T84	3	椭圆形	直壁、圜底	162～168		102	1层		晚商	H146→H147→H293、H283
H148	T47	3	圆形	直壁、平底	142		56	1层		晚商	H70→H148→H183、H226
H149	T70	3	椭圆形	斜壁、圜底	192～308		90	1层		晚商	H149→H173→H175
H150	T57	3	不规则	直壁，斜底	420		190～240	6层	陶鬲、罐、甑等残片	晚商	H136、H167、H192→H150
H151	T64	4	圆形	斜壁，平底	190		80	1层	陶罐残片	龙山晚期	
H152	T59	3	圆形	斜壁、平底	59		65	1层	少量陶片	晚商	H152→H189
H153	T44	3	圆形	直壁、平底	146		52	2层	陶鬲、罐、碗等残片	晚商	
H154	T46	3	椭圆形	斜壁、平底	200～240		164	五层	少许细绳纹碎陶片	先商	H97→H154→H204
H155	T56	3	圆形	直壁、平底	210		50	1层	鬲、罐、盆	先商	H155→H184
H156	T54	3	圆形	袋状，平底	179	189	94	1层	陶鬲、罐等	晚商	
H157	T47	3	椭圆形	斜壁平底	58～62		130	5层		先商	H167→H157→H183
H158	T79	2	椭圆形	直壁、平底	90～100		26	1层		汉魏	
H159	T68	2	椭圆形	直壁、平底	147～166		58	1层		汉魏	H159→H160
H160	T68	3	圆形	斜壁、圜底	328		120	1层		先商	H159→H160
H161	T63	3	椭圆形	斜壁、平底	190～220		66	1层	陶鬲残片	晚商	H161→H207
H162	T52	3	圆形	袋形，圜底	320		178	1层	陶鬲、罐、甑等残片	晚商	H106→H162→H164
H163	T52	3	半椭圆形	斜壁、圜底			165	1层	陶鬲、罐、盆口沿等	晚商	H163→H75、H164
H164	T52	3	圆形	斜壁、平底	410		140	1层	陶鬲、罐、盆等残片	晚商	H88、H106、H162、H163→H164
H165	T55、T65	4	圆形	袋状、平底	240	260	160	1层	陶鬲、甗、罐等	龙山晚期	H184→H165
H166	T70	3	椭圆形	直壁、平底	160～192		124	1层	蛋形瓮残片	先商	H166→H194→H220
H167	T48	3	椭圆形	斜壁、平底	130～350		160	6层		先商	H167→H157→H183
H168	T41	2	圆形	直壁、平底	140		68	1层	少量陶片	汉魏	H62→H168

续表

编号	所在探方	开口层位	平面形状	壁底形状	口径	底径	深度	堆积层次	出土器物	年代	备注
H169	T84	3	椭圆形	斜壁、圜底	140 ~ 332		82	1层		晚商	H169→H210、H170、H179、H259、H260
H170	T84	3	椭圆形	直壁、平底	405 ~ 323		251	1层	陶鬲、罐、瓮及石斧、铲等	先商	H140、H169→H210→H170
H171	T72	3	圆形	袋状、平底	160		140	1层	陶鬲口沿、鬲足等	晚商	H171→H284→H294
H172	T59	3	圆形	斜壁、平底	140		35	1层		先商	H100→H133→H172
H173	T69	3	椭圆形	斜壁、圜底	156 ~ 160		156	1层	泥质罐口沿	先商	H149→H173→H175、G7
H174	T79	2	圆形	直壁、平底	80		62	1层		汉魏	
H175	T69	3	椭圆形	直壁、平底	204 ~ 260	200 ~ 230	136	1层		先商	H149、H173、H231→H175→H176、G7
H176	T69	3	椭圆形	斜壁、圜底	194 ~ 230		60	1层		先商	H175→H176→G7
H177	T71	3	圆形	直壁，圜底	90		40	1层		先商	
H178	T63	3	不规则椭圆形	弧壁、底不平	152 ~ 260		25	1层	出土一具较完整的羊骨	晚商	H136→H178
H179	T80	3	不规则	直壁、底不平			90	1层		先商	H104、H169、H190→H179→G6
H180	T81	3	椭圆形	斜壁、平底	160 ~ 174	150 ~ 160	60 ~ 150	1层		先商	H145→H180→G6
H181	T81	3	椭圆形	斜壁、圜底	129 ~ 140		116	1层		先商	H104、H145、G6→H181
H182	T83	2	椭圆形	斜壁、平底	46 ~ 90		53	1层		汉魏	
H183	T47	3	椭圆形	直壁、平底	216 ~ 317		195	6层	陶鬲、罐、瓮、纺轮等	先商	H148、H157→H183→H216、H226
H184	T56	3	椭圆形	斜壁、平底			140	3层	少许细绳纹陶片	先商	H127、H155→H184→H165
H186	T63	3	不规则长方形	斜壁、圜底	170 ~ 295		176	1层	陶鬲、甗、罐等残片	先商	H136→H186→H238
H188	T70	3	椭圆形	斜壁、圜底	78 ~ 102		68	1层		先商	H188→H194
H189	T59	3	圆形	斜壁、平底	110		35	1层	泥质小盆残片	晚商	H152→H189
H190	T85	3	圆形	直壁、平底	210		90	1层	陶鬲、罐、盆等残片	晚商	H190→H259、H260、H275
H191	T34	3	方形	直壁、平底	98 ~ 90		66	1层		晚商	M28→H191→H68
H192	T58	3	圆形	直壁、平底	300		82	1层	泥质灰陶盆口沿	晚商	H70→H192→H141、H150
H194	T70	3	不规则椭圆形	斜壁、平底	250 ~ 430		198	1层	陶鬲、罐、盆、豆等口沿	先商	H84、H188、H166→H194→H220

续表

编号	所在探方	开口层位	平面形状	壁底形状	口径	底径	深度	堆积层次	出土器物	年代	备注
H195	T98	2	圆形	斜壁、平底	146	104	78	1层		汉魏	
H196	T86	3	圆形	直壁、平底	170		100	1层		晚商	H196→H274→H275
H197	T63	3	圆形	直壁、平底	125		37	1层	少许陶片	先商	H89、H136→H197
H198	T84	3	椭圆形	斜壁、圜底	94～128		58～78	1层		晚商	H146→H198→H210、H283
H199	T78	3	圆形	直壁、平底	150		60	1层		晚商	H206→H199
H200	T83	3	圆角长方形	斜壁、平底	230、160		52	1层	陶鬲残片	晚商	H200→H211、H262
H201	T59	3	圆形	直壁、平底	264		214	4层	陶鬲、罐等残片	先商	H135→H201→Z2
H202	T87	1	圆形	直壁、平底	200		76	2层	泥质红陶片	唐宋	H202→H225→H234
H204	T46	4	椭圆形	斜壁、平底	150～315		165	5层	陶鬲、鼎足、蛋形瓮残片	先商	H208、H154→H204
H205	T48	3	圆形	袋状、平底	224		120	3层		先商	H205→H227
H206	T78	3	椭圆形	斜壁、平底	260～400		120	3层		晚商	H206→H199
H207	T62	3	椭圆形	斜壁、圜底	150～230		35	1层	陶鬲、甗等残片	先商	H161→H207→H238
H208	T46	4	椭圆形	斜壁、平底	78～214		190	一层	细绳纹陶片等	先商	H208→H204
H209	T72	3	圆形	直壁、平底	130		40	2层		晚商	H209→H136→H284
H210	T84	3	不规则椭圆形	直壁、平底	250～424		150	1层	陶鬲、罐、瓮等残片	先商	H169、H198、H243、H259、H260→H210→H170、H244
H211	T83	3	椭圆形	斜壁、平底	110～340		102	1层		晚商	H200→H211→H262→H281
H213	T86	3	不规则长方形	直壁、平底	150～320		216	4层	陶鬲、罐、蛋形瓮等	先商	
H215	T103	1	圆形	袋状、平底	186	200	70	1层	泥质灰陶盆残片	汉魏	H215→H288
H216	T47	3	椭圆形	直壁、平底	160～208		100	1层	夹砂薄胎碎陶片	先商	H183→H216
H217	T58	3	圆形	直壁、平底	190		75	1层	夹砂细绳纹陶片	先商	
H218	T46	3	圆形	直壁、平底	160		60	1层	泥质灰陶碎陶片	先商	H218→H219、H226
H219	T46	3	圆形	直壁、平底	150		60	4层		先商	H218→H219
H220	T70	4	椭圆形	直壁、圜底	155～210		98	1层	少许碎陶片	龙山晚期	H166→H194→H220
H221	T61	3	圆形	直壁、平底	210		60	2层	陶盆、罐、鬲等残片	先商	H135→H221→H222

续表

编号	所在探方	开口层位	平面形状	壁底形状	口径	底径	深度	堆积层次	出土器物	年代	备注
H222	T61	3	圆形	斜壁、平底	220		110	2层		先商	H221→H222→266
H223	T74	4	椭圆形	直壁、底不平	150 ~ 210		90	1层	陶盆残片	先商	H223→H300
H224	T61	3	圆形	斜壁、平底	140		120	2层		先商	H266→H224
H225	T87	1	圆形	袋状、平底	200	210	80	2层		唐宋	H225→H234
H226	T46	3	不规则	直壁、平底			60	1层	陶鬲、罐等残片	先商	H70、H148、H183、H218→H226
H227	T48	4	椭圆形	斜壁、底不平	180 ~ 380		95	3层	花边口罐残片	先商	H205、M34→H227
H228	T94	3	椭圆形	袋状、底不平	185 ~ 230	201 ~ 210	80 ~ 120	1层	陶敛口瓮残片	先商	
H229	T103	1	椭圆形	袋状、平底	126 ~ 182		60	1层		唐宋	H229→H320
H230	T92	2	椭圆形	直壁，平底			50	1层		汉魏	H230→H287、H303
H231	T80	3	圆形	直壁，底有小坑	156		200	1层	陶鬲、罐、盆等	先商	W1→H231→H175
H232	T96	3	椭圆形	斜壁、平底	320 ~ 350	260	140	1层	陶鬲、罐等残片	晚商	H232→H256→H310
H233	T98	3	不规则椭圆形	斜壁、圜底	222 ~ 297		71	1层		晚商	
H234	T87	3	椭圆形	斜壁、平底	130 ~ 250		55	2层		晚商	H202→H225→H234
H235	T82	3	椭圆形	斜壁、平底	197 ~ 268	197 ~ 204	318	1层	陶鬲、罐等残片	先商	
H236	T104	1	圆形	直壁、平底	182		79	1层			H236→H315、H319
H237	T111	3	圆形	直壁、平底	110		67	1层		晚商	H237→H298
H238	T62	4	不规则椭圆形	斜壁，底不平	380 ~ 780		190	1层	陶鬲、罐、鼎、盆等残片	先商	H136、H186、H207、H248、H257、H324→H238
H239	T89	4	椭圆形	斜壁、圜底	80 ~ 90		60	1层		先商	H239→G10
H240	T110	2	圆形	斜壁，平底	77		72	1层		汉魏	
H241	T79	3	圆形	袋状、平底	125	182	122	1层		晚商	H241→H242
H242	T79	3	圆形	袋状、平底	176		95	1层	陶鬲、罐口沿等	晚商	H241→H242
H243	T85	3	椭圆形	直壁、平底			206	2层	陶鬲、罐、甑、瓮等残片	晚商	H243→H244、H170、H210
H244	T85	3	不规则	斜壁、平底			86	2层	陶鬲、罐、盆、瓮等残片	晚商	M36、H210、H243、H310→H244→H256

续表

编号	所在探方	开口层位	平面形状	壁底形状	口径	底径	深度	堆积层次	出土器物	年代	备注
H245	T111	2	圆形	直壁	160		480		陶瓮、盆等残片	汉魏	H245→H270；未清理到底
H246	T109	2	圆形	直壁、圜底	300		120	1层		汉魏	
H247	T94	3	椭圆形	直壁、平底	230 ~ 240	160 ~ 170	230	1层	陶鬲、罐、盆等残片	晚商	
H248	T72、T73、T76	4	不规则椭圆形	直壁、平底	375 ~ 800		180	1层	陶鬲、罐、蛋形瓮等	先商	M35、H136、H251、H257→H248→H238、H324、G10
H249	T77	3	椭圆形	斜壁、平底	150 ~ 190		114	3层	陶鬲口沿、足等	晚商	H206→H249→H327、H284
H250	T82	2	椭圆形	斜壁、平底	76 ~ 278		58	1层		汉魏	
H251	T73	3	圆形	斜壁、平底	160		70	1层	陶片较少	先商	H251→H248
H253	T74	4	圆形	斜壁、平底	270		64	2层		先商	H253→H254、H324
H254	T74	4	椭圆形	斜壁、平底	230 ~ 320		200	2层		先商	H253→H254→H324
H255	T60	1	不规则圆形	斜壁、平底	150		105	1层	敛口卷沿斜腹瓮	唐宋	H255→G9
H256	T96	3	椭圆形	斜壁、圜底	290 ~ 402		98	1层	陶鬲、罐口沿	晚商	H232→H256→H310
H257	T73	3	椭圆形	斜壁、平底	155 ~ 250		65	1层	蛋形瓮器底和一些残陶片	先商	H136→H257→H248、H238
H259	T85	3	椭圆形	直壁、平底	160 ~ 204		72	1层	陶鬲、罐、豆、盆等残片	晚商	H169→H259→H210→H260
H260	T85	3	圆形	直壁、平底	215		80	1层	陶罐、瓮等口沿	先商	H259、H169、H210→H260→H299
H261	T95	3	椭圆形	斜壁、平底	225 ~ 445	135 ~ 345	148	1层	陶瓮、罐、鬲等残片	晚商	
H262	T83	3	不规则椭圆形	斜壁、圜底	410 ~ 430		116	1层		先商	H200、H211→H262→H263、H281、H293、H309
H263	T83	3	椭圆形	斜壁、圜底	234 ~ 344		100	2层		先商	H281→H263
H264	T102	3	圆形	斜壁、平底	200		107	1层		晚商	H264→H282→H287
H265	T111	3	圆形	直壁、平底	120		76	1层		晚商	H265→H270→H298
H266	T61	4	圆形	斜壁、平底	260		132	1层		先商	H222→H266→H224
H267	T100	3	椭圆形	斜壁、圜底	300 ~ 390		196	1层	花边口罐口沿	先商	H277→H267

续表

编号	所在探方	开口层位	平面形状	壁底形状	口径	底径	深度	堆积层次	出土器物	年代	备注
H268	T80	4	圆形	直壁、平底有小坑	140	70	258	1层	陶鬲、罐、盆等	先商	
H269	T77	3	圆形	斜壁、平底	140			2层		晚商	H269→H327、H284、G10
H270	T111	3	圆形	直壁、平底	120		70	1层	陶鬲残片	先商	H245、H265→H270→H298
H271	T110、T111	3	圆形	直壁、平底	186		88	1层	陶鬲、罐、盆等口沿	晚商	
H272	T111	2	圆形	直壁、平底	120		74	1层		汉魏	H272→H273
H273	T111	2	椭圆形	斜壁、平底	长径210		80	1层		汉魏	H272→H273
H274	T86	3	椭圆形	直壁、平底	50～75		70	2层		先商	H196→H274→H275
H275	T86	4	圆角长方形	直壁、平底	300、150		130	1层	陶鬲、罐、盆、蛋形瓮等	先商	H196→H274→H275
H276	T75	4	圆角长方形	直壁、平底	154、176		78	1层		先商	H276→H324
H277	T109	3	不规则椭圆形	斜壁、平底	156～400		175	1层	陶深腹罐、鬲及石铲等	先商	H279→H277→H267
H278	T101	3	圆形	斜壁、圜底	176		162	1层	细绳纹陶片	先商	H278→H297、H306
H279	T109	1	椭圆形	斜壁、圜底	150～220		170	1层		汉魏	H286→H279→H277
H280	T108	2	圆形	直壁、平底	120		40	1层	泥质灰陶盆残片	汉魏	H280→H304
H281	T83	3	椭圆形	斜壁、圜底	264～296		160	1层		先商	H262、H211→H281→H263
H282	T102	3	圆形	袋状、平底	270		170	5层	陶鬲、罐、瓮等口沿	晚商	H264→H316→H282→H287
H283	T84	3	椭圆形	斜壁、平底	256～336		200	1层		先商	H146、H147、H198、H310→H283→H293、H311
H284	T72	4	圆形	斜壁，底不平	550		60	2层	陶瓮底部	先商	H171、H209、H136、H249、H269、H327、G10→H284→H294
H285	T107	2	椭圆形	斜壁、圜底	95～110		40	1层		汉魏	H285→H321
H286	T109	3	圆形	直壁、平底	200		120	1层		晚商	H286→H279
H287	T102	3	椭圆形	斜壁、圜底	240～296		135	2层		先商	H316→H282→H287
H288	T103	3	圆形	直壁、平底	280		200	1层	陶蛋形瓮等残片	先商	H215→H288

续表

编号	所在探方	开口层位	平面形状	壁底形状	口径	底径	深度	堆积层次	出土器物	年代	备注
H289	T106	2	圆形	直壁、平底	150		143	1层		汉魏	H289→H320→H290
H290	T106	3	圆形	直壁、平底	160		140	1层		先商	H289→H320→H290→H291→H292
H291	T106	4	圆形	斜壁、平底	176	110	78	2层	陶罐、蚌刀等	龙山晚期	H290→H291→H292
H292	T106	4	圆形	直壁、平底	152		60	1层		龙山晚期	H289、H290、H291→H292
H293	T84	3	椭圆形	直壁、平底	220～280		158	1层		先商	H147、H262→H293
H294	T72	4	圆形	直壁、平底	205		80	1层	篮纹罐、平底盘等残片	龙山晚期	H284→H294
H295	T113	3	圆形	斜壁、平底	310		170	3层	细绳纹罐口沿	先商	
H296	T119	3	椭圆形	直壁、平底	175～326		190	6层	陶鼎、鬲、罐、蛋形瓮等	先商	H325→H296
H297	T100	3	圆形	斜壁、平底	148	92	172	1层		先商	H278→H297
H298	T111	4	圆形	弧壁、底不平	252		31	1层	陶篮纹罐底、鬼脸式鼎足等	龙山晚期	H237→H298 H265→H270→H298
H299	T85	4	椭圆形	斜壁、平底	220～310		40	1层	陶鬲口沿	先商	H190、H259、H260→H299
H300	T74	4	圆形	直壁、底不平	168		85	1层	陶盆、罐、鬲等残片	先商	H223→H300→H324
H302	T80	3	不规则圆形	直壁、平底	204		360	1层	陶鬲、罐、盆、壶等残片	晚商	H104→H302
H303	T92	3	圆形	直壁、平底	206	200	240	1层	陶鬲	晚商	H230→H303→H316
H304	T108	2	椭圆形	斜壁、圜底	260～300		160	3层	直腹陶盂	汉魏	H280→H304
H305	T108	3	圆形	直壁、平底	130		40	1层		晚商	G5→H305
H306	T101	3	圆形	斜壁、平底	304	256	106	1层		先商	J2、G5、H278→H306→H312
H307	T105	2	椭圆形	直壁，底不平	136～170		70	1层	陶盆、罐等残片	汉魏	H307→H308
H308	T106	3	椭圆形	直壁、圜底	长径224		220	1层		先商	H307、H323→H308
H309	T97	3	椭圆形	斜壁、底不平	335～450	220～300	190	1层	陶瓮、鬲、盆、罐等残片	先商	H262→H309
H310	T96	3	不规则椭圆形	斜壁、平底	165～350	95～265	90～145	1层	陶鬲、罐、盆等残片	晚商	M36→H310→H244、H283、H311
H311	T96	3	椭圆形	斜壁、平底	130～194	100～145	169	1层	陶罐残片	先商	H310、H283→H311
H312	T101	3	椭圆形	斜壁、平底	200～294	164～252		1层		先商	H278→H306→H312

续表

编号	所在探方	开口层位	平面形状	壁底形状	口径	底径	深度	堆积层次	出土器物	年代	备注
H313	T88	3	椭圆形	直壁、平底	310～470		120	1层	陶鬲残片	晚商	H313→H315、H327
H314	T60	3	不规则椭圆形	弧壁、圜底	160～236		125	1层	陶鬲、罐及石镰等	先商	
H315	T88	4	不规则椭圆形	弧壁，圜底不平	550～1000		195	1层	陶鬲、罐、蛋形瓮、小盆等	先商	H236、H303、H313、G10→H315
H316	T93	3	不规则	直壁、平底			130	1层	交错绳纹陶瓮残片	晚商	H264、H317→H316→H326、H287
H317	T93	2	圆形	直壁、平底	212		225	1层	泥质灰陶盆残片	汉魏	H225→H317→H316
H318	T118	4	椭圆形	弧壁、圜底	140～220		40	1层	陶鬲、壶、罐等	龙山晚期	
H319	T104	3	圆形	直壁、平底	156		96	1层		先商	H236→H319
H320	T104	3	不规则椭圆形	直壁、平底	240～380		220	8层		先商	H289→H320→H290
H321	T107	3	椭圆形	斜壁、底不平	520～570		215	1层	陶鬲	晚商	H285→H321→H322、H323
H322	T107	3	椭圆形	斜壁、底不平	140～180		145	1层		先商	H321→H322
H323	T106	3	椭圆形	斜壁、近平底	216～440		175	1层	陶鬲、罐、爵等	先商	H321→H323→H308
H324	T73	4	圆角长方形	斜壁、圜底	550～880		290	2层	陶盆、罐、鬲、豆等	先商	H253、H254、H300、H276、H248、H328、G8→H324
H325	T112	3	椭圆形	直壁、平底	260～305		240	1层		晚商	H325→H296
H326	T93	3	圆形	袋状、平底	240		370	2层		先商	H316→H326
H327	T88	3	圆形	斜壁、平底	1115		105	1层	陶鬲残片	晚商	H249、H269、H313→H327
H328	T114	3	椭圆形	斜壁、平底	630～840		125	3层		先商	H328→H324

注：H29、H36、H51、H65、H76、H91、H103、H116、H119、H121、H185、H187、H193、H203、H212、H214、H252、H258、H301共计19个灰坑号取消

附表二　邯郸薛庄遗址灰沟登记表

（单位：厘米）

编号	所在探方	开口层位	方向	沟长	沟宽	沟深	剖面形状	堆积层次	沟底形状	出土遗物	年代	备注
G1	T7、T8、T9、T10	[illegible]	南—北	1600	65	25	浅弧形	1层	圜底	铁环	汉魏	G1→H10、H27、H52、G2、M10
G2	T2、T9、T11、T12、T22、T25、T36、T37、T38、T39	2	西北—东南	3100	150～310	70～80	倒梯形	3层	平底	小口直领篮纹陶瓮、陶纺轮、石刀、石环、石锛等	龙山晚期	G1、M11、M21、H12、H33、H41、H63→G2→H21向西延伸到发掘区外
G3	T31、T32、T33	1	南—北	1010	80～148	20～25	浅弧形	1层	圜底		汉魏	G3→H80、H90、H107向北延伸到发掘区外
G4	T64、T65、T66	3	西南—东北	1090	50～70	10	倒梯形	1层	平底		晚商	
G5	T64、T70、T79、T86、T94、T101、T108	3	西北—东南	3000	50	35～40	倒梯形	1层	圜底	厚胎粗绳纹灰陶片	晚商	G5→H305、H306、H312向东延伸到发掘区外
G6	T81	3	西南—东北	512	172	246	倒梯形	1层	圜底	陶浅腹盆、蛋形圈足瓮、敛口折肩瓮等	先商	H104、H145、H179→G6→H181
G7	T66、T69	4	西—东	940	95	50	倒梯形	1层	圜底	陶片零碎	先商	H84、H117、H120、H173、H175、H176→G7
G8	T74	3	西南—东北	400	60	28	长方形	1层	平底	泥质素面灰陶片	晚商	G8→H253→H324
G9	T60	1	西北—东南	334	100	82	长方形	1层	平底	泥质红陶盆、罐残片	唐宋	H255→G9
G10	T72、T76、T77、T89、T91	4	西南—东北	1450	350	210	倒梯形	4层	平底	鬲、罐、豆等陶器，铲、镰、刀、斧等石器以及骨刀、匕、针等	先商	H239、H248、H269、H327→G10→H284、H315向东北延伸到发掘区外

附表三　邯郸薛庄遗址墓葬登记表

（单位：厘米）

编号	所在探方	开口层位	方向/°	平面形状	墓室形状	墓室 长×宽—深	腰坑 长×宽—深	二层台	性别	年龄	葬式	葬具 长×宽	随葬品	年代	备注
M1	T4	1	188	梯形	土坑竖穴	187×38～52—40	无	无	男	40±	仰身直肢	有棺钉 棺痕不明	瓷碗1 铜钱1	隋唐	M1→H25
M2	T14	3	299	梯形	土坑竖穴	202×40～70—75	无	无	男	45～50	仰身直肢	无	无	晚商	M2→H37、H55
M3	T26	3	175	梯形	土坑竖穴	205×70～80—130	无	生土二层台	?	?	仰身直肢	无	无	晚商	M3→H92
M4	T15	3	90	长方形	土坑竖穴	260×120—108	40×20—6 坑内殉狗	生土二层台	男	30～35	仰身直肢	木棺 220×60	陶鬲1 海贝1	晚商	
M5	T26	3	183	梯形	土坑竖穴	墓口200×84～120 底192×82～104—110	无	无	女	40～45	仰身直肢	木棺 180×48～52	无	晚商	
M6	T14	3	286	长方形	土坑竖穴	墓底220×60—22 （残）	无	无	男	35～40	仰身直肢	无	陶鬲1	晚商	M6→H10、H55
M7	T20	3	216	长方形	土坑竖穴	210×64—112	无	无	男	25±	俯身直肢	无	陶鬲1	晚商	M7→H18
M8	T13	3	96	梯形	土坑竖穴	墓口200×88～100 底180×42～50—85	无	生土二层台	女?	40～45	仰身直肢	木棺 朽痕不清	陶鬲1	晚商	M8→H28→H79
M9	T15	3	90	长方形	土坑竖穴	206×94—96	无	熟土二层台	男?	20±	仰身直肢	无	陶鬲1	晚商	H16→M9
M10	T10	3	120	梯形	土坑竖穴	墓口190×72 底180×54—79	无	无	女	25±	仰身直肢	无	陶鬲1 石铲1	晚商	G1→M10
M11	T9	3	21	长方形	土坑竖穴	180×60—20	无	无	女	25±	仰身直肢	无	陶鬲1	晚商	M11→G2
M12	T29	3	170	长方形	土坑竖穴	264×93—105	60×34—20 坑内殉狗	无	女	25±	俯身直肢	木棺 196×48	陶鬲1	晚商	H1→M12→H53
M13	T18	3	206	长方形	土坑竖穴	130×92—100	无	无	男	45～50	仰身直肢	无	无	晚商	

续表

编号	所在探方	开口层位	方向/°	平面形状	墓室形状	墓室 长×宽—深	腰坑 长×宽—深	二层台	性别	年龄	葬式	葬具 长×宽	随葬品	年代	备注
M14	T19	3	184	长方形	土坑竖穴	186×66—92	41×37—6 坑内无殉牲	无	女	15～20	仰身直肢	无	陶鬲1	晚商	
M15	T18	3	23	长方形	土坑竖穴	200×90—60	无	无	女	20±	仰身直肢	无	陶鬲1	晚商	
M16	T12	3	140	长方形	土坑竖穴	230×80—56	无	无	男	40±	仰身直肢	无	陶豆1	晚商	
M17	T13	3	195	梯形	土坑竖穴	墓底175×56～70—14	无	无	女	15±	仰身直肢	无	陶鬲1	晚商	M17→H79
M18	T19	3	0	长方形	土坑竖穴	196×87—114	无	无	女	15±	仰身直肢	无	陶鬲1	晚商	H11→M18
M19	T20	3	75	长方形	土坑竖穴	266×120—143	70×60—30 坑内无殉牲	无	男	45±	仰身直肢	无	陶鬲1 海贝1	晚商	
M20	T11	3	200	长方形	土圹竖穴	180×50—12	无	无	男	45～50	仰身直肢	无	无	晚商	
M21	T11	3	285	长方形	土圹竖穴	170×60—80	无	无	女	30±	仰身直肢	无	无	晚商	M21→G2
M22	T27	3	175	长方形	土圹竖穴	212×90—75	无	生土二层台	男	35～40	俯身直肢	木棺 196×60	陶鬲1	晚商	H5→M22→H64
M23	T13	3	90	残长方形	土圹竖穴	残68～78×50—60	无	无	男	成年	仰身直肢	无	陶鬲1	晚商	H22→M23→H79
M24	T11	3	95	长方形	土圹竖穴	170×46—50	无	无	男	35～40	仰身直肢	无	陶鬲1	晚商	M24→H45
M25	T33	3	25	长方形	土圹竖穴	墓口190×60 墓底190×70—106	无	熟土二层台	女	15～20	仰身直肢	无	陶鬲1 骨锥1	晚商	
M26	T45	1	105	近长方形	土圹竖穴	180×84—26	无	无	男	25±	仰身直肢	无	无	唐宋	M26→H96
M27	T33	3	170	长方形	土坑竖穴	190×70—80	无	无	女	25～30	仰身直肢	无	无	晚商	
M28	T34	3	177	长方形	土坑竖穴	175×66—84	无	熟土二层台	女	35±	仰身直肢	无	陶鬲1	晚商	M28→H191→H68
M29	T68	1	10	长方形	洞室墓	墓道240×130—190 墓室228×84～110	无	无	?	?	?	发现棺木朽痕	铜钱1	北宋	墓道出土瓷碗1

续表

编号	所在探方	开口层位	方向/°	平面形状	墓室形状	墓室 长×宽—深	腰坑 长×宽—深	二层台	性别	年龄	葬式	葬具 长×宽	随葬品	年代	备注
M30	T42	3	210	长方形	土坑竖穴	212×70—85	无	无	女	20±	仰身直肢	木棺 朽痕不清	陶鬲1	晚商	M30→H139→H142
M31	T34	3	218	长方形	土坑竖穴	186×64—70	无	生土二层台	男	45±	俯身直肢	无	陶鬲1	晚商	H128→M31→H83
M32	T54	3	180	长方形	土坑竖穴	100×40—30	无	无	?	5~6	仰身直肢	无	无	晚商	
M33	T41	3	218	长方形	土坑竖穴	180×76—74	无	无	男	35±	俯身直肢	无	陶鬲1	晚商	M33→H83
M34	T48	3	124	长方形	土坑竖穴	200×90—128	无	熟土二层台	女	20~25	仰身直肢	木棺 194×44	无	晚商	H125→M34→H227
M35	T73	3	15	梯形	土坑竖穴	180×50~64—70	无	无	男	40~45	仰身直肢	无	陶盆1	先商	M35→H248
M36	T96	3	160	长方形	土坑竖穴	143×44—12	无	无	男	35±	仰身直肢	无	无	晚商	M36→H244
M37	T10	3	185	长方形	土坑竖穴	190×50—70	无	无	男	45±	仰身直肢	无	无	晚商	H24→M37
M38	T16	3	108	长方形	土坑竖穴	224×94—100	无	熟土二层台	女	20±	仰身直肢	无	陶鬲1	晚商	
M39	T27	3	180	长方形	土坑竖穴	210×96—84	无	无	男	20±	俯身直肢	无	陶鬲1	晚商	H19→M39
M40	T28	3	208	长方形	土坑竖穴	200×92—94	无	无	男	20~25	仰身直肢	无	无	晚商	
M41	T27	3	180	长方形	土坑竖穴	230×100—100	50×38—8 坑内殉狗	无	男	45~50	俯身直肢	无	陶鬲1	晚商	M41→H68
M42	T14	3	93	梯形	土坑竖穴	230×80~92—90	46×28—10 坑内殉狗	熟土二层台	男	20±	俯身直肢	无	陶鬲1	晚商	M42→H55
M43	T15	3	105	长方形	土坑竖穴	230×95—60	无	无	男	20~25	仰身直肢	无	陶鬲1	晚商	
M44	T28	3	180	长方形	土坑竖穴	210×84—130	无	无	男	20~25	俯身直肢	无	陶鬲1	晚商	M44→H64
M45	T14	3	120	长方形	土坑竖穴	210×100—70	无	生土二层台	?	?	仰身直肢	无	无	晚商	M45→H27
W1	T80	1	30	长方形	土坑竖穴	82×36—20	无	无	?	?	仰身直肢	用陶瓮残片作葬具	无	汉魏	W1→H231

注：除特别标示外，其余墓口、底长宽相同

附表四　邯郸薛庄遗址其他遗迹登记表

（单位：厘米）

类别	编号	所在探方	开口层位	平面形状	剖面形状	口径/长×宽	深	堆积层次	出土遗物	年代	备注
水井	J1	T27	1	圆形	上部斜壁，下部直壁	180	已发掘220未清理到底	1层	粗布纹瓦片、砖块等	汉魏	H5→J1
水井	J2	T101	1	圆形	上部略袋状，下部直壁	长径90、短径72	500	1层		汉魏	J2→H306
道路	L1	T72、T73、T74	3	长条形	车辙剖面呈凹槽状	已发掘路长860、宽140 车辙口宽30～32、间距110	车辙12	1层		先商	H136、H290→L1
灶址	Z1	T16	3	圆形	弧壁、圜底	直径108	35	1层	红烧土块	晚商	H30→Z1
灶址	Z2	T59	3	椭圆形	弧壁、平底	长径130、短径76	10	1层	红烧土块	先商	H201→Z2

附录一　邯郸薛庄遗址出土人类遗骸鉴定报告

聂忠智　朱　泓

（吉林大学考古学院）

本文研究标本为吉林大学边疆考古研究中心于2006年8～12月在河北邯郸薛庄遗址发掘中所获古代人类遗骸。

此次发掘共发现墓葬46座，分属于先商、晚商、汉魏、隋唐和北宋等五个时期。其中先商时期墓葬1座，晚商时期墓葬41座，汉魏时期瓮棺墓葬1座，隋唐时期墓葬2座，北宋时期洞室墓葬1座。骨骼标本保存情况较差，大多为颅骨碎片、下颌残段以及体骨残段，仅有一例晚商时期的颅骨保存完整，可供测量。其余个体的颅骨由于在埋藏过程中受到挤压、破坏，在经过拼对修复后可进行部分的颅骨形态观察研究。四肢长骨保存情况也比较差，仅有部分个体的长骨可进行测量。现将鉴定结果刊布如下。

一、性别与年龄

可供观察鉴定的个体共40例，分属于40座墓，占发掘墓葬总数的86.96%。性别与年龄的鉴定均在发掘现场完成，根据人骨标本保存的不同情况以及部位，采用了朱泓①、陈世贤②、White③以及Buikstra④等提出的鉴定标准。40座墓中有37座为晚商时期，其余3座墓葬分别为先商时期1座和隋唐时期2座。在这40例个体中，性别年龄均可明确判定者共计35例，另有5例由于骨骼保存情况差，难以明确判定性别。由于此次发掘的人骨标本中，绝大部分属于晚商时期，因此在后文当中笔者主要针对晚商时期的人骨标本进行性别和死亡年龄分布的研究以及人

---

① 朱泓等：《体质人类学》，高等教育出版社，2004年。

② 陈世贤：《法医人类学》，人民卫生出版社，1998年。

③ White T D, Folkens P A. *The Human Bone Manual*. Academic Press， 2005.

④ Buikstra J E, Ubelaker D H. *Standards for Data Collection from Human Skeletal Remains*. Arkansas Archaeological Survey， 1994.

口学研究，对于其他时期的人骨标本的性别和死亡年龄分布仅做陈述性报道。

现将薛庄遗址46例个体中晚商时期以外的其他个体的性别与死亡年龄鉴定结果公布如下。

M1 为隋唐时期墓葬，其内埋葬个体为一成年男性，年龄在40岁左右。

M26 为隋唐时期墓葬，其内埋葬个体为一成年男性，年龄在25岁左右。

M29 为北宋时期墓葬，其内埋葬个体的性别与死亡年龄无法判定。

M35 为先商时期墓葬，其内埋葬个体经判定为疑似男性，年龄在40～45岁。

W1为汉魏时期的瓮棺葬，其内埋葬个体的性别与死亡年龄无法判定。

除上述5 例个体外，薛庄遗址晚商时期古代居民性别与死亡年龄的分布见表一。

表一 晚商时期古代居民性别与死亡年龄分布统计 （单位：%）

年龄阶段	男性	女性	性别不明	合计
婴儿期（×～2）	0（0.00）	0（0.00）	0（0.00）	0（0.00）
幼儿期（3～6）	0（0.00）	0（0.00）	1（25.00）	1（2.7）
少年期（7～14）	0（0.00）	0（0.00）	0（0.00）	0（0.00）
青年期（15～23）	2（11.11）	8（53.33）	2（50.00）	12（32.43）
壮年期（24～35）	2（11.11）	5（33.34）	0（0.00）	7（18.92）
中年期（36～55）	14（77.78）	2（13.33）	1（25.00）	17（45.95）
老年期（56～×）	0（0.00）	0（0.00）	0（0.00）	0（0.00）
合计	18（100.00）	15（100.00）	4（100.00）	37（100.00）
无法判定	0（0.00）	0（0.00）	4（100.00）	4（100.00）
总计	18	15	8	41

由表一可以看出，在晚商时期的古代居民中，可明确判断性别的共有33例个体，男性18例、女性15例，两性的比例为1.2：1。男女两性的死亡年龄分布则显示出男性的死亡高峰在中年期（36～55岁）；女性的死亡高峰在青年期（15～23岁），其次为壮年期（24～35岁）。晚商时期的全部个体的死亡高峰则是中年期（36～55岁）。

用制作简略生命表的方法来统计薛庄遗址晚商时期古代居民的平均预期寿命，全组的平均预期寿命为31.69岁（表二），男性的平均预期寿命为38.89岁（表三），女性的平均预期寿命为24.83岁（表四）。由表二～表四可以看到，晚商时期的男性居民的平均预期寿命高于全组居民及女性居民的平均预期寿命。

表二 薛庄遗址晚商时期古代居民全组的简略生命表

年龄组	死亡概率／%	尚存人数	各年龄组死亡人数	各年龄组内生存人年数	未来生存人年数累计	平均预期寿命
x	nqx	lx	ndx	nLx	Tx	e˚x
0～1	0.00	37	0	37	1172.50	31.69
1～5	0.00	37	0	148	1135.50	30.69
5～10	2.70	37	1	182.5	987.50	26.69
10～15	0.00	36	0	180	805.00	22.36

续表

年龄组	死亡概率 / %	尚存人数	各年龄组死亡人数	各年龄组内生存人年数	未来生存人年数累计	平均预期寿命
15 ~ 20	13.89	36	5	167.5	625.00	17.36
20 ~ 25	22.58	31	7	137.5	457.50	14.76
25 ~ 30	25.00	24	6	105	320.00	13.33
30 ~ 35	11.11	18	2	85	215.00	11.94
35 ~ 40	37.50	16	6	65	130.00	8.13
40 ~ 45	20.00	10	2	45	65.00	6.50
45 ~ 50	100.00	8	8	20	20.00	2.50

由表二可以看到，晚商时期的全组居民的死亡概率除去45 ~ 50岁年龄组外，以35 ~ 40岁年龄组为最高，其死亡概率已经达到37.50%；由表三可以看到，男性居民除去45 ~ 50岁年龄组外，死亡概率最高的是35 ~ 40岁这一年龄组，该组的死亡概率为38.46%；由表四可以看到，除去40 ~ 45岁年龄组及35 ~ 40岁年龄组外，死亡概率最高的年龄组为25 ~ 30岁这一组，其死亡概率已经高达71.43%。另外，由于这一批人骨标本中缺少婴幼儿的遗骸，因此在统计平均预期寿命时所获得的数值可能较实际情况要稍高一些。

表三　薛庄遗址晚商时期古代居民男性的简略生命表

年龄组	死亡概率 / %	尚存人数	各年龄组死亡人数	各年龄组内生存人年数	未来生存人年数累计	平均预期寿命
x	nqx	lx	ndx	nLx	Tx	e˚x
0 ~ 1	0.00	18	0	18	700.00	38.89
1 ~ 5	0.00	18	0	72	682.00	37.89
5 ~ 10	0.00	18	0	90	610.00	33.89
10 ~ 15	0.00	18	0	90	520.00	28.89
15 ~ 20	0.00	18	0	90	430.00	23.89
20 ~ 25	11.11	18	2	85	340.00	18.89
25 ~ 30	6.25	16	1	77.5	255.00	15.94
30 ~ 35	13.33	15	2	70	177.50	11.83
35 ~ 40	38.46	13	5	52.5	107.50	8.27
40 ~ 45	12.50	8	1	37.5	55.00	6.88
45 ~ 50	100.00	7	7	17.5	17.50	2.50

表四　薛庄遗址晚商时期古代居民女性的简略生命表

年龄组	死亡概率 / %	尚存人数	各年龄组死亡人数	各年龄组内生存人年数	未来生存人年数累计	平均预期寿命
x	nqx	lx	ndx	nLx	Tx	e°x
0 ~ 1	0.00	15	0	15	372.50	24.83
1 ~ 5	0.00	15	0	60	357.50	23.83
5 ~ 10	0.00	15	0	75	297.50	19.83
10 ~ 15	0.00	15	0	75	222.50	14.83
15 ~ 20	33.33	15	5	62.5	147.50	9.83
20 ~ 25	30.00	10	3	42.5	85.00	8.50
25 ~ 30	71.43	7	5	22.5	42.50	6.07
30 ~ 35	0.00	2	0	10	20.00	10.00
35 ~ 40	50.00	2	1	7.5	10.00	5.00
40 ~ 45	100.00	1	1	2.5	2.50	2.50

二、颅骨的形态特征和测量特征

由于该遗址出土的人骨标本保存情况较差，仅有一例个体的颅骨未受到挤压变形，可供测量。其余个体的残颅碎片在经过拼对复原后，可以对少部分的体质特征项目进行一些非测量性的形态观察。各项测量与观察参照《人体测量手册》①中的各项标准。现将这些颅骨的主要人类学特征分别记述如下（以墓葬编号为序号）。

M1　男性，40岁左右，颅形为卵圆形。面颅部分左侧全部残失，右侧尚存颧骨及部分上颌。下颌两侧髁关节皆残失。观察该例残颅的形态特征，眉弓发育中等，额部较为平直，无额中缝。颅顶矢状缝简单，无明显矢状嵴。乳突发育中等，乳突上嵴发育中等。下颌左半段大部分残失，右半段保存较多，较为粗壮。

M2　男性，45 ~ 50岁，乳突发育中等，乳突上嵴较为发达；颅顶矢状缝较复杂，呈锯齿形，矢状嵴不发达；下颌残缺，下颌左半段仅存下颌体，下颌右半段存有喙突及髁关节。

M4　男性，30 ~ 35岁，修复后脑颅部分较为完整，但颅底全部缺失，部分面颅缺失。从顶面观，其颅形为楔形。面部骨骼尚存有大部分的左右侧颧骨及上颌骨，其余残失。下颌骨右半段髁关节残失，左半段保存较完整。眉弓发育中等，额部较为平直且无额中缝。颅顶矢状缝较为复杂，呈现出锯齿形，矢状嵴较为明显。由仅存的左侧颞骨观察，该个体的乳突发育程度大，关节后突较粗大，乳突上嵴发达。其枕外隆突发育中等，与项上线连成一体。由残上颌尚可以看到该个体的梨状孔下缘形态属鼻前窝型，由于鼻前棘损坏，因此无法判定其形态。上颌齿弓形态为“U”形。下颌骨通体较粗壮，下颌颏型为方形，同时观察到该个体有铲形门齿出现。

① 邵象清：《人体测量手册》，上海辞书出版社，1985年。

M6　男性，35～40岁，保存情况不佳。颅底部分残破，下颌骨保存较好，仅左侧髁关节残损。眉弓发育中等，额骨倾斜程度明显， 颅顶矢状缝发育简单，矢状嵴不明显。乳突大，乳突上嵴发达。枕外隆突发育显著。由残上颌可见，梨状孔下缘形态属鼻前窝型，其颧骨高而宽。上颌齿弓形态为“U”形。下颌骨通体较粗壮，下颌颏型为方形，下颌角区外翻。

M7　男性，25岁左右，保存状况不佳，无法判断颅形。下颌骨除右侧髁关节残失外，其余保存完好。眉弓发育程度不显著，额骨倾斜程度一般且无额中缝。颅顶矢状缝发育简单，矢状嵴不发达。乳突发育中等，乳突上嵴发育较显著。枕外隆突发育稍显。由残上颌观察，该个体的颧骨高而宽，梨状孔下缘形态为锐型，鼻前棘稍显。上颌齿弓形态呈“U”形。下颌骨通体较粗壮，观察左侧下颌角区，下颌角区外翻。有铲形门齿出现。

M8　疑似女性，40～45岁，经过拼对修复，大部分脑颅可复原，面颅除部分上颌骨残段保留，其余全部残失，无法判断颅形。下颌骨除右半段髁关节处残破外，其余保存完好。眉弓发育部明显，额部平直且无额中缝。颅顶矢状缝发育简单，矢状嵴不明显。乳突发育中等，乳突上嵴发达。枕外隆突发育不明显。由残上颌尚可观察到该个体的梨状孔下缘为锐型，但无法观察其上颌齿弓形状。下颌骨通体较为粗壮，下颌角区外翻。

M9　疑似男性，20～25岁，发现有铲形门齿。

M12　女性，25岁左右，保存情况不佳，眉弓发育不显著，额结节突出，无额中缝，乳突小，乳突上嵴不显著，上颌齿弓形态呈马蹄形。

M13　男性，45～50岁，保存情况不佳，不可判断颅形。面部骨骼破损严重，仅存部分上颌骨，下颌骨两侧髁关节皆残失。由残缺额骨观察，该个体的眉弓发育程度中等，额部较为平直且无额中缝。乳突发育显著，向下延伸，呈喙状。乳突上嵴发达。鼻根凹浅，枕外隆突发育中等。由残上颌尚可看见梨状孔下缘为钝型。下颌骨通体较为粗壮，下颌颏型为尖形，下颌角区外翻。

M14　女性，15～20岁，保存情况不佳。下颌骨右半段髁关节残失，喙突残破，其余相对保存较好。经观察该个体颅骨残片形态，乳突发育较小，眉弓发育不显著，由残上颌骨尚可看到梨状孔下缘的形态为钝型。下颌骨整体较为粗壮，下颌角区外翻。

M15　女性，20岁左右，颅骨保存情况不佳，下颌骨除右侧喙突残失外，其余保存完好。眉弓发育不明显，额部平直且无额中缝，颅顶矢状缝发育简单，矢状嵴不明显，乳突小，乳突上嵴不发达。由残上颌尚可见到梨状孔形状为圆形，梨状孔下缘形态为锐型，鼻前棘发育稍显。下颌骨整体较轻，下颌颏型为圆形，下颌角区不外翻。

M17　女性，15岁左右，颅骨保存情况不佳，无法完全复原。面部左侧仅余部分上颌骨，右侧仅余部分颧骨及上颌骨。下颌骨左侧髁关节及喙突残失，右侧喙突残失。眉弓发育不明显，额骨倾斜程度一般且无额中缝。乳突特小，乳突上嵴不发达。由残上颌观察到该个体的梨状孔下缘属锐型，上颌齿弓残破无法判别形状。下颌骨整体较纤弱，下颌颏型为方形，下颌角区不外翻。

M19　男性，45岁左右，颅骨保存情况不佳，无法完全拼对修复，无法判断颅形。该个体面部骨骼仅存部分上颌骨残段。下颌骨除右侧髁关节处破损外，其余保存完好。眉弓发育稍显，额部平直且无额中缝。颅顶的矢状缝发育简单，矢状嵴不发达。由残上颌可以看到该个体梨状孔下缘形态为鼻前窝型，鼻前棘已破损形态不明。下颌骨整体较为粗壮，下颌颏型为方形，由下颌骨左半段观察，下颌角区外翻。

M22　男性，35~40岁，保存情况不佳，颅骨顶部受挤压，严重变形，无法完全拼对复原。面部骨骼仅存两侧上颌骨及颧骨。下颌骨保存完好。眉弓发育稍显，额部倾斜程度中等，有额中缝。颅顶矢状缝发育较复杂，呈锯齿形。乳突大，乳突上嵴较发达。枕外隆突发育中等，与项上线连成一体。由残上颌尚可见到梨状孔形状为心型，梨状孔下缘为鼻前窝型，鼻前棘发育程度为中等，上颌齿弓形态为“U”形。下颌骨整体较粗壮，下颌颏型为圆形，下颌角区外翻。

M24　男性，35~40岁，保存情况较好，修复后可看出颅形。左侧面部骨骼缺失大部分，仅余部分上颌骨，右侧尚存颧骨及部分上颌骨。下颌骨左半段除髁关节处残破，其余保存较完好，右半段仅存下颌体残段。经过观察该例残颅，发现其颅形为菱形，眉弓发育中等，额部较平直，无额中缝。颅顶矢状缝发育简单，矢状嵴不明显，乳突小，乳突上嵴发育一般，枕外隆突发育中等。由其残左眶观察，其眶形为方形。由残上颌可看到梨状孔下缘形态为钝型，鼻前棘已损形态不明，鼻根凹浅。右侧颧骨低窄。由残上颌判断其上齿弓形态为“U”形。下颌骨通体较粗壮，下颌颏型为圆形，由下颌骨左半段下颌角区观察，其下颌角区未外翻。

M26　男性，25岁左右，保存情况不佳，无法完全拼对复原。眉弓发育中等，额部平直且无额中缝，颅顶矢状缝发育简单，矢状嵴发育稍显，乳突发育中等，乳突上嵴较发达。枕外隆突稍显。残下颌骨较粗壮，下颌颏型为圆形，下颌角区未外翻。

M27　女性，25~30岁，保存情况不佳，眉弓发育不显著，鼻根凹浅，乳突小且乳突上嵴发育程度一般。枕外隆突发育稍显。下颌骨左半段髁关节残失，右半段保存完好，整体较纤弱。由下颌骨右半段下颌角区观察，下颌角区未外翻。

M28　女性，35岁左右，颅骨保存情况相对较好，可判断该颅骨颅形为卵圆形。眉弓发育稍显，额部平直且无额中缝。颅顶矢状缝发育简单，矢状嵴不明显。乳突发育中等，乳突上嵴发育稍显，枕外隆突发育中等与项上线连成一体。由残上颌尚可看到梨状孔下缘形态为钝型，上颌齿弓形态呈马蹄形。下颌骨整体较纤弱，下颌颏型为圆形，下颌角区外翻。

M34　女性，20~25岁，颅骨保存相对较好，可看出该例颅骨颅形为卵圆形，眉弓发育不明显，额部平直且无额中缝，颅顶矢状缝发育简单，矢状嵴发育不明显，乳突大，乳突上嵴发达，枕外隆突不明显。由残上颌骨可以看到梨状孔下缘为钝型，鼻前棘已破损形态不明。下颌骨整体较粗壮，下颌颏型为方形，下颌角区外翻。

M35　疑似男性，40~45岁，颅骨保存情况不佳，下颌骨破损严重，左半段仅存下颌体残段，右半段髁关节残破。乳突发育中等，乳突上嵴发育程度一般，枕外隆突发育较明显。下颌骨粗壮程度一般，由右半段下颌角区观察，下颌角区未外翻。

M36　男性，35岁左右，除颅底外，总体保存完好，可看出颅形。面部骨骼保存完好，仅右侧颧骨根部残失。下颌骨保存完好。观察该例颅骨的形态特征，顶面观该例颅骨颅形为卵圆形，眉弓发育程度稍显，额部较为平直且无额中缝。颅顶矢状缝简单，矢状嵴发育不明显。乳突发育中等，乳突上嵴发达。枕外隆突发育稍显。左右眶形为方形，鼻根点无凹陷，额鼻缝为弧线形，梨状孔形状为心型，梨状孔下缘为钝型，鼻前棘已损形态不明，两侧颧骨高而宽，上颌齿弓形态为抛物线形。下颌骨通体较粗壮，下颌颏型为方形，下颌角区外翻。经测量，该个体的颅骨最大长为180.5毫米，颅骨最大宽为147.8毫米，颅长宽指数为81.88，属圆颅型，颅高为135.3毫米，颅长高指数为74.96，属高颅型。颅宽高指数为91.54，属阔颅型。额宽指数为62.04，属狭额型。面宽为141.4毫米，上面高为70.4毫米，上面指数为49.79，属阔上面型。鼻指数为48.38，属中鼻型。眶指数左侧为78.05，右侧为77.95，均属中眶型。鼻颧角为144.12°，显示出上面部的扁平度较大。详细数值、角度值以及指数见附表二。颅骨各角度视图见图版七二。

M38　女性，20岁左右，颅骨破损严重，无法完全拼对复原，无下颌骨。由右额骨残片可判断该个体眉弓发育不显著，乳突小。由左侧颞骨可见其乳突上嵴发育一般，枕外隆突缺如。

M40　男性，20～25岁，颅骨保存情况较好，通过观察该颅骨形态特征，可判定其颅形为卵圆形，眉弓发育中等，额部平直且无额中缝。颅顶矢状缝发育简单，矢状嵴发育明显。乳突发育中等，乳突上嵴较发达。枕外隆突显著。由残上颌可看到其梨状孔下缘形态属鼻前窝型，鼻前棘发育程度稍显，颧骨高而宽。上颌齿弓形态为马蹄形。下颌骨通体较粗壮，下颌颏型为方形，下颌角区外翻。

M41　男性，45～50岁，颅骨保存情况不佳，颅底残失。已无法判断颅形。面部仅存部分上颌骨及颧骨，其余皆残失。下颌骨除两侧喙突残失外，其余保存完好。眉弓发育稍显，额结节突出，额部倾斜程度中等，无额中缝。颅顶矢状缝发育简单，矢状嵴发育不明显。乳突大，乳突上嵴较发达。枕外隆突发育中等，与项上线已连成一体。由残上颌尚可看到梨状孔下缘的形态为锐型，鼻前棘发育中等。下颌骨整体较粗壮，下颌颏型为圆形。下颌骨下颌角区外翻。

M44　男性，20～25岁，颅骨残损，修复后脑颅部分基本完好，可看出颅形。面部骨骼残失大部分，仅存上颌骨残段。下颌骨保存较好。通过观察该例颅骨的形态特征，可判断其颅形为卵圆形，眉弓发育程度为中等，额部平直且无额中缝，颅顶矢状缝简单，矢状嵴稍显。乳突大，乳突上嵴发达。枕外隆突发育中等。由残上颌尚可看到梨状孔下缘形态属锐型，鼻前棘发育中等，上颌齿弓形态为“U”形。下颌骨整体粗壮，下颌颏型为方形。下颌角区外翻。

综观薛庄遗址晚商时期古代居民颅骨的体质特征，其具有如圆颅、额骨倾斜程度一般、鼻根凹浅、颧骨高而宽及鼻颧角大等特征，这都反映了其具有蒙古大人种的体质特征。其短而宽的颅型、较大的面宽及较大的鼻颧角等测量特征显示出其与北亚人种具有某种联系，但其较高的颅高以及眶型则有别于北亚人种，而与东亚蒙古人种相关。但鉴于薛庄遗址晚商时期的人骨标本保存情况不佳，可供测量的个体数量有限，难以代表人群的形态特征全貌，故本文未将其与其他人群的数据进行对比分析。因此，以上简略的比较分析所获得的初步结论有待于在将来得到更完整的相关人类学材料后，再做进一步的比较分析来加以验证。

三、病理现象分类

病理现象主要是口腔健康状况，如龋齿、牙周炎、根尖脓疡、牙齿发育异常、牙齿异常磨耗，第三臼齿近中阻生等。同时也发现骨肿瘤、骨骼损伤、功能压力性骨骼形态异常以及关节疾病。

薛庄遗址出土人骨所保留的牙齿中，龋齿现象十分常见。根据其发生部位的不同，可以见到齿冠龋与根龋，且多发于颊侧。同时，患有龋病的个体常同时患有牙周炎以及根尖脓疡等口腔疾病。严重者如M19，为一位45岁左右的中年男性，该个体患有严重的牙周病，齿根严重暴露于齿槽外，齿槽萎缩；左侧下颌第一前臼齿与第二前臼齿磨耗严重，齿髓腔已经暴露，同时伴随严重的根尖脓疡，下颌骨齿槽被破坏，形成瘘洞，并且第三臼齿出现颊侧根龋（图一）。该个体的右侧下颌第一臼齿咬合面以及第二、三臼齿的相邻面均出现龋洞，且第一前臼齿处也出现根尖脓疡的痕迹（图二）。此种龋病与根尖脓疡和牙周病伴随出现的现象在该遗址出土的晚商时期人骨标本中出现频率十分高，据此可以推断晚商时期生活在薛庄地区的人群的口腔健康状况不佳，这种现象的出现可能与当时人们的饮食结构以及医疗卫生条件相关。

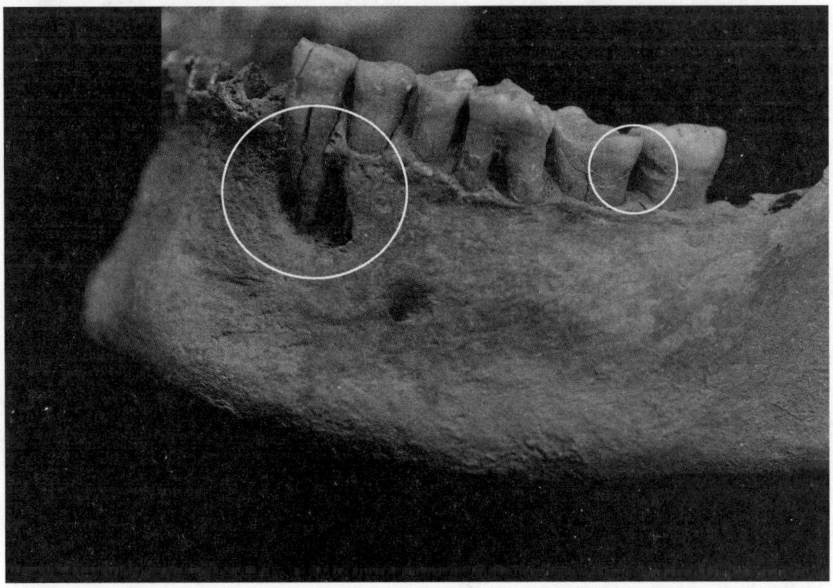

图一　M19左侧下颌根尖脓疡局部图及下颌第三臼齿根龋

第三臼齿近中阻生1例，M12为一例年龄在25岁左右的女性个体，其下颌骨左侧第三臼齿在萌出过程中受到阻生，其阻生方式为近中阻生（图三）。

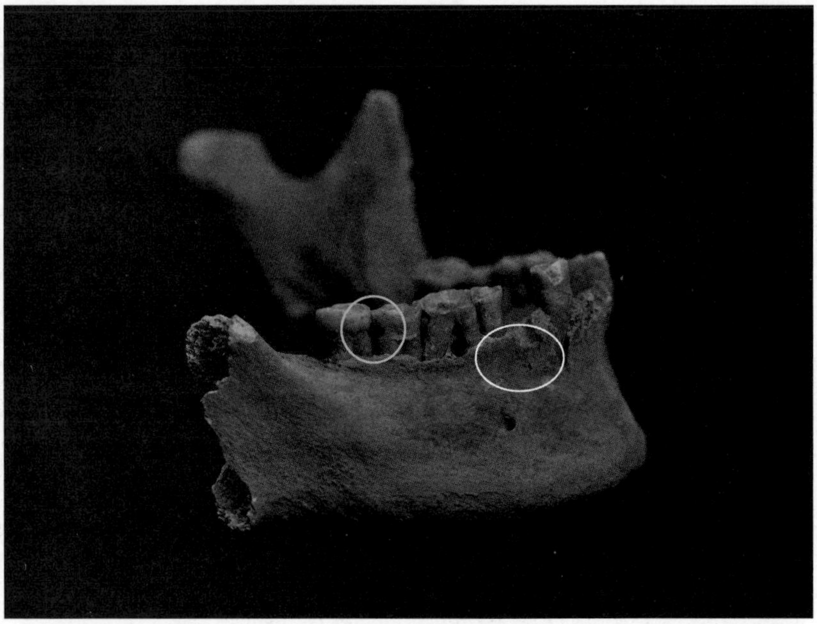

图二　M19右侧下颌龋齿

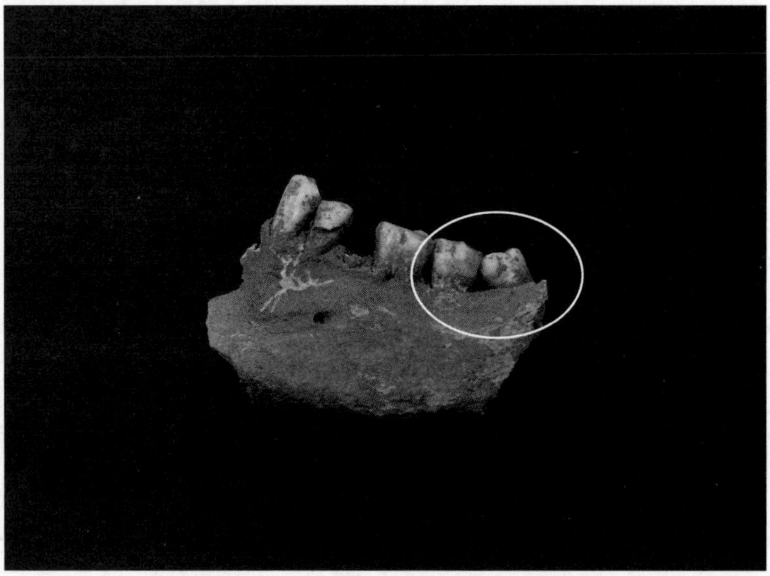

图三　M12下颌左侧第三臼齿近中阻生

牙齿发育异常1例，M15为一女性个体，年龄为20岁左右，在观察过程中发现其下颌的一个前臼齿发育异常，异常情况为齿根明显大于齿冠，二者大小比例相差悬殊。目前还无法做出明确解释，仅做描述性报道（图四）。

牙齿磨耗异常2例，一例是M24，男性个体，年龄在35～40岁，其下颌牙齿左右侧磨耗不一致，明显的右侧牙齿磨耗程度要高于左侧牙齿；另外一例则是一例佚号标本，笔者将其命名为佚号1，其牙齿磨耗异常，从咬合面观察，其齿质部分已经完全暴露并凹陷，但牙齿上的牙釉质并未随着齿质一起磨耗，而是高于齿质部分，形成一个环状。怀疑可能是某种特殊的习俗。

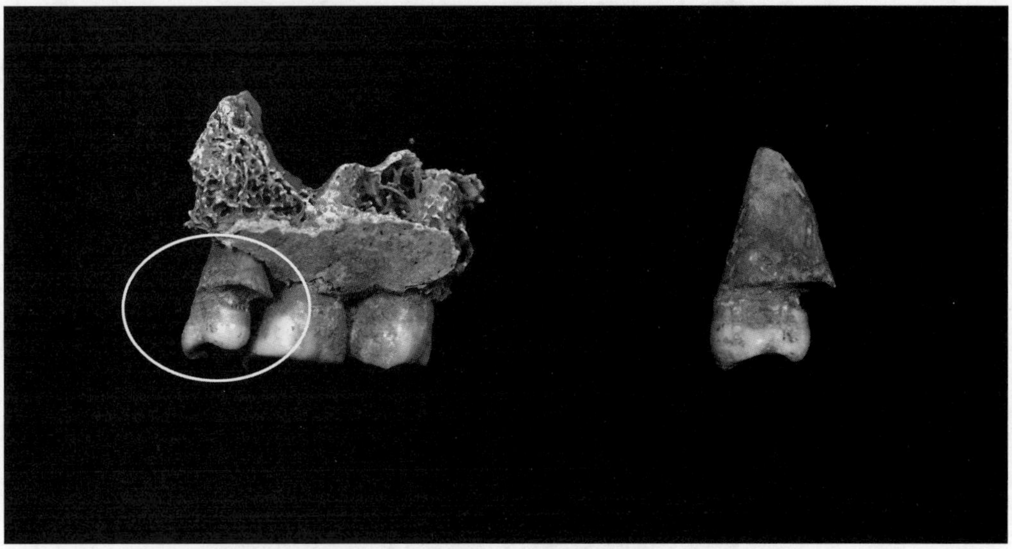

图四　M15左侧上颌PM2发育异常

骨肿瘤1例，M13是一例年龄在45～50岁的成年男性，该骨肿瘤位于其额骨的眉间处，近圆形，扁状，边缘较光滑，直径约5毫米（图五）。

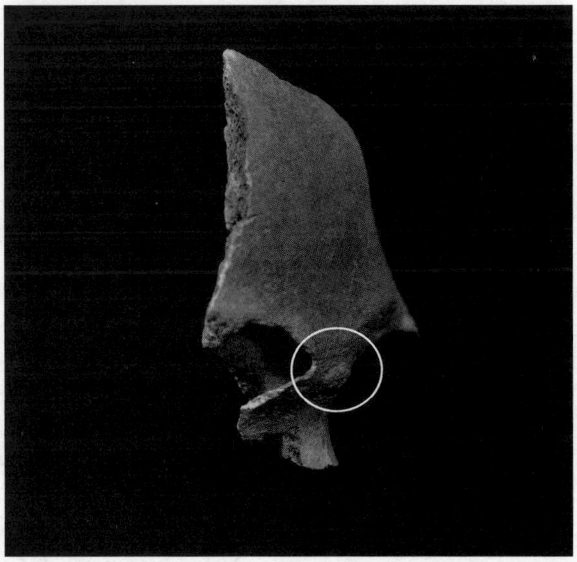

图五　M13骨瘤

骨骼损伤2例，一例是M34，该个体是一例年龄在20～25岁的女性，该个体的左侧尺骨近端骨折并且错位愈合，同时伴随有关节炎，鹰嘴处形成新的关节面（图六）。另一例是M41，该个体的第十至第十二胸椎出现压缩性骨折，锥体呈楔形样变，并且锥体骨质疏松，椎体边缘有骨性增生，长有骨刺，有可能是因为该个体从高处坠落导致（图七）。

功能压力性骨骼形态异常1例，M34个体的两侧股骨颈靠近股骨头处出现“骑马人小平

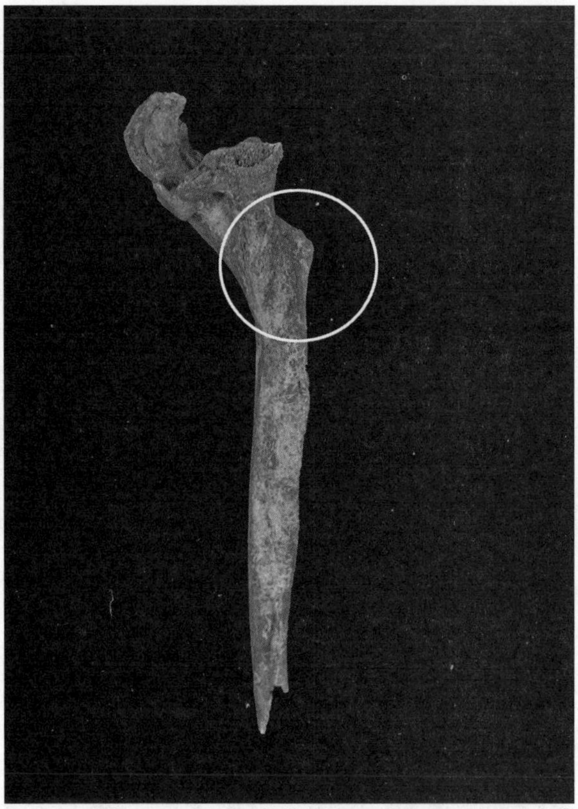

图六　M34尺骨骨折错位愈合

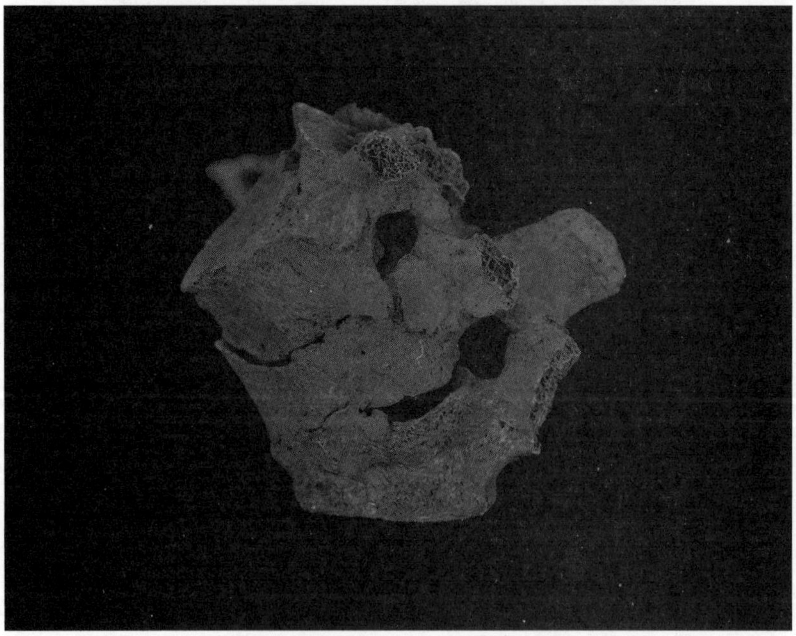

图七　M41胸椎第十至第十二胸椎压缩性骨折

面”[①]，其被认为是因为长期存在的骑乘行为导致股骨在髋关节部位向外极度扩展而形成的（图八）。

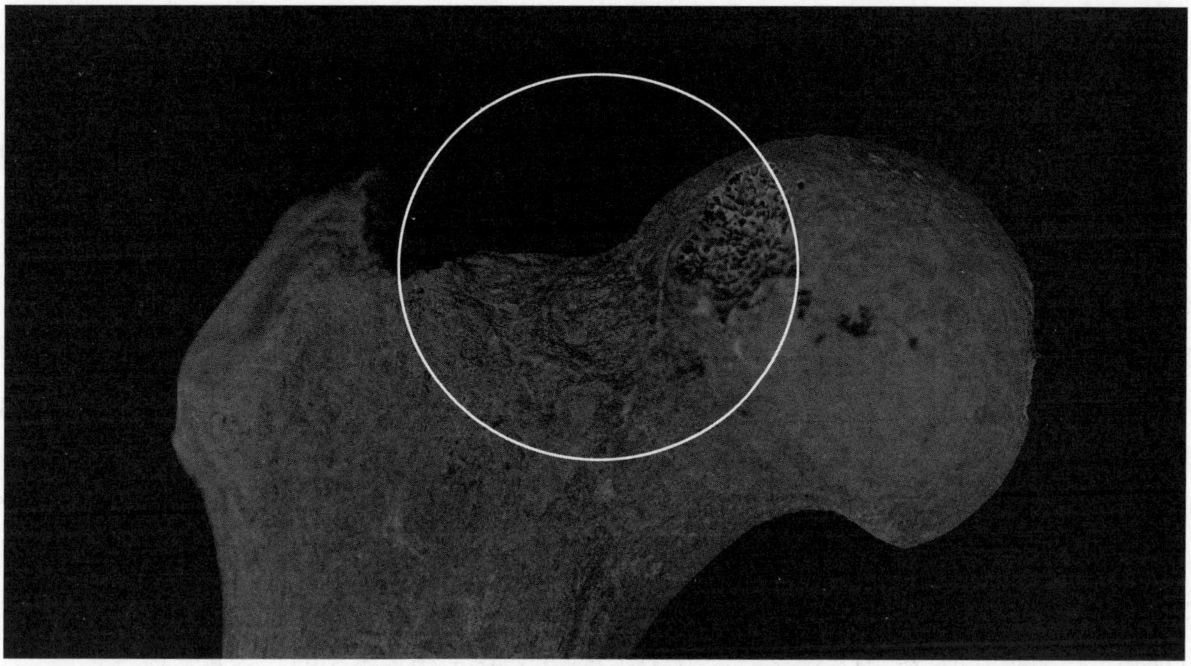

图八　M34右侧股骨骑马人小平面局部图

关节疾病1例，佚号1个体为一40～45岁的成年个体，其颈椎的关节炎十分严重，椎关节上伴生有骨刺，同时椎体也变得明显骨质疏松。

原因不明疾病1例，M27为一25～30岁的成年女性个体，其左侧锁骨近中端与胸骨柄连接处出现一处漏洞，该洞内骨质疏松。其具体形成原因不明（图九）。

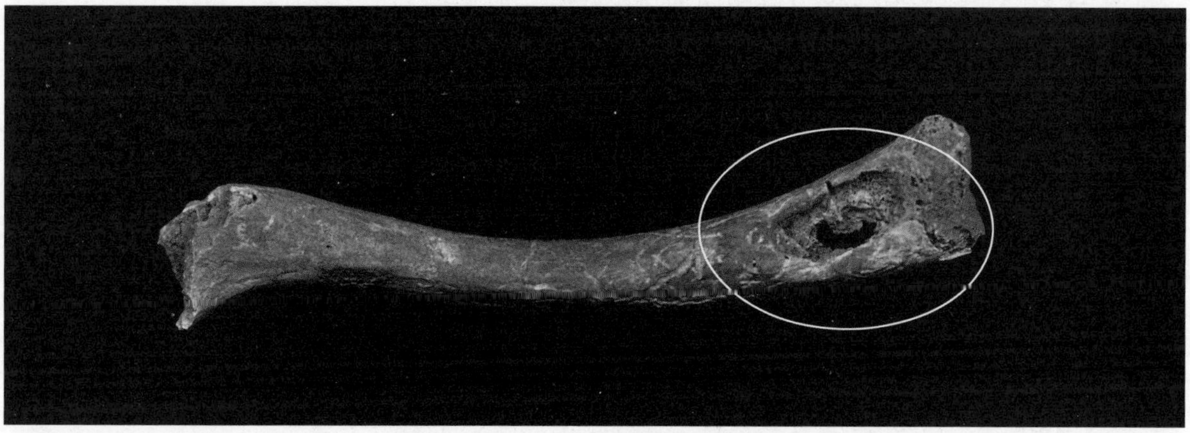

图九　M27左侧锁骨近中端与胸骨柄连接处出现一处漏洞

① Owsley D，Bruwelheide K，Kardash R. Recovery and analysis of Jamestown rediscovery south churchyard burials from the 1999 field season. *The Journal of the Jamestown Rediscovery Center*，2001 (1)：1-8. 转引自魏东、曾雯、常喜恩等：《新疆哈密黑沟梁墓地出土人骨的创伤、病理及异常形态研究》，《人类学学报》2012年第2期，第176～186页。

四、身高推测

鉴于前文中已提及薛庄遗址出土人骨标本保存情况不佳，保存完整的长骨相对较少，仅存8例性别年龄明确且保存有完整长骨的个体。这8例个体皆属于晚商时期，其中男性个体6例、女性个体2例，保存的四肢长骨包含8根股骨、9根胫骨、7根肱骨、2根桡骨、2根尺骨以及2根腓骨。

根据人体测量学方法①，用测骨盘分别测量了肱骨、尺骨、桡骨、股骨、胫骨以及腓骨的最大长。而且不同长骨的左右侧分别测量，以厘米为测量单位，所得数据全部输入计算机中，使用Excel软件进行统计处理。

由于目前体质人类学研究领域用于推算身高的公式较多，没有统一的使用标准，同时根据人类四肢长骨的测量值推算的身高值不仅受种族、年龄等因素影响，而且受性别和侧别的影响②。同时考虑到在选用推算公式时还有使用下肢长骨测量值推算比使用上肢长骨测量值推算结果更精确的影响③。因此在计算薛庄遗址晚商时期的人群身高时，笔者选用这8个个体的左右侧股骨最大长分别代入中国汉族男性推算身高的公式④及中国汉族女性推算身高的公式⑤，然后再计算平均值，分别算出男女两性的平均身高及变异范围。本文采用的公式如下：

中国汉族男性推算身高公式

21～30岁　左侧 Y=64.362+2.30*左侧股骨最大长±3.481

右侧 Y=64.484+2.31*右侧股骨最大长±3.486

31～40岁　左侧 Y=64.021+2.32*左侧股骨最大长±3.332

右侧 Y=63.564+2.33*右侧股骨最大长±3.298

41～50岁　左侧 Y=61.748+2.36*左侧股骨最大长±3.116

右侧 Y=68.757+2.20*右侧股骨最大长±3.235

中国汉族女性推算身高公式

左侧 Y=2.671*左侧股骨最大长＋48.3913

右侧 Y=2.752*右侧股骨最大长＋45.929

详细的长骨测量值见附表三。

经过推算后，得到结果如表五所示。

---

① 邵象清：《人体测量手册》，上海辞书出版社，1985年。

② 张继宗：《中国汉族女性长骨推断身高的研究》，《人类学学报》2001年第4期，第302～307页；刘武：《上肢长骨的性别判别分析研究》，《人类学学报》1989年第3期，第231～239页；刘武等：《下肢长骨的性别判别分析研究》，《人类学学报》1989年第2期，第147～154页。

③ 张秦初等：《中国人长骨推算身高之比较》，《中国法医学杂志》1995年第4期，第242、243页。

④ 邵象清：《人体测量手册》，上海辞书出版社，1985年。

⑤ 张继宗：《中国汉族女性长骨推断身高的研究》，《人类学学报》2001年第4期，第302～307页。

表五　薛庄遗址晚商时期人骨标本身高推算结果　（单位：厘米）

墓号	性别	左侧股骨最大长推算身高	右侧股骨最大长推算身高	平均身高
M12	女性	166.72	—	166.72
M22	男性	163.55	—	163.55
M31	男性	162.99	163.36	163.18
M39	男性	167.49	167.72	167.62
M44	男性	167.63	167.51	167.57

由结果可知，该4例男性个体身高的变异范围为162.99～167.72厘米，平均身高为165.48厘米。由于个体数量较少，此结果仅作为参考。同时女性个体身高值由于个体数仅为一例，不具有代表性，因此仅进行数据的公布。

五、结　语

1）薛庄遗址出土人骨标本，可供观察鉴定的个体共40例，其中晚商时期的人骨标本共有37例，可明确判断性别的有33例个体，其中男性18例、女性15例，两性的比例为1.2∶1。薛庄遗址晚商时期古代居民全组的平均预期寿命为31.69岁，男性的平均预期寿命为38.89岁，女性的平均预期寿命为24.83岁。

2）薛庄遗址晚商时期古代居民颅骨特征，反映出其应属于蒙古大人种的范畴。但鉴于可对比数据数量少，难以代表人群的形态特征全貌，故本文未将其与其他人群的对比数据进行对比分析。

3）据发现的病理现象分析，该遗址晚商时期的居民的口腔健康状况不佳，这一现象在该时期其他古代人群中也比较普遍。

4）M34个体发现的骑马人小平面及其他部位的创伤现象，提示该个体可能有时间较长的骑乘行为。

5）通过对薛庄遗址出土人骨的四肢长骨的测量，推算出该遗址晚商时期居民的男性平均身高约为165.48厘米。

附表一　薛庄遗址出土人骨的性别年龄鉴定

编号	性别	年龄	年代	编号	性别	年龄	年代
M1	男	40±	隋唐	M7	男	25±	晚商
M2	男	45～50	晚商	M8	女?	40～45	晚商
M3	?	?	晚商	M9	男?	20±	晚商
M4	男	30～35	晚商	M10	女	25±	晚商
M5	女	40～45	晚商	M11	女	25±	晚商
M6	男	35～40	晚商	M12	女	25±	晚商

续表

编号	性别	年龄	年代	编号	性别	年龄	年代
M13	男	45 ~ 50	晚商	M30	女	20 ±	晚商
M14	女	15 ~ 20	晚商	M31	男	45 ±	晚商
M15	女	20 ±	晚商	M32	?	5 ~ 6	晚商
M16	男	40 ±	晚商	M33	男	35 ±	晚商
M17	女	15 ±	晚商	M34	女	20 ~ 25	晚商
M18	女	15 ±	晚商	M35	男	40 ~ 45	先商
M19	男	45 ±	晚商	M36	男	35 ±	晚商
M20	男	45 ~ 50	晚商	M37	男	45 ±	晚商
M21	女	30 ±	晚商	M38	女	20 ±	晚商
M22	男	35 ~ 40	晚商	M39	男	20 ±	晚商
M23	男	?	晚商	M40	男	20 ~ 25	晚商
M24	男	35 ~ 40	晚商	M41	男	45 ~ 50	晚商
M25	女	15 ~ 20	晚商	M42	男	20 ±	晚商
M26	男	25 ±	隋唐	M43	男	20 ~ 25	晚商
M27	女	25 ~ 30	晚商	M44	男	20 ~ 25	晚商
M28	女	35 ±	晚商	M45	?	?	晚商
M29	?	?	北宋	W1	?	?	汉魏

附表二　薛庄遗址M36男性个体测量值

（单位：毫米）

项目		颧上颌角	125.39
颅骨最大长	180.50	鼻梁角	10.00
颅基底长	100.40	面三角	68.52
颅骨最大宽	147.80	∠n-pr-ba	70.20
额骨最小宽	91.70	∠n-ba-pr	41.28
耳点间宽	130.50	下颌髁突间宽 cdl-cdl	126.00
枕骨最大宽	100.70	髁孔间径	50.30
枕骨大孔长	37.00	下颌体长	75.00
枕骨大孔宽	30.40	下颌体最大投影长	66.50
颅高	135.30	下颌联合高 id-gn	38.30
耳上颅高	111.00	下颌体高 Ⅰ L	66.30
面底长	98.40	下颌体高 Ⅰ R	—
上面宽	106.70	下颌体厚 Ⅰ L	14.70
两眶宽	100.50	下颌体厚 Ⅰ R	15.50
面宽/颧点间宽	141.40	下颌支高 L	61.00
中面宽	106.20	下颌支高 R	66.00
全面高	128.80	下颌支宽 L	46.30
上面高	70.40	下颌支宽 R	44.90

续表

上面高	74.60	下颌支最小宽 L	35.30
前眶间宽	17.80	下颌支最小宽 R	33.50
眶宽L	44.20	下颌角	58.00
眶宽R	44.00	颅长宽指数	81.88
眶宽 d-ek L	41.00	颅长高指数	74.96
眶宽 d-ek R	40.70	颅宽高指数	91.54
眶高 L	34.50	额宽指数	62.04
眶高 R	34.30	枕骨大孔指数	82.16
颧骨高L	46.50	面突指数	98.01
颧骨高R	45.50	垂直颅面指数 pr	52.03
颧骨宽L	26.80	垂直颅面指数 sd	55.14
颧骨宽 R	26.00	上面指数（K）	49.79
鼻宽	26.90	上面指数（K）	52.76
鼻高	55.60	上面指数（V）	66.29
鼻最小宽	7.00	上面指数（V）	70.24
鼻最小宽高	1.50	鼻指数	48.38
上颌齿槽弓长	52.00	眶指数 L	78.05
上颌齿槽弓宽	72.30	眶指数 R	77.95
腭长	59.60	眶指数 L	84.15
腭宽	50.40	眶指数 R	84.28
两眶内宽	99.80	鼻眶指数 L	60.86
鼻根点至两眶内宽之矢高	16.15	鼻眶指数 R	66.09
眶间宽	20.30	鼻眶指数 L	65.61
额侧角 Ⅰ	78.00	鼻眶指数 R	66.09
额侧角 Ⅱ	70.50	鼻根指数	21.43
前囟角	42.00	鄂指数	84.56
总面角	82.00	横颅面指数	86.14
中面角	88.00	高平均指数	82.42
齿槽面角	57.00	下颌骨指数	59.52
鼻梁侧角	72.00	下颌支指数 L	75.90
鼻颧角	144.12	下颌支指数 R	68.03

附表三　薛庄遗址晚商时期人骨标本四肢骨最大长测量值表

骨骼 墓号	股骨	胫骨	腓骨	尺骨	桡骨	肱骨
M6				26.5R		
M7						31.4L
M12	44.3L	36.1L 36.0R				29.6L 30.5R
M22	42.9L	33.7L 33.4R				
M31	43.0L 42.9R					
M34		32.7R				28.9L 28.8R
M39	44.6L 44.7R	36.3L 35.7R				
M44	44.9L 44.6R	36.2L 36.2R	35.4L 35.0R	27.1R	24.5L 25.0R	31.5L 31.9R

注：L代表左侧，R代表右侧，空白部分为骨骼缺失，未采集到数据

附录二　邯郸薛庄遗址出土动物遗存研究

陈全家[1]　贾　尧[2]

（1. 吉林大学边疆考古研究中心　2. 山西省考古研究所）

引　　言

薛庄遗址位于河北省邯郸县黄粱梦镇薛庄村西北约500米处，并向东延伸至村北，西距著名的圣井岗龙神庙仅1.5千米。遗址所在地势略呈西高东低的平缓台地，高程范围85～95米，被输元河故道分为南、北两部分（图一）。2006年，为配合南水北调中线工程河北邯郸段的施工建设，对其南区进行了考古勘探与正式发掘。此次发掘，共清理各类灰坑、窖穴310个，墓

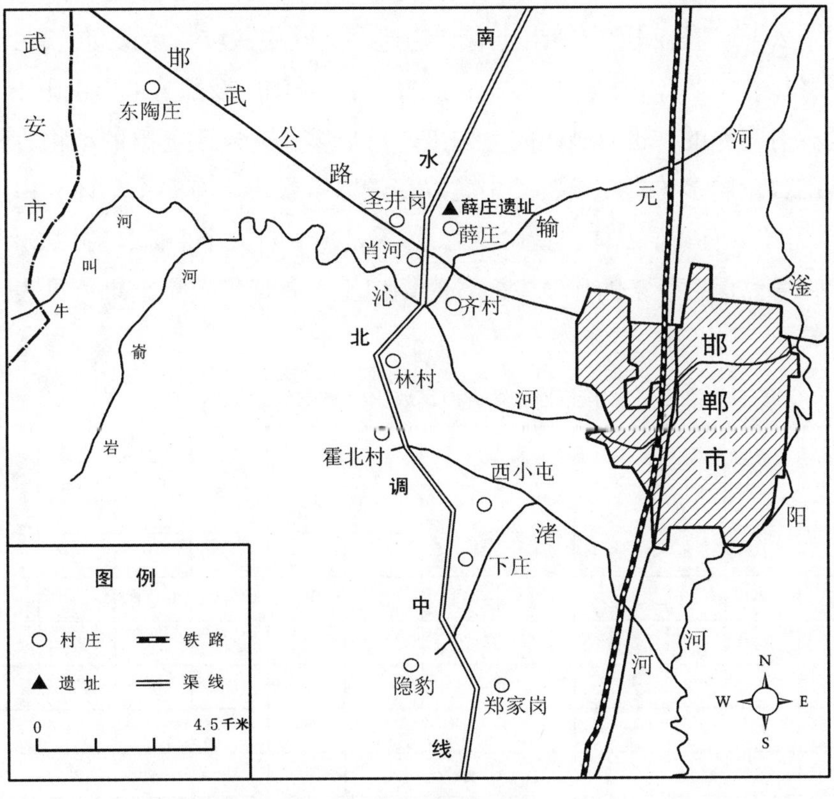

图一　薛庄遗址位置图

葬46座，灰沟10条，灶址2处，水井2眼以及道路1条[①]。遗址历时龙山晚期、先商、晚商、汉魏以及隋唐—宋代五个阶段，尤其以先商、晚商的遗存最为丰富。

本文通过对该遗址出土的动物骨骼遗存进行种属、风化程度、痕迹以及数量比例等方面的研究，来探讨遗址周围的生态环境、当时人们的生业方式、风俗习惯、骨蚌器的加工工艺等方面的问题。

一、动物骨骼出土概况

动物骨骼遗存在各个时期均有发现，以先商和晚商的最为丰富，其次是龙山晚期和汉魏时期，隋唐宋时期出土的最少（表一）。

表一　薛庄遗址出土动物遗存统计表　　（单位：件）

时期＼类型	碎　块	可鉴定标本		合　计
		可鉴定种属及部位	仅可鉴定部位	
龙山晚期	97	166	54	317
先商时期	2537	1600	843	4980
晚商时期	746	765	189	1700
汉魏时期	317	230	120	667
隋唐—宋代	18	9	0	27

薛庄遗址共有204个遗迹和地层中出土有动物遗存，其中灰坑数量最多，有180个，占总数的88.2%；其次是墓葬，共11座，占总数的5.4%；此外还有3条沟以及部分地层也出土有动物骨骼。出土的动物骨骼遗存有完整的，也有破碎的，以破碎的居多，未发现完整的动物骨架。出土的动物遗存中，以家畜的数量居多（表二），其中尤以猪的数量最多，有83个个体，占出土动物个体总数的31.6%；其次是羊，有38个个体，占14.4%，然后是牛，有32个个体，占12.2%。出土的野生动物种类较丰富，但骨骼保存下来的比较少。各时期出土兽骨详细鉴定结果可见表三。此外，在部分灰坑中还出有人骨，共16件，均破损。

表二　薛庄遗址出土动物骨骼种属最少个体数统计表　　（单位：个）

时期＼种属	牛	猪	羊	狗	鸟类	蚌	獐	麝	兔子	狍子	鹿	驴	野猪	合计
龙山晚期	4	6	4	3	1	5				2	5		2	32
先商时期	15	44	21	7		33	3	1	3	2	3			132
晚商时期	7	24	7	6	1	21			1					67
汉魏时期	5	8	4	2		5				1		1	2	28
隋唐—宋代	1	1	2											4
合计	32	83	38	18	2	64	3	1	4	5	8	1	4	263

① 井中伟、霍东峰：《河北邯郸薛庄遗址发掘报告》，《考古学报》2014年第3期。

表三　薛庄遗址兽骨统计表

（单位：件）

部位 \ 种属			龙山晚							先商									晚商					汉魏						隋唐—宋	
			牛	家猪	野猪	兰	狗	梅花鹿	狍子	牛	家猪	羊	狗	狍子	麝	兔子	獐	鹿	牛	家猪	羊	狗	兔子	牛	家猪	野猪	羊	狗	狍子	羊	牛
头骨	残块（角）			2						43	37	7						3	3	27	3			17	2						
头骨	上颌	左		1		1				6	26	3	4						1	19	2	3			3			1			
头骨	上颌	右	1	1						5	29	3	6							11	1				1			1			
头骨	下颌	左	1				2			17	68	29	7				1		2	25	5	5	1	1	7		1	1		1	
头骨	下颌	右	1		1	1				14	54	24	9				1			24	6	4			11		4			1	
头骨	下颌	联合									16									9					1						
零牙										98	57	97	9				1		19	13	29	2		19			8				1
脊椎骨	寰椎			1						2	12	1								8	1	1			2						
脊椎骨	枢椎									7	4	3						1			2			1			1				
脊椎骨	其他椎骨		6							36		40							4	1	8			7			2				
前肢骨	肩胛骨	左	1	1						3	16	12							1	7	1			2	5						
前肢骨	肩胛骨	右		2		1				5	27	13	1						1	6	5			1	2		3				

续表

部位		种属	龙山晚								先商								晚商						汉魏					隋唐—宋	
			牛	家猪	野猪	羊	狗	梅花鹿	狍子	鸟类	牛	家猪	羊	狗	狍子	麝	兔子	獐	牛	家猪	羊	狗	兔子	鸟类	牛	家猪	野猪	羊	狗	羊	牛
前肢骨	肱骨	左		1							7	13	13	3					7	8	2	2			1	5		1			
		右		2							15	22	19	1	1			1	5	13	5	4			6	5		3			
	桡骨	左									7	7	8	1		1			3	2	3	1			5	3		2			
		右		1			1				9	10	16	1						4	3				1	1		2			
	尺骨	左		2			1			1	3	12	4	2					2	3		3			1	4					
		右		1							4	21	5	2					1	5	1	2				4	1	1			
	腕骨	左									2								5												
		右									13								3						4						
	掌骨	左	1	2							3	6	4						2	1		1				2		1			
		右		2					1		6	8	14	3					1	3		2			2			3			1
后肢骨	髋骨	左				1					12	16	15	1			1		3	3	8	1				3		4			
		右	1	1							12	20	9	4					8	3	2				4	7	1				
	股骨	左	2	5	1						8	9	7	2					4	7		3			1	6		2			
		右									10	16	15	2					3	6	4	2		1		1					

续表

部位\种属			龙山晚							先商									晚商					汉魏							隋唐—宋	
			牛	家猪	野猪	羊	狗	梅花鹿	狍子	牛	家猪	羊	狗	狍子	麝	兔子	獐	鹿	牛	家猪	羊	狗	兔子	牛	家猪	野猪	羊	狗	狍子	驴	家猪	牛
后肢骨	胫骨	左	1	1						5	27	20				1			2	11	1	2		2	2		4	1	1			
		右	1	2		1				10	16	14	5			1				3	3	3			2		2	1			1	
	跟骨	左				1		1		5	6	3							4	1	1	2		3	2		2					
		右	1			3				5	6	5	1						3	4	3	1		1			3					
	距骨	左	1					1		4	4	4							5	1				1	2		3					
		右								3	3	6	1						4						1		2					
	跖骨	左	2							5	3	5		2					2	4	1			3	1		2					
		右								6	3	9	1						1	3	2			3			2					
指趾骨	系骨							8	1	30	3	14							13	2	2			7	1		5			1		1
	冠骨							3		23		4							6								3					
	蹄骨		1					3		12		1							4								1					

二、种属鉴定及描述

（一）龙山晚期

在薛庄遗址中出土龙山晚期的动物遗存共317件。其中包括碎块97件，可鉴定种属及部位的标本166件，仅可鉴定部位的标本54件。发现的动物遗存均出土于灰坑之中。经鉴定，出土的动物标本种类如下。

1. 软体动物类（Mollusca）

（1）矛蚌（*Lanceolaria* sp.）

该类标本共发现4件。细长，呈长条剑状，前侧膨胀，后侧渐扁。

（2）帆蚌（*Hyriopsis* sp.）

共发现碎块74件。其中有两件帆蚌碎块上有钻孔。

标本06HXIH318：5（图二），帆蚌碎块，有一钻孔，由内向外单面钻孔，孔前侧平齐。经测量。残长53.2、残宽40.86、厚5.13毫米。

图二　带穿孔的帆蚌（06HⅪH318：5）

2. 鸟类（Aves）

仅发现1件标本，风化较轻。最小个体数1个。

标本06HⅪH318：27，左侧尺骨，近端稍残。经测量，残长56.37、近端对角线长（Dip）为10.78、近端最大宽（Bp）为7.28毫米。

3. 哺乳类（Mammalia）

（1）家养动物

1）家猪（*Sus domestica*）。

该类标本共发现29件，包括上颌骨5件、下颌联合部2件、寰椎1件、肩胛骨3件、肱骨3件、尺骨3件、桡骨1件、髋骨1件、股骨4件、胫骨3件、掌骨3件。最小个体数为6个。其中的3件上颌骨，从牙齿萌出程度及磨蚀程度看均属幼年。

标本06HXH44①：28，右侧上颌骨，风化较重，M^1稍磨，M^2未萌出，其死亡年龄为8～9个月。

标本06HXH165：12，下颌联合部，牙无保留，在颌体下方有一组极细的划痕，应是剥皮时留下的。

标本06HXIH323：2，寰椎，背部骺板未完全愈合，寰椎翼稍残，残长70.58、前关节面最大宽①（BFcr）为51.19、后关节面最大宽（BFcd）为47.67、前关节面到后关节面最大长（GLF）为40.95、高（H）为45.47毫米。

标本06HXIG2：8，右侧桡骨，远端残缺，近端骨骺未愈合，脱落。经测量，残长72.93、近端最大宽（Bp）为18.49、骨干最小宽（SD）为14.01毫米。

标本06HXIH323：8，左侧股骨，保留有近端和部分骨干，近端骨骺未愈合，脱落。在近端骨干内侧有两道砍痕，可能是肢解或获取骨料时留下的。

2）黄牛（*Bos taurus*）。

此类标本共发现23件，包括上颌骨1件、下颌骨2件、脊椎骨5件、肩胛骨1件、髋骨1件、股骨2件、跟骨1件、距骨1件、胫骨2件、跗骨3件、掌骨1件、跖骨2件以及蹄骨1件。最小个体数为4个。

标本06HXH57：1（图三，2），左侧下颌骨，风化严重，呈砖灰色，骨体变重，牙齿全部残缺，无完整的。经

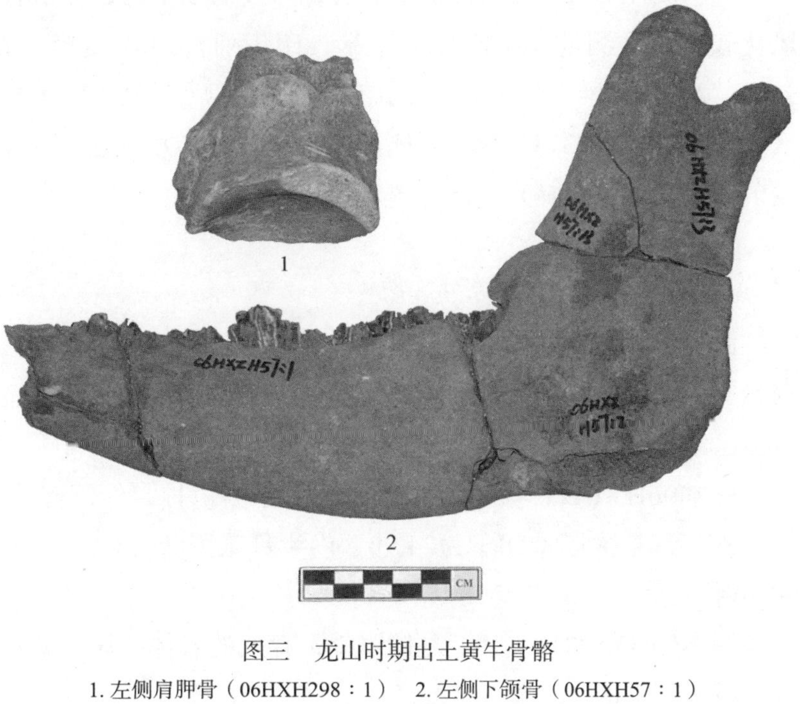

图三　龙山时期出土黄牛骨骼

1. 左侧肩胛骨（06HXH298：1）　2. 左侧下颌骨（06HXH57：1）

① 安格拉·冯登德里施著，马萧林、侯彦峰译：《考古遗址出土动物骨骼测量指南》，科学出版社，2007年。文中所有骨骼的测量方法均依据此书。

测量，残长261.57、前臼齿长61.87、GOC—P_2长234.00、M_1前下颌高52.11、P_2前下颌高为36.35毫米。

标本06HXH44①：39，腰椎，横突、棘突及后关节突残缺，椎体上有两道砍痕，应是肢解时留下的。经测量，前关节面最大宽（BFcr）为32.92、前关节面最大高（HFcr）为19.81、后关节面最大高（HFcd）为18.98毫米。

标本06HXH298：1（图三，1），左侧肩胛骨，保留有残的颈部、肩臼及喙突，从颈部被砸断。

标本06HXH323：10，右侧跟骨，风化较轻，骨体内侧有一道深的斜向的砍痕，跟骨结节处未愈合。经测量，最大长（GL）为125.18、最大宽（GB）为42.46毫米。

3）羊（*Caprine*）。

该类标本共发现9件，包括1件胫骨（确定为是山羊）、4件跟骨、1件股骨、1件肩胛骨、1件上颌骨、1件髋骨。最小个体数为4个。

标本06HXIG2：2，山羊右侧胫骨，近端残缺，远端未完全愈合。经测量，远端最大宽（Bd）为29.25、骨干最小宽（SD）为15.31毫米。

标本06HXIH318：6，右侧跟骨，载距突稍残，风化较重。经测量，最大长（GL）为61.81、最大宽（GB）为21.67毫米。

4）狗（*Canis familiaris*）。

共发现4件标本，包括尺骨1件、桡骨1件、下颌骨2件。最小个体数3个。

标本06HXIH21：5，左侧下颌骨，存残的水平支，保留有P_4—M_2，M_3残缺，仅见齿槽孔，风化较重。经测量，残长75.49毫米，臼齿列长33.07毫米，裂齿长20.95、宽7.92毫米，M_2长9.22、宽6.18毫米，颌体最大厚11.52毫米，M_1后下颌高23.93毫米。

标本06HXIH318：14，左侧尺骨，存残的半月切迹及部分骨体，风化较重。经测量，近端关节面最大宽（BPC）为12.50毫米。

（2）野生动物

1）梅花鹿（*Cervus nippon*）。

此类共发现18件标本，包括尺骨1件、桡骨1件、跟骨1件、距骨1件、系骨8件、冠骨3件、蹄骨3件。最小个体数5个。其中有4件系骨的远端骨干后侧都有一道深的割痕，推测当时先民可能已掌握专门的屠宰技术。

标本06HXIH21：10（图四，4），左侧距骨，外侧髁残，风化较重，有火烧痕迹。经测量，外半部最大厚（DI）为24.90、内半部最大长（GLm）为45.41、内半部最大厚（Dm）为24.76毫米。

标本06HXIH318：15，左侧跟骨，存残的骨体，风化较重。骨体内侧有一组浅的砍痕，应是肢解时留下的。

标本06HXIH44①：14（图四，2），系骨，保存完整。远端骨体后侧有一道深的割痕，与骨干长轴垂直，应是肢解痕。经测量，远轴侧最大长（Glpe）为49.21、近端最大宽（Bp）为

15.72、骨干最小宽（SD）为11.97、远端最大宽（Bd）为14.29毫米。

标本06HXIH44①：31，冠骨，保存完整，风化较重。经测量，最大长（GL）为41.42、近端最大宽（Bp）为16.63、远端最大宽（Bd）为12.66毫米。

标本06HXIH44①：4，蹄骨，保存完整，风化较重。经测量，蹄底对角线长（DLS）为53.96、背侧面长（Ld）为47.37、蹄底中部宽（BS）为19.98毫米。

2）狍子（*Capreolus pygargus*）。

该类标本共发现2件，包括1件系骨、1件掌骨。最小个体数2个。

标本06HXIH323：3（图四，5），右侧掌骨，骨干后侧有一道深的凹坑，这是鹿科动物掌骨的显著特征。远端骨骺未愈合，脱落，风化较重。经测量，残长117.16、近端最大宽（Bp）为19.06、骨干最小宽（SD）为10.95、骨干最小厚（DD）为8.62毫米。

标本06HXIH44①：5（图四，3），系骨，保存完整，骨体窄长，风化较重。经测量，远轴侧最大长（Glpe）为34.81、近端最大宽（Bp）为10.86、骨干最小宽（SD）为8.48、远端最大宽（Bd）为9.87毫米。

3）野猪（*Sus scrofa*）。

共发现2件标本，股骨1件、下颌骨1件。最小个体数2个。

标本06HXIH21：3（图四，1），右侧下颌骨，存残的水平支，颌体下方断裂，风化较重。保留有M_1—M_3，副齿尖发育，M_3前侧齿尖稍磨，还未完全萌出，从牙齿磨耗程度看，其死亡年龄为20～20.5个月。经测量，残长121.09毫米。

标本06HXIH165：13（图四，6），左侧股骨，保留有残的近端和部分骨干，近端骨骺未愈合，脱落，风化得重，骨体发黑。经测量，残长109.03毫米。

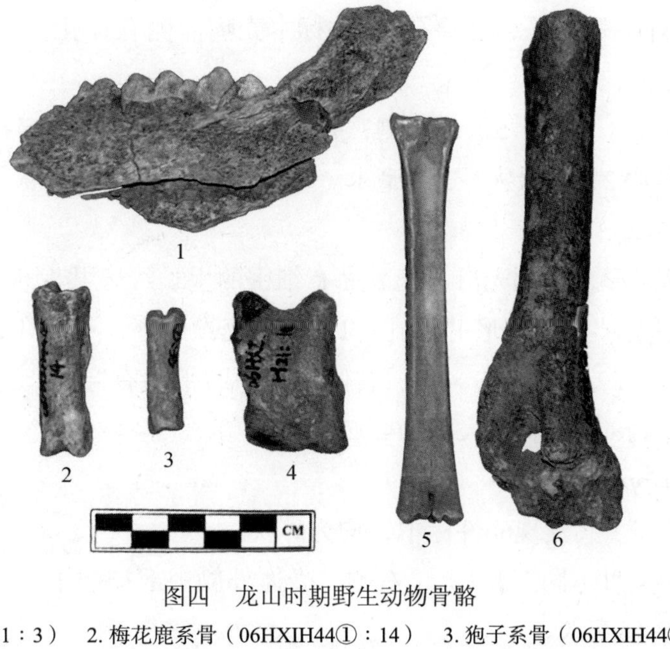

图四　龙山时期野生动物骨骼

1. 野猪右侧下颌骨（06HXIH21：3）　2. 梅花鹿系骨（06HXIH44①：14）　3. 狍子系骨（06HXIH44①：5）　4. 梅花鹿左侧距骨（06HXIH21：10）　5. 狍子右侧掌骨（06HXIH323：3）　6. 野猪左侧股骨（06HXIH165：13）

从下颌骨来看，其臼齿副齿尖发育，M_3比较长，其股骨也比一般的家猪粗壮，据此推测这两件标本是野猪的。

（二）先商时期

遗址中出土先商时期的动物遗存共4980件，其中碎块2537件，可鉴定种属及部位的标本1600件，仅可鉴定部位的标本843件。出土动物种类包括猪、牛、狗、羊、狍子、獐、麝、鹿、兔子、蚌壳，种类丰富，现分述如下。

1. 软体动物类（Mollusca）

该类标本共发现129件。包括丽蚌15件、矛蚌13件、珠蚌20件、帆蚌66件、圆田螺15件。

（1）丽蚌（*Lamprotula* sp.）

背部有很多瘤状突起，具体的种不详，共发现15件，左侧8件、右侧7件。其中，4件标本壳体外侧有磨痕，有3件壳体外侧中部磨平，1件标本壳体外侧接近壳顶的地方磨平。有1件标本壳嘴处有穿孔。

标本06HXIH173：10（图五，2），右侧，壳体外侧中部磨平。经测量，残长54.18、高52.71、壳体最大厚20.18毫米。

标本06HXIH170：23（图五，3），右侧，壳嘴处有一椭圆形孔。经测量，长44.55、高31.61、壳体最大厚12.65、孔最大径11.46毫米。

（2）矛蚌（*Lanceolaria* sp.）

呈长条形，前侧膨胀，后侧渐扁，生长线细密。共发现13件标本，右侧8件、左侧5件。其中，1件标本壳嘴前外侧被磨平，无穿孔；1件标本壳嘴前侧有穿孔，但未磨；3件标本壳嘴前外侧被磨平并有穿孔。

标本06HXIH26：6（图五，5），左侧，壳嘴前外侧被磨平并有穿孔。经测量，长26.45、高17.17、壳体最大厚7.82、孔最大径3.04毫米。

（3）珠蚌（*Unio* sp.）

壳较小，呈长椭圆形，外侧光滑，壳表面有细密的生长线。共发现20件标本，左侧10件、右侧10件。其中，5件标本壳顶经磨并穿孔；1件标本壳顶经磨，无穿孔；1件标本经火烧。

标本06HXIH277：224（图五，4），右侧，壳顶磨平并有穿孔。经测量，长为33.92、高为20.90、壳体最大厚为8.14、孔最大径为4.02毫米。

（4）帆蚌（*Hyriopsis* sp.）

壳体大、厚，易碎。共发现66件标本，均为碎块。

标本06HXIH299：11（图五，1），右侧，壳体外侧中部被磨平。经测量，残长76.83、高46.67、壳体最大厚23.68毫米。

标本06HXIH30：5，帆蚌碎块，两侧边缘有磨的痕迹。经测量，残长24.26、残宽31.24毫米。

（5）圆田螺（*Cipangopaludina chinensis*）

壳大而薄，呈圆锥状，壳口呈卵圆形，壳面上有细的生长线。共发现15件，2件完整的、3件较完整的、10件碎块。

标本06HXIH296⑥：1（图五，6），风化较轻，光滑亮泽。经测量，高39.38、螺塔高20.43毫米。

图五　先商蚌壳标本

1. 帆蚌碎块（06HXIH299：11）　2、3. 丽蚌（06HXIH173：10、06HXIH170：23）　4. 珠蚌（06HXIH277：224）　5. 矛蚌（06HXIH26：6）　6. 圆田螺（06HXIH296⑥：1）

蚌壳经打磨并钻孔，应该是作为装饰品。一部分蚌壳上的穿孔是直接钻的；另一部分蚌壳上的穿孔是先打磨后钻孔，或者是由于珠蚌、矛蚌之类的蚌壳比较薄，直接就可以磨出孔。

2. 哺乳类（Mammalia）

（1）家养动物

1）家猪（*Sus domestica*）。

共发现该类标本577件，包括头骨碎块37件、零牙57件、上颌骨55件、下颌骨138件、脊椎骨16件、肩胛骨43件、肱骨35件、尺骨33件、桡骨17、掌骨14、髋骨36件、股骨25件、胫骨43件、跟骨12件、距骨7件、跖骨6件、系骨3件。从下颌骨来看，至少有44个个体。所有的猪骨均出自灰坑及灰沟中，墓葬中不见出土。

A 死亡年龄的鉴定。

本文在鉴定猪的死亡年龄方面，主要以上、下颌骨牙齿的萌出及磨损程度为鉴定标准。该期共出土猪下颌骨141件（包括下颌联合部），上颌骨55件。本文结合现有的关于猪年龄鉴定方面的文章①，对该遗址猪的死亡年龄进行了较细的划分。以下标本代表了猪在不同年龄段下颌骨上牙齿的发育及磨耗的情况。

标本06HXIH278：3，右侧下颌骨，存水平支，保留有DP_4、M_1，M_1前侧齿尖露出齿槽孔约1/2，后侧齿尖刚露出。其死亡年龄为4.5～5个月。经测量，DP_2—DP_4齿列长36.81、M_1前下颌高21.24毫米。

标本06HXIH278：1，右侧下颌骨，存完整的水平支，保留有DP_3、DP_4、M_1，M_1前侧齿尖完全露出，后侧齿尖露出齿槽孔约1/2，M_2处有一小孔。其死亡年龄为5～5.5个月。经测量，DP_2—DP_4齿列长36.62、DP_2前下颌高22.92、M_1前下颌高21.18毫米。

标本06HXIH49：11，右侧下颌骨，存残的水平支，颌体下方断裂。保留有DP_3—M_1，M_1完全萌出，四个齿尖稍磨，M_2有一孔可见牙。其死亡年龄为6.5～7.5个月。经测量，DP_2—DP_4齿列长39.86毫米。

标本06HXIH238：171，右侧下颌骨，水平支前侧及上升支残缺，从犬齿槽形状看，应是雄性个体，保留有DP_3、DP_4、M_1，DP_3、M_1前侧断裂，M_2前侧齿尖刚露出齿槽孔。其死亡年龄为7.5～8个月。经测量，DP_2—DP_4齿列长37.74、DP_2前下颌高29.41、M_1前下颌高27.97、犬齿齿槽最大径10.92毫米。

标本06HXIH284②：6，右侧下颌骨，存残的水平支，冠突、髁突处均残。保留有M_1、M_2，M_2前侧齿尖露出齿槽孔约一半，后侧齿尖刚露出，犬齿快露出齿槽孔。其死亡年龄为8～8.5个月。经测量，M_1长18.50、宽11.02、M_1前下颌高30.48毫米。

标本06HXIH173：21，左侧下颌骨，存残的水平支，保留有M_1、M_2，M_2完全萌出，前侧齿尖稍磨。其死亡年龄为11.5～12个月。经测量，M_1前下颌高29.50、M_2长22.95、宽13.03毫米。

标本06HXIG6：23，右侧下颌骨，水平支前侧及冠突残缺，保留有M_1、M_2，齿孔中可见P_3，M_3处有一小孔可见牙。其死亡年龄为13～13.5个月。经测量，M_3后下颌高38.77、垂直部远口侧高78.14、Goc—M_3齿槽远口侧57.19毫米。

标本06HXIH99：20，右侧下颌骨，水平支前侧及上升支残缺，P_4刚露出齿槽孔，M_3处一小孔可见牙。其死亡年龄为13.5～14个月。经测量，P_4—M_2齿列长55.03、M_1前下颌高36.32、Goc—M_3齿槽远口缘长61.83毫米。

标本06HXIG6：64，残的下颌联合部，保留有I_1（左右侧）、DP_3、DP_4，I_1完全萌出，稍磨，I_2未露出齿槽孔。其死亡年龄为14.5～15个月。经测量，犬齿齿槽最大径12.61、DP_2前下颌高32.51毫米。

---

① 王钧昌、孙国斌：《动物年龄鉴别法》，中国农业出版社，1996年，第93页，文中在年龄鉴别方面主要依据这本书；伊丽莎白·施密德著，李天元译：《动物骨骼图谱》，中国地质大学出版社，1992年，第44页；袁靖：《中国古代的家猪起源》，《西部考古》2006年第Ⅰ期，第43页；袁靖、罗立兵、李志鹏：《论中国古代家猪的鉴定标准》，《动物考古》第Ⅰ辑，文物出版社，2010年，第116～123页。

标本06HXIH315：1，右侧下颌骨，水平支前侧及冠突残，保留有P_4—M_2，I_2刚露出齿槽孔，M_3有孔可见牙，孔变大。其死亡年龄应在16～16.5个月。经测量，M_3后下颌高43.14、M_1前下颌高35.22、垂直部远口侧高93.35、Goc—M_3齿槽远口侧长72.69毫米。

标本06HXIH18：27，残的下颌联合部，保留有右侧I_2，I_2露出齿槽孔约1/3。其死亡年龄为17～17.5个月。经测量，犬齿齿槽最大径16.25、P_2前下颌高46.59毫米。

标本06HXIH277：18，右侧下颌骨，残的水平支，颌体下方断裂，M_3第一对齿尖露出约1/3，第二对齿尖刚露出齿槽孔。其死亡年龄为18～18.5个月。

标本06HXIH284②：22，左侧下颌骨，存残的水平支，颌体下方断裂。保留有M_1—M_3，M_2稍磨，M_3后侧残，M_3第一对齿尖露出约1/2，第二对齿尖露出齿槽孔约1/3。其死亡年龄为18.5～19个月。

标本06HXIH55：41，右侧下颌骨，存残的水平支，保留有M_1—M_3，I_1、I_2、P_2残，M_3第一对齿尖完全露出，第二对齿尖露出约一半，第三对齿尖刚露出齿槽孔，前两对齿尖均未磨。其死亡年龄为19.5～20个月。经测量，P_1—M_3齿列长116.79毫米，P_2—M_3齿列长107.15毫米，臼齿列长67.63毫米，P_2—P_4齿列长38.31毫米，P_1—P_4齿列长47.33毫米，P_2—I_3长29.78毫米，M_3长34.41、宽14.88毫米，M_1前下颌高36.29毫米，P_2前下颌高38.32毫米，犬齿齿槽最大径12.93毫米。

表四　不同年龄段猪牙齿的萌出及磨痕程度

牙齿 / 年龄	犬齿	门齿	DP_4（P_4）	M_1	M_2	M_3
4.5～5个月				前侧露出一半，后侧刚露		
5～5.5个月				前侧完全露出，后侧露出一半	有一小孔	
6.5～7.5个月	未萌出			完全萌出，四个齿尖稍磨	有一小孔可见牙	
7.5～8个月					前侧刚露出	
8～8.5个月	犬齿快露出	I_1未露出		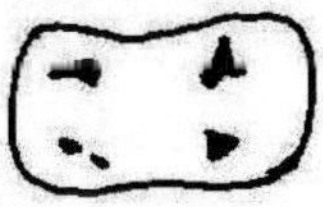	前侧露出一半，后侧刚露出	
11.5～12个月				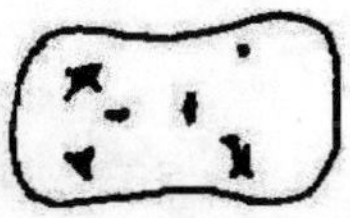	完全露出，前侧稍磨	
13～13.5个月					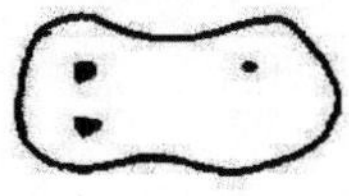	孔小，可见牙

续表

牙齿／年龄	犬齿	门齿	DP_4（P_4）	M_1	M_2	M_3
13.5～14个月			P_4刚露出齿槽孔			
16～16.5个月		I_2刚露出			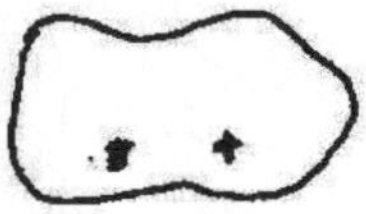	孔变大，可见牙
18～18.5个月						1露出约1/3，2刚露出
18.5～19个月					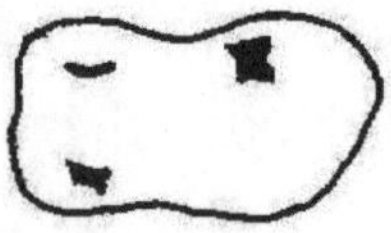	1露出一半，2露出约1/3
19.5～20个月					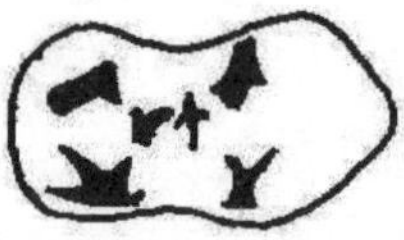	1全露出，2露出一半，3刚露出
20～20.5个月					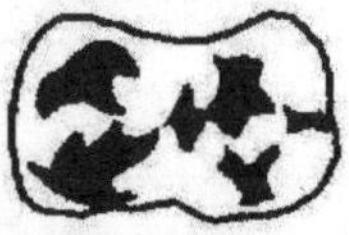	1全露出，2露出约2/3，1上有磨痕
20.5～21个月			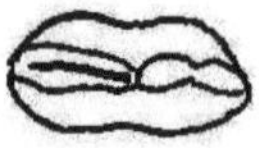		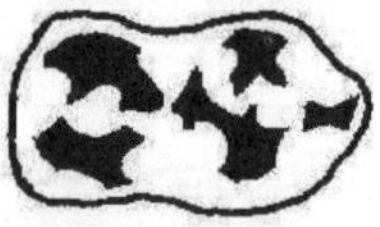	1、2全露出、3露出约一半，1、2有磨痕
21.5～22个月			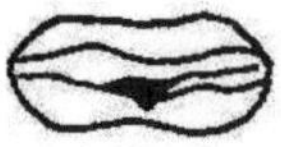	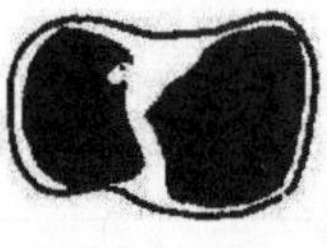	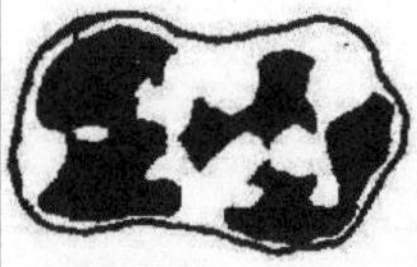	M3全部露出，1、2有磨痕，1露出部分齿质点
成年						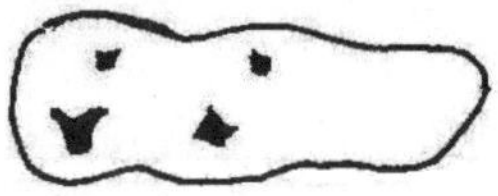
壮年						3对齿尖全部磨平
老年					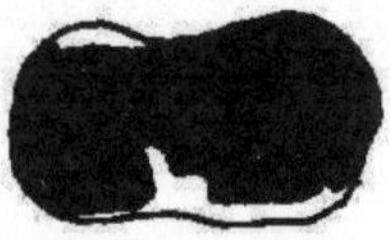	

注：表中的“露出”均为露出齿槽孔；“1”代表M_3前侧齿尖，“2”代表中间一对齿尖，“3”代表后侧一对齿尖

标本06HXIH210：32，右侧下颌骨，存残的水平支，保留有M_1—M_3，M_3第二对齿尖露出约2/3，第一对齿尖上有磨痕，未露出齿质点。其死亡年龄为20～20.5个月。经测量，臼齿列长57.47毫米，M3长25.91、宽15.10毫米。

标本06HXIH248：26，左侧下颌骨，水平支前侧及上升支残，保留P_2—M_3，M_3前两对齿尖均完全露出，第三对齿尖露出约1/2，前两对齿尖上有磨痕，第一对齿尖露出小块齿质点。其死亡年龄为20.5～21个月。经测量，P_2—M_3齿列长100.76毫米，臼齿列长64.16毫米，P_2—P_4齿列长29.12毫米，M3长42.20毫米，宽15.37毫米，M_1前下颌高40.82毫米，P_2前下颌高43.36毫米。

标本06HXIH238②：62，右侧下颌骨，存残的水平支，保留有P_4—M_3，M_1—M_3均残，M_3完全露出齿槽孔，第二对齿尖上露出小部分齿质点。其死亡年龄为21.5～22个月。经测量，M_1前下颌高34.48毫米。

标本06HXIH248：27，左侧下颌骨，存残的水平支，M_3第三对齿尖上出现磨痕。其死亡年龄约在22个月以上，属成年个体。经测量，M_3长40.22、残宽15.80毫米。

标本06HXIH33：8，左侧下颌骨，存一部分水平支，仅保留有M_3，M_3上的齿尖已磨平，应该属于壮年个体。

标本06HXIH324：3，左侧下颌骨，存残的水平支，保留有较完整的P_3—M_2，M_3残，M_1齿质点全部露出，齿冠近磨平，M_2露出大部分齿质点，齿冠仅存外侧缘一点。其应该属于老年个体。经测量，臼齿列残长48.62、M_1前下颌骨高39.24毫米。

以上标本具体的磨耗程度见表四，由于标本比较破碎，部分牙齿残缺，其磨损程度也不清楚。上文中区分出的猪在不同年龄段牙齿的萌出及磨耗情况，仅供参考，不同的遗址由于所处的环境不同以及猪在食性上的差异，所呈现的猪群年龄结构也各不相同。

从表五中可以看出，薛庄遗址先商时期猪的死亡年龄以未成年为主，约占99%，发现成年个体2个，壮年个体1个、老年个体1个。从年龄组合来看，以幼年和1～2岁的青少年个体为主，据此判断薛庄遗址的猪应为家猪。成年个体下颌骨发现较少，有可能是被当时人们用来加工骨器，从遗址出土的骨器看，有一部分骨铲和骨凿是用牛和猪的下颌骨加工的。此外，根据部分肢骨骨骺的愈合程度，也可进行年龄方面的鉴定（表六）。

从寰椎来看，年龄在4～7岁的有3件，＞7岁的有6件；

从肱骨来看，年龄＜1岁的有11件，1～1.5岁的有5件，＞1.5岁的有6件；

从尺骨来看，年龄在1～3.5岁的有7件；

从桡骨来看，年龄在1～3.5岁的有10件；

从股骨来看，年龄＜11岁的有1件；1～3.5岁的有13件，3.5岁左右的有1件；

从胫骨来看，年龄＜11岁的有5件，1～2岁的有9件，2～3.5岁的有15件；

从掌骨来看，年龄＞2岁的有6件，＜2岁的有11件；

从跟骨来看，年龄在1～2岁的有12件；

从指趾骨来看，年龄＞2岁的有4件。

表五　薛庄遗址各个时期猪的死亡年龄分布　　（单位：件）

时期 年龄		龙山晚期	先商时期	晚商时期	汉魏时期	隋唐—宋代	合计
未成年	4.5～5个月		2		2		4
	5～5.5个月		2	1	1		4
	6.5～7.5个月		5	3	1		9
	7.5～8个月		4	4			8
	8～8.5个月	1	1				2
	11.5～12个月	1	3				4
	12.5～13.5个月			4			4
	13～13.5个月		2				2
	13.5～14个月	1	1	1			3
	14.5～15个月		1				1
未成年	16～16.5个月		5		1		6
	17～17.5个月		1	2	1		4
	18～18.5个月		1				1
	18.5～19个月		1				1
	19.5～20个月		2				2
	20～20.5个月		3	1			4
	20.5～21个月		3	2			5
	21.5～22个月		3	3			6
成年	22个月以上		2	1			3
壮年			1	2			3
老年			1				1

表六　猪肢骨愈合度统计表　（单位：件）

部位 / 愈合度	寰椎	肱骨	股骨		尺骨	桡骨		胫骨		掌跖骨	跟骨	指趾骨	合计
		远端	近端	远端		近端	远端	近端	远端				
	4～7岁	1.5岁	3.5岁	3.5岁	3～3.5岁	1岁	3.5岁	3.5岁	2岁	2岁	2～2.5岁	1～2岁	
未愈合		8	6	7	7		1	8	4	11	12		64
未完全愈合	3	5		1				3	5				17
完全愈合	6	6				9			4	6		4	35
骨体小		3	1						5				9
合计	9	22	15		7	10		29		17	12	4	125

从表六中肢骨骨骼愈合度来看，先商时期小于1岁的幼年猪占19.1%，1～2岁的成年猪占41.6%，2岁以上的占39.3%。由此可见，薛庄遗址先商时期猪的屠宰年龄偏大。

标本06HXIH111②：20（图六，1），左侧下颌骨，下颌体鼓，DP_2、DP_3错位，应是一种病理现象，M_1未完全萌出，其年龄在4～5个月。经测量，DP_2—DP_4长为30.75、P_2前下颌高22.45、M_1前下颌高23.75毫米。

标本06HXIH63①：86（图六，2），寰椎，翼残缺，背部骺线已愈合，背结节前侧左右各有一道割痕，应是肢解时留下的，背部骺线愈合。经测量，寰椎翼最大长（GL）为46.75、前关节面最大宽（BFcr）为60.14、后关节面最大宽（BFcd）为51.24、前关节面到后关节面的最大长（GLF）为44.08、高（H）为48.91毫米。

标本06HXIH25②：45，枢椎，棘突残，后侧关节面脱落，未愈合。经测量，椎体最大长（LCDe）为36.84、椎弓最大长（LAPa）为34.63、前关节面最大宽（BFcr）为48.81、后关节突间最大宽（Bpacd）为34.01、椎体最小宽（SBV）为29.11、残高（H）46.05毫米。

标本06HXIH277：1（图六，3），右侧肩胛骨，近端、肩胛冈、前后缘均残，颈前侧有一组浅的割痕，应是切割肌腱时留下的。经测量，残长98.73、肩胛颈最小长（SLC）为17.70、肩胛结最大长（GLP）为28.94毫米。

标本06HXIH45：25，右侧肱骨，存远端和部分骨干，远端滑车前侧有一道深的砍痕。经测量，残长92.06、远端最大宽（Bd）为36.63、骨体最小宽（SD）为16.45毫米。

标本06HXIG6：6（图六，6），右侧尺骨，鹰嘴突处骨骺未愈合，脱落，骨体远端也未愈合，半月切迹后外侧骨体有两道较深的平行砍痕，与骨干长轴垂直。经测量，残长126.38、跨过钩突厚（DPA）为33.29、近端关节面最大宽（BPC）为19.36、鹰嘴最小厚（SDO）为25.91毫米。

标本06HXIH63：3（图六，7），右侧桡骨，远端骨骺未愈合，脱落。遗址中出土的桡骨，其远端多未愈合。经测量，残长为117.31、骨干最小宽（SD）为16.39毫米。

标本06HXIH254：1（图六，5），左侧髋骨，髂骨翼残缺，坐骨结节处未愈合，髂骨干背缘有一组较深的平行砍痕。经测量，残长157.80、髋臼边缘上测量长（LAR）为29.96、（LFO）为37.02毫米。

标本06HXIH238②：22，右侧股骨，近远端骨骺均未愈合，脱落。该遗址中股骨近、远端骨骺保存下来的很少，很多仅存骨干部分。经测量，残长83.23、骨干最小宽（SD）为10.40毫米。

标本06HXIH277：8（图六，4），左侧胫骨，近端关节面及胫骨粗隆未愈合，脱落。经测量，残长165.85、远端最大宽（Bd）为27.20、近端最大宽（Bp）为37.17、骨干最小宽（SD）为17.83、骨干最小周长（CD）为50.00毫米。

标本06HXIG6：33（图六，8），左侧跟骨，跟骨结节处未愈合，脱落。该遗址中出土的12件跟骨，跟骨结节处均未愈合，脱落。经测量，残长73.91、最大宽（GB）为21.34毫米。

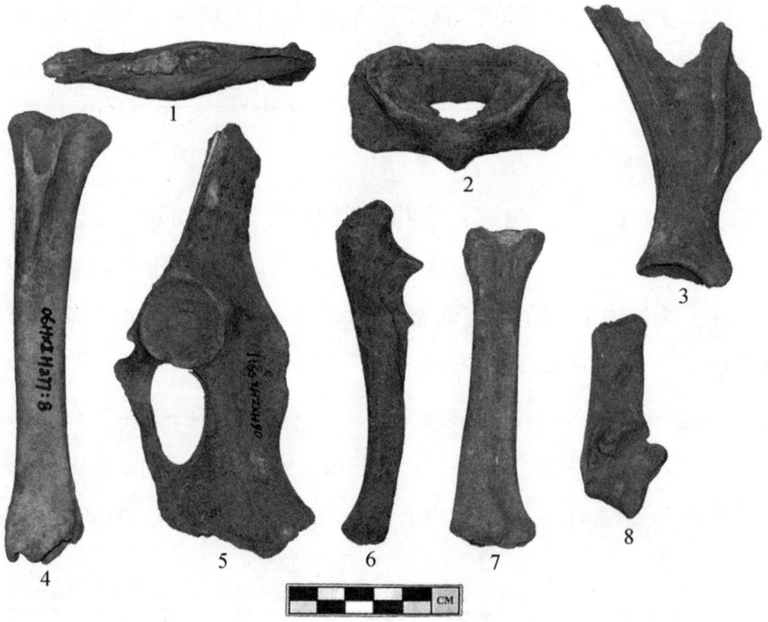

图六　先商时期出土家猪骨骼

1. 左侧下颌骨（06HXIH111②：20）　2. 寰椎（06HXIH63①：86）　3. 右侧肩胛骨（06HXIH277：1）　4. 左侧胫骨（06HXIH277：8）　5. 左侧髋骨（06HXIH254：1）　6. 右侧尺骨（06HXIG6：6）　7. 右侧桡骨（06HXIH63：3）　8. 左侧跟骨（06HXIG6：33）

标本06HXIH315：13，左侧距骨，保存完整。经测量，外半部最大长（GLl）为39.08、内半部最大长（GLm）为34.72毫米。

标本06HXIH238：91，系骨，保存完整。经测量，远轴侧最大长（Glpe）为37.00、近端最大宽（Bp）为16.48、骨干最小宽（SD）为12.96、远端最大宽（Bd）为14.97毫米。

标本06HXIH145：91，右侧第3跖骨，远端滑车脱落，未愈合。经测量，残长61.90、骨干中部宽（B）为13.55、近端最大宽（Bp）为15.25毫米。

标本06HXIH238：128，左侧第3掌骨，保存完整，风化较轻。经测量，最大长（GL）为60.34、近端最大宽（Bp）为14.00、骨干中部（B）为12.11、远端最大宽（Bd）为14.80毫米。

标本06HXIH277：25，右侧第4跖骨，保存完整。经测量，最大长（GL）为72.23、远端最大宽（Bd）为14.64、骨干中部宽（B）为11.99、近端最大宽（Bp）为13.82毫米。

标本06HXIH186：105，右侧第4掌骨，保存完整，骨干裂开。经测量，最大长（GL）为67.58、近端最大宽（Bp）为15.78、骨干中部宽（B）为12.81、远端最大宽（Bd）为16.01毫米。

B 性别鉴定。

主要依据上下犬齿及其齿槽的不同形态特征以及一部分肢骨形态特征上的差异来判断。

雄性猪的上下犬齿均无齿根，终生生长，其上犬齿近圆形，向上外侧生长，有髓腔，磨前侧；下犬齿长大，截面近三角形，平的一侧朝外，磨后侧；雌性猪的上下犬齿有齿根，个体较雄性的小；雌猪上犬齿向上长，齿根部有分叉；其下犬齿截面近椭圆形，齿冠较平的一侧朝外。从遗址中出土的零碎的猪的犬齿看，有4件属于雄性个体、3件属于雌性个体。

雄性猪的犬齿槽较雌性的要宽、大、深，齿槽截面形状也有所不同。从遗址中出土颌骨的齿槽形状看，有14件雌性标本、7件雄性标本，其中可鉴定年龄的均为未成年个体。

此外，从部分肢骨上也可看出猪的性别特征，寰椎上，雄性的寰椎两翼鼓，雌性的两翼较平，由于遗址中出土的寰椎翼均残，对其性别无法鉴定；髋骨上，雄性在髋臼窝的上外侧有非常凸起的放射脊，雌性的较弱，从出土的髋骨标本看，有6件雄性标本、9件雌性标本。

综合来看，薛庄遗址中出土的猪骨标本中，有26件雌性标本、17件雄性标本，性别比例中雌性占优，进一步证明了薛庄遗址中的猪为家猪。

C 猪头骨上的痕迹分析。

薛庄遗址中出土的先商时期的猪头骨都是残的碎块，以颞骨、枕骨、顶骨保存下来的较多，共45件。其中有6件标本的顶骨部位都被纵向劈开，应是为了容易煮熟而采取的特殊方式[①]。

标本06HXIH277：6，枕骨、顶骨部分，顶骨上有一道深的砍痕，应是利器多次劈砍所致。经测量，枕骨鳞部最大宽为60.84、顶骨最小宽为35.91、枕骨鳞部最小宽为50.16毫米。

标本06HXIH145：63，残的枕骨、顶骨部分，顶骨上有一组凌乱的砍痕，并且有火烧过的痕迹。经测量，A–Br长为44.46、顶骨最小宽为31.26毫米。

---

① 陈全家：《郑州西山遗址出土动物遗存研究》，《考古学报》2006年第3期，第416页。

2）水牛（*Bubalu* sp.）。

其肢骨整体来看比较粗壮，骨骼表面有结节和粗隆的地方显得比较粗糙，共发现标本32件，包括1件寰椎、1件枢椎、1件肩胛骨、1件肱骨、1件尺骨、1件桡骨、1件掌骨、6件腕骨、1件髌骨、1件跟骨、1件距骨、1件中央跗骨、8件系骨、3件冠骨、4件蹄骨。最小个体数为3个。以下06HXIH238中出土的几件标本，从风化程度以及相邻骨骼部位的接合程度看，应该属于一个个体。

石子山[①]出土水牛掌骨的近端最大宽为75、远端最大宽为80毫米，姜寨[②]遗址出土水牛掌骨的近端最大宽为64.7、远端最大宽为64.7毫米[③]，H238中的掌骨的近端最大宽为70.68、远端最大宽为72.99毫米，其数据正好介于这两者之间，据此推测这类粗壮的牛骨属于水牛个体。

标本06HXIH324①：22（图七，1），枢椎，棘突、横突和齿突均残，风化较重。经测量，椎体最大残长（LCDe）为100.58、前关节面最大宽（BFcr）为104.27、后关节突间最大宽（Bpacd）为73.55、椎体最小宽（SBV）为60.90、残高（H）111.11毫米。

标本06HXIH238：3（图七，2），右侧肩胛骨，保留有残的颈部及肩臼，从颈部被砸断。经测量，残长107.44、肩胛结最大长（GLP）为82.57、肩臼宽（BG）为57.49、肩臼长（LG）为69.85毫米。

标本06HXIH238：2（图七，3），右侧肱骨，保留有远端部分，滑车稍残，风化较重。经测量，残长153.55、远端最大残宽（Bd）为94.76毫米。

图七　先商时期出土水牛骨骼

1. 枢椎（06HXIH324①：22）　2. 右侧肩胛骨（06HXIH238：3）　3. 右侧肱骨（06HXIH238：2）　4. 左侧距骨（06HXIH238：146）　5. 系骨（06HXIH63①：20）

① 韩立刚：《安徽省濉溪县石山子遗址动物骨骼鉴定与研究》，《考古》1992年第3期，第258页。

② 祁国琴：《姜寨新石器时代遗址动物群的分析》，《姜寨新石器时代遗址发掘报告》，文物出版社，1988年，第534页。

③ 陈全家：《郑州西山遗址出土动物遗存研究》，《考古学报》2006年第3期，第405页。

标本06HXIH238：4（图八，3），右侧尺骨，骨干远端残缺，鹰嘴突处骨骺未愈合。经测量，残长212.43、鹰嘴残长（LO）为89.34、跨过钩突厚（DPA）90.35、近端关节面的最大宽（BPC）为53.60、鹰嘴最小厚（SDO）为74.52毫米。

标本06HXIH238：3（图八，1），右侧桡骨，保存完整，骨干中空，较轻，风化较重。经测量，最大长（GL）为315.00、近端最大宽（Bp）为102.24、近端关节面最大宽（BFp）为95.93、骨干最小宽（SD）为53.10、骨干最小周长（CD）为140.00、远端最大宽（Bd）为90.67、远端关节面最大宽（BFd）为84.56毫米。

标本06HXIH238：1（图八，2），右侧掌骨，保存完整，整体显得粗壮，短宽，风化较重。经测量，最大长（GL）为210.45、近端最大宽（Bp）为70.68、骨干最小宽（SD）为43.53、骨干最小周长（CD）为11.80、近端最大厚（Dp）为42.98、骨干最小厚（DD）为28.76、远端最大宽（Bd）为72.99毫米。

标本06HXIH238：5，右侧第2、3腕骨，保存完整。经测量，最大宽（GB）为41.88毫米。

标本06HXIH238：6，右侧第4腕骨，保存完整。经测量，最大宽（GB）为35.54毫米。

标本06HXIH238：7，右侧尺腕骨，保存完整。经测量，最大宽（GB）为29.52毫米。

标本06HXIH238：9，右侧桡腕骨，保存完整。经测量，最大宽（GB）为30.77毫米。

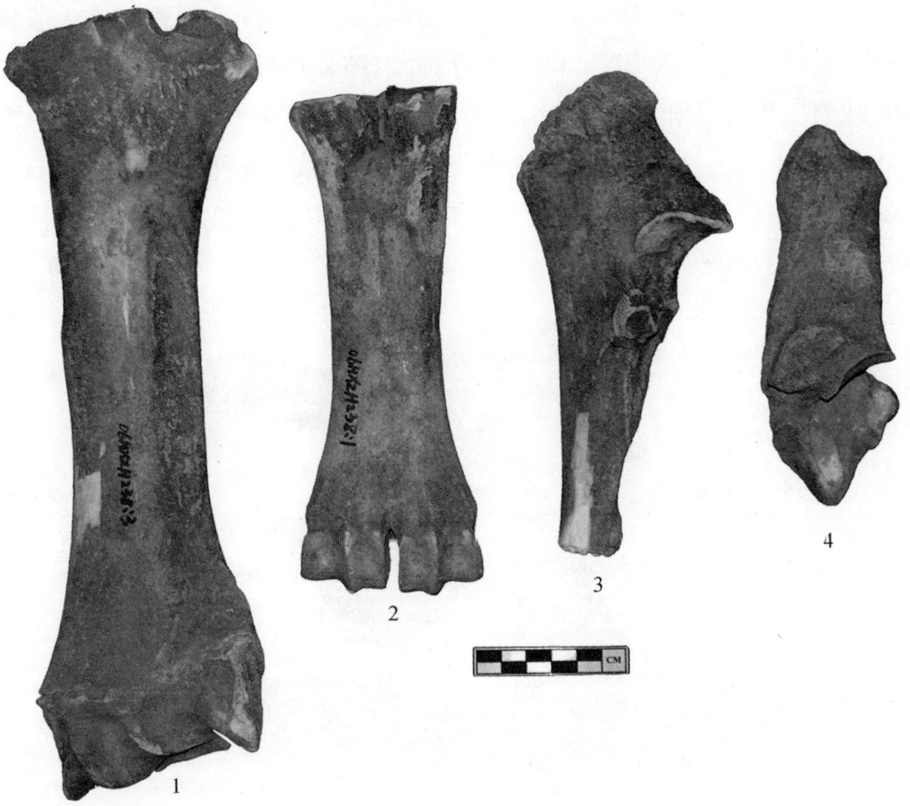

图八　先商时期出土水牛骨骼

1. 右侧桡骨（06HXIH238：3）　2. 右侧掌骨（06HXIH238：1）　3. 右侧尺骨（06HXIH238：4）　4. 左侧跟骨（06HXIH238：169）

标本06HXIH238：11，右侧中间腕骨，保存完整。经测量，最大宽（GB）为30.75毫米。

标本06HXIH238：13，右侧副腕骨，保存完整。经测量，最大宽（GB）为25.16毫米。

标本06HXIH238②：25，左侧髌骨，保存完整，风化较重。经测量，最大长（GL）为69.19、最大宽（GB）为55.51毫米。

标本06HXIH238：169（图八，4），左侧跟骨，保存完整，骨体粗壮，结节处粗隆发育。经测量，最大长（GL）为151.95、最大宽（GB）为49.54毫米。

标本06HXIH238：146（图七，4），左侧距骨，保存完整，风化较重。经测量，外半部最大长（GLl）为76.21、内半部最大长（GLm）为69.86、外半部最大厚（Dl）为42.60、内半部最大厚（Dm）为45.08、远端最大宽（Bd）为50.51毫米。

标本06HXIH277：136，左侧中央跗骨，保存完整，骨体粗壮，风化较重。经测量，最大宽（GB）为63.18毫米。

标本06HXIH63①：20（图七，5），系骨，近端稍残，近端内侧后方有一明显鼓起的粗隆，骨体短宽，风化较重。经测量，远轴侧最大长（Glpe）为67.83、近端最大宽（Bp）为38.82、骨干最小宽（SD）为34.18、远端最大宽（Bd）为37.23毫米。

3）黄牛（*Bos taurus*）。

该类标本共发现354件，包括角及残块34件、下颌骨34件、上颌骨11件、脊椎骨44件、肩胛骨9件、肱骨24件、尺骨6件、桡骨15件、腕骨9件、掌骨12件、髋骨26件、股骨22件、胫骨17件、跟骨9件、距骨6件、中央跗骨7件、髌骨2件、跖骨17件、系骨22件、冠骨20件、蹄骨8件。最小个体数8个。其中根据颌骨上牙齿的萌出及磨耗程度来看，至少包括5个幼年个体。

标本06HXIH63④：3（图九，1），右侧下颌骨，存残的水平支，保留有DP_2—M_1，幼年个体，风化较轻。经测量，前臼齿列长58.81、DP_2—M_1颊齿列长87.61、M_1前下颌骨高51.26、DP_2前下颌骨高36.65、DP_2长8.82毫米。

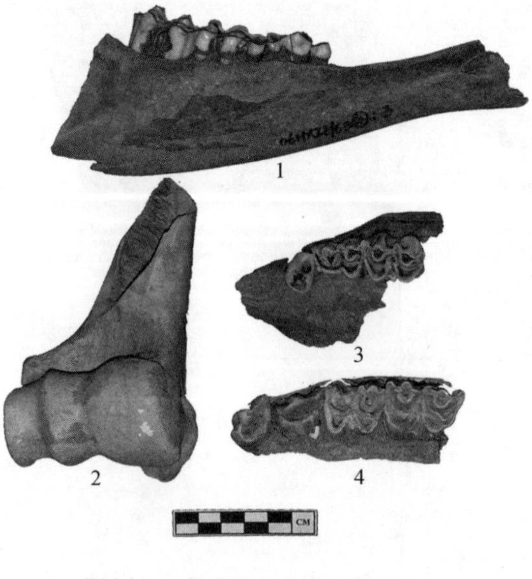

图九　先商时期出土黄牛骨骼

1. 右侧下颌骨（06HXIH63④：3）　2. 右侧肱骨（06HXIG6：32）　3、4. 左侧上颌骨（06HXIG6：22、06HXIH184：12）

标本06HXIG6：22（图九，3），左侧上颌骨，保留有DP^2—DP^4，幼年个体，风化较轻。经测量，DP^2-DP^4前臼齿列长64.64毫米，DP^2长17.93、宽12.78毫米，DP^3长23.08、宽15.95毫米，DP^4长27.30、宽18.03毫米。

标本06HXIH184：12（图九，4），左侧上颌骨，保留有P^2、P^3、DP^4、M^1，P^3露出一半。经测量，P^2-DP^4前臼齿列长67.25毫米，P^2—M^1颊齿列长91.58毫米，P^2长20.71、宽12.89毫米，DP^4长24.79、宽22.05毫米。

由于黄牛的下颌骨都比较破碎，能够进行部分数据测量的仅有6件标本，从测量的数据来看，P_2前下颌高在41.32～42.50、M_1前下颌高在45.45～51.26毫米。从黄牛的年龄结构看①，8个个体中至少有5个为幼年个体，幼年个体的比例占到62.5%，据此推测这个时期的黄牛已为家畜。

共发现5件黄牛角（表七），风化较重，其中角心基部接近圆形的2件应属于雄性个体，近椭圆形的3件标本应属于雌性个体。

表七　先商时期牛角测量表

种类		项目	角心基部周长/厘米	角心基部最大径/毫米	角心基部最小径/毫米	角心弯曲残长/厘米
牛sp.	幼年	H238：10	16.2	54.17	46.33	7.5
		H63①：58	16.5	55.25	50.11	10.1
	成年	H315：66	22.3	71.86	63.55	
		H277②：1	24.8	88.64	68.96	20.5
黄牛	雄性	H63②：2	14.5	45.90	40.22	13.1
		H248：87	16.5	55.26	46.46（残）	10.0
	雌性	H324：6	16.4	56.68	44.72	10.6
		H63②：1	18.2	65.30	47.63	8.9
		H55：8	19.2	67.59	49.67	11.3

标本06HXIG6：44，左侧尺骨，远端残缺，鹰嘴突骨骺未愈合，脱落。经测量，残长132.06、跨过钩突厚（DPA）为67.52、鹰嘴最小厚（SDO）为57.35毫米。

标本06HXIG6：32（图九，2），右侧肱骨，保留有完整的远端部分，风化较轻。骨干远端有砸痕，应是为了获取骨料。经测量，残长130.62、远端最大宽（Bd）为85.39、滑车最大宽（BT）为77.42毫米。

标本06HXIH183：67，左侧髋骨，保留有髋臼窝及背缘。臼窝上有一组砍痕，应是肢解时留下的，另外，在坐骨内侧有一道深的砸痕。经测量，残长148.39、髋臼边缘上测量长

① 杨春：《内蒙古西岔遗址动物遗存研究》，吉林大学硕士学位论文，2007年，第34、35页。

（LAR）69.41毫米。

标本06HXIH145：5，右侧髌骨，保存完整，风化较重。经测量，最大长（GL）为57.29、最大宽（GB）为44.32毫米。

标本06HXIG6：27，右侧距骨，保存完整，风化较重。经测量，外半部最大长（GLI）为73.65、内半部最大长（GLm）为67.70、外半部最大厚（DI）为40.01、内半部最大厚（Dm）为39.92、远端最大宽（Bd）为46.04毫米。

标本06HXIH33：11，左侧中央跗骨，保存完整，风化较重。经测量，最大宽（GB）为55.15毫米。

标本06HXIG6：37，右侧跖骨，保留有近端及部分骨干，骨干从中部断开，断口呈叉状。经测量，残长140.59、近端最大宽（Bp）为47.73、近端最大厚（Dp）为49.59毫米。

标本06HXIH55：23，系骨，保存完整，风化较重。经测量，远轴侧最大长（Glpe）为66.95、近端最大宽（Bp）为32.49、骨干最小宽（SD）为25.98、远端最大宽（Bd）为30.07毫米。

4）牛（Bovinae）。

这个时期还发现一类牛角（图一〇），共6件。其基部发育，角粗壮，风化得都比较严重，角质疏松。其中4件属于幼年个体，还未完全萌出，短粗，较直；2件属于成年个体，截面呈椭圆形，角基部发育，向上渐细。最小个体数为4个。其具体的种属还有待进一步研究。

5）绵羊（*Ovis* sp.）。

可确定为是绵羊的标本共有62件，包括1件头骨、1件角、7件脊椎骨、5件下颌骨、18件肱骨、2件尺骨、9件股骨、10件肩胛骨、4件掌骨、2件胫骨、1件距骨、2件跖骨。最小个体数7个。

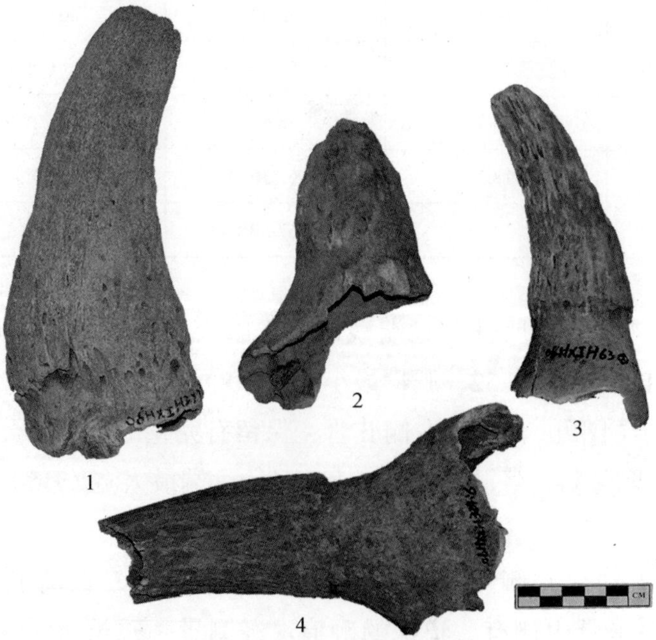

图一〇　先商时期出土牛角

1、2. 牛角（06HXIH277②：1、06HXIH63①：58）　3. 黄牛角（06HXIH63②：6）　4. 雌性黄牛角（06HXIH324：6）

标本06HXIH178：12，残的头骨，存顶骨以及部分额骨、枕骨、颞骨，额骨上有残的角柄，经测量，A-Br长53.48、枕髁最大宽为51.02、枕骨大孔最大宽为17.33、枕骨大孔高19.13、顶骨最小宽为43.63、角心基部最大直径为15.63、角心基部最小直径为14.05毫米。

标本06HXIH325：2，左侧下颌骨，残的水平支，保留有P_3—M_3，风化较重。经测量，前臼齿列长23.00毫米，臼齿列长53.22毫米，颊齿列长76.22毫米，M_3长24.50、宽9.33毫米，P_2前下颌高19.15，M_1前下颌高25.61毫米。

标本06HXIH178：92（图一一，1），寰椎，两侧寰椎翼残缺，背部骺板已愈合。经测量，残长（GL）51.84、前关节面最大宽（BFcr）为51.53、后关节面最大宽（BFcd）为50.08、前关节面到后关节面的最大长（GLF）为48.52、残高（H）37.31毫米。

标本06HXIH178：72（图一一，2），枢椎，横突、棘突残缺。经测量，椎体最大长（LCDe）为62.83、椎弓最大长（LAPa）为50.31、前关节面最大宽（BFcr）为48.51、后关节突间最大宽（Bpacd）为37.17、椎体最小宽（SBV）为27.02、后关节面最大宽（BFcd）为23.89、残高（H）51.36毫米。

标本06HXIH178：103，左侧肩胛骨，近端、肩胛冈、前后缘均残，从肩胛下窝一侧看，前缘平，后缘是一鼓起的凸棱。肩胛下窝上的这一特征是山羊、绵羊在肩胛骨上很显著的一个差别。经测量，残长93.65、肩胛颈最小长（SLC）为20.24、肩胛结最小长（GLP）为35.91、肩臼宽（BG）为22.89、肩臼长（LG）为28.17毫米。

标本06HXIH231：1（图一一，6），左侧肱骨，保存完整，风化较重。经测量，长（GL）146.54、外侧部最大长（GLC）133.91、远端最大宽（Bd）32.68、骨干最小宽（SD）15.02、近端最大宽（BP）42.15毫米。

标本06HXIH178：63，右侧尺骨，骨体远端残，鹰嘴突骨骺愈合。经测量，残长82.34、鹰嘴长（LO）为41.62、跨过钩突厚（DPA）为30.88、近端关节面最大宽（BPC）为19.75、鹰嘴最小厚（SDO）为27.68毫米。

标本06HXIH277：91，左侧股骨，存近端及部分骨干，骨干断口呈叉状。经测量，残长104.04、近端最大宽（Bp）为51.49、股骨头最大厚（DC）为22.92、骨干最小宽（SD）为17.76毫米。

标本06HXIH178：3（图一一，3），左侧胫骨，近端部分稍残。经测量，最大长（GL）为223.44、近端最大宽（Bp）为44.05、骨干最小宽（SD）为15.73毫米，骨干最小周长（CD）为4.60厘米，远端最大宽（Bd）为28.10毫米。

标本06HXIH178：149，左侧距骨，保存完整。经测量，外半部最大长（GLI）为31.81、内半部最大长（GLm）为30.90、外半部最大厚（DI）为17.19、内半部最大厚（Dm）为20.50、远端最大厚（Bd）为20.22毫米。

标本06HXIH178：7（图一一，5），左侧掌骨，保存完整。经测量，最大长（GL）为144.69、近端最大厚（Bp）为25.76、骨干最小宽（SD）为14.51、近端最大厚（Dp）为18.17、骨干最小厚（DD）为10.28、远端最大宽（Bd）为27.81毫米。

标本06HXIH178：24（图一一，4），右侧跖骨，保存完整。经测量，最大长（GL）为152.83、近端最大宽（Bp）为21.30、骨干最小宽（SD）为12.35、近端最大厚（Dp）为22.45、骨干最小厚（DD）为11.12、远端最大宽（Bd）为27.20毫米。

以上H178中出土的几件标本，无论从风化程度（均风化较重，骨体变得较轻）、个体大小，还是同侧肢骨互接相吻合的程度看，应该属于同一个个体。

6）山羊（*Capra* sp.）。

可确定为是山羊的标本共11件标本。包括10件肩胛骨、1件股骨。最小个体数4个。

标本06HXIH83：96（图一一，7），左侧肩胛骨，近端残缺，肩胛冈稍残。从肩胛下窝一侧看，前后缘都是鼓起的凸棱。经测量，残长138.37、肩胛颈最小长（SLC）为19.91、肩胛结最大长（GLP）为34.73毫米。

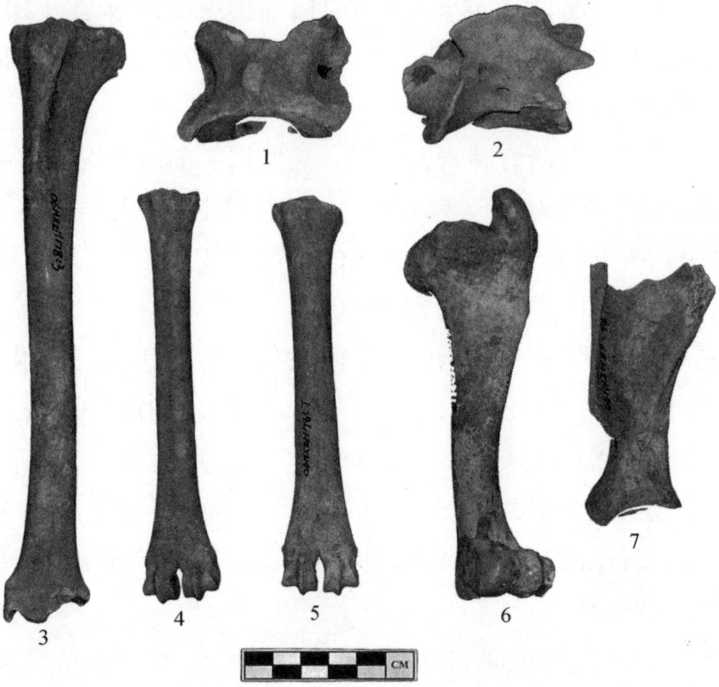

图一一　先商时期出土羊骨骼

1. 寰椎（06HXIH178：92）　2. 枢椎（06HXIH178：72）　3. 左侧胫骨（06HXIH178：3）　4. 右侧跖骨（06HXIH178：24）　5. 左侧掌骨（06HXIH178：7）　6. 右侧肱骨（06HXIH231：1）　7. 左侧肩胛骨（06HXIH83：96）

7）羊（Caprine）。

除去可鉴定为是绵羊、山羊的标本外，还剩余347件羊的标本，包括头骨残块6件、零牙97件、上颌骨6件、下颌骨48件、脊椎骨44件、肱骨14件、尺骨7件、桡骨24件、掌骨14件、髋骨24件、股骨11件、跟骨8件、跗骨1件、胫骨12件、跖骨12件、指（趾）骨19件。结合左侧M3及左侧下颌骨看，最小个体数10个。

这些标本由于比较破碎，加上对山羊、绵羊部分骨骼上的特征变化没有把握，上文中只对特征变化较明显的部位进行了属一级的划分，如头骨、角、下颌骨、肩胛骨、股骨、肱骨、掌骨这些部位。对于无法确切地鉴定到属的羊骨，暂时先归入这一类中。

标本06HXIG6：4，右侧桡骨，存近端及部分骨干，风化较轻。经测量，残长138.37、近端最大宽（Bp）为32.30、近端关节面最大宽（BFp）为30.49毫米。

标本06HXIH63④：17，左侧跟骨，保存完整，风化较轻。经测量，最大长（GL）为63.96、最大宽（GB）为23.39毫米。

标本06HXIH83：78，左侧髌骨，保存完整，呈心状，近端尖，远端圆弧，风化较重。经测量，最大长（GL）为39.54、最大宽（GB）为24.40毫米。

标本06HXIH277：14，右侧髋骨，保留有髋臼、残的髂骨干和坐骨干，风化较轻。经测量，残长111.19、髋臼长（LA）为28.12毫米。

标本06HXIH252：26，系骨，保存完整，风化较轻。经测量，远轴侧最大长（Glpe）为41.53、近端最大宽（Bp）为14.19、骨干最小宽（SD）为11.09、远端最大宽（Bd）为13.99毫米。

从表八可以看出，年龄在1～18个月的青幼年个体占50%，成年个体约占18.75%，壮年个体约占31.25%，幼年个体占的比重较大。此外，从表九可以看出，先商时期的羊在下颌骨测量数据上与殷墟时期的羊[7]很接近，根据这两点推测先商时期的羊应是家畜。

表八　先商时期羊死亡年龄分布表　（单位：件）

时期＼年龄	4～5个月	6～8个月	9～10个月	11～12个月	16～17个月	成年	壮年
先商时期	1	3	2	1	1	3	5

表九　先商时期羊下颌骨测量表　（单位：毫米）

项目＼遗址	薛庄遗址先商时期	殷墟	现生	
			绵羊	山羊
前臼齿列长	25.33　（23.40～27.22）	25	23.9	23
臼齿列长	51.28　（49.10～53.22）	57	54.3	46.8
P_2前下颌骨	18.21　（16.23～19.90）	16	21	16
M_1前下颌骨	24.35　（20.02～25.61）	23	25.5	22.7
M_3后下颌骨	40.45　（38.31～41.64）	40	40.8	40.46
M_3长	23.95　（22.45～25.01）			
M_3宽	9.72　（9.10～10.54）			

8）家狗（*Canis familiaris*）。

该类标本共发现66件，包括上颌骨10件、下颌骨16件、零牙9件、肩胛骨1件、肱骨4件、尺骨4件、桡骨2件、掌骨3件、髋骨5件、股骨4件、胫骨5件、跟骨1件、距骨1件、跖骨1件。未出土完整的头骨。结合下颌骨看，至少有7个个体。

表一〇　狗下颌骨测量表　　（单位：毫米）

测量项目	薛庄（先商时期）		西山遗址	现生家犬
	06HXIH277：2	06HXIH25②：20		
髁到C齿槽远口缘	107.28	96.84	106	
角突到C齿槽远口缘		97.34	101	
M_3到C槽远口缘	71.41	66.41	70.3	
P_1—M_3	67.44	62.55	65	72.8
P_2—M_3	61.40	58.42	60.5	
前臼齿列长	36.62	35.42	34.7	39.1
臼齿列长	29.88	39.22	31.25	36
P_2－P_4	31.65		30.29	
裂齿齿槽长		18.04	18	
颌体最大厚	10.18	10.31	11.36	10.3
M_1后下颌骨高	22.02	21.83	22.5	20.4
P_2与P_3间下颌骨高	18.35	17.06	18.26	
下颌垂直部高	50.95			
裂齿长	18.47			
裂齿宽	7.44		8	

从薛庄遗址先商时期狗下颌骨测量表的测量数据可以看出，出土的狗在下颌骨大小上与现生家犬较相似，推测其为家犬。

出土的下颌骨中仅有2件保留有M_3，其余的均残缺，仅存齿槽孔，从齿槽孔大小看，M_3均已萌出，裂齿稍磨，未露出齿质点，据此推测，遗址中出土的先商时期的狗均属于未成年个体。

标本06HXIH277：1（图一二，1），右侧下颌骨，风化较轻，保留有P_2、P_3、M_1、M_2及犬齿，M_3后侧骨体有两道平行割痕，应是肢解下颌时留下的。经测量，全长122.28毫米，角突-Id长123.31毫米，髁到犬齿齿槽远口缘长106.59毫米，角突到犬齿齿槽远口缘长107.60毫米，M_3到犬齿齿槽远口缘长70.64毫米，P_1—M_3齿列长为66.87毫米，P_2—M_3齿列长为61.51毫米，臼齿列长30.65毫米，P_1－P_4齿列长37.47毫米，P_2－P_4齿列长32.61毫米，裂齿齿槽长18.86毫米，M_2长7.78、宽5.79毫米，颌体最大厚9.98毫米，M_1后下颌骨高22.82毫米，P_2与P_3间下颌骨高17.72毫米，下颌垂直部高50.13毫米。

标本06HXIH63④：59，右侧肩胛骨，近远端及肩胛冈均有残缺。经测量，残长58.11、肩臼长（LG）为23.56、肩臼宽（BG）为16.41毫米。

标本06HXIH111②：69（图一二，7），左侧肱骨，保存完整，风化较轻。近端有一圈成组分布的平行割痕，呈现细、浅表、直的特征，与骨干长轴垂直，应是肢解时留下的。经测量，最大长（GL）为141.97、从肱骨头的顶端到内侧髁的最远端（GLC）为139.34、近端厚（Dp）为32.52、骨干最小宽（SD）为10.43、远端最大宽（Bd）为26.37毫米。

标本06HXIH111③：5（图一二，5），右侧尺骨，肘突残。半月切迹后方骨体的外侧有三道平行割痕，呈现极细、浅表、直的特征，与骨干长轴垂直，应是肢解时留下的。经测量，残长123.71、跨过钩突厚（DPA）为20.15、近端关节面最大宽（BPC）13.58毫米。

标本06HXIH63②：10（图一二，3），左侧桡骨，近端残缺，风化较轻。经测量，残长123.42、骨干最小宽（SD）为13.11、远端最大宽（Bd）为23.44毫米。

标本06HXIH324：13（图一二，2），右侧髋骨，髂骨翼、部分耻骨及坐骨残缺。经测量，残长99.80、髋臼边缘上测量长（LAR）为19.61、髂骨干最小宽（SB）为7.52、髂骨干最小高（SH）为17.07毫米，髂骨干最小周长（SC）为4.50厘米。

标本06HXIH283：10（图一二，4），右侧股骨，保存完整，整体风化较轻。经测量，从股骨头到远端滑车的最大长（GLC）为99.06、近端最大宽（Bp）为22.52、股骨头最大厚（DC）为11.20、骨干最小宽（SD）为8.22、远端最大宽（Bd）为19.79毫米。

标本06HXIH324：33（图一二，8），右侧胫骨，近端关节面稍残。经测量，最大长（GL）为165.45、近端最大宽（Bp）为28.02、骨干最小宽（SD）为11.91毫米，骨干最小周长（CD）为3.40厘米，远端最大宽（Bd）为20.69毫米。

标本06HXIH282：9（图一二，6），右侧跟骨，保存完整。经测量，最大长（GL）为41.11、最大宽（GB）为15.63毫米。

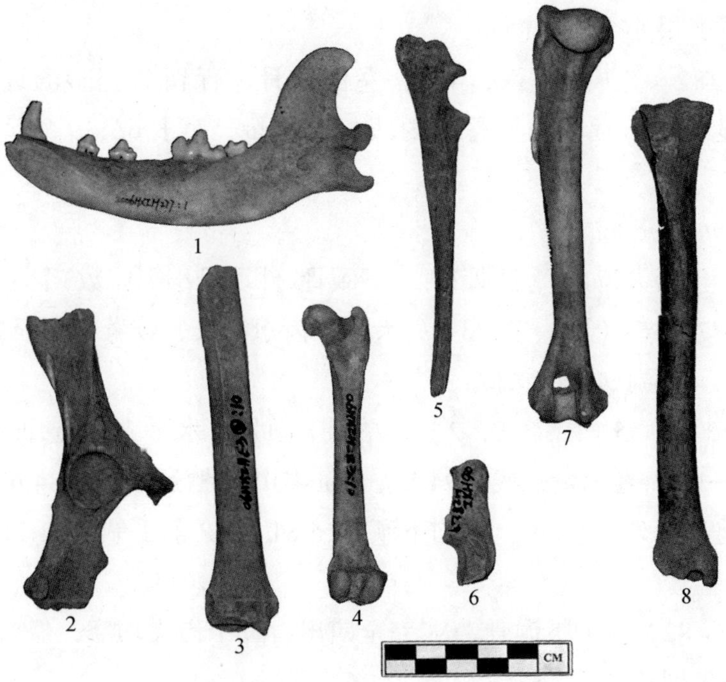

图一二　先商时期出土狗骨骼

1. 右侧下颌骨（06HXIH277：1）　2. 右侧髋骨（06HXIH324：13）　3. 左侧桡骨（06HXIH63②：10）　4. 右侧股骨（06HXIH283：10）　5. 右侧尺骨（06HXIH111③：5）　6. 右侧跟骨（06HXIH282：9）　7. 左侧肱骨（06HXIH111②：69）　8. 右侧胫骨（06HXIH324：33）

标本06HXIH114：4，右侧距骨，风化较重，骨表质完全脱落。经测量，最大长（GL）为21.77毫米。

标本06HXIH210：2，右侧第3跖骨，远端滑车残。经测量，最大长（GL）为60.46、远端最大宽（Bd）为7.97毫米。

标本06HXIH157④：8，右侧第2掌骨，保存完整。经测量，最大长（GL）为50.45、远端最大宽（Bd）为8.12毫米。

标本06HXIH111③：70，右侧第5跖骨，保存完整，风化较轻。经测量，最大长（GL）为53.61、远端最大宽（Bd）为7.15毫米。

标本06HXIH277：248，右侧第3掌骨，保存完整，骨干沿长轴裂开。经测量，最大长（GL）为60.05、远端最大宽（Bd）为7.68毫米。

（2）野生动物

1）狍子（*Capreolus pygargus*）。

共有2件标本，均是跖骨，风化较重。最小个体数2个。

标本06HXIH248：78，左侧跖骨，存残的远端和部分骨干，骨干中部断裂，远端外侧滑车残缺。残长106.38毫米。

标本06HXIH328：3（图一三，7），左侧跖骨，存完整的远端及部分骨干，外侧滑车明显高于内侧滑车。经测量，残长65.17毫米，远端最大宽（Bd）为30.54毫米。

2）麝（*Moschus* sp.）。

仅发现1件标本，最小个体数1个。

标本06HXIH282：5（图一三，4），左侧桡骨，保留有完整的远端和部分骨干，远端前侧有两条明显的脊，远端内侧骨面内凹。经测量，残长65.39、远端最大宽（Bd）为19.58毫米。

3）獐（*Hydroptes inermis*）。

共有4件标本，包括犬齿1件、肱骨1件、下颌骨2件。最小个体数3个。

标本06HXIH277：161（图一三，3），犬齿，齿冠窄长，较弯，齿根短，齿冠前侧薄锐。经测量，最大长70、齿冠长40.56毫米。

标本06HXIH25③：35（图一三，2），左侧下颌骨，水平支和上升支的前侧残，M_3未完全萌出，保留DP_3—M_3。经测量，残长94.52、Goc-DP_2齿槽远口缘长84.65、颊齿列长54.92、臼齿列长31.94、前臼齿列长23.49、M_1前下颌高15.81、DP_2前下颌高14.71、M_3后下颌高27.38毫米。

标本06HXIG6：82，右侧下颌骨，M_3完全萌出，三个齿尖均磨，保留M_1—M_3。经测量，残长61.56毫米，臼齿列长32.91毫米，M_3长13.26、宽5.61毫米。

标本06HXIH277：206（图一三，5），右侧肱骨，存残的远端和部分骨干，内上髁脊明显宽于外上髁脊，滑车上的脊较锐。残长45.98毫米。

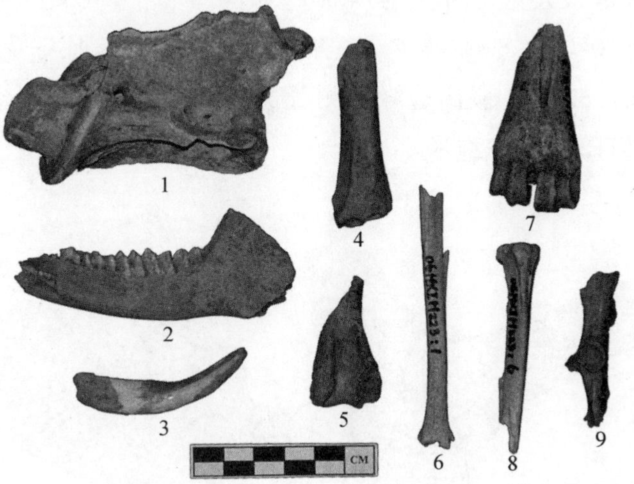

图一三　先商时期出土野生动物骨骼

1. 马鹿枢椎（06HXIH296②：1）　2. 獐左侧下颌骨（06HXIH25③：35）　3. 獐犬齿（06HXIH277：161）　4. 麝左侧桡骨（06HXIH282：5）　5. 獐右侧肱骨（06HXIH277：206）　6. 兔子左侧胫骨（06HXIH223：1）　7. 狍子左侧跖骨（06HXIH328：3）　8. 兔子右侧胫骨（06HXIH223：6）　9. 兔子左侧髋骨（06HXIH145：10）

4）鹿（*Cervus*）。

共发现4件标本，包括3件鹿角、1件枢椎。最小个体数2个。

A 麋鹿（*Elaphurus davidianus*）

共发现2件标本，均为鹿角，有1件上有劈痕、1件上有砍痕。最小个体数1个。

标本06HXIH315：61（图一四，2），左侧，保留有残的主枝及眉枝，角柄部有凌乱的砍痕。经测量，残长100.13毫米。

B 马鹿（*Cervus elaphus*）

仅发现1件鹿角标本，共发现2件标本，包括1件鹿角标本、1件枢椎，最小个体数1个。

标本06HXIH248：8（图一四，1），右侧，存残的主干及眉枝，眉枝直，表面没有痕迹。经测量，残长107.98、残宽101.66毫米。

标本06HXIH296②：1（图一三，1），枢椎，棘突、横突、左侧后关节突及椎体后侧关节面均残，风化较重。经测量，椎体残长（LCDe）为87.91、椎弓残长（LAPa）为73.73、前关节面最大宽（BFcr）为52.96、椎体最小宽（SBV）为32.64、最大高（H）为59.87毫米。

5）兔子（*Lepus* sp.）。

共发现5件标本，包括2件胫骨、2件股骨、1件髋骨，整体风化较轻，最小个体数3个。

标本06HXIH223：1（图一三，6），左侧胫骨，近端部分残缺，远端风化较重。经测量，残长90.25、远端最大厚（Dd）为7.57、骨干最小宽（SD）为6.38毫米，骨干最小周长（CD）为1.90厘米，远端最大宽（Bd）为12.19毫米。

标本06HXIH223：6（图一三，8），右侧胫骨，存近端及部分骨干，外侧骨体风化较重。

经测量，残长71.45、近端最大宽（Bp）为14.35毫米。

标本06HXIH145：10（图一三，9），左侧髋骨，髂骨翼、耻骨及部分坐骨残缺，背缘平直，微鼓。经测量，残长52.99、髋臼边缘上测量长（LAR）为10.05、髂骨干最小宽（SB）为5.39、髂骨干最小高（SH）为9.13毫米。

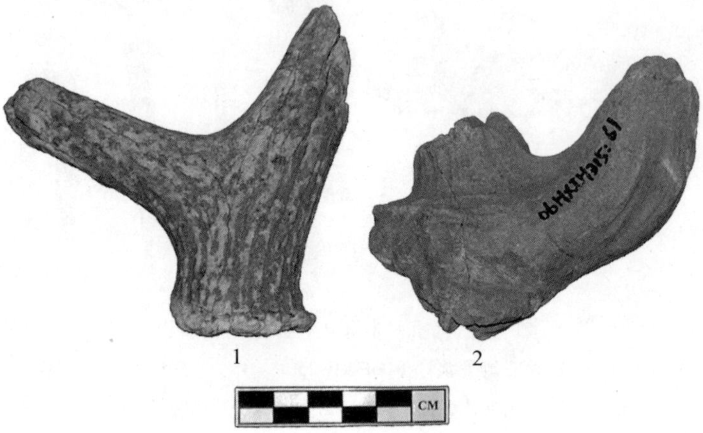

图一四　先商时期出土鹿角

1. 马鹿右侧角（06HXIH248：8）　2. 麋鹿左侧角（06HXIH315：61）

（三）晚商时期

遗址中出土晚商时期的动物遗存共1700件，其中碎块746件，可鉴定种属及部位的标本765件，可鉴定部位的标本189件。出土动物种类包括猪、牛、狗、羊、兔子、鸟类、蚌壳，种类没有先商时期丰富，现分述如下。

1. 软体动物类（Mollusca）

该类标本共发现261件，包括帆蚌230件、丽蚌8件、矛蚌7件、珠蚌16件。

（1）帆蚌（*Hyriopsis* sp.）

共发现230件，可鉴定部位的有2件，均是右侧的。其中有2件碎块的腹侧被磨平。

标本06HXIH321：17，右侧帆蚌碎片，腹侧被磨平。经测量，残长92.92、残宽41.01毫米。

（2）丽蚌（*Lamprotula* sp.）

共发现8件标本，左侧5件、右侧3件。1件标本上有磨痕。

标本06HXIM13填土：5，右侧，壳体外侧有磨痕，局部磨平。经测量，残长35.92、残宽31.37毫米。

（3）矛蚌（*Lanceolaria* sp.）

共发现7件标本，左侧4件、右侧3件。1件标本的壳嘴前侧有穿孔，未磨。2件标本上有磨痕。

标本06HXIH287：7，左侧，壳顶处被磨平。经测量，残长68.71、高21.72、壳体最大厚10.10毫米。

标本06HXIT21③：5，右侧，壳体外侧局部磨平。经测量，残长48.02、高20.38、壳体最大厚9.98毫米。

（4）珠蚌（*Unio* sp.）

共发现16件标本，右侧10件、左侧6件。1件标本上有磨痕，1件标本经火烧。

2. 鸟类（Aves）

此类标本共发现3件，包括1件尺骨、1件掌骨、1件股骨，风化较轻。最小个体数1个。

标本06HXIM19：9，右侧股骨，近端残缺。经测量，远端最大宽（Bd）为14.06、远端最大厚（Dd）为14.05毫米。

3. 哺乳类（Mammalia）

（1）家养动物

1）家猪（*Sus domestica*）。

该类标本共发现237件，包括头骨碎块27件、零牙13件、上颌骨30件、下颌骨58件、脊椎骨9件、肩胛骨13件、肱骨21件、尺骨8件、桡骨6件、掌骨4件、髋骨6件、股骨13件、胫骨14件、跟骨5件、距骨1件、跖骨7件、系骨2件。从下颌骨看，至少有24个个体。

A 死亡年龄鉴定。

从表五可以看出，晚商时期猪的死亡年龄以未成年为主，共21个个体，占87.5%；成年个体1个；壮年个体2个。该期的猪骨多出自灰坑中，有一部分出于地层和墓葬中。出土于墓葬中的猪骨，可鉴定年龄的共3件，均为未成年个体。

根据肢骨骨骺的愈合程度（表一一），对该时期的家猪年龄进行如下划分。

表一一　晚商时期猪肢骨愈合度统计表　　（单位：件）

部位 / 愈合度	寰椎	肱骨	股骨	尺骨	桡骨		胫骨		掌跖骨	跟骨	指趾骨	合计
		远端	远端		近端	远端	近端	远端				
	4～7岁	1.5岁	3.5岁	3～3.5岁	1岁	3.5岁	3.5岁	2岁	2岁	2～2.5岁	1～2岁	
未愈合		2	2	2	3	3	2	1	5	3		23
未完全愈合		3						2				5
完全愈合	4	3							4		2	13
骨体小		3	1		1		1					6
合计	4	11	3	2	7		6		9	3	2	47

从寰椎来看，年龄>7岁的有4件；

从肱骨来看，年龄<1岁的有5件，1～1.5岁的有3件，>1.5岁的有3件；

从尺骨来看，年龄在1～3.5岁的有2件；

从桡骨来看，年龄<1岁的右1件，1～3.5岁的有6件；

从股骨来看，年龄<1岁的有1件；1～3.5岁的有2件；

从胫骨来看，年龄<1岁的有1件，1～2岁的有5件；

从掌骨来看，年龄>2岁的有4件，<2岁的有5件；

从跟骨来看，年龄1～2岁的有3件；

从指趾骨来看，年龄>2岁的有2件。

综合来看，晚商时期年龄小于1岁的幼年猪占32%，死亡年龄在1～2岁的青年个体占44%，年龄大于2岁的成年、壮年个体占24%。较先商时期幼年猪的数量增加，成年个体的数量有所下降，猪被进一步驯化，在屠宰年龄上更趋于幼龄化。

B 性别鉴定。

从出土的零散的犬齿及下颌骨看，有11件标本为雌性、1件标本为雄性，由于肢骨中可鉴定性别的都比较破碎，无法准确判断其性别。单从下颌骨及犬齿来看，这个时期猪的性别比例相差悬殊，推测当时人们可能已掌握了阉割技术。

标本06HXIH321：27，寰椎，寰椎翼残缺，风化较重。在左侧前关节面外侧有4道割痕，应是肢解痕。经测量，前关节面最大宽（BFcr）为53.41、高（H）为54.70毫米。

标本06HXIH321：75，下颌联合部，从犬齿特征看，应该属于雌性。在领体左外侧有3道割痕，在其右外侧有一道砍痕，应是肢解、剥皮时留下的。经测量，犬齿齿槽间宽为55.78、犬齿齿槽最大径为16.72毫米。

标本06HXIH121：10，右侧肩胛骨，近端残缺，风化较重。经测量，肩胛颈最小长（SLC）为22.93、肩臼长（LG）为27.37、肩胛结最大长（GLP）为34.52、肩臼宽（BG）为23.54毫米。

标本06HXIH235：1，左侧肱骨，存残的远端及部分骨干，风化较重。远端骨干内侧有一道深的砍痕。经测量，骨干最小宽（SD）为16.93毫米。

标本06HXIH211：5，右侧跟骨，跟骨结节处未愈合，脱落，风化较重。经测量，最大宽（GB）为22.70毫米。

标本06HXIH271：31，右侧第5跖骨，保存完整，风化较轻。经测量，最大长（GL）为59.86毫米。

2）水牛（*Bubalu* sp.）。

该类标本共发现6件，包括4件系骨、2件蹄骨，最小个体数1个。

标本06HXIT11②：2，系骨，保存完整，风化较重。经测量，远轴侧最大长为（Glpe）为63.74、近端最大宽（Bp）为36.51、骨干最小宽（SD）为30.29、远端最大宽（Bd）为32.16毫米。

3）黄牛（*Bos taurus*）。

该类标本共发现109件，包括零牙19件、上颌骨1件、下颌骨2件、肩胛骨2件、肱骨12件、尺骨3件、桡骨3件、腕骨8件、掌骨3件、髋骨11件、股骨7件、胫骨2件、跟骨7件、距骨9件、跖骨3件、指（趾）骨17件。最小个体数6个。共发现2件下颌骨，前臼齿都是乳齿，均为幼年个体。

标本06HXIH144：2（图一五，4），左侧下颌骨，风化较重，存水平支前半部分，保留有DP_3、DP_4。经测量，前臼齿列长为62.70、DP_2前下颌高为36.51毫米。

标本06HXIH326：39（图一五，1），右侧肱骨，风化较重，近端残缺，近远端骨骺均未愈合。经测量，残长153.52、骨干最小宽（SD）为21.78、远端最大宽（Bd）为61.95、滑车最大宽（BT）为60.58毫米。

标本06HXIH150②：18，左侧髋骨，保留有髋臼和残的耻骨干，风化较重。坐骨干上有砍痕，在臼窝的髋骨、耻骨关节面之间有一道深的割痕。经测量，髋臼长（LA）为13.52毫米。

标本06HXIH326：6（图一五，2），左侧股骨，近远端骨骺均未愈合，脱落。经测量，残

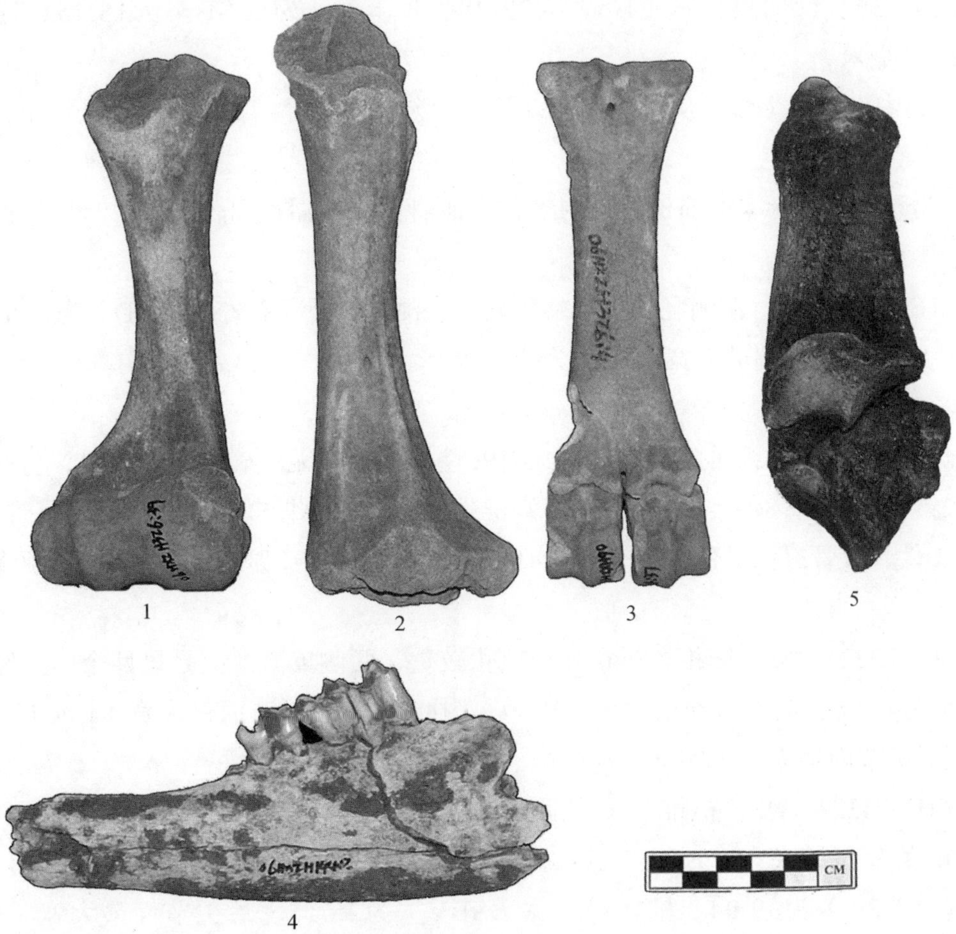

图一五　晚商时期出土黄牛骨骼

1. 右侧肱骨（06HXIH326：39）　2. 左侧股骨（06HXIH326：6）　3. 左侧掌骨（06HXIH326：4）　4. 左侧下颌骨（06HXIH144：2）　5. 左侧跟骨（06HXIH225：19）

长179.19、骨干最小宽（SD）21.31、骨干最小周长（CD）为7.00厘米。

标本06HXIH326：4（图一五，3），左侧掌骨，骨干稍残，远端部分未愈合。经测量，最大长（GL）为162.32、近端最大宽（Bp）为46.08、近端最大厚（Dp）为28.94、骨干最小厚（DD）为17.48、骨干最小宽（SD）为24.17毫米。

标本06HXIH119：4，跖骨，保留有残的远端以及部分骨干。远端骨干上有劈痕，骨壁直，应是为了获取骨料。远端滑车上有割痕和砍痕。

标本06HXIH225：19（图一五，5），左侧跟骨，结节处稍残，风化较重。跟骨体上有3道平行砍痕，与骨体长轴垂直，此外，还有被火烧的痕迹。经测量，最大长（GL）为147.37、最大长（GB）为50.97毫米。

标本06HXIH109：2，左侧距骨，保存完整，风化较重，内侧关节面有一组割痕，应是肢解痕。经测量，外半部最大长（GLI）为69.81、内半部最大长（GLm）为63.67、外半部最大厚（DI）为38.84、内半部最大厚（Dm）为38.68、远端最大宽（Bd）45.00毫米。

标本06HXIH326：59，系骨，风化较重，近端关节面未愈合。经测量，远轴侧最大长（Glpe）为47.32、近端最大宽（Bp）为22.28、骨干最小宽（SD）为18.15、远端最大宽（Bd）为20.15毫米。

以上H326中出土的牛骨，从风化程度以及骨骺愈合程度看，属于同一个幼年个体。

4）绵羊（*Ovis* sp.）。

可确定为是绵羊的标本共有8件，包括3件下颌骨、2件肱骨、1件股骨、1件肩胛骨、1件胫骨。最小个体数2个。

标本06HXIH327：3，左侧胫骨，近端稍残。经测量，骨干最小宽（SD）为15.93、远端最大宽（Bd）为28.66、近端最大宽（Bp）为43.10毫米。

5）羊（*Caprine*）。

除去以上可鉴定为是绵羊的标本外，还有96件羊骨标本无法确定具体的属，包括头骨碎块3件、零牙29件、下颌骨8件、上颌骨3件、脊椎骨11件、肩胛骨5件、肱骨5件、尺骨1件、桡骨6件、髋骨10件、股骨3件、胫骨3件、跟骨4件、跖骨3件、指（趾）骨2件。从下颌骨看，最小个体数为5个。

标本06HXIH321：85，寰椎，翼稍残，风化较重，两侧翼鼓，应是雌性个体。经测量，最大长（GL）为45.88、前关节面最大宽（BFcr）为45.72、后关节面最大宽（BFcd）为45.72、前关节面到后关节面最大长（GLF）为44.61、高（H）32.65毫米。

标本06HXIH321：92，枢椎，尾侧骺板未愈合，脱落。经测量，椎体最大长（LCDe）为49.49、前关节面最大宽（BFcr）为45.23、后关节突间最大宽（Bpacd）为28.56、两侧横突最大宽（BPtr）为39.94、椎体最小宽（SBV）为25.15、后关节面最大宽（BFcd）为22.88毫米。

从下颌骨看羊的死亡年龄分布（表一二），其中幼年个体发现3件，占37.5%；成年个体发现3件，占37.5%；壮年个体占25%。幼年个体比重减少，成年、壮年占到62.5%，屠宰年龄偏大。

表一二　晚商羊死亡年龄分布表　（单位：件）

时期＼年龄	6～8个月	11～12个月	成年	壮年
晚商时期	2	1	3	2

6）家狗（*Canis familiaris*）。

共发现44件标本，包括上颌骨3件、下颌骨9件、零牙2件、寰椎1件、肱骨6件、尺骨5件、桡骨1件、掌骨3件、髋骨1件、股骨5件、胫骨5件、跟骨3件。其中有15件出自墓葬，并且有6件出自腰坑，属于一个未成年个体。最小个体数6个（表一三）。

表一三　狗下颌骨测量表　（单位：毫米）

测量项目	H321：88	H321：77	H104：20	H164：20	H164：28	H136①：7
P_1—P_4	38.25		38.38			35.52
P_2—P_4	33.26					31.17
臼齿列长			31.22		31.56	
P_1—M_3			69.09			
裂齿长		18.68	19.94		19.19	
裂齿宽		7.23	8.40		7.74	
裂齿槽长		17.41	18.84		18.58	17.42
M_2长			8.05	8.12	8.12	7.38
M_2宽			6.55		6.01	5.58
M_1前下颌高			23.47		21.93	20.56
P_3前下颌高	19.48		19.67		18.53	15.98
M_3长				5.05		
M_3宽				4.26		

标本06HXIM44腰坑：6，右侧下颌骨，风化较重。保留有DP_3、DP_4，M_1还未萌出。其年龄3～4周。

标本06HXIH321：47（图一六，1），寰椎，保存完整，风化较重。腹弓一侧有一组平行割痕，应是分离头骨与颈椎时留下的。经测量，寰椎翼最大宽（GB）为74.21、最大长（GL）为38.67、前关节面最大宽（BFcr）为37.62、后关节面最大宽（BFcd）为28.51、前关节面到后关节面最大长（GLF）为29.37、背侧弓长（Lad）为31.56、高（H）24.91毫米。

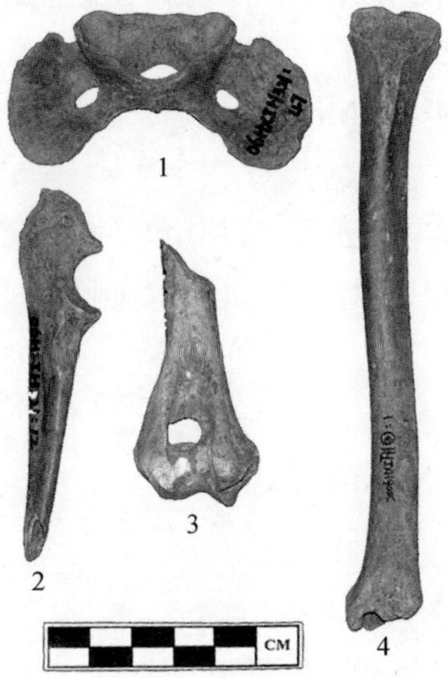

图一六　晚商时期出土狗骨骼

1. 寰椎（06HXIH321：47）　2. 左侧尺骨（06HXIH321：12）
3. 左侧肱骨（06HXIH207：6）　4. 左侧胫骨（06HXIT11③：1）

标本06HXIH321：12（图一六，2），

左侧尺骨，鹰嘴突及部分骨干残缺。经测量，残长90.14、跨过钩突厚（DPA）为20.45、近端关节面最大宽（BPC）为11.55毫米。

标本06HXIH207：6（图一六，3），左侧肱骨，保留有远端及部分骨干。经测量，残长66.22、远端最大宽（Bd）30.25毫米。

标本06HXIH321：79，左侧股骨，风化较重，近端部分残缺。在骨干上有割痕，应是肢解时留下的。经测量，残长138.94、骨干最小宽（SD）为11.60毫米，骨干最小周长（CD）为3.60厘米，远端最大宽（Bd）为25.95毫米。

标本06HXIT11③：1（图一六，4），左侧胫骨，近端稍残，风化较重。经测量，长150.71、骨干最小宽（SD）为10.47毫米，骨干最小周长（CD）为3.20厘米，远端最大宽（Bd）为18.48、近端最大宽（Bp）为22.12毫米。

标本06HXIH104：49，左侧跟骨，保存完整，风化较重。经测量，最大长（GL）为39.51、最大宽（GB）为15.92毫米。

（2）野生动物。

兔子（*Lepus* sp.）

仅发现1件下颌骨，风化较重。最小个体数1个。

标本06HXIH247：6，左侧下颌骨，存残的水平支，门齿残缺，保留有4颗牙齿。经测量，残长40.27、P_3齿槽口缘—Id的长为18.78毫米。

（四）汉魏时期

遗址中出土汉魏时期的动物遗存共667件，其中碎块317件，可鉴定种属及部位的标本230件，可鉴定部位的标本120件。出土动物种类包括猪、牛、狗、羊、狍子、野猪、驴、蚌壳，出自灰坑和地层中。以下分做介绍。

1. 软体动物类（Mollusca）

该类标本共发现22件，包括帆蚌碎块15件、丽蚌1件（左侧）、珠蚌6件（左3、右1）。

标本06HXH97②：45，左侧丽蚌，壳顶残缺。经测量，长76.58、残高49.60、壳体最大厚17.27毫米。

2. 哺乳类（Mammalia）

（1）家养动物

1）家猪（*Sus domestica*）。

该类标本共发现86件，包括头骨碎块2件、上颌骨4件、下颌骨20件、寰椎2件、肩胛骨7件、肱骨10件、尺骨8件、桡骨4件、掌骨2件、髋骨10件、股7件骨、胫骨4件、跟骨2件、距骨

3件、跖骨1件。最小个体数8个。

根据牙齿萌出及磨蚀程度判断，下颌骨中有6件标本为未成年个体（表六），上颌骨中有1件是未成年的，1件是成年的。其余的颌骨标本由于太碎且未保留牙齿，而无法判断其年龄。出土的2件掌骨、1件跖骨，远端均愈合。

标本06HXIH236：58，左侧上颌骨，风化较重，P_1、M_1刚露出，其年龄应为4～4.5个月。经测量，DP_1—DP_4齿列长为44.25、DP_2—DP_4齿列长为37.19毫米。

标本06HXIT107③：7，左侧上颌骨，保留有P_4—M_3，M_3前侧齿尖已磨平，判断是成年个体。经测量，前臼齿列长37.38毫米，M_3长34.07、宽7.41毫米。

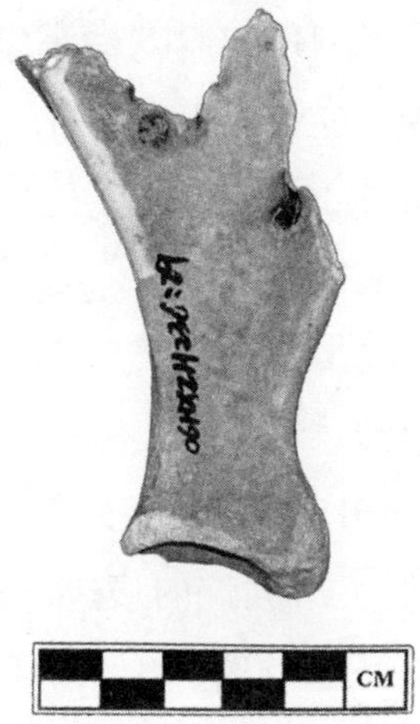

图一七　带灼痕的猪肩胛骨

标本06HXIH236：29（图一七），左侧肩胛骨，风化较重，近端残缺。肩胛冈被削得平齐，肩胛下窝一侧有灼烧的痕迹，可能是卜骨。经测量，肩胛颈最小宽（SLC）为24.01、肩胛结最大长（GLP）为34.27、肩臼残宽（BG）为21.72毫米。

标本06HXIT16②：3，左侧桡骨和尺骨，保留有桡骨近端及部分骨干、尺骨残的半月切迹及部分骨干，风化严重，桡骨干前侧有一道深的砍痕。

标本06HXIT11②：73，左侧跟骨，跟骨结节处未愈合，脱落。经测量，残长（GL）63.94、最大宽（Gm）为20.48毫米。

标本06HXIT11②：91，左侧距骨，保存完整，内侧关节面有两道割痕，应是肢解时留下的。经测量，外半部最大长（GLl）为39.62、内半部最大长（GLm）为34.56、外半部最大厚（Dl）为20.02、内半部最大厚（Dm）为21.75、远端最大宽（Bd）22.39毫米。

2）黄牛（*Bos taurus*）。

该类标本共发现46件，包括角1件、下颌骨1件、肩胛骨3件、肱骨7件、尺骨1件、桡骨6件、腕骨4件、掌骨2件、髋骨4件、股骨1件、胫骨2件、跟骨4件、距骨1件、跖骨4件、系骨5件。至少有5个个体。

有5件肱骨外上髁脊处的断裂形状都一样，可能是为了获取完整骨料而有意砸断的。

标本06HXIT11：13（图一八，1），左侧角及残的额骨，风化较重。经测量，角基部最大径为58.73、最小径为47.73、基部周长为16.70毫米。

标本06HXIT22②：35（图一八，2），左侧下颌骨，风化严重。保留有水平支的前侧部分，颌体外侧有砸痕，P_3刚露出。经测量，残长146.34、P_2前下颌高为42.47毫米。

标本06HXIT11②：34，左侧肩胛骨，风化较重，前后缘、肩胛冈、颈部均残。冈下窝有一组划痕，应是刮肉时留下的。经测量，肩胛长（LG）为44.78、肩胛宽（BG）为38.86毫米。

标本06HXIH236：1，左侧尺骨，风化较重，存鹰嘴突及残的半月切迹，半月切迹处有砸的痕迹。经测量，鹰嘴最小厚（SDO）为55.84毫米。

标本06HXIT22②：16，左侧跟骨，风化较重，载距突、齿突、跟骨结节残缺。经测量，残长（GL）121.11、最大宽（GB）为42.47毫米。

标本06HXIT97②：2（图一八，3），右侧距骨，风化较重，近端外侧脊被砍掉一部分。经测量，内半部最大长（GLm）为70.03、外半部最大厚（Dl）为44.60、内半部最大厚（Dm）为46.51毫米。

标本06HXIH317：32（图一八，5），右侧跖骨，保留有残的远端和部分骨干。骨体前侧有2道割痕，有火烧的痕迹。经测量，残长145.90、远端最大宽（Bd）为56.14毫米。

标本06HXIT23②：31（图一八，4），左侧中央跗骨，风化较重，保留有外侧关节面部分，从骨体中间被砍开，可能是为了获取骨料。

图一八　战汉时期出土黄牛骨骼

1. 左侧角（06HXIT11：13）　2. 左侧下颌骨（06HXIT22②：35）　3. 右侧距骨（06HXIT97②：2）　4. 左侧中央跗骨（06HXIT23②：31）　5. 右侧跖骨（06HXIH317：32）

标本06HXIH236：26，系骨，保存完整，风化较轻。远端髁上有一道割痕，在近端骨体内侧有3道平行砍痕，都应是肢解时留下的。经测量，远轴侧最大长（Glpe）为64.81、近端最大宽（Bp）为30.32、骨干最小宽（SD）为26.08、远端最大宽（Bd）为28.88毫米。

这期未见水牛的骨骼，可能是受到当时环境变化的影响。

3）绵羊（*Ovis* sp.）。

其中可鉴定为是绵羊的标本共19件，包括3件下颌骨、3件肱骨、1件掌骨、4件胫骨、3件跟骨、2件距骨、3件跖骨。最小个体数2个。

标本06HXIH317：29，右侧下颌骨，存水平支，上升支残缺，保留有P_4—M_3，P_4、M_1的齿质点全部露出，风化较轻。经测量，颊齿列长76.10毫米，臼齿列长52.21毫米，前臼齿列长23.89毫米，M_3长26.89、宽9.81毫米。

标本06HXIH317：31，左侧肱骨，近远端稍残，风化较重。经测量，最大长（GL）为150.51、肱骨头的顶端到内侧髁的最远端长（GLC）为135.74、骨干最小宽（SD）为16.71、远端最大宽（Bd）为33.54、滑车最大宽（BT）为30.09毫米。

标本06HXIH317：25，右侧胫骨，近端胫骨嵴残缺，风化较轻。经测量，残长219.51、骨干最小宽（SD）为14.67毫米，骨干最小周长（CD）为4.30厘米，远端最大厚（Dd）为28.17毫米。

标本06HXIH317：7，左侧掌骨，远端内侧滑车残缺，风化较重。经测量，最大长（GL）为156.15、近端最大宽（Bp）为28.03、近端最大厚（Dp）为19.58、骨干最小宽（SD）为15.58、骨干最小厚（DD）为11.64毫米，骨干最小周长（CD）为4.80厘米。

标本06HXIH317：6，左侧跖骨，远端滑车残缺，风化较重。经测量，残长151.56、近端最大宽（Bp）为24.33、近端最大厚（Dp）为24.07、骨干最小宽（SD）为13.90、骨干最小厚（DD）为11.86毫米。

4）羊（Caprine）。

还有48件标本由于比较破碎，无法鉴定到具体的属。包括下颌骨2件、零牙8件、脊椎骨3件、肩胛骨3件、肱骨1件、尺骨1件、桡骨4件、掌骨3件、髋骨4件、股骨2件、胫骨2件、跟骨2件、距骨3件、跖骨1件、指趾骨9件。最小个体数2个。

5）家狗（*Canis familiaris*）。

该类标本共发现5件，包括2件胫骨、2件上颌骨、1件下颌骨。至少有2个个体。

标本06HXT22②：47，左侧下颌骨，风化严重，存残的水平支，牙无保留。经测量，前臼齿列长32.68、P_2、P_3前下颌高15.47、颌体最大厚为10.00毫米。

标本06HXT11②：21，右侧胫骨，存远端及部分骨干，风化较重。经测量，远端最大宽（Bd）为20.71毫米。

（2）野生动物。

1）野猪（*Sus scrofa*）。

共发现2件标本，风化都比较重。最小个体数2个。

标本06HXT22①：22（图一九，1），右侧尺骨，存半月切迹和部分骨干，骨体粗壮，风化严重，呈砖灰色，骨体变重，声音清脆。经测量，残长79.64、近端关节面最大宽（BPC）为25.19毫米。

标本06HXT21③：5，右侧髂骨，保留有残的髂骨翼和髂骨干。髂骨干上有2道较深的相交叉的砍痕。

2）驴（*Equus asinus*）。

仅发现1件系骨，风化较重，最小个体数1个。遗址中仅出土这一件驴的标本，推测其可能为野驴。

标本06HXH22：3（图一九，2），系骨，保存完整。经测量，最大长（GL）为62.37、近端最大宽（Bp）为32.56、近端最大厚（Dp）为24.51、骨干最小宽（SD）为21.58、远端最大宽（Bd）为30.68毫米。

3）狍子（*Capreolus pygargus*）。

仅发现1件标本，最小个体数1个。

标本06HXH317：27（图一九，3），左侧胫骨，保留有残的远端及部分骨干，骨表面光亮。经测量，残长90.87、远端最大宽（Bd）为29.00毫米。

图一九　战汉时期出土野生动物骨骼

1. 野猪右侧尺骨（06HXT22①：22）　2. 驴系骨（06HXH22：3）　3. 狍子左侧胫骨（06HXH317：27）

（五）隋唐—宋代

该期共发现标本27件，其中碎块18件，可鉴定种属及部位的9件，动物种类有猪、牛、羊三种。现分述如下。

1. 家猪（*Sus domestica*）

仅1件标本，风化较重。最小个体数1个。

标本06HXH127：15，右侧胫骨，存远端部分，远端骨骺愈合。经测量，远端最大宽（Bd）为28.64毫米。

2. 羊（Caprine）

共发现4件标本，包括3件下颌骨、1件上臼齿碎块。最小个体数2个。

标本06HXH127：8，右侧下颌骨，存残的水平支，保留有P_4—M_2，P_4稍磨，风化较重。

3. 黄牛（*Bos taurus*）

共发现4件标本，包括零牙1件、掌骨1件、桡骨1件、系骨1件。最小个体数为1个。

标本06HXH127：2，系骨，风化较重。经测量，远轴侧最大长（Glpe）为52.13、近端最大宽（Bp）为35.87、远端最大宽（Bd）为28.38毫米。

三、骨骼表面的痕迹分析

（一）自然作用

根据骨骼表面的不同特征可将薛庄遗址出土动物遗存的风化类型分为物理风化和化学风化两种。从整个遗址的骨骼风化程度来看，属于物理风化的占90.91%，属于化学风化的仅占9.09%。

1. 物理风化

可分为以下五个等级。

一级：骨表质保存完整，保留骨骼原有的颜色，表面光滑，骨体较重；

二级：骨壁开始出现裂纹，呈褐色，较光滑；

三级：骨表面局部的骨表质成片脱落，骨表呈深褐色；

四级：骨表质全部脱落，骨表面局部出现很多小凹坑，骨表粗糙呈灰白色；

五级：骨表面布满小凹坑，局部出现深的裂纹，骨体很轻，呈白色，易破碎。

2. 化学风化

该类标本有312件，其中89.1%的骨骼表面局部出现成片的蜂窝状小孔，骨体变轻，颜色发白；10.9%的骨骼表面全部呈蜂窝状，骨体更轻，疏松易碎。化学风化的标本占比较少，推测应是植物根系作用所致。

综合来看，属于物理风化一级的标本占12.3%，二级标本占19.0%，三级标本占33.3%，四级标本占28.6%，五级标本占6.8%，遗址中出土的动物遗存大部分都经过长时间的风化，由此可以推测遗址被使用的时间较长。晚商时期物理风化程度为四、五级的标本占很大的比重，并有119件化学风化的标本，占化学风化总数的38.5%，骨骼暴露于地面的时间很长，据此推测遗址在晚商后期到战汉这段时间内，没有被作为定居址来使用。

（二）动物作用

1. 啮齿类咬痕

此类标本共发现40件，各期均有发现，数量不等。多位于长骨上，呈对称的沟槽状，一般多作用于骨干断口处和骨体带棱角的地方，其目的是磨牙。其中39件上的齿痕较小，应是小型鼠类的咬痕，1件标本上的齿痕很大，位于骨干中部，应该是大型啮齿类动物的咬痕。

2. 食肉类咬痕

此类标本共发现9件，均属于先商时期。分别分布于下颌骨颌体外侧、股骨头上、枢椎上、跟骨结节处、尺骨鹰嘴突处、跖骨远端滑车上以及胫骨骨干远端处，形状多呈麻点状，有的呈“丁”字形。从遗址出土动物骨骼的种属情况来看，这类痕迹应该都是犬科动物及其他食肉动物啃咬骨体造成的。

（三）人工痕迹

薛庄遗址出土的骨骼标本中有人工痕迹的共528件，这些痕迹主要分为：割痕、砍痕、劈痕、砸痕、锯痕、划痕、钻痕、磨痕、烧烤痕、沟裂痕（表一四）。

表一四　人工痕迹出现部位统计表　　（单位：件）

痕迹 / 部位	割	砍	劈	砸	钻	锯	磨	烧烤	沟裂	划	合计
头骨	7	5	4			1		8			25
上颌骨		2						4			6
下颌骨	15	4		3		2	20	8		1	53
下颌联合	4	1						1			6
角		3	2					1			6
椎骨	13	6						2			21
肩胛骨	4	7	1	6			5	6	1	1	31
肋骨	4	3		2		7	9				25
肱骨	2	9	3	26			1	7			48
尺骨	9	5		4				4		1	23
桡骨		10	3	10			2	2			27
掌骨	2	7	1	6			2	4			22

续表

部位＼痕迹	割	砍	劈	砸	钻	锯	磨	烧烤	沟裂	划	合计
髋骨	4	17		6				8		1	36
股骨	3	9	1	4				5			22
胫骨	2	13	2	5				4			26
跟骨	2	7	1	2				5			17
距骨	5	3						3			11
跖骨	4	15	5	9			2	2			37
指趾骨	9	3						6			18
腕骨		1						2			3
中央跗骨		2						1			3
蚌壳					13		20	3			36
部分碎骨		2	3				10	11	1		27
合计	89	134	26	83	13	10	71	97	2	4	529

1. 割痕

有割痕的标本共发现89件（图二〇）。主要作用于下颌骨、椎骨、尺骨、头骨、指趾骨等骨骼上。有成组分布的，也有单个分布的，大部分都是平行分布，有深有浅。割痕多分布于脊椎骨的关节面、背弓以及棘突上、下颌骨髁突下方及冠状突上、肢骨近远端关节面及其相邻的骨干上，从分布位置来看，这些割痕应是先民肢解动物时留下的。分布于下颌骨水平支内外侧及下颌联合部外侧的割痕，应是剥皮时留下的。龙山时期出土的4件梅花鹿系骨的远端骨干后侧都有一道深的割痕，位置、方向都相同，推测当时先民已经掌握了专门的屠宰技术。

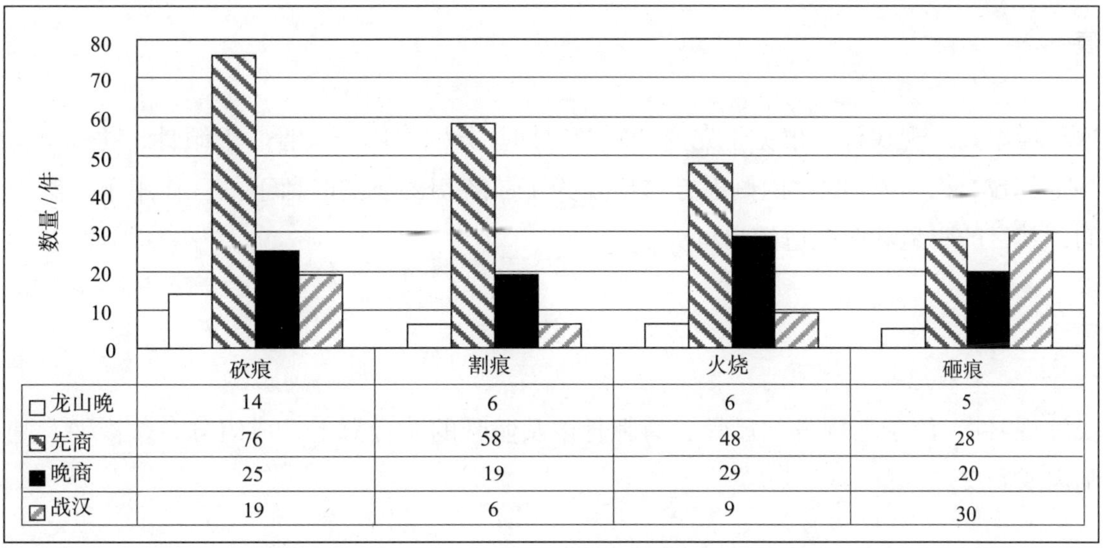

图二〇　薛庄遗址几种主要的人工痕迹在各个时期的数量对比图

2. 砍痕

有这类痕迹的标本共发现134件（图二〇），主要作用于桡骨、胫骨、跖骨、髋骨、肱骨、肩胛骨、掌骨、头骨以及角上，多成组分布，有深有浅，断面呈不规则的“V”形或“U”形。分布于长骨骨干两端、下颌骨、肋骨、角上的砍痕，其目的应是获取骨料；分布于跟骨骨体、脊椎骨和髂骨干上的，应是在肢解动物时留下的；分布于长骨骨干中部的，其目的应是敲骨吸髓或获取骨料。有2件标本是将牛的中央跗骨从中间砍开，其具体目的不详。

3. 砸痕

此类痕迹多作用于肱骨、桡骨、掌骨、跖骨、股骨等长骨以及髋骨、肩胛骨和下颌骨上，共83件（图二〇），各个时期均有发现。作用于长骨两端的，是为了获取较完整的骨干做骨料；作用于下颌骨上的，一方面可能是为了敲骨吸髓，另一方面是为了获取骨料，遗址中出土的大部分骨铲就是用下颌骨作为原料制成的（下一章节有详细介绍）。肩胛骨上的砸痕均位于颈部，从颈部被砸断，然后利用近端含肩胛冈的部分作为加工骨铲的原料。髋骨上的砸痕主要分布于髂骨翼和髂骨干上，其目的可能是肢解动物或获取骨料。

4. 劈痕

这类痕迹主要出现于角、长骨的两端以及猪的头骨上，共26件。将长骨和角沿骨体纵轴劈开，骨壁的断裂处平齐，以便获取较长的骨料；将猪的头骨，从顶骨、额骨的中间部位劈开，其目的应是加快烹煮的速度。

5. 锯痕

这类标本共发现10件，仅见于先商和晚商时期。分别作用于头骨、下颌骨、肋骨上，作用于头骨上的仅1件，位于颧弓内侧下方，应是为了肢解切割肌腱时留下的；作用于下颌骨和肋骨上的，其目的应是截取合适的骨料。

6. 划痕

仅发现4件，位于下颌骨、尺骨、肩胛骨以及髋骨的髂骨翼上，成组分布，极细，其目的应是刮肉或剥皮。

7. 沟裂痕

此类痕迹仅发现2件，位于肩胛骨（已被制成骨铲）和一件长骨碎块上。这种方法主要用于截取骨料上，先用利器在骨表面划出一条沟槽，然后沿着沟槽截取想要的骨料的形状。

8. 烧烤痕

此类痕迹共发现97件（图二〇），其中属于烤痕的有5件、火烧痕的有92件。5件烤痕分别位于髋骨、系骨、股骨及距骨上，呈黄褐色，推测当时人们可能有烤食后腿的习惯。除肋骨上未发现有烧痕外，其他骨骼上均有发现，应是人们将食剩的骨头当燃料烧掉的结果。此外，发现一件猪（战汉时期）的肩胛骨上有灼烧的痕迹，位于肩胛下窝一侧，点状分布，肩胛冈被修整得平齐，应与当时的祭祀、占卜活动有关。

9. 钻痕

此类痕迹共发现13件，龙山晚期、先商、晚商时期均有发现。均位于蚌壳上，有的是直接钻孔，有的是先磨后钻孔或直接磨出孔来，这些钻痕应是为了加工装饰品的需要。

10. 磨痕

此类痕迹多作用于下颌骨、肋骨、蚌壳及部分长骨碎块上，共计71件，其目的是加工骨器和装饰品。

四、骨器加工工艺

由于薛庄遗址出土的完整骨器均作为小件上交河北省文物保护研究中心，对该遗址出土的完整骨器的具体种类及数量不太清楚，本文仅就这批动物遗存中出十的骨器（包括成品及半成品）加以描述。出土的骨器中以骨铲为大宗，还包括骨凿、骨锥、骨镞、骨簪等，这些骨器多出土于先商和晚商时期。

（一）生活生产工具

1. 骨铲

发现的骨器中，骨铲的数量最多，这应是当时人们的主要农业工具。共发现8件成品，7件半成品。其中有3件半成品属于晚商时期，其余均为先商时期的。主要选择下颌骨、肩胛骨作为原料，根据选择原料部位的不同可分为以下三种。

（1）以肩胛骨为原料

多选用牛的肩胛骨，首先用沟裂、砍砸的方法在骨板上截取适当的长度，一般都是将颈部及后缘部分打掉（图二一的阴影部分）；然后砍掉肩胛冈并磨平；第三步是将肩胛前缘及颈部断裂处打磨光滑，便于抓握；最后在前侧断口处修磨出“V”字形刃口即可。

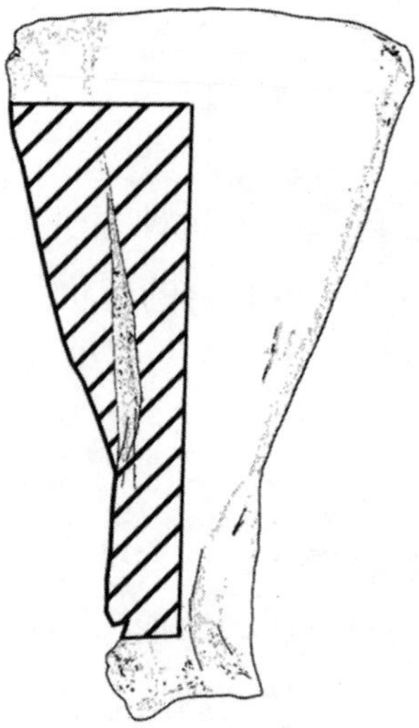

图二一　骨铲选取骨料部分

标本06HXIH284②：8（图二二，3），骨铲，前侧刃部及后端残缺，肩胛冈被砍掉并磨平，冈上窝一侧有沟裂痕，前缘部分打磨得光滑。经测量，残长128.69、宽47.41毫米。

（2）以下颌骨上升支为原料

均选用牛的下颌骨，首先用砍砸的方法截取上升支（如图二三的后侧斜线部分）；然后将髁突内侧突出的部分砍掉，并将砍掉的部分及髁突下方骨体打磨光滑，便于抓握；最后在下方断裂处修磨出刃口即可。

标本06HXIH111②：26（图二二，1），冠状突及刃部残缺，髁突内侧被砍掉并磨平，风化严重。经测量，残长89.32、残宽72.12毫米。

图二二　薛庄遗址出土骨铲

1. 06HXIH111②：26　2. 06HXIH277：114　3. 06HXIH284②：8

（3）以下颌骨水平支为原料

首先根据需要截取适当的长度（图二三的前侧斜线部分）；然后沿颌体长轴从中部劈开，并将齿槽一侧及颌体外侧打磨光滑；最后在颌体前侧修磨出刃口即可。

标本06HXIH277：114（图二二，2），颌体外侧打磨光滑，前端内侧磨出一大斜面，与外侧相交成“V”字形刃。经测量，长77.35、宽28.95毫米。

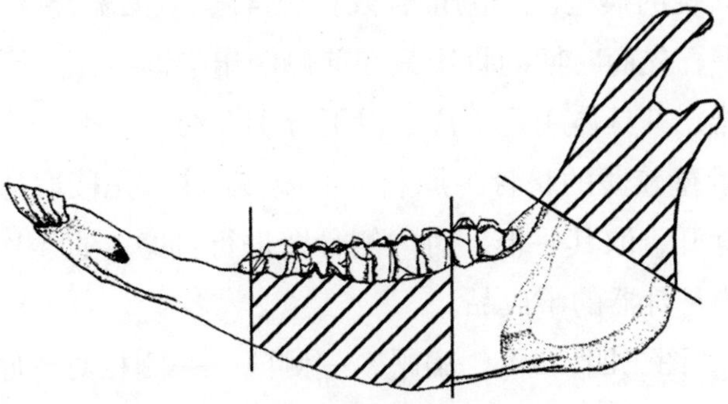

图二三　骨铲选取骨料部分

2. 骨凿

共发现5件成品，3件半成品。多以长骨骨干为原料，骨壁有厚有薄。第一步：用沟裂、劈砍的方法截取长度适宜的骨料，也有用一些合适的碎骨直接做原料的；第二步：将骨壁断裂处打磨或用硬锤敲砸成型，便于抓握；第三步：将前侧断口处打磨修整出“V”字形刃口。晚商时期的骨凿在整体形状的修整上比先商时期的更细致。

标本06HXIH277：117（图二四，7），先商时期，保存完整，用长骨的近端骨干为原料，骨壁断裂处稍加修整，刃口打磨得平齐光滑。经测量，长93.71、宽23.14毫米，刃部长21.18毫米。

标本06HXIH200：4（图二四，8），晚商时期，刃口处残缺，用长骨骨干为原料，通体打磨，两侧边用硬锤修琢平齐。残长113.46毫米。

3. 骨镞

仅发现1件，年代属于先商时期。

标本06HXIH63：58（图二四，4），通体磨光，一侧平，一侧鼓，两侧有短的翼，尾部有铤，应是复合工具。经测量，长44.92、宽10.35毫米，最大厚5.07毫米。

4. 骨锥

共发现2件，一般选择骨壁较薄的长骨，如肋骨。截取合适的长度，将骨体沿纵轴劈开，将断裂处打磨光滑，在一端修磨出尖状刃口即可。

标本06HXIH232：2（图二四，2），先商时期，用骨壁较薄的骨片制成，在前侧磨出尖刃，两侧边不加修整。经测量，长42.86毫米。

标本06HXIH247：11（图二四，6），晚商时期，细长，骨壁薄，一端磨出尖刃，两侧骨壁打磨得光滑，尾侧有火烧的痕迹。经测量，残长81.41、最大宽7.93、最大厚3.32毫米。晚商时期的骨锥各个边均磨平，先商时期的骨锥只在前侧磨出尖即可。

此外还发现三类骨器，其具体用途不详，以下分别介绍。

一类是以肋骨之类骨壁较薄的长骨为原料，共发现4件，先截取适宜的长度，多用锯砍的方法，再将骨体沿纵轴劈开，取其一半，对内侧骨壁进行打磨，直至磨平，其形状多为扁平的两端平齐的长条形。可能是骨器的半成品。

标本06HXIH247：4（图二四，5），扁平，一侧薄，一侧相对较厚，内侧骨壁被磨平，骨壁断裂处经打磨。经测量，残长64.78、宽9.75毫米。

另一类是以下颌骨水平支为原料，共发现3件，将水平支从中间劈开，颌体下方内侧骨壁处磨平，然后对颌体上方及下方的骨壁进行打磨，在其前端修磨出尖刃（图二四，1）。这类骨器可能也属于骨凿。

此外还有一件标本06HXIH111②：59（图二四，3），其形状呈舌状，前端扁平，两侧边被修磨平齐，前端一侧磨出一弧形斜面与另一侧相接形成刃部，在前端刃口处有一道火烧的痕迹。经测量，长为46.34、宽21.31毫米。

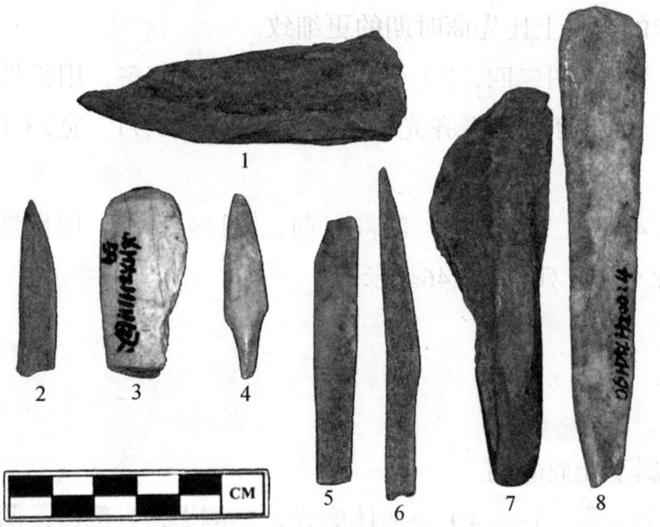

图二四　薛庄遗址出土骨器

1、3、5. 骨器（06HXIH200：10、06HXIH111②：59、06HXIH247：4）　2、6. 骨锥（06HXIH232：2、06HXIH247：11）　4. 骨镞（06HXIH63：58）　7、8. 骨凿（06HXIH277：117、06HXIH200：4）

（二）装饰品

仅发现1件骨簪，风化较重。

标本06HXIH211：25，通体磨光，扁平，一端尖，一端平，尖端残缺，平的一侧骨面上有

“四横一竖”的图案做装饰。经测量，残长76.46、最大宽9.09、最大厚3.32毫米。

另外，一些表面经打磨和穿孔的蚌壳，也应该属于装饰品。

从骨器种类及加工流程来看，当时的骨器加工工艺已具有一定的水平。晚商时期骨铲加工方法与先商时期一样，应是对传统的继承；晚商时期的骨凿、骨锥无论是在选料还是塑形上，都较先商时期更加细致。

五、结　语

（一）遗址性质分析

从遗址中出土动物遗存的风化程度来看，遗址在龙山晚期到晚商以及汉魏时期，都被作为比较固定的定居址来使用，在晚商后期到汉魏这段时间内，有一段未被使用的间歇期。

从各时期出土动物遗存的数量及骨骼出土单位的分布状况来看，先商和晚商的动物遗存最为丰富，尤其以家畜为主，出土骨骼的单位分布密集，说明这两个时期的人口数量比较多，分布密集，对肉食资源的需求量大；龙山晚期和汉魏时期动物遗存的出土量相对较少，而到隋唐—宋时期骨骼出土量仅有几十件，出土骨骼的单位也比较分散，说明这三个时期人口数量较少，而且分布比较分散。总体来看，该遗址经历了由龙山晚期人口较少、比较分散，到先商和晚商时期人口增多、分布密集，再到汉魏和隋唐—宋时期人口逐渐减少的一个演变过程。

（二）先民的风俗习惯

1. 祭祀习俗

（1）殉牲

晚商时期有两座墓中有殉狗的现象，分别是M42和M44腰坑中，M42中共出土狗骨6件，包括2件尺骨、2件股骨、1件髋骨、1件跟骨，除跟骨保存完整外，其余均破碎；M44腰坑中共出土狗骨6件，包括2件下颌骨、2件尺骨、2件桡骨，属于同一个个体，其年龄应在3～4周。这与商人腰坑中殉狗的习俗相吻合。

此外在先商和晚商的部分墓葬及填土中还出土有牛、羊、猪的骨骼。M35（先商）、M14（晚商）和M18（晚商）分别出土1件残的猪下颌骨，均为未成年个体； M19（晚商）中出土1件猪的上颌骨、2件猪的尺骨、1件猪的肱骨、1件羊的尺骨，均残破；M42（晚商）中出土1件猪的胫骨和1件猪的肱骨，残破。推测当时先民也有用猪、羊的骨骼进行殉葬的习俗，当然不排除其中一部分骨骼可能是遗迹之间互相打破后混入的。

（2）人祭现象

在少数灰坑中出土有人骨，共计16件，龙山晚期的H294中出土1件完整的成年个体的下颌骨，牙齿缺无。先商时期的H49中出土6件头骨碎块和4件颌骨碎块，这些颌骨碎块应属于同一个未成年个体；H25②出土1件残的未成年个体的下颌骨；H248中出土1件头盖骨和1件残的上颌骨，均属于成年个体。晚商时期的H321中出土1件人的尺骨残块和1件头骨碎块，H136中出土1件人的胫骨碎块，骨表面有割痕。

龙山时期的人祭、人殉现象尚处于初创阶段①，到商周时期达到顶峰。黄展岳先生曾将商代人祭归纳为三种用途：建筑杀祭、墓圹杀祭和宗庙杀祭②。由于遗址中未发现房址，作为“奠基牲”的可能性不大，推测可能是举行宗教仪式时使用的人牲，其具体性质还有待于进一步研究。从出土人骨的年龄上来看，成年个体和未成年个体均有，从出土的骨骼部位及其上面的痕迹和保存程度来看，当时人们多采取砸击头部和肢解的方法来处死人牲。

（3）占卜

在汉魏时期发现1件猪的肩胛骨上有灼烧的痕迹，肩胛冈被修整得很平齐，无钻孔，这应该与当时的占卜活动有关。

2. 饮食习惯

从遗址中出土的动物遗存来看，当时人们获取的肉食资源主要来自哺乳类，其中以家畜为主，同时辅以蚌类和少数禽类。从出土的大量烧骨、部分有烤痕的骨骼以及劈开猪头骨的行为来看，当时人们对肉食的加工主要采用烤和煮的方法。

（三）生业方式

1. 饲养经济

遗址动物群中，以猪、羊、牛等家畜的数量占优，其中以猪的个体数最多，占家畜个体总数的48.5%；其次是羊，占22.2%，然后是牛，占18.7%，狗的数量最少，占10.6%。由此可见，猪是当时人们主要的饲养动物，也是获取肉食资源的重要途径之一。猪作为农业经济的象征，其数量的不断增加，说明农业经济在当时得到快速发展，并在各种经济类型中占有主导地位。羊和牛的数量从龙山晚期到商代有了明显的增加，说明当时的畜牧业经济也得到一定程度的发展，是仅次于农业经济的第二大产业。遗址中未发现马的骨骼。

2. 渔猎经济

遗址中出土的野生动物种类较多，各时期数量不等。出土的野生哺乳类动物中鹿类的数量最多，有梅花鹿、麋鹿、马鹿、狍子、獐、麝，野猪和兔子的数量次之。可见当时的狩猎对象

---

① 王磊：《试论龙山文化时代的人殉和人祭》，《东南文化》1999年第4期，第22～27页。

② 宋国定：《商代中期祭祀礼仪考——从郑州小双桥遗址的祭祀遗存谈起》，《2004年安阳殷商文明国际学术研讨会论文集》，社会科学文献出版社，2004年。

主要是鹿类，尤其是梅花鹿和狍子（表二）。捕捞业方面，全部为淡水软体动物。龙山时期和先商时期的狩猎业比较发达，出土的野生动物种类和数量最多，晚商以后野生动物的种类和数量逐渐较少，这可能和当时的气候变化有关系，也可能是因为当时家畜饲养业发展迅速，人们依靠家畜就可以获得充足的肉食资源。晚商和先商时期出土的软体动物最多，可见当时遗址周围应该分布有大片的水域，商代以后软体动物在数量和种类上均减少，可能是当时气候环境的变化，导致遗址周围淡水域面积缩小造成的。

需要指出的一点是，由于遗址中龙山晚期、汉魏时期和隋唐—宋时期出土动物骨骼的遗迹较少，所以不一定能反映当时经济生活的全貌。经过上述分析，推测薛庄遗址龙山晚期的生业方式为：农业经济—渔猎经济—畜牧业经济，此时狩猎业占的比重较大；先商时期和晚商时期的生业方式为：农业经济—畜牧业经济—渔猎经济；汉魏时期的生业方式为：农业经济—畜牧业经济—渔猎经济。由于隋唐—宋时期出土动物遗存过少，无法对当时的生业方式进行分析。

（四）遗址周围的生态环境

遗址中出土的野生动物种类中，水生软体动物有帆蚌、丽蚌、珠蚌、矛蚌、圆田螺，均为淡水动物，说明当时遗址周围分布有较大面积的水域。陆生动物中有鹿类、野猪、兔子，其中以梅花鹿和狍子的数量最多。梅花鹿生活在开阔的林园草地上；马鹿生活在温暖的落叶阔叶林和针叶林的混交林以及灌木丛之间；獐喜栖于水边草丛和芦苇塘中；麋鹿喜栖于温暖湿润的平原、沼泽和有水域的地方；狍子多栖息在疏林带，多在河谷及缓坡上活动；麝多栖息于针叶林、针阔叶混交林、疏林灌丛地带。

从各时期的动物组合来看，在龙山晚期存在狍子、梅花鹿、野猪，说明当时应有开阔的林地和草原。先商时期有狍子、麋鹿、马鹿、獐、麝，说明当时的生态环境应为森林、草原、灌木丛混合带，并有大面积的水域，气候温暖湿润。晚商、汉魏及隋唐—宋时期的野生动物的出土数量稀少，仅见狍子、野兔和野猪，反映出当时的气候较前期变得比较干燥，为疏林草原景观。

附录三　邯郸薛庄遗址陶器制作工艺初步研究

袁　瑗

（南京博物院）

本文以邯郸薛庄遗址龙山晚期、先商和晚商时期陶器为研究对象，共选取各类陶器标本198件。它们大多出自灰坑和灰沟内，仅个别器物出自探方地层中。以实物观察为主要研究方法，结合民族学材料，拟从原料、成型、修整、装饰、烧制五个方面分析三个时期不同器类的制陶工艺，总结不同时期制陶工艺的总体特征。

一、龙山晚期陶器制作工艺

本文选取薛庄遗址龙山时期陶器标本57件，器类包括罐、鼎足、鬲足、甗、盆、盘、壶、瓮、甑形器，它们大都为口腹残片，个别为腹底残片。

（一）主要器形制作工艺

1. 罐

35件。根据纹饰、胎质等特点，可分为六类。

A类　4件。器形为报告中的A型，均为口腹残片，无底。侈口，折沿或卷沿，束颈，鼓腹。

原料：夹砂陶，砂粒较多，颗粒稍大。

成型：泥条法筑成[1]，口颈部可见比较明显的泥条痕迹。

修整：主要用篮纹陶拍拍打器表加以修整，自上而下竖向或斜向拍打，纹饰较宽疏，相互之间有叠压痕迹（图一）。口、颈部经慢轮修整，口沿在慢轮修整过程中外侈或下卷，抹掉部

① 由于陶器普遍经过修整，所以大多数泥条接痕不明显且不连贯，故本文只判断为泥条筑成法而不对圈筑法还是盘筑法做具体区分。

图一　H21：2器表篮纹

分纹饰形成素面，器表有细密较规整的轮旋痕迹。器物内壁蘸水修抹较平滑，个别器物可见不明显的陶垫窝。

装饰：口、颈为素面，腹部饰篮纹，个别器物腹部加饰几圈横向弦纹，纹痕较浅且不规整。

烧制：灰陶、灰褐陶，个别为褐陶，烧制后期主要为还原气氛。

B类　8件。器形为报告中的B型，均为口腹残片，无底。侈口，折沿，圆唇，束颈，鼓腹。口径12～18、胎厚0.4～0.6厘米。

原料：夹砂陶，砂粒较多，颗粒稍大，仅1件砂质十分细密。

成型：泥条法筑成，有些器物颈部可见明显的泥条痕迹。

修整：用绕绳圆棍[①]（利于滚动）竖向滚压器表形成竖向绳纹，然后从右上方向左下方稍倾斜滚压绳纹，两种纹饰交叠呈花生皮状，上部纹饰较深，下部纹饰稍浅，间距得当。器物内壁可能修抹平滑，几乎不见垫窝。口、颈部经慢轮修整，纹饰被抹掉，折沿在慢轮修整过程中外撇形成，上有细密较规整的轮旋痕迹。

装饰：口、颈部为素面，腹部饰花生皮状绳纹。

烧制：灰陶或灰褐陶，烧制后期主要是还原气氛，但烧制温度稍低。

C类　8件。器形主要为报告中的C型，另包含1件G型。均为口腹残片，无底。侈口或微侈

① 李文杰、黄素英：《黄河流域新石器时代制陶工艺的成就》，《华夏考古》1993年第3期。

口，圆唇或斜方唇，微束颈，鼓腹或筒腹，素面。口径11～29、胎厚0.5～1厘米。

原料：夹砂陶，砂质较多，颗粒大。H318：6内外壁遍布砂粒，十分粗糙，陶土可能未经淘洗。

成型：宽泥条叠筑，泥条不匀称。从外侧叠加，口沿亦用泥条直接接上，用手稍微外撇而成（图二）。H40：15上腹粘接小鋬耳。

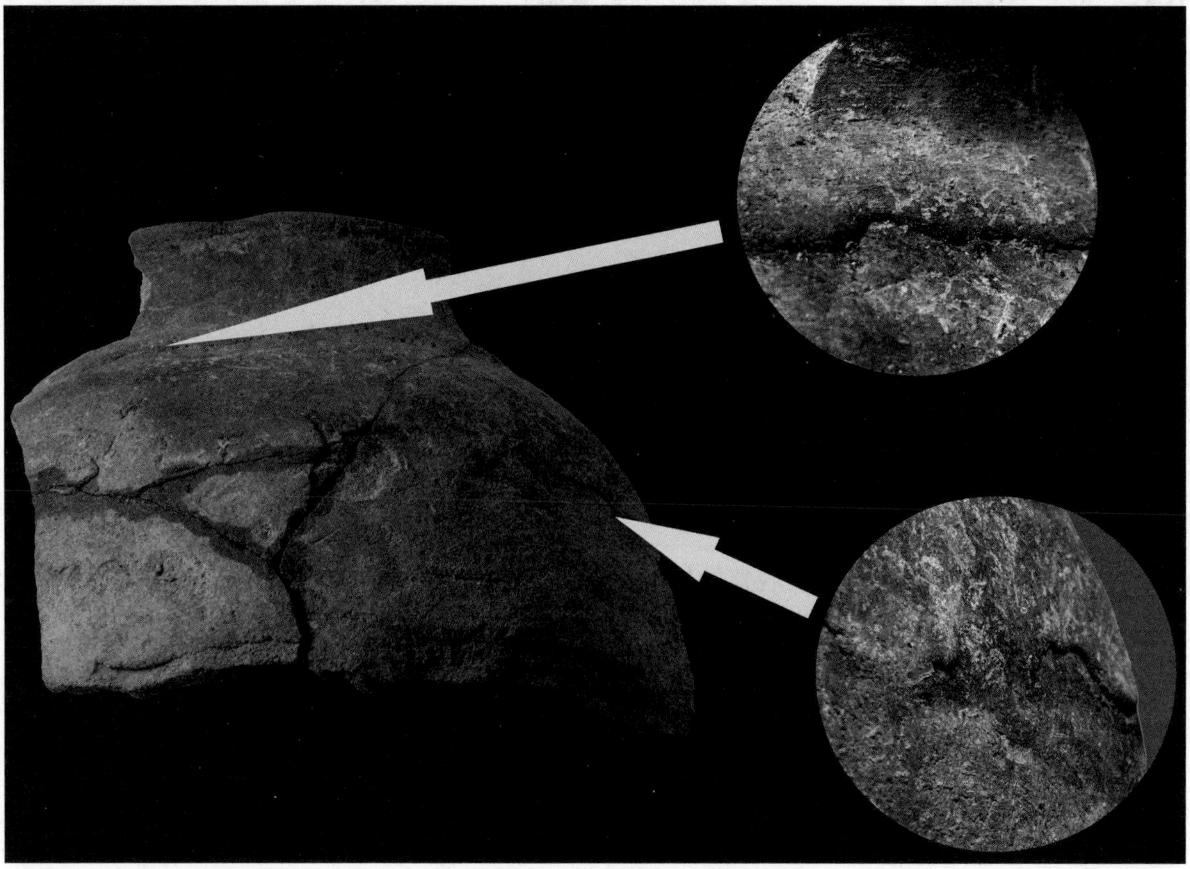

图二　H21：12外壁的宽泥条痕迹

修整：外壁用素面陶拍稍微拍打，粗糙不平，有擦抹痕迹，内壁有较明显的泥条接痕和刮抹痕迹。口沿简单修抹，未经轮修，不规整。

装饰：素面。

烧制：6件为灰褐陶，2件为红褐陶，陶色斑驳。烧制后期应主要为还原气氛，而且烧成温度较低。

D类　2件。器形为报告中的D型，1件为口腹残片，侈口，折沿，束颈，鼓腹。口径14、胎厚0.3厘米。另1件为腹底残片，鼓腹，平底。胎厚0.4厘米。

原料：夹砂陶，砂粒均匀，颗粒小。

成型：应为泥条法筑成，不见泥条痕迹，壁薄。底为拍制泥饼，泥饼四周捏出一圈泥条（图三），以便与盘筑其上的泥条接合牢固，然后在泥条内侧层层盘筑器身。在西双版纳慢轮

图三　H318：5器底外侧泥条

制陶中这种方法普遍存在①。

修整：通体拍印方格纹，由上到下拍印，有重叠。纹饰拍印到底部附加的泥条上，且有连续性。口沿在慢轮修整过程中外撇，且抹掉一圈纹饰。内壁见有浅垫窝。

装饰：腹饰方格纹，纹饰较深。

烧制：灰褐陶，烧制后期主要是还原气氛。

E类　9件。器形包括A型、B型、C型罐。均为口腹残片，无底。侈口或直口微侈，圆唇或方唇，矮领或束颈，鼓腹。口径10～28、胎厚0.4～0.6厘米。

原料：8件为夹砂陶，砂质稍多，颗粒稍大，但较D类细腻。1件为泥质陶，细腻纯净。

成型：快轮拉坯法制成，器物内壁有螺旋形拉坯指印②

修整：通体慢轮修整，器物外壁的螺旋形拉坯指印不明显（图四）。个别器物在慢轮修整过程中用工具在口沿处压出凸棱或凹槽。泥质陶的领部在慢轮修整过程中划出若干道弦纹，一方面起加固器体作用，另一方面也有装饰效果。

装饰：素面。个别器物在轮修时划出几道浅弦纹。泥质陶器口沿内外及器身磨光，磨光现象在龙山时期陶器上比较常见③。

烧制：灰陶、灰褐陶，烧制后期主要为还原气氛。陶质坚硬，烧成温度比较高。

F类　4件。包含E型罐和F型罐。均为口腹残片，无底。侈口，卷沿，束颈，鼓腹。2件口径为16～17厘米，另2件口径为10～12、胎厚0.4～0.8厘米。

① 张海超、徐伟兵：《人类学文化整体观中的西双版纳慢轮制陶技艺》，《文化遗产》2011年第1期。

② 李文杰：《试谈快轮所制陶器的识别——从大溪文化晚期轮制陶器谈起》，《文物》1988年第10期。

③ 张小雷：《两城镇遗址龙山文化陶器的生产及相关问题》，山东大学硕士学位论文，2010年。

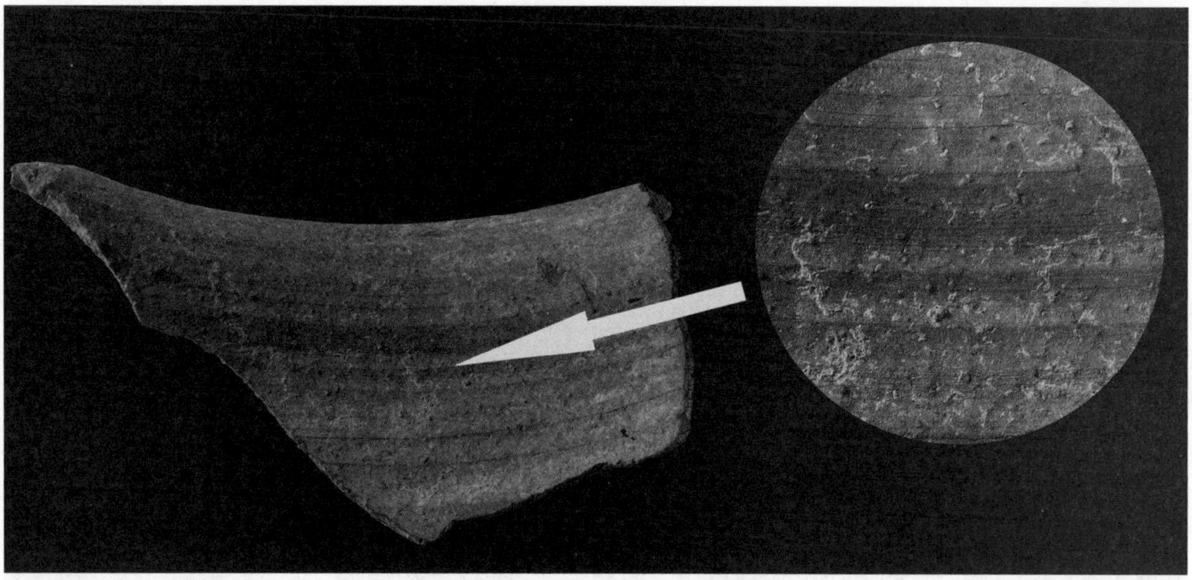

图四　H298：2内壁轮旋痕迹

原料：夹砂陶，砂粒比较均匀。

成型：泥条法筑成，不见泥条痕迹。其中1件口腹之间黏附桥形半环耳。

修整：口径大的2件用绕绳圆棍在整个器表自上而下滚压绳纹，纹饰稍粗和深，每两厘米6～8根。然后慢轮修整口沿，抹掉部分绳纹，尚有纹饰残痕，在唇面上用绳索或者工具压印一周花边。口径小的2件也是用绕绳圆棍在整个器表自上而下滚压绳纹，纹饰较细，模糊，未经慢轮修整，用手蘸水抹平口沿，器物内部经修抹不见泥条痕迹，有垫窝。

装饰：绳纹，粗细不同。口径大的2件用绳索或工具在器物唇面压印一周花边。

烧制：灰陶、灰褐陶和灰黑陶，烧制后期主要是还原气氛。

2. 鼎足

2件。1件为柱状足，截面略呈三角形，高12厘米。另1件为扁三角形，高10厘米。

原料：夹砂陶，砂质较细。

成型：手捏，形制并不规整。柱状足上端膨大，做成榫头结构。

修整：柱状足通体滚压竖向细绳纹，起加固作用，足内侧部分绳纹被刮抹掉一部分。扁三角形足两面皆饰竖向绳纹，外侧面用工具压出一列按窝。足跟用工具斜削成尖状。

装饰：饰竖向细绳纹，每两厘米约9根。扁三角足外侧有按窝。

使用方法：扁三角足体积较小，直接黏附于器身，外侧按压泥条起加固作用（图五）。柱状足体积较大，上端膨大，榫接痕迹明显，粘于器身，在足内侧按压宽泥条加固（图六）。

烧制：为红褐陶或灰褐陶，烧制后期主要是氧化气氛。

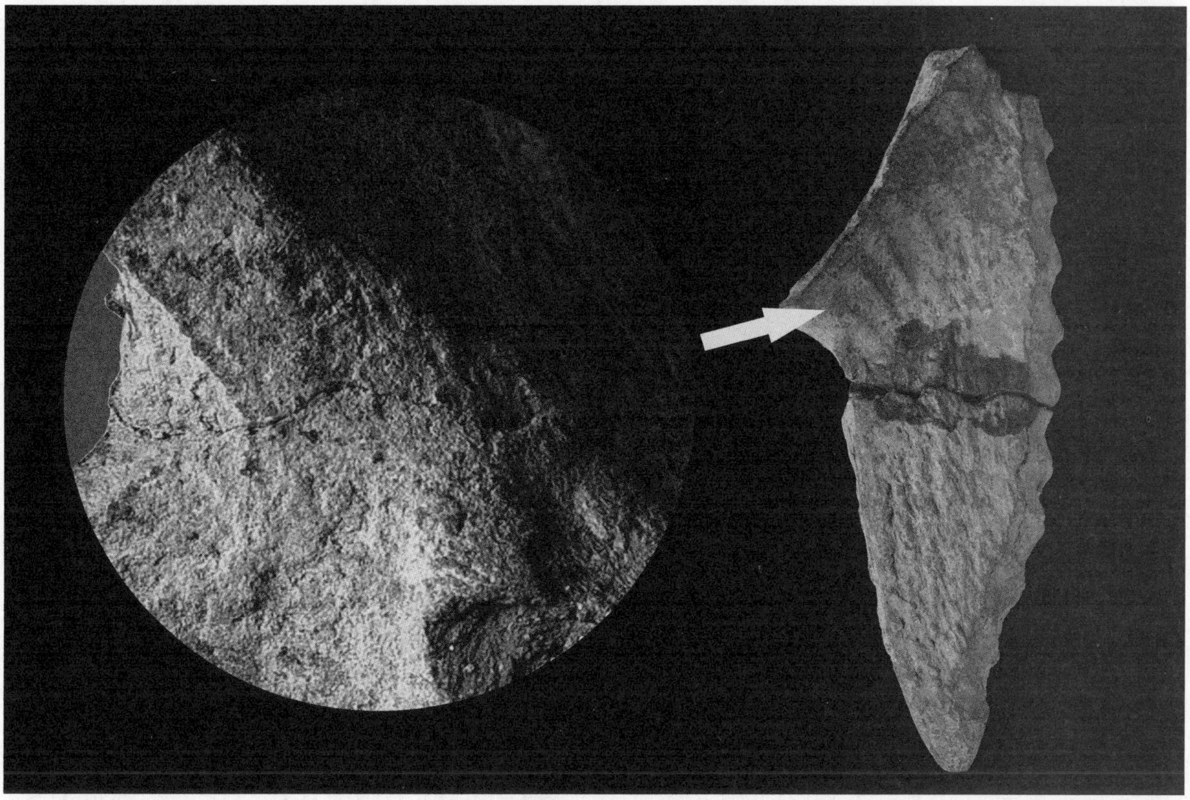

图五　H79②：1外侧按压泥条

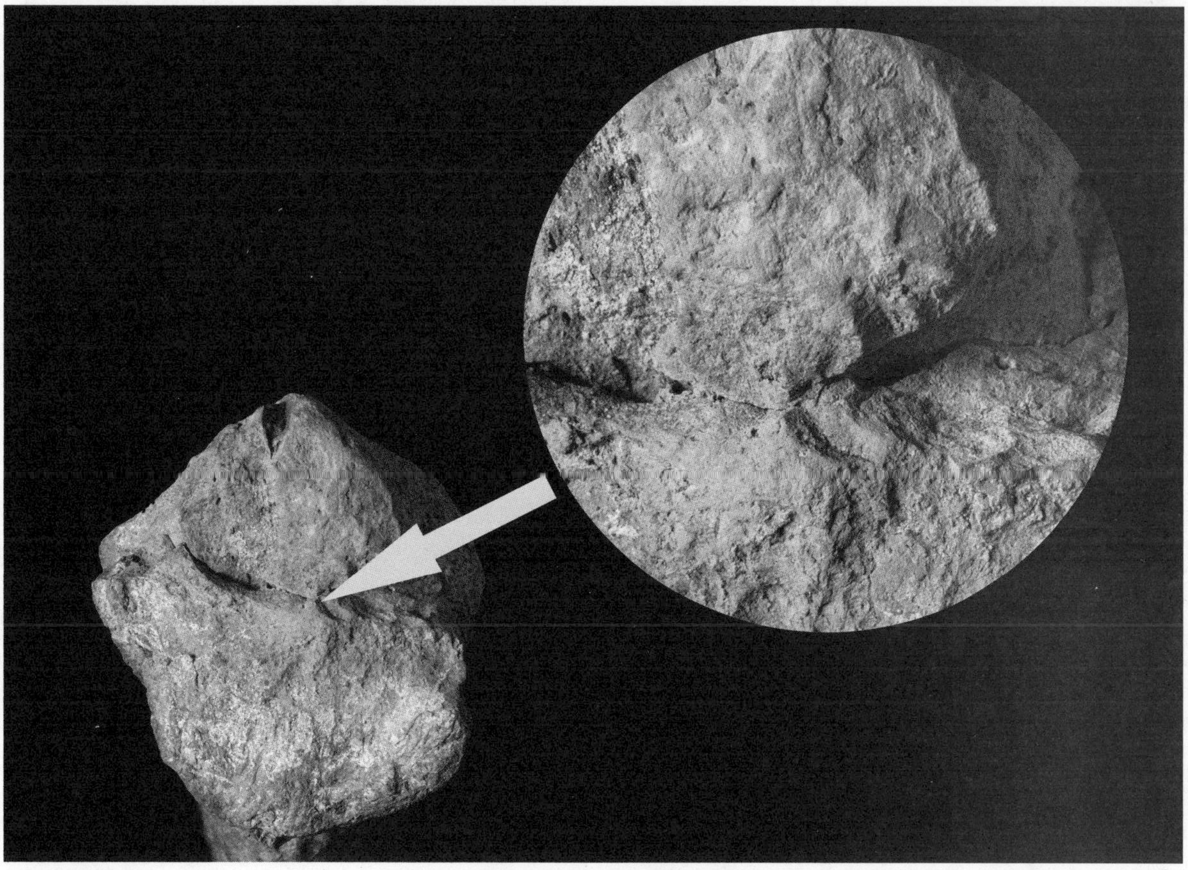

图六　H44：43足内侧按压泥条

3. 鬲足

1件。袋足较深，下端呈圆锥形，残。高13、胎厚0.6厘米。

原料：夹砂陶，陶土未经淘洗，砂粒粗细不均，夹杂有大的砂粒。

成型：应为模制法，倒置泥条盘筑，直接粘接实足尖，一次成型。

修整：可能在模制时用素面陶拍拍打足外部并在脱模后蘸水修抹，鬲足内壁平滑规整。

装饰：素面。

烧制：红褐陶，烧制后期主要是氧化气氛。

4. 甗

3件。口部残缺，弧腹，甗鬲分裆。H21：11腰部以下残缺，另2件有深袋足。胎厚0.5 ~ 0.7厘米。

原料：两件为夹砂陶，H21：11甗盆部分为泥质陶，甗腰及鬲部为夹砂陶，砂粒多、颗粒大。

成型：三条鬲足分制，用单个袋足模经泥条盘筑而后脱模，再进行拼接，呈“Y”形，裆内拼接部位有手捏痕迹，外部贴泥片进行加固（图七）。甗盆用泥条法筑成，个别见泥条痕迹。甗盆和甗鬲上下对接而成，从内侧接上，个别标本相接处有接痕。H21：11甗盆和甗鬲部分斜削后对接而成，由于甗盆部分为泥质陶，甗鬲为夹砂陶，剖面上很明显（图八）。

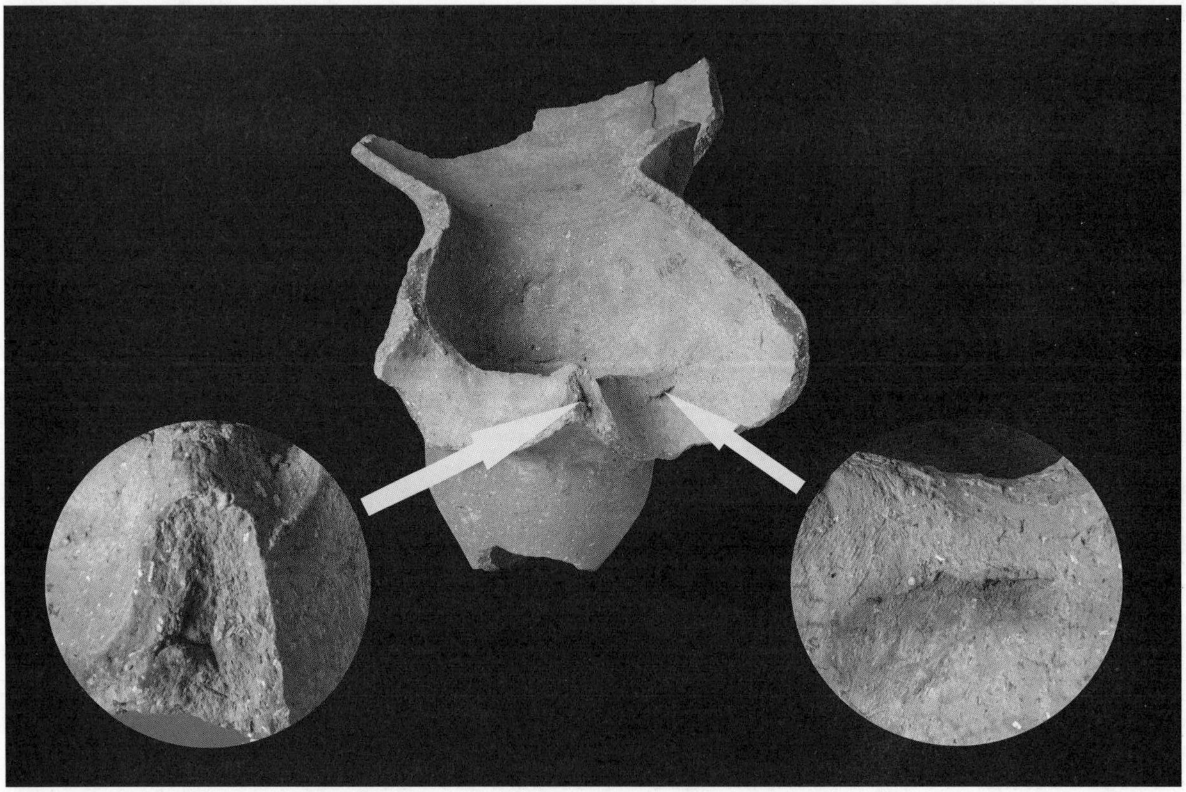

图七　H165：2甗鬲裆内部捏痕和裆外部附加泥片

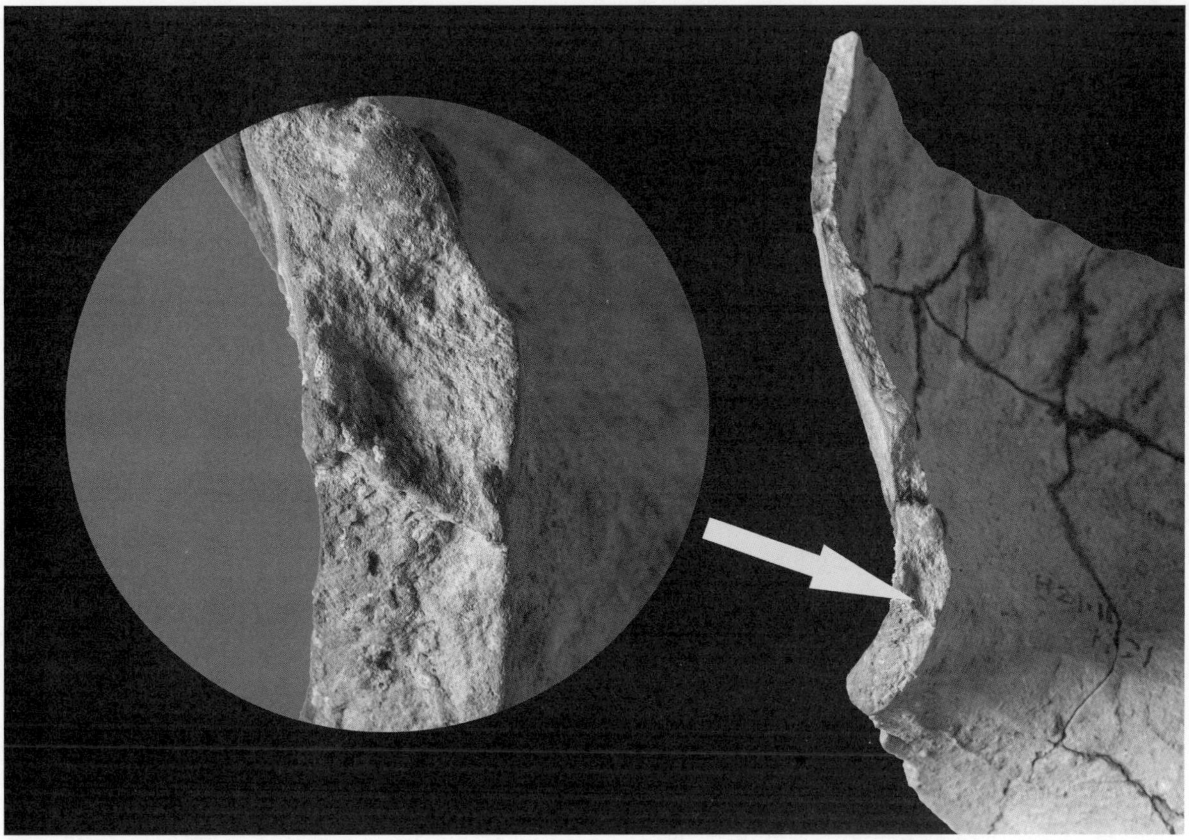

图八　H21：11甑盆和甑鬲的斜接痕

修整：H21：11甑盆外部拍印竖向篮纹，内部有明显的指痕，应为施纹时支撑所致。近腰部内外经慢轮修整，外侧篮纹被抹掉，留有明显的轮旋痕迹。H165：2甑盆经慢轮修整，鬲足有刮削痕迹。H165：3未轮修，内部稍加涂抹修整，不平整，器身有明显的湿手抹平痕迹。

装饰：以素面为主，个别标本饰篮纹，纹饰较浅。

烧制：以灰陶为主，亦有灰褐陶，陶色纯净，烧制后期主要为还原气氛。

5. 盆

4件。均为口腹残片。敞口，侈沿，圆唇或尖圆唇，分为斜直腹、折腹、深弧腹和浅斜腹。口径14～32、胎厚0.3～1.1厘米。

原料：3件为泥质陶，1件为夹砂陶。壁厚，陶质较粗糙，砂质较多，颗粒大。

成型：泥条法筑成。折腹素面小盆H44：42是泥条从外侧层层接上，泥条痕迹明显。

修整：素面大盆H44：41通体慢轮修整十分平滑，H44：42未经轮修，只在外壁修抹，有抹痕。另有两盆饰纹用缠绳的圆棍从口沿滚压到器底，纹痕深浅不同，内壁有明显的垫痕，口沿经慢轮修整抹掉部分绳纹，留有残痕。

装饰：2件为素面，2件饰竖向绳纹，纹道细，每两厘米8～10根。其中1件在腹部刻划数道横向弦纹。口沿内侧磨光程度不高，个别器物口沿及器身通体磨光，且磨光程度高。

烧制：均为灰陶或灰褐陶，个别标本陶色不均，烧制后期主要是还原气氛。

6. 盘

3件。敞口，平沿，浅腹，圈足盘为平底，另2件底残。口径16～38、胎厚0.5～0.9厘米。

原料：1件为夹砂陶，另2件为泥质陶，亦夹有极少量细砂。

成型：采用泥条盘筑法，H44：39泥条从盘底中心向外盘绕，一次成型，内有泥条痕迹。盘中心的泥条较细，外围泥条较宽。圈足盘的底是从中心向外盘绕，痕迹明显，一次成型，圈足黏附于器底，黏接痕迹明显。

修整：通体慢轮修整平滑。

装饰：素面，器物内外均磨光。

烧制：均为灰陶和灰黑陶，烧成后期是还原气氛，H57：1的部分断口漆黑如墨，可能采用了烧制后期封闭出风口产生浓烟使陶器漆黑坚硬的渗碳工艺①。

7. 壶

4件。根据大小分为两类：一类较小，仅1件（H40：21），口径为8厘米。另一类口径13～17厘米。1件（H44：35）为小口微侈，矮直领，溜肩，鼓腹，其余3件为小口，圆唇，直领，领部或肩部以下残，推测应为鼓腹。胎厚0.3～0.6厘米。

原料：H40：21、H44：35，泥质陶，陶质细腻。其余为夹砂陶。

成型：H40：21可能为快轮拉坯一次成型。另4件为泥条盘筑，内有泥条痕迹。H44：35的上腹直接黏附有小横鋬。

修整：H40：21未修整。另4件口、领部慢轮修整平滑，卷沿也是在慢轮修整过程中外撇而成。

装饰：H44：35腹饰篮纹，纹饰模糊，其余均为素面。口沿及领部外侧磨光。

烧制：1件为黄褐陶，其余为灰陶或灰褐陶，烧制后期主要是还原气氛。

8. 瓮

4件。小口、直口或微侈，卷沿或微侈沿，圆唇，直领，其中3件广肩，肩部以下残。1件（H44：36）溜肩，鼓腹，中腹以下残。口径18～28、胎厚0.5～0.6厘米。

原料：3件为泥质陶，陶土可能经过有意识地淘洗，陶质较细腻。H44：40为夹砂陶，砂粒稍多。

---

① 李文杰、黄素英：《浅说大溪文化陶器的渗碳工艺》，《江汉考古》1985年第4期。

成型：采用泥条法筑成，领部内侧有明显的泥条痕迹。H21：13肩部内侧有明显的几圈垫窝，应该是泥条盘筑时在内部起支撑作用，防止肩部塌陷（图九）。H44：36口沿和器身分制，斜削后黏接颈部有接痕（图一〇），肩部黏接有对称的小横鋬。

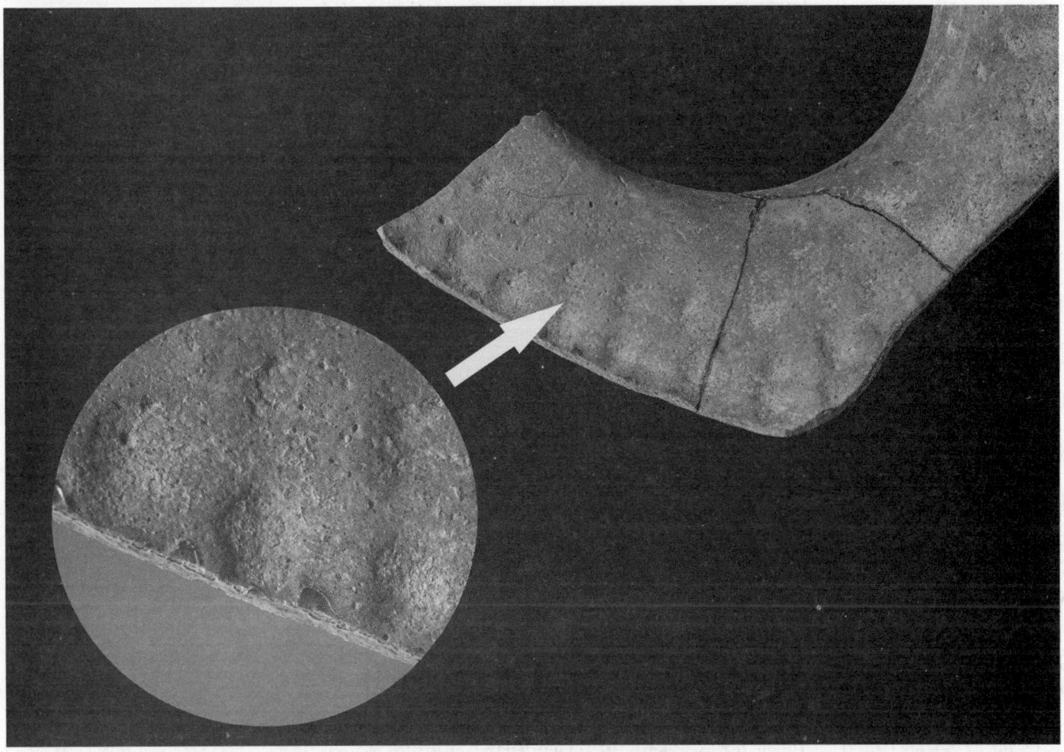

图九　H21：13肩部内侧的指窝

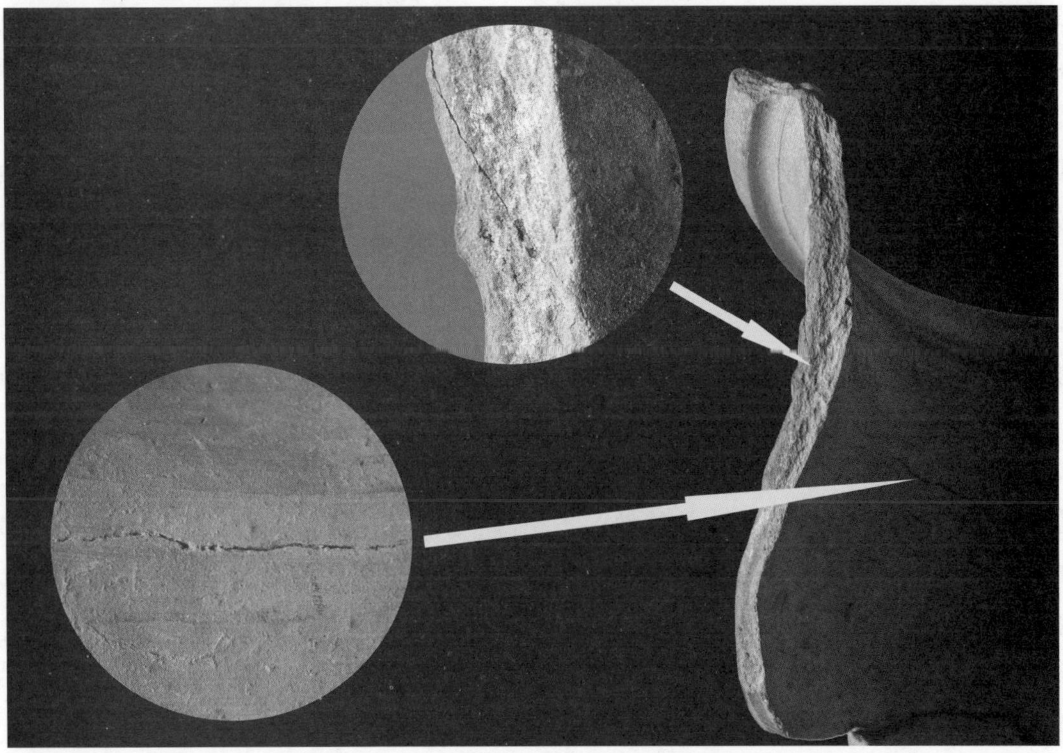

图一〇　H44：36口颈部的斜接痕迹

修整：器身外部经过慢轮修整，有明显的轮旋痕迹，口沿在慢轮修整的过程中外撇而成，口部外侧呈带状，应是在轮修过程中用尖锐工具压成。口和肩内侧经过蘸水涂抹修整，部分垫窝和泥条痕迹被抹平。个别器物在慢轮修整过程中刻划数道浅弦纹。

装饰：口沿、领、肩部素面磨光，肩部或有数圈弦纹。

烧制：灰陶或灰褐陶，陶质坚硬，烧制主要是还原气氛。个别标本领、肩部陶色不均，可能是受热不均所致。

9. 甑形器

1件。体积很小。敞口，圆唇，弧曲腹，平底。口径8、底径5、高3厘米。

原料：夹砂陶，砂粒大小不均。

成型：手捏，一次成型，粗糙。

修整：未经修整，器表凹凸不平。腹、底均有小孔，是用尖状物由内往外刺出小孔，孔内的泥往外翻。

装饰：素面。

烧制：灰褐陶，烧制后期主要是还原气氛。

（二）龙山晚期制陶工艺总体特征

综上观察分析可知，邯郸薛庄遗址龙山晚期陶器种类虽然多样，但在制作工艺上比较一致。

原料：夹砂陶比例大，泥质陶稍少，多数泥质陶质地细腻，仅少数含有大小不均的砂粒，应是淘洗不净所致。甗、鬲足、C类罐多夹杂大而多的砂粒，器体粗糙。瓮、盘、盆、壶多为泥质，个别器物夹砂。

成型：泥条法是最主要的成型方法，辅之以快轮拉坯法、模制法、捏塑法。多数器类颈部内壁都可见泥条痕迹，泥条宽窄不同，部分罐腹部泥条痕迹明显。鬲足三足分制，采用模制法，内部平整，无反绳纹。鼎足、甑形器等小型器物用手直接捏制成型。个别甗、罐采用了分段筑成再对接的方法。

修整：多数罐为素面或者用陶拍拍印纹饰，如篮纹、方格纹。其他器类多使用素面陶拍拍打。内壁多经过修抹，但多数器类仍可见较明显的泥条痕迹。瓮、盘和E类罐多通体慢轮修整，其他器类大都仅对口部进行慢轮修整，沿面在慢轮修整中外撇而成。

装饰：素面和拍印纹饰最多，如篮纹、方格纹，有少量滚压绳纹。瓮、盘、壶多为素面，个别饰弦纹。盘均通体磨光。部分壶、瓮、盆、罐的口沿和领部也多磨光，个别盆通体磨光。

烧制：以灰陶和灰褐陶为主，烧制后期主要是还原气氛。极少数标本断面漆黑如墨，可能为渗碳所致。

二、先商时期陶器制作工艺

本文选取邯郸薛庄遗址先商时期陶器标本共113件，器类包括鬲、甗、鼎足、罐、盆、瓮、壶、器盖、盖纽、小杯，基本为口腹残片，个别有底。

（一）主要器形制作工艺

1. 鬲

23件。根据器形和制法，可分为三类。

A类　2件。器形为A型鬲，鼓腹，分裆，深袋足，口部残。壁厚0.3厘米。

原料：夹砂陶，砂质细密。

成型：模制法，三足分制，足内侧部位较厚，可能起支撑作用。三足对接，再与泥条法筑成的腹部对接，鬲足与腹部之间有接痕。实足根为后黏附，把鬲足底部用力下压粘接实足根。

修整：通体滚压竖向细绳纹，裆部加压斜向细绳纹。先滚压绳纹抑或先粘接实足根，在各个器物上次序不同。裆部内壁有刮抹痕迹，修整平滑。1件标本用锐利工具对实足根进行斜削使之规整，有明显切削痕迹。

装饰：实足根为素面，其余部分饰细绳纹。

烧制：灰陶，陶质坚硬，烧成温度高，烧制后期主要是还原气氛。

B类　3件。器形为B型鬲，侈口，卷沿，圆唇或方唇，束颈，鼓腹，分裆，袋足浅。口径12～13、壁厚0.5厘米。

原料：夹砂陶，砂质细密。

成型：模制法，上薄下厚，可能是为了加固。口沿为泥条后接，接痕不明显。实足根为后粘接，捏制而成，比较粗糙。

修整：通体滚压细绳纹，纹饰较浅杂乱，裆部斜向滚压绳纹，起加固作用。口沿在慢轮修整过程中外撇而成，且抹掉部分绳纹，有明显的轮修痕迹。

装饰：口沿和实足根为素面，其余部位均饰绳纹。

烧制：灰陶，烧制后期主要是还原气氛。

C类　18件。均为口腹残片。

原料：夹砂陶，砂质细密。

成型：推测为模制法，口沿为后接。H213①：2口沿与腹部有明显的接痕（图一一）。

修整：通体滚压竖向细绳纹，口沿在慢轮修整过程中外撇而成，且抹掉部分绳纹。有9件标本口沿内侧磨光。

装饰：口沿下部饰竖向细绳纹。

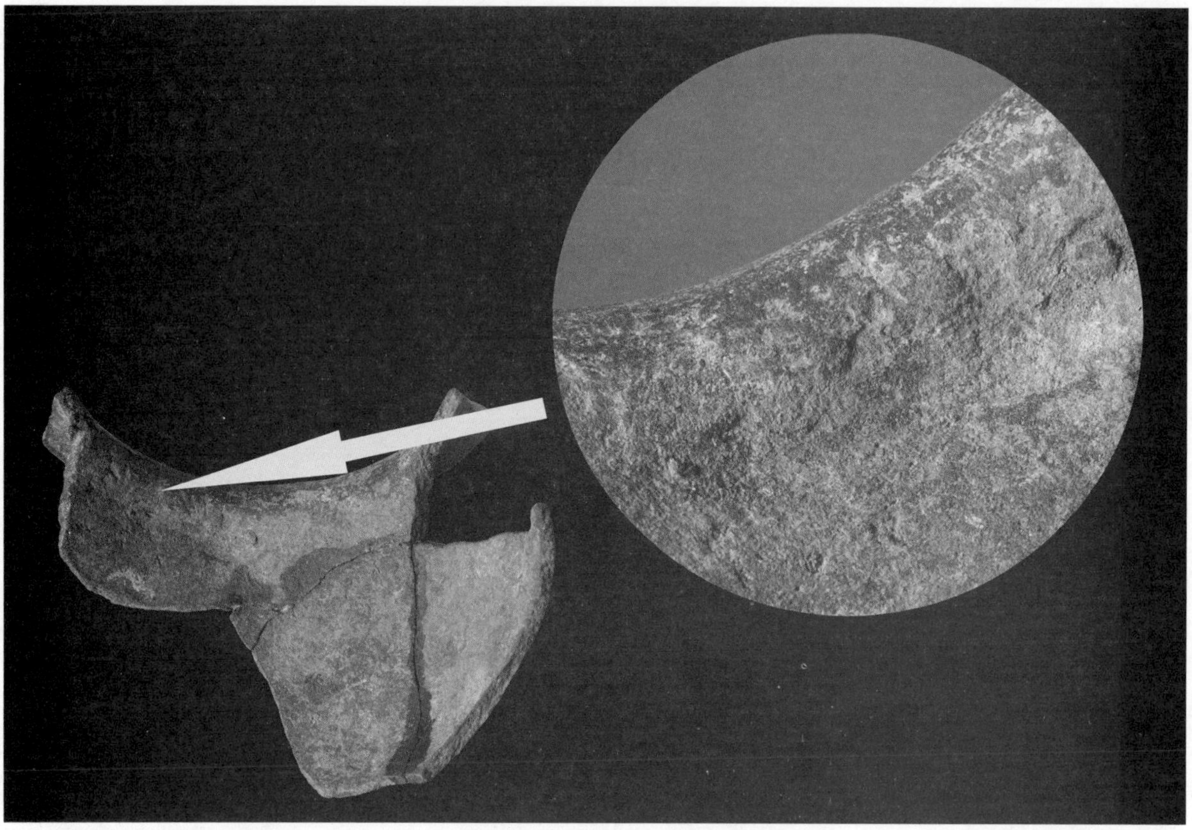

图一一　H213①：2口沿与器腹接痕

烧制：黑陶、灰陶、灰褐陶、灰黑陶、黑褐陶，只有1件红褐陶，烧制后期主要是还原气氛。H166：1内壁均为黑色，且部分断面为黑色，另有2件标本内外壁均为黑色或黑褐色，可能为渗碳所致。

2. 甗

1件。敞口，侈沿，束颈，深鼓腹，甗鬲残。口径24、胎厚0.5厘米。

原料：夹砂陶，砂粒较细。

成型：泥条法筑成，甗盆下部以泥片粘接甗腰（图一二），甗腰外侧粘接一周附加堆纹。

修整：甗盆用绕绳圆棍通体滚压竖向细绳纹。甗腰部粘接附加堆纹，应是贴上一圈泥条后用工具压出纹饰，可能是为了加固和美观作用。内壁较平整。

装饰：饰竖向细绳纹，纹痕较浅。腹中部饰三道弦纹，不规整。甗腰外饰附加堆纹。

烧制：灰陶，烧制后期主要是还原气氛。

3. 鼎足

2件。三角形扁足。高约9厘米。

原料：夹砂陶，砂质较细密。

成型：应为手捏而成，不甚规整。H204②：3鼎足与器腹之间有空腔，可能是把鼎足内侧切开后粘接器腹，接痕明显（图一三）。

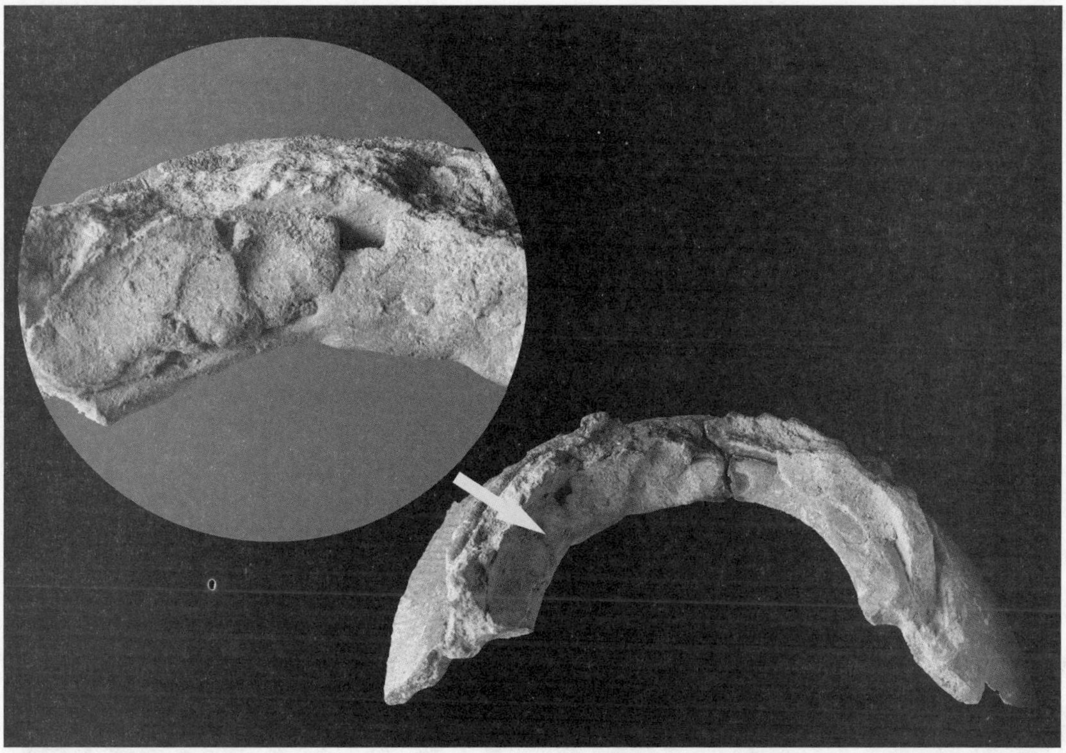

图一二　H186：1粘接泥片

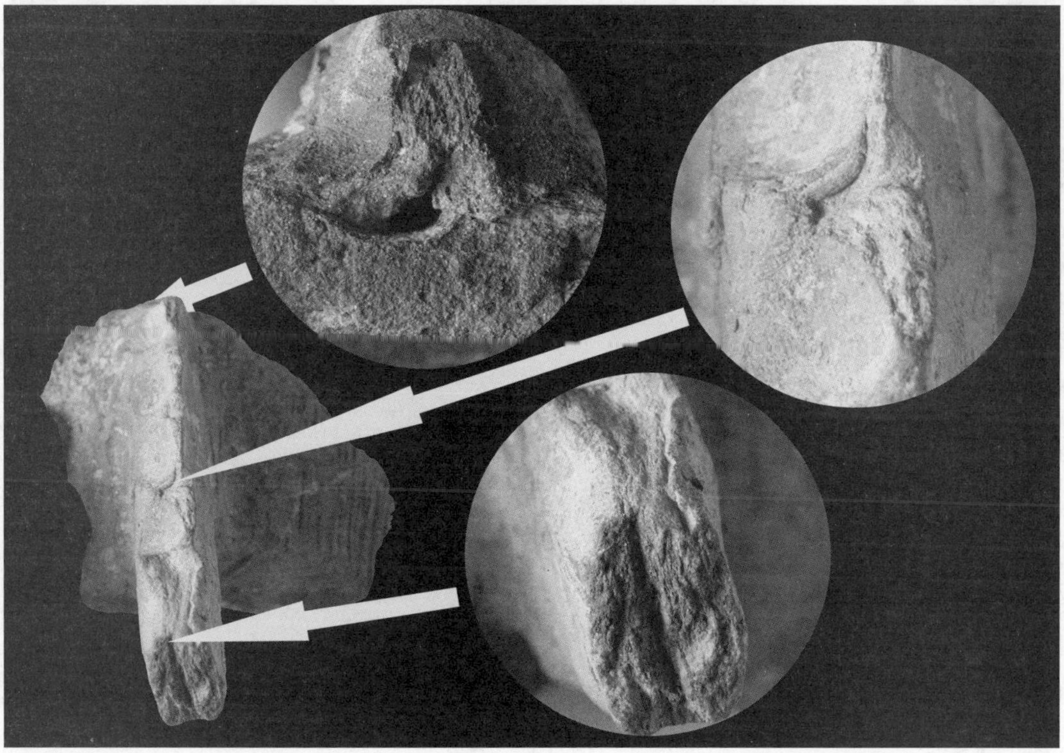

图一三　H204②：3鼎足

修整：足外侧用拇指和食指双向捏出凹窝形花边，在足上滚压斜向绳纹，纹饰较浅，比较模糊。

装饰：均为绳纹，不明显。

烧制：灰褐陶，烧制后期主要是还原气氛。

4. 罐

31件。根据纹饰、制法，可分为四类。

A类　17件。器形包含A型和B型。侈口，卷沿，个别为斜折沿，束颈或略束颈，鼓腹或深弧腹，3件标本有底（其中2件口与上腹残），其余均为口腹残片。口径15～34、胎厚0.2～0.8厘米。

原料：H15：1和H284②：2为泥质陶，陶质细腻纯净。其余为夹砂陶，砂质较细密，均匀。

成型：器体应为泥条法筑成，将近一半器壁厚0.2～0.4厘米，可能对器壁反复刮削和反复拍打，使得泥条痕迹不明显。器底为泥饼捏制，应是在泥饼上直接盘筑，内部有接痕。H284②：2器底抹泥加固（图一四），且在腹底外侧刮抹，绳纹被抹去。

修整：通体用绕绳圆棍滚压竖向细绳纹，甚至滚压绳纹至器底。口沿在慢轮修整过程中外

图一四　H284②：2器底抹泥

撇而成，且抹掉部分绳纹，留有明显的轮旋痕迹。内壁修抹较平，个别器物有不明显的垫痕。H186：5上腹绳纹被斜向刮抹掉，有明显的刮痕。H284②：2下腹近底处和底部为素面，其余部位饰绳纹。腹部滚压斜向细绳纹，倾斜角度不一，纹饰重叠。

装饰：腹部饰竖向细绳纹，纹饰比较规整。2件标本在腹部加饰数道弦纹，不甚规整。2件标本磨光，H15：1口沿内侧和斜折沿外侧磨光，推测斜折沿部分是先用工具刮削掉绳纹后进行磨光的。

烧制：以灰陶、灰黑陶、灰褐陶为主，仅1件为红褐陶，个别器物陶色不均，烧制后期主要是还原气氛。

B类　1件。B型罐。侈口，卷沿，圆唇，矮领，鼓腹，为口腹残片。口径28、胎厚0.4～0.8厘米。

原料：夹砂陶，砂质较细密。

成型：泥条法筑成，器壁厚薄不均，有较明显的泥条痕迹。

修整：用素面陶拍拍打，内外壁都较粗糙。仅对口沿进行慢轮修整，程度一般。

装饰：素面。

烧制：红褐陶，烧制后期主要为氧化气氛。

C类　8件。C型罐，均为口腹残片，侈口，卷沿，圆唇，略束颈，深弧腹。口径18～23、胎厚0.3～0.7厘米。

原料：均为夹砂陶，砂粒均匀，颗粒较小，仅个别器物夹杂较大砂粒。

成型：泥条法筑成，几乎不见泥条痕迹。

修整：少数标本内壁有浅垫窝，或有擦抹痕迹。大部分器物用绕绳圆棍通体滚压竖向细绳纹，仅2件滚压粗绳纹，其中1件滚压斜向绳纹，纹痕交错叠压，较凌乱。口沿在慢轮修整中外撇而成，且抹掉绳纹，留有部分绳纹残痕（图一五）。

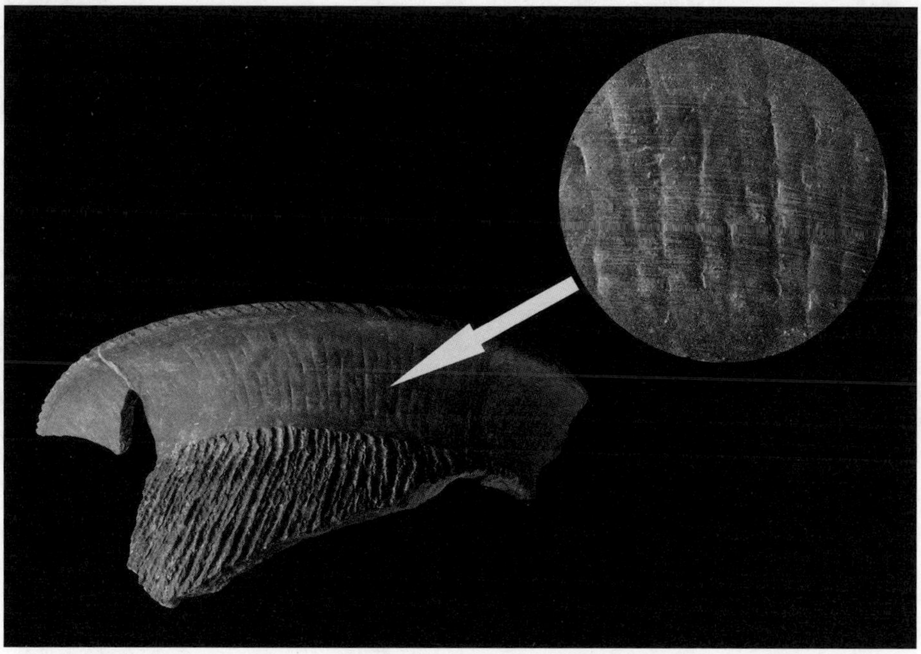

图一五　H227：1绳纹残痕

装饰：口、颈部为素面，其余部分饰绳纹，以细绳纹为主，绳纹粗细与器物大小无直接关系。多数器物口沿用绳索状工具压出浅花边，仅1件标本用其他尖锐工具压印较深的花边缺口。

烧制：灰褐陶、灰陶，烧制后期主要为还原气氛。

D类　5件。D型罐，敞口或侈口，折沿或卷沿，圆唇或尖圆唇，深弧腹，均为口腹残片，无底。口径22～34、胎厚0.5～0.6厘米。

原料：2件为泥质陶，质地细腻。另3件为夹砂陶，砂质细密均匀。

成型：应为泥条法筑成，几乎不见泥条痕迹。

修整：通体慢轮修整，有明显的轮旋痕迹，口沿在慢轮修整过程中外撇而成。内壁较为平整，个别器物有捏痕和浅垫窝。

装饰：3件标本腹部饰以两道弦纹为界的竖向压印楔形纹条带，1件标本上腹饰戳印纹条带，另1件上腹饰压印戳点纹条带。其余部分为素面。口沿内侧和器身均磨光，其中2件标本磨光程度一般。H183④：3磨光处的陶色有黑、黄褐，表明磨光后的陶色应主要与烧成温度和受热程度有关。H194：4器身上有黑色剥落痕迹，应是刷了一层黑色细泥浆，即陶衣（图一六）。

烧制：1件红褐陶，陶色不匀，4件灰褐陶或灰陶，烧制后期主要是还原气氛。

图一六　H194：4陶衣

5. 盆

29件。其中大盆21件，敞口，侈沿或折沿，个别为宽卷沿，束颈，弧腹。口径为24～38、壁厚0.3～1厘米，同1件标本壁厚并不均匀。小盆8件，敞口，侈沿，个别为折沿或卷沿，束颈，弧腹。口径12～22、壁厚0.2～1厘米，同1件标本壁厚并不均匀。两者大小不同，但制法相仿，故放在一起描述。

原料：20件为泥质陶，陶质比较细腻。9件为夹砂陶，砂粒较细，分布均匀，仅有个别标本夹杂大的砂粒。

成型：泥条法筑成，基本不见泥条痕迹。有些器物壁很薄，0.2～0.3厘米。有底的2件底部均为泥饼按压而成，再在底外侧层层盘筑泥条形成器腹。有2件标本在口沿内侧的同一部位有开裂痕迹，可能是晾干时间过长导致泥条相接部位开裂。

修整：多数素面盆通体慢轮修整，内部较为平整，个别标本内壁有浅垫窝（图一七）和擦抹痕迹。少数盆器表采用绕绳圆棒通体滚压竖向细绳纹。口沿均在慢轮修整过程中外撇而成，抹掉部分绳纹。个别器物用工具压出方唇。多数标本口沿内侧和器腹磨光，共19件，磨光程度比较高。个别标本器身经多次横向刮削。

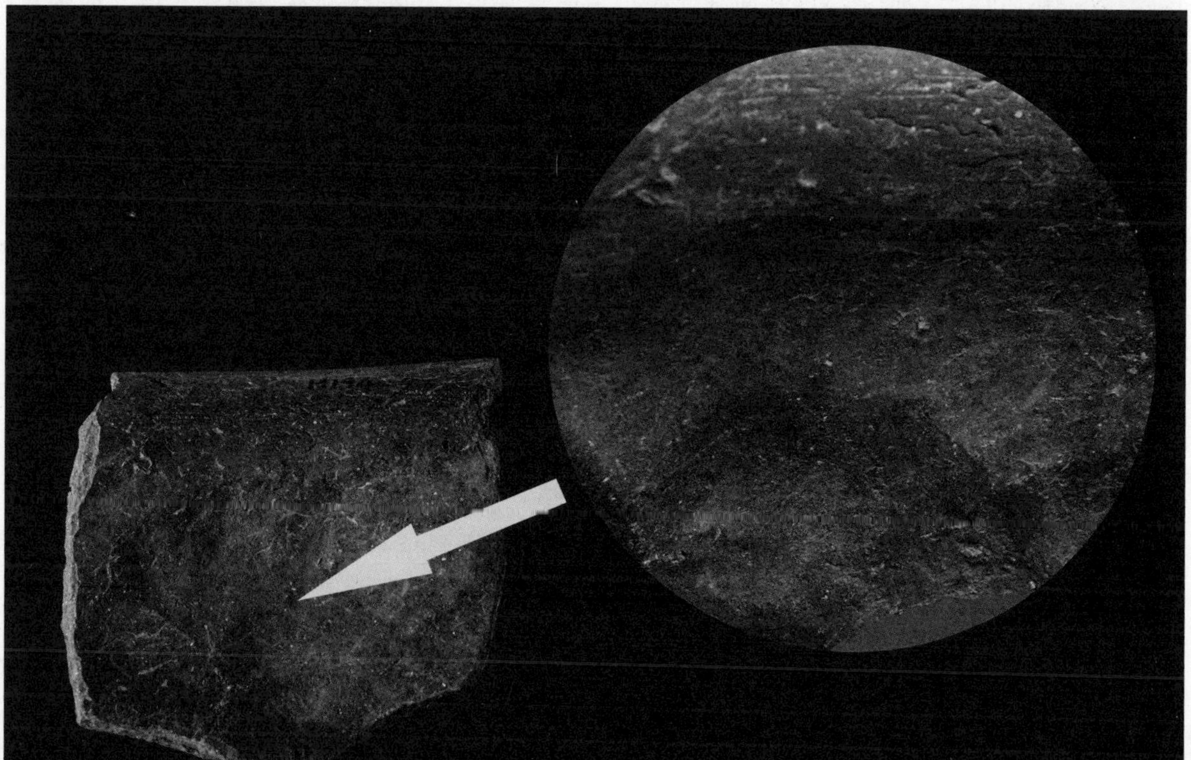

图一七　H194：9内壁浅垫窝

装饰：多数为素面，流行在素面器上加划平行弦纹带，弦纹比较规整，个别素面器上有斜向压印纹和楔点纹。还有一些标本上饰竖向细绳纹。有些标本在磨光部位仍依稀可见绳纹痕迹，推测可能是先通体饰绳纹，然后经刮削后通体磨光。

烧制：灰陶、灰黑陶、灰褐陶，陶质比较坚硬，陶色比较均匀，烧成温度高。烧制后期应主要是还原气氛。个别器物的内外壁均为黑色，可能受窑温影响。

6. 瓮

21件。分为蛋形瓮、敛口瓮、小口瓮三类。

蛋形瓮　14件。13件为口腹残片，1件为圈足。敛口，方唇，上腹弧鼓，上腹以下残。圈足外撇，圜底，底部以上残。口径17～32、胎厚0.4～1.8厘米。

原料：夹砂陶，砂粒比较均匀，颗粒稍大。

成型：器身为泥条法筑成，比较平整，不见泥条痕迹。圈足推测为泥条法筑成，几乎不见泥条痕迹，较粗糙。将捏制的器底置于圈足上，用力按压器底使之与圈足粘接紧密（图一八）。

修整：多数标本通体滚压竖向细绳纹。H277：3则滚压斜向绳纹，H315：4先通体滚压竖向细绳纹，然后在此基础上滚压斜向细绳纹。蛋形瓮圈足上的绳纹与器腹绳纹相连，应为直接

图一八　H213①：4器底按压痕迹

滚压到圈足。圈足底端外侧经横向刮削，内侧经修抹，器底交错滚压绳纹以加固，纹饰散乱。多数标本口部进行慢轮修整，抹掉部分绳纹，有规整的轮旋痕迹，亦有绳纹残痕。个别标本未轮修，唇面保留有绳纹，推测绳纹直接滚压到唇面。2件标本在慢轮修整后对口外部磨光，而H315：4则是将上腹部分的绳纹直接刮掉，而后进行磨光，有明显的刮削痕迹。器物内壁较平整，个别标本有明显的陶垫窝。

装饰：器身多饰竖向细绳纹，个别为斜向绳纹，口部多为素面。

烧制：灰陶或灰褐陶，1件为黄褐陶，烧制后期主要是还原气氛。

敛口瓮　6件。敛口，圆唇或方唇，其中3件为广肩，肩部以下残（H3：6为宽折肩，推测另3件器物也为宽折肩）；2件为窄折肩，深鼓腹，其中H275：12有底。口径18～34、胎厚0.4～1.2厘米。

原料：4件为夹砂陶，砂质较细。2件为泥质陶。

成型：泥条法筑成，几乎不见泥条痕迹。窄折肩的瓮在肩部内侧有折痕和按窝。H3：6由上下两部分对接而成，在折肩处内侧有接痕（图一九），推测为斜削后拼接。H275：12的底为泥饼，内侧拍印纹饰，而后层层盘筑腹部。

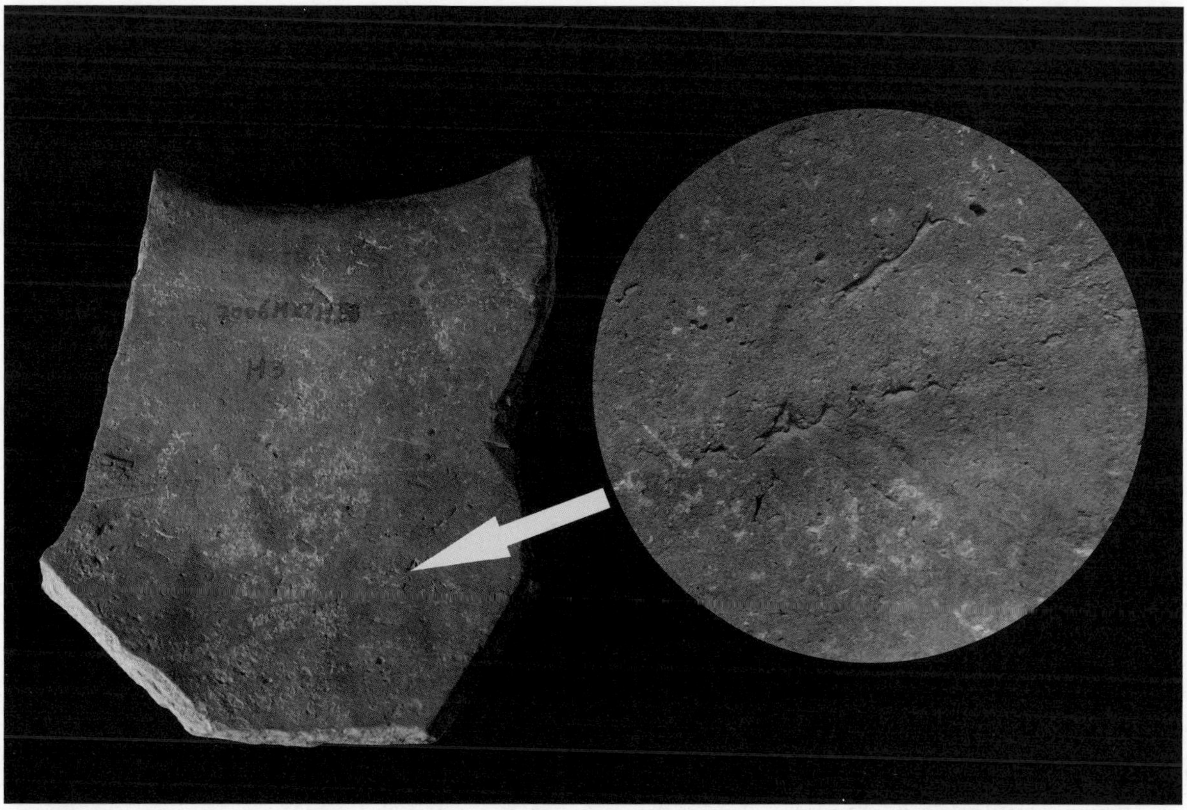

图一九　H3：6折肩处内侧接痕

修整：2件窄折肩标本通体饰竖向细绳纹，另4件标本为素面。口部均经慢轮修整，抹掉部分绳纹。H275：12下腹绳纹经刮抹，纹痕模糊。

装饰：以素面为主，2件器身饰竖向细绳纹。H3：6和3件广肩标本器身经磨光，个别刻划弦纹。

烧制：灰陶为主，1件为黄褐陶，烧制后期主要是还原气氛。

小口瓮　1件。小口，侈沿，方唇，束颈，矮领，广肩，肩部以下残。口径14、胎厚0.6厘米。

原料：泥质陶，陶质细腻。

成型：推测为泥条法筑成，不见泥条痕迹。

修整：通体滚压竖向细绳纹，口部经轮修，抹掉一圈纹饰。唇部在轮修过程中用工具按压成方唇。

装饰：口沿为素面，剩余部位为细绳纹。

烧制：灰陶，陶质坚硬，烧成温度高，烧制后期为还原气氛。

7. 壶

2件。小口，侈沿或折沿，尖圆唇，矮直领，溜肩或广肩，H68①：4肩部以下残，G10③：10中腹以下残，无底。口径14、胎厚0.4～0.6厘米。

原料：泥质陶，陶质细腻。

成型：应为泥条法筑成，几乎不见泥条痕迹。

修整：用素面陶拍拍打，内壁有陶垫痕迹。口沿和肩腹部慢轮修整。口沿在慢轮修整过程中外撇而成。

装饰：素面。G10③：10上腹刻划六道细弦纹，不甚规整。唇面和器腹磨光。

烧制：灰陶，陶质坚硬，烧制后期主要为还原气氛。

8. 器盖

1件。敞口，唇缘加厚，弧面，盖顶残。口径26、壁厚0.6厘米。

9. 盖纽

2件，1件为圆锥形捉手，纽柱呈圆柱形，另1件为伞形捉手，喇叭形纽柱，均为中空，盖面残。

原料：泥质灰陶，胎质细腻。

成型：器盖推测为泥条法筑成。盖纽应为手捏，系用手指在柱状泥块上捅出孔，用拇指和食指捏出纽柱，然后把上端刮削修抹成捉手，纽柱上部往往残存指纹，最后将盖纽与盖面相对接。

修整：器盖内壁稍微凹凸不平，口沿经慢轮修整，有明显的轮旋痕迹。盖纽纽柱内壁粗糙，未加修整，外部较平，刮削后经抹光。

装饰：均为素面。器盖外壁磨光，盖纽捉手或纽柱部分磨光。

烧制：灰陶、灰褐陶，陶质坚硬，烧制后期主要是还原气氛。

10. 小杯

1件。泥质灰陶，敞口，浅弧腹，小平底略凹。口径5厘米。推测为快轮拉坯一次成型，轮痕明显，素面。

（二）先商时期制陶工艺总体特征

综上观察分析可知，邯郸薛庄遗址先商时期的制陶工艺有相对稳定的特征。

原料：以夹砂陶为主，砂粒色白质脆。盆多为泥质，少数为夹砂陶，砂粒不大，分布均匀。小口瓮、壶均为泥质，由于标本少，存在不确定性。鬲和鼎足均为夹砂陶，砂质细密。蛋形瓮亦为夹砂陶，砂粒稍大，分布均匀。

成型：泥条筑成法是最主要的成型方法，辅之以模制法、手捏，个别标本如小杯疑似快轮拉坯。鬲为模制法，其袋足制法与龙山时期相同，新出现浅袋足鬲，三足合制，采用鬲模，一次成型，口沿和实足根为后接。鼎足、盖纽为手捏而成，不甚规整。有底器物多是在平底或圈足上直接盘筑成型。个别敛口瓮在折肩处斜削后对接。多数器物内壁较平整，不见泥条痕迹，仅个别标本有较明显的泥条痕迹。

修整：用绕绳圆棍滚压竖向绳纹最为普遍，以细绳纹为主，每两厘米9～11根。多数罐通体滚压竖向细绳纹，个别滚压粗绳纹或用素面陶拍拍打。鬲、蛋形瓮通体滚压细绳纹，鼎足均滚压斜向绳纹。除个别蛋形瓮及手捏器物外，所有器物口部均经慢轮修整，口沿在轮修过程中外撇而成。D类罐和多数素面盆通体经慢轮修整，十分规整。

装饰：以细绳纹为主，其次为素面、粗绳纹。多数素面盆和部分素面敛口瓮腹饰平行的弦纹带。流行在细绳纹罐的唇面压印出花边。个别素面盆和罐上饰有压印纹、楔点纹和戳点纹。D类罐、壶、多数盆口沿内侧和器腹经磨光。多数敛口瓮器身经磨光。

烧制：以灰陶和灰褐陶为主，多数陶器陶质坚硬致密，烧制后期主要是还原气氛。个别器物可能有渗碳工艺。

三、晚商时期陶器制作工艺

本文选取邯郸薛庄遗址晚商时期陶器标本共27件，器类包括鬲、罐、盆、瓮、甑，基本为口腹残片，个别有残底。

（一）主要器形制作工艺

1. 鬲

13件。器形为Aa型和Ab型。根据器体的残存程度，分为两类：A类为口腹残片，中腹以下残；B类稍完整，包括口、腹、裆部。

A类　9件。侈口（个别为直口微侈），折沿或卷沿，方唇，个别为圆唇，束颈，鼓腹。口径16～22、胎厚0.5～0.7厘米。

原料：夹砂陶，器体较粗糙，6件夹细砂、3件夹粗砂，砂较多，颗粒较大。

成型：推测为模制法，口沿后接，内部不平整，腹部较深。H210：1和H84：2可能是模制法，内部平滑。

修整：通体滚压竖向粗绳纹，绳纹比较粗糙，每两厘米4～5根。内部多数不平整，个别标本残有垫痕。口沿在慢轮修整过程中外撇而成，且抹掉部分绳纹，唇面基本在轮修中用工具压成方唇。

装饰：腹饰竖向粗绳纹，口沿为素面。

烧制：灰陶、灰黑陶、灰褐陶，烧制后期主要是还原气氛。

B类　4件。侈口或直口微侈，卷沿或折沿，方唇或圆唇，束颈，鼓腹，分裆较矮，袋足较浅。口径13～18、胎厚0.4～1厘米。

原料：夹砂陶，3件砂粒细密，H321：2砂多且颗粒大，胎质粗糙。

成型：应为模制法，三足合制，鬲裆内壁平滑。口沿为后接，接痕不明显。实足根亦为后接。

修整：推测先用素面陶拍拍打胎体，然后滚压竖向绳纹至袋足底部，绳纹稍粗，每两厘米约6根。裆部加压斜向绳纹。H321：2上腹亦滚压斜绳纹，形成交错绳纹。内壁未经修整。口沿在慢轮修整过程中外撇而成，且抹掉部分绳纹，有明显的轮旋痕迹。袋足在与实足根粘接前已经施有绳纹（图二〇），再直接与实足尖粘接，由于袋足底部施有纹饰，扩大了粘接面积，从而达到加固的目的，大辛庄商代制陶器也广泛采用这种方法①。

装饰：口沿为素面，腹饰竖向绳纹，个别器腹饰交错绳纹。

烧制：灰陶、灰褐陶、黑褐陶，烧制后期主要是还原气氛。

2. 罐

6件。器形为A型罐。侈口或微侈口，略束颈，鼓腹，均为口腹残片。口径15～26、胎厚

---

① 邢琪：《大辛庄商代制陶工艺研究》，山东大学硕士学位论文，2012年。

0.5 ~ 0.8厘米。

原料：3件为泥质陶、3件为夹砂陶，砂粒多，颗粒大。

成型：泥条法筑成，基本不见泥条痕迹。

修整：用绕绳圆棍先从右上方向左下方滚压斜绳纹，再从左上方向右下方滚压，形成交错粗绳纹，个别标本横向滚压一周绳纹。

装饰：4件饰交错粗绳纹，1件饰竖向粗绳纹，1件为素面。素面标本口沿内侧和器腹外壁磨光。

烧制：均为灰陶，烧制后期主要是还原气氛。除素面罐外，其他罐胎质较疏松粗糙，烧成温度不高。

3. 盆

5件，其中1件为小盆。敞口，斜腹。4件为口腹残片，T111③：1有残底。口径16 ~ 30、胎厚0.6 ~ 1.2厘米。

原料：泥质陶，个别器物夹杂有少量砂粒。

成型：泥条法筑成，基本不见泥条痕迹，壁较厚。T111③：1可能是在小平底上层层盘筑而成。

修整：通体滚压竖向绳纹，绳纹稍粗，每两厘米5 ~ 7根。内壁比较平整，不见垫窝。口沿在慢轮修整过程中外撇而成，且抹掉部分绳纹。T111③：1口沿修整一般，凹凸不平，腹、底相接部位在竖向绳纹基础上又滚压横向绳纹，可能起加固作用。

装饰：口沿为素面，腹部均饰竖向绳纹。H104：1腹部在绳纹基础上黏附附加堆纹，推测是先在器腹上粘接一周泥条后用绕绳圆棍滚压所致。H192：1口沿内侧磨光，其余盆未磨光。H104：1腹部饰弦纹，纹饰浅，不规整。

烧制：4件为灰陶，1件为红褐陶，烧制后期主要是还原气氛。

4. 瓮

2件。H136：1为口腹残片，小口，侈沿，束颈，深腹。口径26、胎厚1.2厘米。H242：4小口残，上腹残，鼓肩，下腹斜收，平底。胎厚1厘米。

原料：H136：1为夹砂陶，砂粒少，颗粒小。H242：4为泥质陶，陶质细腻。

成型：泥条法筑成，基本不见泥条痕迹。H242：4制出平底，再在平底上层层盘筑泥条而成。

修整：H242：4用绕绳圆棍从左上方向右下方滚压绳纹，再从右上方向左下方滚压绳纹，形成交错绳纹（图二一），纹饰清晰规整，腹底部一圈绳纹被刮掉，有明显的刮痕。上腹和肩部内壁有明显指痕，应是在施绳纹时手指在内壁起支垫作用。口部慢轮修整，口沿在轮修中外

图二〇　H321：2袋足底部绳纹

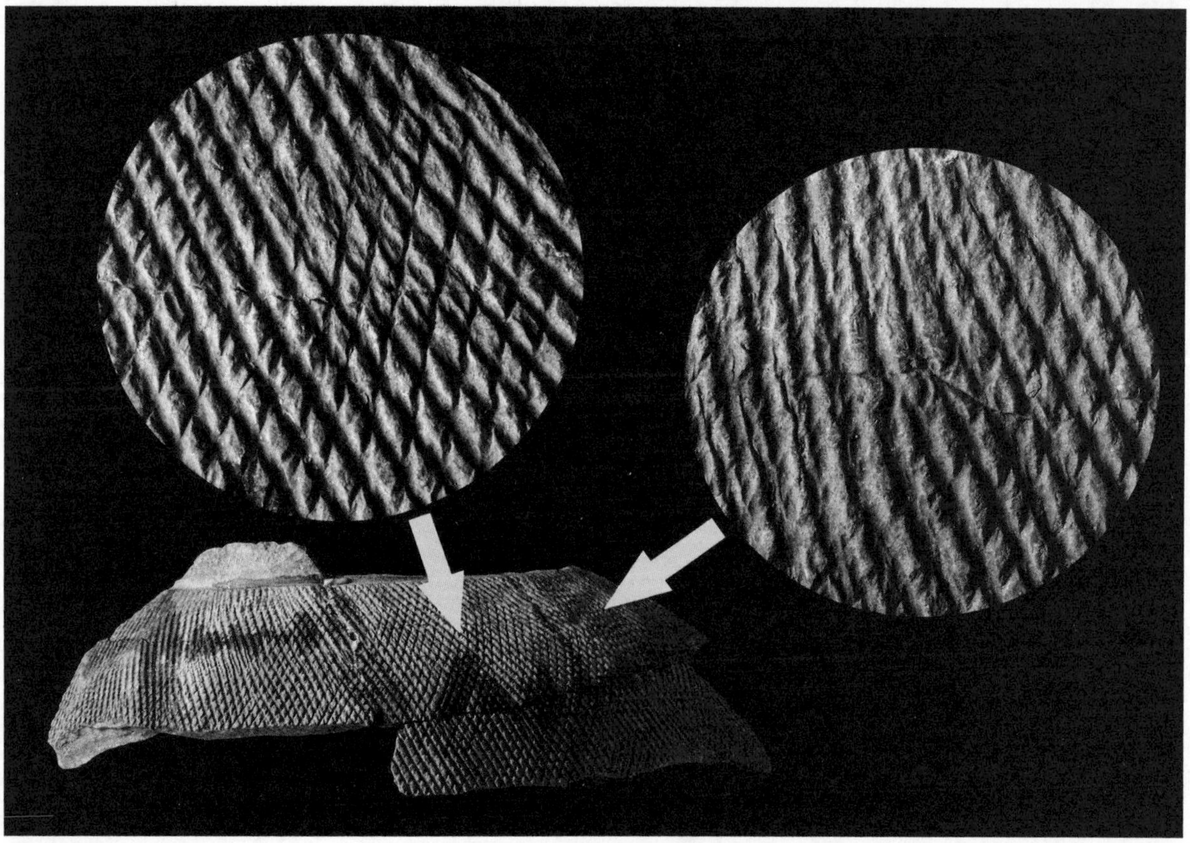

图二一　H242：4交错绳纹

擞而成，有轮旋痕迹。

装饰：均饰交错绳纹，口沿为素面。

烧制：灰陶，烧制后期主要为还原气氛。

5. 甑

1件。口与上腹残，下腹斜收，平底呈十字形，有镂孔。底径11、胎厚0.6厘米。

原料：泥质陶，胎质较细腻。

成型：先用泥饼捏出平底，平底外捏出一圈泥边，方便与泥条相接盘筑器身，使得此部位明显较厚，用工具在平底上刻出四个橘瓣形镂孔和一个圆形镂孔，使平底呈十字形，但不很规则。

修整：腹部通体滚压竖向细绳纹，每两厘米10～11根，然后对腹底外侧刮削，部分绳纹被抹掉，似乎存在简单磨光（图二二）。内壁与底相接处涂抹修整，有抹痕。其他部分依稀可见泥条痕迹。

图二二　H150③：1器底外侧刮痕

装饰：腹饰竖向细绳纹。上腹部粘接錾耳，用工具压成鸡冠状。

烧制：灰陶，烧制后期为还原气氛。

（二）晚商时期制陶工艺总体特征

综上观察分析可知，我们认为邯郸薛庄遗址晚商时期的制陶工艺亦有相对稳定的特征。

原料：以夹砂陶为主。盆均为泥质陶，胎质细腻，可能为经过淘洗的黏土。鬲均为夹砂陶，部分鬲夹细砂，部分夹粗砂，砂多且颗粒大，可能与使用功能有关。

成型：泥条筑成法是主要的成型方法，泥条较厚和粗糙，辅之以模制法。B类鬲为模制法，三足合制，口沿和实足根为后接。其他器物采用泥条筑成法不见泥条痕迹。

修整：用绕绳圆棍滚压绳纹是最主要的方法，以竖向绳纹为主，绳纹较粗。鬲和盆均滚压竖向绳纹。罐和瓮以交错绳纹为主。口部均经慢轮修整，口沿在轮修中外撇形成。

装饰：以竖向粗绳纹为主，其次是竖向中绳纹和交错绳纹。个别为竖向细绳纹和素面。个别盆在腹部黏附附加堆纹或饰弦纹。仅有个别盆和罐表面磨光。

烧制：以灰陶为主，约占80%，烧制后期主要是还原气氛。

四、结　　语

通过对邯郸薛庄遗址三个时期制陶工艺的观察并加以对比分析，我们可以得出如下认识。

原料方面，以夹砂陶为主。龙山晚期部分标本胎体粗糙，砂粒多且大，先商时期标本胎体普遍较细腻，砂质细密，晚商时期标本胎体普遍粗重。

成型方面，泥条筑成法是最主要的成型方法，辅之以快轮拉坯法、模制法、捏塑法。龙山晚期多数标本颈部内壁可见泥条痕迹，先商和晚商时期多数标本内壁较平整，几乎不见泥条痕迹。鬲采用模制法，不见反绳纹。快轮拉坯成型工艺在龙山晚期E类罐上广泛使用，但在先商和晚商时期仅在个别小杯上使用，似乎呈现衰退趋势。

修整方面，拍打和滚压最普遍，此外慢轮修整、刮削、修抹也很常见。多数器物口部经慢轮修整，口沿在慢轮修整过程中外撇而成。

装饰方面，龙山晚期陶罐以素面和拍印纹饰为主，如篮纹、方格纹等，滚压纹饰少，其他类器物多为素面。先商时期陶罐以滚压竖向细绳纹为主，其次为素面，流行在细绳纹罐的唇面压印出花边，其他类器物如盆、瓮等也普遍饰绳纹。晚商时期各类陶器普遍饰竖向粗绳纹，其次为交错绳纹。器表磨光现象在三个时期都存在，主要集中在盘、盆、壶、瓮和部分罐上。

烧制方面，以灰陶，灰褐陶为主，烧制后期主要是还原气氛，红褐陶所占比例不断变小。龙山晚期和先商时期个别陶器可能使用了渗碳工艺。

Abstract

The Xuezhuang Site is located in about 500 metres northwest of Xuezhuang Village in Huangliangmeng Town of Handan County, Hebei Province, lying at the south foot of Taihang Mountain. During August to December 2006, the archaeological team of the Research Center for Chinese Frontier Archaeology of Jilin University carried out archaeological explorations and excavations in the site under the direction of Hebei Provincial Bureau of Cultural Relics, in order to cooperate with the national South-to-North Water Diversion Project. In the revealed area of about 3,025 square metres, we discovered 310 ash pits, 46 tombs, 10 ditches, 2 hearth remains, 2 wells and one road with two parallel tracks, and almost 1,000 artifacts, including the restorable pottery wares, implements made of stone, bone and other materials.

The Xuezhuang Site has a high occupancy and had been in use for a long time. In the site, the archaeological remains of Longshan Culture, proto-Shang, late Shang, Three Kingdoms and Tang-Song periods were discovered, and the ones of Longshan Culture, proto-Shang and late Shang Culture were rather rich. It not only helps us to know the characteristics and the chronology of the remains of Longshan Culture in the southern Hebei Province, but also will help to improve the present study about proto-Shang Culture that has long been neglected.

The research report showed that the remains of the Longshan Age in Xuezhuang Site were similar to the ones of the same period distributed in southern Hebei and northern Henan, and they would belong to Hougang Phase Ⅱ Culture. The remains of the proto-Shang Culture belong to two phrases: the early and late phases. The cultural features of the remains showed strong local characteristics, and the remains could be attributed to the Zhanghe Types of Xiaqiyuan Culture. The remains of late Shang Culture belong to four phases, which corresponded to the Phases Ⅰ to Ⅳ of Yinxu Culture, respectively. The burials of the late Shang period in Xuezhuang Site and that in Yinxu Site in Anyang have similar characteristics, so the late Shang remains in this site would belong to Yinxu Culture. These discoveries have significant academic meanings for our in-depth understanding of the natures and dates of the cultural remains of the Longshan Culture in southern Hebei, perfecting the chronological researches on the proto-Shang Culture which is still weak at present, and exploring the social pattern of the clans in the late Shang period and other issues.

图　版

薛庄遗址地貌（南—北）

图版二

1. 发掘初期（东南—西北）

2. 发掘中期（西—东）

薛庄遗址发掘现场

薛庄遗址发掘区鸟瞰（上为北）

薛庄遗址考古队与专家组成员合影

1. H40（西—东）

2. H44（东—西）

龙山时期灰坑

1. H57（西—东）

2. G2（T36段，北—南）

龙山时期灰坑、灰沟

1. A型（H44：12）

2. B型（H44：8）

3. B型（H40：12）

4. Ca型（H21：4）

5. Ca型（H40：3）

6. Cb型（H40：13）

龙山时期陶罐

1. Cc型罐（H40：1）

2. Cc型罐（H40：2）

3. A型鼎（H40：4）

4. B型鼎（H40：6）

5. B型鼎（H57：2）

6. 鬲（H21：5）

龙山时期陶器

1. A型盆（H40：5）

2. A型盆（H44：20）

3. A型盆（H44：13）

4. A型盆（H44：22）

5. A型盆（H44：6）

6. A型盘（H44：19）

龙山时期陶器

1. 碗（H44：21）

2. 壶（H44：18）

3. 纺轮（H40：9）

4. 纺轮（G2：4）

5. 环（H40：8）

6. 环（H44：11）

龙山时期陶器

1. 石凿（H21：1）

2. 石刀（G2：7）

3. 石斧（H44：5）

4. 骨镞（H44：1）

5. 蚌刀（H44：10）

6. 蚌刀（H291：1）

龙山时期石、骨、蚌器

1. H15（西南—东北）

2. H68（南—北）

先商时期灰坑

1. H166（西南—东北）

2. H183（西—东）

先商时期灰坑

1. H248出土动物肢骨

2. H268（北—南）

先商时期灰坑

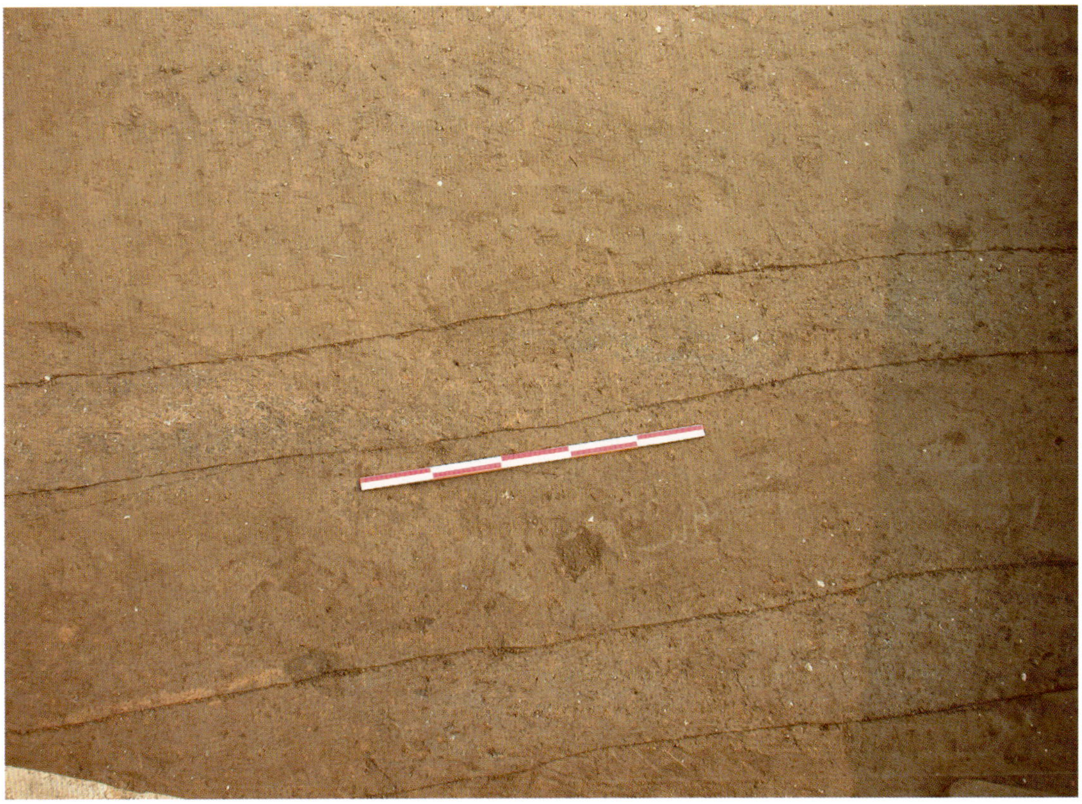

1. L1车辙（西—东）

2. M35（北—南）

先商时期道路车辙、墓葬

1. A型鬲（H213①：6）

2. A型鬲（H323：11）

3. A型鬲（H275：7）

4. A型鬲（H314：1）

5. 鼎（H296⑥：1）

6. A型罐（H3：3）

先商时期陶器

1. A型罐（H275：8）

2. B型罐（H15：5）

3. B型罐（H315：62）

4. C型罐（H277：17）

5. D型罐（H194：5）

6. A型盆（M35：1）

先商时期陶器

图版一八

1. A型盆（H56：1）

2. B型盆（G6：1）

3. B型盆（H275：11）

4. C型盆（H238：30）

5. C型盆（H324①：20）

6. 爵（H323：12）

先商时期陶器

1. A型瓮（G6：2）

2. B型瓮（G6：3）

3. A型杯（H296⑤：5）

4. B型杯（H170：12）

先商时期陶器

图版二〇

1. 拍（H296⑤：6）

2. 纺轮（H30：6）

3. 纺轮（H309：1）

4. 纺轮（H309：2）

5. 纺轮（H138：2）

6. 纺轮（H299：1）

先商时期陶器

1. 打制（H324②：25）

2. 磨制（H194：2）

3. A型（G10②：1）

4. A型（H25②：5）

5. A型（H174：1）

6. A型（H275：5）

先商时期石镰

图版二二

1. H25①：6

2. H68②：4

3. H83⑤：1

4. H146：1

5. H183②：1

6. H166：2

先商时期B型石镰

1. H238：29

2. H204⑦：2

3. H284②：1

4. H324①：17

5. H311：1

6. H166：3

先商时期B型石镰

1. A型（H138：1）

2. A型（H183⑥：2）

3. B型（H194：3）

4. B型（H194：8）

5. B型（H18：1）

6. B型（H275：2）

先商时期石铲

1. A型（H25②：10）

2. A型（H170：3）

3.A型（H184：2）

4. B型（H63①：1）

5. B型（H283：12）

6. B型（H293：1）

先商时期石斧

图版二六

1. B型斧（H296③：3）

2. B型斧（H315：35）

3. B型斧（H324②：21）

4. A型刀（H51：1）

5. A型刀（H68②：5）

6. A型刀（H83④：1）

先商时期石器

1. B型刀（H176：2）

2. 锛（H83⑥：1）

3. 凿（H324①：11）

4. 凿（H121：4）

5. 凿（H160：4）

6. 凿（H55：8）

先商时期石器

1. 环（H210：15）

2. 环（H324①：4）

3. 镞（H18：3）

4. 镞（H221：1）

5. 球（H30：5）

6. 球（H293：3）

先商时期石器

1. 锥（H45：10）

2. 锥（H111②：3）

3. 锥（H238：36）

4. 锥（H248：12）

5. 锥（H23②：1）

6. 簪（H83①：1）

先商时期骨器

图版三〇

1. 骨簪（H55：2）

2. 骨针（H35：11）

3. 骨针（G10②：4）

4. 骨匕（H30：2）

5. 骨刀（H33：2）

6. 骨镞（H20②：3）

7. 铜刀（H3：2）

先商时期骨、铜器

1. H86（东—西）

2. H140（北—南）

晚商时期灰坑

1. H156（西—东）

2. H178出土羊骨架（南　北）

晚商时期灰坑

1. Z1（西—东）

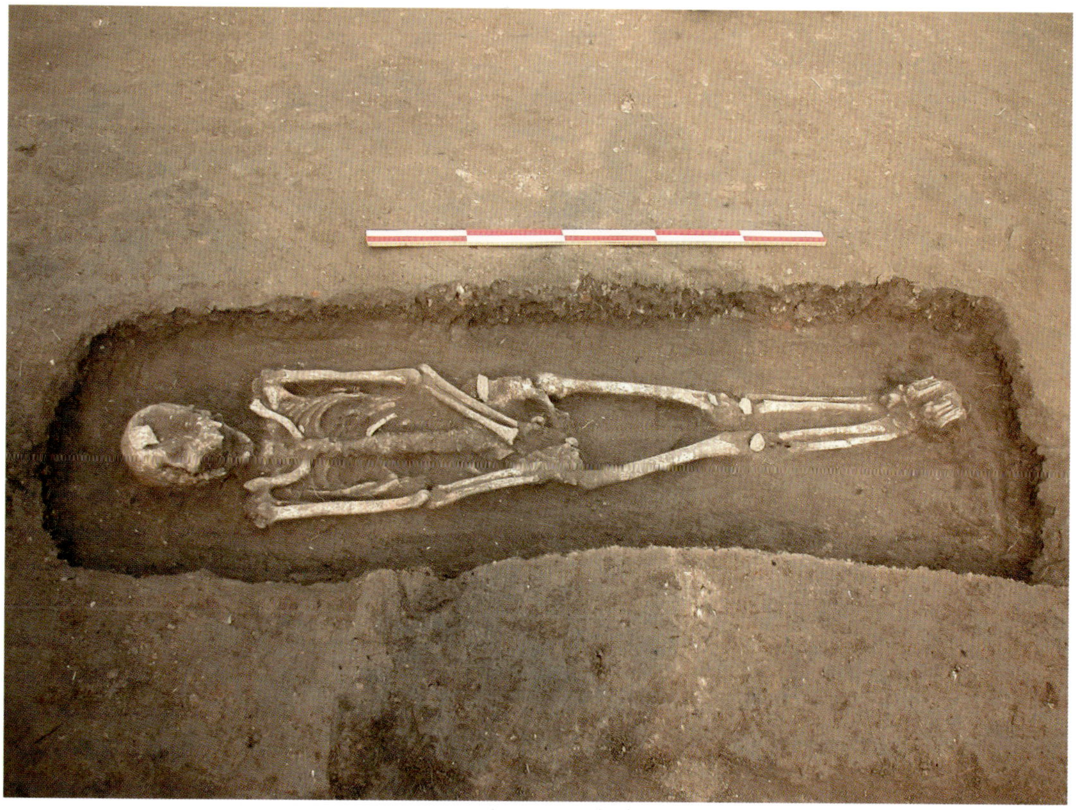

2. M2（西北—东南）

晚商时期灶址、墓葬

1. M3（北—南）

2. M4（东—西）

晚商时期墓葬

1. M5（南—北）

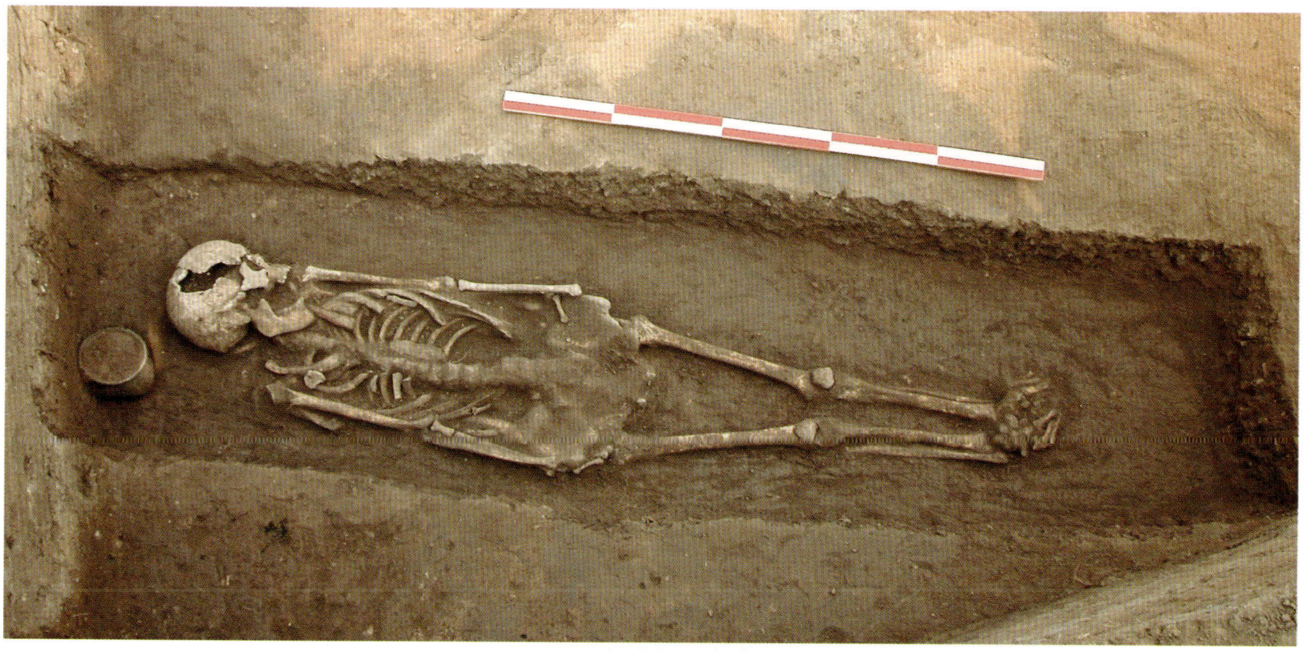

2. M6（西北—东南）

1. M7（东北—西南）

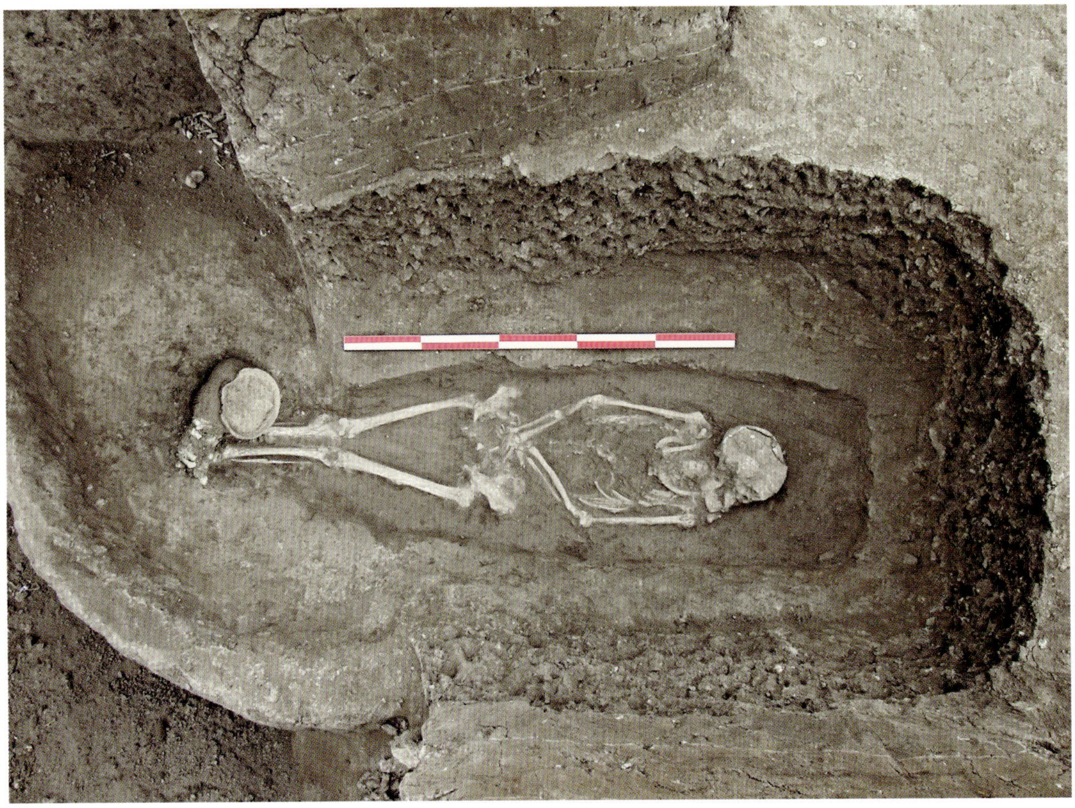

2. M8（西—东）

1. M9（东—西）

2. M10（西北—东南）

晚商时期墓葬

1. M11（东北—西南）

2. M12（北—南）

1. M13（东北—西南）

2. M14（北—南）

晚商时期墓葬

1. M15（西北—东南）

2. M16（东南—西北）

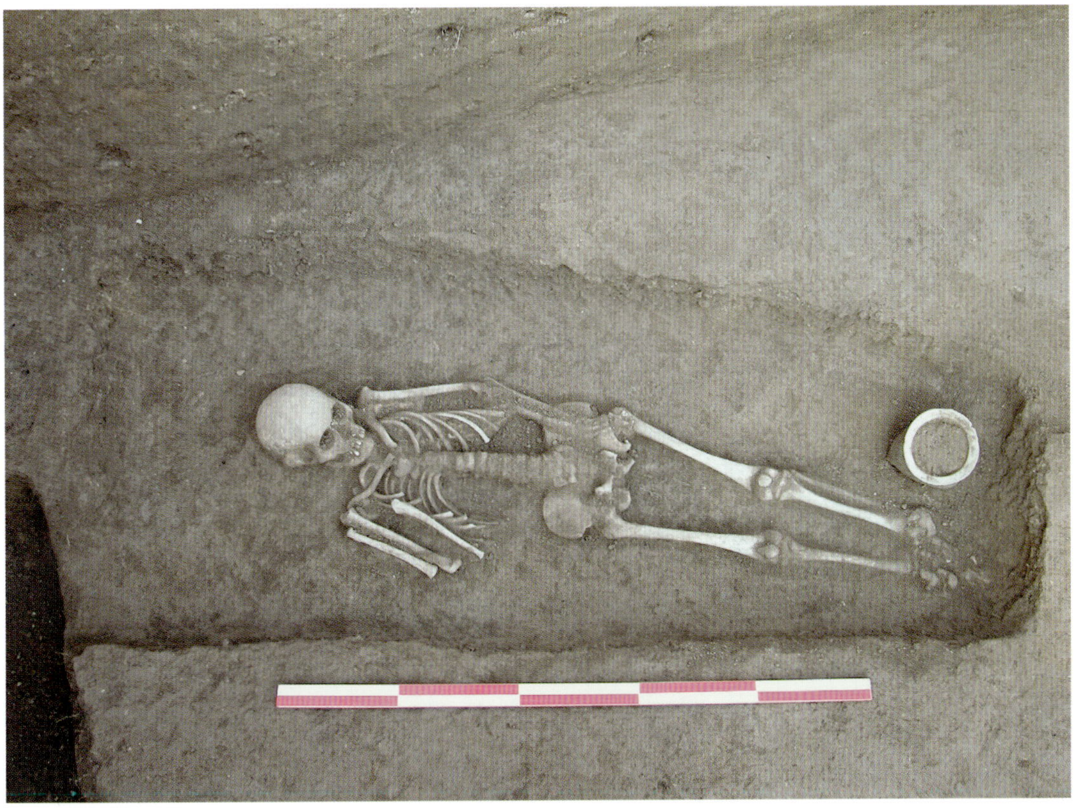

1. M17（南—北）

2. M18（南—北）

晚商时期墓葬

1. M19（西南—东北）

2. M20（南—北）

晚商时期墓葬

1. M22（南—北）

2. M24（东—西）

晚商时期墓葬

1. M25（西北—东南）

2. M27（北—南）

晚商时期墓葬

1. M28（北—南）

2. M30（西南—东北）

晚商时期墓葬

1. M32（北—南）

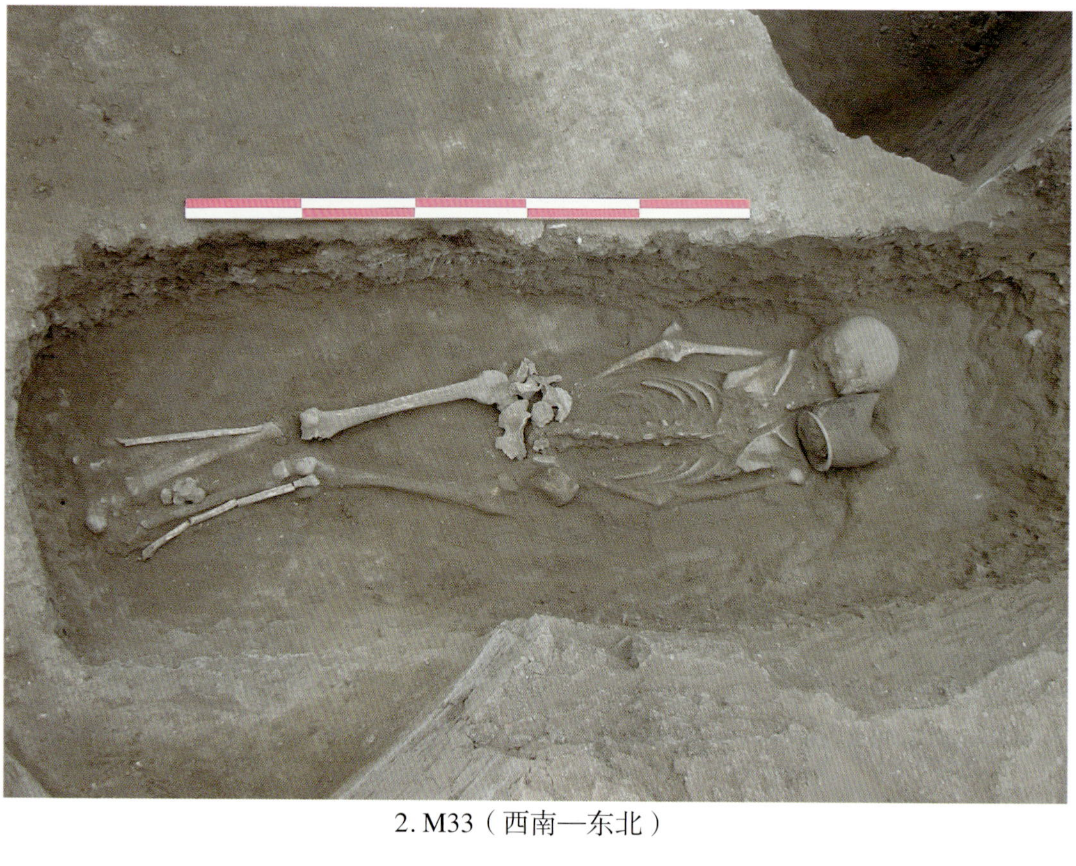

2. M33（西南—东北）

1. M34（西北—东南）

2. M36（南—北）

晚商时期墓葬

1. M37（北—南）

2. M38（东南—西北）

晚商时期墓葬

1. M39（北—南）

2. M40（东北—西南）

晚商时期墓葬

1. M41（北—南）

2. M42（西—东）

1. M43（东南—西北）

2. M44（南—北）

图版五二

1. Aa型Ⅰ式（M8：1）

2. Aa型Ⅱ式（M4：1）

3. Aa型Ⅱ式（M23：1）

4. Aa型Ⅱ式（M25：1）

5. Aa型Ⅱ式（M28：1）

6. Aa型Ⅱ式（M30：1）

晚商时期陶鬲

1. Aa型Ⅱ式（M31：1）

2. Aa型Ⅱ式（M33：1）

3. Aa型Ⅲ式（M7：2）

4. Aa型Ⅲ式（M10：1）

5. Aa型Ⅲ式（M38：1）

6. Aa型Ⅲ式（M24：2）

晚商时期陶鬲

1. Aa型Ⅲ式（M41：1）

2. Aa型Ⅲ式（H136：4）

3. Aa型Ⅳ式（M6：1）

4. Ab型Ⅰ式（M11：1）

5. Ab型Ⅰ式（M12：1）

6. Ab型Ⅰ式（M15：1）

晚商时期陶鬲

1. Ab型Ⅰ式（M17：1）

2. Ab型Ⅰ式（M22：1）

3. Ab型Ⅰ式（M44：1）

4. Ab型Ⅱ式（M39：1）

5. Ac型（M9：1）

6. Ac型（M14：1）

晚商时期陶鬲

1. B型Ⅰ式鬲（M19：2）

2. B型Ⅱ式鬲（M18：1）

3. B型Ⅱ式鬲（M43：1）

4. B型Ⅲ式鬲（H150①：2）

5. B型罐（H86：1）

6. 豆（M16：1）

晚商时期陶器

1. A型（H164：2正面）

2. A型（H164：2背面）

3. A型（T109③：1）

4. A型（T109③：2）

5. B型（M19：3）

6. B型（T41③：1）

晚商时期陶纺轮

1. A型铲（T37③：2）

2. A型铲（T68③：1）

3. B型铲（H120：13）

4. 斧（T105③：2）

5. 斧（T108③：3）

6. 斧（H247：2）

晚商时期石器

1. A型镰（H104：27）

2. A型镰（H189：1）

3. B型镰（T40③：1）

4. B型镰（T62③：4）

5. 刀（T16③：1）

6. 刀（T70③：5）

晚商时期石器

图版六〇

1. A型镞（H120：6）

2. A型镞（T119③：1）

3. B型镞（H244：3）

4. 球（H150②：1）

5. 球（H150③：6）

6. 圆饼（H305：1）

7. 圆饼（H321：28）

8. 凿（T64③：1）

晚商时期石器

1. 骨锥（H120：8）

2. 骨锥（H303：2）

3. 骨匕（H150③：2）

4. 骨簪（T87③：1）

5. 海贝（M4：3）

6. 铜镞（T25③：1）

晚商时期骨、贝、铜器

1. H1出土铁器

2. H4（东—西）

汉魏时期灰坑

1. H78（东—西）

2. H96（东南—西北）

汉魏时期灰坑

1. H215（东—西）

2.W1（西南—东北）

汉魏时期灰坑、墓葬

1. 釜（T15②：1）

2. B型盆（H97①：1）

3. 碗（H279：1）

4. 碗（H279：2）

5. 钵（T13②：2）

6. 器盖（T101①：1）

汉魏时期陶器

图版六六

1. 杵（H96：1）

2. 斧（H279：4）

3. 砖形器（H304：3）

4. 镰（H70②：1）

5. 球（H127：1）

6. 圆饼（H135：1）

汉魏时期石器

1. 铜锥（H97①：4）

2. 铜镞（H7：1）

3. 铜钱“大泉五十”（H58：1）

4. 铜钱“货泉”（H70②：3）

5. 铁铲（H1：1）

6. 铁刀（上T13②：1、下T61②：1）

汉魏时期金属器

1. H255（西—东）

2. M1（北—南 ）

隋唐—宋代灰坑、墓葬

1. M26（东—西）

2. M29（南—北）

图版七〇

1. 瓮（H5：1）

2. B型盆（H2：1）

3. B型盆（H31：1）

4. B型盆（T28②：1）

5. 碗（H2：2）

6. 灯（T120②：1）

隋唐—宋代陶器

1. 青瓷碗（M1：2）

2. 黑瓷碗（M29①：1）

3. 黑瓷钵（H11：2）

4. 白釉绿彩敛口罐（T11②：1）

5. “五铢”铜钱（M1：1）

6. “天禧通宝”铜钱（M29③：1）

隋唐—宋代瓷器、铜钱

晚商墓葬M36颅骨各角度视图